矢島 新 編

仏教美術論集 7

# 近世の宗教美術

――領域の拡大と新たな価値観の模索

竹林舎

# はじめに――近世宗教美術研究の現在

現在の仏教美術研究の全体像を示そうとするこの『仏教美術論集』において、第一巻から第六巻までが主として研究対象へのアプローチによって区分されるのに対し、この最終第七巻『近世の宗教美術――領域の拡大と新たな価値観の模索――』は、時代を区分の基準とする点で他巻と毛色が異なっている。

本巻が扱う十六世紀後半から十九世紀後半にかけての約三百年間の宗教美術は、平安や鎌倉のそれに比べて評価が低いのが現状であろう。第七巻の名称は本シリーズが構想された時点では「美術資料論」が候補であったようだが、この名称には、近世の宗教美術は美術ではなく歴史資料にすぎない、というニュアンスが含まれている。

日本の仏教美術は、その概念、制作の技術、評価の基準などの枠組み全体が、大陸からもたらされたものであった。天平時代の仏像などは、大陸でそうであったように技術を駆使して完璧な崇高さを目指すものであったし、その高度な達成として今に伝わる仏たちは、ほとんどが国宝に指定されている。平安時代後期は崇高であることと美麗であることがほぼ同義であった時代と言えようが、華麗な彩色と精巧な截金装飾で美麗な仏を描き出したこの時期の仏画は、日本仏教絵画史の頂点に立つと常に評価されてきたのである。そのような技術的洗練をまず評価する正統的な仏教美術の価値基準で測れば、近世の宗教美術は劣化していると言わざるを得ない。

さらに近世は、それまでのいかなる時代にもまして、美術に占める宗教的なものの割合が低下した時代であった。もちろん近世に制作された宗教美術の総量は膨大であったが、対する世俗的な美術作品が飛躍的に増加したためである。これまで近世美術史の記述において宗教美術は言及されることが少なかったが、それも無理からぬところだったかもしれない。

しかし例えば十二世紀に制作された観音像と、十八世紀中葉に晩年の白隠が描いた観音像を比べてみれば、後者に前者とはまったく別種の魅力を感じる方も多いのではなかろうか。白隠の観音像には前者の見どころである緻密な彩色や切金はないが、編者にはそれまでのどの時代の観音像にも見られなかった深い精神性が宿っているように感じられる。

二〇一二年の暮れから翌正月にかけて渋谷の文化村ザ・ミュージアムにて大規模な白隠展が開かれ、これに合わせて多くの美術雑誌で特集が組まれるなど白隠画を評価する機運が高まりつつある。この機に作品を実際に拝して、白隠の表現者としての存在の大きさに気づかれた方も多かったのではないか。二〇一三年正月には東京国立博物館で円空の展覧会が開催され、東京で奇しくも近世宗教美術の両巨頭が並び立った。白隠も円空もまだ高校の教科書には名が見えないが、円空が生まれてから約三七〇年、彼らの遺した造形が再び世に知られるようになってからおよそ一〇〇年にして、ようやくその価値が広く認知され始めたのである。

近年急速に評価が進む白隠の禅画や円空の彫像の例に見るように、近世の宗教美術は、日本美術史に残された未開の地とも言うべき可能性を秘めている。本書に収載された第一線の研究者による論考によって近世宗教美術の真価が明らかにされ、その魅力を評価する方が増えるとすれば、編者としてこれに勝る喜びはない。

＊　＊

近世の宗教美術の研究にはいくつかの困難が存在する。

困難の第一は、残された作品の数があまりに膨大であるために、全体像を見渡すのが難しいという問題である。仏像を例にとれば、全国の寺院の本尊のかなりの部分は近世に作られたものであろうが、平安時代以前に制作された仏像についてはほぼカタログ化が終わり、鎌倉時代についても詳細な作品調査が進んでいるのに比べれば、近世の仏像調査は本巻に寄稿いただいている長谷洋一氏らによって精力的な調査が進められているものの、その数の多さ故に、まだ多くの課題を残している。

近世の仏像を語る際に、円空や木喰らの作仏聖は欠かすことのできない存在であるが、円空の彫像が五千体以上、木喰の彫像が五百体以上も確認されているように、彼らの遺した神仏の像は膨大な数に上る。これに各地で活動した他の無名の聖の彫像や、須藤弘敏氏が本書に収載された論考で民間仏と名付けられた、仏像制作を本業としない制作者による聖像を含めるならば、その全貌の把握はまだ先のことになるだろう。円空のような天才的な造形家については様々な角度からの論考が積み重ねられる必要があり、円空学会などの努力もあって、多くの事実が知られるようにはなったが、その彫像の全容を把握した上で学術的な論文を書くのは、かなり困難な作業と言わざるを得ない。

一方熊野観心十界曼荼羅や立山曼荼羅のように近年の調査によって全容の把握にかなり近づいたジャンルもあるが、数量の膨大さの点で筆頭格である石仏をはじめ、絵馬や幟などの庶民的な作品群の体系的な把握はかなり先のことのように思われる。おそらく現状は、核となる作品を検討しておよその見取り図を作成する段階、ということになるだろう。

困難の第二点としてあげるのは、作品評価の難しさである。近世の宗教美術は膨大な数が存在するが、常々その応援団を自認する編者にしても、そのすべてを価値ある造形として評価するわけではない。やはり近世の宗教美術を冷静に眺めれば、美術的には駄作と言わざるを得ない作品が大半を占めている。

近年の研究も、美術史以外の観点からのものが目立つ。例えば参詣曼荼羅の研究は、歴史学をはじめ国文学や民俗学などの視点からなされたものが多数を占める。そうした事情を考慮すれば、当初本巻に想定された「美術資料論」という問題設定も、理由のあることかもしれない。

そのようにともすれば美術としての評価が低い近世の宗教美術の中にあって、円空最後の彫像と伝える岐阜県関市甲賀神社の三尊像や、白隠晩年の観音像や達磨像の大幅などは、多くの人の眼に価値あるものと映る偉大な造形であろう。彼らの造形に認められる深い精神性は、作者である円空や白隠が高度な境地に達した宗教者だったことに起因する。彼らのような心の内に仏を持つ宗教者が生み出す造形については第二部「宗教者の絵画」や、第三部「仏像」の中のいくつかの論考で詳しく論じられるが、そのような「内なる仏」の表現ということは他の文化圏ではあまり見かけぬ事例であろうし、仏教美術が伝来して以後の千年余の熟成が生み出した、日本オリジナルと言えるものではあるまいか。彼らの造形の魅力は、オリジナルな初発性ということと深く関わるに違いない。

近世は美術の様々な局面においてオリジナルな表現が成熟した時代であったが、その時代の宗教美術を正しく評価するためには、大陸から伝来した技術の高さを重視する従来の価値基準に頼るのではなく、日本が生み出したオリジナリティを重視する観点に立つことが必要なのではないか。

＊　＊

編者はここ数年、日本には素朴な造形を愛する伝統があり、その美意識は日本美術史が生んだ重要なオリジナリティの一つであると主張している。ここで言う素朴は、リアリズムに拘泥しないおおらかさ、というほどの意味であるが、この素朴の評価ということは、近世の宗教美術を考える際にも重要な論点を提供するだろう。近世の宗教美術の最大の特徴は庶民的な造形が隆盛を極めたことにあるが、庶民的な造形はしばしば素朴であるからである。

ヨーロッパや中国などの世界史をリードした地域は、しばしば大規模な戦争が行われるなど、多くの民族や言語が入り乱れた流動性の強い社会であった。そうした文明の中心地では万人に理解される普遍性が重んじられ、造形においては、リアリズムの技術や仕上げの完璧さといった分かりやすい価値がまず求められた。

それに対して大陸と適度な幅の海に隔てられていた島国日本は、他の民族に軍事的に征服されることもなく、大陸からの良質な文物を取捨選択して取り入れることができる恵まれた位置にあった。そのような平穏な文化環境のもとでは普遍的なわかりやすさにとどまる必要はなく、一歩先に進んだ独自の美学が育まれたのである。例えば自然の風趣を残した一見不完全な造形に、人為の完璧を超える価値を見出したわび茶はその代表であろうし、素朴な造形に味わいを感じる美意識もまた、島国日本が生んだオリジナリティとして大きな意味を持つのではないか。わび茶の成立と素朴な絵画様式が姿を明確にしたのがほぼ同時期であったのは、理由があることに違いない。

近世の宗教美術を作り手と受容者の観点で分けるとすれば、職業的な作り手による支配階層のための造形、職業的な作り手による庶民のための造形、宗教者による庶民のための造形、の三つに分類されるだろう。このうち最も多くの作品が制作された職業的な作り手による支配階層のための造形に関しては、日光東照宮の装飾彫刻のような無視しえないものも存在するものの、やはり形式化したと言わざるを得ないものが多数を占めている。その意味で近世の宗教美術の研究は、後二者の、庶民のために制作された作品を主体に進められるべきであるが、それらの多くは素朴な造形であり、その素朴さに新たな価値を認めて、研究に取り組んでいくことが求められている。須藤氏が提唱される民間仏などは、今後の調査によって豊かな成果が期待できる新たな研究分野であると思われる。

大津絵や石仏などの職業的な作り手による作品も、白隠の禅画や木喰の作仏に代表される宗教者による作品も、素朴な造形であるが故の魅力を十分に持っている。両者には素朴の質に違いがあるようにも感じられるが、その差異の究明は、今後の近世宗教美術研究の重要な論点であるだろう。

近世の宗教美術が生み出したオリジナルな価値は、もちろん素朴さということばかりではない。先に触れた優れた宗教者による「内なる仏」の表現は日本の宗教美術の重要なオリジナリティであろうし、石仏や幟旗、絵馬、社寺の装飾彫刻などに寄せた民衆の熱意や共感も、世界に誇るべきものである。加藤信清が宗教的情熱を注いで黙々と描き続けた精緻な文字絵なども、世界に類を見ない価値ある造形と言ってよいだろう。

近世の宗教美術はそのような新たな世界を拓いた点で、古代や中世のそれに劣らぬ価値を持っている。本書のさしあたっての目標は、遅れがちであった近世の宗教美術研究の現状を示し、今後の道筋を探るところにあるが、編者としては、近世の宗教美術が古代や中世のそれに比べて決して劣らぬこと、さらにいえば日本的なオリジナリティという指標によれば勝るという見方さえありうることを、読者に提示したいと目論んでいる。

＊　＊

本書には、伝統的な仏画や仏像から、近世に新たに登場した幟や錦絵に至る様々なジャンルを対象に、時には様式論、時には図像学、時には図像解釈学と、多様なアプローチで取り組んだ論考が並ぶことになるが、いずれのジャンルにおいても本格的な研究はまだ緒に就いたばかりであり、豊富な蓄積を持つ平安時代や鎌倉時代の仏教美術研究とは異なって、研究者間でも情報や認識が共有されているとは言い難い状況にある。先に指摘したように、大まかな見取り図を描く段階にようやく到達した分野も多く、その結果本書に収載される論考には、概説的な記述が多く含まれることとなった。視点を変えれば、それぞれのジャンルの枠組みを構想して概論を執筆する、という心躍る作業に挑める研究分野である、という言い方ができるかもしれない。いわば概説から各論への移行期というべき状況にあるが、個別の問題点を掘り下げた各論の集合体を目指すこの『仏教美術論集』においては、この点でも他巻とやや毛色が異なるだろう。

先に作品評価の難しさに言及したが、美術史を標榜する本シリーズに加えていただくには、まずはそれぞれのジャンルが研究するに値する美術的価値を持っていることを示す必要がある。副題に「新たな価値観の模索」と謳ったのはそのような意味においてであったが、執筆者の皆様にはそのような論点も加えていただくよう要請したので、余計なご負担をおかけしたかもしれない。編者の拙稿などは文字通り手探りで新たな価値を模索している段階であって、いまだ実証的な考察に至っていないことを遺憾とするが、本書には堅実な研究者から、論証の精度の点でも十分な達成を示す論考が数多く寄せられており、心強い限りである。玉稿を寄せていただいた執筆者の方々に、厚く御礼申し上げる。

また、編者にとって建築は、その重要性は十分認識しているものの門外漢というべき分野であったが、東京芸術大学の光井先生のご尽力で、意欲的な論考を収載することができた。この場を借りて御礼申し上げたい。

近世の宗教美術は研究者にとって未開の沃野である。今後さらなる展開が期待される魅力的な研究分野であることは、本書に収載された多くの論考が証している。そのことを再度強調して、巻頭の言葉を結びたい。

（矢島　新）

監　修　西川　杏太郎
責任編集　林　　温

# 目次

## 宗教者の絵画

## 仏像

## 宗教建築

# 庶民信仰の絵画

# 近世の地獄絵
## ——素朴な表現の作品を中心に——

矢島　新

### はじめに

六道絵や十王図などの地獄絵は宗教絵画の重要なジャンルである。平安時代の地獄草子などは貴族階級が鑑賞するものであったと考えられているが、次第に庶民に布教する際の道具としての性格を強め、中世を通して絵巻や大画面の掛幅に多様な表現が行われた。近世においても様々なバリエーションが試みられており、伝統的な仏教絵画の中では最も庶民に近いところにあって、生き生きとした表現が続々に生み出された魅力的なジャンルである。

近世の地獄絵に関する研究は、古代から中世に比べて豊富とは言えないが、近年各地の美術館・博物館でこの分野をテーマとする展覧会が開かれるようになり、徐々に進展している状況にある。学術研究に関しても、鷹巣純氏による一連の論考[注1]が日本人の死生観の究明に大きく貢献し、小栗栖健治氏による熊野観心十界曼荼羅の研究[注2]と、福江充氏による立山曼荼羅の研究[注3]は、それぞれの対象についての従来の認識を大きく改める画期的なものであった。対象作品を可能な限り網羅した両氏の研究によって、熊野観心十界曼荼羅と立山曼荼羅が江戸時代中期以降に集中して制作されたことが明らかにされたのである。また国文学の視点からの錦仁氏による東北地方の地獄絵の調査研究[注4]や、西田直樹氏による『往生要集』に関連する一連の論考[注5]のように、美術史以外の分野での研究も貴重である。

近世の地獄絵は、他の近世宗教美術のジャンルと同様残された作品があまりに多く、いまだ調査が行き届いていないために経過報告とならざるを得ないが、近年の研究成果を踏まえれば、一応の見取り図を描きうる段階に至ったように思われる。以下に美術史の観点から、それも素朴というキーワードを使ってどのような見取り図が描きうるのか、試みてみたい。

## 一　中世後期の地獄絵

近世の地獄絵について検討する前に、その前段階である十五世紀から十六世紀にかけての作例を概観しておこう。この二つの世紀の地獄絵を比較することで、本稿が問題とする近世的な特徴が、十六世紀に萌芽したものであることが確認されるだろう。

まず十五世紀を代表する地獄絵として、京都浄福寺所蔵の十王図を取り上げる。この十王図は、当時のやまと絵を代表する絵師である土佐光信が、延徳元年（一四八九）から翌年にかけて制作したことが判明する基準作である。

浄福寺本は、日本的な十王図の完成形と見なされている。すなわち各幅上部に以後の定型となる本地仏が描かれること、第二幅の刀葉林のモチーフに和装の女性が描かれること、第七幅に甲冑姿の泰山王と二基の鳥居が描かれること、といった諸点が、中国で制作された十王図には見かけない日本的な改変であると考えられており、『地蔵菩薩発心因縁十王経』（以下『地蔵十王経』と略記）では第二初江王の項に説かれる三途の川と奪衣婆が第一幅に移されるのは、日本人の他界観に合わせたものであることなどが指摘されている。

十王それぞれに本地仏を配する構想は、中国においてすでに行われていたようであるが、[注6]鎌倉時代以降、日本独自の本地仏が徐々に定まって行く。寛正二年（一四六一）に制作された群馬県沼田市正覚寺所蔵の十王図では、定型の本地仏に阿閦、大日、虚空蔵を加えたいわゆる十三仏が十幅の中に描かれており、まだ本地仏の構成が流動的であったことがわかるが、その約三十年後に描かれた浄福寺本に至って、秦広王の不動明王に始まり、釈迦、文殊、普賢、地蔵、弥勒、薬師、観音、勢至と続いて五道転輪王の阿弥陀如来に完結する定型が定まるのである。この辺りの事情については議論が盛んで、筆者も以前参加したことがある。[注7]そのように十五世紀の地獄絵の研究においては、新たに加えられた日本的な要素を取り上げての研究が盛んであったが、かつての筆者も含めて多くの論者の関心は専ら仏教思想面にあり、様式をめぐっての議論は少なかった。

浄福寺本や、それと同じ図様の二尊院本十王図は概説書にも取り上げられる重要作品であるが、その美術としての一般的な評価は、土佐派の手になるだけによく伝統的な技術を受け継いでおり、形式化が進む室町時代以降の仏画の中で浄福寺本十王図までは評価できる、といったところであろう。浄福寺本の位置づけは、伝統的な仏画の評価基準に適う最後の作例ということであろうし、図様面では新たに加えられた要素が思想史的考察に材料を提供したものの、様式面で新たな価値を生み出したとするような積極的評価が下されたことはなかったように思われる。

筆者は続く十六世紀の作例をより高く評価する者であるが、一般には仏画は時代が下るほど形式化が進むと考えられているので、そのような論者は少数派なのであろう。十六世紀以降の地獄絵の研究はまだまだ途上で、不明な部分も多いのだが、表現面での新たな魅力が芽生えていることは確かなように思われる。

十六世紀の地獄絵として、出光美術館所蔵の六道絵と滋賀県高島市宝幢院所蔵の十王図を取り上げよう。両作品には制作年代を確定する史料がなく、かつて筆者が出光美術館本六道絵を紹介した際は、[注8]賽の河原などのいくつかのモチーフを取り上げて、十六世紀の制作と推論したのであったが、その判断は、その後の論者によって追認されているようである。

出光美術館本は、地獄絵としては画面が明るく、人物表現が生気に満ちているのが魅力である。地獄の獄卒もどこかユーモラスで、人道と天道を描く第六幅では苦相を描きながらも人の世のにぎわいが感じられ、中国制作の十王図や浄福寺本十王図の冷徹な筆致からは離陸している。

そうした新たな感触は、平成二十二年の滋賀県立安土城考古物館で開かれた「湖西の風土と遺宝――高島郡を中心に――」展で紹介された十王図において、さらに確かである。高島市の真言宗智山派宝幢院に伝わるこの地蔵十王図には、獄卒等の人体表現に微妙なグラデーションを用いて立体感を表現しようとするリアリズムの技術と、驚くほど素朴な人体表現が併存しており、伝統的な技法の中に庶民的な表現が入り込み始めた過渡期の作例という印象を受ける。人物のコミカルな表情には新たな表現を生みだそうとする意欲が感じられ、魅力的な作品に仕上がっている。

挿図1　十王図第六幅（宝幢院）

宝幢院本には、第一幅の日輪宮・月輪宮、第五幅の閻魔王の前に鏡のように置かれた時太鼓（浄玻璃鏡は最終第二十一幅の地蔵の前に移されている）、第六幅（挿図1）の神通童子、第七幅の餅釘獄、第十一幅の弘誓舟や大魔道、第十六幅の老いの坂などのように、各所に他の地獄絵には見かけない珍しいモチーフが描き込まれており、この作品の図像学的な解明は今後の大きな課題である。

ところが興味深いことに、宝幢院本には近世の地獄に頻出するモチーフである血の池地獄、不産女地獄、両婦地獄が描かれていない。これらの地獄は女性に関わるものであり、十六世紀に熊野比丘尼の唱導によって普及し、十七世紀には一般化したと考えられている。二十四孝に含まれる説話のような珍しいモチーフが描かれる出光美術館本にもこの三つの地獄は登場しないが、これらの新しい地獄が描かれないことは、両本の制作期が十七世紀には下らないことを示している。両本ともに十六世紀最末期に版行された『地蔵十王経』版本の影響を受けていないと判断されることも、この推論を補強する。

　十六世紀は社寺縁起絵巻やお伽草子絵巻に素朴な様式が展開した時期であり、サントリー美術館の「かるかや」や日本民芸館の「つきしま」のような魅力あふれる作品が描かれている。[注9]庶民への勧進に使われた参詣曼荼羅は素朴な絵画作品として重要な存在であるが、やはりこの頃が制作のピークであった。そのように中世から近世への移行期である十六世紀は、庶民的な作品の中に魅力的な素朴表現が花を咲かせ始めた時期と捉えることができる。

　この十六世紀に制作されたと推定される出光美術館の六道絵と宝幢院の地蔵十王図は、伸びやかな素朴さという点で、地獄絵の新しい傾向の幕開けを告げる作品と見ることができる。そうした素朴な宗教画が描かれた背景として、応仁の乱を境にそれまでの作画機構が大きく変質したと考えられることや、社寺の経済が庶民への勧進に多くを頼るようになった当時の社会状況が想定されるだろう。

## 二　近世初期の地獄絵の版本

　地獄絵は庶民への布教に大きな役割を果たしたものと思われる。地獄絵を什宝として備えようとする寺院は多かったに違いなく、各地の寺院等に多くの作品が残されている。まず制作年が判明する作例を概観して、その大まかな流れを把握したいのだが、地獄絵は庶民的な作例がほとんどであることもあって、制作年が分かる基準作が少ない。とりわけ十七世紀の基準作は限られるが、地獄を題材とする版本がいくつか刊行されており、それらは制作年が判明するので貴重である。

　まず十六世紀末に絵入りの『地蔵十王経』が出版されている。東京大学総合図書館所蔵の一本（挿図2）には本文の後に奥書があり、その最後の行に「皇和文禄三年甲午七月　沙門得仙図板之」と、文禄三年（一五九四）の版行であることが明記されている。

　ただし奥書に続く最終頁に掲載された版元松月堂の出版目録には江戸中期の禅僧白隠の著作が見え、東大本が十八世紀中期の出版であることが判明する。『地蔵十王経』版本の中で最も古い版と見られるのは龍谷大学大宮図書館所蔵本であるが、こちらには奥書も「文禄三年」の刊記もない。龍谷大本と東大本を比べると、後者は前者をそのまま忠実に被せ彫りしたものではなく、本文・挿図ともにいくつか細かな変更を加えていることがわかるが、肝心の刊記の

挿図２　『地蔵十王経』版本（東京大学総合図書館）

部分も後の版で加えられたものと考えられる。従って『地蔵十王経』版本の開版の年代についてはあいまいな部分が残るのだが、『地蔵十王経』版本については重要な業績を残された宮次男氏は、文禄三年の開版を認め、「稚拙な中に民芸としての画趣が充満しており、愛すべき味わいを持ったもの」と評しておられる。[注10] 筆者もまた何の根拠も無く具体的な年月を記さないと考えられることや、先述した十六世紀の地獄絵の状況から判断して、『地蔵十王経』版本は十六世紀の末に開版されたと考える。

宮氏が評されたように、『地蔵十王経』版本の挿図は素朴である。亡者や獄卒の描写は児童画のようにコミカルで、十王の審判の場面にはほとんど恐ろしさや威圧感が感じられない。五道転輪王の裁きの後に地獄の場面が五頁にわたって描かれるが、責めの手段は苛烈であるものの、やはり表現としてはコミカルと評すべきものである。総じて伝統的な地獄絵とは異なる新しい表現と言えるが、先に述べたように十六世紀にお伽草子絵巻や参詣曼荼羅などに素朴な絵画様式が花開き、宝幢院の地蔵十王図のような素朴を持ち味とする地獄絵が登場していることを勘案すれば、『地蔵十王経』版本は、十六世紀末の開版と見るのが自然であるように思われる。

十七世紀に刊行された地獄絵の版本としては『往生要集』が重要である。日本人の他界観に大きな影響を与えたこの書物は江戸時代にたびたび刊行されており、寛永八年（一六三一）に訓点のある版本、寛文三年（一六六三）に挿図のある版本が初めて出版されたのを皮切りに、しばしば版が重ねられている。この寛文三年版（石川武美記念図書館蔵）の挿図を見ると、『地蔵十王経』版本より線が硬いものの、表現はやはりコミカルで素朴である。残忍な責めを描きながらも、おおらかな気分が漂っている。[注11]

寛文三年版の絵入り『往生要集』と刊行時期が近いものに、万治二年（一六五九）開版の『塵摘問答』（挿図3、町田市立国際版画美術館蔵）がある。この書は地獄をテーマとするものではないが、六点の挿図の一つに閻魔王庁が描かれている。それらの挿図は若い頃の菱川師宣の筆と考えられており、師宣の他の作品と同様のおおらかな画風である。閻魔王の表情などはコミカルで、四年後の寛文版『往生要集』の閻魔王庁とよく似ている。宮次男氏は寛文版『往生要集』に描かれた獄卒について、「江戸初期の絵入の説経本や浄瑠璃本、あるいはお伽草子、仮名草子などの挿絵にみる鬼形に共通する」と述べておられるが、[注12]その指摘は『塵摘問答』にも当てはまる。

挿図３　『塵摘問答』（町田市立国際版画美術館）

『地蔵十王経』、『塵摘問答』、『往生要集』と近世初期の版本を順にたどってみると、素朴でおおらかな雰囲気が共通している。先述のようにそうした素朴な絵画様式は十六世紀に芽生えたものと考えられるが、版本の形で広く普及したことが重要であろう。

## 三　近世初期の素朴な地獄絵

素朴な画風の地獄絵の基準作は少ない。市区町村の文化財指定の地獄絵には制作時期が江戸時代初期と表記されるものがあり、例えば千葉県長柄町指定の十王図[注13]（挿図４）は慶長〜元和年間の制作とされているが、現地調査でも制作年代を特定する史料を見出すことはできなかった。

挿図４　十王図（長柄町）

この十王図は素朴でおおらかな画風が魅力であるが、類似の画趣は埼玉県入間市円照寺の十王図などにも認められ、ある広がりをもつものであったと考えられる。その成立時期を十七世紀初頭まで遡らせたいのだが、いまだこの種の画風の基準作に恵まれていないのが現状である。

小栗栖健治氏によって全国規模の調査が進む熊野観心十界曼荼羅も近世の素朴な画風の地獄絵として重要な存在であるが、小栗栖氏によれば、十七世紀に遡る基準作は見当たらないという。[注14]三重県鈴鹿市の盛福寺本には元禄五年（一六九二）の墨書銘があるが、実際の制作期は十八世紀に下り、古本の墨書銘を写したものと考えられている。ただ小栗栖氏は、熊野観心十界曼荼羅の定型の成立時期を、幕府が熊野本願所の活動に制限を加えた延宝三年（一六七五）から間もない時期に想定しておられる。従うべき見解であろう。熊野観心十界曼荼羅定型本の素朴さには幾分の形式化が感じられるが、十七世紀もかなり後半に位置づけられることや、工房による量産ということが関係しているのだろう。

本節では、制作年は特定できないものの素朴という新たな価値基準で見て魅力的な三点の十王図を紹介し、近世初期の地獄絵の素朴様式について考えてみたい。拙稿の意義は、これらの作品の魅力に共感していただけるか否かにかかっているのかもしれない。

まず葛飾区細田の真言宗豊山派東覚寺に伝わる十王図を取り上げよう。この地獄絵は画中の特異なモチーフから、十七世紀の早い時期に制作された可能性が高いと判断される貴重な作例である。

東覚寺本十王図は、おおらかで豪放な素朴さに特徴がある。各幅とも背景と地が黒く塗りつぶされており、そのような表現は後述するように江戸時代後期の地獄絵の特徴の一つであるが、仔細に観察したところ、各幅とも黒地は後の補彩であることが見て取れた。制作当初の画面は、現状以上に素朴でおおらかな印象を与えるものであったと思われる。

東覚寺本には『地蔵十王経』版本の影響が認められるが、その忠実なコピーではない。各幅の概略を記すと、まず不動明王を本地仏として描く第一幅は、王の前に参集する鳥や獣と画面左下隅に針の山を描いており、そうした構図の大枠は『地蔵十王経』版本と共通するのだが、図様そのものはまったく独特で、とりわけ両手に笏を持った秦広王をひときわ大きく真正面から描くのは、『地蔵十王経』版本とは異なる特徴である。その形姿は素朴そのもので、獄卒や亡者の描写にも、好ましい稚拙味があふれている。

本地仏として釈迦を描く第二幅は、やはり『地蔵十王経』版本と同様に、下部に三途の川と奪衣婆を描いている。ただ図様そのものは独特で、王も奪衣婆も真正面からの素朴な描写である。注目されるのは王の前に頭に白いベールをかぶった白衣の人物（挿図5左）が描かれていることで、こうした人物は他の地獄絵には見かけないので断定は躊躇されるが、素直に見ればキリシタンを描いたと思える表現である。このキリシタン風の人物は第四、六、九幅にも描かれており、本図の大きな特徴となっている。

挿図5　東覚寺本十王図に描かれたキリシタン風の人物（第二、六幅）

文殊を本地仏として描く第三幅は、下部に二匹の蛇に責められる両婦地獄と猛獣に食われる男を描き、左下隅に竹を曲げる女、すなわち不産女地獄を加えている。ともに江戸時代以降に盛んに描かれるようになるモチーフである。
第四幅の本地仏は合掌する菩薩であるが、第九幅の本地仏も同様なので判別が難しい。本幅には業秤が描かれているが、業秤は『地蔵十王経』版本では第四幅に描かれるモチーフなので、やはりこの幅は第四幅に相当し、本地仏は普賢と見て良いだろう。本幅にもキリシタン風の人物が二人描かれている。

地蔵を本地仏として描く第五幅（挿図6）は、赤ら顔の閻魔王を、他の王たちに比べてひときわ大きく描いている。大きく目を見開き、口をあけた魁偉な容貌は圧倒的な迫力で、他の十王図には見かけぬ豪快な表現である。王の前には浄玻璃鏡が置かれるが、その支柱には「光明王院」と記されており、この名称は『地蔵十王経』が説く宮殿の名と同じである。鏡の中の光景は絵具の剥落のためにはっきりしないが、僧侶に斬りかかる男と炎が描かれていることが確認され、その図様は『地蔵十王経』版本とは異なっている。

第六幅の本地仏は、組んだ手の上に何かを持つ菩薩形である。剥落のために持物がはっきりしないが、五輪塔を持った弥勒と見て良さそうである。変成王の前には大きな碗に白い餅が山盛りになっているが、釘は打たれてはいない。右端にはキリシタン風の人物が二人描かれている（挿図5右）。下部の責め苦は、いずれも地獄の定番メニューである。

東覚寺の十王図は王を真正面向きに描く図が多いのが一つの特色であるが、薬師を本地仏として描く第七幅では、王を斜めから描いている。王の背後に立つ冥官は白いベールを被ったやはりキリシタン風の風貌であり、他の地獄絵には見かけぬ人物である。下部には体に釘打たれる亡者と舌に釘打たれる亡者、餓鬼道、賽の河原、血の池地獄が描かれている。

第八幅の本地仏は手に蓮華を持つ菩薩で、観音と判断される。下部には寒地獄、阿修羅道、太鼓をたたく者と矛を持つ者の二体の神将が描かれる。

第九幅（挿図7）の本地仏は先述のように第四幅とほぼ同じ形姿の合掌する菩薩形であるが、右上に雲に乗って来迎する法華経の経巻と如来が描かれており、この描写は『地蔵十王経』版本の第九都市王の図と一致する。従って本幅は第九幅で、本地仏は勢至と判断してよいだろう。大きな目と黒々とした髭が印象的な都市王は、この法華経に

挿図6　十王図第五幅（東覚寺）

挿図7　十王図第九幅（東覚寺）

向かって合掌している。この幅にも画面右端にキリシタン風の人物が小さく描かれるが、この人物は釈迦と法華経に向かって合掌しており、裁きの対象であるようには見えない。下部には地獄の釜が描かれ、一人の僧形が雲に乗って現れている。

第十幅の本地仏は転法輪印を結ぶ如来で、阿弥陀と判断される。下部には人面の牛馬や蛇体、左下隅には黒縄地獄が描かれている。

東覚寺本には以上十幅の十王図に加えてほぼ同寸の地蔵幅と二幅の童子幅が伝わっており、もともと一具であったと思われる。十王図は先述したようにおそらく江戸後期に補彩された黒い背景が画面の印象を大きく変えているが、この三幅にそのような補彩はない。十王図十幅の当初の背景も、この三図のようであったと考えられる。

地蔵は蓮華座に結跏趺坐し、右手に錫杖、胸前に構えた左手に如意宝珠を持っている。本幅で特徴的なのは、地蔵の着衣や岩座の輪郭線が、梵字を書き連ねたものであることで、錫杖にも「欲界　佛寶法寶僧寶一躰三寶」「閻羅天子曰我観地蔵菩薩在六道中」「百千方便而度罪苦衆生不辞彼倦是大菩薩有如是不可思議神通之事然諸衆生脱催罪報未□之間又悪道落佛也」の文言が書き連ねられている。本幅や童子幅には画面端に「智山書」の朱の署名があり、墨で印が二つ捺されている。おそらく智山なる密教僧によって、これらの梵字や文言が書されたのであろう。仏画の輪郭線を梵字や経典の文字を書き連ねて表現するのは、中世以降時折見かけるところである。

以上東覚寺本の概略を記してみたが、大枠としては『地蔵十王経』版本の系統に属する十王図と言って良いだろう。ただ一つひとつのモチーフはそれに倣うものではなく、極めて独自色が強い。「豪放な素朴さ」とでも言うべき作風は他に類を見ない独自のもので、大きく目を見開いた王の迫力ある面貌などは新たな世界を拓くものである。

背景や地が黒く塗られていることは、後述するように制作年代が江戸時代後期に下ることを示すことが多いが、先述したように本作の黒地は補彩と考えられる。比較の材料が乏しいので判断が難しいが、本図の持つおおらかな雰囲気には初発性が感じられ、制作年代が十七世紀も前半に遡ることを示しているように思われる。

図像面では不産女地獄や血の池地獄が描かれることや、キリシタン風の人物が描かれるのが大きな特色で、それは制作年代を考える際の手掛かりでもある。絵師がこの人物をキリシタンとして描いたと断定はできないが、そのように見えてしまう表現であることが重要である。留意すべき点としては、主要モチーフというわけではなく多くのモチーフの中の一つと見えること、王の前で裁かれる者が描かれること、王の傍らに侍す司祭風の人物も描かれること、釈迦や法華経を拝する者が描かれること、などが挙げられよう。すなわちキリシタンを貶める絵でも、逆にキリシタンの立場に立つ絵でもないように見えるが、その思想的背景については今後慎重に検討する必要がある。制作年代については近世初期、さらに言えば幕府によるキリスト教禁止以前の可能性さえ視野に入ってくるだろう。

＊　＊

次に川崎大師平間寺の近傍にある天台宗明長寺所蔵の十王図を取り上げる。この十王図は川崎市市民ミュージアムの『閻魔登場』展をはじめいくつかの展覧会に出品されているので研究者には周知であるが、その素朴で魅力的な画風は、もっと評価されるべきであろう。丸みを帯びた童画風の人物表現は、暖色を多用したカラフルな画面の中で、独自の輝きを放っている。

明長寺本十王図については東覚寺本と同様『地蔵十王経』版本の影響下にあることがすでに指摘されているが[注15]、近世の地獄絵調査の過程で、この十王図と非常に近い図様を持つ十王図に遭遇した。横浜市南区の真言宗西光寺に伝わる十王図がそれで、十八世紀後半に描かれたと見られる佳作である。明長寺本の図様を、『地蔵十王経』版本との比較を軸に、この西光寺本や先述の東覚寺本との比較も交えて分析してみる。

まず第一幅秦広王は、『地蔵十王経』版本が見開きの右頁に秦広王とその前に集まった鳥や獣、左頁に針の山（死天山）と二図に分けて描いていたものを、上下に組み合わせて一図としている。そうした構図の大枠は四者に共通するが、鳥や獣の数に注目すると、『地蔵十王経』版本では獣2、魚1、鳥2、東覚寺本では獣4、魚1、鳥2、蛇1、明長寺本では獣4、魚2、鳥3、西光寺本では獣2、魚1、鳥2となっており、もっとも制作年代が下る西光寺本が、王自体の描写も含めてもっとも『地蔵十王経』版本に忠実である。明長寺本も王の描写そのものは正面向きに改変している東覚寺本に比べれば忠実であるが、獣や魚を描き加えてにぎやかに構成している。

第二幅初江王は、『地蔵十王経』版本が見開きの右頁に三途の川と奪衣婆、左頁に初江王の裁きと分けて描いていたのを、明長寺本と西光寺本ではやはり上下に組み合わせている。後ろ姿の亡者の顔を真上から描いた特徴的な図様をはじめ、個々のモチーフはほぼそのまま踏襲しており、三者は実によく似ている。ただ西光寺本は王を小振りに描くので、少しおとなしくなっている。

挿図８　十王図第五幅（明長寺）

挿図９　十王図第五幅（西光寺）

第三幅宋帝王は、『地蔵十王経』版本が別頁に描く亡者が獄卒や猛獣に責められる場景と宋帝王の裁きの場面をやはり一図にまとめ、さらに王の上部に業秤、責め苦の中に餓鬼道を描き加えている。王の描写は『地蔵十王経』版本にかなり忠実である。西光寺本ではこの第三幅が失われている。

第四幅五官王は、王の体の向きを『地蔵十王経』版本とは左右反転させており、ほぼ忠実な図様に描く西光寺本とは相違している。『地蔵十王経』版本ではこの幅に描かれていた業秤を第三幅に移し、下部には獄卒が曳く火車と餓鬼道を描き加えるが、火車は『地蔵十王経』版本では十王の後に展開する地獄の場面に、亡者を乗せない図様に描かれていた。明長寺本ではその図様をやはり左右反転させてこの第四幅に移し、和装の女性を描き加えている。

第五幅閻魔王（挿図８）では王の手の形を変え、下部に裁きを待つ亡者を多数描き加えている。鏡に映し出される光景は同じであるが、鏡の形状が変更されている。西光寺本（挿図９）はこの幅に関しても『地蔵十王経』版本により忠実であるが、やはり王が小振りに描かれて、力強さに欠ける印象がある。下部には修羅道が描かれており、明長寺本とは大きく相違している。

第六幅も変成王の図様はほぼ『地蔵十王経』版本を踏襲するが、下部の責め苦はやはり地獄の場面からモチーフを移している。最下部に描かれた耕舌も地獄の場面（挿図2参照）から移されたものであるが、中国の十王図の耕舌では斜め上方からとらえる亡者を真上から、しかもひときわ大きく描いているので、異様に迫力ある図様となっている。西光寺本はこの耕舌を第十幅に、明長寺本が省略した舌の上の虫や鳥まで忠実に描いている。王の図様に関しても、西光寺本の方が背後の衝立の角度まで忠実である。

第七幅太山王は『地蔵十王経』版本では審判の場面のみなので、やはり地獄の場面からモチーフを移している。ただ画面中央の獄卒に釘で打ち付けられる亡者と、周囲に散在する釘が打たれた白い餅は、『地蔵十王経』版本には見られないモチーフである。これは宝幢院の地蔵十王図に描かれていた「餅釘獄」と同じ信仰内容を持つもので、毎日念仏を唱えることにより体に打たれた四十九本の釘が一本ずつ抜けて、四十九日目にすべてが抜けて往生できるとする四十九餅と呼ばれる民間信仰を描くものと考えられる。[注16]ただ宝幢院本の「餅釘獄」と熊野観心十界曼荼羅に描かれる四十九餅では餅は一つの大皿に盛られており、釘を打たれる亡者の周囲にいくつも餅が散在する明長寺本とは図様が異なっている。この四十九餅のモチーフは西光寺本第七幅にも明長寺本と類似の図様で描かれているが、四十九日に供養される第七幅に相応しいモチーフと考えられていたのだろう。

第八幅平等王と第九幅都市王にも、『地蔵十王経』版本には見られなかったモチーフが描かれている。すなわち第八幅の賽の河原と血の池地獄、第九幅の不産女地獄がそれであるが、これらの女性に関わる地獄は、近世の地獄絵には必ずといって良いほど登場するものである。西光寺本は第九幅に火車と寒地獄という異なるモチーフを描くが、第八幅にはやはり血の池地獄を描いている。血の池地獄の救済者が如意輪観音であることが関わるのであろう。

第十幅五道転輪王にも地獄の場面からモチーフが移されており、下部には第二幅の三途の川に似た図様が繰り返されている。西光寺本では先述のように耕舌が主要なモチーフとして描かれている。

以上明長寺本の図様を検討してみたが、明長寺本が構成や図様においても、さらには清新な素朴スタイルという表現面においても、基本的には『地蔵十王経』版本を受け継ぐものであることがわかる。ただ『地蔵十王経』版本において情報量の少ない王の幅には近世に流布した新たなモチーフを盛り込むなど、各所で改変を行っている。モチーフを踏襲する場合も忠実な敷き写しとはせずにのびのびと筆を運んでおり、『地蔵十王経』版本の持っていた素朴な魅力を、さらに増幅している印象がある。

西光寺本は明長寺本と図様が極めて近く、その系統に連なることは間違いないが、明長寺本よりも祖本である『地蔵十王経』版本に忠実であることが興味深い。画風の点では明長寺本の方がより素朴でおおらかであり、西光寺本はやや形式化している。

両本とも制作年代は不明であるが、明長寺本は箱の蓋裏に「釈迦三尊厨子　新造之同時　此筥　天明二年壬寅年八月吉日造之　良逢新造」と記されており、天明二年（一七八二）年に箱が作られたこと、すなわちそれ以前の制作であることが分かる。西光寺本も古い箱の蓋裏に「天明七丁未天　八月下旬造立　都合十一幅　地蔵尊共也　大工加藤庄左衛門　願主照英敬白」とあり、天明七年（一七八七）に箱が大工によって作られたことが知られる。

先に『地蔵十王経』版本について、最も古い版と見られる龍谷大学大宮図書館本と、十八世紀中期の刊行と見られる東京大学総合図書館本の違いに言及したが、両者を比較すると、例えば第六幅変成王の前に引き据えられた女性の髪は、龍谷大学本と明長寺本では長く、東京大学本と西光寺本では短くなっている（挿図10）。つまり明長寺本の絵師は十八世紀中頃に刊行された版本ではなくそれ以前に刊行された版本を参照し、西光寺本の絵師は十八世紀中期以降の版本を参照した可能性が高いと考えられるが、制作年を考える際の手掛かりとなるだろう。

『地蔵十王経』版本の影響を明確に指摘できる作例が決して多くない中で、その好例である明長寺本と西光寺本、そして東覚寺本の三作が密教系寺院に伝来し、[注17]しかも独自の素朴表現を見せることは、近世地獄絵の素朴様式を考えるうえで大きな意味を持っている。

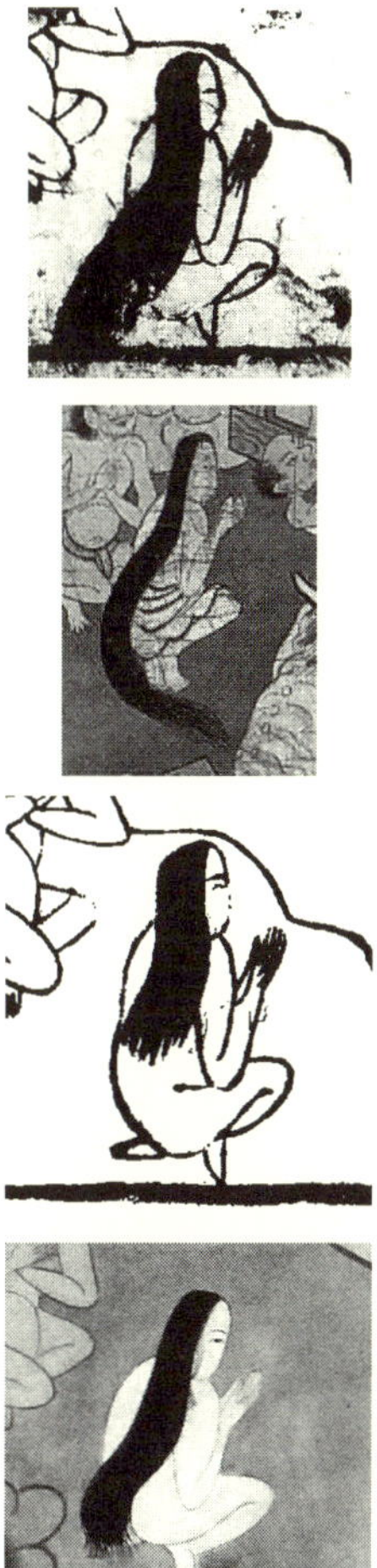

挿図10　女性の髪の比較（龍谷大学本、明長寺本、東京大学本、西光寺本）

* *

本節の最後に挙げる日本民藝館の十王図屛風は、先の二作とはまた違った素朴様式を示すユニークな地獄絵である。日本民藝館には屛風仕立ての十王図が四曲一隻のものと八曲一隻のものの二点収蔵されており、四曲一隻の屛風もなかなか味わい深い作品であるが、ここではより素朴な画風の八曲一隻の十王図屛風を取り上げよう。

この十王図は本来十幅揃いだったと思われるが、二幅が失われている。掛幅画としてはかなり小振りだった故か、日本民藝館の設立者である柳宗悦によって屛風に仕立てられたものである。本地仏が描かれていないので十王の名も特定できないが、現状の第一扇（挿図11）の王はただ一人赤ら顔で、他の七王よりひとまわり大きい。手前に人頭幢と浄玻璃鏡も置かれており、閻魔王と見て良いだろう。浄玻璃鏡に映るのは山の形と炎だけで、他の十王図には例を見ない簡素な図様である。水を飲もうとする亡者は四つん這いになっているようだが、脚が奇妙にねじれてしまっている。

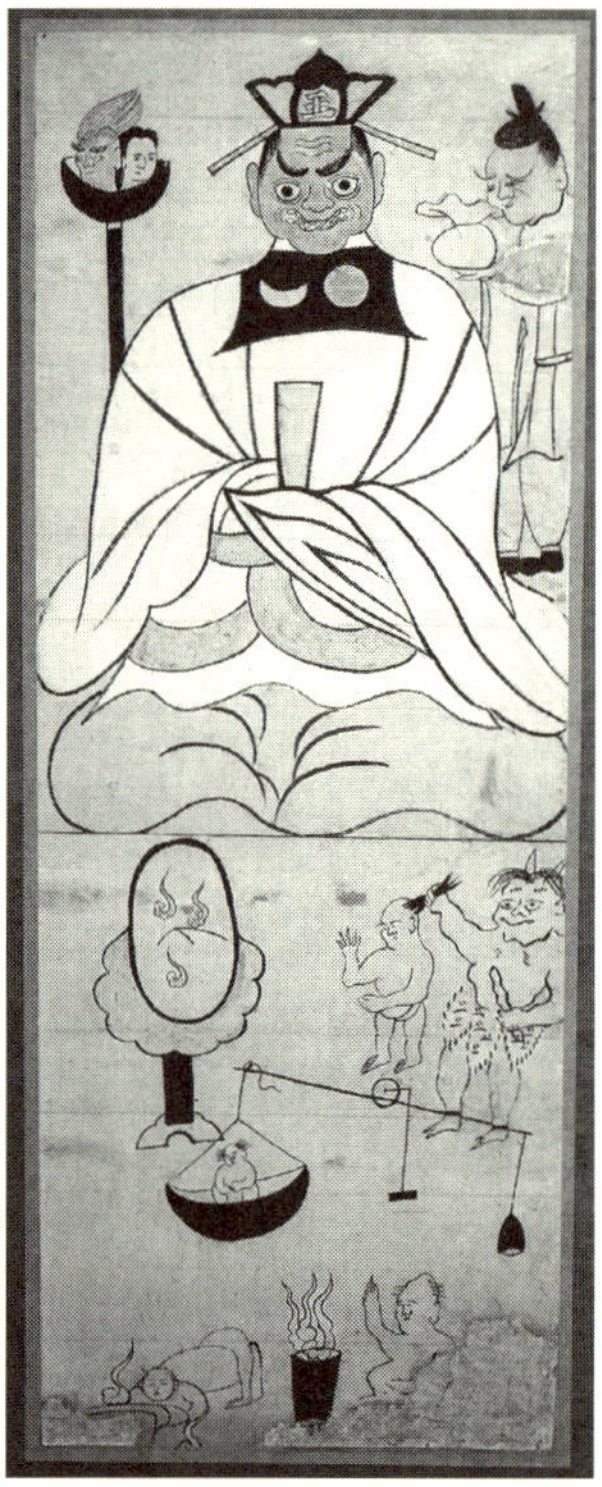

挿図11　十王図屛風より閻魔王
（日本民藝館）

第二扇には不産女地獄と針の山、第三扇には賽の河原と血の池地獄、第六扇には二匹の蛇に巻きつかれる男や獄卒に責められる人面の馬という、近世の地獄絵の定番モチーフが描かれている。ただ両婦地獄の巻き付く蛇の頭は鳥か魚のようで、かなり稚拙な図様である。他の王がほぼ正面から丸顔に描かれるのに対して、この第六幅の王だけは顔を斜めからとらえて、顎の張った個性的な風貌に描いている。

第七扇では草むらに頭蓋骨と切られた手と足が散らばり、第八扇では争う武者の一人が相手の手を切り飛ばしているが、他に余り見かけぬ図様である。

地獄絵には数多くのモチーフが描かれてにぎやかな画面になるものが多いが、本作はいくつかのモチーフを描きこむ幅であっても個々のモチーフは簡素な線描とわずかな彩色のみで描かれるので、画面の印象は実にさっぱりとしている。しかも亡者や獄卒の体などの形態は、リアリズムの観点で言えば稚拙極まりなく、描線は頼りない。素朴な画風のものが多い近世の地獄絵の中にあっても、これほどゆるい表現を見せるものは珍しい。ただ王に関してはそれぞれの個性的な容貌を描き分けており、衣文の描線も安定している。本図にはある程度の数を描きこんだことから生まれる様式というべきものを感じる。

＊＊

以上東覚寺、明長寺、日本民藝館がそれぞれ所蔵する十王図を紹介し、その図様と素朴な画風について若干の分析を試みた。三作品とも制作年代の特定が難しいが、それぞれが独特の素朴スタイルをのびのびと表現していることから見て、十七世紀に描かれたものと考えたい。明長寺本は十八世紀に下る可能性を残すが、東覚寺本は十七世紀もかなり早い時期に制作された可能性が高い。まだいずれの作品も宗教絵画史の中に相応しい席を得ているとは言い難いが、前代からの延長線上にある多くの作例とは異なる、独自の魅力にあふれている。それは中国の絵画史には求め難い日本のオリジナリティであり、もっと評価されるべきであろう。

十七世紀には、先述した版本類の他にも、丹緑本や大津絵など販売を目的とする絵画が量産されている。それらはやはり素朴な表現を持ち味とするが、版画の技法を用いた作品である故か、十六世紀のお御伽草子系の絵巻や絵本の画風とは異なる、新たな素朴表現であるように感じられる。一点制作である東覚寺本や明長寺本十王図は、それらに比べれば十六世紀の作例から引き継ぐ要素を残すが、より素朴で庶民的な感覚に富む点において、版を用いて量産された作例とも共通する、新たな時代の雰囲気を漂わせている。

　筆者は素朴な絵画様式は十四世紀には萌芽したと考えているが[注18]、十六世紀から十七世紀にかけては、多様なジャンルに、多彩な素朴表現が花開いた素朴絵のピークというべき時代であった。その十六世紀と十七世紀の違いを考える上で、時代を越えて描き継がれた地獄絵は、考察の手掛かりを提供してくれる重要な存在と言えるだろう。

## 四　近世中期の地獄絵

　ここまで近世前期が地獄絵において素朴な様式が花開いた時期であったことを論じてきたが、続く中期はどのような状況だったのだろうか。

　まず基準となる作例を拾い上げてみると、兵庫県立歴史博物館の「地獄――鬼と閻魔の世界」展で紹介された兵庫県豊岡市松禅寺の十王図が元禄十二年（一六九九）、四日市市立博物館の「冥界の裁き　閻魔さまと地獄の世界」展で紹介された岐阜県南濃町行基寺の十王図が享保二年（一七一七）、川崎市市民ミュージアムの「閻魔登場」展で紹介された川崎市無量院の十王図が享保二十年（一七三五）の制作である。松禅寺本、行基寺本、無量院本と続く流れをたどると、素朴さが増すと言うより、徐々に表現がおとなしく、こじんまりとしたものになっていく傾向を見て取ることができる。無量院本では狩野派風の水墨表現も多用されるが、その筆致は形式化という言葉で形容されるものであり、そうした傾向は、近世の地獄絵全体の評価を下げる要因ともなっている。

　そのように近世中期へと進むにつれて地獄絵の表現が次第に形式化する傾向が認められる中で、埼玉県春日部市圓福寺に伝わる閻魔大王八大地獄図[注19]（挿図12）は、新たな感覚で制作された地獄絵として重要な作例である。この作品は巨大な板面にレリーフで表現されたものであり、紙本や絹本がほとんどを占める地獄絵の中では異色の存在である。圓福寺には他に浄土変相、阿弥陀二十五菩薩来迎図、釈迦涅槃図をそれぞれ厨子内に立体的に表現した三点の大型木彫作品が伝来し、それらはいずれも圓福寺第九世光世が構想し、元禄六年（一六九三）から十年かけて自ら制作したものと言う。閻魔大王八大地獄図は大型の木彫連作の掉尾を飾るものであり、元禄十三年（一七〇〇）から同十五年にかけて制作されたことが判明する貴重な基準作である。

　この作品に向き合うと、まずその大きさに圧倒される。中央は縦二五〇センチメートルを測るほぼ正方形の巨大な板面で、両翼にそれぞれ二枚の板面を蝶番で開くようにした扉を観音開きに取り付けており、計五面を全開した際の横幅が六六〇センチメートルに及ぶ大作である。中央の大きな板面には閻魔王庁図を彫り出し、右扉の外面は中央で上下二分した上部を等活地獄、下部を黒縄地獄、右扉中面は上部に衆合地獄、下部を叫喚地獄、左扉中面の上部に大叫喚地獄、下部に焦熱地獄、左扉外面の上部に大焦熱地獄、下部に無間地獄を彫り出している。八大地獄にはそれぞれを各四分の一に区画して、「刀林處」などの別所も表している。これらの八

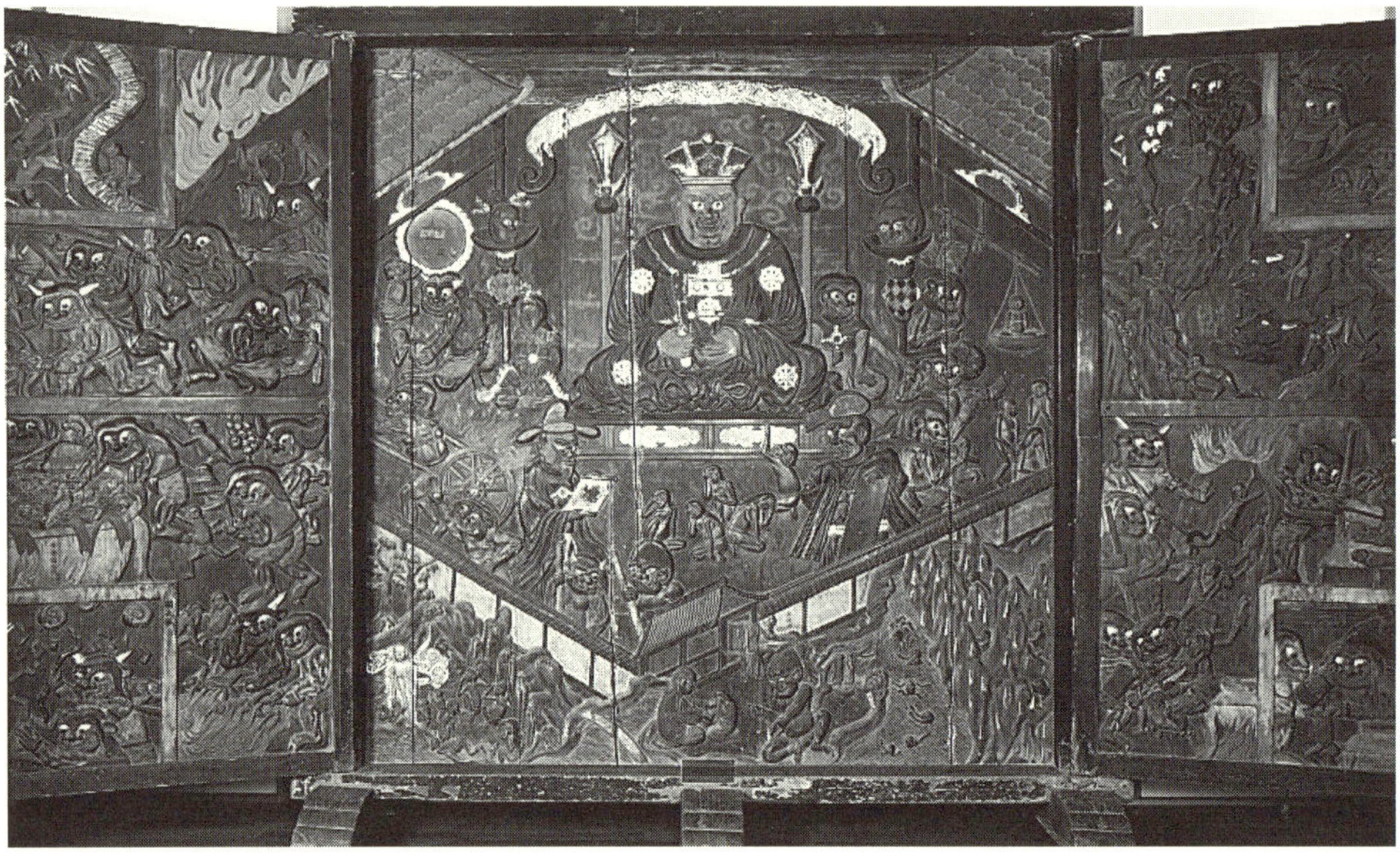

挿図12　閻魔大王八大地獄図（圓福寺）

大地獄はもちろん『往生要集』に基づいているが、中央の閻魔王庁図は右手に秤量舎、左に光明王院、下部に死天山や三途の川を表しており、『地蔵十王経』を典拠としたことが明らかである。閻魔王のみを正面観で大きく表現して、その周囲に地獄を配置する地獄絵は近世中期以前には珍しく、光世の独創による構図なのだろう。

この作品で注目されるのは、閻魔王や獄卒たちのユーモラスな表情である。ふっくらと丸みを帯びた面貌には恐ろしさはほとんど感じられず、楽しげな気分さえ漂っている。『地蔵十王経』版本の素朴な画風に近い雰囲気を感じるが、コミカルさやおおらかさの度合いは強まっているように思われる。制作者の光世はもちろん宗教者であって専門の職人ではないが、その表現には初々しさが感じられ、ほぼ同じ頃に制作された松禅寺本や行基寺本のやや硬化した表現とは対照的である。

次に圓福寺のレリーフの延長線上にある作例として、静岡県沼津市清梵寺の地獄極楽変相図[注20]（挿図13）を挙げよう。清梵寺は白隠が住職を務めた松蔭寺のごく近傍にあり、画風からもその筆になると見て間違いない大作である。

清梵寺本も縦一六四センチメートル、横一〇二センチメートルを測る大画面で、圓福寺のレリーフと同様に閻魔王を中央に大きく描いている。上部に釈迦三尊と両脇に二人の高僧

挿図13　白隠筆地獄極楽変相図（清梵寺）

像を描いているのが地獄絵としては珍しいが、独創的な禅画を描き続けた白隠らしい新機軸と言えよう。閻魔の周囲には様々なモチーフが描きこまれ、地獄のモチーフ図鑑の様相を呈している。その中には老いの坂のような珍しいものや、血の池地獄や両婦地獄、賽の河原のような近世の地獄絵に頻出するモチーフも登場するが、両婦地獄には「世間ノメカケモチ」と、白隠独特の名称が付されている。もちろん業秤や釜茹でのような伝統的なモチーフも描かれるが、亡者の舌を引き伸ばす伝統的なモチーフにも、舌の上で茶を点てる老婆を描くような遊びを加えている。陰惨な地獄の光景を描きながらも閻魔の表情はコミカルで、白隠にしか描けない独自の世界が現出している。制作年は記されていないが、白隠七十歳前後の、一七五〇年代の制作と見て間違いないだろう。

圓福寺の巨大なレリーフと清梵寺の大幅は、ともに学識豊かな僧侶によって新たに構想された地獄絵であり、素朴でコミカルな表現の点でも共通する。光世や白隠はもちろん職人的工房で訓練を受けた造形の専門家ではないが、作品制作の経験を重ねる中で表現者としての十分な技量を備えていた。自らの構想のままに自由に制作できたという環境が、両作ののびやかな表現につながったのだろう。そのような地獄絵はかつてなかったものであり、地獄絵の歴史に新たなページを加えるものと言えるだろう。

先に十七世紀の熊野観心十界曼荼羅に関する見解を紹介した小栗栖氏は、熊野観心十界曼荼羅の中でも氏が別本と呼ぶ新たな構図を工夫した一群は、ほとんどが十八世紀後半以降に制作されたものであると述べておられる。近世中期の地獄絵が新たな図様を生み出す活力を保持していたことを示す重要な指摘であろう。

十八世紀後半については、地獄絵が地方に急速に普及したことに留意したい。秋田県を中心に東北各地の地獄絵を調査された錦仁氏は、秋田県内だけでも約五十の寺院で地獄絵を確認されている。[注21]元文四年（一七三九）制作の秋田市満船寺のものが最古のようであるが、十八世紀半ば以降の地獄絵の急速な浸透に驚かされる。

以上近世中期の地獄絵を駆け足で検討してみた。近世前期の素朴な画風が徐々に形式化したこと、創意あふれる宗教者らによって斬新な地獄絵が構想されたこと、地方において量的な拡大を見たこと、の三点が指摘されるだろう。

## 五　近世後期の地獄絵

残された紙面は少ないが、近世後期の地獄絵に若干の分析を加えて、近世の地獄絵の見取り図を完結させたい。

まず十九世紀の地獄絵を代表する作例として、品川区長徳寺所蔵の六道絵五幅（挿図14）を挙げよう。この作品についてはかつて展覧会で取り上げ、拙文も草している[注22]ので簡略に記すにとどめるが、なんといっても黒く塗り込められた背景が印象的である。亡者をはじめとする個々のモチーフはかなり素朴な描写であるのだが、この黒い背景によって画面が引き締まり、見る者にドラマティックな印象を与える地獄絵となっている。

挿図14　六道絵第一幅（長徳寺）

長徳寺の六道絵は、裏面の墨書銘により嘉永二年（一八四九）に奉納されたものであることが分かり、制作時期もその頃と考えられる。この幕末に近い時期の地獄絵には、板橋区立美術館の「あの世の情景」展で紹介された弘化二年（一八四五）制作の酒田市十王堂の閻魔地獄図や、四日市市立博物館の「冥界の裁き　閻魔さまと地獄の世界」展で紹介された安政四年（一八五七）制作の四日市市両聖寺の閻魔王庁図のように、やはり背景を黒く塗り込めた作例が目立つ。先述の東覚寺の十王図の背景も、この頃補筆された可能性が高い。

幕末に描かれた宗教画として見落とせない作品に、狩野（逸見）一信が嘉永七年（一八五四）から没年である文久三年（一八六三）にかけて描いた五百羅漢図（増上寺蔵）があり、入魂の大作として近年注目を集めている。[注23]その第二十一幅から二十四幅にかけては地獄をモチーフとしており、地獄絵と見ることができるが、その背景はやはり黒く塗り込められている。

立山曼荼羅も地獄絵の範疇に含めることができるが、や

挿図15　天保版『往生要集』

はり幕末には、安政五年（一八五八）制作の宝泉坊本や、慶応二年（一八六六）制作の吉祥坊本のように、背景を黒に近い濃紺に塗り込めた作例が見られる。前者は西尾藩主松平乗全によって描かれたもの、後者は老中本多忠民が江戸の絵師に描かせたもので、ともに緻密な筆致を特徴とする高い完成度を誇る作品である。[注24]

そのように近世後期の地獄絵には、背景を暗色で塗り込め、素朴さなど微塵も感じさせない例が目立つのだが、そうした作例の登場のきっかけは、天保十四年（一八四三）の『往生要集』新版[注25]（挿図15）であろう。その挿図は、寛文版や寛政版の『往生要集』の画風を一新するものであった。

この天保版『往生要集』には、八田華堂金彦という絵師の名が記されている。金彦は多くの図の背景を黒で潰し、寛文版や寛政版に比べて鋭い描線でシャープな形態を描き出しており、その表現に素朴さはない。現代の劇画から受ける印象に近いと言って良いだろう。黒く潰した背景やシャープな形態感覚はこの天保版『往生要集』から始まったわけではなく、北斎の読本挿絵などの近世後期の版本類にすでに見られるところであるが、天保年間以降劇画調のドラマティックな地獄絵が急増したのには、この天保版『往生要集』の影響力が大きかったと考えられる。金彦は続く『往生要集』嘉永再刻版の挿図も描いており、やはり黒バックを多用している。歌川国芳も三枚続きの地獄図で黒く潰した背景を採用しているが、時流に合わせた表現だったのだろう。

地獄と暗黒は容易に結びつくように思われ、平安時代末期に制作された地獄草子には背景を黒く潰した図も見られたが、それ以降十八世紀までの約六百年の間、背景を黒く潰した地獄絵はほとんど見かけることがなかった。背景を黒く潰すのは近世後期の地獄絵の、さらに言えば近世後期の絵画の特徴の一つであるが、この点については稿を改めて論じたい。[注26]

近世後期の地獄絵にはもちろん形式化が指摘される作例も多いが、背景を黒く潰したもの以外にも、ドラマティックでシャープな表現という点で評価できる作例が散見される。例えば山形県鶴岡市常念寺の円潭筆閻魔大王八大地獄図は、鋭い筆致で迫力ある図様を描き出した秀作である。筆者円潭[注27]の経歴はなかなか興味深いので紹介すると、文化十四年（一八一七）に酒田に生まれ、江戸に出て狩野派に学び、弘化二年（一八四五）に師の一字を与えられて淵潭守純と号した（後に円潭と改名）。その後京都大坂に遊歴し、各地の社寺が所蔵する古画の模写に励んでいる。円潭は信仰心に厚く、鶴岡の大督寺俊明和尚のもとで剃髪・出家し、後年鶴岡市淀川寺の住職も務めており、庄内地方には円潭の描いた仏画がかなり残されているという。

常念寺の閻魔大王八大地獄図は閻魔王庁を描く幅と地獄を描く幅の三幅からなるが、有名な聖衆来迎寺の六道絵から図様を引用して構成したことが明らかである。そのリアルな地獄の描写は円潭の古画学習の成果であり、鎌倉時代の地獄絵の復興と見ることができる。天保版『往生要集』を描いた八田華堂金彦や、増上寺の五百羅漢図を描いた狩野（逸見）一信も、円潭と同様古画に学ぼうと務めているが、そうした復古的な要素に新たな感覚を加えたところに、この時代の地獄絵の存在価値はあるだろう。

以上近世の地獄絵を概観してみた。取り上げた作例は限られ、しかもかなり恣意的な選択と言わざるを得ず、改訂すべき余地が大きいが、前期にはおおらかで素朴な様式が豊かな展開を示し、中期には表現の形式化が進んだものの学識ある僧侶らによって新たな構図が工夫され、後期には素朴とは全く逆の方向性を持ったドラマティックなスタイルが登場する、というおおまかな見取り図が描けるように思われる。

すなわち近世の地獄絵には、素朴なマンガ調がシャープな劇画調に変わったと形容できそうな大きな潮流の変化が指摘されるのだが、江戸の庶民的な絵画の代表である浮世絵を見ても、十七世紀の菱川師宣と十九世紀の葛飾北斎の作風の違いに言及するまでもなく、素朴から洗練へという大きな流れが指摘される。また、東京近郊には近世後期に奉納された完成度の高い大絵馬[注28]や、高い技術を誇る社寺の装飾彫刻が豊富に見出されるが、それらは素朴とは正反対の「洗練」という言葉で形容されるものであり、江戸の庶民文化の高揚という文脈で把握すべきものである。近世の宗教絵画は単調に形式化の道をたどったと理解されがちであるが、地獄絵に関しては前期と後期で異なる様式展開があり、それぞれに新たな価値を生み出したのである。

本稿ではそのうち前期の素朴な様式の地獄絵を中心に、その魅力の分析を試みた。宝幢院、東覚寺、明長寺、日本民藝館がそれぞれ蔵する十王図、圓福寺の閻魔大王八大地獄図といった、まださほど知られていない作例を駆け足で紹介したが、いずれの作品もそれ以前の地獄絵にはなかった新鮮な表現に満ちており、地獄絵の新たな地平を拓くものであった。その魅力が少しでも伝わったなら、不十分ながらも責を果たせたのではないかと考えている。

（二〇一三年七月脱稿）

注

1 鷹巣純氏による地獄絵の論考は数多く、そのすべてを紹介することはできないが、代表的なものに「目連救母説話と六道十王図」（『佛教藝術』二〇三号、一九九二年）、「めぐりわたる悪道――長嶽寺本六道十王図の図像をめぐって」（『佛教藝術』二一一号、一九九三年）、「出光美術館本六道十王図に見る伝統と地域性」（『宗教民俗研究』一六号、二〇〇六年）がある。

2 小栗栖健治『熊野観心十界曼荼羅』（岩田書院、二〇一一年）

3 福江充『立山曼荼羅　絵解きと信仰の世界』（法藏館、二〇〇五年）

4 錦仁『東北の地獄絵――死と再生』（三弥井書店、二〇〇三年）

5 西田直樹氏による往生要集に関する論考のうち、往生要集絵巻に関するものは『『往生要集絵巻』詞章と絵の研究』（和泉書院、二〇〇〇年）にまとめられ、『往生要集』天保版に関連する一連の論考は、『作新学院大学人間科学部紀要』に掲載されている。

6 荒見泰史氏は「大足宝頂山石窟「地蔵変龕」成立の背景について」（『絵解き研究』一六号、二〇〇二年）において、九～十世紀の中国における十王信仰のなかに、本地仏の原形となるものが存在していたという見解を示されている。

7 拙稿「沼田市正覚寺蔵十王図と十三仏成立の問題」（『群馬県立女子大学紀要』第一〇号、一九九〇年）なお、かつて筆者はこの拙論において、室町時代の十三仏の成立には、本地仏の定型から弾き出される形勢にあった大日を、年忌供養の仏に留めたいとする真言密教家の思惑が働いていると論じたが、その後秦広王の本地仏を大日とする大阪市水尾弥勒堂の十王図と岡山県本山寺の遣迎二尊十王十仏図という古例が知られるようになり、拙論は補強されたと考えている。

8 拙稿「新出の六道絵六幅対をめぐって」（『國華』一一二〇号、一九八九年）

9 室町時代の素朴な絵画様式については、拙稿「素朴絵　その系譜と魅力」（『聚美』第九号、二〇一三年）で論じた。なおこの『聚美』第九号（素朴絵特集）には、本稿で取り上げた東覚寺本をはじめとする近世の地獄絵がカラー図版で多数掲載されているので、参照されたい。

10 宮次男「十王経絵について」（『実践女子大美学美術史学』第五号、一九九〇年）

11 絵入『往生要集』版本に関連する作品に、往生要集絵巻（個人蔵）がある。この作品は従来室町時代の制作と考えられてきたが、近年国語史を専門とされる西田直樹氏から、寛永八年版または寛永十七年版の『往生要集』に基づいたものであり、それ以後の制作であるとする重要な提言がなされた（注5参照）。今その当否についての判断は控えたいが、十七世紀の地獄絵の基準作が少ない中で、様式面の分析だけで往生要集絵巻の制作年を確定することは難しいと言わざるを得ない。

12 宮次男「和字絵入往生要集について」（『国立国文学研究資料館調査報告』一二号　一九九一年）

13 長柄町の指定文化財である十王図はすでに廃寺となった槐木谷光堂に伝わったもので、現在は大津倉地区が管理している。現状は地蔵幅を含む十幅で、一幅が失われている。

14 注2参照

15 注10参照

16 四十九餅に関しては、高達奈緒美「観心十界図」の四十九餅図像について」（『絵解き研究』一六号、二〇〇二年）に詳しい。

17 ここまでの議論で言及した地獄絵のうち、高野山の麓の天野に伝わった出光美術館の六道絵、宝幢院の十王図、円照寺の十王図、東覚寺の十王図、西光寺の十王図が真言宗系、明長寺の十王図は天台宗系と考えられる。

18 注9参照

19 筆者は閻魔大王八大地獄図の存在を圓福寺のホームページで知ったが、今後インターネットを活用することにより、近世の宗教美術の研究が大きく進展することが期待される。

20 清梵寺の地獄極楽変相図は、花園大学国際禅学研究所編『白隠禅画墨蹟』（二玄社、二〇〇九年）に収録されている。その図様に関する論考に、小栗栖健治「清梵寺本「地獄極楽変相図」について」（『兵庫県立歴史博物館紀要』第二三号、二〇一二年）がある。

21 注4参照

22 拙稿「長徳寺蔵六道絵」（『國華』一二一九号、一九九六年）

23 二〇一一年に江戸東京博物館で「増上寺秘蔵の仏画　五百羅漢　幕末の絵師狩野一信」という展覧会が開かれて、一躍脚光を浴びた。なお、安村敏信氏の近著（『江戸絵画の非常識』敬文舎、二〇一三年）によれば、狩野一信ではなく逸見一信と呼ぶべきという。

24 注3参照

25 注5参照

26 背景を黒地にする問題については、本書収載の「背景を黒地にする宗教絵画――白隠の禅画と幕末の地獄絵を中心に――」を参照。

27 円潭については『鶴岡市史』（一九七五年）、『画家円潭展・常念寺と円潭』（本間美術館、一九八三年）、ならびに注4に掲げた錦氏の著書を参照。

28 近世後期の絵馬については、拙稿「近世後期の武者絵馬について」（『浮世絵芸術』一四七号、二〇〇四年）を参照されたい。

図版出典

挿図1　筆者撮影／挿図2、3　『救いのほとけ　観音と地蔵の美術』展図録（町田市立国際版画美術館、二〇一〇年）より転載／挿図4～7　筆者撮影／挿図8　拙著『日本の素朴絵』（ピエブックス、二〇一一年）より転載／挿図9　筆者撮影／挿図11　筆者撮影／挿図12　圓福寺ホームページより転載／挿図13　花園大学国際禅学研究所編『白隠禅画墨蹟』（二玄社、二〇〇九年）より転載／挿図14　特別展『近世宗教美術の世界』図録（渋谷区立松濤美術館、一九九五年）より転載／挿図15　特別展『地獄――鬼と閻魔の世界』図録（兵庫県立歴史博物館、一九九〇年）より転載

# 参詣曼荼羅の制作工房について

## ――その絵画史上での位置づけ――

上野　友愛

### はじめに

社寺参詣曼荼羅（以下、参詣曼荼羅）は、中世後期から近世初頭にかけて数多く制作された大画面の宗教的な案内絵図である。現在では近畿地方を中心に約一五〇点の遺品が確認され、参詣を誘う宣伝、あるいは、伽藍の造営や再興を期する勧進のために制作された、社寺参詣「民衆化」の産物と考えられている。

では、宗教が庶民に広く浸透した時代、参詣曼荼羅と呼ばれる宗教絵画は、どのような描き手によって制作されていたのであろうか。

参詣曼荼羅の制作背景については、図そのものの制作企画・依頼者（集団）に関する研究が進展している。[注1]すなわち、典型的な作品とされる中世後期・十六世紀に制作された初期の参詣曼荼羅は、各霊場にあってその復興・維持を務めていた「穀屋」（本願・勧進）によって制作され、[注2]勧進聖たちが折って持ち運んだ各所で、絵解きを行ったものと推測されている。[注3]一方で、美術史学における課題ともいうべき、参詣曼荼羅の絵師（制作工房）については、その素朴で庶民的な表現が、同時代に制作されたお伽草子絵に相通じるものであるとしばしば指摘されるものの、十分な考察は行われていない。

そこで本稿では、近年紹介された新出の「東山名所図屏風」（国立歴史民俗博物館蔵）の様式検討を通して、本屏風と密接な図様の共通性が認められる「清水寺参詣曼荼羅」がどのような絵師（工房）によって制作されたものであるのかを考えたい。換言するならば、その制作の場とはどのような環境が想定されるのか、絵画史上におけるその位置づけを試みることにしたい。

## 一　先行研究について

画面の下端に「元信」の朱文壺形印が捺され、狩野元信との関連が想定される「富士参詣曼荼羅」（富士山本宮浅間大社蔵）を例外として、参詣曼荼羅の作者は詳らかでないのが常である。

そのようななか、現存作例に認められる人物・建物・雲形・波文・樹法・土坡などの筆致の癖から、特定の工房によって制作された可能性が早くより指摘され[注4]、同一工房で制作されたと考えられる参詣曼荼羅を整理する試みがなされている。下坂守氏が指摘する工房分けは次の通りである[注5]。

【工房Ⅰ】那智（闘鶏神社本・個人本）、八坂法観寺、施福寺（A本）、善峰寺、成相寺、道脇寺

【工房Ⅱ】紀三井寺、那智（個人本）、伊勢神宮（神宮徴古館本）、清水寺（清水寺本・中嶋家本）、東観音寺

【工房Ⅲ】三鈷寺、長命寺（個人本・長命寺本）

また、寺澤慎吾氏は、「善光寺参詣曼荼羅」（藤井寺市善光寺蔵）と「明要寺参詣曼荼羅」（丹生宝庫蔵）が同一工房作であることを指摘し、この工房を新たな第四の工房【工房Ⅳ】と想定された[注6]。

では、その工房とは、具体的にどのような絵師集団であったのであろうか。どこに工房を構えていたのか、また参詣曼荼羅の制作を専門とする工房であったのか[注7]、その実像はなかなか見えてこない。寺澤氏は、右記の四工房について、「互いに密接に関係し、同じような時期に参詣曼荼羅を描く工房として並存していたと考えられる。一つの系統から徐々に派生し、それぞれの描写表現を確立していった可能性もあるだろう」と指摘される[注8]。すなわち、四工房のうち、一つの工房像を紐解くことで、これまで漠然と想像されてきた参詣曼荼羅制作工房の姿を少しでも明らかにできるのではないだろうか。本稿では、「清水寺参詣曼荼羅」が分類される【工房Ⅱ】をその足掛かりとしたい。

## 二　「清水寺参詣曼荼羅」と「東山名所図屏風」

### 1　「清水寺参詣曼荼羅」の概要

京都東山で現在も多くの参詣者や観光客を集めている清水寺は、平安時代以来観音霊場として栄え、中世での西国三十三所巡礼の定着以降は、その十六番札所として賑わいを見せた。なお参詣曼荼羅は、西国三十三番札所の多くに遺品が伝わっており、「観音霊場三十三か所にはすべてあったのではないか」とも言われている[注9]。本稿で取り上げる「清水寺参詣曼荼羅」もその一つであり、「清水寺

参詣曼荼羅」には、従来から知られていた中嶋家所蔵のもの（以下、中嶋家本）と、平成元年（一九八九）、京都国立博物館の文化財総合調査で発見された清水寺所蔵本（以下、清水寺本）の二本が存在する。[注10]両本の制作年は不明だが、構図は凡そ一致し、清水寺本が十六世紀半ば、中嶋家本がこれよりやや遅れて十六世紀末に制作されたものと考えられている。[注11]

挿図１「清水寺参詣曼荼羅」清水寺本

ここではまず、清水寺本によって「清水寺参詣曼荼羅」に描かれた地物を概観しておこう[注12]（挿図１）。画面のほぼ中央には〈清水の舞台〉として有名な懸造りの本堂舞台が配されており、描写の位置と大きさからして、この本堂が本図の核であることは間違いない。背景にそびえるのは東山連峰である。本堂後方の高台には、古くから桜の名所として名高い地主権現が描かれ、周囲には桜が美しく咲き誇っている。本堂向かって右手には、上から地蔵堂・釈迦堂・阿弥陀堂・奥の院が縦に配置されている。また、本堂脇の長い石段を下ると、音羽の滝に至り、水垢離を取る姿や水を汲む者が描写されている。本堂向かって左手に延びる回廊の後ろには懸造りの舞台が付属した朝倉堂、そのさらに左には、勧進僧の住坊である成就院が配されている。三重塔をつたい下方に目を転じると、西門、そして霊場の入口にあたる仁王門がある。以上、本図の上部約四分の三の空間には、清水寺境内が詳細に描かれている。

この霊場に付随するのは、下部の参詣路空間である。参詣路のはじまりは、画面左下隅、中島を挟んだ五条橋である。五条橋を渡り終えると、道の向こう側には長棟堂と呼ばれる癩者の収容施設があり、さらに進むと右手に六波羅蜜寺、左手にはすやり霞から顔を出す八坂の塔が見える。参詣路を歩く男女僧俗の人々に導かれながら

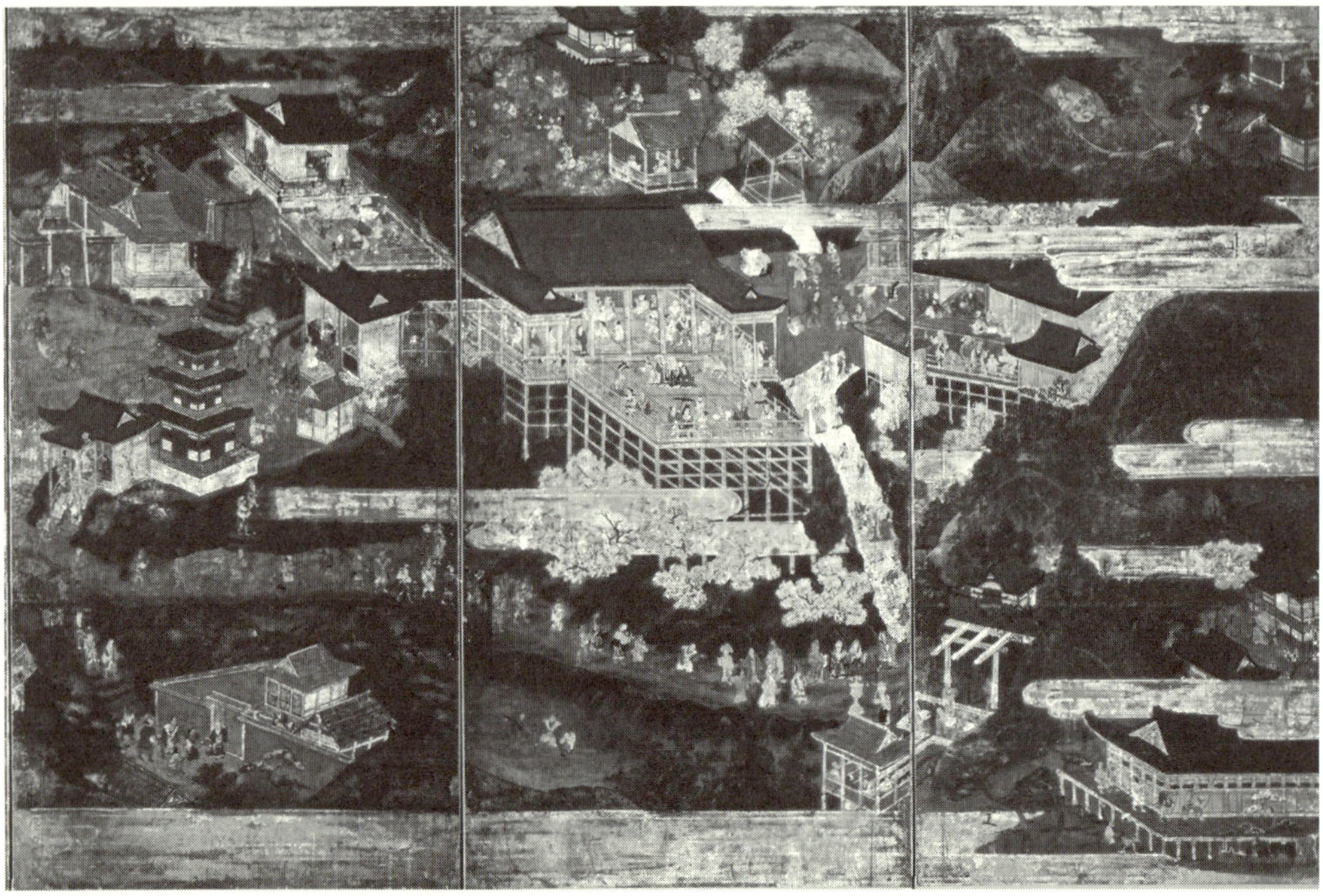

挿図２ 「東山名所図屏風」国立歴史民俗博物館蔵

湾曲した清水坂を上ると、左側には経書堂（来迎院）・大日堂（真福寺）が続く。賑わう門前茶屋を抜けると、正面には馬駐、そしてその向かいの泰産寺には、子安の塔が建つ。

このように「清水寺参詣曼荼羅」は、清水寺境内を描くだけではなく、周辺の諸堂寺や参詣路の地物などを画面いっぱいに詳しく描いており、清水寺参詣という信仰世界が広く捉えられている。

## ２ 歴博本「東山名所図屏風」の概要

「清水寺参詣曼荼羅」が制作された【工房Ⅱ】を探るにあたり、その糸口にしたいのが「東山名所図屏風」（国立歴史民俗博物館蔵）である[注13]（挿図２）。

六曲一隻の屏風に、京都東山の景観とそこに集う人々の風俗を詳細に描き出す「東山名所図屏風」は、近年初めて紹介された新出の作品である。描かれた景観年代・風俗年代・様式的特性より判断し、本図の制作期は十六世紀半ば過ぎ〜十六世紀後半、遅くとも一五九〇年代まで下らない頃と考えられる。寸法は、縦八六・四、横二六三・一センチメートル。やや小形ではあるが、饒舌なまでの風俗描出、寺や橋など地物配置の地理的関心など丹念な画面作りがうかがわれる。

作品向って左第五・六扇部分に鴨川が縦に流れ[注14]、鴨川の西岸にあたる洛中部分は、わずか第六扇一扇分に収められる。一方で、第一扇から第五扇には、鴨川の東岸、東山一帯の諸処が広がる。[注15]まさに

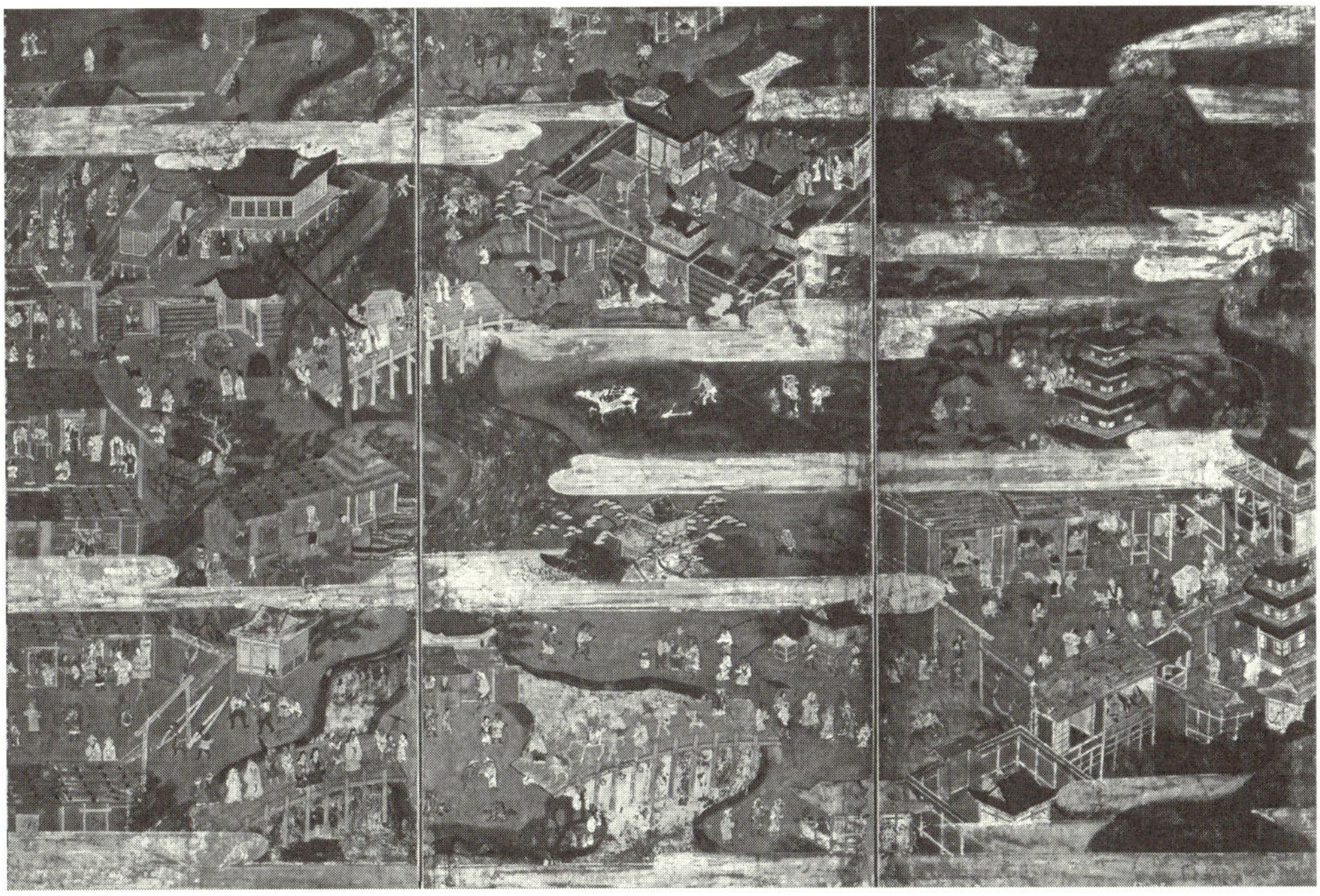

〈東山〉重視が本図の景観構成の特徴である。

　そのなかでも中心となるのが清水寺であろう。第二扇には、本堂舞台が強調して配されており、この場が清水寺であると一瞬にして識別できる。この本堂の周り、本図第一扇から第三扇には、境内の堂舎が相対的位置関係にこだわって配されており、清水寺の境内を詳細に描く作例として直ちに「清水寺参詣曼荼羅」（清水寺本・中嶋家本）の存在が想起される。また、清水寺境内の入口にあたる仁王門から、視線を左下に伸ばすと、第五・六扇の下部に一際大きく描かれる中島を挟んだ五条橋に至る。以上見てきた景観範囲は、「清水寺参詣曼荼羅」のそれとまさに重なるものである。

　ところで、一般に参詣曼荼羅は、境内付近の聖域は大きく細密に描き、その一方で、長大な参詣路を描き込むために参詣路空間は圧縮され、地形をデフォルメして表現するという空間構成の特徴がある。[注16]「清水寺参詣曼荼羅」もその例外ではなく、清水寺信仰の中心を成す舞台造りの本堂が、画面中央に大きく鎮座している。一方で参詣路は、参詣の起点となる五条橋（現・松原橋）から仁王門、そして本堂に至るまで実際の地理上ではかなり長くほぼ一直線に位置しているにも関わらず、参詣曼荼羅特有のほぼ正方形という画面の制約により、くねくねとS字状に大きく蛇行させられ、画面のわずか四分の一に収められている。[注17]これに対して、本図「東山名所図屏風」の場合、第五・六扇最下部の五条橋から、六扇を貫くかたちで、対角線上に清水寺の参詣路と境内が配されている。画面内の最大直線距離である対角線を利用することで、現実には五条橋からほぼ東に一直線に延びる長大な参詣路を、画面上に再現することに成功している。さらに、聖域空間である境内と、参詣路の双方の有機的な連繫をはかり、且つ詳細に描こうとする意欲は、清水寺を中心とする信仰世界の可視化である「清水寺参詣曼荼羅」に匹敵するものといえる。[注18]

### 3　「清水寺参詣曼荼羅」と「東山名所図屏風」の関係

「東山名所図屏風」には、「清水寺参詣曼荼羅」と共通した人物図様がいくつか認められ、その共通性は職業や身分、身体的特徴をあらわす要素の点のみならず、その人物像が配される場も含めて対応関係がうかがわれる。すでに『國華』第一三三一号で詳しく紹介したが、改めて概観すると、例えば五条橋を渡り、洛中に弓の弦を売りに行こうとする二人組の犬神人、成就院の門前を掃く寺男、朝倉堂の左側扉前に立つ僧、西門の右下を通る長唐櫃を担ぐ男たち、本堂舞台の先端で、従者に黒い傘を差しかけられている禅僧、本堂舞台下において、女性の一行に駆け寄る従者（挿図3・4）、本堂西側の翼廊（楽舎）で、座って食事をしている巡礼者たちなどがそれである。

さらに、堂舎の描き方も注目される。「東山名所図屏風」で、洛中から五条橋を渡り木戸の左手前に配された御堂の傍らには、木製の箱が置かれている（挿図5）。顔料の剝落により、箱のなかに何

挿図3　清水寺本　本堂舞台下

挿図4「東山名所図屏風」第二扇　本堂舞台下

挿図5「東山名所図屏風」第五扇　経書堂

挿図6　清水寺本　経書堂

が描かれていたのかは分からない。しかし、このモチーフは「清水寺参詣曼荼羅」の経書堂付近でも確認できるものであり（挿図6）、下坂守氏によれば、箱のなかには石が描かれ、経書堂の、石に経文を書いて奉納するという習俗を表しているという。[注19] すでに指摘したように、一般に参詣曼荼羅は、境内付近の聖域は大きく細密に描き、その一方で長大な参道を描き込むために、参詣路空間は圧縮して描かれるという特徴を有していた。堂舎固有の外観特徴が表わされ難い圧縮された参詣路描写のなかで、この石が入った木箱の存在は、傍らの堂舎を経書堂であると同定する重要な情報となる。つまり、経書堂であることのシンボルとも言うべきこのモチーフにより、類型的外観の堂舎を、特定のものとして識別させる手法が両作品には共通しているのである。

以上の例からだけでも、「清水寺参詣曼荼羅」と「東山名所図屏風」が、〈清水寺〉という共通した図像ストックを持ち、且つその図像を使用する際の理論にも通じた密接な関係にあることが想像されよう。したがって、「清水寺参詣曼荼羅」の制作工房を探るにあたり、次章ではまず「東山名所図屏風」の制作工房について考察することにしたい。

挿図7 「東山名所図屏風」第二扇　本堂下の岩

挿図8 「松図屏風」出光美術館蔵　岩

## 三 「東山名所図屏風」の様式的特性

### 1 土坡・樹木の表現に注目する

ここでは、参詣曼荼羅以外の具体的な作品に即して、「東山名所図屏風」の様式的特性について、比較検討を行う。

「東山名所図屏風」を概観して、まず了解されることは、樹木や岩などの描写に狩野派に代表される漢画的特徴が認められないことである。そこで、以下、本図の土坡や樹木の描写に注目し、絵画史上、本図は様式的にどのような位置を占めているのか見ておきたい。

清水寺本堂舞台下の土坡は、地表から湧いて盛り上がったような、曲線を主体とする形態であり、岩の皴は、小さな円弧を重ね、こんもりとした丸みをつくるように引かれている。また、岩の皴にそって処々に点苔が打たれており、これと近似した表現は、土佐光信筆との、光成による紙中極をもつ「松図屏風」（出光美術館蔵）に認めることができる[注20]（挿図7・8）。また、同じく土佐光信筆との光起による極めをもつ「松図屏風」（東京国立博物館蔵）の岩の表現にも、類似性

挿図９「東山名所図屏風」第一扇　松

を指摘できよう。[注21]

続いて、樹木、なかでも松の表現を見てみたい。松は、一筆描きと思われる、柔らかくくねりながら伸びる幹の形態に、墨で輪郭線を引かず茶色で没骨風に塗り表わされている（挿図９）。

本図の松の描写は粗放な筆致ではあるが、その形態は、やはり先に挙げた「松図屏風」（東京国立博物館蔵）のそれに近いことが指摘できよう。また、幹のところどころに、点苔が、白色の輪郭などは施されずに白緑のみで打たれている点や、樹皮に皴を入れない穏やかな表現、さらに、根元の処理にこだわりが感じられない表現がある一方で、根が二派に分かれ、その一方がいったん地表に隆起し、さらに根を派生させながら地面に潜らせるという特徴的な表現を同居させる点も双方に類似しているといえるだろう。

これまでの様式比較より、本図の土坡や樹木の表現は、土佐光信の手とは認められないながらも十六世紀に活躍した土佐派の絵師の画風と共通性が認められる。そこで、いま仮に、本図の絵師は、その表現の簡略化から土佐光信以降のやまと絵師である可能性が高いと仮定し、光信以降のやまと絵師の作例と比較を行いたい。

### ２　「伊勢物語色紙貼交屏風」との比較

「東山名所図屏風」の絵師が、まず一見して、「桑実寺縁起絵巻」（桑実寺蔵）に代表される土佐光茂や、「源氏物語手鑑」（和泉市久保物記念美術館蔵）に代表される光吉系などの、細緻な描写、華麗な彩色の画風と距離があることは明らかである。

そのようななかで、興味深い作品がある。それは、サントリー美術館に所蔵される「伊勢物語色紙貼交屏風」（以下、「サントリー本」と略称）である。[注22]全四十九葉の色紙を有する本作品は、その図様の大半が「嵯峨本伊勢物語」と一致することから、嵯峨本の底本

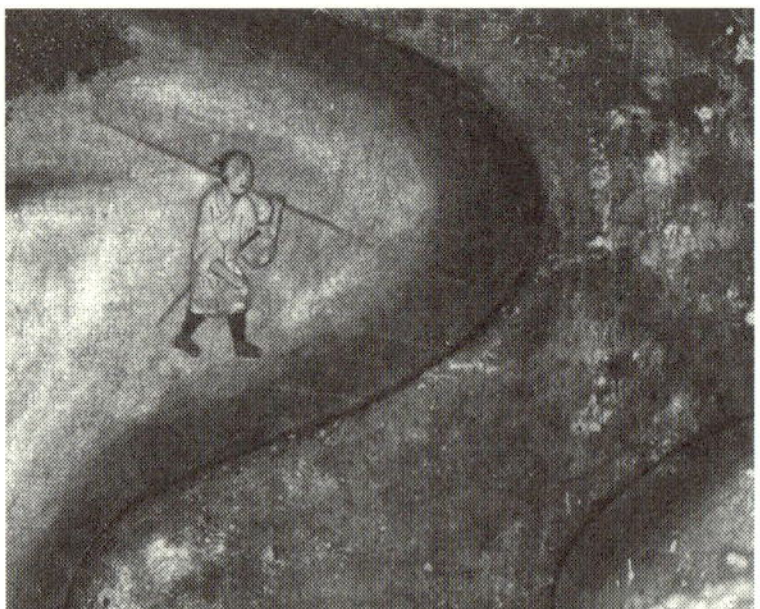

挿図10「東山名所図屏風」第六扇　汀

挿図11　サントリー本「第七段　伊勢の海」汀

になっている可能性が指摘されるものである。[注23]サントリー本と「東山名所図屏風」では、一方は金雲、また一方はすやり霞と雲霞表現に違いが認められるが、双方とも、紙本濃彩着色の地にしっとりと落ち着いた金泥が刷かれている。また、緩やかな曲線の汀が緑青系の色で縁取られる点や（挿図10・11）、樹木の根元や建物の軒下にしばしば緑色が差される点などが共通する。さらに、土塀の、檜皮色の壁に黒みを帯びた青色で横線を引く表現や、墨線のみで描かれた小樹の、波のように円弧を重ねる幹、そしてV字の枝先の表現などにも類似性が見出せる。これらの類似点が、人物の面貌表現などで厳密に細部まで酷似が認められる場合に比べ、様式の近似を主張するには説得力に欠けることは否めない。しかし、双方の自然描写に類似する部分が決して少なくないことから、両者の様式特性が、現存作例のなかで、近似したものであることを指摘しておきたい。

ところが、サントリー本そのものも、現在のところ絵師を決定できる印章や落款、付属文書といった具体的な史料を欠いた作品である。佐野みどり氏は、サントリー本と、室町から桃山・江戸初期にかけてのやまと絵系源氏物語色紙諸作の様式比較を行い、制作時期と絵師について、「サントリー本の画家を光信以降のやまと絵画家と想定し、その作期は遅くとも十六世紀末期を降らないとの私案を提示しておきたい」と述べている。[注24]この佐野氏の見解を、サントリー本と様式的特性の近似が認められた本図「東山名所図屏風」の制作背景に反映させることが可能であるならば、本図の制作時期も、十六世紀を下らない、光信以降のやまと絵系絵師（工房）の作であると考えられるだろう。

## 3　狩野派作品との関係

「東山名所図屏風」の筆者が、その様式的判断より土佐光信以降のやまと絵系絵師と考えられた一方で、本図には、土佐派作例との類似に集約されない表現も認められる。

先に、「松図屏風」（出光美術館蔵）や「松図屏風」（東京国立博物館蔵）と類似性が認められると指摘した本図の岩皴表現が、かつて、武田恒夫氏や辻惟雄氏によってやまと絵の手法にも熟達した狩野派の作と推定された「洛中洛外図屏風」歴博甲本のものとも近似性が認められることは興味深い。[注25]

また、本図経書堂前に配される三人の巡礼者とよく似た図像が（挿図5）、狩野派の「近江名所図屏風」（滋賀県立近代美術館蔵）にも見出せることや（挿図12・13）、本図五条橋中島の大黒堂前にたたずむ男の横顔が（挿図14）、同じく「近江名所図屏風」の中でしばしば見られる横顔の描写と近似していることも見逃せないだろう（挿図15）。馬渕美帆氏は「狩野秀頼筆〈高雄観楓図〉について」のなかで、「高雄観楓図」と土佐光信筆原本の模本とされる「星光寺縁起絵巻」（東京国立博物館蔵）との間に共通する図像が認められることを指摘され、「元信や土佐光茂周辺での狩野派と土佐派の交流を考えれば、当時このような土佐派の図様が狩野派内に蓄えられていたことも十分にあり得ることであり、これはその例証となるものである」と述べている。[注26] おそらく、「東山名所図屛風」もまた、馬渕氏が指摘されるような土佐派と狩野派の盛んな交流のなかで制作されたものと考えられるだろう。

## 4　お伽草子絵との関係

加えて、「東山名所図屛風」の四条橋上の板輿表現についても注目したい（挿図16）。この輿では、進行方向前面の簾の両脇より、先端が藍色に暈されたカーテンのような長い布が垂れている。周知のとおり、板輿に乗る武家や女房たちの外出風景は、初期洛中洛外図や参詣曼荼羅、絵巻などの諸本で散見される描写である。しかし、簾の隙間から布地を翻す表現は、初期洛中洛外図諸本はもちろん、土佐光信や光茂筆であることが確実な絵巻諸本においても認められず、一方で「日高川草紙絵巻」（酒井家蔵）や、「鼠草子絵巻」（サントリー美術館蔵）、「賢覚草紙絵巻」（根津美術館蔵）、「猿の草子絵巻」（大英博物館蔵）などの小絵やお伽草子絵巻の作例で頻出するものであることが指摘できる（挿図17）。すなわち、布を翻す輿の図像を選択した本図絵師の出自は、狩野派だけでなく、短編説話や歌物語、お伽草子などの絵画化も手がけていた工房とも相互交流を行っていたやまと絵の工房、あるいはその工房自身でお伽草子絵などを手がけていた可能性が高いと考えられるのではないだろうか。

挿図12　「近江名所図屛風」右隻第六扇部分

挿図13　「近江名所図屛風」右隻第一扇部分

挿図14　「東山名所図屛風」第五扇部分

挿図15　「近江名所図屛風」右隻第三扇部分

挿図16　「東山名所図屛風」第六扇　板輿

挿図17　「鼠草子絵巻」サントリー美術館蔵　板輿

## 四　「清水寺参詣曼荼羅」の制作工房

### 1　「東山名所図屏風」の人物描写について

以上のとおり、「東山名所図屏風」の制作は、十六世紀を下らない、狩野派とも交流のあった光信以降のやまと絵系絵師によるものと考えられ、その絵師の出自は、お伽草子絵なども手がけていた工房の可能性が高いという推測に至った。では、「東山名所図屏風」が、「清水寺参詣曼荼羅」からの強い影響を受け、且つその図像を使用する際の理論にも通じた密接な関係にあることも、工房間の接触・交流の深さに所以するものといえるだろうか。「清水寺参詣曼荼羅」制作工房の位置づけを行うにあたり、いま一度「東山名所図屏風」の描写を参照しておきたい。

「東山名所図屏風」は、自然描写において、画面全体を通して大きな差異はなく、ひとつのスタイルに統一されている一方で、人物表現には個性の差が認められる。本図に描かれる人物の面貌は一様にみな丸顔であるが、着衣を形作る輪郭線や衣文線には、濃墨でくっきりとした強い線〔絵師Aと仮称〕（挿図18）と、薄墨の軽やかな細線〔絵師Bと仮称〕（挿図19）の、少なくとも二手の筆の違いを見分けることができる。前者は、主に第五・六扇で認められ、衣の前身頃が曲線的に合わされる特徴をもつ。また後者の手は、第一扇から第四扇で多く見られ、衣の前身頃を直線的にすっきりと描いていることがわかる。すなわち本図は、少なくとも二手以上のいくつかの個性を含みつつ、同一の工房で共同制作されたものと改めて指摘することができよう。

挿図18　「東山名所図屏風」
絵師A

挿図19　「東山名所図屏風」
絵師B

### 2　「清水寺参詣曼荼羅」の人物描写について

先行研究によって指摘されるとおり、同じ工房で制作されたと推定される参詣曼荼羅は、人物、建物、雲形、波文、樹法、土坡といった図様において、その共通性を比較的容易に認めることができる。

人物表現に限って見てみると、「清水寺参詣曼荼羅」が分類される【工房Ⅱ】は、男女ともに曲線で表わされた丸い面貌、点描の眼、朱が差された口などの表現がまず特徴として挙げられる。重心を低くやや後方に置かれた人物たちは、ゆっくりと歩みを進めているようであり、さらにその裾はゆるやかに波を打つものが多い。

挿図20　中嶋家本
経書堂前部分

挿図21　「東山名所図屏風」
第六扇部分（左右反転）

挿図22　清水寺本
門前坂部分

挿図23　「東山名所図屏風」
第五扇部分（左右反転）

挿図24　中嶋家本
清水寺本堂部分

ところで、このような【工房Ⅱ】における人物表現の特徴をふまえ、改めて「東山名所図屏風」の人物描写を見直してみると、先の仮称〔絵師A〕による筆の人物像と「清水寺参詣曼荼羅」のそれが、近しいことに気がつく。ともに重心が後傾した身体バランスや（挿図20・21）、ゆるやかな衣文線の処理も類似しており（挿図22・23）、〔絵師A〕の、衣の前身頃を曲線的に表わす特徴的な表現も、中嶋家本に見出すことができる（挿図24）。

参詣曼荼羅と同時期、十六世紀中頃から十七世紀初頭に盛んに制作された「扇の草子」は、「それぞれの間に単に形式の共通性」だけでなく、「図様の継承関係までも指摘できる」ものの、「同一の画家集団が描いたとは考えられない様式的振幅」を示しており、交流が盛んな、様式が異なる複数の場において、制作が行われていたことが指摘されている。[注27]

一方で参詣曼荼羅は、「扇の草子」より閉鎖的な、いくつかの限られた工房による制作が想定される。[注28]「清水寺参詣曼荼羅」と「東山名所図屏風」が、〈清水寺〉という共通した図像ストックを有し、且つその図像を使用する際の理論にも通じた密接な関係にあることを考え合わせるならば、その画風においても一部で類似性が認められることの背景として、「清水寺参詣曼荼羅」と「東山名所図屏風」が、いずれも同じ歴史を持つ工房の制作であると広義に解することも許されるのではないだろうか。

「清水寺参詣曼荼羅」と「東山名所図屏風」とでは、一見、絵師の力量に径庭があるように思われる。ただし、近年、制作にコストをかけることが許されない作品において、結果的に質素で素朴な画風につながっていくこと、[注29] さらに素朴な表現が型として継承されていくことが指摘されている。[注30] 清水寺本と中嶋家本のように、同じ工房の同画題でも、時代による画技の差は顕著であり、筆致の肥痩や人物の動きなど、表現の変化が小さくないこともその現われといえよう。「清水寺参詣曼荼羅」と「東山名所図屏風」の画風を比較する上でも、ただちに絵師の技量の差とみなすのではなく、主題や作品形態の違い、時代による変化という物差しを用意する必要があると考える。

## おわりに

以上、宗教が庶民に広く浸透した時代、参詣曼荼羅と呼ばれる宗教絵画が、どのような描き手によって制作されていたのかを考察してきた。あくまでも推測の域を出ないが、「清水寺参詣曼荼羅」は、「東山名所図屏風」と同じく、お伽草子絵なども手がけていたやまと絵系工房において制作された可能性が高いものと指摘したい。また、狩野派とも交流が盛んな開放的な制作の場であったことを想像するならば、その工房は、南都などではなく、都に位置していたと考えられよう。

参詣曼荼羅は、聖地を拠点とする側にいる宗教者によって使用されたものである。絵解きによって聖地へ勧誘された参詣者は、時にこの宗教者を先達として聖地へ向かう。この関係においては参詣者の側に霊場案内図は必要ないが、寺社が名所化を果たすには、聖地を拠点とする側の人間だけでなく、勧誘される側の人間が霊場案内図を持ち得る必要があった。宗教者による先達を必要としなくても寺社へ参詣が可能となるような霊場案内図の普及、ここに近世社会の中で、寺社が名所化を果たす前提があったと思う。

と大高康正氏は指摘される。[注31] つまり、「清水寺参詣曼荼羅」が聖地を拠点とする側にいる宗教者によって求められたメディアであるのに対し、勧誘される側の人間によって求められ、制作されたものが「東山名所図屏風」であったと考えられるのではないだろうか。「清水寺参詣曼荼羅」と「東山名所図屏風」、すなわち宗教画と名所図は、当時まさに表裏一体の関係だったのである。

参詣曼荼羅の成立背景については、いまだ不明な点が多い。主に、垂迹曼荼羅（宮曼荼羅）や掛幅社寺縁起絵とのつながりが指摘され、それぞれ、景観内容が共通するか、また、参詣風俗と縁起が描かれているか、享受のされ方が絵解きによるものであるかという点において比較が行われている。[注32] また、中世絵巻の世界で蓄積され、近世初期風俗画に継承された高野聖や琵琶法師などの類型的人物図像が、参詣曼荼羅諸図にも見られることから、参詣曼荼羅は、同時代の所産である近世初期風俗画と図像を交換し得る近しい環境で制作された可能性が指摘されてきた。[注33] 本稿での推測が凡そ正しいとすれば、類型的人物図像の共通性は、すなわち工房の共通性と解することも許されるだろう。高野聖や琵琶法師の図像が作品ジャンルを越えて行き交うことはまさに必然だったのである。

注

1 大高康正「参詣曼荼羅制作主体考」『参詣曼荼羅の研究』岩田書院、二〇一二年。

2 十七世紀以降は、寺社内部構造の変化に伴い、参詣曼荼羅の制作主体にも多様な事例が認められることが指摘される。前掲注1。

3 現存作例の大多数が紙本である。楮紙を継いだ画面には、折り畳まれていたことを示す二条・四条、ときには六条もの折れ跡が確認できる。なお大高康正氏は、確認できる一五四点の参詣曼荼羅遺品のうち、絹本の作例は「立山曼荼羅」や「白山曼荼羅」、「富士参詣曼荼羅」、「熱田社参詣曼荼羅」、「北野社曼荼羅」、「高野山参詣曼荼羅」、「那智参詣曼荼羅」など、わずか二十五点のみであると指摘される。前掲注1、三九頁。

4 武田恒夫「社寺参詣曼荼羅とその背景」『古絵図』京都国立博物館、一九六九年、七六頁。

5 下坂守「参詣曼荼羅」『日本の美術』第三三一号、一九九三年十二月、五四頁、のち同『描かれた日本の中世――絵画分析論』法藏館、二〇〇三年、四七四頁。

6 寺澤慎吾「善光寺参詣曼荼羅について――画面構成と制作背景の考察を中心に――」『フィロカリア』第二八号、二〇一一年三月、一〇三～一一三頁。

7 参詣曼荼羅の制作工房について、下坂守氏は「その広い活動範囲からして、西国三十三所霊場を中心に霊場を巡礼する絵師集団を想定することも可能と思われる」と指摘される。前掲注5書、四七七頁。

8 前掲注6、一一〇～一一一頁。

9 難波田徹「古絵図」『日本の美術』第七二号、至文堂、一九七二年五月、四一頁。

10 「清水寺参詣曼荼羅」作品基本データ

①名称　清水寺参詣曼荼羅
所蔵　清水寺
員数　一幅
材質　紙本着色
寸法　縦一六一・五糎×横一七四・五糎

②名称　清水寺参詣曼荼羅
所蔵　市神神社（滋賀）中嶋家
員数　一幅
材質　紙本着色
寸法　縦一六八・五糎×横一七六・八糎

11 下坂守「中世非人の存在形態――清水坂「長棟堂」考――」『芸能史研究』第一一〇号、一九八九年七月、のち同『描かれた日本の中世――絵画分析論』法藏館、二〇〇三年、註五参照。

12 ここでいう「地物」とは、建造物に限定した狭義のランドマークではなく、社寺の堂舎や橋、道、山、河など、景観を構成する全てのモチーフという広義である。

13 拙稿「「東山名所図屏風」について」『國華』第一三三一号、二〇〇六年九月。国立歴史民俗博物館・国文学研究資料館編『都市を描く――京都と江戸――』二〇一二年。拙稿「参詣と観光――歴博本「東山名所図屏風」の構想をめぐって」『清水』第一九一号、二〇一三年一月。

14 鴨川を縦に配する空間構成は、洛中洛外図屏風第二定型の変型ともいうべき、舟木本や高津古文化会館本と、京都を南側から捉える視点において一致する。

15 本図には墨書の付箋は貼付されていないが、東山のランドマークとしての地物は、洛中洛外図諸本や参詣曼荼羅諸本を参照することによって比定することができる。前掲注13。

16 岩鼻通明「西国霊場の参詣曼荼羅にみる空間表現」『人文地理学の視圏』大明堂、一九八六年。

17 「清水寺参詣曼荼羅」の参詣路がどのような秩序によって曲げられ、画面に収められているかについては、拙稿「「清水寺参詣曼荼羅」の空間構成――〈塔〉が果たす役割――」（『絵解き研究』第二二号、二〇〇九年三月）を参照されたい。

18 本図現状では、向かって右第一扇に東山連峰が配され、さらに第三・四扇の上部・下部に配された山々と視覚的に連繋して、右を閉ざし左へと空間を解放している。このような、山々の縁取りによって左をあける画面構成は、これがもと一双屏風の右隻に相当するのではないかという想像をもたらす。例えば、「洛外名所図屏風」（太田記念美術館蔵／以下、太田記念本）一双の如き構成である（宮島新一「洛外名所図屏風」『國華』第一三三一号、二〇〇六年九月）。本注では、少し長くなるが、「東山名所図屏風」と「洛外名所図屏風」の関係について記しておきたい。

　より広範な東山の景観を描く太田記念本右隻の、第二扇から六扇にかけての図様構成が、本図「東山名所図屏風」と一致することから、両本には共通した祖本の存在が想定される。

　宮島新一氏によって「一五四〇年代末以前、天文十四年（一五四五）から数年以内の制作」と指摘される太田記念本に対し、十六世紀半ば過ぎ～十六世紀後半、遅くとも一五九〇年代まで下らない頃の制作と考えられる「東山名所図屏風」の構図は、第一扇下部で途切れてしまっている三十三間堂の図様が右への広がりを思わせる上、対角線を駆使したあまりに理知的なものであり、より広範な東山を描く太田記念本的構成から、特定の場を抽出し、整理再構築したゆえの完結性なのではないかという懸念が拭いきれなかった。

　しかし、「洛中洛外図屏風」歴博乙本に見られるように、洛東を、清水寺を最東とし、三十三間堂を最南として捉える視野は常套的なものの一つであったともいえる。さらに太田記念本には、馬渕美帆氏によって「宗秀周辺において初めて成立した」と指摘される、塔の塔身を細く、隅を正面に据えて左右対称にとらえる描法が認められ（馬渕美帆「歴博乙本〈洛中洛外図〉の筆者・制作年代再考」佐藤康宏編『描かれた都市――中近世絵画を中心とする比較研究』〈科学研究費補助金研究成果報告書〉二〇〇四年）、また高橋康夫氏によって、初期洛中洛外図諸本の中では狩野宗秀工房の作品のみに見られる描写と指摘される（高橋康夫「初期洛中洛外図屏風の絵画史料論的再検討」『國華』第一一〇五号、一九八七年七月、のち同『洛中洛外――環境文化の中世史』平凡社、一九八八年）、伽藍の土間床に瓦あるいは石を敷き、市松模様に濃淡の差をつけて彩色する表現を見出すことができる。

　狩野宗秀は、一五七〇年代前半頃から独立して工房を率いることになったことが想像されているが、右記のとおり宗秀工房作との様式的類似性、さらに宗秀工房作と太田記念本との画技の径庭から判断すれば、太田記念本の制作年代は、宮島氏の指摘よりかなり下るものと考えられる。太田記念本左隻に輿ではなく駕籠が描かれている点、また清水寺本堂の舞台下の男女邂逅の場面として、「東山名所図屏風」では、「清水寺参詣曼荼羅」と同じく、男女間の桜の小枝の受け渡しであった図様が、太田記念本では、水を運ぶ女の背後から、武家と思われる男性が抱きすくめるという、「洛中洛外図」舟木本の遊里描写で散見する図様へと変容している点も制作年代の下降を示す証左と考えられよう。

　以上のような判断より、太田記念本の制作期は、「東山名所図屏風」より下るものであり、「東山名所図屏風」の画風、対角線を駆使した完結構図は、作品生成時における、より初発に近いものと考えられる。本稿において、「清水寺参詣曼荼羅」の比較対象として「東山名所図屏風」を取り上げるのもそのためである。

　なお、「東山名所図屏風」制作に込められた構想・主題については、拙稿「参詣と観光――歴博本「東山名所図屏風」の構想をめぐって」（前掲注13）を参照されたい。

19 前掲注5。

20 出光美術館所蔵「松図屏風」について、黒田泰三氏は、「紙中極に「左近衛将監藤原朝臣光信筆　土佐光成證」とあるが、それを裏づける根拠は現時点ではない。ただし、品格のある画趣は（中略）十六世紀の初頭に活躍した土佐派の有力な絵師による作とみなし得る。」と指摘される。出光美術館編『館蔵名品選　第二集』出光美術館、一九九一年、図22作品解説。

21 本屏風には、「土佐刑部大輔光信筆　法眼常昭證焉」との、土佐光起による極書きがある。しかしながら、光信筆であることが確実な現存作品である何点かの絵巻作品と、本屏風の画風を比べると、そこに作風上の類似性は認め難い。亀井若菜氏は、『日本美術全集　第十三巻　雪舟とやまと絵屏風』（講談社、一九九三年）における作品解説のなかで、「本屏風が光信筆であるといいうる積極的な理由はない。本図のような穏やかな画風のやまと絵屏風が制作された場を、広く考えるべきであろう。」（二二一～二二二頁）と指摘されている。

22 佐野みどり「サントリー美術館所蔵 伊勢物語色紙貼付屏風をめぐって」『國華』第一二四五号、一九九九年七月。

23 佐野みどり氏によると、四十九図は「人物の面貌表現に異なりが看取でき、すべてが一筆とは言いがたい」という。しかしその一方で、「土坡や樹木・屋台の描写や金雲構成に差異はさほど認められない」ことから、本稿では、「東山名所図屏風」とサントリー本の自然描写を比較する際に、面貌表現の差異には触れずに観察を行った。

24 前掲注22。

25 京都国立博物館編『洛中洛外図』角川書店、一九六六年。

26 馬渕美帆「狩野秀頼筆〈高雄観楓図〉について」『美術史』第一四八冊、二〇〇〇年三月、一七六頁。

27 並木誠士「室町後期における絵画制作の場」『美学』第四〇号第四号、一九九〇年三月、六三頁、のち同『絵画の変』中央公論新社、二〇〇九年。

28 参詣曼荼羅が、「扇の草子」よりも制作の場が限られ、様式的振幅が小さいのも、その需要が聖地を拠点する側の宗教者に限られていたためであると考えられよう。

29 矢島新「素朴絵――その系譜と魅力」『聚美』第九号、二〇一三年十月。

30 泉万里「お伽草子絵の方法」高橋亨編『平安文学と隣接諸学第一〇巻　王朝文学と物語絵』竹林舎、二〇一〇年。泉万里「熊野絵巻と熊野絵本」『能と狂言』第一一号、二〇一三年五月。

31 前掲注1、五五頁。

32 中村興二「社寺参詣曼荼羅の成立と展開」『本地物の総合的研究――成立と展開――』昭和55・56・57年度科学研究費補助金〈総合研究A〉研究成果報告書、一九八三年。藤澤隆子「参詣曼荼羅の成立」『近畿地方を中心とする霊場寺院の総合的研究』元興寺文化財研究所、一九八五年。拙稿「礼拝画としての参詣曼荼羅――御正体に注目して」『サントリー美術館 研究紀要二〇一四』二〇一四年三月。

33 西山克「社寺参詣曼荼羅についての覚書」『藤井寺市史紀要』第七号、一九八六年。

# 大津絵仏画の諸相

白土　慎太郎

## はじめに

　大津絵の仏画は、仏教の諸尊を題材とした絵画であるにも拘らず、「仏教絵画」として認識されることは極めて少ない。その要因としては、大津絵の歴史において、十七世紀後半頃から芝居絵をはじめとする世俗画が取り入れられて人気を博し、仏画の時代が短命のうちに終わったことが挙げられよう。現存作についても、世俗画より格段に少ない。

　だがより大きな要因として、大津絵の神仏画が「近世前期」という時代に描かれたことが挙げられる。近世前期は、寺院法度や本末制度、寺檀制度が制定されて仏教が幕藩体制に組み込まれていった時代であり、仏教思想史においては、「聖」性が失われた衰退期とみなされることが多いという。[注1]「聖」性が重んじられてきた日本の仏教絵画史においても、「民画」「土産絵」といういわば卑俗な大津絵を「仏教絵画」とみなすことを、無意識のうちに拒んできたのではないだろうか。

　大津絵について初めて体系的に著述された『初期大津繪』[注2]の著者、柳宗悦によれば、一九二九年の刊行当時、神仏画は僅か十点ほどしか確認されていなかったという。[注3]だが、『初期大津繪』から八十年以上を経た現在、神仏画の作例はさらに多くのものが見出されている。これまでに研究書や図録などで紹介され、確実に大津絵とみなされるものだけで、少なくとも八十点以上が確認され、当時に比すると現存作は飛躍的に増加しているのである。[注4]大津絵仏画は個人所蔵も多く、近年発見された大津絵仏画もあることから、今後も増える可能性が見込まれる。[注5]

本稿では、筆者が実見し得た大津絵の神仏画を中心に、補足として書籍などに図版掲載されたものを用いて、大津絵が誕生した際の画題である「大津絵仏画」――十七世紀から十八世紀にわたっての制作と類推される――の諸相に着目していきたい。また、本稿でいう「大津絵仏画」とは、仏画に始まる大津絵の草創期から、それが描かれなくなるまでの、描表装を伴う神仏画をその対象の基本とし、神仏に関わる画題であっても、「鍾馗」「恵比寿」「大黒外法の相撲」「塔」などの描表装を伴わない二枚版の大津絵、もしくは制作年代が下る一枚版の「三尊来迎」「位牌」などは対象外としておく。

## 一　大津絵仏画の作例

### 1　仏画時代の名称

文献によって遡り得る大津絵仏画の制作年代については、柳宗悦によって、寛文から正徳年間（一六六一～一七一六）頃と推定されている。[注6]また柳は、寛永より万治年間（一六二四～一六六一）頃までを草創期として、大津絵仏画が描かれた可能性を示唆しており、以後の大津絵研究においても、ほぼこれが定説とされる。

まずは、大津絵仏画が描かれ始めた時代に、それがどのように呼ばれていたのか、簡単に振り返っておきたい。大津絵仏画が初めて現れる文献は、寛文元年（一六六一）頃に刊行されたという作者未詳の仮名草子『似我蜂物語』で、「連歌の會をはじめてあそはんとて、先床には大津あはた口の扁にて賣天神の御影をひつはり、竹の筒に花を生、かはらけに抹香をふすべける」[注7]と記されており、連歌の会における本尊として、大津絵と思しき天神図が用いられたことが確認できる。

天和二年（一六八二）の井原西鶴『好色一代男』には、早くも世俗画の画題が登場するが、元禄三年（一六九〇）の絵地図『東海道分間繪圖』巻五の「大谷」の項では、「佛絵いろ〳〵有」と記されているように、この時期には大津絵仏画が多く描かれていたと見て良さそうである。翌年の元禄四年（一六九一）の松尾芭蕉の句「大津絵の筆のはじめは何仏」が、「大津絵」という語の初出であるが、文献上ではこの頃は「追分絵」「浮世絵」などが混在し、「大津絵」という名称は定着していない。

続いて享保十九年（一七三四）、膳所藩の事業として寒川辰清による詳細な調査に基づいて記された全一〇一巻の地誌『近江輿地志略』巻之六には、次のように記されている。

追分町・火打町・元一里塚町・此大谷町の土人算盤を製して名産とのゝしる。それのみならず天子鳥子紙に戯の繪を畫きて是を賣る。是を大谷繪或は大津繪・追分繪・浮世繪などゝ呼べり。

これにより、この時にも様々な呼称が併存していたことがわかる

のだが、各地の土産を記した巻九十七には、

大津繪　大津大谷町の土人かきて之を賣る、家毎にあり、或は追分繪ともいふ。追分より片原町の邊までこれある故に名づく。或は大谷繪、是亦大谷町の名によれり。或は浮世繪と號す。其繪少年の瓢を以て鯰を抑へ、一犬盲者の犢鼻褌を喰ひ引き、夜叉羅衣を着て鉦を敲き、婢女藤の花を擔へる類の戯れ故に浮世繪といへり。天子鳥の子紙を用ひ甚麁末鄙野也。

とあり、ここでは「志賀郡」の土産としての総称「大津繪」の一項が設けられている。さらに画題には「瓢箪鯰」「座頭」「藤娘」などが述べられ、仏画については触れられていないことから、「大津絵」という名称が次第に定着しつつあった一方で、既に世俗画が主流とされていたことを読み取ることができる。

以上のように、大津絵仏画が盛んに描かれていた頃には「大津絵」という固定された総称はなく、草創期にはそれを呼ぶ名称すら存在せず、『東海道分間繪圖』に見られるように、単に「佛絵」などと呼ばれていたことが解されるのである。

## 2　版型

次に、大津絵仏画の版型について明らかにしておきたい。これまでの大津絵研究においては、江戸時代前期に描かれた大津絵仏画は、大きさにより二種に大別されている。すなわち、半紙二枚を縦に継いだ紙に、尊像と描表装を描き収めたいわゆる「二枚版」と、これより大型の「大版」の二種である。「二枚版」に先行して「大版」が描かれ、後に版型は「二枚版」に定着したというのが定説である。大版は、それぞれが不定形の大きさであり、寸法が定まらなかったものと考えられてきた。[注8]

大津絵仏画に最も多い版型は、「二枚版」の仏画である（挿図1）。寸法は描表装を含めて長さ六〇センチ前後、横幅は二四センチ程で、これは二枚版の世俗画と比較しても全く同じ大きさである。描表装の仏画の場合、当然ながら手描きの表具を含めて本紙とすべきだが、本稿では通常の掛幅装の絵画と同様、尊像が描かれた部分を、便宜上「本紙」と呼ぶこととしたい。二枚版の仏画の「本紙」の長さは、若干の差異はあるものの全体の六割程度、三五センチ前後である。紙は中央で継がれるが、描表具の天の部分を地よりもやや広く取る場合が多いため、後世に描表装が切り取られた場合は、「本紙」のやや上部に継ぎ位置が来ることが多い。

前述のように二枚版の仏画は、世俗画の大津絵と同じ版型のため、二枚に継いだ用紙を仏画にも世俗画にも使用したことがわかる。これは仏画と同時期に世俗画も描かれていたことを裏付けるものでもあり、また世俗画にはこれより大きな版型は存在しないため、世俗画が描かれ始めた時には、既に仏画はこの二枚版の版型に統一されていたものと考えられる。

次に、「大版」の版型を確認していきたい。大版の大津絵仏画の多くはその使用状況の故か、描表装が一部しか残されていなかった

り、修理の際新たな表装を施すために、不要な部分として切り取られてしまったりしたものが多く、制作当初の姿（寸法）を残すものは極めて少ない。また大津絵が掲載された書籍には、基本的に版型が同じものが多い故か、寸法の記載を略したものが多く、それらが大津絵仏画の本来の大きさを推し量ることを困難にしている。

結論から言えば、「大版」の版型は二種類に分類される。その一つは、「本紙」の長さが七〇センチ前後のもので、大津絵仏画中で最大の版型にあたる。本稿では仮にこれを大版A類としておく。以下に代表的なものを列記するが、現存作は少なく、現在のところ十例ほどが確認される。なお挿図はそれぞれの実寸の比率に合わせて図示し、便宜を図るため紙継の位置を付した。

挿図１　青面金剛
（日本民藝館）

※挿図1~7は、それぞれの実寸の比率に合わせて図示した。また8~9、17~19についても同様である。
※挿図1~7、10、13は紙継の位置を「—」で記した

挿図２　三尊来迎
（町田市立博物館）

A１　三尊来迎　町田市立博物館蔵（挿図２）

二三×三八センチほどの紙六枚が継がれる。用紙は他の大津絵仏画に比べて小さめである。軸木が付いた最下部の紙が短いため、制作当初はもう少し長かった可能性もある。本図は、描表具の一文字の朱を除き、ほとんどが墨一色で描かれた珍しい大津絵仏画であり[注9]、大版A類の中で制作当初の描表装が全て残された唯一の作例である。

A２　三尊来迎　日本民藝館蔵（挿図３）

三〇×三八センチほどの紙三枚が継がれる。一枚目の上端と三枚目の下端には紙継の跡が残るため、少なくとも五枚以上の紙が継がれていたことがわかる。大版A類の用紙は多くがこの寸法に近いものが用いられている。「本紙」は六七・一×三〇・二センチ。古典籍収集家の林若樹の旧蔵で、林が北陸の旅で入手した際には「元禄期の大津繪が四五枚まくりのまゝ草紙のやうに綴じて有つたその中の一枚」だったという[注10]。後に米浪庄弌にわたり、日本民藝館に寄贈された。

A３　三尊来迎　日本民藝館蔵（挿図４）

「本紙」は七〇・四×二八・〇センチ。紙継は三枚、描表装は中廻の箇所のみ残して欠損。表具の装案は柳によるもの。

二菩薩の頭部は版で表現される。一九四一年頃の同館購入品である。

A4　不動明王　日本民藝館蔵（挿図5）

描表装は柱の箇所のみが残り、それを生かした掛幅装に改装されている。「本紙」は七一・五×三〇・二センチ、柱の箇所を含めた寸法は三五・〇センチである。紙継は三枚。『工芸志料』の著者、黒川眞頼の旧蔵品である。

挿図3　三尊来迎（日本民藝館）

挿図4　三尊来迎（日本民藝館）

A5　青面金剛　大津市歴史博物館蔵（挿図6）

挿図5　不動尊（日本民藝館）

挿図6　青面金剛（大津市歴史博物館）

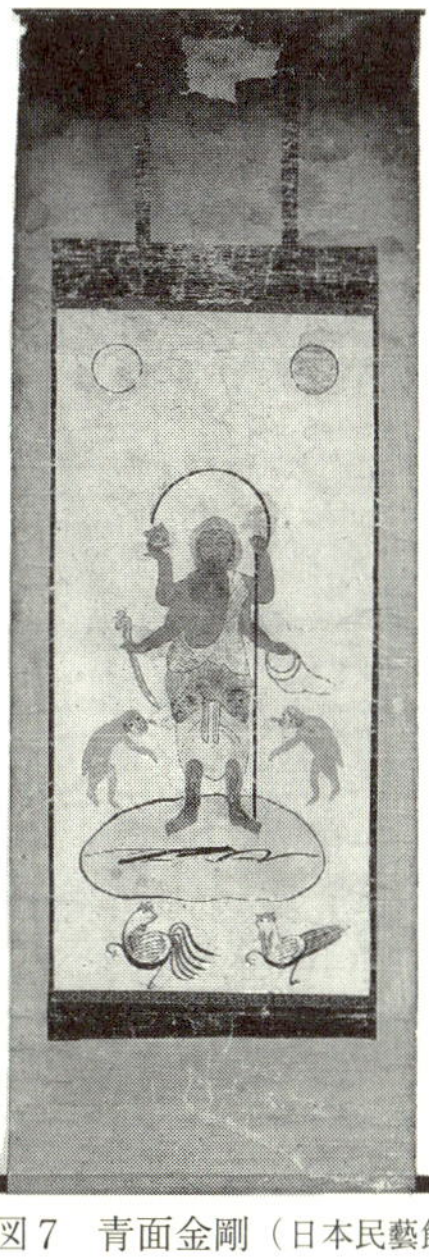

挿図7　青面金剛（日本民藝館）

本図も不動明王と同じく、描表装を生かした掛幅装である。上下の描表装には補筆がある。「本紙」は七一・五×三一・五センチ、柱の箇所を含めた寸法は三八・八センチである。紙継は三枚。猿が御幣を持ち、一疋として描かれるのは大津絵の青面金剛中で唯一の作例である。

このほか、大和文華館蔵所蔵の愛染明王や、最近見出された「雨宝童子」[注11]も大版A類に含まれる。この大版A類はいずれも簡略な描写であり、三尊来迎の二菩薩と後述する十三仏の頭部を除き全てが肉筆である。画風は幅広く、筆者もそれぞれ異なるように見受けられ、草創期に描かれたと思わせる古様の描き振りである。

もう一種類の大版は、A類より一回り小さく、「本紙」は五〇センチ前後であり、これを大版B類としておく。大版A類と同様、こちらも実寸の比率に合わせて図示した（挿図7のみ）。大版B類は、管見の限りでは、十二例程が数えられる。画題は三尊来迎が三点あるほかは、青面金剛に限られている。

大版B類の中で、描表装が全て遺されているのは、日本民藝館所蔵の青面金剛（挿図7）のみである。描表装を含めた寸法は長さ八五・四センチ、尊像が描かれた「本紙」部分は、長さ四九・三センチである。紙継は三枚、中央の用紙は四七・七×三〇・〇センチとかなり大きい。その他この版型の青面金剛は、大津市歴史博物館本（挿図8）、梅原龍三郎旧蔵として知られるギメ東洋美術館本、浜松市美術館本、近年まで大津市旧雄琴町で行われていた庚申講で使用されていた雄琴庚申講所蔵本などがある。これらは全てが肉筆によるものであるが、他に二鶏が版で押された作例もあり、四例ほどが挙げられる。

挿図8　青面金剛（大津市歴史博物館）

挿図9　三尊来迎（日本民藝館）

三尊来迎では、日本民藝館本（挿図9）、内田六郎旧蔵本[注12]など、三例が確認される。このうち内田六郎旧蔵本を除き、二菩薩の頭部は版によるものである。

以上のように、大津絵仏画の大版には二つの定型があり、全体としては二枚版と併せて三種類に大別することができるのである。

## 3　青面金剛

大版A類の大きさで、柳宗悦が大津絵仏画の草創期、すなわち寛永から寛文期（一六二四～一六七三）に制作されたと推定した大版の青面金剛図がある（挿図10）。図版の初掲出は一九五五年、『柳宗悦選集』[注13]の挿図である。『柳宗悦選集』では、本図が大津絵であることを前提に論じられているのだが、実はここにはその根拠が明確に示されているわけではない。柳が本図を大津絵と断じたことは、箱書に「大版／古大津絵　青面金剛尊」、軸の上巻に「大版　初期大津絵　青面金剛　附

挿図10　青面金剛（日本民藝館）

四薬叉／及二童子　猿鶏」と墨書していることからも明らかである。しかしこの時期の大津絵としては、儀軌に忠実である反面、定型化した大津絵とは描写が大きく異なっており、描表装はなく、さらに大津絵仏画としては使用色数が多く、比較的濃彩であることなどから、大津絵と即断するには、疑問が残る点もある。近年の論文や図集では、本図を大津絵として扱ったものもあるが、[注14]二〇〇五年に刊行された、日本民藝館所蔵の大津絵をほぼ網羅的に紹介した図集では、大津絵と断定すべきか判断を差し控えたのだろう、最初期の大津絵とすれば貴重な作例である本図は掲載されていない。[注15]そこで、ここでは本図を大津絵とみなすべきかどうかを再検討していきたい。この図については、柳自身が以下のように詳述している。

　描表装を欠く大版である。之は前述の如き二童子を添へるのみならず、更に四薬叉を加へる。それで構圖は次の如くになる。上の左右に雲にのる日月、中央に巌上に立つ青面金剛、左右に二童子、金剛の下に二鶏、二童子の下に二猿、更に下部に四人の薬叉（鬼）。思ふに之は経文の叙述に最も近い青面金剛の原型である。この種の大津繪で日本で見出されたのは今のところ之一枚よりなく、民藝館の蔵品になつた。然るに近刊の和蘭の美術雑誌 Phoenix Aug./Sept.1947 の挿繪第八に同種のものが掲載されてあるから、もう一枚外國にあることが分る。この構圖の典拠は『陀羅尼集経』九、大青面金剛呪法である。[注16]

以下に『陀羅尼集経』の引用と本図の図様の詳述があり、次のように続く。

　想ふに圖相が経の文面にほゞ忠實なることを思ふとこの大版の一枚は数ある青面金剛の中で最も古い一枚と云へるであらう。他の二枚継描表装のものを寛文元禄間のものと推定すれば、この一枚は一時代前、即ち寛永寛文間のものではあるまいか。（中略）時代を経るに従つて略化され、四薬叉を略し、次に二童子を略し、後には猿と鶏とに限られるに到つたのではあるまいか。

　では、改めて本図を確認してみることとしよう。まずは全体に、顔料の剥落が多く確認され、上部日輪の瑞雲、最下部左から二番目の薬叉の顔貌は絵具が完全に剥離している。だがこれ以前に修理が施されたとみられ、同じように剥離した箇所に補彩がなされていることを確認できる。本図は『國華』大津絵特集号でも「本格的な仏画の図様を継承するもの」「散見される顔料の剥落も、特に金剛像の顔貌部分では補彩を施し像容を保たせるべく意が注がれている」と説明されている。[注17]特に大きな補彩の箇所は、本尊の顔貌から胸元にかけての緑、腰に纏った虎皮の黄などの剝落部分などである。『陀羅尼集経』に書かれている「而大張口狗牙上出。眼赤如血而有三眼」の箇所、すなわち顔貌はほぼ全てが欠落した跡があり、その三眼と口は補彩の際に、新たに墨で描き加えられたものと考えられる。その筆勢はたどたどしく、制作当初の表現とは異なっているようである。現状は比較的威厳のある、「本格的な仏画」を思わせる顔貌となっているが、これが稚拙な描写を基本とする大津絵仏画にそぐわない印象を与えているのである。元来は画面下部の四薬叉や、二童子、二猿のように、もっと流麗かつ大らかな筆遣いで描かれた顔貌ではなかっただろうか。

挿図11　挿図10の部分

挿図12　挿図8の部分

　青面金剛の描写は、『陀羅尼集経』の「頂戴髑髏。頭髪聳竪如火焔色」という記述をほぼ忠実に表した怒髪や、衣と虎皮の胯など、大津絵仏画としては細部まで丁寧に描き込まれていて、他の大津絵との類似点を探すのは難しいが、画面中央の両端に描かれた二童子の描写（挿図11）は、大津絵仏画の典型的な一様相を示す大阪B類の大津市歴史博物館所蔵本（挿図12）と酷似している。

　また、庚申講が盛んとなった江戸時代には、大阪・四天王寺庚申堂などの寺社が発行した版画による青面金剛図のほか、民間で描かれた絵仏師によらない稚拙な画風の作例も見受けられる。これらには、稀に四臂の像も見られるが、多くは六臂の青面金剛であり、『陀羅尼集経』の「像両脚下各安一鬼」という記述のように、青面金剛の足下に二鬼、ないしは一鬼が描かれる。添えられる猿も三猿が主流であった。一方、大津絵仏画の青面金剛の特徴として挙げられるのは、残された作例のすべてが四臂であること、[注18]鬼を踏む作例が一点も見出されないこと、二猿（または一猿）として描かれていることである。本図の図様はそれら全てと共通する。

　色彩については、本図は細部まで色を塗り分けられていることに加え、補彩の色調も若干異なっているため、一見するとかなりの色数が使用されているように見えるのだが、輪郭線の墨（黒）、月輪や二童子の肌・刀などの胡粉（白）、月輪・火炎・右から二番目の薬叉などの朱、日輪の瑞雲や青面金剛の肌の緑、虎皮の袴や光背の黄、月輪の瑞雲や青面金剛・薬叉の怒髪の茶（紅柄）、二猿の体色である鼠色の七色が基本とされている。さらに、青面金剛が右上手に持つ法輪、二童子が持つ香炉、右端の薬叉が持つ三股叉には、粒子の粗い金砂子が用いられる。他の大津絵仏画の大半が四、五色であることに比べると色数は多いが、何れも大津絵で用いられる絵具であり、また金砂子は大津絵仏画においてしばしば用いられるものである。

寸法は七四・六×三一・〇センチ、大版A類に該当する寸法である。用紙三紙が継がれ、紙継の位置は最上部から約二八センチほどの青面金剛の腰の辺り、続いて約二九センチほどの、右から二番目の薬叉の持つ刀の先端あたりの箇所であり、最下部の紙は一八センチほどしかない。儀軌からしても薬叉の下部に描かれるべき像は考えられず、最下部の紙が切り取られたとは考え難い。大津絵仏画は、継いだ紙全体の中に描表装を含めて描き収める。そのため、伝来の過程で描表装が断ち切られると、「本紙」部分の紙の継ぎ位置が等分にならず、ずれが生じる場合が多い。とすれば、この不均整な紙継は、本図が元来は描表装であったことを示唆する。大津絵仏画の中では縦長に見えるが、左端の薬叉、右側の猿は若干切り取られているので、当初はもう少し横幅が長かったろう。

なお、大津絵仏画の現存作のうち、描表装がないものはいずれもこのように不均整な紙継であり、かつその位置は、当初は描表装が施されていたことを思わせるものがほとんどである。大津絵仏画には、描表装が施されていなかったものもあるとされることがあるが、[注19]初期の大津絵仏画は、描表装を伴なっていたと考えて良いであろう。

以上、図様、彩色、紙継などの観点から再検証したが、本図は他の大津絵仏画とは異なる様相を見せながらも、柳の指摘どおり草創期に描かれた、大版A類の大津絵である可能性が高いと言えよう。

### 4　十三仏

十三仏は、青面金剛、三尊来迎、天神など作例の多い大津絵仏画の一つに数えられ、現在十点ほどが確認されている。[注20]その大半は二枚版の仏画であるが、この画題の大津絵で、少なくとも三枚の紙を継いで描かれた、大版A類と目される十三仏を掲示しておきたい（挿図13）。本図は柳宗悦監修『大津絵図録』[注21]で、小さなモノクロ図版で掲出済であるが、ここでは大津絵ではなく「版画・十三仏」としての掲載である。柳は大津絵の十三仏は版画に由来するものと推

挿図13　十三仏（日本民藝館）

定しているので、その典拠としての掲出であろう。軸の上巻には掛軸の装案者と推定される柳により、「古版画　十三佛　江戸初期か」と墨書されている。柳が本図を大津絵でなく「版画」と見ていたことは明らかである。

改めて本図を確認してみよう。十三の諸尊は、不動明王を除き三種類の版木を用いて表されている。版木は螺髪姿の如来形、宝冠を付けた菩薩形、剃髪姿の僧形（地蔵菩薩のみ）の三種類である。各仏尊を最小限の版木によって描き分けたことについては既に指摘があるので、[注22]ここでは詳しく述べないが、本図もそれに従えば、最下段右より不動明王（秦廣王、初七日）、釈迦牟尼仏（初江王、二七日）、文殊菩薩（宋帝王、三七日）、二段目左より普賢菩薩（五官王、四七日）、地蔵菩薩（閻魔王、五七日）、弥勒菩薩（変成王、六七日）、三段目右より薬師如来（太山王、七七日）、観音菩薩（平等王、百ケ日）、勢至菩薩（都市王、一周忌）、四段目左より阿弥陀如来（五道輪王、三回忌）、大日如来（十三回忌）、阿閦如来（七回忌）、最上段には虚空蔵菩薩（三十三回忌）とそれを覆うように天蓋が配されていることがわかる。大津絵の十三仏の場合、四段目の大日と阿閦が入れ換わってはいるのだが、基本的には右下の不動明王からコの字形に登って行く、伝統的な十三仏図の配列に沿って配されている。

諸尊の光背には文廻しを用い、仏身には合羽刷と金砂子の使用、緑と黄土色の台座を交互に配した構図など、大津絵の十三仏の特徴が多く備わっており、紙継の位置も当初描表装であったことを推定させる。本図を大津絵仏画とすることに異論はなかろう。最大級の大版A類でもある本図は、極めて貴重な作例と言える。

絵画としての十三仏図は、室町時代初期頃の成立とされる、このような曼荼羅図のように順序良く配列された十三仏図の形式と、室町時代中期頃に成立し、十三の諸尊が来迎するように表されたいわば浄土系の十三仏図があり、浄土系の十三仏図が後世の主流となっている。そして曼荼羅形式の十三仏図は、密教仏である阿閦如来と虚空蔵菩薩が含まれており、密教との密接な関わりがあったことが指摘されている。[注23]これに従うならば、大津絵の十三仏に曼荼羅形式の配列が採用されたことは、密教との何らかの繋がりがあったことが示唆される。

江戸時代中期の地誌『本朝俗諺志』には、大津絵の十三仏が用いられた例が記されている。

毛坊主　飛州の山中に毛坊主といふあり　農業木樵て常の百姓並也　はるかの奥山にて出家などはなき所也　人死たる時此毛坊主を頼み弔ふ也　代々譲りの袈裟をかけ　鉦うちならし　経念佛して　とぶらふ事也　俗人にて坊主の役をするゆへ名付たる也　此家は代々あり　常の百姓より一階おとり　縁組などはせぬ事也　本尊は多く大津絵の十三佛也　小き石地藏も有[注24]

有髪妻帯で半俗半僧の毛坊主は、葬儀などの行事の際だけ僧侶の役割を果たしたという。『本朝俗諺志』は、早くは文化二年（一八〇五）の山東京伝『近世奇跡考』にも引かれ、その後も大津絵研究においてしばしば引用される文献であるが、仏画としての用途が明確に記された点で貴重である。

伝存する大津絵仏画においてその用途が明確なものは、庚申講の本尊として伝えられてきた青面金剛[注25]のほかには見出されないが、本図の表面は燻されたように黒ずんでおり、法要のための本尊として用いられたものと推測される。

## 二　大津絵仏画と「賤」の文化

### 1　雑芸民との関わり

「青面金剛」や「十三仏」の例に見られるように、これらの画題は手軽な土産というよりも、特に下層の人々のための法要や講の本尊という、明確な用途を持ったものだったようである。この点に関連して、近年に興味深い説が掲出されている。一つは福家俊彦氏によるもので、大津絵が育まれた追分付近一帯の地域は、園城寺（三井寺）の文化圏と深く関わっていたことを指摘するものである。[注26]すなわち、園城寺は中世より境内を北院・中院・南院の三区域に分けて統治していたが、そのうち南院は近松寺、尾蔵寺、微妙寺の三別所を有し、念仏聖や遊行聖、修験者、説経者をはじめとする芸能職能民が集住し、さらには庚申信仰と園城寺との関わりや、連歌師や時宗、浄土真宗の僧と三別所が密接な関係があったことを指摘し、この地域はいわば、民間信仰の坩堝の如き独特の宗教文化圏が形成されており、これらが大津絵仏画誕生の母体となったということを示唆している。

挿図 14　四条河原遊楽図屏風（部分）

挿図 15　月次風俗諸職図屏風（部分　堺市博物館）

もう一つは鈴木堅弘氏によるもので、大津絵仏画は芸能民や遊行民によって、仏具として用いられたという説である。[注27]その論拠の一つとして挙げられるのが、近世前期の風俗図屏風に見られる描写である。慶長（一五九六～一六一五）末から元和（一六一五～一六二四）初年頃の作と推定されている「近江名所図屏風」[注28]に、大津絵仏画と思しきものが描かれていることは比較的早くから知られていたが、鈴木氏は堂本家本「四条河原遊楽図屏風」や「月次風俗諸職図屏風」（堺市博物館蔵）などに描かれた仏画（挿図14、15）を挙げ、大津絵仏画の「仏具」としての用途を推定している。屏風絵中に見られる種々の粗末な仏画が大津絵であるという確証はないのだが、そこに描かれた画題――「三尊来迎」「青面金剛」や憤怒形や菩薩形と見られる尊像――は、鈴木氏の言うように一定の宗派によるものではなく、様々な宗派の画像が用いられている点で、大津絵仏画と共通する。私見を付け加えれば、この尊像の多様さは、特定の宗派の教義に拘らずに、現世利益的な信仰が優先された民間仏教に大きな役割を果たした、聖系統の宗教者の関与を示唆するのである。

屏風の画中画の大きさは、「近江名所図屏風」に描かれたものは二枚版の大津絵仏画のような大きさだが、堂本家本「四条河原遊楽図屏風」と「月次風俗諸職図屏風」に見られる仏画は、最初期の大版のような大きさであろうか。年代的には、柳が大津絵仏画が描かれ始めたと推定した寛永（一六二四～一六四四）から万治年間（一六五八～一六六一）頃と、正保（一六四四～一六四八）から寛文（一六六一～一六七三）初期頃と推定されている「四条河原遊楽図屏風[注29]」、及び「月次風俗諸職図屏風」の制作年代は一致する。

鈴木氏は、「月次風俗諸職図屏風」に見られる青面金剛図が大津絵であるという根拠に、大津絵仏画の特徴である四臂の青面金剛像であることを挙げている。確かに大津絵仏画の青面金剛は全て四臂であるのだが、他の青面金剛図にも四臂の像は存在するし、何よりも大津絵仏画の青面金剛には、前述のように「月次風俗諸職図屏風」中の三猿の青面金剛は存在しない。遊行民の仏具として用いられたという鈴木氏の説は首肯すべき点が多いが、屏風絵の画中画を大津絵とするには、より一層の検証が必要だろう。

ところで、これらの絵図に見られる雑芸民が、具体的にどのような活動をしていたかは判明しない部分が多い。だが、元禄年間に来日し、恐らくは大津絵が商われる現場を目撃したドイツ人のエンゲルベルト・ケンペル（一六五一～一七一六）著『日本誌』には、このような下層の宗教者について興味深い記述がある。ケンペルは、元禄三年（一六九〇）～元禄五年（一六九二）に滞日して江戸参府を経験した人物である。ケンペルは、その第五章において、「ヨーロッパの都市の街路と同じくらいの人が街道に溢れている。私は、七つの主要な街道のうちで一番主な前述の東海道を四度も通ったので、その体験からこれを立証することができる」として、大名行列の記述に加え、伊勢参りの参詣者、三十三観音の巡礼者、そして比丘尼や山伏などにも触れ、さらに「ある種の物乞い」について記している。

私はなおある種の物乞いのことを述べることにするが、彼らは世俗的な衣服も着れば、また僧衣をまとっていることもあり、ひらけた野辺の路傍に小屋とか祭壇を設け、ある者はその上に黄金を塗った木彫りの大きなブリアレオスのような観音像を置いているが、他の者は下手に描いた絵、例えば亡霊審判の長である阿弥陀、地獄におちた者の看守で、かつ刑吏の長である閻魔王、子供たちの浄罪界の指揮をする地蔵などの絵や、地獄の劫火や責め苦の絵などを掲げている。これらはみな通り過ぎる旅行者の想像力に訴えて信心と同情心を起させ、彼らの心をゆさぶって喜捨という善行をさせるためのもくろみである。[注30]

この記述はケンペルが街道で見かけた、場も特定できない、不特定多数の「物乞い」を指したものだが、「小屋とか祭壇を設け」、「木彫り」の「観音像」を置く者や、「下手に描いた絵」である「阿弥陀」や「閻魔」や「地蔵」の絵を掲げていたという彼らの様相は、「四条河原遊楽図屏風」の第一扇の中程に描かれた、浄瑠璃小屋を区切る筵張りの竹矢来の脇に佇む勧進僧の描写と共通する。また文中の「地獄の劫火や責め苦の絵」は、江戸時代前期に作例がある、素朴な画風の熊野観心十界曼荼羅や、十王図を想起させる。

挿図16　『人倫訓蒙図彙』巻七（部分　国立国会図書館）

中世の勧進聖は下層民衆に交わって各地を遊行し、造寺造仏や治水工事のための勧進を行ったが、近世には勧進の本義が薄れ、僧形の門付芸能者、いわゆる乞食勧進となっていく。ケンペルが来日した頃、元禄三年（一六九〇）に刊行された『人倫訓蒙図彙』巻七の「勧進餬部」には、鐘鋳勧進、庚申代待（庚申待を本人の代理で行う、「月次風俗諸職図屏風」の青面金剛図を掲げた人物はこれに該当する）、門経読、歌念仏、鉦叩きなどの多くの卑賤な雑芸民が登場する。天秤棒で地蔵菩薩と奪衣婆の彫像を担いだ様子が描かれる御優婆勧進（挿図16）も、ケンペルが見た「ある種の物乞い」のうちの一人であろう。これらの雑芸民や下層の宗教者といった人々は、「士・農・工・商・穢多・非人」という中核的身分では類別しきれない、その周縁に位置する人々であった。

ケンペルが「下手」と評した絵が、誰によって描かれたのかはわからないが、絵仏師による絵ではないことは容易に想像される。大津絵仏画もまた、「本格的な仏画制作とはほとんど無縁の環境から登場」し、「仏画製作の中世以来の伝統」とは異なる姿勢で描かれたと指摘されるように、[注31]専門の絵仏師によらない絵画であった。大津絵仏画であるとの特定はできないものの、これまで絵画史上で取り上げられてこなかった「下手」な仏画を、下層の宗教者たちが用いていたものと考えられるのである。江戸時代の仏教文化の発展には、教団に属する僧侶だけではなく、このように巷間の人々に交わった下層の宗教者も一翼を担ったことを、忘れてはならないだろう。

## 2　大津絵に見る芸能性

ケンペルの『日本誌』は、彼が元禄四年（一六九一）に追分を通りがかった際に大津絵が商われていたことを示す文献として、大津絵研究においてしばしば引用されている。この引用は、ケンペルのドイツ語の遺稿を元に一七二八年に英訳された“The History of Japan”の柳宗悦による訳を典拠としてきたが、英訳本の約五十年後には原文のドイツ語版“Geschichte und Beschreibung von Japan”（一七七九年にヴィルヘルム・ドームが英訳本の原典とは別種の遺稿と英訳本を比較しながら編した、以下ドーム版と略す）、二〇〇一年には英訳本の原典によるドイツ語新版“Heutiges Japan”など、ケンペルの『日本誌』には複数の異本が存在する。[注33]

柳訳を引用しておくと、「（追分村は）四百軒ばかりある長き町筋なり。そこには錠前鍛治、木材や象牙の轆轤師、彫師、秤師、針金師（針師）、とりわけ畫師やあらゆる種類の偶像や聖像を商ふ人々住まへり」と記されている。幸いこの引用箇所は、三つの異本に若干の違いは見られるものの大意は変わらないが、ドーム版とドイツ語新版には英訳本にない一文がある。柳訳に該当する箇所「（追分村は）四〇〇戸ばかりの長い街並みをなしていて、錠前師、工芸品のろくろ師や彫刻師、天秤の分銅を作る職人、針金の製造者などが住んでいる。特に絵師や画商や仏具商などが多い」に続き、「われわれが駕籠で通り過ぎるまでには、半時間ばかりかかった」と記述されるのである。[注34]これにより、ケンペルは四〇〇戸ばかりの街並みを駕籠で約三十分程かけて、恐らくは比較的ゆっくりと通り抜けたことがわかる。ところで、ここで注目されるのは、「絵師」と「画商」が区別されていることで、これはケンペルが街道を駕籠で通り掛かった際、画商とは別に、その場で絵を描く人を見たことを示しているものと思われる。[注35]

時代は下るが、寛政九年（一七九七）の秋里籬島『東海道名所図会』巻一の「大津追分」の項で、大津絵が店頭で売られる場面が描かれた挿絵では、大津絵店を訪れた客たちは大津絵師が絵を描く所作を見ることができるようになっている。通り合わせた客は、一つの大津絵が完成するまでを眺めることもできただろう。本来、絵を売るために描く所作を見せる行為は必要ではないが、これは大津絵師が旅人の目を引かせ、足を留めさせる大きな要因であったのだろう。とすれば、「描く」という行為には多分にパフォーマンス的な要素が組み込まれていたことになる。

大津絵の画技にもその要素を見出すことができる。まずは仏画だけに見られる技法に版木押しがあるが、これは青面金剛、十三仏、三尊来迎、阿弥陀仏、位牌などの作例が多い画題に限られる。天和二年（一六八二）、井原西鶴の『好色一代男』において、「版木押の弘法大師」と記されているように、弘法大師にも利用されたはずだが、現存の弘法大師に版木が用いられたものはない。なお、これらの中で同一の版木が使用された大津絵仏画は、管見の限りでは青面金剛の鶏にしか見られない[注36]（挿図17、18）。この技法は手間をかけずに安定した画風が保証されるのであるが、部分的に利用される版木押しは、肉筆のみの描写に抑揚を加え、見る者を驚かせたに違いない。

また大津絵の極端に略筆された画風であるが、特に作例の多い青面金剛には、同一工房、あるいは同一作者によると思われるものが散見される（挿図1、19）。両者とも構図と用いられた色彩が等しく、同一筆者によるものと推定されるのだが、これらの図の鶏は、比較的精妙であるにも拘わらず、素早く描かれたと思われる筆捌きである。

こういった大津絵の技法は、「安値の画であるために、同じ画をできるだけ数多く、早く描く必要があった」ため、と説明されることが多い。[注37] 確かに、同一工房と思われる現存作に見られるように、これらの技法は同じ絵が何度も描かれたことの証左でもあるのだが、素早い筆遣いでまたたく間に描き上げられる様は、見る者を注視させるものではなかっただろうか。大津絵に見られる版木押し、あるいは型紙による合羽刷、速筆といった様々な画技は、描く行為を「見せる」というパフォーマンスのためのアイテムの

挿図 17　青面金剛（個人・大津市歴史博物館寄託）

挿図 18　青面金剛（日本民藝館）

挿図 19　青面金剛（日本民藝館）

一つでもあったかもしれない。

さらに、大津絵の世俗画に見られる画題には、「瓢箪鯰」や「鬼の行水」など、描かれた題材だけで誰にでもその内容が解されることは難しいように思えるものも含まれている。大津絵中後期、十八世紀後半から十九世紀に至って新たに添えられるようになった道歌は、同じ画題であるにも拘らず複数の意味を持ったものが添えられる場合も多い。また現在でも、画の趣意を道歌によって推測せざるを得ないものもある。柳はこの道歌を「大津繪につれて生れた讀み人知らずの民歌」であり、「誤字脱字當字が中々多」く、「想ふに歌詞は口傳へたもの」と推定している。[注38] 庶民の識字率が飛躍的に高まったのは、寺子屋が急速に整備された江戸時代後期であり、道歌入りの大津絵は、購買層の識字率が高まったために、改めて書き添えられるようになった可能性もある。とすれば、道歌が添

えられる以前には、販売時、あるいは大津絵を描きながらの、流麗な売口上という「話芸」が添えられていたのかもしれない。

　これらのパフォーマンス的な行為が、近世前期の雑芸民に端を発するものかは、さらなる検証が必要だが、大津絵の制作過程や販売形態には、それを髣髴とさせるものがある。

　付け加えて言えば、二枚版の世俗画として描かれた画題には、「座頭」「鬼の念仏」「女虚無僧」のほか、芝居の登場人物など、当時の諸芸能と何らかの関わりがあると見受けられる画題が多い。前述の園城寺の文化圏に属する、大津市逢坂の関蟬丸神社は、享保年間（一七一六〜一七三六）頃までは主に、門説経や説経浄瑠璃を行う説教者と関係深い神社であり、またこの頃は、説教者が芝居興行に進出した初期段階であることが指摘されている。[注39] 大津絵の画題の変遷――仏画から世俗画へ――という図式は、一見あまりにも急激な変化を生じさせたように見えるが、大津絵仏画が芸能者と関わりのあるものだとすれば、この変遷にそれほどの不自然さはないのである。

## おわりに

　近代に確立された日本美術史はその形成にあたって、支配階級であった武家と公家による文化、そして両者が歴史上支えてきた仏教美術を中心に構成されたと考えられている。[注40] その日本美術史に、公武の文化とは縁遠い聖や芸能者、遊行者たちが残した「仏教絵画」が与えられなかったのは、考えてみれば当然のことである。言うなれば、これまでに高い評価を受けてきた美術史上の荘厳な仏教絵画と、粗笨な大津絵仏画とは、「貴」と「賤」の関係にあるといえよう。

　大津絵を下層の芸能者が遺した絵画とするには、今後も検証が必要だろうが、「貴」の文化とともに、下層の人々によるいわば「賤」の文化を捉え直すことにより、より豊穣で広がりのある絵画史が見出されるに違いない。

〔付記〕
本稿作成にあたり、図版の掲載について御所蔵者をはじめ多くの方々にご高配を賜りました。また実見調査にあたり、大津市歴史博物館・横谷賢一郎氏に多大なご配慮をいただきました。記して御礼申し上げます。
また、挿図の一部は次の刊行物より転載させていただきました（挿図14『近世風俗図譜　第五巻　四条河原』小学館、一九八二年。挿図15『堺市博物館優品図録』堺市博物館、一九九〇年）。

注

1 末木文美士『日本仏教史――思想史としてのアプローチ――』（新潮社、一九九二年）「第V章　近世仏教の思想」

2 柳宗悦『初期大津繪』（民藝叢書　第貮篇、工政会出版部、一九二九年）

3 当時の大津絵仏画は、「三尊仏」が大版一点と二枚版の断片一点、「愛染明王」大版一点、「達磨大師」一点、最も多く作例が残されている青面金剛でさえ、「今日迄異る六七枚のもの」が「目撃」されただけであったという。

4　前掲注2、及び注6、21のほか、旭正秀『大津絵』（美術出版社、一九五七年）、片桐修三編『大津絵図譜』（近江郷芸美術館大本山円満院門跡、一九七一年）、小野忠重『民画叢刊　大津絵』（造形社、一九七四年）、鈴木仁一『芳賀芸術叢書　街道の民画　大津絵の美』（芳賀書店、一九七五年）、『街道に生れた民画　大津絵』（光琳社、一九八七年）、『開館五周年記念企画展――街道の民画――大津絵』（大津市歴史博物館、一九九五年）、『大津絵の世界　ユーモアと風刺のキャラクター』（大津市歴史博物館、二〇〇六年）などを参照した。

5　二〇一三年に新たに見出された大津絵仏画には、大阪の「雨宝童子」があり、『大津歴博だより』№九一（大津市歴史博物館、二〇一三年）に掲載されている。仕立ては描表装を欠くと思われる後世の掛幅装である。なお、同図が展観された「第61回企画展　珠玉の大津絵　町田市博×大津歴博コレクション」（二〇一三年七月二十六日～九月一日、大津市歴史博物館）では、二枚版の「不動明王」なども新たに見出されている。

6　『柳宗悦選集第十巻　大津絵』（春秋社、一九五五年）

7　前掲注6では、「大津あはた口」を「粟田口は今の大谷、一里町辺の旧名」としているが、この「あはた口」は東海道京の出入口の粟田口を指す、という指摘がある（信多純一『祈りの文化――大津絵模様・絵馬模様――』思文閣出版、二〇〇九年）。

8　前掲注6、徳力富吉郎「大津絵の技法」（『街道に生れた民画　大津絵』光琳社出版、一九八七年）など。

9　墨と薄墨で描かれた大津絵仏画には、本図のほかに二枚版の「達磨大師」（日本民藝館蔵）がある。

10　山内神斧「大津繪雜考」（『茶わん』第二〇五号、寳雲舍、一九四九年五月号）

11　前掲注5参照。

12　比較的早くから知られていた大阪の大津絵で、前掲注2図版三や、『大津絵の世界　ユーモアと風刺のキャラクター』（大津市歴史博物館、二〇〇六年）図版十一などに掲載がある。

13　前掲注6参照。本文の初出は「大津繪その後」（『工藝』一二〇号、日本民藝協会、一九五一年）。『大津絵図録』（三彩社、一九六〇年）に再掲。

14　『國華』一二六七号（國華社、二〇〇一年五月）。ここでは柳の説の通り、図版五で大津絵として掲載される。

15　『大津絵　日本民藝館所蔵』（尾久彰三監修、東方出版、二〇〇五年）

16　引用中の「近刊の和蘭の美術雑誌」については、本稿執筆の時点では国内で見出すことができなかった。なお、筆者は実見していないが、ギメ東洋美術館が二童子、二猿、二鶏、四薬叉が付された大阪描表装の青面金剛を蔵しており、柳が言う青面金剛に近い（一九九四年講談社刊『秘蔵日本美術大観　六』図八九などに掲載がある）。海外にあったことを考えると、ギメ東洋美術館本が、柳が見た「挿繪」だったかもしれない。

17　仙海義之「青面金剛」（『國華』一二六七号、國華社、二〇〇一年五月）

18　片桐修三『大津絵こう話』（サンライズ出版、一九八四年）など。

19　工藤健志「大津絵の成立――青面金剛図をめぐって」（『デ　アルテ』十一号、一九九五年、九州藝術学会）

20　大津市歴史博物館本、静岡市立芹沢銈介美術館本、日本民藝館本など、博物館施設が所蔵する十三仏だけでも五本以上が伝存し、個人蔵本を含めれば十本以上の十三仏がある。

21　『大津絵図録』（柳宗悦監修、田中豊太郎編、三彩社、一九六〇年）

22　末廣幸代「大津絵の〈十三仏〉について」（『街道に生れた民画　大津絵』光琳社出版、一九八七年）

23　武田和昭「十三仏図の成立について――十一尊曼荼羅図からの展開――」（『密教文化』一六九号、一九九〇年三月）

24　菊岡沾涼『本朝俗諺志』巻之四、延享三年（一七四六）。引用には早稲田大学図書館所蔵本を参照した。

25　庚申講の本尊として伝存したものは、滋賀県大津市旧雄琴町の庚申講のもの（『大津絵の世界　ユーモアと風刺のキャラクター』大津市歴史博物館、二〇〇六年に掲載）と、岩手県花巻市旧石鳥谷町大興寺第十一区庚申講（町田市立博物館図録第九十二集『青面金剛と庚申信仰』一九九五年に掲載）のものと二例が確認されている。

26 福家俊彦「大津絵の誕生と三井寺別所の宗教文化圏」（『近江学』一号、二〇〇九年一月、成安造形大学附属近江学研究所）

27 鈴木堅弘「絵解き文化から見る大津絵について――その成り立ちをめぐって――」（『説話伝承学』十七号、説話伝承学会、二〇〇九年）

28 サントリー美術館所蔵。寛永年間（一六二四～一六四四）の作とする説もあり、大津絵研究においてはこの説を採用するものが多い。

29 『近世風俗図譜　第五巻　四条河原』（小学館、一九八二年）では、制作年代は寛永初期とされる。

30 ケンペル『江戸参府旅行日記』（斎藤信訳、東洋文庫三〇三、平凡社、一九七七年）。本書は、『日本誌』の第二巻第五章を訳出したものである。

31 關口正之「佛畫と大津繪」（『國華』一二六七号、二〇〇一年五月、國華社）

32 柳による訳は前掲注6に掲載。

33 『日本誌』は、一七二七年のショイヒツァーによる英訳本、一七七八年のドーム版ともに、原典に編者の手が加わっていることが明らかとなっている。二〇〇一年にはドイツ語新版 *"Heutiges Japan"*（『今日の日本』）が出版されているが、これも原典の原稿の全てがケンペルの自筆ではなく、ケンペルによる『日本誌』の本来の姿は明らかにされていない。

34 ドーム版『日本誌』の和訳には、今井正による全文の編訳『日本誌――日本の歴史と紀行――』（霞ケ関出版、二〇〇一年）と、斎藤信による訳（前掲注30）があり、大津絵師と思われる箇所の今井正訳は、「絵師や画商や仏具商」ではなく「画師骨董屋」と異なっているが、この箇所については原文に近いと思われる斎藤信訳を引用した。原文はそれぞれ以下の通り。ドイツ語新版 **'mahlern, bilder- und götzen kramern'**、ドーム版 **'Malern, auch Bilder und Gökenfrämern'**。

35 鈴木堅弘氏は、「大津絵考――戯画から護符まで」『遊楽と信仰の文化学』（堤邦彦・徳田和夫編、二〇一〇年、森話社）において、大津絵仏画は近世前期に諸国の辻々で行われた説法や曲芸などのように、路上で即興的に絵を描いた大道芸的なものだったのではないか、と推測している。

36 この版木が利用された青面金剛は、大版B類も含め、六例ほど確認できる。

37 前掲注22など。大津絵研究においてはしばしば指摘される。

38 前掲注6参照。

39 武内恵美子「近世上方演劇文化変容における下層劇団の歴史的役割――関蟬丸神社と説教讃語をめぐって」（『日本研究』二五号、国際日本文化研究センター、二〇〇二年四月）

40 佐藤道信『美術のアイデンティティー　誰のために、何のために』（吉川弘文館、二〇〇七年）

# 際物絵の成立と展開
## ——幟と凧を事例に——

林　直輝

### はじめに

際物《きわもの》とは、ある時節の間際に売られる品物のことである。それは正月の凧や羽子板をはじめとして、二月初午の絵馬や行灯、三月の雛人形、五月の武者人形や幟旗などの類であり、いずれも特定の季節や行事に際してのみ必要とされるものである。近世末期の江戸・京都・大坂の風俗を見聞のままに記録した『守貞謾稿』（喜田川守貞著）は、巻之五・六の生業の部においてこれらに携わる「際物師」について述べている。それによれば、当時際物として売買されていた品々には、「春時ノ凧、正月二日初夢宝船図、七日薺、十五日削掛、三月雛祭リニ係ル諸物、五月節句物、七月乞巧奠、同魂祭物、臘月注目縄、飾松」などがあって、三都間に若干の相違はあるものの、それを商う者は存在する。ただし、「際物師」の称は江戸のみであり、また際物については「限日アル買物ニテ、当日ヲ過レバ、廃物トナリ、或ハ、来年同日ヲ待ザレバ、無買人品物ヲ云」と説明している。

近世においても今日と同じく、一時限りの必要品であるがゆえに、これはそれが入用とされる時期の間際に売られたのであるが、そうした非日常性への志向もあってか、しばしば贅を尽した品物の制作も望まれた。旧大名家に伝来した精緻な雛人形や雛道具などがその例であり、なかには現在、美術工芸品として高く評価される遺品も少なくない。しかしその一方、際物は一時限りのものという意識ゆえに、恒常的あるいは恒久的な品物とは見做されず、いわば一時的な間に合わせの品として軽く見られる傾向があったことも否めない。今日、世間一般に「キワモノ」の語がやや蔑視的・否定的に用いられるのもここに起因していよう。しかしながら、そうした傾向がもたらす経済的制約、つまり速く、安く、大量に、見栄えよく作り上げるという条件の下に作られた際物とは、果してさしたる見所もない品々なのであろうか。

際物の内でも、凧、羽子板、絵馬、行灯、幟などは特に描彩に重きを置いている。それらはいわば絵画的際物ともいえようが、その絵は画面のみでは存在し得ず、その点、鑑賞絵画とは異なる工芸的絵画といえよう。しかも、そこに描かれた絵は際物そのものと消長を共にし、一定の時節が過ぎて際物が打ち棄てられる時、その絵も自ずと消失したのである。従って、近世の実物遺品で現存するものは甚だしく少ないが、かといって決して皆無ではないのである。だが、社寺に奉納された絵馬の類を例外として、これまで美術史上においてこれらの調査研究が積極的に行われたことはなく、また評価されることも殆どなかった。[注1]

そこで本稿では、個別には凧絵、羽子板絵、行灯絵、幟絵などと呼ばれているそれらを、際物に描かれた絵画という意味で「際物絵」と称し、なかでもその代表的存在といえる幟と凧を例にその成立と展開の過程をたどり、それらの絵画的特徴を明らかにした上で、改めて美術史上における位置付けを試みたいと考える。

## 一　幟絵の発生と展開

### 幟絵の発生

幟とは幟旗の略であり、縦に細長い乳付の旗のことである。端午の節句に掲揚する幟は、災厄の除去を願う節句の本義と、男児の誕生を祝い、その健やかな成長を祈念するという意義とにより、武家の軍旗をルーツのひとつとみることができる。すなわち、武威を以て邪気を斥け、家の印を高く明示したものと解釈される。ただし、幟の使用は軍陣のみに限ったものではなく、神社の祭礼幟に象徴されるように、神仏の加護を願ったものも少なくない。空に向かって長く高くそびえる幟は、天上の神の招代《おぎしろ》や依代《よりしろ》ともされたのである。節句幟は、この双方の性質を併せ持つ点に大きな特徴があり、それゆえにこそ、そこに幟絵が誕生し、のちに様々な展開をみせたと考えられるのである。

節句幟の存在が確認できるのは江戸時代以降である。徳川将軍家の事蹟の記録である『大猷院殿御實紀』の寛永十九年（一六四二）五月五日の条には「けふ家門諸大名より献ずる菖蒲兜を庖所へかざり。旗十五本。白旗五本。白地御紋の旗五本。家門より献ぜられし旗五本。高矢倉の前にたてらる」とあり、後の徳川四代将軍・家綱の盛大な初節句の有様が窺える。また、このように端午の節句に幟旗を飾ることは将軍家や大名家のみならず、ほぼ時を同じくして庶民の間にまで広まっていたようである。それは、既に寛永十八年（一六四一）刊の『俳諧初学抄』に中夏の季語として「かみのぼり」が挙げられていることや、慶安元年（一六四八）四月に「小旗之儀、絹布一円仕間敷候、布木綿ハ不苦候事」といった町触が出され、その奢侈を戒めていることからも知られる。ただし、これらの文献では当時の幟に絵が描かれていたかどうかは不明である。

寛文五年（一六六五）の俳諧本『洗濯もの』には「絵に書も鐘《ママ》馗や風の紙幟」とあって、ここに幟絵として描かれた鍾馗の存在が推測できる。また、やや降った延宝八年（一六八〇）刊の『月次のあそひ』の五月節句の図には波を描いた幟がみられ（挿図1）、天和年間（一六八一〜八四）刊の『天和長久四季あそび』の五月節句の図にも、波に片輪車図の幟と雲龍図らしき幟とをみることができる。さらに貞享三年（一六八六）刊の井原西鶴の『好色一代女』には、「幟は紙を継ぎて素人絵を頼み、千人斬を書きけるに、弁慶は目を細く、牛若丸は恐ろしく、あちらこちらへ取違へて、万事に分けは無かりき」とあって、今日なお節句幟の画題として健在の五条橋の牛若丸と弁慶図が既に描かれていたことが知られるのである。現在までのところ、当時の節句幟の実物遺品は確認されていないが、これらの史料により、十七世紀後半に節句幟に絵が描かれていたことは証されよう。

挿図1　菱川師宣画『月次のあそひ』延宝8年（1680）

## 武者絵の定着

江戸中期以降、浮世絵版画のなかに武者絵が盛んに描かれる時代が到来するのとほぼ同時に、節句幟の画題にもより多くの武者絵が登場してくる。近世の庶民にとって身近な絵画として普及した浮世絵版画はまた、それを求めて楽しむ一般消費者のみならず、同時期のあらゆる町絵師らにとっても身近な存在であり、よき手本でもあったと考えられるのである。例えば、享保五年（一七二〇）に初版が刊行された橘守国画の『絵本写宝袋』全九巻の内、二之巻・三之巻は日本の歴史上・伝説上に著名な武者の姿を描き、その故事を記したものであるが、画題の多くは江戸後期より明治時代にかけての幟絵と共通している。幟絵を手掛ける町絵師がかような絵本あるいは一枚摺の武者絵を入手し、それを手本として作画した可能性は極めて高いだろう。まして前述の『好色一代女』にある如く、素人同然の者が複雑な絵を描くとなれば、なおさら参考とすべき絵が必要となった筈である。

また、幟絵を描く技法についても、享保六年（一七二一）に刊行された『畫筌《がせん》』（林守篤編）は、巻之五（和人物の部）に特に「菖蒲旗《しょうぶのぼり》」の項を設け、使用する絵具や彩色の方法を具体的に説明している。同書はもとより絵を描く者を対象に著述されたものだけに、これを頼りに幟絵が描かれたことは確実である。殊に「のぼりと絵馬ハあきまなく一ぱいに書潤《かきひろげ》たるが吉《よし》」と述べている点からは、典型的な幟絵の画面が形成されてゆくさまが想像されて興味深い。画題として「鶴亀松竹」と「鎧武者」を挙げているのも当時の幟絵の様相を示している。

『寛保延享江府風俗志』は一七四〇年代の江戸の風俗を記したものだが、そこに「此頃のぼりは紙のぼりに、丹・緑青の絵具にて色取、石山源太に虎、或は金太郎、竹ぬき五郎抔、武者絵ののぼりにて、木綿は甚すくなき事也。」とある。ここで注目すべきは「石山源太に虎」と「竹ぬき五郎」という画題である。これは双方とも現存する江戸後期以降の節句幟にはほとんど見られない画題であるが、初期浮世絵師の鳥居清倍には同画題の丹絵作品があり、かつ清倍の代表作として夙に知られている。竹ぬき五郎は「初代市川団十郎の竹抜き五郎」、石山源太に虎は「二代市川団十郎の虎退治」として知られ、前者は元禄十年（一六九七）五月に中村座で上演された「兵根元曾我《つわものこんげんそが》」に取材したものだが、落款などから宝永年間（一七〇四〜一七一一）頃の作品と推定され、後者は正徳三年（一七一三）正月に山村座で上演された「石山源太鬼門破《いしやまげんだきもんやぶり》」に取材したものという。[注2]これら清倍の作品が十八世紀初めの版行とすれば、『寛保延享江府風俗志』の年代とは約三十年の隔たりがあるが、武者絵の名作が長期に亘って規範として踏襲されたとみることもできるし、あるいは版行から時を経て、より容易に入手できるようになった「古画」を手本にしたとも考えられよう。もっとも、一説に享保元年（一七一六）に弱冠二十二歳で歿したという清倍本人の幟絵への直接的な関与は不明であるが、同じ十八世紀前半の木版墨摺手彩色による紙製の幟およびそれに用いた版木が僅かながら現存しており、[注3]そのなかには明らかに鳥居派の画風の特徴が現れたものが含まれるので、『寛保延享江府風俗志』の紙幟もまたそうしたものであったかもしれない。

かくして、十七世紀後半から十八世紀前半にかけて、節句幟といえば武者絵という程に武者絵が画題として定着をみせるに至ったものの、作風の上においては当時の幟絵はまだ発展途上にあった。初期浮世絵版画と同じく、墨線を木版で摺り、これに筆で彩色を施すという手法の導入により、安く、大量に仕上げることは叶えられたかにもみえるが、いかに量産可能な方法とはいえ、二メートル近い大きな幟絵を木版で摺るのはかなりの無理があり、速度的にも肉筆に比してさほどの差はなかったことだろう。それらは何よりも見栄えのよさという主観的な、しかも購求者が価値判断をする上で最も重要な点において、更なる発展の余地を残すものであった。このことは結果的にその後の幟絵を世人の趣味嗜好の変遷に伴い変化する、つまり流行の画題・画風を反映するものとした。またその流行とは、錦絵の武者絵の盛行と直結するものでもあった。

## 武者絵の流行と幟絵の完成

浮世絵版画において、武者絵は役者絵や美人画、風景画に次いで数多く描かれた。多色摺りの浮世絵版画である錦絵は明和二年(一七六五)、鈴木春信が創始したものといわれるが、初期の錦絵は専ら絵暦と美人画であった。しかし、安永から寛政(一七七二〜一八〇〇)にかけて活躍した磯田湖龍斎、北尾重政、北尾政美らは従来の鳥居派のような著しい誇張的表現を写実的表現に改め、新たな武者絵を続々と発表した。殊に当時流行していた柱絵形式の作品は、その画面構成がそのまま幟絵として通用するものであり、彼らが既に市中に定着していた武者絵幟を意識して描いたのではないかとさえ思われる程である。

更に武者絵が盛んに版行されるようになったのは勝川春章、勝川春亭、歌川豊国(初代)らが活躍した寛政から文化(一七八九〜一八一八)にかけてである。つづく文化・文政期(一八〇四〜三〇)には武者絵を得意とする歌川国芳や葛飾北斎らが現れた。とりわけ、文政後期から天保期にかけて一躍、武者絵を以てその名を馳せ、多くの作品を生み出したのが国芳である。文政期以前には社寺に奉納された絵馬が錦絵や絵本における武者絵の規範とされていたのに対し、国芳の活躍以降、逆に彼が手掛けた画題と図様とが江戸周辺の絵馬や祭礼の山車彫刻に影響を与えたことは、既に岩切友里子氏や矢島新氏らにより指摘されている。[注4] 国芳作品の流行は武者絵全体の流行をも惹き起こしたといえよう。

こうした武者絵の流行は、直接的には国芳の門下らによって、また間接的には錦絵や絵本を通して幟絵を手掛ける市中の絵師らに影響を与え、ここにおいて幟絵は当世風の際物絵としての完成をみたと考えられるのである。伝統的画題の踏襲だけならば先に挙げた『絵本写宝袋』などの絵手本で充分であろうが、画題の拡充および節句飾りに相応しい色彩の豊かさ、華やかさの表現には多色摺りの錦絵の出現を待たねばならなかったと思われる。そこには都市の繁栄を背景として、先行していた上方文化からの脱却をはかり、より祝祭的な性格を強めていった節句行事の隆盛が基盤にあったことも指摘できよう。すなわち、幟絵の完成は、庶民文化が開花する江戸後期の江戸ならではの所産であった。

完成期の幟絵の作風として、①画題の多様性、②描写の適確さ、③運筆の技巧性、④色彩の豊かさ、の四点を挙げることができる。①の画題の多様性は、錦絵や絵本の普及によって絵師も消費者も共により多くの図様を知り得たことの結果といえよう。これは幟絵を描く絵師のみが新たな画題に積極的に取り組んだところで果たせるものではなく、商品としての幟を購求する消費者にも同等の知識が備わって、初めて可能となるのである。②の描写の適確さもまた、もはや『好色一代女』にあるような素人絵ではなく、絵師が錦絵や絵本をその手本とすることによって叶えられた。③の運筆の技巧性は、無論、絵師の個別の技量にもよるが、ここでは職業絵師ならではの修練による手慣れた筆遣いを意味している。たとえ構図が優れていようとも、その筆致がおぼつかなければ素人の模写と同じことである。まして節句飾りである幟絵においては、通常の絵画以上に雄渾な筆勢が要求されたことはいうまでもない。④の色彩の豊かさは、感覚的には錦絵の色彩感の影響であろうが、物質的には使用する絵具の流通も考慮せねばなるまい。完成品が安価であればある程、その原材料も限定され、高価な岩絵具ではなく泥絵具や入手しやすい植物染料が用いられたのである。しかもなるべく少ない色数で効果的に仕上げることが必須条件であるため、絵師の工夫は勿論、天保五年（一八三四）に刊行された『画傳幼学絵具彩色獨稽古』（絵具分量考）のような、絵具の用法のマニュアル本なども大いに参考とされたであろう。

挿図2の「五虎将軍図幟」は江戸末期の幟絵の具体例である。五旒を一組とし、三国志に登場する英雄である五虎将軍（関羽・張飛・黄忠・馬超・趙雲）を描いている。近世における三国志の流行は、元禄年間に『三国志演義』を翻訳して刊行された『通俗三国志』や天保七年から十二年（一八三六〜四一）にかけて刊行された二代葛飾戴斗画の『絵本通俗三国志』の影響が大きいとされている。殊に英雄像の視覚化、その図像の定型化において後者が果たした役割は少なくなく、歌川国芳も同書から引用した作品を遺している。もっとも、三国志を画題とすること自体は近世初頭まで遡り、浮世絵師のみならず狩野派の絵師らも描いているから、本幟絵が直ちにそれらの反映とは決め兼ねるが、描法から推してやはり浮世絵系の町絵師による作品とすべきである。雄渾かつ流麗な筆致と巧みな構図はその並々ならぬ技量を充分に示している。このように複数の

挿図2　「五虎将軍図幟」（部分　江戸末期、木綿着色）

幟に関連する画題を描き、あたかも掛軸の対幅のように仕立てるのは節句幟においては珍しいことではないが、それも通常は二旒一対であり、本品のように五旒を一組とすることは極めて稀である。なお、本品と関連があると思われる絵画に歌川国貞画の「極彩色五本幟ノ内」と題した一連の五虎将軍図の錦絵がある。天保期の作とみられ、長大判に五虎将軍それぞれの騎馬姿を描いたものだが、題名と併せ見ても、これが幟絵を意識した作品であることは明白である。五虎将軍図が幟絵の画題に決して多くはないことも考慮すれば、構図の一致こそ見られぬものの、本幟絵の基本的な構成もここに依拠するかと考えられる。

挿図3の「七福神図幟」は二旒を一対とした作例である。宝船に乗る七福神を描いており、錦絵さながらの極彩色が施され、吉祥感に満ち溢れている。筆者は不明ながらその画風および幟に貼付された紙札に「よし」の文字を図案化した枠といわゆる芳桐印がみられることから国芳門下の絵師の手によるものと推測される。

挿図3 「七福神図幟」（部分　江戸末期～明治初期、木綿着色）

挿図4　歌川芳宗筆「徳川家康と四天王図幟」（部分　明治初期、縮緬着色）

また挿図4の「徳川家康と四天王図幟」は二旒を一対とした内幟（座敷幟）の作例であり、国芳の弟子の歌川芳宗（初代、一八二七〜八〇）の作である。芳宗は十九歳で国芳に入門し、一松斎とも号した。国芳のよき助手として、師の作品の彩色を任される程であったが、幕末期の窮乏時代、銀座の尾張屋という玩具店の仕事で幟絵も描いたと伝えられる。[注5] 本品はまさしくその伝承を裏付けており、いかにも彩色に優れた芳宗らしく、鮮やかで緻密な描写をみせている。ただし、家康を画題とすることから推して、制作年代は明治を迎えてからであろう。

無論、あらゆる幟絵が国芳やその門流の影響下にあった訳ではな

挿図5　堤等川筆「金太郎図幟」（江戸末期、縮緬着色　吉徳資料室）

く、他の絵師や流派の関与が明らかな例もある。挿図5は堤派の堤等川筆の「金太郎図幟」である。堤派は堤等琳を始祖とする町絵師の一派である。『増補浮世絵類考』[注6]などによれば、初代堤等琳の作画期は享保から天明頃といわれ、雪舟画裔を称した。その初代あるいは二代の門人という三代等琳の作画期は寛政から天保頃で、雪山、また深川に住んだことから深川斎とも号し、雪舟十四世を称した。その画風は雪舟に似ていないものの、絵馬や幟、提灯の絵などを手掛ける市井の際物絵師の多くが彼に学んだといわれている。等川もこの三代等琳の門人にあたる。流派による若干の違いはあるにもせよ、まずは一流の絵師による規範となるべき作例が存在し、それを門弟らが模すことによって様式的な確立が進み、やがては類型化してゆくという構造は総じてどの派にも当てはまるのではなかろうか。もっとも、「門人深遠幽微の画法を会得せず、徒らに筆の達者を示さんとして師の筆意を失ふもの多く」、結果として「其流儀を世に町絵と賤しめて職画と云ふに至りし」（『増補浮世絵類考』）というように、そうした流れはしばしば芸術的な堕落を招くものでもあった。

　現在も節句幟を製作している福島県いわき市にあって、幟絵師の系譜を考察された佐藤孝徳氏によると、その起源は磐城平藩主の内藤氏と交流のあった狩野常信（木挽町狩野家二代、一六三六～一七一三）や内藤家の転封後に藩主となった安藤家の重臣である中村布早（一七三一～八八）ら狩野派の絵師に求め得るとされ、さらに布早の次男である青沼狭山（一七六四～一八三三）に学んだ梅月庵良徳（一七七七～一八五四？）こそは町絵師として幟絵の原画を描いた人物であり、それをもとに下職らが完成させたと思われるということである。しかしまた、そうした近世の幟絵における甲冑や服装などがあまりにでたらめなので、明治十八年頃、同地を訪れた司法官で、画家・故実家としても知られた松原佐久（一八三五～一九一〇）は自ら故実に則った下絵を彼らに描き与えたともいう。[注7]

　土佐の「絵金」として知られる弘瀬金蔵は狩野派に学んだ後、芝居絵に代表される個性豊かな画風を展開しているが、彼もまた幟絵を手掛けていた。その門下も幟絵を描き、金蔵の弟子である吉川《よしかわ》金太郎の子孫にあたる吉川毅《たけし》氏は現在もなお節句幟を描いている。

　その他、近世の著名な絵師で幟絵を描いた者、あるいは描いたとされる者に葛飾北斎、二

代葛飾北斎、二代葛飾戴斗、二代鳥居清元、歌川豊広、歌川広重、歌川豊国、歌川国長、歌川国貞、歌川国次、歌川貞秀、谷文晁、遠坂文雍、佐竹永海、渡辺崋山、山口素絢、鈴木其一、河鍋暁斎、亜欧堂田善、安田田騏らがある。

ともあれ、際物絵としての幟絵の最終的な到達点が同一画の量産にあるとするならば、それは市井の名もなき絵師の仕事に他ならない。従って近世の幟絵の多くは無銘であり、殆どの遺品は具体的にいかなる絵師が手掛けたものか明らかではない。しかし、作者の如何を問わず、ある程度限定された画題や定型化された構図などに共通点が認められることは、多くの産地や工房においてほぼ同様の展開をみせていた証左ともいえようし、江戸に代表される都市文化の地方への伝播の様相と、その具体的な例がそこに見出せるのではなかろうか。その意味では、たとえ否定的であるにもせよ、『増補浮世絵類考』のいうところの「筆の達者を示さん」とした「町絵」や「職画」こそ、実は広く普及した幟絵の性質を最もよく云い表しているのである。

## 二　凧絵の発生と展開

### 凧絵の発生

際物絵における浮世絵の影響は、幟絵の場合と同様に凧絵の成立過程にも認められる。

凧は、平安時代以前に中国から日本に伝来したといわれている。源順編の漢和辞書『和名類聚抄』（承平年間〈九三一～九三八〉）には「紙老《しろう》鴟《し》」「紙鳶」の名で載り、当時はトンビの形をしたものであったようだが、その用途は明確でなく、以降江戸時代に至るまでの歴史は殆ど分かっていない。

江戸時代になると、文献上に紙鳶が「いかのぼり」「たこ」などの名でも見られるようになるが、これは鳥形から烏賊や蛸のような形への変化を物語っていよう。『大猷院殿御實紀』正保三年（一六四六）三月廿六日には「今より後紙鳶を禁制すべき旨令せらる。」、慶安二年（一六四九）正月の町触には「従前々如被仰付候、町中ニ而たこ上ケ候事、堅御法度ニ候間」、『嚴有院殿御實紀』承応四年（一六五五）正月廿日には「此日市井児童紙鳶をもてあそぶ事を禁ぜらる。」とあり、その内容からは凧が既に子供の玩具であったこと、正月を中心とした春季のものであったことが分かる。さらに明暦二年（一六五六）正月六日には「町中ニ而子共たこのほり堅上させ申間敷候、尤商売ニも拵売申間敷候」との町触が出されており、凧を商売とする凧師や凧屋の存在さえ窺うことができるのである。[注8]

しかし、これらの文字史料からは、その頃の凧にどのような絵が描かれていたかは勿論、そこに絵があったかどうかさえも不明で、凧絵は絵画史料によって初めて確認できるようである。日本最初の育児書とされる『小児必用養育草《そだてぐさ》』（香月牛山著、正徳四年〈一七一四〉

刊）の挿絵のなかに見られる凧は烏賊のような形で、それには二引が描かれている（挿図６）。また、西川祐信画の『絵本大和童』（享保九年〈一七二四〉）のなかに見られる凧も烏賊形で、波が描かれている（挿図７）。更に、安永（一七七二～八一）頃の磯田湖龍斎画の錦絵「凧を渡す娘と若衆（仮題）」には、裾に石畳文様を配し、中央に轡紋を描いた角凧が見られる。[注9] 長方形の角凧は江戸の凧を代表する形であるが、文字と絵画における先行の鳥形や烏賊形と比較した場合、これが飛揚機能的に特に優れている訳ではない。しかし、そこに様々な絵を描くためには角形の方が遥かに好都合であり、それゆえにこそ普及していったのであろう。

絵画史料における初期の凧絵には、二引、波、石畳文に家紋などがあるが、これらはいずれも初期の端午幟の文様と通じている。前述の如く、端午幟は武家の旗指物を一起源としているが、江戸中期以降は武者絵を主とする様々な絵が描かれるようになった。江戸後期十九世紀以降、凧に様々な絵が描かれるようになったのは、この端午幟の影響とも考えられる。つまり、角凧の長方形は単に絵を描くための便宜のみならず、幟の細長い形から採ったものとも考えられ、それゆえに初期には幟絵と同じく二引や波、石畳文に家紋が描かれたのではないかと思うのである。

その推論の基盤として、凧と幟とが密接に関連していたことを証する必要があるが、「いかのぼり」「たこのぼり」などという凧の古称はそれら二者の共通性を雄弁に物語っていまいか。すなわち、凧はかつて「烏賊形の幟」「蛸形の幟」と考えられていたのではなかろうか。角凧の発生とともに武者絵が描かれた訳ではなく、先行して「幟凧」とでもいうべき幟柄の角凧があり、やがて武者絵が描かれるようになったとみれば、その時期は自ずと見当がつく。すなわち、前章において述べた如く、武者絵の錦絵が盛んに版行されるようになったのは寛政から文化にかけてであり、文化・文政期には武者絵を得意とする浮世絵師の国芳や北斎らが現れた。そうした人気を背景に、幟絵と軌を同じくして江戸の凧絵にも彼らの錦絵や草双紙を手本にした武者絵が描かれ、ここに江戸の角凧お

挿図６　『小児必用養育草』正徳４年（1714）

挿図７　西川祐信画『絵本大和童』享保９年（1724）

よび凧絵の様式が確立されたと考えるのである。

## 凧絵の完成

山東京山著の『蜘蛛の糸巻』（弘化三年〈一八四六〉）には「凧も二枚張四十八文、絵は杉の立木に片鳥居、浪に日の出、雲に舞鶴の羽など、いかにも粗末なる絵なり、こは己が七つ八つの時なり」とあって、京山の「七つ八つの時」すなわち安永四・五年（一七七五・一七七六）頃の凧絵の様相を示すのに対し、『蜘蛛の糸巻追加』に「寛政八年（一七九六）の頃、鉄砲洲船松町に室崎屋と云ふが、今の如き手を尽くしたる画様をなし」とあるのは、その間の事情、すなわち武者絵の興隆と時期的に矛盾しない。

そして、天保十二年（一八四一）十一月の、江戸市中の風俗取締りに関する北町奉行（遠山左衛門尉）伺書には、「彩色等絵柄手之込候凧之事」として、「文化二丑年中町中ニ而子供たこあけ候儀、往来之障ニ不相成様可致候、（中略）右時節は紙鳶之絵柄も左のみ彩色等施し候程之儀も無之哉之処、近来無益ニ手之込候高直之品も有之由、（後略）」とある。[注10] 要約すると、「文化二年（一八〇五）にも町中での凧揚げなどについて町方へ禁令を出したけれども、その頃は凧の絵柄もさほど彩色等を施していなかったかと思う。ところが、近頃無益に手の込んだ高価な凧もあるようだ。」ということで、これにより江戸の凧絵は文化二年より三十六年を経た天保十二年には禁令を出さなければならない程に発達したことが証されるのである。為政者による禁令こそは、前代に比しての甚だしき変容を指摘するものであり、逆説的には凧絵の様式上の完成を示唆しているのである。

なお、ここでは特に「武者絵」とは記していないが、翌天保十三年の墨書がある歌川芳虎画の錦絵の凧絵（凧づくし）の校合摺にみられる三種の画題は一が義経と弁慶、一が雷雲、一が三羽鶴で、武者絵一点が含まれている。[注11] 更に弘化四年（一八四七）二月の市中風聞書には、「当春は西之内紙貳枚張ニ而、武者絵等極彩色同様ニいたし、價四匁位之品出来いたし候由、」とあるから、先に挙げた伺書の「彩色等絵柄手之込候」も恐らくは武者絵を含んだものと考えてよいであろう。[注12]

挿図8の「金太郎図凧絵」は完成した江戸の凧絵の具体例であるが、使用されている絵具および全体の経年感・時代感から、江戸末

挿図8 「金太郎図凧絵」（江戸末期、紙本着色）

期にまで遡り得るものである。構図、筆力、色彩といずれも極められた感さえあり、凧絵の到達点を示していよう。殊に瀧中で金太郎が大鯉を抱く構図は歌川国芳らの錦絵作品にもしばしば見られるところであるが、本品は漢画的な筆法からみて堤派に属する絵師によるものと思われる。三代堤等琳の門人に際物絵を手掛ける者が多かったことは既述の通りであるが、彼らのなかには、後に江戸を離れて活躍する者もあった。千葉県市原市で昭和五十年代まで凧を作り続けた辻儀三郎（一八九九～一九八二）は雪山・堤等儀と号した堤派最後の絵師である。その父・義太郎は堤等義を、祖父・豊次郎は堤等月を名乗った。等月は三代等琳の門人であり、千葉県内の社寺には今なお等月ら堤派の手になる絵馬が多数遺されている。本品も堤派最後の等儀の凧絵との共通点として、画面に充溢する躍動感や格調の高さのなかに、どこか生硬で北斎の画風にも通じる人体のぎこちなさが感じられ、そこに「筆の達者を示さん」とする余り、「町絵」あるいは「職画」と蔑まれもした堤派らしさが見出されるのである。

一方、挿図9の「牛若丸図凧絵」は挿図8とほぼ同時期の作品と思われるが、挿図8が人物の全身を描いたいわゆる丸立ちで総体的にやや緻密であるのに対し、挿図9は人物の上半身のみを大きく描いたいわゆる大首絵である。凧絵は手許で鑑賞する絵画と異なり、凧を空へ飛揚させた際にいかに美しく見えるかが問われる。それゆえ、遠く離れて見てもその図様が判別されることが要求され、結果として主題となる人物の顔面を大きく描くことが行われた。凧絵の墨線の強弱が通常の鑑賞絵画に比してより明確であり、また図様が簡潔であるのも同じ理由によるが、それはまた筆線の単純化にも繫がり、これが作者の省力化と量産化、延いては作品を安価に供給することを可能にしたのである。本品は色彩の点でも遠目を考慮した鮮明な色遣いとなっており、殊に光線を透過しやすい染料をその主要な絵具としている点、また眼球部分に蠟を塗付している点は作者が凧絵の性質を熟知し

挿図9 「牛若丸図凧絵」（江戸末期、紙本着色）

挿図10 「自来也と蝦蟇の精図凧絵」（江戸末期、紙本着色）

挿図 11　岩槻の凧下図

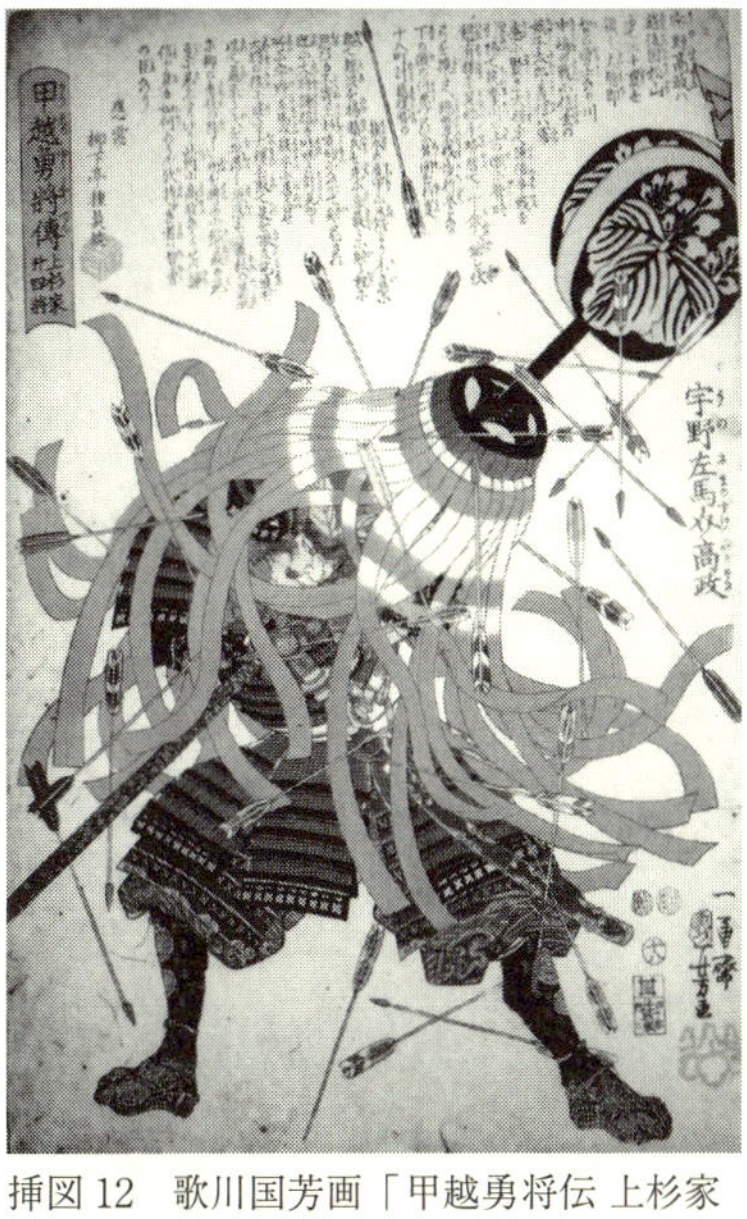

挿図 12　歌川国芳画「甲越勇将伝 上杉家廿四将 宇野左馬介高政」

ていたことを示している。なお、墨線の周辺には僅かながら木炭によるあたりが付けられた痕跡が認められ、近世の凧絵の作画過程を知る上で重要な情報を齎している。

挿図10の「自来也と蝦蟇の精図凧絵」もまた江戸末期頃の作品と思われる。二人の人物が睨み合うように上半身のみを対角線上に配置する構図は、今日でも凧絵によく見られる手法である。自来也が持つ鉄砲の金具部分に見られる連続した曲線を多用した表現はいかにも手慣れており、また刷毛を用いてあたかも錦絵の繊細な毛彫りを再現したような頭髪も技巧的に優れている。しかし、殊に見過ごせぬ特徴はその画題である。本品には義賊自来也と蝦蟇の精を描いているが、その取材元となる『自来也説話《ものがたり》』は文化三年から四年（一八〇六～〇七）にかけて刊行された読本である。つまり、金太郎図や牛若丸図のように、古来親しまれてきた歴史的説話によるのではなく、当世流行の物語の主人公を描いたものなのである。こうした画題は絵本を含む錦絵による図像の定型化なしには成立せぬものであり、まさしく凧絵の完成に浮世絵版画が大きく影響していたことを実証している。

また、挿図11は現在の埼玉県さいたま市岩槻区で江戸末期より際物を手掛ける家に伝わった凧絵の下図である。これは歌川国芳の錦絵「甲越勇将伝 上杉家廿四将 宇野左馬介高政」（嘉永三年〈一八五〇〉頃、挿図12）が原図であることが両図の比較によって明らかとなっている。この下図が江戸時代まで遡るか明治時代のものかは断定しかねるが、錦絵の武者絵が直接、凧絵の図様に影響を与えた決定的な例証である。

## 凧づくしと絵手本

近世の凧絵の実態を知るには当時の凧絵を見るのが最も適切であろうが、残念ながら実物遺品は殆ど確認されていない。そうしたなかでその具体的な様相を伝えるものに錦絵の「凧づくし」がある。これは浮世絵版画の分類上は「おもちゃ絵」に属し、錦絵の画面を

挿図13　二代歌川国盛画『浮世画手本』弘化4年（1847）

四コマ、九コマ、十六コマ等に区切り、それぞれに凧絵を描いたものである。子供らがこれを切り抜いて豆凧を作り遊ぶこともあったようだが、また手作り凧に描く絵の良き手本ともなり、更には凧絵を描く市井の際物絵師にとっても恰好の手本であった。凧づくしを最も数多く手掛けたのは歌川国芳門下の浮世絵師で、おもちゃ絵を得意とした芳藤をはじめ、師の衣鉢を継いで武者絵をよくした芳艶や芳虎、芳盛らの作品が遺されている。凧づくしに見られる凧絵は版行当時に江戸で流行していた画題・図様に他ならず、それはあたかも凧絵カタログのような存在であって、肉筆ならずとも近世の凧絵そのままを表現しているといってよいのである。流行の凧絵が凧づくしに描かれることで更に普及することもあれば、反対に人気浮世絵師が凧づくしに描いたことでその図柄が市中の流行を惹き起こすこともあっただろう。

同じく当世風の凧絵の手本とされたものに「絵手本」がある。ここでいう絵手本とは、先に挙げた『絵本写宝袋』のような基礎的描法等を示した本の類ではなく、特定の形式の絵画を描く際に具体的に参考となるべく編纂されたもの、つまり際物絵を描くための原画集のことである。例えば、弘化四年（一八四七）に刊行された二代歌川国盛の『浮世画手本』には絵馬や行灯絵とともに、三頁にわたり各頁四種、合計十二種の凧絵（達磨、釣鐘弁慶、関羽、周倉、源義経、朝比奈三郎、金太郎、つき波、龍、梶原景季、女達磨、火消し）が載っている（挿図13）。本書の活用者が職業絵師か素人かの別はさておき、こうした実用書の出版は市中の需要なくして為されるものではない。それは凧絵を描く絵師にも、それを購う者にも当世風であることの価値をいやが上にも認識させたであろう。かかる盛行がいよいよ江戸の凧絵を完成に導いたと考えるのである。

## 三　際物絵にみる庶民信仰

幟絵・凧絵ともに、江戸後期の錦絵の武者絵の流行を背景として完成されたことは既述の通りであるが、そこに描かれた図柄に如何なる意味が込められているのかをみていきたい。幟と凧が単なる節句の景物や子供の玩具ではなく、本来は天の神に降りて来てもらうための目印という特殊な存在であったとすれば、描かれた絵がその目的と不即不離の関係にあることは容易に察せられるところである。男児の誕生を祝い、健やかな成長を祈念するなど、そこに込められた意味もまた自明のことであろうが、ここでは個々の画題と図様を検討することで、そこからより具体的な意味を読み取りたいのである。

まず、幟絵と凧絵に頻出する画題を列挙する（括弧内は場面特定のための補足）。

素戔嗚尊《すさのおのみこと》（八岐大蛇《やまたのおろち》退治）、日本武尊《やまとたけるのみこと》と川上梟師《かわかみたける》、神功皇后と武内宿禰、桃太郎、渡辺綱（羅生門）、金太郎、源頼光（大江山）、俵藤太（百足退治）、源義家（勿来関《なこそのせき》）、源為朝、源頼政（鵺《ぬえ》退治）、牛若丸と弁慶（五条橋）、源義経、源義経と弁慶（難波の梅・若木桜）、源義経と平教経（義経八艘飛）、佐々木高綱と梶原景季（宇治川先陣）、巴御前と和田義盛（粟津合戦）、熊谷直実と平敦盛（一ノ谷合戦）、那須与一（扇の的）、曾我五郎と曾我十郎（夜討曾我）、楠正成と正行（桜井の別れ）、上杉謙信と武田信玄（川中島合戦）、豊臣秀吉と加藤清正、加藤清正（虎退治）、鍾馗、七福神、二福神（恵比須と大黒）、三番叟、鶴亀、龍、登龍門（鯉の瀧登り）、波、波兎

これらは無論、幟絵と凧絵の画題を網羅してはおらず、そのごく一部に過ぎないが、説話の内容や描かれた図様から分類すると、次のようになる。

1　何かを退治するもの……素戔嗚尊、桃太郎、渡辺綱、源頼光、俵藤太、源頼政、加藤清正、鍾馗

2　二者が争うもの……日本武尊と川上梟師、牛若丸と弁慶、佐々木高綱と梶原景季、巴御前と和田義盛、熊谷直実と平敦盛、源義経と平教経、上杉謙信と武田信玄

3　主従または肉親関係……神功皇后と武内宿禰、源義経と弁慶、楠正成と正行、豊臣秀吉と加藤清正、曾我五郎と曾我十郎

4　資質、才能にすぐれた個人……金太郎、源義家、源為朝、源義経、那須与一

5　それ自体が意義を持つもの……七福神、二福神、三番叟、鶴亀、龍、登龍門、波、波兎

1は、鬼退治の伝説に因んだものが多い。鬼や怪物を退治する様子は破邪すなわち魔除け・厄除けを意味し、節句の本義そのものである。邪悪なるものをいかにも恐ろしく描くことによって、それを征伐する者の威力も一層強調される。殊に鍾馗は幟絵の代表的画題として、江戸前期より今日に至るまで連綿と描き続けられてきた。中国由来の鍾馗が日本の神々や武者を差し置いて高い人気を保ち続けているのは、その圧倒的な武威への信頼と、早くから定型化され

た雄姿への親しみゆえであろう。

2は、合戦の一場面を表したものが多い。命を懸けた戦はまさに修羅場であり、その雄々しさや逞しさが強調される。図様としては二者の力がほぼ互角である場合と、強者と弱者が明確な場合とがあるが、強者同士の力比べのような図柄が少なくないのは、両者の健闘を讃える心情からであろう。

3は、二者の精神的な絆が表現される。それは忠誠心であり、親子愛であり、兄弟愛である。またそれは両者がともに魅力的な人物であることが条件となっており、彼らの間の強い信頼感が見る者の共感を呼ぶのであろう。

4は、まさしく古来人気の高い人物である。才知に長けた者、容貌の優れた者、身体能力の高い者、文武に秀でた者などである。金太郎は健康な幼童の象徴であり、成長の後には坂田公時（金時）として源頼光に召し抱えられ、大江山の酒呑童子退治にも参加している。八幡太郎こと源義家は奥州勿来関で「吹く風をなこその関と思へども道もせに散る山桜かな」と詠み、戦時と云えども風流心を失わぬ、文武を兼ね備えた武将の代表的存在となっている。鎮西八郎こと源為朝は強弓で知られ、鬼が島の島人（鬼）がその弓を引いたが何人かかっても引けなかった。その強力にはあらゆる悪鬼が屈服せざるを得ず、疱瘡神も恐れをなしたといわれ、特に近世では疱瘡（天然痘）除けに霊験あらたかと信じられた。源義経は「判官贔屓」の言葉の通り、薄命の英雄として日本人に最も愛されている武将である。那須与一は屋島の合戦において平家の船に女官が掲げた扇を見事に射落とす逸話で知られる。

5は、その存在が直接何らかの意義を持つものである。七福神や二福神はその名の通り福の神であり、あらゆる幸福を齎すことが期待された。それらは近世の庶民信仰を代表する神として盛んに図像化され、今日でも高い人気を誇っている。三番叟は能楽においても歌舞伎舞踊においても祝賀の意を表すものである。鶴亀は謂わずと知れた長命の象徴、また龍は農耕民の信仰においては降雨の神とされ、その威力や雄渾な姿から強者、王者の象徴ともなった。鯉には中国黄河上流の急流である龍門を登りきれば龍になるという登龍門伝説があり、鯉の瀧登りの図は立身出世の象徴とされた。波はその威勢が闘争心のあらわれとして尚武的精神と繋がる。波兎は謡曲「竹生島」の一節、「月海上に浮かんでは兎も波を走るか」に由来するとされるが、兎を波頭の変形とみれば、その意味するところは波と同じである。

この五つの分類にさらに若干の分析を試みると、それぞれの図柄に込められた意味は詮ずる所、「祝賀」と「祈願」とに大別できるかと思う。祝賀とは、子供の誕生や節句を迎えたことを祝福する心であって、換言すれば喜びであり、寿ぎであり、めでたさである。祈願とは、かくありたいと希望する心であって、換言すれば願いであり、さらにその深刻で切実なものが祈りであろう。

1の退治ものは悪疫や災厄を免れたいとの思いのあらわれである

から、「祈願」である。２・３・４は憧れや尊敬の対象として、かくあることを望み、また守護の頼みとしたのであるからこれまた「祈願」である。５はいささか複雑で、七福神や三番叟、鶴亀はすでに起きた状況に対する喜びのあらわれであれば「祝賀」であるが、そのようなめでたさを望むとすれば「祈願」にもなる。龍は神あるいは強者であるから当然「祈願」とされるし、登龍門も立身出世への「祈願」である。波と波兎もまた、その威勢にあやかろうとする「祈願」である。

このように分析してみると、その大多数が「祈願」に属し、ここに幟と凧の主たる目的も自ずと明確となろう。頻出画題を振り返れば、幟絵も凧絵も武者が突出して多く、いずれも浮世絵には勿論のこと、古来その図像が盛んに描かれ、逸話とともに親しまれてきた人物ばかりである。彼らに対する人々の思いが憧れであり、尊敬であり、時に崇拝であっただろうことは、その好意的な描かれ方からも想像に難くない。実際、武者絵となった歴史上の人物のなかには死後に尊崇の対象として祀られた者もあり、その偉業が語られ、記され、描かれるなかで神格化し、信仰をあつめた例は少なくないのである。ここに挙げた人物だけでも素戔嗚尊や日本武尊は神そのものであるし、神功皇后は八幡信仰の、武内宿禰は住吉信仰の祭神であり、源為朝は為朝明神、源義経は義経神社、上杉謙信は上杉神社、武田信玄は武田神社、加藤清正は清正公《せいしょうこう》となって広く尊崇されてきた。

今日のように科学、医学が発達していない時代、薬の効かない病気や得体の知れない天変地異は悪霊や鬼、疫病神の仕業と考えられたのも無理はない。生命を脅かす恐ろしい災禍から免れるためには神仏に祈るしかないとすれば、魔除け・厄除けは最も切実で現実的な祈願内容であり、霊験あらたかとされる彼らの力を頼みとすべく、際物にその姿を描いたのは正月や端午の節句の本義に照合してもまことに相応しいことであった。

しかしながら、際物絵にみられる図柄が果して近世の人々のそうした敬虔な信仰心の発露のみであったかといえば、それは否定せざるを得ないであろう。そもそも武者絵は歴史上・伝説上の英雄豪傑の姿を絵に表現したものであるから、基本的に武勇に勝れた人物でなければ描かれることもない。『平家物語』や『源平盛衰記』、『曽我物語』、『太平記』などの軍記物語に取材したものも少なくないが、近世の武者絵を通覧する限りでは史実に忠実に描くことはあまりなされず、むしろ説話中の血沸き肉躍る名場面をいかに誇らかに描くかが問われたように思われる。また、それによって惹き起こされる興奮こそが武者絵の醍醐味であって、その強い刺激ゆえに人々に持て囃され、それが転じて際物絵にもなったのだという解釈は、今日のキャラクターグッズの商品化過程と照合してもごく自然の成り行きではなかろうか。

とはいえ、管見の限り、近世の幟絵にも凧絵にも、逸話や図様として古来周知されていることを事由に、あるいは流行を反映した当世風であるということを事由に、無意味な絵や節句にそぐわない絵が描かれた例は全くといってよい程見出せない。その意図するところが描かれているか否かという絵画的な完成度とは別に、あらゆる幟絵と凧絵は近世の庶民信仰を基底に成立していたと考えられるのである。もっとも、その信仰とは特定の神や仏に対する篤き信奉といったものではなく、親しみを伴う敬意ともいうべき、民俗に根ざした素朴な感情であったことだろう。しかし、そうした感情が当然の如く人々のなかに存在したということこそが、際物絵をして民俗的な宗教画たらしめた土壌であった。これに反して、今日の幟絵や凧絵にはかつて見られなかった図柄がいくらでも確認できるのであるが、それは畢竟、人々の間に素朴な信仰心が失われ、かつ幟や凧の本来的な用途、延いては正月や節句の持つ意義が忘れられたという事実に他ならないであろう。

## むすびに――際物絵の美術史的位置付け――

際物絵のなかでも最も絵画的要素の強い幟絵と凧絵とは、ほぼ軌を同じくしてその絵画上の様式を完成させた。それは浮世絵版画、殊に武者絵の盛行と決して無縁ではない。

近世において際物絵を手掛けた者の多くは無名の町絵師であったが、絵師としての画料の安い彼らこそは、際物絵の消費者たる庶民にとって最も身近な絵画の技術者であっただろう。しかし、速く、安く、大量に、見栄えよく仕上げねばならないという際物の経済的制約こそが、際物絵の作風を完成させた決定的な事由であったと考える。安価であるためには制作に多くの時間を掛けることは許されず、必然的に運筆の速さが求められ、少数の筆線で効果を挙げねばならなかった。また、彩色にも高価な絵具は使えず、色数さえも限定せざるを得なかった。これらの制約ゆえに際物絵の線描には独特の速度感と簡潔さがあり、色彩も単純かつ鮮明なのである。ここにおいて、際物絵の絵画的特徴は省略と誇張に尽きるといえるだろう。経済的制約を背景とするこうした特徴は民藝―民衆的工藝―の性質とも通じるものである。

その一方、画題に込められた意義は、庶民の喜びであり、願いであり、時に切実な祈りであった。宗教画というには世俗的に過ぎ、単なる玩具絵というにはその底に高度な精神性を含んだものであるが、そこに民俗的な素朴な信仰が反映されていることは確かであり、その意味において近世の際物絵は当時の人々の心を具現化したものといえるだろう。

ところで、浮世絵が近世庶民文化を代表する絵画として世界的にも高く評価されるようになって久しいが、庶民にとって身近であることにひとつの価値を見出すならば、子供の玩具である凧に描かれた凧絵は浮世絵の比ではなく、最も身近な絵画であった筈である。しかし、今日に至るまで、これが美術史、殊に絵画史の研究家からは全くと云ってよい程、何の評価も与えられてこなかったのは如何なる訳であろうか。僭越ながら一言すれば、やはりそこには「子供の玩具に過ぎない」という偏見があり、それゆえの調査の怠慢の結果ではないか。殆ど無名の職人が手掛けた際物絵の来し方について、本稿で殊更に知名の浮世絵師らの活動と関連付けて論じたのも、既成の価値体系のなかに彼らの居場所を見つけてやりたかったからに他ならない。果して、それが際物絵の今後の評価に繋がるものかどうか定かではない。そもそも、際物絵の魅力は極めて独特のものであって、必ずしも既存の何かと比較評価されるべき性質のものではないだろう。我々が今日確認している近世の遺品はごく僅かながら、それらは見る者の心を揺さぶるに充分な魅力を備えていると信じている。近世の際物絵こそは庶民にとって最も身近な肉筆絵画のひとつであり、その素材も、線も、色も、画題も、全てが庶民の趣味嗜好を最も反映したものであり、まさしく庶民の、庶民による、庶民のための絵画だったのである。

　美術史上の位置付けを考える上では、近代の絵画史との関係をも検証する必要があろう。明治以降の日本画の世界においても武者絵は盛んに描かれた。歴史的事象の正確さは千差万別ながら、歴史に取材したそれらは今日、一様に「歴史画」と呼ばれている。有職故実上の精粗はさておき、同じ武者絵を主要な画題とする近世の際物絵と、これら近代の歴史画との大きな違いは、その制作動機であろう。前者がほぼ全面的に消費者の嗜好・要求により制作されるのに対し、後者は多くが作者自身の、歴史上の人物や事象に対する憧憬や感動によって描かれる。すなわち、歴史的事象に取材している歴史画も他の芸術と同様の自己表現の手段に他ならない。また、際物絵における画題と図様表現は同時代の老若男女の誰もが一見して理解できるものばかりであったが、歴史画のなかには歴史に忠実であろうとするため、一般には容易に理解し難いものさえあって、時として観る者に高度な学問的教養が要求される。それが、およそ庶民に程遠い存在となるのも当然の帰結であろう。

　翻って、際物絵師の系譜が連綿と生き続け、今日の日本画壇にまで及んでいることは注目すべきである。近代日本画の巨匠にして歴史画の父とも謳われる小堀鞆音《ともと》が、際物絵師・須藤晏斎《あんさい》（一八二一〜九七）の実子であったことはあまり知られていない。晏斎は現在の栃木県佐野市において江戸末期から明治中期にかけて活躍した絵師で、絵馬や幟などに武者絵を描いていた（挿図14）。鞆音は古今の

挿図14　須藤晏斎筆「加藤清正図幟」（部分　明治初期、木綿着色）

日本画家のなかでも特に武者絵をよくしたことで名高く、その作品には彼自身の有職故実研究の成果が活かされているが、甲冑を纏う武者の姿が単なる生硬な「甲冑着用図」となることを免れ、力強さや躍動感の表現に成功しているのは、父・晏斎の画風の直接的な影響と考えられる。近代日本画壇を代表する安田靫彦、前田青邨、松岡映丘ら錚々たる画家たちに多大なる影響を与えた、鞆音の代表作にして歴史画の記念碑的作品ともいえる「武士《もののふ》」の根源も、まさにそうした系譜上にこそ求められるであろう。ここにおいて、近世の庶民にとって最も身近な美の提供者であった際物絵師の存在は、近代美術史の展開の蔭にあっても少なからぬ役割を果たしていたのである。

　鞆音の令孫・小堀桂一郎氏は鞆音の人物画の特徴を「皆一様に強い個性的な表情を有し、そこにその人物の内面の動きが描出されてゐる」と指摘している。そして、その反対の例として、「個性的な表情を感じられない人物像とは、顔が先づ幟繪か羽子板繪の如く類型的であること、そこにはその場面の特殊性に應じた表情が出てゐないこと、全身は謂はば武者人形の如くに様式化され、衣裳の裡なる生きた人體の筋骨が感じられず、手指の描寫にその人物の情動を表す如き動きが托されてゐることは先づは無い」ことを挙げている。[注13] 無論、ここで小堀氏は幟絵や羽子板絵を否定的に捉えている訳であるが、この個性的でない、類型的であることこそ、際物絵の身上というべきである。すなわち、それが大衆のイメージする英雄豪傑の姿に他ならず、換言すれば個性的でないとは異端的でない、類型的であるとは典型的であるとも捉えられるのである。こと商品である際物絵においては、顧客のイメージとは期待であり、それを裏切らない絵画が理想的であろう。際物絵は近世の庶民の価値観に合致した絵画なのである。

　省略と誇張によって、独特の様式美をつくりあげた際物絵は浮世絵を絵画上の基礎・規範としつつ、歴史画的な画題を最も単純化させたものといえよう。それはまた、日本の伝統的絵画における図様の定型化を考察する上で極めて重要な情報を含んでいるのではなかろうか。古来、我が国の画人がその画題を描くにあたり、何をどう伝えようとしていたのか、期せずしてその核心を表現したものが際物絵だったのである。

注

1　この分野の先駆的な研究者に、幟では有坂與太郎、山田德兵衛（十世）、北村勝史、凧では俵有作、斎藤忠夫、比毛一朗、新坂和男の各氏があり、その成果には多大なる示教を受けた。なお、際物に関する出版物に『民俗工芸収蔵資料解説目録Ⅰ　際物』（埼玉県立民俗文化センター、一九九五年）があるが、幟と凧は含まれていない。また、美術史の立場から際物絵に類する作品を扱った論考に、浅野秀剛「葛飾北齋筆　朱鍾馗圖幟」（『國華』第一二六一號、二〇〇〇年）、内藤正人「行燈絵幻想――亡佚した幻の浮世絵」（『出光美術館研究紀要』第八号、二〇〇二年）などがある。

2　武藤純子「鳥居清倍」（『浮世絵大事典』、東京堂出版、二〇〇八年）。なお、

「初代市川団十郎の竹抜き五郎」は東京国立博物館に、「二代市川団十郎の虎退治」は千葉市美術館に所蔵されている。

3 松田光「幻の浮世絵巨大版木」（『小さな蕾』第二八八号、創樹社美術出版、一九九二年）に詳しい。松田氏は、看板絵と見做されていた巨大な浮世絵版画を幟絵であると看破された。

4 岩切友里子「武者絵の世界」（『武者絵　江戸の英雄大図鑑』、渋谷区立松濤美術館、二〇〇三年）、矢島新「近世後期の武者絵馬について」（『浮世絵芸術』一四七号、国際浮世絵学会、二〇〇四年）

5 大曲駒村「一松齋芳宗父子（上）」（『浮世絵志』第二四号、芸艸堂、一九三一年）

6 岩波文庫の『浮世絵類考』（仲田勝之助編校、一九四一年）に拠った。

7 佐藤孝徳「磐城の幟の歴史と現況」（『民具マンスリー』第三一巻二号、神奈川大学日本常民文化研究所、一九九八年）

8 近世史料研究会編『正宝事録』第一巻（日本学術振興会刊、一九六四年）に拠った。

9 東京都江戸東京博物館『錦絵の誕生――江戸庶民文化の開花――』図録、（一九九六年）一〇八頁、出品番号四―四五。

10 東京大学史料編纂所編『大日本近世史料 市中取締類集一』（東京大学出版会刊、一九五九年）に拠った。

11 岩切友里子「天保一三年の掛り名主の改について」（『浮世絵芸術』一五四号、国際浮世絵学会、二〇〇七年）

12 東京大学史料編纂所編『大日本近世史料 市中取締類集二』（東京大学出版会刊、一九六〇年）に拠った。

13 小堀桂一郎「鞆音の畫業を貫くもの――精神の表現としての歴史畫の樹立」（『小堀鞆音と近代日本画の系譜――勤王の画家と「歴史画」の継承者たち――』図録、明治神宮、二〇〇六年）

本稿執筆にあたり、悳俊彦氏、岩切友里子氏、黒田豊氏、小林澡氏には資料について格別のご教示ご高配を賜りました。末筆ながら記して御礼申し上げます。

# 錦絵のなかの民間信仰

富澤　達三

## 一　描かれる民間信仰

### 実用品としての錦絵

明和年間（一七六四～七二）の絵暦ブームのなか、鈴木春信が考案した錦絵（浮世絵版画）は、古典文学や逸話をもとに、当世風俗を描いた見立絵で美男や美女を描いた。その後、錦絵の画題は人気役者、遊郭や町の美女、英雄豪傑や武者などに画題を拡大させる。浮世絵師は人々の欲求に応じ、図像化できるあらゆる事象を描き、新しい分野が開拓されていった。例えば葛飾北斎（宝暦十年～嘉永二年〈一七六〇～一八四九〉）は富士信仰のブームに目を付け、当時流行りつつあった舶来絵具のプルシアンブルー＝「ベロ藍」を導入し、揃物「富嶽三十六景」（文政末期～天保初期）を発表し、錦絵に「名所絵（風景画）」のジャンルを定着させた。北斎の作画は絵組の巧妙さや視覚的効果が充分に練られた作品であったが、のち初代歌川広重（寛政九年～安政五年〈一七九七～一八五八〉）が真景を描くことを主とした風景画を確立していく。浮世絵師たちは西洋画の遠近法や、当時の狩野派に代表されるアカデミックな技法、緻密な明国の画風（唐画）などを貪欲に取り入れ、江戸時代の人々の視覚的欲求に応える錦絵を生み出していく。版木の彫刻技術や仕上げの摺り技術も年々進化を遂げた。

葛飾北斎は、あらゆるジャンルに精力的に挑戦した浮世絵師であったが、幕末期の歌川国芳（寛政九年～文久元年〈一七九七～一八六一〉）も人々の「見ることへの欲望」に応えた人気浮世絵師であった。「奇想の画家」として、やや傍系扱いであった国芳も研究が進み、その評価はもはや揺るぎないものとなり、多くの弟子を育てた功績も大きい。文政年間のはじめ、武者絵で人気絵師の仲間入りをした国芳は、美人絵・役者絵・名所絵、そして戯画でもすぐれた作品を残している。幕末期の錦絵には、春夏秋冬の年中行事や生活文化、民間信仰をテーマとする作品も多かったが、国芳は江戸の日常生活に密着した実用的な錦絵を多数描いている。錦絵は美術品であるが、現在は姿を消した生活文化・風俗・民間信仰などを物語る貴重な歴史資料でもある。

児童文化研究者・民俗学者の藤沢衛彦氏は『日本版画美術全集』第六巻において、自ら収集した三〇〇〇点のコレクションをもとに「民俗版画」の項目を立て、考察を行っている。[注1] 藤沢は神仏習合の進んだ江戸時代の宗教画や民間信仰を題材にした印刷物を分析して、江戸庶民の日常生活文化のなかで錦絵が実用的に使用されていた事実を考察した。前述書では、藤沢による錦絵を含めた版画の分類は恣意的であり、未完成な論考と言わざるを得ない。しかし、失われた江戸時代の生活文化・民間信仰・大衆化した在来宗教を図像化した歴史資料として、錦絵を収集した藤沢の先見性は注目に値する。藤沢が提起した、「視覚情報媒体としての錦絵」に関する問題は、その後手つかずの部分も多く、研究者に残された大きな課題である。

藤沢が提起した、錦絵からの生活文化や民間信仰研究を継承するものとして、いくつかの実証的な研究が見られる。H.O.ロータルムンド氏は疱瘡（天然痘）の際、症状を抑えるために使われた呪術的な「赤絵」（疱瘡絵）の世界を分析した。[注2] 現在、天然痘は撲滅されているが、江戸時代にはありふれた病で、軽く済ます事が重要とされた。赤色で描かれた疱瘡絵は疱瘡を引き起こす疱瘡神を防ぎ、症状を軽くすると信じられた。疱瘡絵は、現在は失われてしまった疱瘡に対する民間信仰を伝えた図像資料なのである。

また、矢島新氏は「有卦絵」に注目し、国芳作品を中心にすぐれた個別研究を行った。[注3] 有卦という語は、現代では「有卦に入る＝よい運にめぐりあう」（『広辞苑』）という意味でのみ知られる言葉になってしまった。しかし江戸時代には、有卦入りの考えは広く信じられていた。有卦とは陰陽道の陰陽五行論に基づき、十二年のうち七年が幸運の時期（有卦）、五年が不運の時期（無卦）になる、と考える民間信仰である。有卦入りの信仰は、平安時代の京都の貴族たちに信じられ、江戸時代になると武士や庶民の間にも広がり一般化する。具体的な行為として、有卦入りした人に「ふ」の字で始まるモノを贈って祝うことが行われた。有卦に入る年は子・卯・午・酉の三年おき（子丑寅卯辰巳午未申酉戌亥）とされていた。江戸時代には暦が一般化し、有卦入りの情報も載り、自分の生年の干支から有卦に入る年を容易に知ることが可能となっていた。矢島によれば、人形細工で知られる吉徳では明治末期まで、有卦入りを祝う贈答品として「ふの字で始まるモノ」を乗せる、台座用の木製船を作っていたという[注4]が、有卦入りを祝う習俗は現代では完全に忘れ去られてしまった。

有卦絵は「ふ」の字で始まるモノをわかり易く図像化し、詞書で有卦入りの年を記した画面構成であり、戯画を得意とした国芳も作品を多く残している。笛・筆・袋・ふくべ・麩・フクロウ・芙蓉・福助・二股大根・福禄寿・河豚・鮒・舟など、「ふ」で始まるモノがちりばめられた錦絵は、有卦入りのめでたさを祝っている（挿図1）。有卦絵は、今は完全に忘れられた有卦の習俗を現在に伝えた歴史資料となっている。

挿図1　歌川国芳「有卦福曳の図」　大判二枚続　安政5年（1858）

このほか、藤岡摩里子氏は錦絵に描かれたり、玩具化されたミミズク・だるまなどの「かわいらしさ」に注目、それらが絵画や玩具・祭礼の山車などによってモノ化され、疱瘡除けなどの呪力が発現した意味を考察した。[注5]そして、回避不可能な災厄が起こった場合、現在では忘却されてしまった、民俗的呪術が復活する可能性についても言及している。

## 二　「時事錦絵」の登場

### 「判じもの」での政治批判

言論の自由が保障されている現代と異なり、江戸幕府は政治的な事件はもとより、市井の珍事件を題材とする出版物の制作販売ですら禁じた。これは庶民の愛玩品である錦絵（浮世絵版画）にも適応された。しかし、水野忠邦による天保改革の時代、歌川国芳は妖怪画の錦絵「源頼光公館土蜘作妖怪図」（天保一四年〈一八四三〉）（挿図2）により、天保改革で庶民を苦しめる政治体制を暗に批判した。本作は、政治を批判した作品であるとの風聞が立ち、摺りが間に合わないほどの人気作となるが、版元は販売を自粛し、密かに売買され高値がついたという。

「源頼光公館土蜘作妖怪図」の読み解きは難解であり、このような作品を「判じもの」という。本作の「判じ＝ナゾかけ」の解読は、石井研堂氏などが行っているが、本作が天保改革と政権担当者への政治批判を盛り込んだ作品であることは間違いない。不特定多

挿図２　歌川国芳「源頼光公館土蜘作妖怪図」　大判三枚続　天保 14 年（1843）

数の人々に対して売られる錦絵で、政治批判が行われたことは画期的であった。[注6]

妖怪現象は、現代でも繰り返し小説やマンガ・映画・アニメなどの世界で取り上げられる民間信仰である。「源頼光公館土蜘作妖怪図」は民間信仰の発現である妖怪（化け物）の図像に仮託し、江戸庶民の怨念を為政者に対して暗に示した。本作は、改め（検閲）を通過した作品であり、描写は直接的ではなく、読みときの難解な「判じもの」の手法により、版元や国芳は当局に対し、言い逃れできる逃げ道を用意していた。本作を画期として、錦絵はペリーの来航、大奥の動向、物価上昇などの事件を「判じもの」で描いていく。南和男氏は『藤岡屋日記』に記録された江戸での錦絵販売の動向を分析し、「判じもの」の大当たりを受け、弘化・嘉永期には難解な作品が売れ筋であったとしている。[注7]筆者は、江戸や周辺地域の事件を題材とした錦絵を、新たなジャンル「時事錦絵」[注8]として概念規定したが、「源頼光公館土蜘作妖怪図」は「時事錦絵」の嚆矢と考えられる。

## 嘉永二年の流行神と錦絵

嘉永二年（一八四九）、内藤新宿にある正受院の奪衣婆像・日本橋四日市の翁稲荷・両国回向院で出開張中のお竹大日如来が人気を集めた。とくに内藤新宿の奪衣婆像は爆発的に信仰され、多くの人々が押し寄せた。いわゆる流行神《はやりがみ》現象である。[注9]流行神とは、突如として爆発的な信仰を集めるにわか神様のことであり、庶民は様々な願望の実現を願うべく、こぞって参詣した。

この嘉永二年の流行神現象も、江戸で「時事錦絵」の題材となって二〇種類以上が出された。奪衣婆像・翁稲荷・お竹大日如来それぞれを単体で描いたもの、三神全てを描いたものなどがあり、歌川国芳の作品が最も多い。

図案は、絵の上部に奪衣婆が位置し、その回りで人々が、願望の実現を祈っているもの、翁稲荷・奪衣婆・お竹大日如来の三神が描かれ、拳遊びや首引き（首の後ろに綱を掛けて引合う遊び）をしているものなどがある。これらの錦絵で「三つの流行神が流行している」との情報が伝えられた。

### お竹大日如来の伝説

当時の随筆・日記の類からは、嘉永二年の流行神現象の概要を知ることができるが、まずはお竹大日如来の概略について述べる。『巷街贅説』「巻之六」には、嘉永二年四月頃の出開帳の記事として、「両国向於回向院無縁寺、四月半より開帳」[注10]とあり、お竹大日如来の、当時流布した略縁起を写している。概要は以下の通りである。

寛永（一六二四～四四）のころ、武蔵国比企郡に戒行堅固という行者がいた。彼は夢の中で大日如来より「江戸に行って佐久間某の下女である、竹という女性を拝むように」とのお告げを受け、玄良坊宣安と共に江戸に出た。二人は大伝馬町の豪家・佐久間某のもとで働く、お竹という下女を探し当てる。お竹は日頃から仏教への信仰が篤く、自らの食事を減らして乞食・牛馬に施し、流し場の水落としには布袋をくくり付け、洗い流す雑菜までも無駄にしなかった。お竹は寛永十五年に往生を遂げ、彼女の奇跡を見た佐久間夫婦はお竹の等身大像を作り、出羽国羽黒山に奉納したという。

羽黒山からのお竹大日如来の出開張は、過去にも行われており、嘉永二年四月も何度目かの出開帳である。『巷街贅説』によれば、メッキされた二尺六、七寸ほどの銅製の座像、お竹が生前に用いたという麻の前垂れ・たすき・茶袋・流し場の板一枚などが出されていたが、他に霊宝もなく、信じがたい品ばかりであり、開帳中は雨がちで不景気であったという。お竹大日如来を単体で描いた錦絵は、歌川国芳の作品をはじめ、一〇点以上が確認されている。図柄は、お竹の起こした奇跡や善行の様子を描き、絵の周囲にお竹大日如来の縁起などの詞書がある作品が多い。絵自体が信仰絵としての役割を持つと同時に、天保改革の錦絵統制令で、描くことが禁止された美人絵としても楽しむことができる作品となっている。

### 奪衣婆と翁稲荷

同じく『巷街贅説』「巻之六」では、内藤新宿正受院の脱（奪）衣婆像と日本橋翁稲荷大明神に関する記事がある。[注11]

「〇三途川老婆
江府大久保表番衆町西の末南頬に、芝三縁山増上寺末にて、妙龍山正受院と云浄土寺あり、小寺にして小き阿弥陀堂の内に、焔羅脱衣婆を安置せり、元来淋しき寺なり、此脱衣婆、予覚て享和文化の頃、小児のくつめき、咳の平癒を祈るに利益ある迚、偶々は参詣もありしが、追々に流行出て、去年嘉永と改たる秋の頃より、わきて諸願利益ありとて、遠方よりの参詣日々に弥増り、六の日を縁日として、月の三度はわきて群集とかや、利益の風説さまざまに奇を伝へ、霊験有由を専らに伝へあえり、今茲卯月九日、新町なる牡丹の花見の序、正受院に立寄しに、常の日ながら参詣多くして、狭き堂内へ入事難ければ、遠く拝して過ぬ、地内もいとせまきに、百度参りの男女も十人計群集せり、此辺は元来淋敷土地なれども、堀の内へ参詣の間道なれば、月々の十三日には往来も多けれど、夫に引替りたる賑はひ、納綿売、線香売、水茶屋、粟餅団子茶屋、何まれの商ひ物多く、道すがらの物もらひ、縁日には弥多く、新宿の表町まで、植木屋など出て賑はしとぞ、納綿はおびたゞしく、厨子の内外に積重ね、供養の線香は地内に煙る、納幟は布に紙に取交て、三途川老婆王と書記して、数多立並たり、綿も幟も願をかける時納るか、又願解に納やしらず、信心の男女堂内満々て、大き成木魚打て、六字名号を唱居れり。閏四月の始障る事出来て、暫らく参詣を止めらる（中略）日本橋四日市なる翁稲荷も、此二とせ三とせの時行神にて、こも又参詣群集とぞ、此翁に大久保の老婆を取合せて、さまざまなる戯れの一枚摺出して、錦画ひさぐ見世先にも、又多く人足を止む（原文のふりがなは省略した）」

『巷街贅説』には、内藤新宿正受院の奪衣婆像と日本橋四日市の翁稲荷大明神の賑わいについて詳しい記述が見られる。奪衣婆・翁稲荷は、ともに錦絵となっているが、現在までに確認された作品では、やはり歌川国芳のものが多い。記事中の、「此翁に大久保の老婆を取合せて、さまざまなる戯れの一枚摺出して、錦画ひさぐ見世先にも、又多く人足を止む」という記述は、奪衣婆・翁稲荷の錦絵が江戸で売れていたことを示すものである。また、同時期に出開帳で流行していたお竹大日如来も、奪衣婆像・翁稲荷とともに錦絵で描かれており、江戸で流行神のブームが起こっていたことがわかる。

ところが、正受院は奪衣婆像の流行におごり、寺社奉行から摘発を受けてしまう。嘉永二年閏四月十日、寺社奉行・脇坂淡路守配下の隠密が、現代でいう「おとり捜査」を行った。隠密は母が病気であると偽って、正受院に対し通常より大幅に高額な御膳料の金二分を出し、御膳を優先的に貰ったのである。隠密は、続く四月十一・十二日も御膳料を二百疋（＝金二分）ずつ払い、合計一両二分を払った。隠密によって正受院が不当に高い御膳料を取っている事実が摑まれ、翌四月十三日寺社奉行・脇坂淡路守の手勢が、正受院に手入れを行う。住職をはじめ僧侶は残らず搦め捕られて役所へ連行され、正受院は近辺の同宗の寺が守ることとなった。正受院の門は開いていたが、縄張りされ、奪衣婆像への参詣は止められてしまう。のち寺社奉行より沙汰が下され、正受院が寺社奉行への届け無しに石灯籠を建立したこと、奪衣婆像に奉納された綿のうち、未使用の品を同寺の下男が換金したことなどが譴責された。それから約一か月後の嘉永二年八月九日に正受院の開門が許された。この一件で、奪衣婆像への爆発的な参詣はおさまったのである。

## 戯画と戯文で事件を伝える

すでに述べたように、嘉永二年の流行神――正受院奪衣婆像・お竹大日如来・日本橋四日市翁稲荷――を描いた錦絵は、歌川国芳と弟子の浮世絵師たちによる約三〇種類の作品が確認される。繰り返すが、江戸時代には、ちまたの噂話や大事件を出版物にして不特定多数の人々に売りさばくことは厳禁であった。そのため、江戸や大坂では違反出版物である「かわら版」によって事件が伝えられることもあった。江戸庶民が関心を持っている大事件を錦絵に描けば、人気商品となることは明らかである。

「内藤新宿の奪衣婆像が願いを叶える流行神となっている」という事件を描き、改め（検閲）を通した錦絵として売るにはどのようにすればよいのか、具体的に考察してみたい。国芳はまず「奪衣婆に願掛け（仮題）」[注12]（挿図3）で事件を伝え始めたと考えられる。同図の奪衣婆像は写実的で、国芳は実物を見て描いたのだろう。同像は震災や戦災の被害を逃れ、現在でも新宿区の指定文化財として残っている（挿図4）。錦絵では奪衣婆像を画面上部に描き、家族の願掛けを描く図柄である。絵のまわりの余白を埋めるかのように、奪衣婆像への祈願やお礼の文言が書かれている。一部内容を読むと「ありがたやありがたや、なむおばアさま。おかげをもちまして、せうばいはんじやう（商売繁盛）いたします。こどもはたくさんできますし、じつにあなたのおかげでございます」などと、卑近な欲望の実現を喜ぶ戯文である。国芳は写実的に描いた奪衣婆像に庶民が祈願する図像で、「願を叶える奪衣婆像が、爆発的に信仰されている」という事件を伝え始めたのである。

しかし、戯画の名人であった国芳は、これに満足しなかった。奪衣婆像を青い肌と黄色の襦袢という色使い、翁稲荷はキツネの特徴を取り入れ擬人化して描き、自分の絵画世界のものとし、秀逸な戯画で連作を行っていく。現代

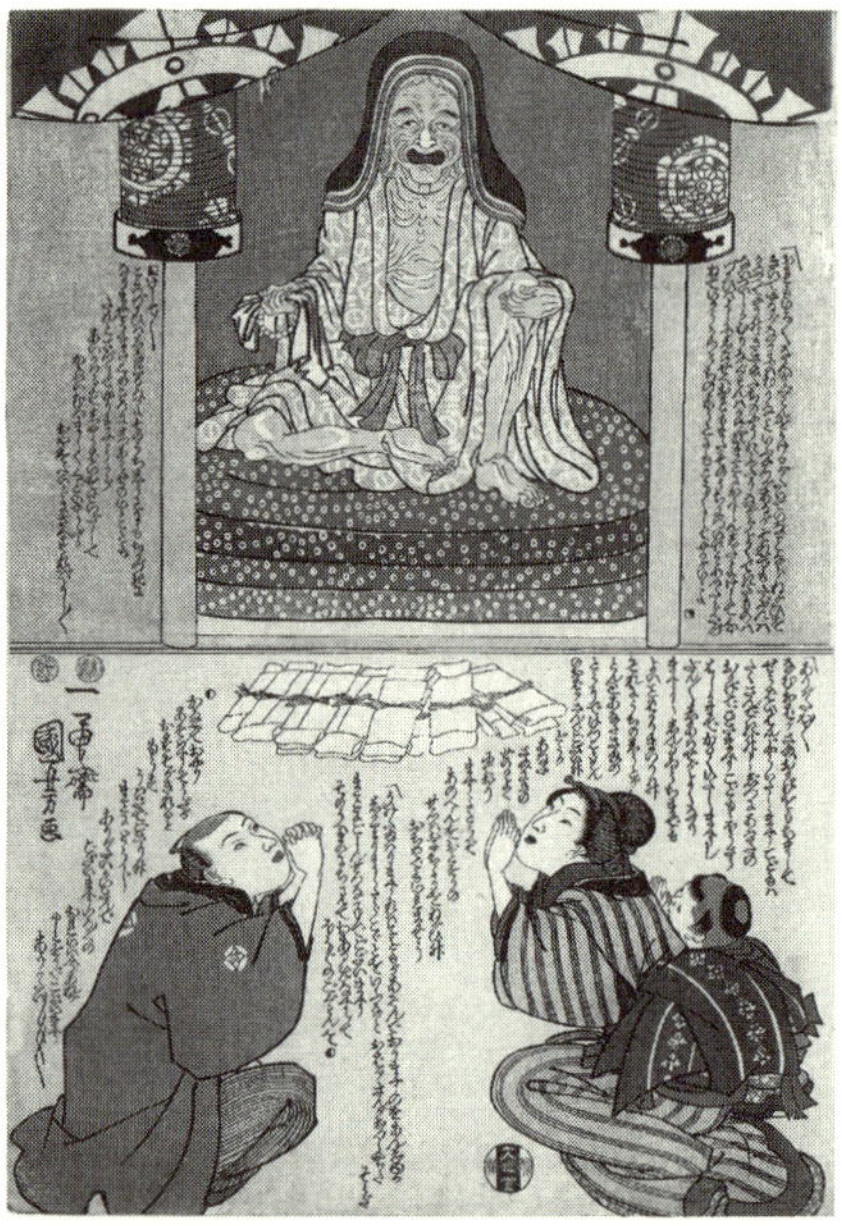

挿図3　歌川国芳「奪衣婆に願掛け（仮題）」
大判　嘉永2年（1849）

挿図4　正受院奪衣婆像（新宿区指定文化財）

挿図５　歌川国芳「じいさん ばあさん あねさん　りう行拳」 大判　嘉永２年（1849）

でいうならば〝奪衣婆像や翁稲荷のキャラクター化〟である。

嘉永二年の流行神の錦絵は、おおよそ以下の類型に分けることができる。

①伝説型

流行神の縁起について、絵と詞書で説明したもの。お竹大日如来を描いた作品に多い。

②庶民祈願型

願いをかなえる神様に対し、群衆が祈願を掛ける様子を描いたもの。人々は口々に自分勝手な願いを述べ、読者の笑いを誘う（前出、挿図３）。

③拳遊び型

奪衣婆・お竹大日如来・翁稲荷による、拳遊び・首引きを描いたもの（挿図５）。これは「世間で流行しているモノ」を示した表現と考えられる。つまり、「三すくみ状態」「二すくみ状態」で拮抗状態を描いて「三つの流行神は優劣がつけられぬほど流行っている」というメッセージを伝えたのである。

④小咄型

次々と掛けられる願に、奪衣婆像・翁稲荷が困っているもの。詞書の内容は、流行神の人気ぶりを伝えた小咄になっているものが多い。

これら流行神の錦絵には、ただ事件を伝えるだけでなく、一種の信仰絵・護符絵の側面がある。実際に足を運ぶことができない人も、流行神の錦絵を買って所有すること、人から見せてもらうことで、多少なりとも御利益を得られると考え、錦絵を求めたと推測ができよう。以上はあくまで概観に過ぎないが、嘉永二年の流行神の「時事錦絵」は、「戯画と戯文」を使い、事件をわかり易く伝えている。

### 「判じもの」の後退

新聞では、事件を伝える際、写真と簡潔な文章で「５Ｗ１Ｈ」すなわち、Who（誰が）What（何を）When（いつ）Where（どこで）Why（なぜ）したのか。そしてHow（どのように）したのか、を伝えることが重要とされる。しかし錦絵で、大事件・噂・新規宗教の情報を伝えることは厳禁である。奪衣婆像・翁稲荷の錦絵に書かれた詞書（文章）を見ると「四日市・新宿」など両像のある場所を示した程度であって、信仰を集めた理由や、如何なる現世的利益・奇跡が生じたのかについては、詞書で伝えられていない。流行神の錦絵は戯画的な面白さが重視されており、改め（検閲）を通過することは難しくなかったと考えられる。

国芳は実際の奪衣婆像を参考とし、当初は写実的に描き、独自の工夫を加えた戯画を数点制作した。翁稲荷は関東震災で失われ像の姿はもはやわからないが、錦絵では狐の図像を取り入れたユニークなものである。前述のように、国芳は現代でいう「キャラクター化」にも通じる秀逸な戯画、そして戯文の詞書で事件を錦絵化し市井に伝えたのである。

そして、国芳と弟子たちが中心となって、戯画と戯文を用いた「時事錦絵」が数十点作られ、「お竹大日如来・奪衣婆像・翁稲荷は願いを叶える流行神である」、「現在、三つの流行神に多数の参詣者が押しかけている」などといった情報が江戸庶民に伝達されたのであった。

国芳は「源頼光公館土蜘作妖怪図」などの、難解な「判じもの」の錦絵で大事件を伝える方法を編み出した。嘉永期には、国芳は戯画と戯文を用いた連作の錦絵で、江戸の大事件をわかり易く伝える「時事錦絵」の手法を確かなものにしたのである。なお政治的事件や風刺は「判じもの」による一作もの、市井の事件は「戯画戯文」の連続もので伝えた、という棲み分けも考えられるが、詳細な考察は今後の課題としたい。

## 三　立ち上がる民間信仰　鯰絵の大ブーム

### 安政江戸地震と鯰絵

安政二年（一八五五）十月二日（新暦十一月十一日）夜四ツ時（二二時頃）マグニチュード六・九と推定される、安政江戸地震が起こる。振動による家屋倒壊と地震後に起きた火災により、七四〇〇人以上が死亡したとされる。この大混乱のなか「地震は鹿島大明神の要《かなめ》石《いし》に抑えられている、地下の地震鯰が暴れて起こる」という伝説に基づいた「鯰絵」が多数出版された。

伝説によれば、日本国の地下深くには巨大な地震鯰がおり、普段は常陸国鹿島神宮の鹿島大明神＝武甕槌尊（たけみかづちのみこと）が、要石によって地震鯰の頭を抑えている。時に要石の下で地震鯰が体をゆさぶると、日本では地震が起こるという。特に十月は、日本中の八百万の神々が出雲大社に集まるので神無月（かみなしづき）といわれ、一方出雲では十月を神在月（かみありづき）とする。鹿島神宮の武甕槌尊も出雲にのぼるので要石は留守となる。このため武甕槌尊は恵比寿を留守神として要石を守らせるが、恵比寿の力は弱く、地震鯰を抑える要石の力が落ちる。地震鯰はこのと

挿図６　「自身除妙法」大判錦絵　安政２年（1855）

きとばかりに大暴れするので、神無月の頃は地震が多いのだとされる。

鯰絵は錦絵の一種であるが、作者も版元も全く不明な無検閲の違反出版物である。錦絵の版元は江戸の娯楽的出版物を手がけた地本問屋であった。安政江戸地震後、大混乱に乗じて、鹿島大明神と地震鯰の伝説を題材とした鯰絵を考案した、抜け目のない版元がいたのである。

代表的な鯰絵として「自身除妙法」（挿図６）のように、鹿島大明神が地震鯰を威圧する絵柄が知られる。絵の周りには、詞書が余白を埋めるかのように彫刻してあり、鹿島大明神と地震鯰の伝説に無知な者でも絵が理解できる作りになっている。

鯰絵は違反出版物のうえ、彫りも摺りも簡略化された明らかな際物であり、浮世絵研究では傍系扱いであった。しかしオランダの文化人類学者コルネリウス・アウエハント氏は鯰絵に注目し、ライデン大学所蔵のシーボルトコレクションを中心に鯰絵の構造分析を行い、『鯰絵』[注13]という大著を出版する。アウエハントの研究によって、鯰絵は日本の民間信仰を雄弁に物語る図像資料として注目され、「鯰絵」の用語も定着した。

鯰絵は、地震という災害を、地震鯰の姿に戯画化し、連作で大事件を伝える「時事錦絵」としたアイディアが極めて秀逸である。前章の嘉永二年の流行神の錦絵で見たように、歌川国芳は江戸の大事件を「判じもの」でなく、「戯画と戯文」によって伝達する手法を確立した。鯰絵では「戯画と戯文を使った錦絵で時事を伝える手法」は、さらに一歩進んだものとなった。

## ナマズの地震感知能力

ところで「ナマズの地震感知能力」について少し説明しておきたい。ナマズ（マナマズ）に地震感知能力があることは科学的にも解明されており、未だ研究は続けられている。ナマズは地震の時には反応せず、地震が来る一カ月ぐらい前に暴れるという。また大きな地震を察知して大暴れするのでなく、震源地が近いと敏感に感知して、本来夜行性であるナマズが昼間に出てくる・池で盛んに暴れる・思いがけずたくさん獲れる、といった異常行動を引き起こす。人間に感知できない小地震でもナマズは感知するため、見過ごしてしまうこともあると考えられている。[注14]

ナマズの地震感知能力の研究は、東京都葛飾区水元にあった東京都の水産試験所などで試みられ、現在も東海大学の地震予知センターで研究が続いている。しかしナマズの地震感知能力には未解明の部分が多く、実際の地震予知には使えない段階である。

江戸時代、地震鯰の伝説が関東で知られてくる理由として、幕藩体制成立後の関東平野で用排水を備えた田んぼが増え、ナマズが増加したことが関連していると考えられる。ナマズは用排水路と田んぼを行き来できる水辺環境で数を増やす魚である。江戸幕府が成立し戦国の動乱が収まると、統一権力により長い用水路を引くことが可能となり、新田開発が盛んに行われて、ナマズの住みやすい環境が増えた。一説では享保の洪水（享保十三年〈一七二八〉）以降、関東平野の低湿地でナマズが増加したといわれる。[注15]本来ナマズは西日本に多い魚であり、享保の洪水以前、関東にどのように移入されたのかはわかっていない。大洪水で湿地帯に入ったナマズが、開発で拓かれた新田で生息数を大きく増やしたと[注16]推測ができる。そして、関東平野は地震が多い地域である。ときに地震を感じたナマズを人々が見て、ナマズの地震感知能力に関する民間伝承が知られるようになったというシェーマを描くことができよう。

中世から近世にかけて地震鯰の伝説がいかに変化し、関東に伝播したのかについては、黒田日出男氏や小島瓔禮氏の論考[注17]に詳しく、伝説のルーツが琵琶湖であることは間違いない。琵琶湖の竹生島を起源とした地震鯰の伝説は、日本で最も地震が多い地域・常陸国の、鹿島神宮に鎮座する依代の石＝要石に定着したのである。

### 変化する鯰絵

鯰絵は約一五〇種類あり、地震鯰が「悪もの→善きもの」へと変化するのに注目することで、仮説ではあるが、一つの明快な解読を示すことできる。地震鯰が「明確な悪もの」の鯰絵「自身除妙法」（挿図6）では、地震鯰が鹿島大明神に「このたび地震を起こして済みません」と謝罪する。鹿島様が右上に描かれ、地震鯰（＝安政江戸地震）を威圧する絵柄で、地震災害の退散が期待されている。さらに「地震のお守り」として、梵字で「東西南北」の地震除け護符が書かれ、本作は呪術的効果のある信仰絵となっている。東日本大震災の例を出すまでもなく、巨大地震の後は余震が頻発する。安政二年十月の江戸地震も同様で、地本問屋は余震におびえる江戸庶民の心理につけ込み、鯰絵を売り出したと推測できる。地震直後に出た鯰絵は「護符的役割」が明確で、鹿島大明神（武甕槌尊）が雄々しく描かれ、地震鯰は明確に「悪」と見なされている。絵の主役は明らかに鹿島の神で、鯰絵ではなく、いわば「鹿島絵」なのである。

戯作者の笠亭仙果は安政江戸地震後の記録『なゐの日並』[注18]で、鯰絵

挿図７　「太平安心之為」大判錦絵　安政２年（1855）

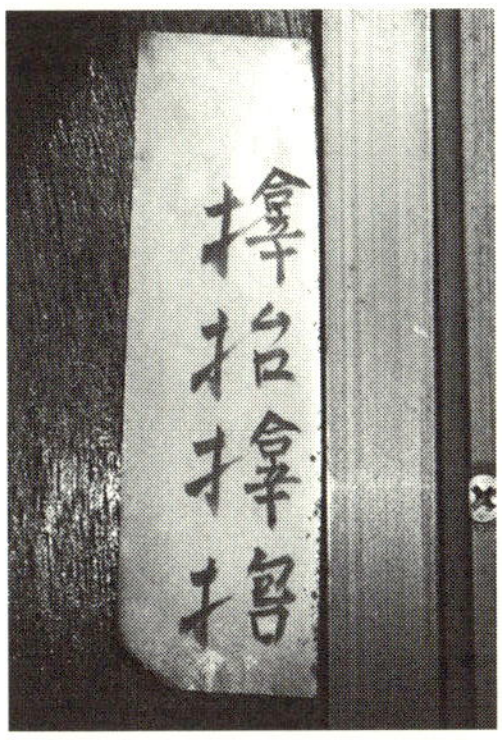

挿図８　「𢭐抬𢭐𢭏(さむはら)」のまじない（埼玉県川口市）

について記録している。安政二年十月十四日、地震から約十日後の挿話として「八まんの別当道本老僧、はりにしかれ、つゝがなしとて、此守りを大岡どのへ奉られるよし、まつや儀衛門よりもち来る　𢭐抬𢭐𢭏　𢭐抬𢭐𢭏[注19]」と記す。

　これは笠亭仙果が「𢭐抬𢭐𢭏」という、災難よけのまじない文句を人づてに得たという内容である。𢭐抬𢭐𢭏は「さむはら」と読む。この四文字は鯰絵「太平安心之為」（挿図７）のなかにも見られる。本図も、鹿島大明神が地震鯰を叱責する図柄で、おまえは世間を騒がせて、何ということをするのだ。以後おとなしくするように、という内容の戯文が画面下部に書かれる。右上には、日本で過去に起きた大地震の発生年、絵の左上付近には今回の地震による被害等が列挙される。下には花魁がいて、ひどい目にあった、とぼやく。吉原遊郭も地震で大被害を受け、いくつかの鯰絵で花魁が被害者の象徴として描かれている。𢭐抬𢭐𢭏のまじないの下には「このお守りを懐中すれば怪我は無い。家内にも貼るように」との効能書きがある。鹿島大明神が地震鯰を叱責し、「地震よけのまじない」の書かれた地震除けの鯰絵は人気の絵柄であったのだ。

　なお、𢭐抬𢭐𢭏のまじないは現在も見られる。挿図８の写真は、二〇一二年十二月に筆者（富澤）の自宅裏口で、祖母が昭和五〇年代に貼った手製の𢭐抬𢭐𢭏のお札を撮影したものである（約六・五×一・五㎝。紙片に墨書。四文字目は「揞」）。祖母は長野県の松本出身で、このまじないは子供の頃から知っていたという。戦後、東京都板橋区の大山に在住したが、近所の町会長の奥さんが、窓際や出入口に災難除け・泥棒除けとして貼っていたの見て、自分も貼り始めたという。また大阪には、さむはら神社[注20]があり、𢭐抬𢭐𢭏のまじないを万難よけのお守りとして販売している。[注21]

『なゐの日並』では、十一月二日の記事で「二日、市中にて心まかせにはゞかりなく彫刻しうりたる地震火事方角付の類、ならびに戯作の一まい画の類の板、とりあぐべきやう、行事（地本屋の）にかゝりの名主よりいひつけらる。これによりてかづ〱板をとりあぐれど、いやます〱ほりもしうり出しもして、品かず百数種にあまる」とする。文中「地震火事方角付の類」とは、いわゆるかわら版[注22]で、「戯作の一まい画」が鯰絵と考えられる。江戸で地震火事、または珍事件などが起こると、出版業の周辺で生計を立てている彫職人（版木職人）・版木摺職人たちは墨摺りのかわら版を販売した。江戸幕府は事件を出版物にして不特定多数の人々に売ることを厳禁していたが、実際にはお目こぼしがあって、かわら版の出版は江戸の出版業に関わる者たちの既得権益だったと考えられている。また、地本問屋株仲間では、老舗業者が月行事として一か月ないしは二か月、交代で統括役を勤めたが、安政江戸地震後には地本問屋の行事に対し、違反出版物を取り上げるよう、奉行所から指示が出されている。庶民向けの娯楽的出版物を制作販売した地本問屋は、嘉永頃の仲間帳から、幕末期に一五〇軒ほどあったことがわかっている。文中の「かゝりの名主」とは、錦絵や絵草紙などの改め（検閲）を行った「絵草紙掛名主」という役職である。掛名主が十一月の月行事に対して違反出版物を取り締まるよう命じ、没収したが、更に百種類を超える商品が出たと記す。地震から一か月の間、かわら版や鯰絵などの違反出版物が続々と出されていたのである。

挿図9 「太平の御恩澤に」大判　安政2年（1855）

次に、鹿島大明神が地震鯰をこらしめる鯰絵同様に、典型的な鯰絵として紹介される、江戸庶民が地震鯰を打擲する絵柄の鯰絵を見てみよう。「太平の御恩澤に」（挿図9）は非常に分かりやすい戯画的な絵柄である。地震鯰（＝安政江戸地震）に対する江戸庶民の怒りを描いた鯰絵で、服装やセリフから地震鯰を打擲する者たちの職業がおおよそ判読できる。乱暴を止めている人々は、江戸の建築復興景気で儲かった建築三職（鳶・大工・左官）、かわら版売りである。江戸では地震後、建築関連の賃金は数倍になった。江戸町奉行所は安政江戸地震直後に、大工や鳶の賃金上昇を禁じる触れを出し、江戸でひと儲けを狙って周辺地域から流入する人々を止めている。

『なゐの日並』では十一月五日に「田中

喜三郎来り云、地震火事の彫刻もの、その数三百八十種ありとぞ。その中に重板三四丁あり。山口藤兵衛当番にて板をとりあぐるに、いまだ十の一ッ二ッなり」とし、錦絵やかわら版の数を三八〇種としている。版木は、鯰絵やかわら版を摺るための原版である。鯰絵は多色摺りであったので、色数だけ版が必要であったが、かわら版は大概墨一色摺りなので一版で済んだ。版木職や摺職が違反出版を承知で即席の摺物を出して、地本問屋株仲間の月行事・山口藤兵衛が版木を取り上げたが、一〇～二〇％に過ぎぬとしている。

さらに「版木屋どもこれを禁ぜられては、当分の飢渇しのぎがたし、一箇月も延引せさせ給はずば、いづかたへもまゐりて強訴せんなどと、いひさわぐよし」と、版木職人たちが、鯰絵やかわら版の出版を禁じられては、当面の生活が成り立たない。一か月は延ばしてくれないと、その筋へ訴え出る、と強気に出るありさまを伝えている。

### 売れ続ける鯰絵

「しんよし原　大なまづゆらひ」（挿図10）も有名な鯰絵で、花魁をはじめ吉原遊郭で働く人々が地震鯰を殴っている。大判（約三九×二七cm）二枚続の大型作品である。右下では、禿《かむろ》と呼ばれる遊郭の見習いの子供達が小鯰を、下級娼婦の夜鷹は地震鯰を殴る。本作でも、左上から建築三職（鳶・大工・左官）たちが「まちねへ」「おれが止めた止めた」「おいおい、そんなにぶちなさんな」と、助けに駆けつける。地震鯰は「花魁たちに乗られてうれしいな、そんなに乗ると持ちあげるよ、揺すぶるよ」とうそぶいている。

挿図10「しんよし原　大なまづゆらひ」大判二枚続　安政２年（1855）

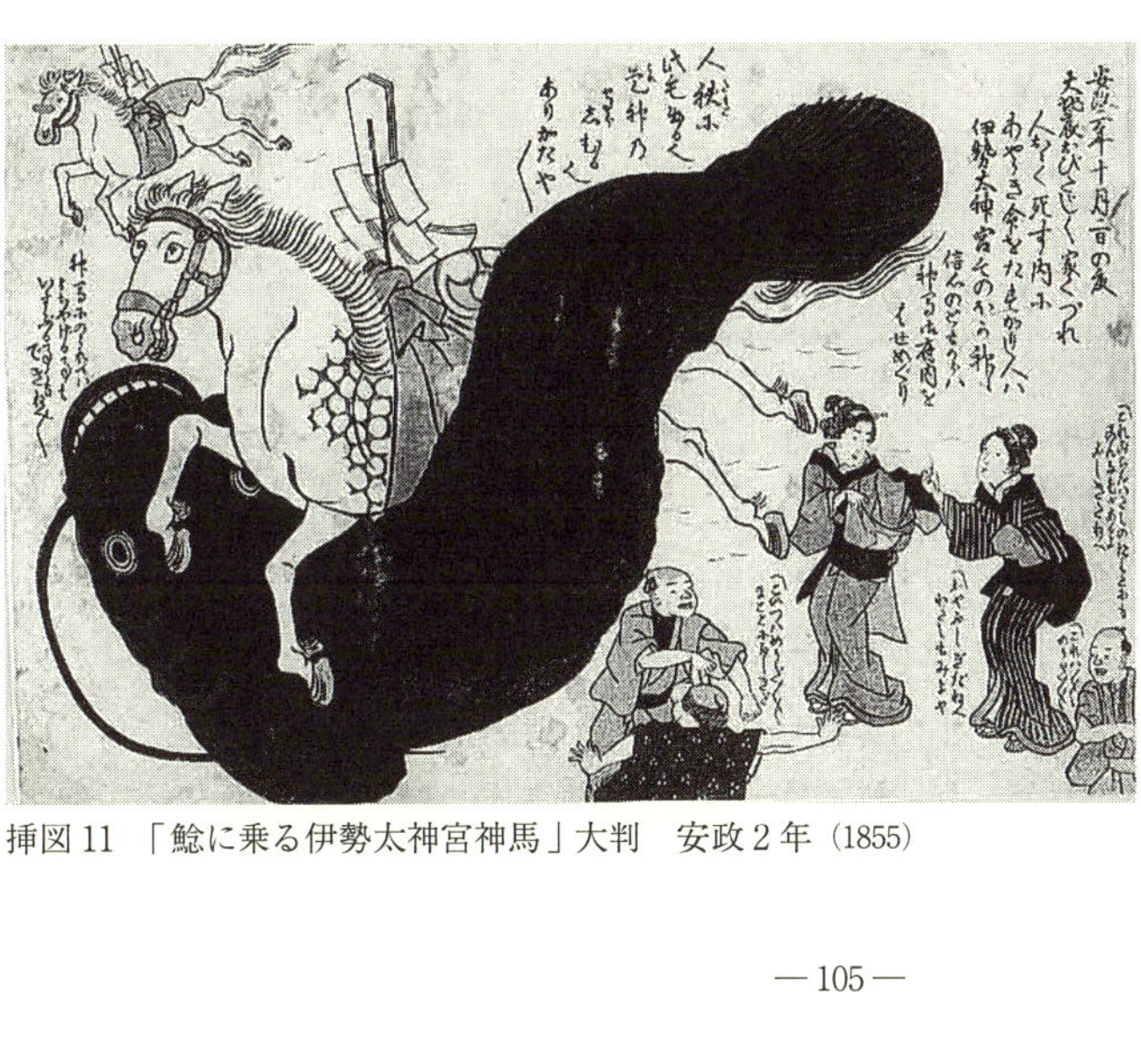

挿図11「鯰に乗る伊勢太神宮神馬」大判　安政２年（1855）

吉原は、売春が公許され、肉筆・版画を問わず、浮世絵の重要なテーマとなった「悪所」であるが、安政江戸地震で大被害を受けた。安政江戸地震で、あまりに多くの遊女が亡くなったので遺体が三ノ輪の浄閑寺（現、東京都荒川区）に投げ込まれたといわれる。

『なゐの日並』では、十一月十日に「きのふまで盛にかざりたてし地震火災の画戯作もの、すべての商品ことぐ〳〵く下へおろして、よのつねにかへたり」と記す。新作の錦絵を売る際は、店先で洗濯バサミに似た器具ではさんで吊るして売ったが、天保改革の出版統制令では、下置きで売るように町奉行所より指示が出た。それを遵守せよとの命である。しかし「されど猶下におきてうる中へ新板をくばる、彫工にあつらふるもあめり。いまは四百種にもおよぶべし」と、下置きの商品にも新作が出て、彫師に頼んだ作は四〇〇種類に及んだ、という状況が記される。「画のなかにては、かしまの御神像をあまたの人拝する画と、くさぐさの人ども、大なまづをせめなやますかたぞはやく出て、うるゝ事おびたゞしといへり。すべて重板おほくうるゝものは、十板廿板も増刻せしよし也」とし、鹿島大明神を人々が拝む絵と、庶民が鯰を打擲する絵が早い頃からの売れ筋で、十版二十版と重版されたとしている。俗に一日で摺ることができる錦絵の量は、約二百枚といわれる。鯰絵は、安政江戸地震の混乱に紛れて無検閲・匿名で出された違反出版物で、六・七色を使っているものの、彫りや摺りは簡略化されており、多少は速く摺れたと推測される。版元は無検閲・匿名の違反出版を承知で、即製品を人気のあるうちに売り抜いてしまおうと考えたのだろう。

『なゐの日並』は、伊勢神宮の白馬の噂についても記している。「人のいふは、いせのおほんかみの神馬、江戸中をかけあるき積善の人を助けたりければ、無難の人の身には、必白馬の毛一もうづつつきてゐるとぞいふなる」とあり、伊勢神宮の神馬が善き者を助けて服の袂に伊勢の白馬の毛を付けた、との話を記している。「鯰に乗る伊勢太神宮神馬」（挿図11）は、地震鯰が明らかに「悪もの」の鯰絵である。詞書では、安政二年十月二日夜の大地震で家が崩れ、多くの死人が出るなか、命が助かった人は伊勢神宮ほか、神々を信ずる善行者であり、伊勢の神馬が江戸中を駆けめぐって、彼らの袂に白い毛を残したと書く。下方の女性たちが「これごらんよ」「私の袂にもこんな毛があるよ、ふしぎだねえ」「おやふしぎだねえ、私も見よや」と感謝し、鯰は「神馬にのられては、揺すぶる事もできねえ」と伊勢の神馬に抑えられている。なお本作の地震鯰は挿図10の地震鯰と描線が似ており、同じ浮世絵師の作品であろう。

## 地震鯰が「世直し鯰」となる

一方、地震鯰が鹿島の神に威圧され、人々に打擲されている鯰絵とは真逆の作品群があり、これらも鯰絵の典型として、しばしば紹介される。地震鯰が一転して「善きもの」に描かれた鯰絵である。この、アウエハントの研究で指摘された、地震鯰の「悪もの→善きもの」への変化は、安政江戸地震後の江戸市街の再建と関係して

挿図 12 「治る御世ひやかし鯰」大判　安政 2 年（1855）

いる。

江戸の復興は地震直後から始まった。当初は主に、建築三職（鳶・大工・左官）に仕事が回った。まず、鳶の者は地震後の破壊消防で火災が広がるのを阻止し、瓦礫を撤去した。鳶職は土建業者を兼ねていたので、瓦礫撤去から土運び・地ならしなど土木関係の仕事が増加する。次いで町の再建が始まり、大工・左官職人の仕事も増えたのである。建築業に携わる者は引く手あまたで、数倍の賃金となり、臨時に建築関連の仕事に就く、「にわか職人」も現れたという。彼らの儲けは飲食店などで消費されて、江戸の町に儲けが回ったのだ。地震で壊れた吉原遊郭は、復興景気が進む、十一月四日に「仮宅営業」が許可される。吉原の遊郭は他所に別店を持ち、そこが女性と遊興する仮の場所（仮宅）として、営業を公許されたのである。[注23]

地震を生き延びた遊女は、日常に復帰し苦界を生きなければならなかった。潤った職人達は仮宅で遊興したので、地震の難を逃れた遊女たちにも徐々にお金が回っていく。当初、挿図10で地震鯰を殴っていた遊女が、一転して地震鯰を歓迎する絵柄の鯰絵もある。「治る御世ひやかし鯰」（挿図12）では、遊女と禿が仮宅に来た地震鯰を、引っぱって誘う絵柄である。これらの鯰絵は、吉原仮宅の営業が許可され、江戸が俄に好景気となった十一月はじめ、地震から約一か月が経過した頃に出た作品だと推測できよう。

挿図 13 「諸職吾澤銭」大判二枚続　安政 2 年（1855）

さらに地震鯰がいっそう「善きもの」に描かれた鯰絵として「諸職吾澤銭」（挿図13）がある。大判二枚続の本作は、地震鯰が復興景気で大儲けした諸業種の人々から、口々に感謝されている。画賛ふうに書かれた詞書は「地震詞良　革天尚代賀直利　家茂遊都足　仁茂優都多理」（地震から改めて、世がなおり、家もゆったり人もゆったり）、つまり「地震から世の中が改まった、改革が起こった。そして世の中が直って、家も人々もゆったりしてきた」との意味である。そしてこの鯰絵では地震鯰は庶民から「流行神《はやりがみ》」のように祝福されており、もはや地震鯰を懲らしめる鹿島大明神も要石も描かれていない。

以上の鯰絵の劇的な変化を総括してみたい。前述のとおり、鯰絵は錦絵の一種で、江戸の地本問屋が制作販売した。役者絵や名所絵・美人絵など、普段人気の錦絵は、地震後の大混乱のなかでは売れるはずがない。そこで、「鹿島神宮の地震伝説」を知る地本問屋が、打ち続く余震におびえる江戸庶民の心理に巧妙につけ込み、鹿島大明神が地震鯰（＝安政江戸地震）を威圧する「地震よけ護符」となる鯰絵を集中的に作り、売り捌いたのであろう。地震後の大混乱で錦絵の検閲制度が緩んだことも好都合であった。地本問屋たちは違反出版を承知で鯰絵を売りぬいてしまおうと考え、そのため鯰絵は粗製濫造の匿名作品になったのである。

鯰絵の大当たりで、他の本屋も追随し、続々と二番煎じの新作が出されたことは想像に難くない。そして、突如起こった地震に対する怒りを端的に表現した「庶民が地震鯰を打擲する絵柄」の戯画的な作品も考案され、好評となっていく。なお、鯰絵の版下絵を描いたのは素人ではなく、多くは本職の浮世絵師だったと推測されている。鯰絵は歌川国芳が考案した絵柄も使われている。安政江戸地震のころ、国芳の体調は芳しくなかったといわれる[注24]が、戯画を得意とする国芳が、弟子達とともに鯰絵を描いた可能性は否定できない。

笠亭仙果が『なゐの日並』で記録したように、鯰絵は非常に売れた。そして鯰絵の画題は、「安政江戸地震の余震の終息」と「復興景気」に関連して変化する。十月二日の本震直後の一週間から十日ほどは余震が頻発したが十月下旬には余震は減り、十一月になると殆ど起こらなくなる。安政江戸地震の余震が収まると、鹿島大明神が主役の「地震よけ護符」の鯰絵は、商品価値を失う。一方で地震直後から始まった江戸の町の復興は日を追って本格化し、瓦礫撤去や土運びのために多くの労働需要が生まれ、建築職人層は高賃金を得て大いに潤った。また、江戸の約七割を占めた武家の居住地でも被害は甚大であった。武家は本国や知行地から職人を呼び寄せ、屋敷の修理を行わせた。[注25]地方から出てきた職人たちも高賃金を得て、江戸でお金を消費したようである。お金は、今のファーストフード店にも似た屋台店での飲食や、吉原仮宅など遊郭でも使われた。そこで鯰絵では、地震鯰が殴られていた絵柄から、地震鯰が遊郭で歓迎されるものへと変化したのである。武家屋敷の再建で潤った、地方からの建築職人たちは、いわば「おのぼりさん」であった。彼らが江戸の繁華街で消費し、さらに多くの人々に儲けがまわり、にわか好景気が拡大した。

かたや財を持った大商人・武士など富裕層は家や蔵を失って、貸家住まいで財産の少ない庶民よりも大きな打撃を受けている。町の富裕者は自らの所属する町に対し、地震・大火などの緊急時には「施行《せぎょう》」という、被災者への施しが義務で、被災者に対して食べ物や銭を与えた。もちろん職人に高賃金を払い、壊れた家蔵の再建を始めねばならない。前述のとおり、武家屋敷の再建で江戸以外の地域から呼び寄せられた職人たちも、武家から得た賃金で消費活動を行って、にわか好景気に一役買う。僅かではあるが、富裕者（商人・武士）の金銭が貧しい者に廻ったのである。安政地震は財貨の世均《よなら》しをもたらしたのだ。

地本問屋や浮世絵師・詞書の文言を書く戯作者たちは、安政江戸地震後の複雑な江戸の変化を巧みに観察して鯰絵に盛り込み、その結果、鯰絵には劇的な変化が起こった。「悪もの」扱いされていた地震鯰（＝安政江戸地震）は「善きもの」として描かれ、地震鯰を懲らしめていた鹿島の神や要石は、鯰絵から姿を消す。当初、鹿島大明神が主役であった鯰絵は、地震鯰が主役となり、ついには「世直し鯰」となった。いわゆる「世直し」は、佐々木潤之介氏の提唱した「世直し状況論」が有名だが、佐々木氏の革命的思想と結びついた「世直し」と、鯰絵のなかの「世直し」は異なっている。

地震よけのために、「よなおし、よなおし」と二回続けて唱えるかつてのまじないは、現在では完全に忘れられた民間信仰である。これは、雷のときに「くわばら、くわばら」と唱えるのと似たものであった。地震除けの「よなおし」のまじないと、文字通り「世の中が直っていく」ことにかけた駄洒落に基づき、鯰絵では「世直し」の文言が使われている。

鯰絵は、安政江戸地震の災厄を乗り切り生き残った人々に、「よき世の中」がくる、という前向きな気分を伝える内容に変化していった。なお、地震で亡くなった人達を描いた、死者を悼む内容の鯰絵もわずかであるが作られている。[注26] しかし錦絵は、当世風を描き現世を楽しく過ごすための消耗品であり、鯰絵も、困難を克服して現世を肯定的に感じるための、生者に向けられた情報であったといえよう。なお、錦絵は本来、江戸に来た人々のお土産品でもあり、鯰絵は、地震を生き延びた江戸庶民だけでなく、武家屋敷普請のため江戸にきた膨大な数の職人たちを購買対象としていたことは、いうまでもない。

## 鯰絵の終わり

鯰絵の図像は、安政地震の余震が収まり江戸が復興していくなかで、鹿島大明神を主役とする護符から地震鯰を「世直し鯰」とする図像へと、まさに一八〇度変化した。地震を生き延びた江戸の人々は、次々と出される鯰絵を見ることで「安政江戸地震は世直しである」と感じ、震災のダメージから立ち直っていったと考えられる。

余震が続くなかで鯰絵は、①「地震よけ護符」として余震に怯える被災者に買われる→②地震への直截な怒りを、地震鯰への庶民の打擲で戯画的に描き「地震の災厄」を笑い飛ばす→③余震が終息し復興景気が盛り上がると「世直し」への期待を、遊郭のにわか繁盛や、流行神となった地震鯰で伝える、という流れで変化したと分析できる。内容はポジティブで、平易な戯画や戯文で伝えられた、当時の庶民にとってわかり易いものであった。地震の混乱に乗じて、世の中を惑わす、または政治を風刺するという要素は皆無である。

なお町奉行所も、地震の恐怖を和らげ、江戸の復興景気を歓迎し災厄を笑い飛ばすなど、鯰絵の社会的な有益さを認め、前述の通り、彫りや摺りの業者から「当面の生活をしのぐため」との嘆願もあり、鯰絵やかわら版の出版を大目に見ていた。しかし安政江戸地震発生から約二か月後の十二月十四日、鯰絵などの改めを受けない出版物の版木をすべて破壊させたことが『藤岡屋日記』の別編「江戸大地震　下」に記されている。[注27] 鯰絵は内容に問題があったからではなく、正規の出版手続きを経ていないために売買が禁止されたのであった。すでに弘化期ころから、世の中の噂や事件を題材とした錦絵が出回るようになり、なかには罰金さえ払えば良いのだと開き直る者が現れていた。改め（検閲）を通さない違反出版の錦絵は『藤岡屋日記』では「無改物」と呼ばれ、鯰絵は全てが「無改物」であった。奉行所は出版検閲の制度が有名無実することを問題視し、また約二か月にわたって地本問屋が関与していたことを重視し、鯰絵やかわら版の出版を止めさせたと考えられる。

なお、江戸が復興景気を経て日常に戻るなか、鯰絵のなかで鹿島大明神に変わって流行神となった地震鯰は、いつしか忘れ去られていく運命にあった。明確に期間を示すことは難しいが、江戸の町と住民が安政地震から復興するなかで、鯰絵ブームは安政二年末には自然に終わっていった。

大地震・疫病の大流行といった、庶民には克服が難しい危機的状況では「フォークロア」すなわち民間信仰が立ち上がる。しかしながら、文明開化の世となり、民間信仰＝フォークロアの発動は、変質を迫られた。阿部安成氏は、幕末期のコレラ流行に際し、フォークロアが、こころにちからを与え、「生きぬこうとする心性」を活性化させたが、文明開化の進行により、フォークロアの世界が分断・馴致されるありようを考察している。[注28]

しかし、文明化が進行した時代においても、素朴な民間信仰の発現は見られた。例えば太平洋戦争の際に「千人針」のまじないがあった。駅などの賑やかな場所で出征兵士の関係者が千人針をしたのは良く知られている。[注29] 戦争での生死は、運次第であり、人々は素朴な呪術を信じて、身内の無事を願ったのである。現代においても、克服できない世界的な疫病の流行や巨大災害といった困難が生じた場合、フォークロアが立ち上がる可能性は否定できない。

### 立ち上がった鹿島信仰

鯰絵は、地震鯰と鹿島大明神の地震伝説、鹿島信仰にまつわる民間信仰、のちには江戸の世直しを描いた「時事錦絵」で、人々は続々と出版される鯰絵を買うことにより、民間信仰の情報を獲得し、世直し鯰の流行神ブームと世の好転を望む機運へと参加することができたのである。鯰絵の根底には、鹿島信仰があることはいうまでもない。近年、大津忠男氏の研究で、古文書・石造物などの資料から、鹿島御師による江戸への鹿島信仰普及の実態が明らかになってきている。[注30]江戸時代、伊勢神宮へ人々を招いた伊勢の御師は有名であり、伊勢参拝の案内人としての役目を果たし、旅人たちを自ら経営する宿坊に宿泊させた。一方、常陸国の鹿島神宮にも御師がいたことは忘れられつつある。大津氏は、江戸にわずかに残った鹿島講の名前帳、江戸の講集団が鹿島神宮に献じた石灯籠を分析し、鹿島御師たちの江戸中心部での活動の一端を明らかにした。文久二年（一八六二）の『東都講中連名帳』から、人形町・日本橋・神田・赤坂・上野・浅草など、江戸中心部で六〇〇を越える人々が鹿島講に参加していたことが判明した。彼らが江戸の講のまとめ役になり、鹿島信仰を伝えていったのである。

挿図14「鹿島恐」大判　安政2年（1855）

鹿島信仰と関連して、鹿島神宮の予言を伝えた「鹿島の事触れ」という民間の預言者がいた。彼らは鹿島神宮公認の宗教者ではなく、芸能人化した下級の宗教者である。鹿島の言触れは、歳末に江戸の町にやってきて「来年は豊作、来年は寒い」などの予言を伝えて幾ばくかの金銭をもらっていた。この鹿島の事触れを描いた鯰絵も残っている（「鹿島恐」挿図14）。鯰絵ブームとは、錦絵の情報媒体で、鹿島信仰を基底とした、地震よけなどの民間信仰が爆発的に広まった流行神現象であったとみることもできる。[注31]

事件を描いた「時事錦絵」は、天保改革末期に国芳が「源頼光公館土蜘作妖怪図」で行った難解な「判じもの」一作品で情報を伝える方法ではなく、事件を戯画と戯文を用いて直観的でわかり易い表現を使った連続作品で、長期間伝えるものが人気となる。安政江戸地震後の鯰絵ブームでは、大地震の災厄への呪術的対応、地震への怒り、財貨の移動、復興する江戸、世直し気分の高揚など複数のテーマが、時系列に従って継続的に描かれたのである。鯰絵は、地震鯰（＝安政江戸地震）・鹿島大明神・要石・江戸庶民・金持ちなどの戯画化された図像を駆使し、鹿島信仰を基底とする民間信仰を動員して、一五〇種類もの作品を生んだ。江戸の出版検閲制度が機能していない、半ばアナーキーな状態に乗じて描かれた「無改物」の錦絵であったが故に、鯰絵は数々の秀逸な作品を生んだ画期的な

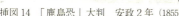

「時事錦絵」現象となったのである。

## おわりに

莫大な量が生産され、人々の視覚的欲望を満たした錦絵（浮世絵版画）は、明治時代になっても盛んに作られ、彫りや摺りの技術はさらに進歩する。やがて錦絵が終焉すると、人々の見ることへの欲望は、他の視覚的情報媒体で充足されたことはいうまでもないが、そのゆくえの考察は、本稿の範囲ではない。

有名絵師による「名品」と認定された作品以外にも、幕末期の錦絵は、実用品や政治批判の手段として、珍事件の伝達手段として機能していく。さらには生命を脅かす危機的大事件に対しては、民間信仰が戯画と戯文で即物的に伝えられ、人知を越えた事件に対し呪術的対応がなされた。錦絵は心を快活にする「癒し・ちから」を与え、人々を日常生活に復帰させる情報媒体として機能したのである。鯰絵の大流行以降、江戸を揺るがす大事件に対応して、民間信仰が錦絵で伝達された例としては、文久二年（一八六二）の「はしか絵」が知られ、麻疹除けの民間信仰の情報が戯画と戯文で即物的に伝達された。注32

挿図15　明治期へ継承される平仮名の字体（錦絵「流行おばアさん」〈注12前掲書、171頁所収〉、『復刻版　郵便報知新聞』〈柏書房、1989〉をもとに作成）

不特定多数に売買された錦絵は、美人や人気役者・名所・花鳥風月などを描いた複製絵画であり、題名・描かれた人物や風景・事物の簡単な説明以外、文字は不要である。しかしながら、事件を伝え、年中行事や民間信仰を題材とした作品には、図像の内容をより詳細に伝えるため、多くの詞書が書かれている。ときには詞書が主であり、図像が従である作品すらある。

本論で事例として挙げた「時事錦絵」では、絵の周囲に余白を埋めるかのように漢字かな混じりの戯文が彫刻されている。平仮名は「いろは四十七文字」を基礎とするが、江戸の錦絵やかわら版では、現在では使用されない「ゞ」「ゝ」の繰り返し文字（おどり字）や変体仮名が頻出し、助詞では「尓」「ハ」が使用されている。難しい漢字の右側には「ふりがな」[注33]が彫刻され、読者の理解を助けるだけでなく、音読されることを前提に文章が作られていた。印刷された文字は、手書き文字と異なり、広く庶民が読める「易しい」ものでなければならない。錦絵に彫刻された文字は、黄表紙などの絵入り本と同様に、字の巧い筆耕が面相筆で文字を書き、版下が作られた。明治期となり、印刷技術にも文明開化の新技術がもたらされ、木版の製版印刷から金属の活版印刷に移行しても、木版時代の平仮名のデザインや種類は金属活字に継承され、「易読性」も維持された（挿図15）。江戸の地本問屋が制作した絵入り本・錦絵などに使用された仮名を基礎とした文字情報は、図像と併用されることで、よりわかり易い視覚情報の世界を作り出していったのである。

錦絵は美術品であるだけでなく、失われた民間信仰や風俗の記録、事件を伝えた図像資料であり、歴史資料として多角的な側面を持つ。それらを解読する作業は、文献資料を使い、着実に進められなければならない。

注

1 『日本版画美術全集』第六巻（講談社、一九六一）九七～一一八頁。

2 H.O.ローテルムンド『疱瘡神――江戸時代の病をめぐる民間信仰の研究』（岩波書店、一九九五）

3 矢島新「『めでたさ』の図像――七福神図と有卦絵について」『江戸の遊び絵――遊びと祝いの浮世絵の世界――』（渋谷区立松濤美術館、一九九八）、同「有卦絵について」『東京都江戸東京博物館研究報告』通号5（東京都江戸東京博物館都市歴史研究室、二〇〇〇）

4 前掲、矢島（二〇〇〇）、六頁。

5 藤岡摩里子『浮世絵のなかの江戸玩具――消えたみみずく、だるまが笑う』（社会評論社、二〇〇八）

6 南和男『幕末江戸の文化　浮世絵と風刺画』（塙書房、一九九八）第一編第二章「国芳画『源頼光公館土蜘作妖怪図』」に詳しい。

7 前掲、南（一九九八）一七五～一七七頁。

8 「時事錦絵」に関しては、拙著『錦絵のちから　時事的錦絵とかわら版』（文生書院、二〇〇四）二一～三一頁参照。

9 流行神の概要については、宮田登『江戸の流行神』（筑摩書房、一九九三）・前掲、南（一九九八）第二編第三章「描かれた幕末の流行神」を参照。

10 『続日本随筆大成』別巻第十巻（吉川弘文館、一九八三）一一六～一一八頁。

11 注10前掲書、一二九～一三一頁。

12 稲垣進一・悳俊彦編著『国芳の狂画』（東京書籍、一九九一）、一七〇頁。

13 『鯰絵　民俗的想像力の世界』（せりか書房、一九七九）。

14 江川紳一郎氏（葛西臨海水族園）のご教示による。また同氏の「ナマズと地震予知」『地震ジャーナル』12（地震予知総合研究新興会、平成三年）、同「ナマズによる地震予知の研究　生物に予知能力はあるか」『科学技術ジャーナル』第一巻六号（一九九二）を参考とした。

15 北原糸子「本草学のナマズから鯰絵の鯰へ」『鯰　イメージとその素顔』（八坂書房、二〇〇八）。

16 注15前掲書所収、宮本真二「縄文時代以降のナマズの分布変化」参照。

17 小島瓔禮「鯰と要石　日本の地震神話の展開」（『民俗学論叢』第一一号、相模民俗学会、一九九六）、黒田日出男『龍の棲む日本』（岩波書店、二〇〇三）に詳しい。

18 『日本随筆大成』新装版 第二期 24（吉川弘文館、一九九五）所収。

19 注18前掲書、四〇六頁。また、同頁で「水神のをしえに命たすかりて六分のうちにいるぞ嬉しき」の地震除けの歌も紹介されている。同書は短編につき、以下では引用頁は省略する。

20 大阪市西区立売堀二丁目五の二六。なお、二文字目が「抬」でなく「拍」、四文字目も「揩」である。

21 加藤良治「弾よけ護符〈さむはら〉雑稿」（『西郊民俗』一五六号、一九九六）。

22 「かわら版」は近代に定着した言葉で、幕末には一枚摺・読売の呼称が一般的であった。近年では錦絵やチラシも含め「摺物」と定義することが広まりつつある。

23 吉田伸之「新吉原と仮宅」『浮世絵を読む 2 歌麿』（朝日新聞社、一九九八）参照。

24 鈴木重三『国芳』（平凡社、一九九二）二二六頁では、安政二年の国芳の動向を「秋中風で倒れたが、のち小康を得て再び制作をつづける」としている。中風とは、脳血管の病気の後遺症で生じる、痺れや麻痺などの症状である。

25 安政江戸地震後の武家屋敷修復についての論考として、原史彦「安政江戸地震における旗本屋敷の被害——旗本青沼家被災史料「大地震出府諸御用留」の分析——」『東京都江戸東京博物館調査報告書 第10集 常設展示に伴う調査報告3 関東大震災と安政江戸地震』（東京都江戸東京博物館、二〇〇〇）がある。

26 鯰絵のなかに描かれた死者に関する考察として、宮崎ふみ子「鯰絵は何を語るのか」『ドキュメント災害史 1703~2003』（国立歴史民俗博物館、二〇〇三）がある。

27 『近世庶民生活史料 藤岡屋日記』第十五巻（三一書房、一九九五）六一一~六一五頁。

28 阿部安成「病へのフォークロアと秩序」『新しい近世史⑤ 民衆社会と正統』（新人物往来社、一九九六）。

29 近年の千人針研究については、渡邉一弘「千人針研究に向けての整理」『昭和のくらし研究』第六号（昭和館、二〇〇八）が詳しい。

30 展示図録『特別展 鹿島信仰 常陸から発信された文化』（茨城県立歴史館、二〇〇四）、『学術調査報告Ⅷ 鹿島信仰の諸相』（茨城県立歴史館、二〇〇八）を参照。

31 大津忠男氏のご教示による。

32 はしか絵については、前掲・富澤（二〇〇四）第五章に詳しい。

33 ふりがな論として土屋礼子「ふりがな論の視座——近代日本における文字とリテラシイ」『現代思想』二六巻一〇号（青土社、一九九八）がある。

# 宗教者の絵画

# 白隠の禅画
## ――達磨図・観音図・祖師図を中心に――

浅井　京子

### はじめに

二〇一二年年末から二〇一三年の二月に、渋谷の東急文化村ザ・ミュージアムで「白隠」展が開催され、会期中に白隠の書画一一〇余点が展示された。この展覧会では『白隠禅画墨蹟』芳澤勝弘監修・解説[注1]の刊行によって知られるようになった白隠四〇代の作品も公開され、白隠画の展開をほぼ初期から晩年まで作品で考えることが可能となった。

臨済宗中興の祖と称えられる白隠慧鶴（一六八五～一七六八）は数多くの禅書画を残していることでも知られている。宗教活動の一環として描かれた（書かれた）書画の数は一万点におよぶともいわれ、五千点を超える作品が現存するといわれる。はじめは現存作品を三千点くらいと予測していた筆者も、先にあげた『白隠禅画墨蹟』の刊行によって五千点という数が現実のものとして実感できるようになった。本論では白隠画の年代変化を辿りうる作品が伝えられている達磨図、観音図、祖師図をとりあげ、白隠画の特質および師の行状と対応して変化する白隠画の様相を検討する。

### 白隠画の多様さ、白隠の描いたもの、その展開

白隠は達磨図はもとより多くの画題で描いている。仏画といえる釈迦、観音、普賢、地蔵図。祖師図、自画像そして布袋をはじめとする福神図。神祇図として神農、白澤、天神や聖徳太子、役行者、関羽。人物図として芭蕉、西行、熊谷蓮正坊などの歴史上の人物、さらには当代の様々な物売りや芋洗い、落書などいろいろな所作を

している人々、百鬼夜行の妖怪や鬼たちそして一つ目。一種の風景画とみることができる山水図、富士山や鷲頭山を主題とするもの。梅、蘭、菊、栗や猿、鷺、蟹、蛙、蝸牛といった動植物画に、碾臼、擂鉢、座蒲団、鉄砲、金棒などの道具を描いたもの。そして悟りの証としての龍杖。白隠は豊富な画題でたくさんの禅画を描いたことでも江戸期の禅師中群を抜いている。このようにいろいろな画題で禅画を描いている禅師はほかに、仙厓義梵（一七五〇～一八三七）をあげることができるのみである。白隠の重要な弟子である遂翁元盧（一七一七～一七八九）、東嶺圓慈（一七二一～一七九二）もそれぞれに魅力ある禅画を描いているが、画題はそう多彩ではない。また、曾孫弟子に当たる蘇山玄喬（一七九九～一八六八）がさまざまな禅機画などを残し、多くの画題を描いているが、動植物や道具類までは描いていない。

白隠の描く禅画は技法にとらわれないという。しかし一方、それはたまたま描けてしまったというものではなく、手の訓練に裏づけられている。何年もかけて父母を説得し十五歳で出家した白隠であるが、十九歳の時、巌頭禅師の死の話に出家したことに疑念を抱き、詩文に耽着し翰墨に泥事したという。しかし翌年の春の曝書で『禅関策進』の「慈明引錐」の章に出会い、以後『禅関策進』を日新の銘として修行の日々に戻った。さらに二二歳夏、法弟惟松夬龍と松山正宗寺に逸禅宜俊が『仏祖三経』を講ずるのを聞き冬まで留まっていたが、そのある日、斎に招かれた家で大愚宗築（一五八四～一六六九）の書が丁重に扱われるのを看て「徳の徳たる所以にして全く文字の巧拙に関らず」と感得し、是より文筆を遠ざけ偏に道の為にすと『白隠年譜』[注2]にはある。十九歳から一年余翰墨に泥事し、そして二二歳の冬、書は技術ではないことを確信するまで、手の訓練がしっかりとなされたことは想像に難くない。払子を手に大きな目をこちらに向けて椅子に坐す龍澤寺の自画像や片手に履をかかげヌーと大きな頭を突出す龍嶽寺の隻履達磨図などの体勢は、画を作るという感覚が適切に働いていなくては絵画として破綻してしまうのではないだろうか（これらの図はいわゆる写実的表現からは遠いが、画面構成上絶妙なバランスがとれている）。また、晩年に至るまで衰えない頭髪や払子などの毛書きの線のリズミカルな気持ちのよさも手の訓練の基礎があってのことと考える。芳澤氏はそれまで大方が否定的であった「細工絵師」「乎哉」とある作品を白隠の三〇～四〇代作と位置付けられ、この呼称に若き白隠の描くことへの自負をみている。[注3]

ところで白隠画の展開は白隠の宗教者としての行状とおおむね連動している。[注4]三五歳の白隠が、『正宗讃』を講じたのは雲水の請によって初めて書を講じたものであった。これに呼応するように、現存する最も早い年記のある白隠画（「半身達磨図」、「騎獅文殊図」ともに個人蔵）はこの年のものである。また白隠五三歳、伊豆河津の林際寺の請で『臨済集』を提唱したことは他山の請を受ける初めといい、五六歳の『虚堂録』の提唱により道価は天下にひろまったと『白隠年譜』はいう。おそらくこのころより本格的に画を布教の手段として描きだしたと考えることが可能であろう。六六歳、大燈国師の語録に白隠が評唱と著語を付した『槐案国語』を初めて繙く。『白隠年譜』六七歳の条には「正受の室に入ってより、寐寤安からず。今冬雲門文偃の境地に達した」とある。正受老人こと道鏡慧端は白隠の悟りを決定付けた師である。越後高田の英巌寺で大悟を確信した二四歳の白隠は、同じころ英巌寺に挂搭していた道樹宗覺（道鏡慧端弟子、正受庵二世）に同道され飯山の正受老人に参ずる。ここでの八ヶ月は四〇数年を経てようやく真の安心《あんじん》を得、乗り越えたと確信するような日々であった。この六〇代後半から七〇代の作品がもっとも画題豊富で、永青文庫所蔵の二幅の乞食大燈図をはじめ気鋭の鋭さがストレートに現れたものが多い。七六歳で白隠は龍澤寺新道場で『息耕録』を講じ、開山の儀を行っている。ことに七〇代後半からの作品は八〇代への助走でもあり、白隠画の充実期である。残された作品から、このころには白隠の念頭から画法（画を描くときの基本的ルール）といえるものは消えていったように見える。八〇歳になった白隠は、末後の大会で『大應録』を挙し、後事を遂翁元盧に附す。八〇代の白隠画は、ゆったりとした線で伝えたいメッセージを意のままに描いている。白隠画の到達点といわれる所以であろう。大きな顔に大きな目を持つ達磨、蓮華満載の観音、隻手の音声を聞けと勧める布袋、それぞれの画題のなかでの図様は絞られ、描きたいものはより鮮明になっている。中墨や淡墨を使ったゆったりした線で対象を描き、濃墨でアクセントを入れる。彩色の賦されたものは朱・黄・藍を中心とした少ない色数が効果的に使われる。線質の変化は年齢によるところもあると考えられるが、それ以上に描きたいものに対する態度が鮮明になったことの表れで、年とともに鋭く尖った感じがなくなり、練れていく。白隠画には下描き線の残るものが多々あり、完成図でも下描き線がみえる状態で残る。のみならず、描き始めはともかく本描きの線がどんどんずれていくことにも頓着していない。描きたいものを、そのときの想念を筆に乗せて描きたいように描いているかに見える。白隠画は画という方法での説法といわれる由縁である。さらに、八〇代の落款にときどき見られる「眼鏡なしに」との記述には、白隠像（木造、松蔭寺蔵）などにも表現される恐いばかりではない、年齢を重ねた白隠の日常の姿を具体的に想像することも可能にしている。

## 一　達磨図

禅宗を中国へ伝えたとされる達磨は、初祖達磨として多くの禅師や画家によって描かれてきた。白隠がもっとも多く描き、また江戸時代以降の達磨図として一般的な図様となった斜め半身の達磨図は、頭頂は禿頭で後頭部の頭髪から続いて頬から顎、口を覆うふさふさの鬚、耳には耳璫を付け、大衣を着ける。

白隠らしさがもっともよく現れている半身達磨図として、八〇代の作と推定されている大分萬壽寺の達磨図[注5]（芳澤本№1）をあげることができる。肉身に淡い朱、衣を朱に彩色し、左肩には大衣折返しの衣文線を描き、拱手する手を包む線が左肩からぐいと引かれる。顔の長さは画面縦の三分の二を占め、面積比にすると頭部が画面の二分の一近くを占める。本図では耳璫はない。黒バックで「直指人心　見性成佛」の賛が画面向って左上隅に臘抜き技法を使ったとされる白字で書かれる。画面右下隅も黒く塗られ、ここは理屈からすれば衣であるはずだから朱であるべきである。しかし、この黒の部分で大きな頭部を画面底辺で支えているようでもある。またこの大きな顔の中で、目の縦寸法は頂から顎の長さのほぼ五分の一あり、ことさらに目が大きく描かれる。黒目は二重に表現され、濃墨の黒丸の周りを淡墨で括る。頭髪、眉、頬から顎そして口の髭は淡墨で描かれる。つぶれたM字形の口も下書き線の上から淡墨で描く。さらに上瞼、黒目、鼻の穴、耳介を濃墨で描きアクセントとする。線の濃淡からだけいえば、頭部は上瞼ほかのアクセントとなる線以外は淡墨を主体とし、体部を表現する衣文線は濃墨で太く強い。白隠達磨の単純化された衣文表現の嚆矢は風外慧薫（一五六八～一六五四）の半身達磨図にあることは辻惟雄氏によって指摘されている[注6]が、こうしてみると単純化された衣文線の表現のみならず頭部顔面を淡墨で表現し上瞼ほかに濃墨線を入れる描き方、頭部顔面が淡墨中心に対し、体部を表現する衣文線に濃墨を使用することなども風外の達磨図にその先例を見ることができる。少々乱暴ないい方かもしれないが、禅の本質を図としたもの＝達磨図とみるとき、その象徴は炯々と観者をみつめる大きな目であった。白隠にとって、これを際立たせるための手段が大きな頭部であり、それを強調する黒バックであり、「直指人心　見性成佛」の賛文である。白隠以後、画面いっぱいに顔が占める達磨図は、白隠の系譜を引く洪川宗温（一八一六～一八九二）に引継がれるが、観るものへの迫力は白隠に及ぶことはなかった。

それでは次に、萬壽寺達磨図に至る白隠の半身達磨図の展開を記年銘のある作品を手がかりに辿ってみたい。

現存の白隠画で最も早い年記を持つ三五歳の海瀬本（芳澤本№52）や近年知られるようになった四二歳の濟松寺本（芳澤本№53）では、顔面は細線で注意深く描かれ、大衣を着け拱手する姿は濃墨の衣文線を後年のものより多用して丁寧に表現される。四四歳の作（芳澤本№54）では大衣を被る頭部表現は濟松寺本に近いが、衣文線が整理され拱手する手を包む衣は一本の曲線で表される。この曲線は五十代以降の半身達磨図では左耳後ろから引き下ろされ胸をわずかに見せながら画面向って左下方でふくらみをみせる太い線になる。また、百枚描きといわれる半切大に描かれた半身達磨図が時に「心」字達磨とも称されるのは、顎下に引かれる右肩部分の衣を現す三本の線が「心」字の草体に見えることからの呼称である。このように単純化された衣文線は風外作品や風外とほぼ同じ時期に描かれた宮本武蔵の斜め左向きの半身達磨図（永青文庫蔵）にも見ることができる。また、白隠の半身達磨図の直前作品に目を向ければ、白隠の師である道鏡慧端の師にあたる至道無難（一六四二～一七二二）の達磨図（早稲田大学會津八一記念博物館）にも白隠の半身達磨図につながる簡略化された衣文線の表現がある。続く五〇代の達磨図で年記のあるものや行状から制作年を確定できるものは現在のところ確認できないが、首をつきだしたような姿勢が四〇代の作品と通ずる梅龍寺（芳澤本No.51）の「毒乳漲飛大乳峯　百千諸佛失綱宗　沙羅樹下布衲図　花押」との賛文をもつ作品や「文上座　諾々　直下碧眼胡」の賛文を持つ保壽寺（芳澤本No.36）などがそうではないかと考える。六〇代の基準作は正宗寺の達磨図（芳澤本No.32）である。六七歳の時、岡山少林寺の請に応じ、京都世継氏の館を経ての還り、三河の正宗寺に立寄り描かれたものとされ現存の白隠達磨図で最も大きな半身達磨図（一三二・八×一三六・三cm）である。賛文は「香至王子　般若多児　形模極醜　折杓破飾　寛延辛未夏」とある。『景徳伝燈録』達磨伝の冒頭「香至王子第三子也云々」を踏まえる。全体をほぼ濃墨で描き、眼下や胸に淡墨を掃く。バックにも淡墨を塗る。また、白隠の行状から六九歳の作とされる定光寺の三幅対の中尊達磨図[注8]（芳澤本No.110）には「嗟君未到金陵日　寡婦宗眉坐緑氈　君既到金陵城後　慈烏失母咽寒煙」とある。二幅とも黒目の中心を濃墨とし淡墨で括描き、画面右斜め上を見る。七〇代の達磨図としては七三歳の作と推定される「直指人心　見性成佛」の賛文が書かれる淵龍寺の達磨図（芳澤本No.11）がある。これは『白隠年譜』宝暦七年の条に、この年木曽福島、身延から飯田の開善寺、龍翔寺に赴き、さらに三河大野淵龍寺の請を経て、松蔭寺に還ると、あることによる。なお、この巡錫には淵龍寺十一世玉泉良忠も従っていた。また年記はないのだが、とどこうりのない確信に満ちた線が魅力の山本本（大阪市近代美術館建設準備室所蔵　芳澤本No.12）は七〇代の半身達磨を代表するもう一つの作品である。

先の萬壽寺達磨図を八〇代の作品とした根拠は、以下の記年銘をもつ八〇代達磨図との比較による。明和四年（一七六七）八三歳の作であることが知られる永青文庫所蔵の「直指人心　見性成佛」「沙羅樹下八十三歳老衲白隠叟　眼鏡なしに書」とある達磨図（竹内本No.321）、「直指人心　見性成佛」「沙羅樹下八十三歳老衲白隠叟書」とある興津清見寺の達磨図（芳澤本No.2）などである。八〇代の達磨図に共通するのは、ゆったりとした線と左肩あたりに描かれる衣文線、多くは耳璫を付けていること（萬壽寺像は耳璫なしであるが、他の年記のある作品には耳璫を付ける）、賛文はすべて「直指人心　見性成佛」とある。六〇代から七〇代中ごろまでの賛文が達磨伝に関わる偈頌を使い長く言葉を重ねて、達磨を伝えようとしているのに対し、七三歳の淵龍寺の賛文は「直指人心　見性成佛」、心とまっすぐ向きあい自己の心が仏性に他ならないことを知り仏になれ、と簡潔である。七〇代の半ばまではこの二種類の賛文が混在するものの、八〇代達磨図の賛文は「直指人心　見性成佛」に収斂される。達磨を象徴する顔そして顔の中の目が大きく描かれ、突き抜けた厳しさの中におおどかさを感じる。また仔細なことではあるが、最初上瞼と下瞼の境、目の真横にあった黒目の位置が少しずつ上瞼につき、八〇代では上瞼ほぼ中央まで移動する。これによって視線は真横を見ることから、だんだん斜め上方に移動し、八〇代になると観者を見ることもなく見るようになる。これによって、観者は達磨に大きく包みこまれているような気分になる。また、最初きちんと描かれた口唇の表現が五〇代ころから描かれなくなり口髭のみになるが、八〇代になると髭のなかに二つ山の線で唇を表すようになる。

白隠の描く半身の達磨図は以上のような斜向きのほか、真横向きのものがある。一九五九年の欧州禅画展でポスターに使われたことでも有名な永青文庫の真横向きの半身達磨図「どふ見ても」(芳澤本№30)がその代表作である。筆意や賛文の書体から七〇代の作とされる。さらにこの真横向き半身達磨図の変奏図様とみることが可能な真横向きの坐禅姿の草坐達磨図も、六〇代後半から七〇代の制作になるものが多い。また、達磨の説話による図様として蘆葉達磨、面壁達磨、隻履達磨、片岡山達磨図がある。このうち片足の履を捧げ持つ隻履達磨図では、宝暦七年信州巡錫時に描かれたと考えられ「嗟君未到金陵日　寡婦掃眉坐緑氈　君既到金陵城後　慈烏失母咽寒煙」の賛文を持つ下伊那龍嶽寺のもの(芳澤本№59)が著名である。最初の下書き線は無視され、向って右上方に大きな顔面が描かれたため、賛文は上辺の空間に押込められるように書かれている。達磨はさらに七転び八起きの起上り小法師としても描かれ、愚達磨、㦯達磨といわれる文字絵によるもの、蘆の葉に乗る片方の履のみを描いて達磨を暗示する留守文様といわれるものまである。留守文様や文字絵の達磨図にはほとんど年記は書かれず、画風より八〇代以前とされる作品が多い。がなかに、八四歳の年記のある金地院の愚達磨と㦯達磨図(芳澤本№76・77)がある。これは淡墨の太い線で描かれた子どもの遊び絵のような作品であるが、白隠が愚堂東寔(一五七七〜一六六一　至道無難の師)の法を継ぐものであることを作品を通して示すとともに、もっとも単純化された図で達磨そのものを伝えているようである。この達磨図を例外とすれば、白隠の八〇代の達磨図はほとんどが斜め半身図で「直指人心　見性成佛」の賛文を持つものとなる。

## 二　観音図

最初期の作品が詳らかでないものの観音図もまた達磨図と同様に、白隠画の変遷を明快に辿ることができる画題である。現存作品から推察するに、おそらく五〇代から最晩年にいたるまで描き続けられている。『白隠年譜』には出家前の少年白隠が愛鷹山の麓に修練場(一丈余の盤石で、上に巌、下に流泉がある)を求め、巌面に観音菩薩の像を刻み『金剛般若』『普門品』『大悲神呪』を持誦したと観音への思慕が記されている。また延享二年(一七四五)六一歳の条には江戸の旗本井上平馬が『十句観音経』を印行してその流布を白隠に願い、白隠これより専ら弘通するとある。

白隠の描く観音図で現在知られている年記のあるものは、延享三年（一七四六）六二歳の山梨宝林寺の観音十六羅漢図と宝暦壬申年（一七五二）六八歳の龍澤寺所蔵蓮池観音図、八三歳の記載がある六・七幅の蓮池観音図である。五〇代、七〇代の年記のある観音図は現時点では見つからないが、大筋の編年は行状や賛文の書体なども参考にして考えうる。また、制作年の変遷は観音の顔つきに如実にあらわれる。年を経るに従って白隠の観音も年を重ね若い女性から熟年の女性の相貌に変化していく。白隠の観音図の宝冠は正面に化仏を置くもののほか、蓮華を化仏に見立て、さらに左右に蓮華を飾るものが多い。また経年は、観音の顔貌以上に宝冠の蓮華飾りに明瞭にあらわれる。[注9] ①宝冠の正面に半截花文を飾り、ティアラのように髻の前につける。これが白隠観音図での一番単純な宝冠の形である（挿図1―1）。さらにこの形の左右先端に蓮華の蕾をつける。唐草を繋ぎが徐々に長くなって先端の蕾は耳上におかれる。永徳寺の瀧見観音図（芳澤本No.172）、天倫寺の蓮池観音図（芳澤本No.174）などがその例である。②宝冠正面に開蓮華、両耳上に蓮華の蕾をおく。寶林寺の観音十六羅漢図などにみる。（挿図1―2）③宝冠正面に横向き蓮華の蕾をつけ、耳両脇にも蕾をつける。松蔭寺の蛤蜊観音図や個人蔵の水月観音図（芳澤本No.191）、蓮池観音図（芳澤本では楊柳観音No.193）（挿図1―3）。次に移行する前段階として④の蕾が真横を向くものがあらわれる。蓮池観音図（田中本、横幅　絹本着色　芳澤本No.171）。④宝冠正面に半截花文、蓮台から生い立つ未敷蓮華、蕾は首をさげ下を向く。背後に光背のように丸い蓮葉を立てる。唐草で繋ぎ耳横に蕾、蕾の元へ菊座のように花文をおく（挿図1―4）。七三歳の信州来錫時の作品にあらわれ、最後まで続く。それぞれバリエーションをもつが、大略①から④へと年代を辿ることができる。ただし、特に①～③の形式は年代的に重なるところがある。遺作の上からは、少なくとも七〇代後半からほとんどの観音図で宝冠の形が④の型になる。

なお観音の賛文は七〇代までは『十句観音経』や清十郎節、古歌からとったものなどいろいろであるが、もっとも多く使われるのは

挿図 1-1　永徳寺本部分図

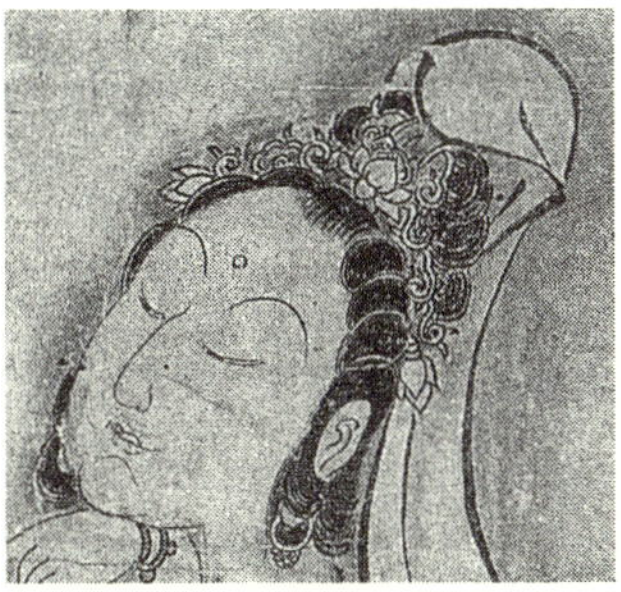
挿図 1-2　寶林寺本部分図

挿図 1-3　淥水居本部分図

挿図 1-4　佐野美術館本部分図

「慈眼視衆生　福壽海無量」の賛文で、八〇代の観音図ではほとんどがこれである。この句は『観音経』の偈の最後の部分で、「壽」は経典では「聚」とある。ギッターコレクションの着色の観音図（芳澤本No.168）では「聚」と経典通りに書かれている。この観音図は賛文の書体や観音の姿から六〇代前半までの作品と考えられる。「聚」を音通で「壽」としたのは六〇代になってからと考えられ、中ごろまでは両者混在し、以降、長寿を象徴する「壽」字を使用するようになる。白隠は七〇代後半の寿老人図（華蔵寺蔵）の賛文などで「壽」字に「ながひき」と振り仮名をしている。また「いのちながし」を表す壽字を女性の着物の文様に使い、百壽と称して百種の壽字を書いた幅、あるいは壽字を大書きしたものなども遺している。手をかえ品をかえ、命を寿げと伝えるのである。なお百壽図については、八二および八三歳の年記のある作品が六幅ほど知られているが、一七世紀、清時代の青花磁器の鉢の内外にさまざまな形の壽字をあしらった作品などもあり、白隠の百壽図の背景にはこのような作品の影響もあったと考えられる。

　白隠の描く観音図は観音十六羅漢図をはじめ、龍頭観音、蛤蜊観音、白衣観音、水月観音、瀧見観音、楊柳観音、物見山観音、瓢胎観音、一葉観音、蓮池観音とさまざまである。『仏像図彙』[注10]に載る三十三観音のうち、楊柳・龍頭・白衣・瀧見・水月・一葉・蛤蜊が描かれる。また白隠が最晩年に至るまで描いた蓮池観音[注11]は、楊柳観音と白衣観音に蓮臥観音・葉衣観音の要素を加えて創案されたものであろう。六〇代後半から七〇代の観音図では観音の傍らの瓶に楊柳とともに梅枝が挿されるものが多くなる。梅枝は春に先がけて咲き四君子の一つでもあるが、また天神の象徴でもある。白隠は天神と同じ丑の年丑の月、丑の日に生まれ、天神は母から授けられた信仰であったことから梅枝を添えるようになったのであろう。この梅枝も八〇代の観音図ではほとんど描かれなくなる。

　白隠はいろいろな図様の観音図を描いてはいるが、八〇代にはいるとほとんどが「慈眼視衆生　福壽海無量」の賛文を持つ蓮池観音図に収斂される。『仏像図彙』に載る三十三観音中には蓮池観音と称するものはない。蓮上に坐す蓮臥観音、蓮池を描く施楽観音があるばかりである。白隠の蓮池観音はこの二つを合体させたもの、あるいは楊柳観音が蓮池にある姿であるが、蓮池に浮かぶ蓮花や蓮葉を華やかに彩るものも多く、ために白隠の描く観音図では蓮池観音の呼称がたてられている。本論では、先にあげた観音十六羅漢図と瀧見観音図を除き、蓮池が描かれる観音図を「蓮池観音図」と称することとする。

　観音の姿は白衣観音の衣制で、楊柳を持ち（楊柳と同時に鉢を持つものも多い）、あるいは傍らに楊柳を挿した瓶を置くものがほとんどで、多くは楊柳観音と称されるものである。宝暦二年の年記がある六八歳の龍澤寺本を初めとし、七〇代の作品には多く楊柳とともに梅枝を挿すものがみられる。その姿は①禅定印を結び趺坐するもの、②左足を上に楽安座、肘をついて顎を支えるもの、③右膝を立てて坐し、鉢と楊柳を胸前に掲げるものがある。①②の姿勢をとる図は中国に手本を持ち、わが国でも鎌倉時代以来描かれてきた白衣観音にその図様を見出すことができる。足を崩して坐す②については赤脚子筆の白衣観音図[注12]があり、探幽画とされる「百體観音」のなかにも同様の姿勢の観音をみる。[注13]③は従来の遺品には類例をみることはできない。禅叢寺本以来の蛤蜊観音の姿を応用したとみられ、七〇代中ごろから以降の蓮池観音で好んで描くようになった姿である。一蓮弁に乗るものと蓮華座上にあるものがある。蓮池観音の多くは、観音の白衣を際立たせるため背景に薄墨が刷かれる。八〇歳前後からはさらに濃墨で余白を塗りこめ、観音と蓮池を浮き立たせるようになる。さまざまな図様の観音図を描いてきた白隠が最晩年に至って一番好んで描いたのがこの蓮池にある観音の姿である。

代表的な作品として、明和四年八三歳の作である佐野美術館の蓮地観音図（芳澤本№162）と永青文庫二幅の蓮池観音図（竹内本№79・80）をみていこう。六〇代七〇代の観音に比べると、年を重ねた熟年の女性を思わせる顔貌で、蓮葉を光背に蓮台から生い立つ蓮華の蕾を観音の標識である化仏に見立てて宝冠の正面に付け、左右に唐草で繋ぎ耳横へ蕾、蕾の元へ菊座のように花文をおく。この形は七三歳の信州来錫時の作品、飯田大雄寺の蓮池観音図（竹内本№364）などにあらわれ、最後まで続く。耳璫を付け、さらに輪宝をかたどった胸飾を付ける。永青文庫の二幅は左肩下に袈裟の環をあらわす。まず宝冠によって、観音の象徴である蓮華が顔を囲むようにつけられ、さらに観音の姿は蓮池の蓮に包まれるように存在する。蓮華は泥沼から生じるが、その濁りに染まらず清らかに咲くことから仏教思想の象徴として使われる。蓮池観音はこの蓮華の象徴性を最大限に生かし、濃墨による黒のバックと蓮池から顔面を囲むように蓮華の装飾で飾られた白衣の観音が浮かびあがる。「慈眼視衆生福壽海無量」の賛文は白抜きにされるが、これは先に蠟書きして墨をはじいたのではないかといわれている。達磨図でも使われた黒バックは、おそらく大分円福寺禅僧六祖像のような拓本を手本にしたのであろう。

## 三　祖師図

臨済、雲門、虚堂、大応、大燈、関山、愚堂、正受老人、天網老人、東桂珉和尚などを頂相の形式で描いたものと、禅機画といわれる禅僧が悟りにいたる契機などの説話を画にしたものがある。

頂相として白隠が描いた祖師たちは①臨済、雲門、虚堂などの中国の禅師とわが国の臨済禅の基礎を築いた大応、大燈、関山と②愚堂以下直接白隠の嗣法に関わる祖師および同時代の禅師の二つに分けることができる。前者が描かれる時期については、白隠が法会で講ずる禅書に対応している。『白隠年譜』を通覧していくと、大略『碧巌録』はほぼ一生にわたり講じられるが、『臨済録』は六〇代まで、六五歳で大燈国師の語録に評唱と著語を付した『槐安国語』を刊行して以来『槐安国語』を講ずることで大燈国師を論じ、さらに大応録を講じている。このことに対応するかのように虚堂図は六六歳の龍谷寺本（芳澤本No.127）から八四歳「五百年遠忌明和五戊子小春初七日沙羅樹下八十四歳老衲謹書」の落款をもつ山本本（芳澤本No.125）があるのに対し、臨済図はほとんどが六〇代から七〇代前半までの作と考えられる。また、七〇代前半までの祖師図三幅対は六九歳と推定された定光寺本（芳澤本No.109～111）や七三歳と推定される瑞應寺本（芳澤本No.106～108）のように「達磨・臨済・雲門」であるのに対し、大応、大燈、関山の正系を任じて七三歳と推定される「応燈関図」（大宝寺、これは一幅に三人を描く　芳澤本No.124）が描かれ、以後永青文庫本（芳澤本No.118～120）、全性寺本（芳澤本No.115～117）、八一歳の年記のある天倫寺本（芳澤本No.112～114）と慶雲寺本など数件の三幅対の「応燈関」が描かれる。現在永青文庫に、「寶暦第六丙子佛誕生日沙羅樹下白隠叟鶴炷香九拜書」との落款をもつ大應図があり、七二歳くらいから白隠は各地での開筵の折、あるいは弟子に賦与するために大応、大燈、関山の独尊図あるいは三幅対、あるいは一幅に三人をおさめたものを描いていることが知られる。なかでも、七四歳の作と推定できる元東美濃瑞林寺にあったと伝える永青文庫本[注14]や八〇歳末後法会に会した霊源慧桃に付されたともいわれる全性寺本はともに彩色の美しい「応燈関」三幅対である。全性寺本は黒バックで白抜きの賛文、円相内に祖師を配す。永青文庫本の三師が腰下あたりまでの半身像で白隠なりの整いを見せるのに対し、全性寺本は腰上までの像を画面いっぱいに描いている。最初の当たり線は画面中央に円を描いているが本描きのときに下にのばしている。画面に占める顔面の大きさも増し、存在感を量としても強めている。その結果白抜きの賛文は上端に押し込められるように書かれる。こうしてこの二作品を比較する時、八〇代の作品は伝えたいものを象徴する部分をより大きく明瞭に、七〇代の機鋒の鋭さは内に包み込んだおおらかな線で表現していることを知る。

愚堂東寔、至道無難、道鏡慧端、白隠慧鶴と続く法系を意識した祖師図として宝暦二年白隠六八歳の年記を持つ愚堂図（三重県龍雲寺　芳澤本No.128）と正受老人図（龍澤寺、竹内本No.43）がある。愚堂図は世継正幸に付して伊勢中山寺に納められ、後に同じく愚堂が開山の龍雲寺に渡ったとされる。『白隠年譜』によれば、宝暦三年六九歳の白隠は甲府東光寺で「毒語心経」を講演し、正受老人の三十三回忌を営み老人の頂相を描いたという。賛文に一部異同があるが、龍澤寺本の正受老人図はこの頃描かれたものとされる。[注15]さらに最近、白隠の出家得度の師、単嶺祖傳図[注16]（挿図２）を調査する機会を富士市天澤寺で得た。円相内に左斜め向きの半身像で、袈裟を着け右手に拄杖を持つ。袈裟条葉部は蓮華唐草文、田相部に雲文を描き、淡彩を施す。持物や円相内に描くことなどの違いはあるが、その体勢は正受老人図に近いものがある。賛文は「順天順子　松快龍親　前住松蔭　単嶺老人　沙羅樹下白隠老衲圖」とある。白隠の落款に「圖」と書かれることは珍しいが、六九歳の「関羽図」に

挿図２　単嶺祖傳図（天澤寺）

「沙羅樹下老衲圖賛」とある。本図は、口縁に「宝暦三乙亥九月日武陵浅草村林無文居士為圭岩宗玉童子寄附　駿州冨士郡比奈村神護山雲門無量禅寺　現住東嶺誌」の刻銘がある磬子とともに無量寺が廃寺になった際に天澤寺に移されたといわれる。[注17] なお夬龍恵松の没後無住となっていた無量寺復興は白隠年来の懸案であったが、宝暦二年に白隠の意を受けて、東嶺が無量寺に入り復興される。本図はこの頃、東嶺に描き渡されたものとも考えられるのではないだろうか。白隠六八歳ころの制作として、図様、書風ともにこの推測を妨げるものではない。とすれば、円相内に人物を描く早い例になる。なお、竹内氏によって白隠五八歳の作とされる天網老人図（白井本　竹内本No.45）は少し早いが、宝暦三年の年記のある東桂珉和尚図（影山本　竹内本No.44）など白隠と親しい僧たちの肖像も含み、白隠の師法に関わる多くの頂相は六〇代後半から七〇代前半に描かれている。

　禅機画といわれるものでは巌頭渡子図、船子夾山図、慈明和尚図、普化振鈴図、懶瓚煨芋図などがある。巌頭渡子図は一九歳の白隠が翰墨に泥事するきっかけとなった巌頭の話を描いたものである。ほとんどが六〇から七〇代の作品である。なかでも現在永青文庫に所蔵される二幅の乞食大燈と称される大燈国師図は、それぞれ「古人刻苦　光明必盛大也　不信看取　此老漢　瓜を手なしにくらやるなら　成程足なして参ろう」「乞者隊裏被席　見生擒　依貪甜瓜　手なしに瓜をむきやるなら　成程足なしで参り申さふ」の賛を持ち、七〇代半ばの気鋭鋭い逸品である。ところで、さまざまな画題で描く白隠が南泉一円相、南泉斬猫など南泉にかかわるものをほとんど描いていないのは何故であろうか。筆者年来の疑問である。

## 四　祖師図（自画像）

　頂相といわれる禅僧の肖像は、本人以外の人（職業画家に依頼されることも多い）が画像を描き、賛文を本人に需めることが一般的であった。江戸時代の禅僧の肖像画で、自画自賛のものは白隠以前に風外慧薫のものを知るくらいである。ただし風外自画像と称するものは風外の個人的な顔貌表現がされているとはいい難く、杖に寄る姿勢も含めて類型的である。とすれば、自画自賛の自画像を描く白隠の行為には強い白隠の意思を見ることができる。またこれらの自画像は松蔭寺などに遺される白隠の木彫像と風貌をともにし、「姿貌奇偉にして虎視牛行、機鋒峻捷にして近傍し難し」といわれた白隠の風貌をよく伝え、頂相と同じように、弟子たちに附された。

白隠自画像は全身・半身・坐像など構図はさまざまである。その多くに「千佛場中爲千佛嫌群魔隊裏爲群魔憎　挫今時黙照邪党鏖近代断無睹僧　這般臭悪破睹秃　醜上添醜又一層」と当時の宗教界を批判し、自らを鼓舞した賛文を書き付けている。年記により制作年の判るものでは松蔭寺に七一歳のもの（芳澤本No.134）が、七五歳の払子を持ち坐す像（芳澤本No.133）と八〇歳の円相内自画像（芳澤本No.137）が永青文庫に、八三歳の曲彔に坐す彩色の自画像が龍澤寺（竹内本No.56）に、同年の円相内自画像が二幅個人蔵（芳澤本No.138・竹内本No.53）である。

龍澤寺像は体をやや左に向け、首はひねりやや右を向く。払子をとり曲彔に坐す。向って左脇に拄杖を立てる。淡彩が施されている。なかでも前に置かれた沓の踵の花文と袈裟の紐を彩る朱が印象的で、濃墨で描かれた拄杖や払子の柄、上瞼や口、耳介の線などとともに画面を引締めている。七〇代に炯々と観者をみつめていた目は、八〇代になると慈愛がその鋭さを包んでいる。永青文庫の円相内自画像の静謐さとともに、八〇代に入っての白隠の真情が表現となったものであろう。なお八一歳の年記のある「樹下坐禅自画像」（龍翔寺　挿図3下）は晩年になって、二三歳のとき播州福山からの帰り西宮の海西寺裏山の岩上で坐禅した折のことを思い出して描いたもので、他の自画像にはない穏やかな空気の流れる清々しい図である。大阪市立近代美術館準備室に東嶺の極めのついたほぼ同じ図（挿図3上）があるが、これは東嶺の写しなのではないかと考えている。[注18] また布袋図のなかでも坐禅をするもの、隻手の音声を問う姿に描かれるものは、白隠自画像の変奏図と位置づけることができるであろう。

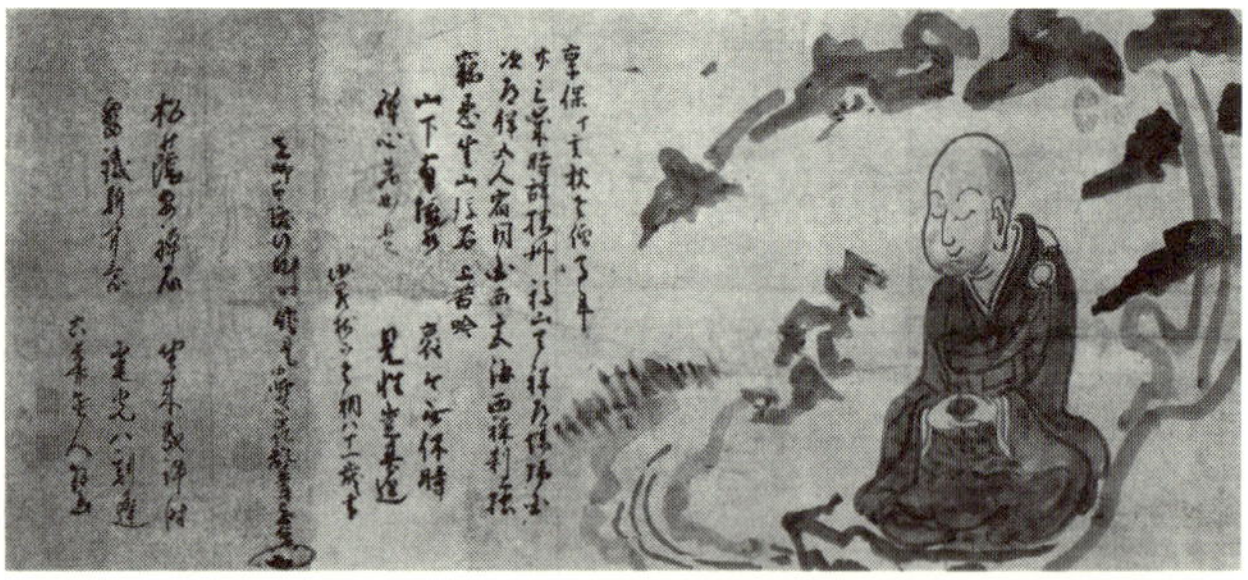
挿図 3-1　樹下坐禅自画像（大阪市近代美術館建設準備室）（No.139）

挿図 3-2　樹下坐禅自画像（龍翔寺）（No.140）

達磨図・観音図・自画像を含む祖師図が法会に際し描かれ、求めに応じて描かれた晴れの作品とすれば、今回ふれることのできなかった戯画と称される作品は夥の作品群といえるであろう。年記があるものは少なく、賛文の書体や後述する印章によって大略の制作年代の推定は可能であるが、詳細の検討は今後の課題である。

## 白隠の使用印

白隠はその画題や作画量に対応するように多種類の引首印、「白隠」と「慧鶴」などの落款印を使用している。[注19] 印文や印の形がよく似たものを数種使っていることも特徴のひとつである。ここでは引首印について簡単に記し、さらに年記のある作品に押印された落款印を整理し、制作年を考える際の必要条件になり得ることを考察する。

①

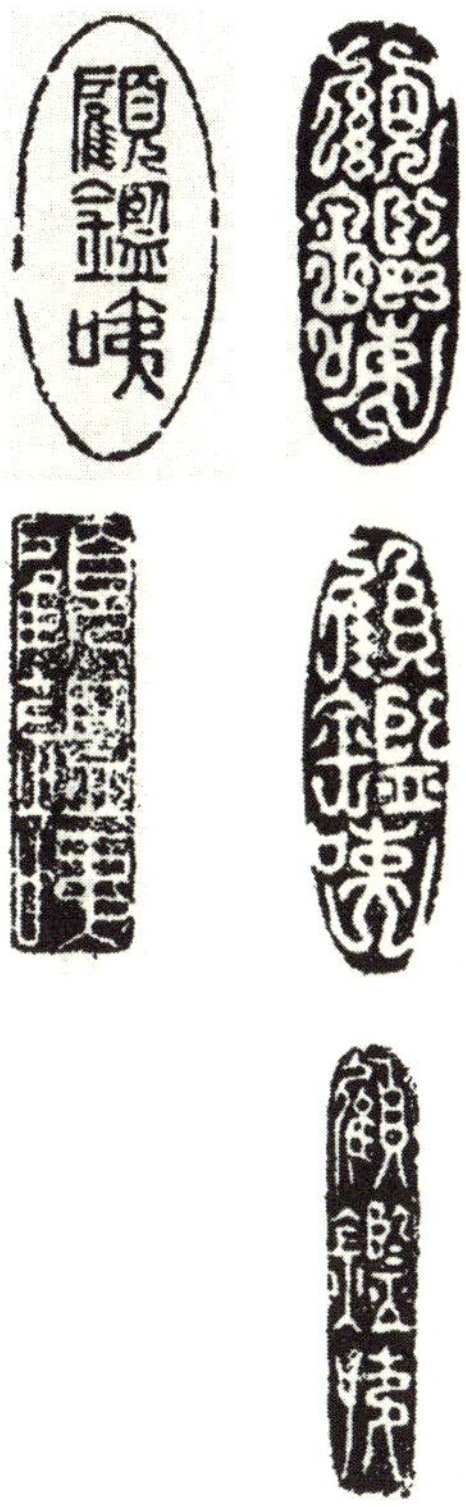

「顧鑑咦」　「大」　「中」　「細」

引首印には「顧鑑咦」「龍悳先天」「臨済正宗」「闡提窟」「玄沙道底」などがある。

「顧鑑咦」印（①）には白文楕円印が大中細三種のほか、朱文楕円印、白文長方印が存在する。「顧鑑」は反省する、ふりかえりみるの意。「咦」は師家が学人に接する際、気合をかけて発することばという。白文楕円印の大きいものは最初期の海瀬本「達磨図」から使用され、最晩年まで使われている。一回り小さな中印は少し遅れて六〇代と推測する達磨図には使われ始め、最晩年八四歳の「愚字達磨図」に使用されているので、最晩年までの使用が確認される。細いものは六三歳の「渡唐天神図」、六七歳正宗寺の「達磨図」に使われるが、おそらく五〇代と推測している達磨図から使われ始め、六〇代から七〇代前半の観音図にも多用されている。しかし、八〇代にはほとんど使用例を確認できない。この三種の「顧鑑咦」印は大印、細い印、中印と現れ、大中印は最晩年まで、細い印は七〇代まで使われる。達磨図の多くはこのいずれかを使用しているが、それ以上の使用の際の法則は今のところみつけられない。朱文楕円印は六二歳の寶林寺の「観音十六羅漢図」、六八歳龍雲寺の「愚堂図」、七一歳の「龍津寺開山寶珠護國禅師図」などに使用され、自性寺の年記のない大幅「富士大名行列図」にも使用される。本図は後述する落款印から七〇代の作品と推測しているので、六〇代から七〇代に使用されたとすることができる。この印も八〇代の作品にみることはほとんどない。白文長方印には現在のところ年記のあるものは確認できないが、七〇代の作品が数点ある。使用例は多くはない。

「龍悳先天」印（②）。「飛龍在天」をふまえた「龍悳先天（龍の徳は天に先立つとある）」の印文をもつこの印は大きくは、「天」の形が左右対称のものと最後のはらいが片足を上げたようにみえるものの二種に分類できる。年記がある例として、前者は七七歳の書「重離六爻」（飯田市美術博物館蔵）、新定院蔵七九歳の「関山図」、八一歳の龍翔寺蔵「樹下坐禅自画像」や山本本「いが栗」、などがあり、後者には永青文庫蔵七五歳の自画像がある。常識的にはほぼ同じ大きさの印影で同じ印文の印が同時並行で使用されることは考えにくいのだが、前者には六〇代と考える観音図にもその使用例がある。後者使用の作品が偽物とは考えられない現状では、前者は遅くとも六〇代から使われ始め、追って後者が使用された。八二歳以降の年記のある作品での使用はさだかではないが、この印も先の「顧鑑咦」印とともに白隠の作画が活発になる時期から長く愛用された。

「臨済正宗」印（③）。印文は字義通り。朱文長方印、円に近い朱文楕円印、大振りの白文長方印がある。朱文長方印は七〇代と考えられる数幅の「出山釈迦図」、「蓮池観音図」や「布袋図」、それより少し早い「騎獅文殊図」などにみられる。円に近い朱文楕円印は壽・孝・菴・瞋など七〇代の一字関にみることができる。画の使用例は観音図にも使用例をみるが、福神に多く、七〇代と考えられる「鍾馗図」や「大黒天図」、「福禄壽図」、「茶柄杓図」にみる。大振りの印は選佛寺の「渡唐天神図」、八二歳華蔵寺の「帝網窟」など、落款印⑭との組合せで大幅に使用される。

「闡提窟」印（④）。闡提窟は白隠の号。印文の左右に『寒山詩』四の三・四行目「微風吹幽松　近聴聲愈好」を配す。用例は少なく、六一歳の「野鬼鞭骨図」、七一歳の「維摩図」（山本本）、年記のない「慈明和尚図」などにみることができる。

②
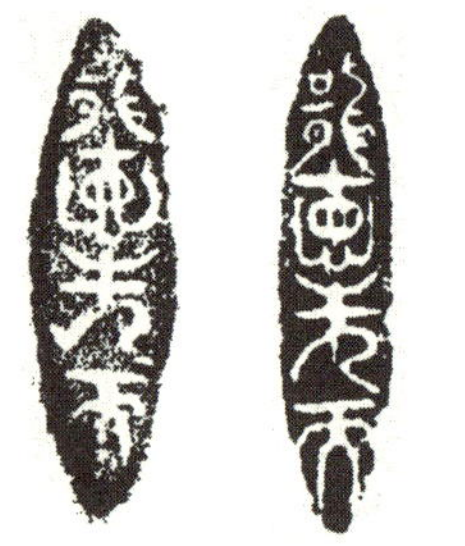
「龍悳先天」

③

「臨済正宗」

④

「闡提窟」

⑤

「玄沙道底」

「玄沙道底」印（⑤）、「玄沙がいうところ」とあり「徹しきらないこと請合い」を意味するという。八三歳の落款がある「騎獅文殊図」（芳澤本No.205・206）や「富士山図」（芳澤本No.628）、「鍾馗鬼味噌図」〈芳澤本No.292〉などに使われている。年記の入っていない作品からも七〇代後半から八〇代に使われた印とみられる。

このほかにも「放生会」「鴉過古村霜」「滹沲正流」などの引首印があるが省略する。

落款印においても「白隠」印の香炉形のものが大小五種（①～⑤）、などのように似た形の印を使用する。以下は落款印「白隠」印と「慧鶴」印のよく使われる組合せを示し、記年銘のある作品によってその使用年を示すと左記の通りである。

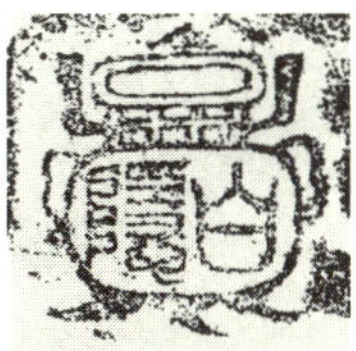
①-1

①-2

②-1

②-2

①白隠画で最も早い記年銘のある三五歳の「達磨図」・「文殊図」は、この組合せで押印される。なお、三四歳の書「永明鐵船迪和尚」、四一歳の「大光古岸居士道號記」にもこの落款印が押印される。「顧鑑咦」大の印はこの最初期から最晩年に至るまで使用されている。

②四二歳・四三歳の「達磨図」、四四歳「雲居和尚垂戒」、五一歳の書「賀壽周二禅人住院」、五三歳の書「松嶽號記」、五四歳の書「馬翁和尚像賛」などに押印される。

③-1

③-2

④-1

④-2

⑤-1

⑤-2

⑥-1

⑥-1'

⑥-2

③五一歳の書「三明寺経塚銘」、五五歳の書「壽玄隆居士八十歳」に押印される。

④六三歳の「関羽図」や「渡唐天神図」、六七歳の「達磨図」（正宗寺）、六八歳「片岡山達磨図」、七一歳の「偈頌」、七三歳の「龍杖」、七六歳の書「謎々」（「白隠」印のみ）に押印される。

⑤七五歳の「自画像」（永青文庫）、七七歳の書「重離六爻」、八一歳「いが栗図」、「死字法語」、八三歳の「蓮池観音図」（永青文庫）などの使用例がある。これに対応する「慧鶴」印は多くは掲出印であるが、⑨に対応する印のこともある。

⑥「野鬼鞭骨図」（六一歳）にこの⑥と⑦の印が押されている。「白隠」の白文龍形香炉印の龍の尻尾は七三歳とされる「隻履達磨」（龍嶽寺）まではあり、七七歳の「関羽図」では切れている。以後八一歳の「應燈関図」（天倫寺）にも押印される。現在のところでは七四歳以降

⑦-1

⑦-2

⑧-1

⑧-2

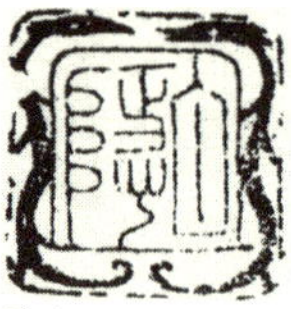

⑨-1

⑨-2

⑩-1

⑩-1'

七七歳までのどこかで尻尾が欠け、最晩年まで使い続けられた。

⑦四〇代の作品から六九歳の「関羽図」、七〇代、八一歳の「樹下坐禅自画像」に押印される。観音図をはじめいろいろな画題のものに使われ、富岡本「すたすた坊主図」など比較的大きな作品にも押印されている。

⑧六二歳の「観音十六羅漢図」に押印される。

⑨⑧以降に使用。七一歳「龍津寺開山寳珠護国禅師図」（龍津寺）、七四歳の「円相　卵樞轉」から八四歳の「虚堂図」（山本本）など最晩年までの使用例がある。

⑩四七歳の「寒林貽寳」（圓福寺）に見ることができる。七七歳「関羽図」以降、左枠の上方に欠けが生じ、八四歳の「蓮池観音図」（佐野美術館）や愚達磨（金地院）など最晩年まで使用される。書風から五〇代六〇代のものに欠けのないこの印が使われている。この時期の年記のある作品が現在のところ見あたらないので、おそらく七〇代のある時期に欠けたと推測する。七七歳以降は欠けている。

⑪-1

⑪-2

⑫-1

⑫-2

⑬-1

⑬-2

⑬-3

⑭-1

⑭-2

⑪七三歳の「自性寺開山図」に押印される。

⑫六七歳「於仁安佐美」、六九歳とされる「正受老人図」、七二歳「大應国師図」（永青文庫）、七八歳「壽字」、八一歳の「寿老人図」、八三歳「達磨図」（清見寺）の使用例がある。

⑬大きな袋を二人の童子が持つ「白隠氏」朱文印。慧鶴印については「慧鶴之章」の朱文印（ア）あるいは「慧鶴」の白文印（イ）の場合がある。八十三歳の達磨図（ア）や文殊図（ア）、八四歳の「定水和尚図」では「慧鶴」印は⑨に使われたもの。

⑭「白隠」の朱文印、「慧鶴之印」の白文印ともに方約六センチの大きな印で七七歳「龍杖」、八二歳「帝網窟」字、八三歳の「壽字」に使用例がある。

この整理によって大略ではあるが、それぞれの落款印の使用時期を知ることができる。

①から⑤までの香炉形の「白隠」朱文印は、①が三〇代から四一歳、②は四二歳から五〇代前半、③は五〇代ころ、④は六〇代前半から七〇代中ごろまで、⑤が七〇代中以降最後までと一部重複しながら使用を替えていったものと見える。⑥と⑬の「白隠」印が押されている作品は、白隠画を制作事由から晴と褻に分けるとすれば、晴の作品にあたる。[注20]⑭の印は大印で、大幅の渡唐天神図（選佛寺）や壽字の大幅、號字の大幅に押印され、概ね七〇代以降八〇代に使用されている。

白隠画の制作が六〇代中ごろから本格化すると考えれば①②③⑧はそれ以前に使用された印である。⑦と⑩の印は四〇代から晩年まで使用された。ことに⑦は小印であるにもかかわらず達磨図からすたすた坊主図まで、制作時期のみならず画面の大きさも大小さまざまな場面で使用されている。⑫は六〇代後半から⑨は七〇代からそれぞれ最晩年まで使用された。⑪の印の使用はさほど多くはない。

なお、落款については現存最初の記年銘のある三二歳の「濃陽富士山記」では「正法海濆鱗駿陽松蔭小師慧鶴」といい、三五歳の「達磨図」では「現松蔭白隠野衲」としている。四〇代では四一歳の書で「現鶴林野衲白隠惟鶴」といい、四二歳の「達磨図」で「沙羅樹下白隠叟」とある。さらに四四歳で「沙羅樹下野父」といい、四六歳の書には「沙羅樹下野夫惟鶴」と書く。五〇代ではほとんどが「沙羅樹下白隠叟」とあり、五五歳の書に「沙羅樹下布衲白隠叟」とある。六〇代に入ると「沙羅樹下老衲」あるいは「沙羅樹下白隠老衲」と「老」の字が使われるようになる。還暦を意識しているのだろうか。七〇代では引続き「沙羅樹下白隠老衲」が使われるほか「沙羅樹下白隠叟慧鶴」（七一歳）、「沙羅樹下老漢」（七一歳）などともある。八〇代では「沙羅樹下老衲」のほか「沙羅樹下八十三歳等の白隠叟」のように年齢を入れることが多くなる。また「遠孫」「目がねなしに書」などのことばが入ることがある。戯画に珍しく書かれる落款では「さる寺の開山八十一翁」とある。晩年まで使用される「沙羅樹下」の初見が四二歳の「達磨図」であること、四〇代半ばまでは「野衲」あるいは「野夫」といい、五〇代には「叟」が、六〇代には「老」の字が入ってくる。また特に八〇代に入ると年齢を記載するものが多くなるようである。

白隠画は六〇代のものには初期の初々しさを、画題の豊富さ、機鋒の鋭さがそのまま線の鋭さとなっている展開期としての七〇代の魅力、描きたいものを筆にまかせて直截に描くことを最大限に発揮できた最晩年八〇代の白隠画の強さ、それぞれ鑑賞者に添って存在する。白隠画のなかに白隠の説法を聞きながら近世絵画史の手法をもって白隠画を考察する作業は、竹内尚次氏、辻惟雄氏、芳澤勝弘氏に代表される仕事に支えられ、今、次の階段が現れたのではないだろうか。

注

1 白隠書画千点を収録。編集 花園大学国際禅学研究所、監修・解説 芳澤勝弘、二玄社、発行二〇〇九年。事前調査の段階で三千点以上の作品を撮影されたという。

2 文政三年（一八二〇）に発行された大観文殊による『龍沢開祖神機独妙禅師年譜』は『白隠和尚年譜』（加藤正俊著、思文閣出版、一九八五年）として刊行されている。本論では白隠の生涯の事績等を『白隠和尚年譜』（以後『白隠年譜』と称す）を参照して記述した。

3 注1の「解説篇」参照。

4 白隠研究の先駆者竹内尚次氏はその著作『白隠』（筑摩書房、一九六四年）で五五六点の作品を紹介し、白隠画の展開を四期にわけて考えている。第Ⅰ期一～五六歳（前半を潜在期、後半を準備期）、第Ⅱ期五七～六六歳（形成期）、第Ⅲ六七～七六歳（盛期）、第Ⅳ期七七～八四歳（晩年期）である。ところで、『龍沢開祖神機独妙禅師年譜』で大観文殊は八四歳で没した白隠の生涯を二分し、四二歳を大きな節目として前半を修行の時代、後半を衆生教化の時代としている。『白隠年譜』には四二歳の白隠は、出家したばかりのころには比喩ばかりと落胆した法華経の深理を読取り、「初めて正受老人平生の受用を徹見し、及び大覚世尊の自在な説法を了知した」といったと記される。

5 法量一九二・〇×一一二・五cm 所蔵者のあとの「No.数字」は、注1の〔禅画篇〕の作品番号。

6 辻惟雄「近世禅僧の絵画――白隠・仙厓を中心に」（『日本美術全集第23巻江戸の宗教美術』学習研究社、一九七九年）。

7 現在、半切と称される画仙紙の大きさの標準は縦一三八×横三五cm。

8 竹内尚次編著『白隠』の解説によれば、この三幅対を納める箱蓋裏の寛政九年（一七九七）の墨書銘に、東光寺天崖老師が秘蔵していたもので、老師の滅後瑞春和尚に贈られ定光寺の什宝となったとある。『白隠年譜』には宝暦三年春、白隠は東光寺で正受老人三十三回忌を行ったとある。この時住山和尚天崖玄夷に乞われて描いたものとされる。参考の図版No.を掲出するにあたり（芳澤本No.）を基本としたが、芳澤本にないものについては（竹内本No.）とした。

9 亀山卓郎『白隠禅師の画を読む そのイコノロジーと真贋論』（禪文化研究所、一九八五年）九〇～九三頁参照。

10 本稿では『増補諸宗 佛像図彙』（土佐紀秀画、元禄三歳序、全五冊）を使用。巻二「三十三躰観音」の項参照。

11 本論では、観音が蓮池にある図をすべて蓮池観音図とした。

12 『大和文華』第六十八号（水墨観音図特輯）図版8「白衣観音図」小林中氏蔵など。

13 折本。紙本淡彩。最後に「右百軆観音以狩野法印探幽所圖 寶永八年辛卯年二月 探信摸写之畢」とある（架蔵本）。

14 竹内尚次『白隠』No.27～29図解説

15 竹内尚次『白隠』No.41図（愚堂）No.43図（正受老人）解説

16 紙本淡彩、縦一一二・四×横五四・九cm、富士市天澤寺。単嶺祖伝（松蔭寺第三世、元禄十四年示寂）。

17 天澤寺住職、福場元寿氏のご教示による。

18 本図に押印される引首印「滮池逆水」は東嶺の印。この構図を念頭に描かれたを考えうる東嶺の達磨図（早稲田大学會津八一記念博物館）がある。

19 注1の解説篇、巻末に掲載されている印章資料が現在もっとも多数の印影を収録している。本論掲載の影印はこの印譜を複写して使用した。

20 生前の竹内尚次先生より「この二顆が押印されている白隠書画に贋物はない」とのご教示を受けた。

# 仙厓の禅画

## ―ユーモアに包まれたメッセージ―

八波　浩一

仙厓義梵[注1]（一七五~一八三七）は、良寛とほぼ同時代を生き、白隠とならぶ「禅画」の名手として「東の白隠、西の仙厓」と併称されることもある、江戸時代を代表する禅僧である。

その仙厓の八十八年に及ぶ長い生涯の内、本稿では美濃で生まれた仙厓が古月派の師について修行を続けた時代が終わり、九州・博多へ西下して聖福寺、そして虚白院を拠点として活躍した約五十年間を対象とする。それはちょうど天明期の天変地異が続いた時代が終わり、寛政の改革が断行された後、文化・文政の爛熟期を経験し天保の初年へ至る、江戸時代後半期と重なる。さらに、この時期は大きく二期に細分できる。その前半、四十~五十歳代の聖福寺住持時代は、二度の紫衣勧奨[注2]を辞退して生涯黒衣の僧であることを誇りとし、博多の安国山聖福寺の第百二十三世住持として、当時老朽化していた諸堂宇の整備復興に力を尽くし、また、数多くの弟子を育てて博多における臨済禅の興隆につくした時期である。その仙厓が弟子の湛元等夷（?~一八五五）に後事を託して虚白院に隠棲して以降の三十年あまりの虚白院隠棲時代には、住持としての重責から解放されたことによって訪れた静かな生活を、もっぱら自分の趣味や研究のために費やしている。そして、この悠々自適な隠棲生活時代こそが、今日、仙厓の名を江戸時代の美術史の中に輝かせている、独自のスタイルとユーモアあふれる禅画を生み出した主たる時代である。

それらの作品は、仙厓の禅理解と解釈や、仏教に対する立場や宗教観などが単刀直入な形で表現されており、仙厓が遺したいくつかの著書とともに、仙厓の禅や仏教に対する考えや宗教全般にわたる思いについて研究する上で重要な資料である。本稿では、特に仙厓の残した画賛類を中心に、仙厓の禅思想と宗教観について検討してみたい。あわせて、これらの禅画を通して仙厓が伝えようとしたメッセージの対象や内容、さらに、ユーモアあふれる表現とその裏に隠された周到なメッセージ伝達方法についても考察を加えたい。

## 一　仙厓禅画の特徴

### 1　禅画の特徴と仙厓の特殊性

晩年に数多くの作品を描いた仙厓の画賛類は白隠の作品と共に今日「禅画」と呼ばれる。そして、先行研究によってその特徴としては、以下のような三つのポイントがあげられている。[注3] まずは、それらをふり返り、それぞれの特徴について、仙厓の禅画がもっている独自性と特殊性を以下に述べることとする。

第一に作品のテーマが禅に関連していることである。禅機図や禅会図、さらには祖師図や仏画など、中世禅林で制作されてきた絵画と比べ、テーマの上で重なる作品が多い。このため、後に示すように先行作例から構図などを学んだと考えられる作品も登場することとなる。ただし、仙厓の場合は、それらの作品のほかに、多種多様なテーマの作品も描いていることが際だった特徴としてあげられる。禅画と同じように水墨表現をとるそれらの作品には、仙厓の活躍地である博多の町を彩った四季折々の行事・祭礼などを描いたいわゆる風俗表現や、晩年頻繁になった名所旧跡・名山への旅の記録として描かれた作品などが含まれる。つまり、禅との直接の関連性が少なく、今日では「風俗画」や「風景画」と呼ぶことの出来る作品をかなりの数制作している。[注4]

第二の特徴は作者のアマチュア性である。禅画の筆者は、それまでのように専門の絵師や画僧ではなく、禅僧その人である。つまり、作画を生活の中心、あるいは、生業としているわけではなく、画に対してはアマチュアであるという立場をとっている点が、それまでの禅宗絵画とは全く違っている。ただし、仙厓の場合はここでもやや状況を異にしている。仙厓がまったく画の素養がなく、訓練も全く受けていなかったのかというと、そうではないと思われる画賛が仙厓の作画初期の作品として遺っており、それに関連する資料も発見されている。もちろん、本格的な学習ではなかったであろうが、この時に培った画技の面での素養が晩年の作品の流暢な筆捌きに表れている。

第三の、そして、最大の特徴としては、専門性の欠如から必然的に導き出される表現の稚拙味と伝統からの解放であろう。もちろん、この点に関しても仙厓が伝統的な画法から全く自由であるというわけではない。しかし、画技の束縛から解放された作品に見られる自由な描写には、享受する側の意表をつく表現、素朴さや独特の味わい、そして、画面中に展開される滑稽味といった仙厓の禅画の特徴、享受者の心を惹きつける魅力につながっている。

## 2　仙厓画のアマチュア性

仙厓の画技習得の状況についてはよくわかっていない。修行僧時代から仙厓には数々の作画のエピソードが知られており、全国行脚時代には『行雲流水記』という画入りの記録も残されていたといわれるが、それも今日では失われてしまっており、初期の作画については不詳である。[注5]

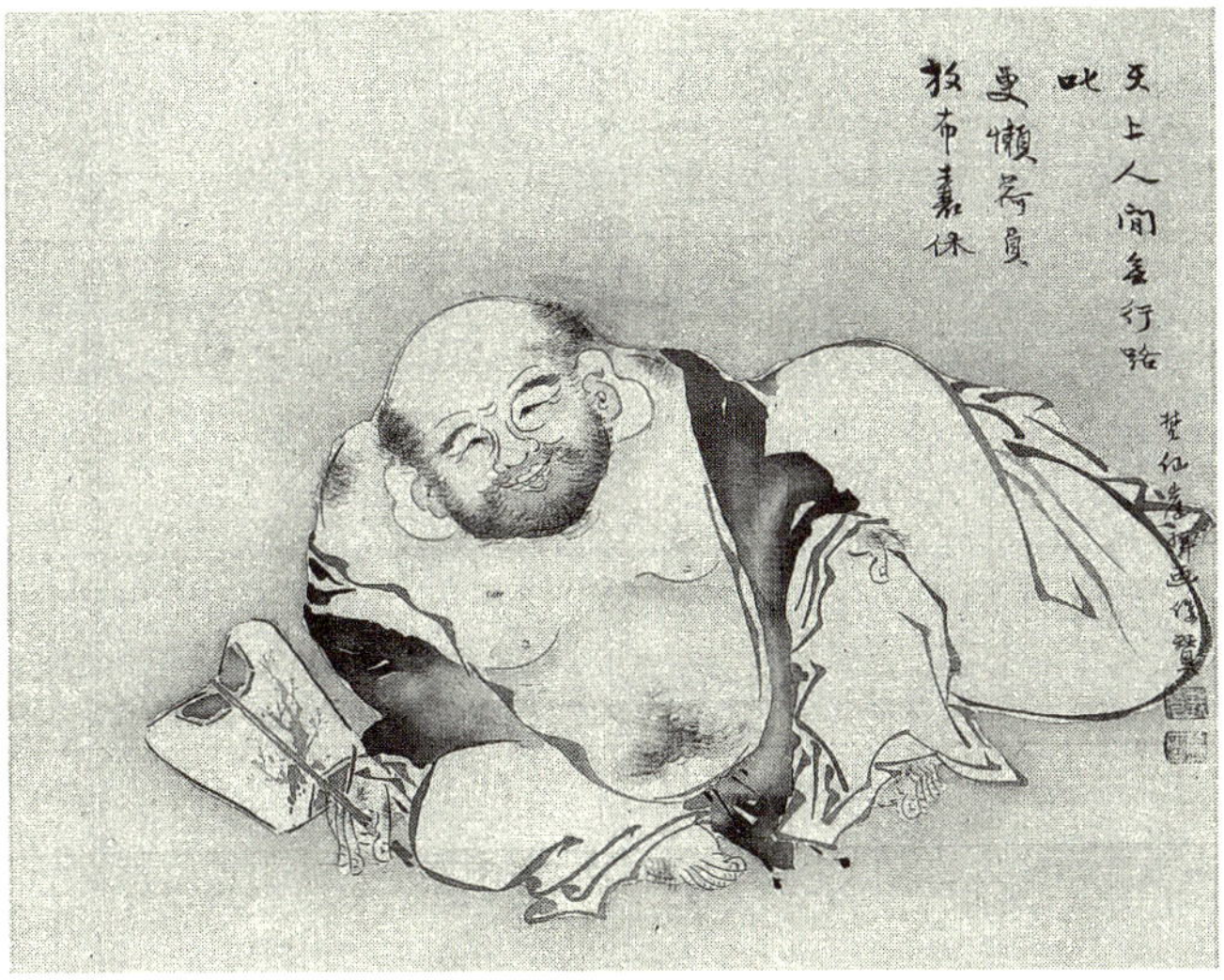
挿図1　布袋画賛（仙厓筆　江戸時代　出光美術館）

ようやく、四十歳代頃と考えられるほぼ同構図の「布袋画賛」が二点伝わっており、それらの原本と思われる「布袋図」（福岡市美術館蔵）も発見されている。黒田藩の御用絵師である尾形家伝来の粉本の一つがこの「布袋図」であり、とするならば仙厓の画技習得にあたって狩野派の流れをくむ尾形家の粉本が活用された、あるいは、少なくともこのような作品を実見し、学習する機会があったのではないかということを想像させる。[注6]「布袋画賛」（挿図1）は、主題となる布袋を描写するにあたって神経質なまでに慎重かつ丁寧な筆使いを示し、また、衣の表現などには墨の濃淡をたくみに生かし、なかなかの佳作に仕上がっている。しかし、画賛の全体を見てみると、布袋自体は画面片方へ寄せられ、上部の賛文とのバランスが良くない。つまり、画と賛文の配置や全体のバランスにまで考えをおよぼすことが充分に出来ておらず、まだまだ画技学習段階を大きく出てはいないということになるだろう。このような細密で丁寧な描写を特徴とする作品を経て、やや絵筆の運びに自由さが感じられ、賛とのバランスも整った作品が仙厓五十歳代頃から描かれるようになったようである。いずれにせよ、仙厓の習画期としては四十歳代が想定される。

その後、五十歳代にも作品を残してはいるが、この後、このような伝統的な画風を捨て去り、独自の境地へとその画風を一変させたことにより、禅画の名手・仙厓が誕生することとなった。

## 3　「厓画無法」の宣言

仙厓にまつわる様々な逸話の中で、仙厓の画風上の大転換を理由づける興味深いエピソードが知られている。[注7]ある時、京都画壇で活躍していた絵師が九州・博多へ下ってきたという。地元の数寄者たちはこの絵師を囲んで宴席を開いた。その席に呼ばれた仙厓は、せっかくの名手の西下にあわせ、ぜひ自らの画を見てもらいたいと一幅持参して宴席に臨んだという。仙厓の作品を見た絵師はその出来映えの素晴らしさに驚いたものの、一転して眉をひそめ、雪舟について次のような話をしたという。つまり、室町時代の水墨画の名手雪舟はその名を知らぬ者もないほど有名であるが、その雪舟が相国寺の寺僧であったことは誰もふれることがない。つまり、仙厓の画才が優れているが故に、このような画を描き続けていたのでは、禅僧仙厓としての名は世に残ることがないであろうという忠告であった。これを聞いた仙厓はその通りであると納得し、その場で持参した画を破り捨て、以降、画風を一変したというものである。仙厓の画風上の一大転換理由を鮮やかに解き明かす有名なエピソードであるが、このときの絵師が誰であったのか、また、いつ頃のことであるのかなど、逸話によって種々様々であり、この逸話自体も事実であるかどうか疑わしい。いずれにせよ、仙厓の画風はある時、ちょうど虚白院隠棲時代の始まる頃を境に大きく一変した。[注8] しかも、それはかなり大胆な画風の変化であり、伝説通りではないとしても、かなり意識的なものであったと考えることが出来よう。

新たな画風について自ら述べた有名な言葉が幻住庵につたわる「寒山拾得豊干禅師図屏風」（挿図2）をはじめとするいくつかの作品に記されている。「厓画無法」である。文政五年（一八二二）、仙厓

挿図2　寒山拾得豊干禅師図屏風（「豊干図」のみ）（仙厓筆　文政五年〈1822〉幻住庵）（『禅の世界と仙厓展』図録より転載）

七十三歳の年に制作された六曲一双屏風の左隻「豊干図」に記された「厓画無法」とは、その語の示すごとく「仙厓の画には法は無い」という意味である。その前後は「世画有法／厓画無法／仏言／法本法無法」となっている。つまり、「世の中の画にはそれを描くにあたって法というものがあるのだが、仙厓の画にはそのような法は無いのだ。しかも、それは仏がいわれたように、仏法においても本来の法とは、形としての法が無いことを指している（それと同じ事である）」と書き記している。仙厓の画風はある一つの画法やスタイルといったものに基づくものではないとい

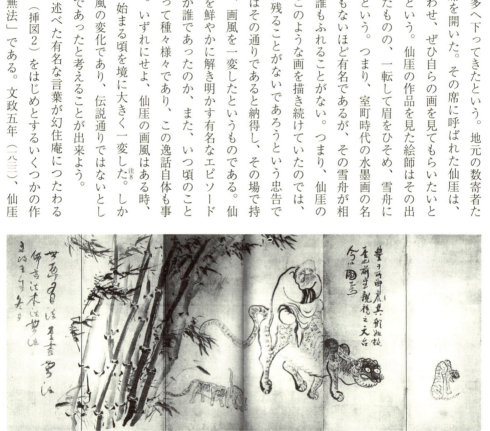

うことを自ら述べたこの言葉は、従来の絵画に見られる一切の画法からの完全なる独立を宣言しているのである。実際、豊干禅師が騎乗する虎やそのまわりの子虎たちはそれまでの猛々しい虎の描写とは全く異なり、まるで猫のような不思議な、そして愛嬌のある動物に描かれている。一方、画面左半を占める竹林の描写、特に、風になびく竹の幹や葉の水墨描写は濃淡、強弱をつけた、かなり手慣れた水墨表現となっている。これなどは、好々爺然とした豊干禅師の騎坐姿を形づくっている流麗で躊躇のない数条の描線の巧みさとあわせ、「厓画無法」の宣言にもかかわらず、仙厓の画が全くの「無法」というわけではないことを明瞭に示している。

また、「竹画賛」（挿図3）の賛文には「世画如美女／憎為人所笑、厓画如戯者／愛為人所笑（世の中の画というものは美人のごとく、人に笑われることを憎む。しかし、仙厓の描いた画はふざけた者のごとく、人に笑われることを良しとする。）」とある。先にとりあげた「寒山拾得豊干禅師図屛風」同様、「厓画無法」を標榜していながらも、強風に竹幹を大きくしならせる竹の描写には画技の巧みさが充分に表れている。それでも、仙厓は賛文にある通り、この画の素晴らしさを讃えられるよりも、その可笑し味を楽しんでもらうことのほうが喜ばしいという。ここに、仙厓が自覚し、自ら認めていた画賛類に託した大きな目的の一つが明確となる。つまり、画そのものの、あるいは、そこに表現された内容の面白味が注目されて鑑賞者の興味をとらえること、これこそが最も重要だということである。作品に対する注意と興味を喚起することさえ出来れば、次には自然と画に添えられた賛文、そして、そこに示されている教えへと興味の対象は移り、最後には仙厓の教えの理解へとつながる。その契機となることをまず、第一と考え、そのために周到に計算された上での自由で軽妙な画風なのである。

挿図3　竹画賛（仙厓筆　江戸時代　出光美術館）

## 二　禅画を通してみた仙厓と禅、仏教、宗教

### 1　中国禅の再解釈と仏教に対する綜合的な視点

繰り返しになるが、仙厓の禅画はアマチュア性の高い作品であ

る。しかし、この特徴を除けば、テーマ設定、つまり、画題の点ではこれまで描かれてきた中世禅林の水墨画とも共通している作品が多く含まれている。ただし、仙厓の場合、必ずといって良いほど画に添えられている賛文の内容が注目される。つまり、同じ画題を描きながらも、その解釈の内容が従来とはやや異なっている作品があることに気づかされる。つまり、それは画題に対する仙厓流の再解釈であると同時に、仙厓独自の禅理解でもあるのだ。

　たとえば、「南泉斬猫画賛」（挿図4）では、僧たちが議論に夢中である。その内容は明らかではないが、一説には「仏性」の有無についてであったといわれる。その場に通りかかった師僧の南泉普願（七四八〜八三四）が猫をつまみ上げ、その答えをいうことが出来れば猫を放してやろうと迫った。ところが僧たちは答えることが出来ず、南泉は「斬猫」という非常手段をとったというエピソードである。「南泉斬猫」はこれまでも幾度となく取り上げられてきた禅宗絵画の好画題である。仙厓も前例に倣って描いているが[注9]、その描写は水墨表現の巧みさを発揮しながらも、全体としては「厓画無法」の独自の境地を示す。向かって左側に大きく揺れ動くように描かれた淡墨による南泉の衣文描写から、師僧のこの場への突然の登場と不意の問いかけという状況説明が的確に表現されているのは見事である。一方、南泉を見あげるような角度で表された東西両堂の首座の頭部描写は、不規則な楕円に目鼻および口を簡単に描き添えただけの略筆表現で、つまみ上げられて目を白黒させる猫の愛嬌のある表情とともに独特のコミカルさを演出している。ところで、その賛文は「一斬一切斬／奚唯猫児／両堂首座／及王老師」となっている。つまり、切り捨てられるべきは猫だけではなく、僧たちや南泉（王老師）も同様ではなかったのか、という非常に烈しい言葉である。それは、南泉の弟子、趙州の「頭載草鞋」をはるかに上回る手厳しさであり、禅の伝統への敢然たる挑戦のようでもある。[注10]しかも、画面の左端には「前扶桑最初禅窟」と記されており、聖福寺の前住持、仙厓としてこれを問うという態度が示されている。仙厓の作品には時としてこのような署名が見られる。日本最古の歴史と由緒を誇る古刹の住持という立場が強く意識されているのである。無欲の僧、仙厓が誇りとした唯一のタイトルといえるものである。

挿図4　南泉斬猫画賛（仙厓筆　江戸時代　出光美術館）

　一方、「香厳撃竹画賛」（挿図5）では、長い修行の末に訪れた悟りの契機が掃き掃除中にはじいた瓦礫が竹藪の竹幹に

挿図5　香厳撃竹画賛（仙厓筆　江戸時代　出光美術館）

挿図6　達磨画賛（仙厓筆　文政10年〈1827〉出光美術館）

あたった音だったという、これも香厳智閑（?〜八九八）の有名なエピソードを描いている。竹藪を背景に香厳が箒を左手に持って掃き掃除をしている瞬間をとらえたこの作品も、同主題の前例、たとえば、伝狩野元信筆の「香厳撃竹図」とほぼ同様な構図となっている。つまり、筆致や描写は仙厓独自のものになっているが、その構図には仙厓の中に蓄積されてきた禅林絵画の記憶が用いられているのだろう。[注11] さて、この作品に添えられた「一撃忘知／作什麽音／直以瓦礫／轉為黄金」という賛文では、悟りをもたらした音の正体は何の変哲もない瓦礫ではあっても、黄金のように素晴らしいものと感じられたであろう、となっている。この場合は「南泉斬猫画賛」とは反対に、香厳のこの逸話に対する素直な讃歎の気持ちが表されているようだ。

もちろん、それ以外の作品では祖師のエピソードを描き、通説的な解釈をそのまま賛文にした作品がほとんどではあるが、伝統に挑むかのような「南泉斬猫画賛」の存在にこそ、ユーモラスな表現に紛れて見過ごされになりがちな、仙厓の禅画がもっている極めて果敢な側面がよく表れている。

一方、仙厓の祖師図や仏画で注目されるのは、達磨や栄西、釈迦など通常取り上げられる題材に混じって「阿弥陀図」が存在していることである。阿弥陀に対する注目は、「達磨画賛」（挿図6）の賛文にも見られる。この作品では、達磨は通常の「達磨図」によく見られる半身・横向きの構図となっているが、ここでも仙厓の賛文は通常のそれとは違って意表をつく内容となっている。つまり、「直指人心／見性成仏」という言葉に続いて、「更問如何／南無阿弥陀仏」で締めくくられている。釈迦―達磨の教えと阿弥陀の教えと、同じ仏の教えに何の違いがあろうかとせまっているとも解釈されるその内容からは、宗派の垣根を乗り越えようとするかのような仙厓の総合的な仏教観が見えてくる。

## 2　仙厓の融合的な宗教理解

挿図7　三聖画賛（仙厓筆　文政2年〈1819〉出光美術館）

「三聖画賛」（挿図7）は古来より有名な「三聖吸酸」の画題をアレンジした作品である。蘇東坡、黄庭堅、仏印禅師の三人、つまり、儒教、道教、仏教という中国の三大宗教を代表する三者が同じ甕の桃花酸を味わうという行為とその結果によって、教えに多少の相違があったとしても、真理は一つであることを示す逸話として有名である。仙厓には三人を孔子、老子、仏陀の姿に置き換えた作品も伝わっているが、この作品のように日本風にアレンジした図もある。「神儒佛／三ツ足て立（て）／鍋への内／熟ツくりとして／む（う）まひ（い）ものなり」という賛文冒頭の言葉からもわかる通り、この作品では神道の神官と儒教の孔子、仏教の釈迦が、三脚に乗せられて火にかけられた同じ鍋をのぞき込んで、ご馳走を食べようとしている。ここでは「三聖吸酸」で示された中国の三大宗教が、神道、儒教、仏教という日本における三つの宗教に変更され、三つの教えに小異はあったとしても結局は同じであることを図示している。この考えは「三徳宝図説並序」（福岡市美術館蔵）という天保元年（一八三〇）、八十一歳の刊行物や、完成年不詳の『聖福普門円通禅師語録』の「三聖論」にも表されており、仙厓の融合的な宗教観を物語っている。[注12] もともと、臨済宗は栄西以来、総合的な宗教観を持っていたが、それを受け継いだものといえよう。[注13]

# 三　画題選択の妙とその内容

## 1　意表をつく画題選択と禅の教え

さて、先に見てきた禅画には漢詩の賛文が多く見られる。当然、漢文の教養がなければ読み解き、理解することは難しいため、それだけの教養がある受容層を想定して描かれたであろう事が予測される。一方で、カナ交じりの賛文が記されている場合も非常に多い。この場合、受容者層はより一層広がることになる。つまり、賛文から判断すると、漢詩による賛文をともなう画賛は主に弟子たちやそ

挿図10　坐禅蛙画賛（仙厓筆　江戸時代　出光美術館）

挿図8　指月布袋画賛（仙厓筆　江戸時代　出光美術館）

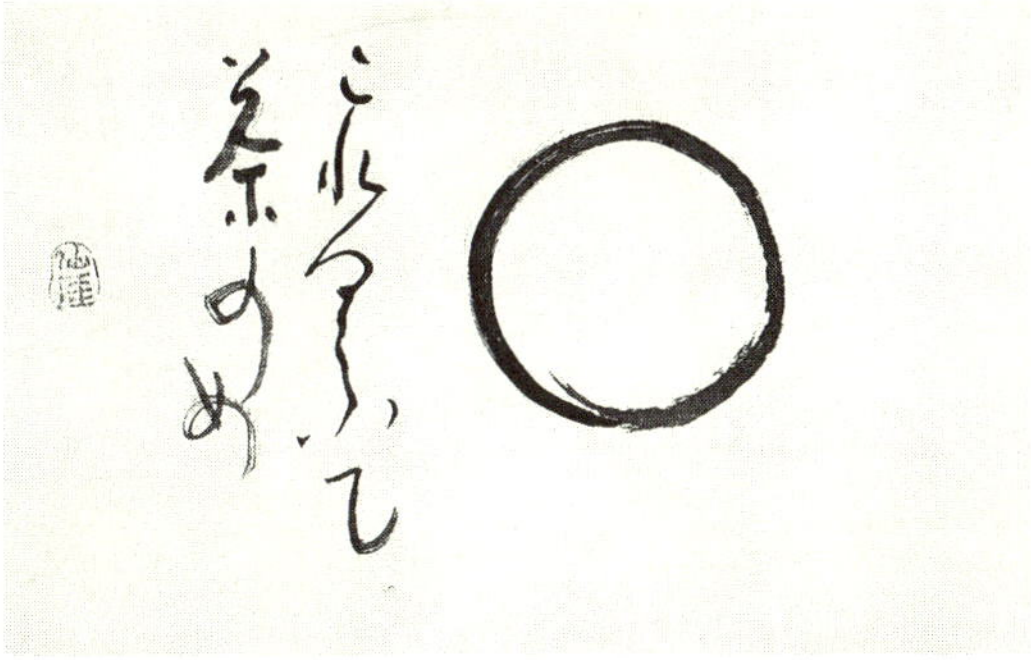

挿図11　一円相画賛（仙厓筆　江戸時代　出光美術館）

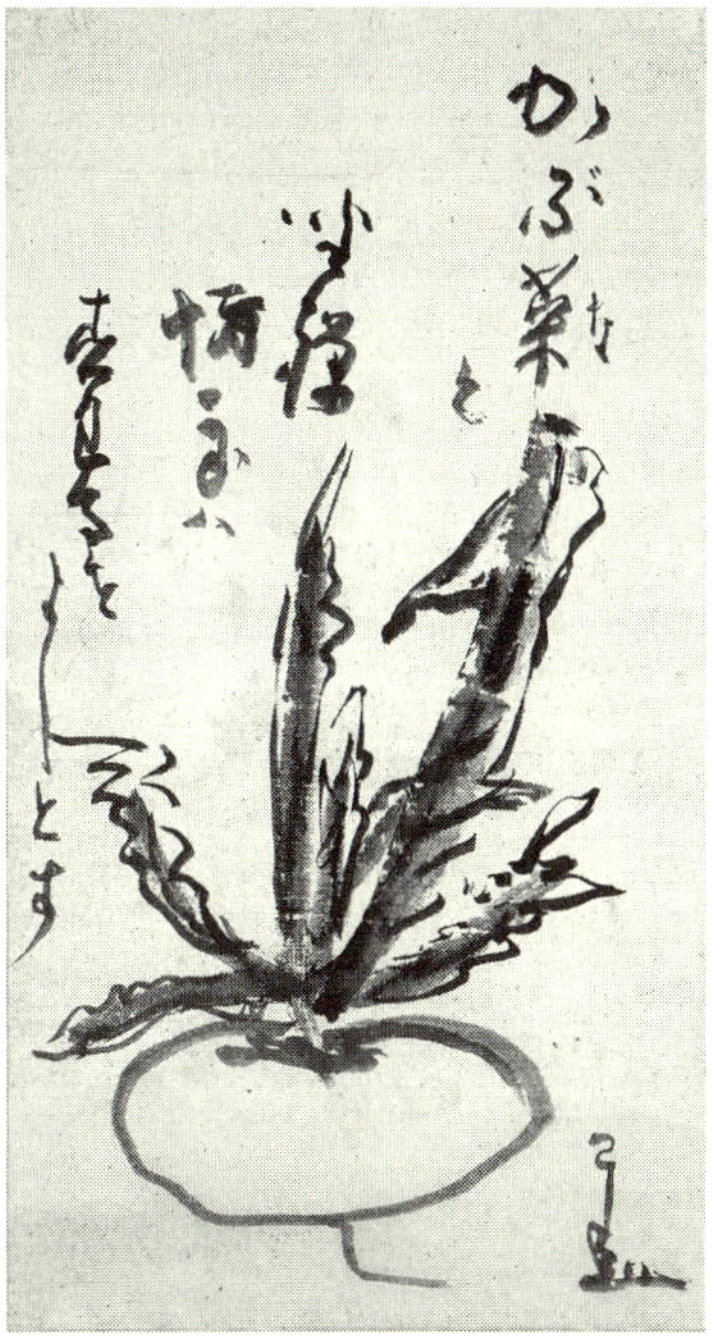

挿図9　蕪画賛（仙厓筆　江戸時代　出光美術館）

の内容を読解して理解しうる知識層に向けたもので、カナ交じりの賛文をともなう場合は広く一般庶民もその対象となりうる。こうして、すでに言及されているように、江戸時代には仏教の教えがより一層広く庶民の間にまで浸透していったのである。[注14]

もちろん、賛文の表記方法の相違がそこに展開される教えの内容に軽重をもたらすことはない。ただ、カナ交じりの作品の方がより分かり易くなるとともに、直裁的に訴えかけてくる場合が多い。たとえば、「指月布袋画賛」（挿図8）、「蕪画賛」（挿図9）、「坐禅蛙画賛」（挿図10）に「一円相画賛」（挿図11）という四点の作品がある。いずれも仙厓を代表する禅画で、カナ交じりの賛文をともなう。ただし、これらの作品タイトルだけでは布袋や円相図は別としても、蕪や蛙などはとても禅の核心を伝えようとする真剣な作品とは想像できないであろう。しかし、このように一見無関係にも思える主題を描いた画賛も、それらを組み合わせて読み解く時、禅修行の実践を懇切丁寧に提示・指導する仙厓の思いを非常に良く表している作品であることがわかる。[注15]

まず「指月布袋」の図では、「お月様／幾ツ／十三七ツ」という当時の子守歌の文句で暗示される月によって象徴される悟りの境地と、指に象徴される経典などの学習が対比的に描かれている。そして、悟りというものは決して学習などによって到達出来るほどなま易しいものではないことが説かれている。では次に、悟りを得るための具体手段としての坐禅の手本として「蕪」を注視してみる。すると、「かぶ菜と坐禅坊主はすわるをよしとす」という賛文をともなう蕪の図を通して、どっしりとした蕪のように落ち着いて坐禅をすることの重要性を説く。それから、「蛙」である。「坐禅して人か佛になるならハ」という賛文とニンマリと笑う蛙の表情からは、坐禅をしているだけで良いのなら、蛙だって悟りをひらくであろうと、形骸化しがちな修行を鋭く戒めている。最後に、「〇」で締めくくる。「〇」の図は禅の悟りの象徴として禅僧がよく描いた図であった。しかし、「円相図」にいたっては、「これくふ（う）て茶のめ」と円相を茶菓子だと思って召し上がれと勧め、また別の円相図では大空に投げ捨ててしまえとまでいうのである。つまり、一度の悟りに執着することの無意味とさらなる高みを求めての「悟後の修行」の重要性を説いている。

どのようなつながりがあるのか見当もつかない、雑多なモチーフの連鎖のようだが、これほどにも豊かで、しかも、丁寧かつ分かり易く禅の基本が述べられているのである。画題と内容のギャップへの驚きという仙厓画に鑑賞者が惹きつけられる魅力の一端がここに示されている。また、その根底にあるのは、日常的に生活の中で目にするすべてのものの特徴を見抜き、それが禅の手本としてどのようなメッセージを含んでいるのか、それを見極める仙厓の感受性の豊かさがこのような豊饒な画賛の世界を実現していることも忘れてはならないであろう。

## 2　身近な画題と人生の教訓

すでに前項でも述べたように、カナ交じりの賛文をともなった作品は、雲水たちや知識層といったグループとは違った対象層をより意識していると思われる。仙厓の隠居所である虚白院は、さながら博多っ子が老若男女の区別なく集う格好の集会所のようであったという。しかも、仙厓を訪ねる者は誰もが仙厓の画を所望し、仙厓も快くその希望に応えたという。そこで禅の教えをよりわかりやすく表した、あるいは、禅というよりは人生の教訓と呼ぶべき内容にまとめられた作品を見てみたい。もちろん、修行者に向けた作品と一般の庶民向けのそれを明確に区別することは難しいが、カナ文字の多く用いられた作品にはより庶民的な内容が多いように感じられるからである。

たとえば、「よしあしの中を流れて清水哉」の賛のある「蘆画賛」（挿図12）は、蘆という植物の呼び方が「よし」「あし」と二種類あり、それが発音の類似性から「良し」「悪し」につながることに着想を得た掛詞をまじえた歌で人間の判断の脆弱さを説き、何者

挿図12　蘆画賛（仙厓筆　江戸時代　出光美術館）

挿図13　堪忍柳画賛（仙厓筆　江戸時代　出光美術館）

にも左右されない正しい対象把握こそが大事であることを説いている。また、先にふれた蘆が髑髏から伸びている様子を描いた図に「よしあしハ（は）目口鼻から出るものか」の賛を添えた「頭骨画賛」では、本質による判断ではなく、目鼻口などの五感による相対的な善悪判断の脆弱さとともに、所詮、人間は血肉の皮をまとった骸骨に過ぎず、私欲に惑わされる人間の愚かさをあわせて強調されている。さらに、「堪忍」の二大字と「気に入らぬ風もあろふ

（う）に柳哉」の賛の間に、大風に大きく枝を揺する柳の大木を描いた「堪忍柳画賛」（挿図13）では、困難な時こそ忍耐が重要であり、辛抱が必ず報われることを説く。これらは仏教で説かれる重要な教えでもあると同時に、誰でもすぐに実践できる人生の教訓でもある。

「蕪」や「蛙」と同じように、「蘆」や「柳」、「頭骨」など、取り上げられたテーマの一つ一つには禅の教えに基づいた処世の教訓や心構えが説かれており、やはり、ここでも取るに足らない身の回りの物が豊かなメッセージを発信していることが示されている。

## 3　さらなる画題の拡がり

先に仙厓の禅画の特徴として風俗画や風景画などもあることを述べたが、仏教に多少なりとも関連のある画題を描いていながらも、伝えようとしたのは仏教に基づく教えばかりではない場合もあった。しかも、そのような作品がかなり多数存在していることも特徴としてあげられる。その代表といえるのが「七福神画賛」（挿図14）などの七福神信仰[注16]に基づく画賛や、天神信仰に関連する「天神図」である。次にそのような画賛類を見てみたい。

このような画題は白隠の作品にも見られ、近世の禅画に共通する

特徴の一つでもある。ただし、先述の仙厓の場合は七福神をはじめとする庶民信仰、あるいは、渡唐天神などの天神信仰に基づく画題を描いた作品が全体に占める割合が非常に高いのである。もちろん、天神の場合は、「渡唐天神」という画題が水墨の画題として好まれて来たことも仙厓の作品に頻出する理由の一つと考えられようが、近郊に太宰府天満宮という天神信仰の中心地を抱える博多という町の特殊性も反映しているといえよう。

さて、七福神のような庶民信仰の中で尊崇される神々を描いた作品の多くは、新年を迎える正月などのおめでたい機会に、招福、安泰、長寿などにちなんだ画賛を依頼されて制作されたものであろう。招福の「福」と茶を飲む「一服」の「服」の音通を用いた「七福を一福にして大福茶」という「七福神画賛」（挿図14）の賛がそのような制作状況を説明している。もちろん、一部には仏教的視点にたった教訓を含んだ賛文をともなうものもあるが、むしろ全く無関係な作品のほうが多い。一方、天神を描いた作品は博多で好まれ、人気も高く、梅の季節には格好の画題であったと考えられる。これら、仏教とは無関係な庶民の多様な願いや所望に対しても、丁寧に対応したのが仙厓であり、それが仙厓の人気の秘密でもあった。仙厓は決して仏教の枠の中に閉じこもっていたのではない。積極的に仏教的な考えや教えを組み込んだメッセージを画賛のかたちで教え伝える一方で、地元博多の庶民たちとも気さくにふれあい、親交を深めていった、それが仙厓の実像であり、その結実が数多くの画賛であったのだ。

挿図14　七福神画賛（仙厓筆　江戸時代　出光美術館）

## 4　三つの図形と解釈の重層性

ところで、上記に述べてきたいずれの範疇にも入らない、そして、仙厓が残した最もミステリアスな作品が「○△□」（挿図15）である。この作品には通常の画賛のように作品の意味を解釈するのに必要な賛文が一切添えられていない。それだけに、その解釈をめぐってはいろいろな説が提案されているが、いまだにどれを採用すべきか意見が分かれるところである。

まずその作品名称についてであるが、現在の名称は「○△□」であるものの、その名称についても疑義が示されている。それは次に説明するような理由があるからである。

「○」と「△」と「□」という、最も単純な三つの図形を組み合

挿図 15　○△□（仙厓筆　江戸時代　出光美術館）

わせて描いたこの作品は、他には類例もなく、それだけにユニークで仙厓を代表する作品であることはいうまでもないであろう。ただし、他の画賛類のように、絵の意味を解釈する助けとなる賛文が添えられていないため、仙厓の作品の中でも最も難解な作品ともなっている。しかも、仙厓の落款が画面左端にあることから、「○」「△」「□」の順に、つまり、「○△□」と呼ばれているこの作品だが、それぞれの図形を描いている墨のにじみ具合を観察すると、実は落款のある左側から「□」「△」「○」の順に描かれているのではないかとも考えられる。[注17] また、先述のごとく、「扶桑最初禅窟」と記されていることからもわかる通り、仙厓にとって特に重要な作品と認識されていたと考えられる。

さて、仙厓のこの代表作に描かれた三つの図形の意味については、これまでにも種々様々な解釈がなされている。[注18] 三つの図形は密教でいうところの「身・口・意」の三密、あるいは、「地・水・火・風・空」の五大、さらには、「識」を加えた六大思想の中の水（○）、火（△）、土（□）の象徴であるとか、○が禅宗、△が真言宗、□が天台宗を象徴している、あるいは、儒教、仏教、神道の三教一致を示しているなどである。あるいは図形がもっている本来の意味を考え、「○」「△」「□」がこの世に存在するものすべてのものにとって最も根源的な形態であるという考えに基づき、これらの図形すべてを描いたこの作品は、仙厓の世界観――「宇宙」を象徴的に表しているとも考えられる、といわれる。

ただし、「○」や「△」といった図形に言及した紫衣勧奨辞退の大通和尚宛書簡草稿（福岡市美術館蔵）には「……未円道行心也／空奉承厳吾身也／是三論未円／変為三角……」とあり、自らを「○（円）」へむけての修行半ばの「△（三角）」と表現していることが、その意味を説くカギの一つとなるであろう。[注19]

さて、以上のいずれの説も魅力的ではあるが、その真意はというと、やはり、それはこの作品のみに見られる最大の特徴、賛文が添えられていないという点を重視すべきであろう。これ以外の作品にはすべて賛文があり、その存在が画の解釈を助けるとともに、その解釈を限定してきた。しかし、この作品にはその制約がない。さらに、前述のような墨の濃淡や各図形の切りあいを考えた上で画面左端の落款の位置を考えると、三つの図形の描かれた順序さえ曖昧にしようとしたのではないかとさえ考えられる。つまり、この作品は定まった見方、特定の解釈が出来ないのだ。むしろ、見方や解釈は鑑賞者にゆだねられている。この作品へのアプローチの方法によっていかようにでも解釈できるように描いているのだ。仙厓の宗教観を示すという解釈も、仙厓の言葉を重視した悟りへの道程を示すと考える解釈も、その他のいずれの解釈も妥当な解釈であると、作品解釈に幅を持たせようとしたのかもしれない。もちろん、仙厓自身の解釈は心に秘めたかたちで持っていたであろうが、賛文をわざと添えないことにより、内容の解釈に重層性を持たせようとしていたのではないだろうか。そして、このような重層性は後述の「指月布袋画賛」でも今一度繰り返される。

## 四　仙厓禅画への誘い

### 1　教えとユーモア——その絶妙な関係

先に「竹画賛」について述べた折に仙厓は自らの作品が名画と讃えられるよりも、人々に笑われた方がよいと書き記していることを述べた。仙厓の禅画の最大の特徴はこのユーモアにある。仙厓画の特徴としてあげられるおだやかで、時にはかわいらしいと形容される描写も、このユーモアの存在によってさらにその特徴が際だつのだ。また、ユーモアの存在と表現との融合が、同じ江戸時代の禅画の名手として必ず比較される白隠との大きな違いでもある。もちろん、白隠の作品の中にも「すたすた坊主」のようにユーモアあふれる作品がある。しかし、仙厓の作品にはユーモアのない作品を探すほうが難しい。

たとえば、先にあげた「達磨画賛」で比較してみよう。達磨を描いた作品は白隠にも数多く知られているが、それらに共通して感じられるのはこちらに迫ってくるような達磨の、そして、白隠その人の強烈な個性と作品のもつ力強さである。白隠の禅に対する思いと熱情を結晶させたような気迫が作品にみなぎっている。これは、達磨図だけではなく、白隠の禅画全般に見られる特徴でもある。それに比べると、仙厓の達磨は極めて穏やかである。同じ祖師を描いたとは思えないほどの違いが存在している。それは仙厓の優しさであるかもしれないが、より重要な鍵を握るのが先の「竹画賛」の言葉にこめられた仙厓の願いであろう。つまり、鑑賞者、あるいは享受層に笑いをもたらすような画のほうが、鑑賞者はその表現世界にすんなりと入りやすいことを仙厓は見抜いていた。そして、それこそが仙厓画の世界へのいざないのまず第一歩として重要だと考えていたのであろう。

仙厓の教えが決して優しい穏やかなものばかりではないことは先にも記した通りである。坐禅の形にのみこだわる弟子たちへの警鐘として描いた「坐禅蛙画賛」に見え隠れする警告の言葉は厳しい。しかし、そのメッセージを伝えようとして描かれた、ニタリと笑った蛙の図は見る者の意表をつく題材選択と不敵な笑みそのものの描写によって、驚きに続けて微笑みを自然と誘うものになっている。見て驚き、一緒になって微笑む。そして、その上で画の深奥に隠されたメッセージへと誘う。これが仙厓流の禅画を用いた教導法であった。

2 ユーモアへの昇華

しかし、その教え自体が昇華されて、もはや教えるための画賛なのか、ただの風俗画なのか、その境が曖昧になってしまっている作品すらある。「指月布袋画賛」である。[注20]

にっこり笑った布袋の図を描き、その布袋が子供と月夜のそぞろ歩きを楽しんでいるこの図には、「布袋・子供・子守歌（賛文）」という画題と賛との不思議な組み合わせのおもしろさがあり、さらに布袋と子供の屈託のない底抜けに明るい笑いの描写がある。特に布袋の笑顔は、見る者を笑いへと誘う最高の素材である。もちろん、そこには本来の「指月布袋」の主題が表わしている、悟りを求める者への厳しい教えを暗示する象徴としての「月」を想起させる言葉が賛文として添えられているわけだが、あえてその教えを前面に押し出しているわけでもない。むしろこの作品では自らの禅画が見る者によって様々に変化することを仙厓も容認しているかのようである。「指月布袋」の画題から禅の教えについての教訓を読み解く者にとってはそのような教訓を学べるように、しかし、この画賛をただほのぼのとした布袋と子供の戯れを描いた作品であるとしか見ることの出来ない者には、そのような見方をして楽しむことも出来る作品として仕上げているのだ。描かれた主題の受け止め方によりその内容を幾通りにも解釈することが出来る、そのような多様性と重層性を容認する姿勢がここにも見られる。

また、その表現は特定の教えに導こうとしないばかりか、教えへの導きとしての画となることをすら意図していないような、あるいは、すでに教え導く図を描こうとする意志すらなくなってしまったのではないかと感じられるほど、屈託のない自然な作画となっているように思われる。教えがユーモアの中にとけ込んで一体となり、昇華された結果として生み出された、屈託のない笑いが表現された作品が「指月布袋画賛」なのであろう。[注21]

## 五 自然体で鑑賞する仙厓禅画

近世の「禅画」を代表する仙厓の画賛は禅を説き、また庶民への教訓的内容を伝える作品である。そして、仙厓の禅画にあふれているのがユーモアである。というよりも、むしろユーモアが欠かせない要素になっている。その存在によって鑑賞者は自然と画に惹きつけられ、仙厓の表現世界に取り込まれていく。すると、次には自然と描かれている内容をさらに知りたいと画に添えられた賛文を読むことになる。こうして、仙厓が教え導こうとしている内容、伝えようとしているメッセージが鑑賞者の心に届くわけである。鑑賞体験の先に仙厓の教導が隠されており、そこに自然に導かれていくように巧妙に仕組まれている。しかも、その教えは厳しい内容が多いにもかかわらず、面白味と優しさにつつまれた画の存在によって厳しさが和らげられ、受け入れられやすくなっている。結局、仙厓の禅画にあっては、すべてが画に魅了された鑑賞者の自然な観賞体験の一連の流れと展開にゆだねられる。そこには、厳しい内容の理解を強制するような押しつけは一切無く、すべては素直に心にうったえかけてくるのだ。しかも、アプローチの方法の違いによって生じる解釈の多様性をも受け入れる許容の広さをもっていた。また、賛文がカナ交じりの平易な言葉になっていったことにより、仙厓の教えはより広い享受層に受け入れられていった。こうして、ユーモアという受けとめ易い入り口を準備することによって、誰でもが自然体で鑑賞することの出来る禅画が誕生したのである。庶民に接近していった近世の禅画の一つの到達点、そのかたちが仙厓の禅画なのである。

注

1 「仙厓」の表記について、中山喜一郎著「仙厓――対話する禅画――」『淡交』九月号（淡交社、二〇一三年）文末の註の文章の中で中山氏も述べておられるように、聖福寺では「僊厓義梵」を正式とし、「仙厓」は通称として認められている。本稿では通称として認められ、すでに数多くの書物の中で用いられている「仙厓」で統一する。

2 結局、紫衣勧奨は都合三回（聖福寺住持時代に二回、虚白院隠棲時代に一回）あったが、すべて辞退している。

3 禅画の特徴については本論集の他稿でもふれられていると思うが、ここでは以下の諸書を参考とし、仙厓の作品についてその特徴をまとめた。竹内尚次編『日本の美術 四七 近世の禅林美術』（至文堂、一九七〇年）辻惟雄『日本美術全集 第二十三巻 江戸時代の宗教美術 円空・木喰／白隠・仙厓／良寛』（学習研究社、一九七九年）辻惟雄編『図説 日本の仏教 第五巻 庶民仏教』（新潮社、一九九〇年）

4 仙厓が遺した作品全体の中に占める「風俗画」や「風景画」の割合は非常に高く、それが仙厓の禅画の特徴ともなっている。出光美術館の仙厓コレクションを通覧しただけでも、約半数に届く数の作品がそのようなテーマ、ジャンルの作品である。

5 前掲の逸話集には、若き日の修業時代、つまり、清泰寺時代、そして、東輝庵時代、それぞれの時代に、ふざけて空印、月船の肖像を描いたところ、その出来映えの素晴らしさを賞賛されたといったエピソードが知られている。また、諸国行脚時代の出来事を記録していたといわれる『行雲流水記』にもスケッチなどがあったともいわれている。しかし、今となっては同書も失われ、初期の作画を伝える資料は残っていない。

6 渡邊雄二「仙厓の書画――聖と俗をこえて」福岡市美術館編『仙厓――石村コレクション』（福岡市美術館、二〇〇五年）八八頁。尾形家絵画資料として伝来した「布袋図」と仙厓の「布袋図」について述べた本論考では、尾形家の「布袋図」が安永八年（一七七九）年に狩野元信作「布袋図」の写しとして制作されたこと、つまり、仙厓が博多に西下した時にはすでにこの図が存在していたことが述べられている。もちろん、それ以外には資料もなく、仙厓の「布袋画（布袋画賛）」制作時期の特定は難しい。いずれにせよ、狩野派学習の可能性を示す貴重な資料である。

7 仙厓の画風転換にまつわるエピソードをあげる諸書では、話の筋はほとんど同じであるが、登場する絵師が違っている。中山喜一郎『福岡市美

術館叢書　仙厓――その生涯と芸術』（葦書房、一九九二年）と『仙厓の○△□　無法の禅画を楽しむ法』（弦書房、二〇〇三年）や三宅酒壺洞『博多と仙厓』（聖福寺、一九六三年）では文人画家の浦上春琴のこととしているが、西日本人物誌編集委員会編『西日本人物誌　八　仙厓』（西日本新聞社、一九九八年）では仙厓の友人の僧、深慧源芳であったとなっており、諸説がある。

8　中山喜一郎『福岡市美術館叢書　仙厓――その生涯と芸術』、七～七一頁。仙厓の画風転換の時期は不明である。ただし、その時期をこの後取り上げる文政五年（一八二二）、仙厓七十三歳の「寒山拾得豊干禅師図屏風」（幻住庵蔵）における「厓画無法」宣言より以前、六十歳代の半ば頃とし、この頃から見られる画風の変化に注目した中山氏の指摘が注目される。

9　「南泉斬猫」の画題は、仙厓以前にも取り上げられてきた代表的な画題であり、南禅寺の長谷川等伯による同画題の襖絵などの作品が知られている。

10　福岡市美術館・中山喜一郎編『仙厓展』所収の「南泉斬猫図」解説、一六五頁。中山氏は二〇一〇年の出光美術館の『仙厓――禅とユーモア――』展にあわせて開催された講演会でさらにこの点について詳しくふれられた。

11　「香厳撃竹」の画題も、仙厓以前から取り上げられてきた画題である。伝狩野元信筆の「香厳撃竹図」などは、仙厓のこの画賛の手本のように構図がよく似ている。

12　衛藤吉則著「第三章　著作に見る仙厓の人間像と禅思想」西日本人物誌編集委員会編『西日本人物誌　八　仙厓』、一四～一四四頁。

13　仙厓の禅思想や宗教観については、以下の書にも詳しい。
西日本人物誌編集委員会編『西日本人物誌　八　仙厓』収録の衛藤吉則著「第二章　仙厓の思想」および、前掲の「第三章　著作にみる仙厓の人間像と禅思想」一〇～一七四頁。

14　末木文美士著『近世の仏教――華ひらく思想と文化』（歴史文化ライブラリー三〇〇、吉川弘文館、二〇一〇年）一三〇～一三二頁。本書は近世の仏教の動向についてまとめた概説書であるが、盤珪永琢（一六二二～九三）、白隠など、江戸時代中期以降の僧侶たちが世俗に目を向け、積極的に教化を行うようになっていった諸例をあげている。さらに、その手段の一つとして、庶民にもよりわかりやすいように、平易な文体やカナ交じりの表現をとることが多くなっていく傾向にあったことも簡略に述べられている。仙厓はその例としてあげられていないが、この流れにそっていると考えられる。

15　ここで取り上げる「指月布袋画賛」、「蕪画賛」、「坐禅蛙画賛」、「一円相画賛」という四点の作品はもちろん連続して制作されたものではないだろうが、これらの作品に示された仙厓のメッセージを連続して読み解く時、仙厓の禅修行に対する思いがよくわかるという意味で、これらの作品をここに取り上げている。

16　拙稿「仙厓と布袋――布袋の姿をかりた仙厓の思い」『出光美術館研究紀要』第十六号（出光美術館、二〇一〇年）。本稿で仙厓の七福神の構成が現在知られている七福神のそれと異なっていることを指摘した。つまり、福禄寿の代わりに稲荷神とおもわれる神が描かれているのだ。ここに取り上げる「七福神画賛」もその一例で、寿老人のすぐ斜め下に肩に束ねた稲穂を天秤棒の両端に掛けた神が描かれているのがそれである。

17　衛藤吉則「第二章　仙厓の思想」西日本人物誌編集委員会編『西日本人物誌　八　仙厓』一三～一三四頁。中山喜一郎『仙厓の○△□　無法の禅画を楽しむ法』一七～一七二頁。

18　「○△□」の解釈については諸説があり、それぞれ前掲の諸書でも詳しく説明が加えられており、また、中山喜一郎『仙厓の○△□　無法の禅画を楽しむ法』ではそれらを簡潔にまとめている。
また、「○△□」の解釈については、以下の諸書も参照。
愛知市歴史民族博物館・黒田泰三編『出光美術館所蔵　仙厓展――禅画に見る悟りとユーモア――』（愛知市歴史民族博物館、一九九九年）
出光美術館編『仙厓・センガイ・ＳＥＮＧＡＩ（展覧会図録）』（出光美術

館、二〇〇七年）
『仙厓――禅とユーモア――（展覧会図録）』（出光美術館、二〇一〇年）
鈴木大拙（月村麗子訳）『仙厓の書画』（岩波書店、二〇〇四年、原著はDr. Daisetz Suzuki "Sengai, The Zen Master"）
辻惟雄『日本美術全集　第二十三巻 江戸時代の宗教美術 円空・木喰／白隠・仙厓／良寛』（学習研究社、一九七九年）
辻惟雄編『図説 日本の仏教 第五巻 庶民仏教』（新潮社、一九九〇年）
中山喜一郎『福岡市美術館叢書　仙厓――その生涯と芸術』（葦書房、一九九二年）
『仙厓の○△□　無法の禅画を楽しむ法』（弦書房、二〇〇三年）
西日本人物誌編集委員会編『西日本人物誌 八 仙厓』（西日本新聞社、一九九八年）
古田紹欽『仙厓』（出光美術館、一九八五年）
水上勉・泉武夫『水墨画の巨匠 第七巻 白隠・仙厓』（講談社、一九九五年）

19 紫衣勅奨辞退の大通和尚宛をもとに解釈を加えているのは、前掲の衛藤や中山、出光美術館編『仙厓――禅とユーモア――（展覧会図録）』での拙著の作品解説などがある。

20 「指月布袋画賛」の賛文「を月様／幾つ／十三七つ」は当時流行していた月にちなんだ子守歌の冒頭の文句であることから、「月夜のそぞろ歩き」といった光景が導き出される。

21 中山喜一郎『仙厓の○△□　無法の禅画を楽しむ法』、八〇～一〇九頁。

# 禅画とヨーロッパ

## ―一九六〇年前後の展覧会をめぐって―

岡村　嘉子

一九五〇年代末から一九六〇年代にかけて禅画は、日本において美術史上はさほど重要視されない状況下にあったことは既に言及されてきた[注1]。だがその一方で、ヨーロッパ各国では展覧会が相次いで開催され、仙厓や白隠たちがマチスやゴヤと並び称される偉大な芸術家として、既に高い評価を得ていた[注2]ことはそれほど知られていない。一九五九年から一九六五年までの六年のあいだに、パリやロンドン、ベルリン等の主要都市において、国立あるいは公立美術館等で行われた大規模な展覧会の数だけでも、その数はのべ二十四回に上る。その動きは、当時、展覧会開催にたずさわった日本美術研究者及び主催者や、在欧日本人たちを十分に驚かせるに足るものであった。残された数々の証言を見ると、ヨーロッパからの出品要請の度に、禅画がはたして相応しいのであろうかという日本側の逡巡の声すら散見される[注3]。それほどまでに、当時の日本とヨーロッパにおいて禅画の受け止め方には大きな開きがあったのである。

ヨーロッパを舞台に次々と禅画展が開催されていく様子は、あたかもいくつもの水の波紋の広がりを見るかのようである。ひとつの展覧会がある都市で立ち上がると、その国はもとより欧米諸国のメディアがいち早く取り上げ論じ、関連書籍の出版が相次ぎ、多くの人々が知るところとなる[注4]。やがてほどなくして新たな展覧会が異なる都市で開催されるようになる。このような繰り返しによって、禅画を紹介する展覧会は瞬く間にヨーロッパ中に伝播していったのである。また、会期中の様子を伝える数々の記事にあたると、一般来場者たちがいかに熱心に禅画を見つめていたかがわかる[注5]。例えば、ある展覧会場の入り口では入場を待つ人々が長蛇の列をなし[注6]、またある会場の作品解説時には百名近くが押し寄せて、美術館は解説者を急遽増やす事態となり[注7]、さらには展覧会期を延長することさえ

あった。[注8]

このようなヨーロッパにおける禅画を求める動きは、それまで禅宗の信仰者によってしか理解されえないとされてきた禅画を、その信仰を持たない者に対しても広く知らしめるきっかけのひとつとなり、後年の日本美術史における禅画再評価の礎となったともいえるのではなかろうか。

また日欧文化交流という視点に鑑みると、当時のこの日本宗教美術への関心の高まりは、一九世紀後半、印象派を始めとする芸術家たちがこぞって浮世絵等の日本美術から学び自らの表現を発展させた、いわゆるジャポニスムに次ぐ、第二の特別な盛り上がりであったとみることもできる。

一九六一年から三年をかけてヨーロッパ各都市を巡回した「仙厓西欧展」の準備に関わった、フランス文学者の竹本忠雄が一九六五年の段階でいみじくも「この五年間は、『世界のなかの日本美術』といった見地からして後世文化史家が数言をついやすにあたいするであろう」[注9]と予見した通り、この時期の禅画展が引き起こしたものは、前述の二点において看過できない時代の動きであり、その歴史的な意義についてはさらに再検討する必要があると筆者は考える。

そこで本論では、いまだその全貌が語られることのなかった、ヨーロッパにおいて本格的に禅画が紹介された一九六〇年前後の展覧会を通じて、ヨーロッパにおける禅画観の一端を紹介したい。そのために展覧会を年代順に取り上げながら、各々の展覧会においてどのような内容の展示が、いかなる意図によって行われていたかを明らかにする。そこでは第一章でみるように、細川護立や出光佐三という禅画の大コレクターと、ドイツ人の仏教美術研究家クルト・ブラッシュや、宗教哲学者鈴木大拙らが中心となって行われた、民間レベルでの二つの展覧会開催とその成功を経た後に、続く第二章で取り上げる、日本とフランス及び日本とドイツという国家間における文化交流プログラムとして、それぞれ両政府後援のもとに実現した展覧会開催へと至った道筋が詳らかになるであろう。そして終章にて、なぜ第二次大戦後のヨーロッパで禅画こそが、かようにも広く受け入れられたのか、禅画受容のその背景を探る。そこでは禅画展に先立って起こった一九五〇年代の禅ブームやその広がりについて考察を進めたい。

## 一　民間で企画された二つの禅画展

### 1　一九五九年「欧州禅画展」

一九五一年、最晩年を迎えた実業家の山本發次郎（一八八七～一九五一）は、数の上ではたとえ細川護立（一八八三～一九七〇）にひけをとったとしても[注10]、その質においては勝っていると秘かに誇りとしていた自身の白隠コレクションを、海外で紹介することを夢想し、計画していた。[注11]第二次世界大戦の空襲によって芦屋の自宅は焼失したが、万が一に備えて軍用トラックで疎開させていたおかげで戦火を免れ戦後まで残った、かけがえのないコレクションである。彼の夢は生前のうちに叶うことはなかったものの、死から十年も経ぬうちに、思いもよらない形で、彼の《達磨図》は、細川の数多の白隠コレクションとともに、ヨーロッパ五か国七都市を巡ることになった。ヨーロッパにおいて禅画を本格的に紹介した初めての展覧会 **Malerei des Zen-Buddhismus in Japan** 欧州禅画展（以降、「欧州禅画展」と記す）の出品作のひとつとしてである。

この展覧会は、ドイツ人[注12]の仏教美術研究家で貿易会社Kブラッシュ商会代表取締役社長のクルト・ブラッシュ（Kurt Brasch 1907–1974）によって企画、実現されたものであった。彼は一九三四年に山本邸にて初めて白隠慧鶴（一六八五～一七六八）による禅画を目にしており、それが後年の禅画研究への契機となったという。

京都大学のドイツ人語学教授を父に、日本人を母に持つブラッシュは日本で生を享け、京都の小学校から同志社大学経済学部を卒業するまで一貫して日本で教育を受けた。[注13]大学卒業後には、ソウルのドイツ領事館に勤務し、ドイツへと渡る。だが当時の不安定な社会状況もありドイツ滞在期間は短く終わり戦時中からは上海を中心に貿易業を営むようになる。戦後は拠点を日本へと移し、本業の貿易業のかたわら、禅画を始めとする仏教美術の研究をし、数々の著作をものする人生を送った。その晩年にはドイツと日本との国際交流に貢献した功績が認められ、ドイツより一級功労十字勲章、日本より勲四等旭日小綬賞を受勲している。そのような彼のキャリアの中にあって、一九五九年に行われた禅画のヨーロッパ巡回展の開催と、一九五七年日独協会刊行の『白隠と禅画 *Hakuin und die Zen-Malerei*』ならびに一九六一年にドイツで出版された *Zenga, Zen-Malerei* 及び翌年二玄社より刊行された『禅画』（挿図1）という禅画に関する三つの著作は、その後の世界の禅画受容を決定づける、もっとも重要な仕事のひとつであったと筆者には思われる。というのも、それらは単に禅画の存在を公衆に示す機会となったことに留まらずに、ヨーロッパの人々の深い関心を引き起こすに至ったのだが、それにはブラッシュの禅画理解のあり方そのものが、大きな役割を果たしたと考えられるからである。

ブラッシュは、あくまでも禅の信者ではない立場[注14]を意識した上で、禅画に真正面から向き合ったといえる。彼は細川護立をして「日本の誰よりも、よく禅画のわかる方である」[注15]と言わしめた人物である。ブラッシュは全国各地に残る禅画を調査研究するために訪ね歩いている。生前のブラッシュが語ったと

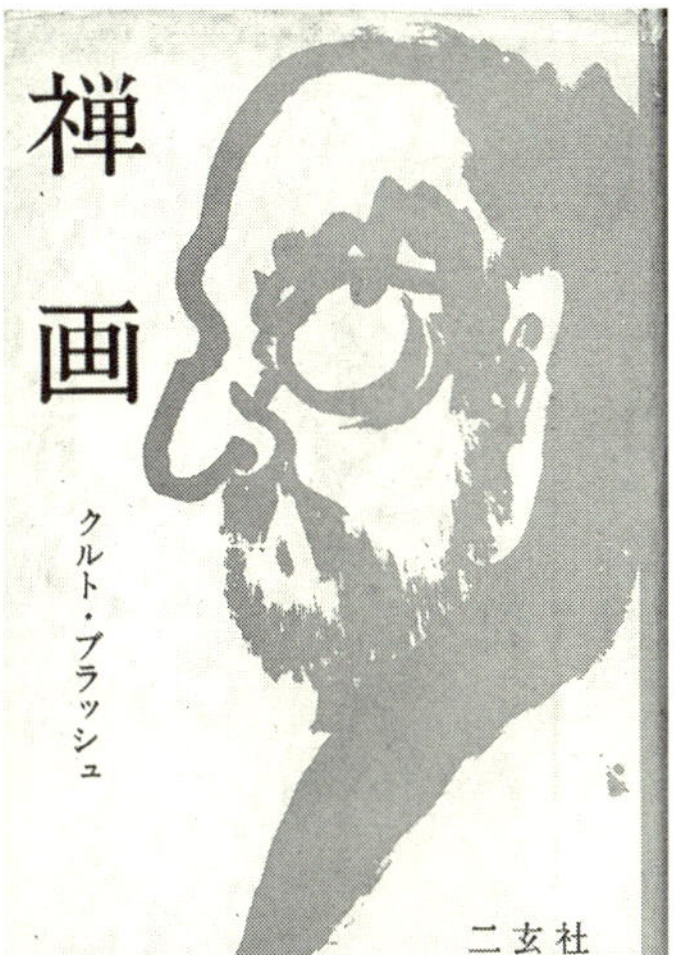

挿図1　クルト・ブラッシュ『禅画』
（二玄社、1962年、筆者蔵）

ころによると白隠の禅画だけでも、一〇〇〇点以上見て歩いたという。[注16]その際に彼は、禅の教義を等閑視するような、禅画をグラフィズムの観点のみから捉えようとしていたのではなかったようである。ブラッシュが、画の表面を通じて滲み出てくる描き手の叡智にこそ禅画の本質があると考えていたことは、繰り返し活字となった次のような言葉のうちにも見ることができる。

禅芸術の特色は、『型に入って型を出る』に在るといわれ、描かれるもの自体と描く人自身とが一体になった境地を画面に表現したものであり、描く禅僧も人間的に偉大であればあるほど、その人の描いた禅画には高い芸術性が現れて来ます[注17]

いわば彼が著作及び「欧州禅画展」で成し遂げた仕事とは、描かれているものを通じて、描かれていないものをもそこに見出し、それを評価して、それを彼と同じく禅の信者ではない者たちに向けて広く知らせようと試みたことである。もちろん、上記のような禅画理解はブラッシュ独自によって形成されたわけではなく、『禅画』執筆時の協力者である仏教学者古田紹欽（一九一一～二〇〇一）を始めとする禅に通じた人物や、作品調査という形で自身の豊饒なるコレクション[注18]を提供し研究の機会を与えた細川護立のような人物たちの存在が、ブラッシュのうちにそれを可能にしたと考えられる。

展覧会は、出版に先立つ一九五九年一月のオーストリア、ウィーンを皮切りに、次いでドイツのケルン、スイスのベルン、デンマークのコペンハーゲン、再びドイツのベルリン、イタリアのミラノ、そしてローマと一年余りにわたって巡回した。当初の計画では、はじめの三都市のみのはずであったが、反響が大きかったため、続く残りの四都市も追加で開催された。[注19]

出品作品の内容は、四点の《達磨図》を含む白隠三八点、仙厓一二点、東嶺六点、遂翁三点、風外五点、沢庵一点、一絲八点、雲居一点の計七二点で、それらは日本における禅画の大コレクターである細川護立や、山本發次郎の相続人である次男、山本清雄ら七名の個人コレクターたちの所蔵品と白隠ゆかりの寺、静岡県・松蔭寺の所蔵品によって構成された。[注20]展示空間も工夫が凝らされたものであった。例えばケルンの展覧会会場では、光線の和らいだ日本的空間のうちに作品鑑賞ができるよう、展示室の窓に障子のようなものを設置する計らいが施された。

そもそもヨーロッパにおける美術館展示室は壮麗な宮殿を改装したものや、高い天井を持つホワイトキューブであることが多く、本来、禅画が置かれていた日本の寺院や家屋の簡素でこぢんまりとした空間とはまったく異質である。その差異を埋めるための本展での日本の室内空間を再現する試みは、その後のヨーロッパで開催された数々の禅画展でも踏襲されていくことになる。

前衛書家、森田子龍が主宰していた書と水墨画の専門誌『墨美』（挿

挿図２　『墨美』102号（1960年11月、筆者蔵）

図２）の第一〇二号では「欧州禅画展」を特集しているが、その中の記事においてブラッシュは、一絲と沢庵を偉大な画家としながらも、作品選定にあたっては、自らが考える禅画の範疇に加えるか否かに迷いがあったことを明かしている。

彼は、白隠の《達磨図》を前にして「描いた白隠の心と、描かれた達磨の魂は一つ」と語り、その性質にこそ真の禅画を見出しており、優美さを旨とする小堀遠州と関係の深かった一絲と沢庵の作それは、禅宗的な題材を取り上げてはいるものの「茶掛芸術品」であり、「形象の美」に留まっていると考えていたからである。[注21] このような記述からは、いかにブラッシュが美醜を超えた境地でのみ、真の禅画が成立するとみていたかが窺えよう。

だが、それを日本とは文化の違う国々で、とりわけ物事の論証の仕方が異なる西洋で、広く一般の人々に目に見える形で伝えるのはたやすいことではない。貿易商として社会に関わってきたもう一つの顔を持つブラッシュは、芸術と禅に、「その真髄（真理）を智識や学問によってとらえることはできない」[注22] という共通する性質を見出していたがそれと同時に、互いの文化を知らぬがゆえの誤解を招かぬようにする必要性を、強く感じていたであろう。さらには、白隠や仙厓が禅の求道者だけではなく市井の人々に向けてその教えを説いたように、ブラッシュ自身は、禅に関心のある一部の芸術家たちのみのために展覧会を催すのではないということ、つまり禅画は芸術の発展にのみ寄与するところがあるのではなく、一般社会にこそ寄与するところが大きいということを信じていたと筆者は考える。

そのようなブラッシュの考えを反映してのことであろうか、展覧会図録に収録されたテキストである、ウィーン博物館副館長ヴィクトル・グリースマイエル「日本の禅とその絵画的表現」[注23]、ケルン東洋博物館学芸員ローゼ・ヘンペル「日本禅画の成立とその精神」[注24] はいずれもが、禅の歴史や教養をわかりやすく解説したものであった。それらからは禅画を実際に目にすれば、視覚を通じて直観しうる世界があり、それが真なる禅であると理解する立場に立ちながらも、その簡素な画面ゆえに、既存のアブストラクト絵画のごとく、芸術のための絵画と同等に扱われてしまうこと等、数々の誤解を避けるために、細心の注意が払っていたことがうかがえる。

同『墨美』には八〇を超える新聞・雑誌より選ばれた、四紙のドイツ語圏の展覧会評が紹介されている。これらはブラッシュによる選択であるので、彼にとって耳触りのよい記事が選ばれたことや、主催者ブラッシュによるプレス・リリースが存在した可能性をも考慮に入れる必要があるが、少なくとも、当時の記者や評論家たちの目に禅画のいかなる点が新鮮に映り、評価に値したのか、あるいはブラッシュがどのような点を見てほしいと願っていたかを探る手がかりを与えてくれよう。

まず、複数の批評に見られるものは、日本の禅画が中国の禅宗絵画をもとにしながらも今や全く違うものとして発展させ、独自のスタイルを確立した点への称賛である。

> これ等の巨匠こそ、芸術家の中の芸術家、即ち、中国の先達が禅画と言っていたものを遥かに凌駕し、今世紀まで続いている神秘的で予言的な芸術を創造した天才的な書家であり画家である[注25]（ザルツブルグ通信 Salzburger nachrichten、一九五九年一月十五日付）

さらに、禅画が禅の教えを大衆化したものであることや、弟子たちを導く教材として使われていたことに対する興味もいくつかの記事で見受けられる。その上で、

> これ等の画のいずれもが哲学上の名作であり、偉大な芸術品でもある[注26]（フィルスタ・アルゲマイネ・ツァイトング Fürster allgemeine Zeitung、一九五九年二月二十日付）

と感嘆している。

そして記事を選んだブラッシュの存在をもっとも強く感じさせるものは、ウィーンの労働者新聞 Arbeiter Zeitung の一九五九年一月十三日付のもので、禅画が「本当の芸術品」であると認めた上でなされた以下の指摘である。

> これ等の画の作者たちは、当地で知られる範囲の日本の芸術史の中では全然言及されておらず、その名もせいぜい仏教宗派の歴史と関連しているに過ぎないのは興味のあることである[注27]

この評をブラッシュが採用したことは、「素晴らしいというよりはむしろ驚嘆に値する絵画――禅画――が数多く存在するにもかかわらず、これを日本絵画史上にまだとりあげられていないことは実に不思議という他なく、真に遺憾なことである[注28]（傍線、引用者）」とまで著作に書いた、彼のある切なる願いが込められていたからであろう。いかにこの状況に一石を投ずるか――、山本邸での白隠との出会い以来、四半世紀もの間、ブラッシュはこの思いを抱き続けてきたのであるまいか。日本におけるあまたの文化遺産が、度重なる空襲により次々と失われていく状況を、日本から離れた国で見守ることを経て過ぎた四半世紀である。前述の山本コレクションに代表される、戦火からも奇跡的に残った数々の禅画たちを、世界に知らせなければならないという、ブラッシュが抱いた展覧会開催の最

たる動機が、この記事を選んだことから推測される。

## 2　一九六一年～六四年「仙厓西欧展」

ブラッシュの「欧州禅画展」が最後の開催地ローマで幕を閉じたその翌年一九六一年十一月、再びそのローマで禅画を紹介する新たな巡回展覧会 **Exposition itinérante de Sengai en Europe** 仙厓西欧展（以下、「仙厓西欧展」と記す）が幕を開けた。本展は、前者をはるかに上回る開催地数であるヨーロッパ十一か国、十四都市を三年をかけて横断するものであった。その詳細は開催順に、ローマ、アンコーナ、ミラノ、パリ、フィレンツェ、マドリッド、チューリッヒ、ロンドン、ハーグ、ストックホルム、コペンハーゲン、シュトゥットガルト、ウィーン、ブリュッセルであった。[注29]従って「欧州禅画展」から考えると、新たにイギリス、オランダ、フランス、スペイン、ベルギー、スウェーデンが、この展覧会によって初めて禅画を知る機会を持ったことになる。

《宇宙》、「これ食うて茶のめ」と賛のある《円相》等、仙厓の代表作を含む書画七〇点と塑像一〇点の計八〇点の出品作の全ては、前述の細川護立と並ぶ、禅画の大コレクターで実業家の出光佐三（一八八五～一九八一）の所蔵品より選ばれた。[注30]

その出光と、仏教哲学者鈴木大拙（一八七〇～一九六六）から教えを受けた詩人エヴァ・ヴァン・ホボケンが企画し、国際文化振興会[注31]の協力のもとで実現した展覧会であった。美術館の開設を準備していた出光興産美術室の末松良介と松見守道が現地での実務に当たった。

この展覧会が、ヨーロッパでの禅画への理解をいかに深めさせたかについては、前述の開催地の数だけではなく、展覧会図録からもそれを推察することができる[注32]（挿図3）。この図録は、一九六〇年前後に行われた幾冊もの禅画展の図録の中にあって、解説の詳細さにおいて群を抜いている。例えば、画中の賛にはその原文と訳文が加えられ、たとえ日本の書を読めない者の目にも内容が理解できるようになっている。さらに、賛と画とを合わせた全体の意味につい

挿図3　Sengai, Musée Cernuschi, Paris,1962（筆者蔵）

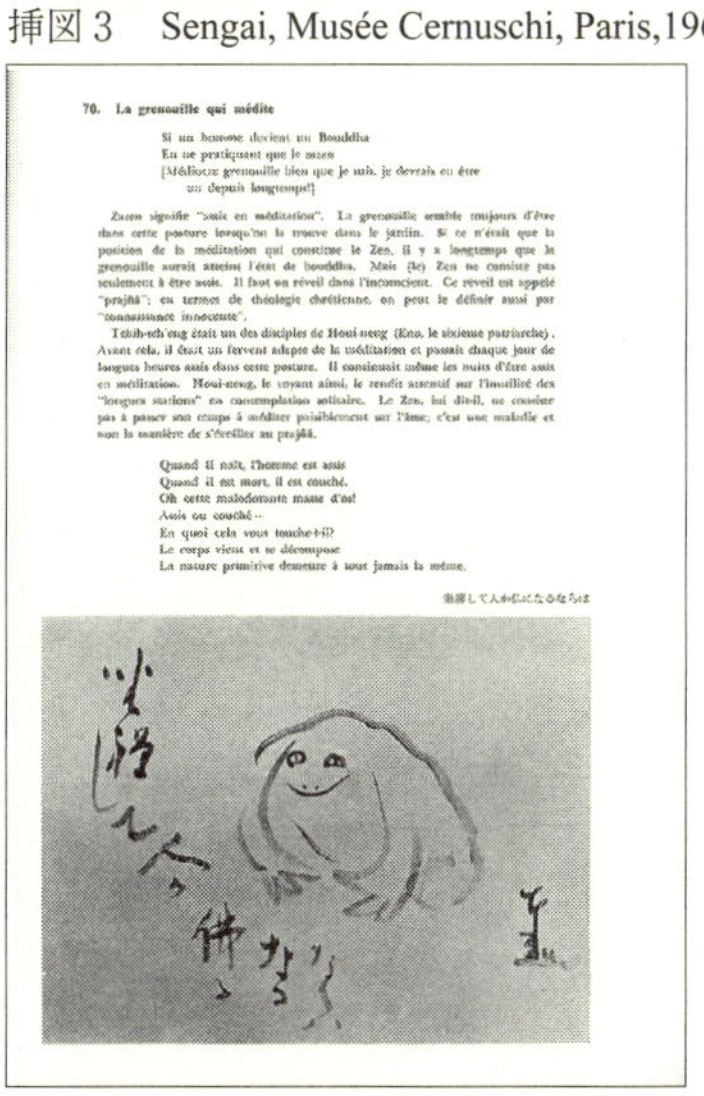
**70. La grenouille qui médite**

Si un homme devient un Bouddha
En ne pratiquant que le zazen
[Médiocre grenouille bien que je suis, je devrais en être
un depuis longtemps!]

Zazen signifie "assis en méditation". La grenouille semble toujours d'être dans cette posture lorsqu'on la trouve dans le jardin. Si ce n'était que la position de la méditation qui constitue le Zen, il y a longtemps que la grenouille aurait atteint l'état de bouddha. Mais (le) Zen ne consiste pas seulement à être assis. Il faut un réveil dans l'inconscient. Ce réveil est appelé "prajñā"; en termes de théologie chrétienne, on peut le définir aussi par "connaissance innocente".

Tchih-tch'eng était un des disciples de Houi-neng (Eno, le sixième patriarche). Avant cela, il était un fervent adepte de la méditation et passait chaque jour de longues heures assis dans cette posture. Il continuait même les nuits d'être assis en méditation. Houi-neng, le voyant ainsi, le rendit attentif sur l'inutilité des "longues stations" en contemplation solitaire. Le Zen, lui dit-il, ne consiste pas à passer son temps à méditer paisiblement sur l'âme; c'est une maladie et non la manière de s'éveiller au prajñā.

Quand il naît, l'homme est assis
Quand il est mort, il est couché.
Oh cette malodorante masse d'os!
Assis ou couché—
En quoi cela vous touche-t-il?
Le corps vieux et se décompose
La nature primitive demeure à tout jamais la même.

坐禅して人が仏になるならば

挿図4　Sengai, Musée Cernuschi, Paris,1962（筆者蔵）

ても全作品に鈴木による解説が添えられている[注33]（挿図４）。

加えて同図録には、禅思想や仙厓が住職を務めた日本最古の禅寺、博多・聖福寺について言及した大拙の文章や、二十世紀を代表するイギリスの美術評論家ハーバード・リードの序文が掲載されている。その上、開催地ごとにその国の言語に訳された図録が用意された。[注34]

なぜこれほどまでにこの展覧会は、禅画の解説に努めたのであろうか。それはこの展覧会が「欧州禅画展」以上に、禅の教えを説くことに力点を置いていたからであったと考えられる。言い換えれば、前回の「欧州禅画展」はあくまでも「禅画」に主眼があったのに対し、本展では「禅思想」にこそそれがあったのだ。

終章で詳述するが、展覧会開催当時のヨーロッパにおいて禅は、一般社会においても既に知られつつあるものであった。しかしそれが正しい禅の理解として伝わっていたかといえば、禅に精通した者の目からすると、疑問を持たざるをえなかったようである。本展図録仏語版の翻訳をした、当時のソルボンヌ大学招待留学生であった、仏文学者の竹本忠雄は証言する。

> 仙厓欧州巡回展は、造形というよりも、あくまでも正面切った禅そのもののマニュフェストとしておこなわれた。もっと正確にいえば、仙厓和尚の作品をとおして真の禅を理解させ、禅をとおして真の日本的価値の一端にふれしめる――これがそもそもの発起人であり出品者であり実質上の推進者であった出光佐三氏の発願であった[注35]

主催者側の願いは、達せられたといえるであろう。本論序文の註にて既述したように、開催地各国の新聞や雑誌における展覧会評には、マチスを引き合いに出しながら、仙厓の画のもつ自由さを称賛し、偉大な芸術家として認める評がある中で、以下にみられるような禅ないし仏教の教えに直接鑑みた解釈もなされた。

> 仏教における慈愛の大いなる教えと観念的な教えを説くことへの熱意が、あまたの作品の質を穏やかな調子のものにし、且つ高めてもいる[注36]
>
> （フランス、ル・モンド紙 Le Monde、一九六二年五月一八日）
>
> 仙厓はわれわれを無意識の世界にさそい、心のやすらぎを教えてくれる。[注37]
>
> （イタリア、イル・メッサジェーロ紙、一九六一年）

この「仙厓西欧展」にしてようやくヨーロッパの人々は、禅画と禅思想の双方に向き合う道筋を得たのである。それはそれらへの関心をより一層深めさせることとなった。「欧州禅画展」「仙厓西欧展」という二つの展覧会の成功こそが、次章で論じる国家レベルの大規模な禅画展開催への素地となったのである。

## 二　国家間の文化交流プログラムとして

### 1　一九六二年パリ「日本文人画展」

五月にチェルヌスキ美術館で開催された「仙厓西欧展」が好評を博したばかりのパリでは、その半年後に、再び禅画に注目が集まる展覧会が催された。パリ市立プティ・パレ美術館で開催された「150 ans de peinture au Japon. De Gyokudo à Tessai 日本絵画の百五十年、玉堂から鉄斎まで」[注38]（以降「文人画展」と記す）（挿図5）である。この展覧会は、日本及びフランス両政府の後援のもと、読売新聞社主催で行われた。開会式には、当時の池田勇人首相ならびにフランスの文化担当国務大臣アンドレ・マルロー（André Malraux 一九〇一～一九七六）が参列した[注39]。また池田首相のパリ空港到着時にはフランスの首相ジョルジュ・ポンピドゥーが出迎えをしたが、そこで行われた報道陣向けのスピーチにおいても展覧会が言及され[注40]、「文人画展」が両国の重要な文化交流事業であることを国内外に印象付けたのだった。

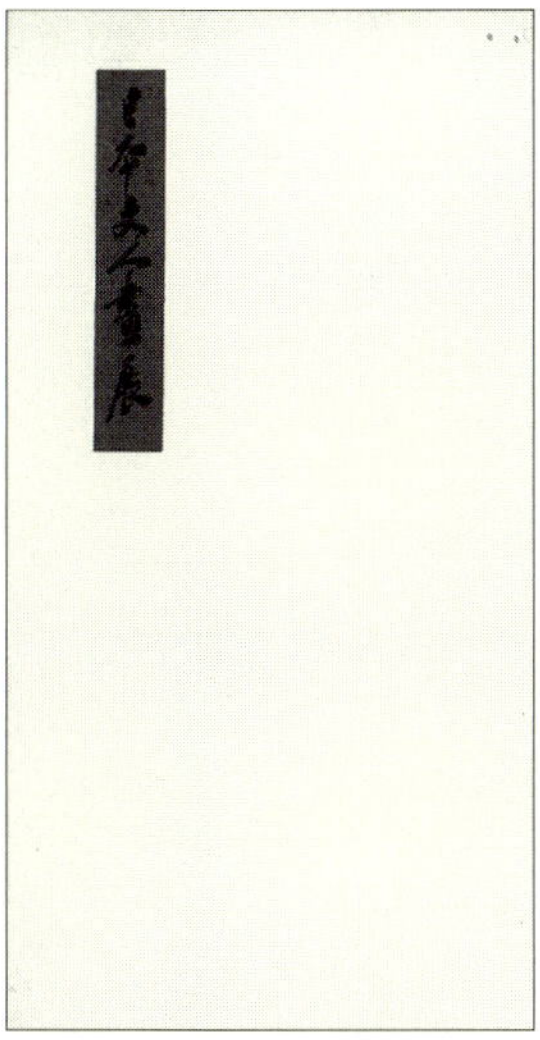
挿図5　150 ans de peinture au Japon. De Gyokudo à Tessai, Musée du Petit Palais, Paris, 1962. 筆者蔵

戦後のヨーロッパでは、「浮世絵の日本美術」という、十九世紀後半以来ステレオタイプとなった日本美術像に修正を加える意図をもった展覧会がいくつもなされたが[注41]、まとまった文人画を初めて紹介する本展もそれらのうちのひとつであった。このとき、大雅や浦上玉堂、蕪村という展覧会名に相応しい主たる文人画の他に、白隠と仙厓による禅画及び慈雲ら書も出品された。作品保存上の都合で四度の展示替えをしたため[注42]、全てが一度に公開されたわけではないが、一七四点の総出品数のうち禅画は、《達磨図》等の白隠が七点、仙厓が八点の計十五点出品されている。

本展の実質的な責任者であった、当時の東京国立博物館学芸部長、野間清六（一九〇二～一九六六）によると、テーマを文人画に設定したのはフランス側であったという[注43]。その要望をもとに、文化財保護委員会の鈴木進と東京国立博物館の絵画部門学芸員、飯島勇が全作品の選定を行った[注44]。彼らはその際「参考品」という、あたかも付け加えたような不自然な印象を与える枠組みの中に、禅画と書を収めている[注45]。一体なぜ文人画に禅画が入ったのか。いかなる経緯があったかを詳らかにする記述がないため、現時点では仮説の域を出ないが、筆者は、フランス側から禅画の出品要請が先にあり、日本側がそれを尊重したためではないかと推測する。なぜなら、それは、以下のような要因が考えられるからだ。

まず第一に、同年の「仙厓西欧展」の成功によって引き起こされたパリの人々の禅画への関心の高まりである。後述するが、展覧会の発案者でもあるマルローの禅画への並々ならぬ思いもそこには含まれる。それらが禅画出品要請に至らしめたのではなかろうか。

第二に、もしそうであるならば、その要請に応えた背景にはわずか二か月という準備期間の異例なほどの短さが影響したと考えられる点である。それは池田首相のパリ訪問に合わせて開会日を急遽繰り上げたからであった。[注46] 日本側にはフランスの要望に対して折衝する時間は微塵も残されていなかったはずである。実際、本展副題の不正確さにもそれは表れている。展示内容を正確に表すなら本来は「蕪村から華岳まで」であるところを、「理屈には合わないことになるが、これにはそうこだわる必要もあるまい[注47]」とフランス側が先につけていた副題を採用したというのだ。従って、おそらく禅画についても副題の場合と同様、あえて物を申して少ない時間を浪費するよりも、そのまま受け入れることを日本側は選んだのではないだろうか。その際、文人画に行ったように時代別の分類には入れずに、別枠を設けたのではないかと思われる。

また第三の要因として、そのようなフランス側の意見を尊重する傾向には、外交上のはからいが背景にあった可能性もあると筆者は推測する。というのも、池田首相のフランス訪問は、経済における対日差別の解消を目指すもので[注48]あり、その機会に合わせて開会するよう設定された「文人画展」は、日仏文化交流事業の多くの催しの中にあってもとりわけ、外交上に果たす役割を期待されていたとも考えられる。本展を好機と捉えていたであろう池田首相の意気込みは、次のような行動にもみてとれる。彼は、自らが所蔵する池大雅《四季山水図》を出品し[注49]、パリに先立ち国内で公開された、日本橋の白木屋百貨店での作品展示[注50]を訪仏前に見学し開会式の下準備をし[注51]、パリにおいては展覧会終了後に、出品作《四季山水画》をマルローへ贈っている。[注52]

いずれの背景や経緯があったにせよ、「文人画展」に禅画が出品されたことは、本展実現をもっとも望んだ人物である、マルローを喜ばせる結果になったことは確かであろう。

マルローは、フランスを代表する作家であり、日本について度々言及した親日家としても知られる。彼は一八歳頃から水墨画の図版の掲載されたすべての号の『國華』をコレクションし、仙厓や白隠の禅画を高く評価していた人物であった。[注53] 彼は仙厓について以下のように語っている。

> 仙厓のなかには不思議な自由さがある。（中略）禅画の巨匠たちは疑問を投げかける天才である。これほど我々の芸術とかけ離れた極東の芸術があるだろうか。にもかかわらず、それは我々に感銘を与える…[注54]

禅画の展示はマルロー一人を喜ばすだけに留まらなかった。

開会式翌日から、「文人画展」は人々の話題をさらった。美術館入り口には、初日から連日のように入場を待つ人々の行列ができ、展示室は来館者たちで満たされた。[注55] 作品解説時には、老若男女が集まり熱心に解説を聞く姿が見られたという。[注56]

展示方法に一層の工夫を凝らしたことも、その人気の一端を担ったようである。高い天井を隠すために布で第二の天井を作り、作品のかけられた壁の前には、砂利で州浜を、あるいは台を設け床の間を再現し、日本的な空間を出現させた。[注57] その仕上げとして、マルローから直接依頼された、[注58] 勅使河原蒼風とその弟子たちによるいけばなが、会期中絶やすことなく配された。[注59] 目新しさに溢れた展示会場を一目見ようと、さらに人が押し寄せることとなり、最終的には、会期の延長によって、その要望に応えたのである。

そのような中にあって、とくに禅画の展示室では、来館者たちに以下のような、好評を博すことになったのだった。

> 最後の特別陳列室にある白隠、仙厓の禅画（中略）には格別な感興がわくのか、立ち去ろうとしない人たちでいっぱいである[注60]

## 2　一九六三年パリ「日本古美術展」

「文人画展」の成功の翌年には同パリ市立プティ・パレ美術館において、約一二〇点の禅画を含む、大規模な「L'Au-delà dans l'art japonais 日本古美術展」[注61]（以下「日本古美術展」と記す）（挿図6）が幕を開けた。本展もまた「文人画展」同様、日仏文化交流事業のひとつとして、アンドレ・マルローが発案したものであった。前回の「文人画展」とは対照的に、「日本古美術展」では三年もの歳月がその準備に費やされ、フランス政府と東京国立博物館及び朝日新聞の共催という形をもって、満を持して開催された。[注62]

本展は数々の禅画展の中でも初めて、日本ではなく外国が主体となって企画、実行されたものである。コミッショナーには、『日本文明』[注63]著者で知られる、当時はパリ市立チェルヌスキ美術館学芸員ヴァディム・エリセーエフと、[注64]「文人画展」のフランス側担当も務めたパリ市立プティ・パレ美術館学芸員シュザンヌ・カーンであった。[注65] 二人はともに、一九五八年以来日仏両国で行われてきた幾つもの日仏文化事業に深く携わった人物であった。また彼らの他には、在ローマ・フランス・アカデミー館長で画家のバルテュス（Balthus 1908–2001）が、本展開催の前年に作品選定のために京都や奈良の数多の寺院を巡っている。[注66] 具体的な出品

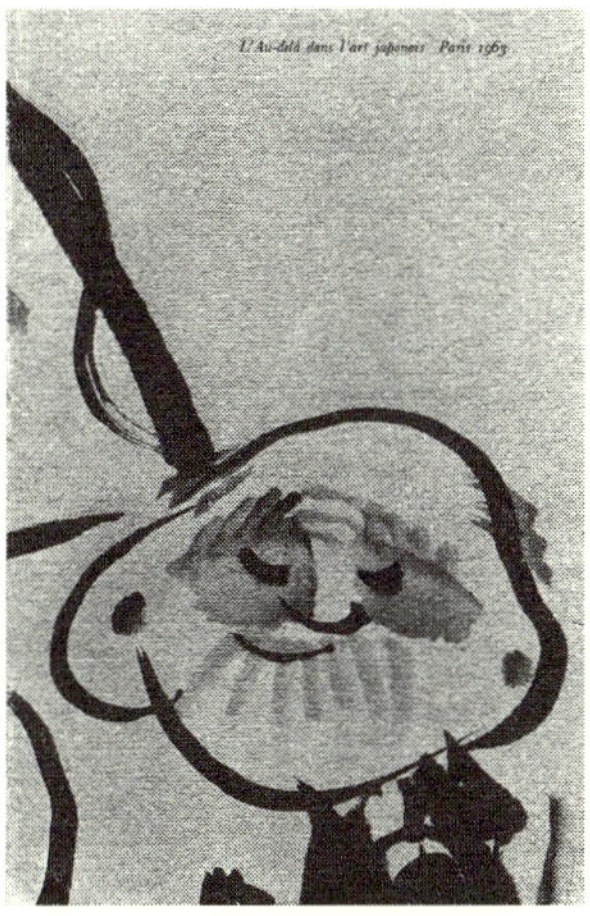


挿図６　L'Au-delà dans l'art japonais, Musée du Petit Palais, Paris, 1963.　筆者蔵

作品は、東京国立博物館と何度も折衝をする中で形作られた。だがフランスが当初から抱いていた、大規模な日本美術展開催に際し、白隠や仙厓らの禅画と奈良時代の彫刻に重点に置くという要望だけは、最後までゆるがなかったようである。[注67] またフランスは、絵画に関しては禅画以外に必要としなかったばかりか、百点もの禅画の出品を希望して、日本側を驚かせた。[注68] 何分にも日本においては、禅画は美術史上、未ださほど評価のされていない時代の話である。東京国立博物館の展覧会責任者の野間は、フランスの希望通りに禅画のみで構成すれば、来館者に偏った日本美術観を与えてしまうのではないかと、危惧したことを明かしている。[注69] そこで野間は文化財保護委員会の日本絵画研究者、松下隆章と、西洋美術研究者、矢代幸雄とともにその打開策を練る。そしてフランス側に、禅画誕生の背景ともなる、周文や雪舟らの室町時代の禅宗絵画をも同時に展示することを提案したのであった。[注70] 禅画については、「どんなものが喜ばれるか不明であったので、資料を与え、後日その希望を具体的に知らせてもらうこと」[注71] になったという。

ところで「日本古美術展」は、二度に渡って日本で行われたフランス美術展[注72]の返礼の意味も込められたものであったが、そのような重要な国家プロジェクトにおいて、フランス側から禅画を切望されたことは、当時の日本の事情からいえば、都合の良いことでもあったといえるであろう。なぜなら、展覧会の翌年に東京オリンピックを控えていた一九六三年には、いわゆる名品を海外で展示してはならないという制限があったからである。オリンピック開催に合わせて、東京国立博物館では「名品」を集めた大規模な日本古美術展の開催を控えていたからだ。従って、その制限に触れる恐れのない禅画は、はからずも準備を順調に運ばせることになった。

最終的に「日本古美術展」には、日本の精神性の源泉を探るというテーマに基づき、禅画、禅宗絵画とともに、土偶や埴輪等の考古資料と仏像が出品されたが、その総出品数二〇一点のうち、白隠六七点、仙厓二五点、風外七点、沢庵一点、一絲二点、遂翁六点、東嶺一三点の計一二四点もの禅画と計一六点の禅宗絵画が出品された。[注73] つまり歴史上、例を見ない数の禅画が一堂に会する機会となったのである。

開幕した展覧会は、たちまち好評を博することになる。五〇日の会期で三万五千人の来館者という数は、フランスで行われた諸外国の美術展を紹介した美術展の中でも異例のことであった。[注74] また、フランスはもとより欧米諸国の注目をも集めた[注75]ことは既に序章で述べたとおりである。

他分野の作品も多数出品された展覧会の性質上、成功の要因を禅画のみに帰するわけにはいかない。とはいえこの機会において初めて、白隠の全貌が明らかになったことは、展覧会全体の評価に大きく貢献したことは確かであろう。当時の新聞雑誌各誌には白隠の《達磨図》が大きく使われ、「白隠の発見」と題された見出しのもと、いち早く彼の来歴や作品評が報じられているからだ。[注76] 人々は白隠のグラフィズムに魅せられ、その上五百年に一人しか現れない禅僧[注77]とわかり、その背景を知りたいと願うようなったことと思われる。その結果、既述のとおり、作品解説時には定員を超える多くの人が詰めかけ[注78]、さらには仙厓《猪頭和尚》を表紙に使った「彼岸展」図録を、人々がこぞって求めていったの[注79]ではないだろうか。

展覧会終了後に野間は「危ぶんでいた新禅画が好奇心をそそり熱心に見入る人が多かったことは案外であった[注80]」と語っているが、「日本古美術展」開催を通じ、その折々に、ヨーロッパの人々の禅画に対する強い関心を野間に代表される日本美術関係者が目の当たりをする機会となったことも、後の日本における禅画再評価を考える上で、大きなものを残した展覧会であったと筆者には思われる。

### 3　一九六五年ベルリン「後期禅画展」

ヨーロッパにおける禅画評価の機運に立ち会い、驚きを隠せない日本人がドイツにもいた。当時ベルリンに留学していた日本人彫刻家、飯田善国である。

> 私にとってはむしろ『禅美術展』が不特定少数者の外延までジワジワと拡がっていたその拡がり方の地熱の如き根強さに対する驚きの方が大きかった[注81]

と飯田が語る展覧会は、一九六五年九月から、第一五回ベルリン芸術祭の事業として、日本の外務省後援のもと、ベルリン市と朝日新聞社の共催、東京国立博物館の協力で始まった「**Japanische Kunst des späten Zen**　後期禅画展[注82]」（挿図７）である。会場となったのは、ドイツ芸術院《アカデミー》であった。つまりフランスに引き続き、自国における芸術の在り方の規範を示す機関であるアカデミーが、またしても禅画を取り上げたのである。飯田の驚き様も理解できよう。本展は、日本美術のあらゆる層を展望しようと、同年のベルリン芸術祭で行われた他の三つの展覧会「浮世絵傑作展」「19世紀絵画におけるヤポニズム展」「太平洋派展」とともに、ドイツ人美術史家レオポルド・ライデマイスターが企画したものであった。

挿図７　Japanische Kunst des späten Zen, Akademie der Künste, 1965. 筆者蔵

この展覧会には白隠一七点、仙厓六点、遂翁五点、一絲五点、沢庵一点の禅画計三四点及び禅宗絵画六点、ならびに円空三九点で構成されたが、禅画に関しては、その出品作全てが細川護立所蔵作品であった。

彫刻は円空のみで、しかも約四〇点もの作品が一度に紹介されたことが、ベルリンの人々に衝撃を与えた様子を当時の新聞は伝えている。「作品群――中くらいの大きさのものから掌にのるほどの極小のものに至る迄――は一つのセンセーションであった」[注83]

さらに本展会期中には、記事に書かれた掌に収まる小さな円空仏三体が愛好者によって持ち去られるという盗難事件まで起きたのだった。[注84]

日本では、円空の作品もまた禅画と同様に、美術史上長らく重視されてこなかった宗教美術だが、[注85]展覧会当時は、折しも円空の再評価に湧いた直後であった。[注86]僧侶による、従来の図像学にとらわれない表現という禅画と共通した性質をもつ円空仏が、海外で禅画とともにいち早く伝えられた意味は極めて大きいと思われる。

## 終　禅画受容の背景

以上一九六〇年前後にヨーロッパにおいて禅画を紹介した五つの主要展覧会における企画者の意図ならびに経緯、そして展覧会が引き起こした反響を見てきたが、取り上げた全ての展覧会がヨーロッパの人々に熱意を持って受け入れられたその背景には、一九五〇年代を中心に欧米で起こった、禅思想への関心の高まりがあったためと考えられる。

円覚寺にて参禅し道号を受けた、仏教哲学者鈴木大拙は、一九二七年以降、禅について英文での執筆活動を精力的に行ったことで知られている。[注87]それらは後にヨーロッパ各国の言語に翻訳された。その彼が一九三〇年代以降、世界信仰大会に日本代表として出席し、イギリスやアメリカの大学で講義を行ったことは、「仙厓西欧展」コミッショナー、エヴァ・ヴァン・ホボケンのような継承者を数多く育てることにつながり、彼の著作とともに、禅をより多くの人々に知らしめるきっかけとなったといえるであろう。

加えて同時期のヨーロッパでは、来日を機に禅と出会った外国人たちが、自国の言葉で禅を紹介した著作が相次いで出版され始めた。例えば、一九二〇年代に、東北帝国大学教授として招聘されたドイツ人哲学者オイゲン・ヘリゲル（Eugen Herrigel 1884–1955）は、帰国後の一九三六年以降、日本で出合った弓術の実践を通じて禅を語る著作[注88]を数度にわたり発表する。それらもまた本国ドイツのみならず、英語やフランス語に訳され、禅を広く認知させることに貢献したとされる。[注89]

またキリスト教宣教師として来日した者たちの中には、布教活動をするにあたり、その地の宗教を理解しようと熱心に学ぶうちに、禅と出会った者たちもいた。後に「カトリック禅」を提唱したことで知られるドイツ人、[注90]エノミヤ＝ラサール（Hugo Makibi Enomiya-Lassalle 1898–1990）や、*Zen*『禅』の著者ハインリッヒ・デュモリン（Heinrich Dumoulin 1905–1995）などがその代表である。

とりわけラサールは永平寺近くの禅院でした経験から、坐禅を行うことが、カトリックの瞑想方法のひとつとして有効であると思い至り、それを著作[注91]にまとめ、さらには、キリスト教はもとより世界中の様々な信仰を持った者たちが集まる接心の道場を開設した。彼は禅の中に、信仰の持つ共通のものをみてとっていたのだと考えられる。

二十世紀前半のヨーロッパは、科学技術の進歩が、様々な状況で人々の精神的価値さえをも大きく揺るがした時代であった。例えば、大量破壊兵器が初めて使われる、それまで人間が経験したことのない種類の戦争が、短期間に二度に渡って行われた。まさにそれは従来のあらゆる価値観を疑問に付すような出来事であったといえる。

まさにそのころ、ヨーロッパでは禅紹介の担い手たちの顔ぶれが変わり始めた。それまで大半を占めてきた東洋学者たちではなく、前述のとおり、より一層の実践を通じ禅と向き合ってきた者達によって一気になされるようになるのである。彼らが紹介した禅思想は、新たな精神的支柱を探していた人々の希求に叶うものであったのだろう。一九五〇年代にはそれが「禅ブーム」とさえ呼ばれるほど、多数の人々に認知されるまでに至ったのだ。だがそれは多くの流行がしばしばそうであるように、当然のことながら表面的な理解とともに誤解も生じさせていた。そこで「仙厓西欧展」は、それらに警鐘を鳴らす意味も込めて企画されたのは既述のとおりである。

ところで、禅画展が相次いで行われたまさに同時代に、カトリックの総本山ヴァチカンでは、キリスト教の長い歴史の中でもわずか二十一回しか開かれていない、歴史的な公会議が約百年ぶりに開かれていた。いわゆる第二ヴァチカン公会議である。それは二年の準備期間[注92]を経て一九六二年から六五年に行われた。その後のカトリック教会の在り方に非常に大きな影響を及ぼしたこの公会議は、教皇ヨハネ二十三世の呼びかけで世界中の枢機卿たちが招集され実現したものであった。なかでも一九六五年に行われた公会議において は、本論に関わる以下のような歴史的な宣言が行われる。

カトリック教会は、これらの宗教（全世界に見いだされる他の諸宗教[注93]）の中にある真実にして神聖なものを何も拒絶することはない。（中略）他の諸宗教の信奉者たちと対話し協力することによって、彼らのもとに見いだされる霊的・道徳的な富や社会的・文化的な諸価値を認識し保持し促進する[注94]

この宣言にみられるような、自身の慣れ親しんだもの以外の信仰に対する寛容で謙虚な姿勢は、『禅画』の著者クルト・ブラッシュや、キリスト教信者のうちにも坐禅を広めたエノミヤ・ラサール神父に重なりはしないであろうか。

物質的価値が絶対視されていくなかで、いまだ戦争の悲劇の記憶が人々の心に生々しく残る一九五〇年前後から一九六〇年前後という時期は、将来において同じ過ちを再び引き起こさないためにも、既存の不要な垣根を取り払って、相互理解を目指す機運が高まっていたとも考えられる。ヨーロッパにおいて禅や禅画を求めた人々の背景には、そのような時代の様相が見え隠れするのだ。

謝辞
本論執筆にあたっては、日本美術史研究者相澤正彦教授、日本彫刻史研究者岩佐光晴教授、五山文学研究者Alain Louis Colas氏、キリスト教神秘主義研究者富田裕氏、パリ・アルベルト&アネット・ジャコメッティ財団Véronique Wiesinger氏、同財団資料室Anne-Marie Pralus氏、フランス国立東洋言語文化研究学院教授Emmanuel Lozerand氏からは、貴重な資料の提供やご助言を賜りました。ここに記して改めて心より御礼申し上げます。

注

1 矢島新「円空・白隠・木喰は何故遅れて発見されたか?——近世の宗教美術から見えてくること」『美術フォーラム21』二〇〇五年、九八頁

2 **Annette Vaillant "Matisse retrouvant la grâce d'enfance n'atteignit pas à cette liberté, expression même d'un affranchissement spirituel sans ombre"** 幼少時代の恩寵というべき自由を発見したマチスでさえも、仙厓のもつ自由さ、つまり翳りのない精神的解放そのものの表現にはついに到達しえなかった。(筆者訳) *Les Nouvelles Littéraires*, 1962

3 他に、ゴヤとの比較は *Le Monde*, le 18mai, 1962 の記事に見受けられる。野間清六「フランスにみせる日本美術」『藝術新潮』一九六三年十月号九二頁、野間清六「日本美術の〝此岸〟——パリの日本古美術展をめぐって」『三彩』一九六四年六月号、一〇頁

4 例えば一九六三年パリ市立プティ・パレ美術館で開催された『日本美術における彼岸』展では、開催地フランスの他に、イタリア、スイス、イギリス、ベルギー、ルクセンブルク、アメリカのラジオ、テレビによって展覧会場の様子が伝えられ、各国の美術ならびに哲学書の出版社から写真撮影の許可申請が毎日のように美術館にあったという。『朝日新聞』一九六三年十一月二十七日夕刊

5 『読売新聞』一九六二年十一月二十九日夕刊

6 一九六二年「文人画展」パリ市立プティ・パレ美術館の様子を伝える記事「入り口には入場券を買うファンの行列が百メートルも続き三千人を超す入場者で館内はごった返した」『読売新聞』一九六二年十一月二十九日夕刊

7 「美術館で毎週おこなっている専門家の解説付きの参観も好評で(中略)第三回には九五人としり上がりにふえ、第三回のときには余り参加者が多くて急に解説者をもう一人電話で動員するという騒ぎ」『朝日新聞』一九六三年十一月二十七日夕刊

8 一九六二年「文人画展」では会期を一週間延長した。鈴木進「パリの日本文人画——文人画展開幕まで——」『MUSEUM』第一四八号、一九六三年七月号、同様の記事は『読売新聞』一九六二年十二月二十三日等にも見られる。その他、「欧州禅画展」も当初の予定は三カ月であったが、反響が大きかったため、他の都市も巡回することになり、結局一年余りをかけて公開した。

9 竹本忠雄「東と西のあわいに——仙厓西欧展をかえりみて」『墨美』一五一号、一九六五年九月、二八頁

10 細川護立の白隠の所蔵作品数は、一時は一〇〇〇点に上ったとされている。加藤陽介「永青文庫の白隠作品」『シンポジウム「何故いま白隠画か」報告書』早稲田大学會津八一記念博物館、二〇〇八年三月、二二頁

11 河﨑晃一「蒐集家・山本發次郎」『山本發次郎コレクション 遺稿と蒐集品にみる全容』淡交社、二〇〇六年四月、二六一頁

12 近年はスイス人の可能性の指摘もあるが、本稿では、父フランツ・ブラッシュ旧蔵の、母ゑつの謄本の記載「二女ゑつ 独乙国ベルリン市フリッツ・エス・ブラッシュと婚姻除籍 明治十三年(一八八〇)十月七日生る」(『ブラッシュさん(追悼文集)』ケー・ブラッシュ商会、一九七四年十一月、一四五頁採録)に準じ、従来通りドイツ人とした。

13 「日本の心をたずねて K・ブラッシュ氏 貿易商」『読売新聞』一九六二年八月二十六日朝刊

14 ブラッシュの葬儀は五反田のドイツ語福音教会で営まれたが、納骨は生前ゆかりのあった鎌倉瑞泉寺でなされている。訃報欄『朝日新聞』一九

七四年一月七日朝刊及び田淵実「畏友を追憶して」前掲書、一〇四頁

15 細川護貞「故ブラッシュ先生の思い出」前掲書、五七頁

16 「日本の心をたずねて　K・ブラッシュ氏　貿易商」『読売新聞』一九六二年八月二十六日朝刊

17 クルト・ブラッシュ「欧州禅画展」『墨美』一〇二号、一九六〇年十一月、二五頁。同様の言葉は後の著書『禅画』の中にも見られる。「物我一如描くものの人格が高ければ高い程、また禅体験が深ければ深いほど、その描かれた禅画の美は強く光を放つ。」『禅画』二玄社、一九六二年、二二一頁

18 ブラッシュは、細川所蔵の白隠作品のうち九〇〇点を目にしたと語っている。「日本の心をたずねて　K・ブラッシュ氏　貿易商」『読売新聞』一九六二年八月二十六日朝刊

19 クルト・ブラッシュ「欧州禅画展」『墨美』一〇二号、一九六〇年十一月、一四頁

20 「欧州禅画展目録」前掲書、一六～一七頁

21 ブラッシュ、前掲書、一五頁

22 クルト・ブラッシュ「緒言」『禅画』二玄社、一九六二年、ページ数記載なし

23 『墨美』一〇二号、一九六〇年十一月、二〇頁再録

24 前掲書、一九頁再録

25 『墨美』一〇二号、一九六〇年十一月、二四頁

26 前掲書、二四頁

27 前掲書、二四頁

28 ブラッシュ、前掲書、一九六二年、二七頁

29 会場となったのは、開催順に、イタリア地中海近東協会ＩＳＥＭＥＯ展覧会場ブランカッチョ館（ローマ）、イタリア地中海近東協会ＩＳＥＭＥＯアンコーナ支部主催アンコーナ工業高校講堂（アンコーナ）、ポルディ・ペッツォーリ美術館（ミラノ）、パリ市立チェルヌスキ美術館（パリ）、パラッツォ・ストロッツィ美術館（フィレンツェ）、スペイン国会図書館展覧会場（マドリード）、チューリッヒ市立美術館（チューリッヒ）、大英芸術協会展覧会場（ロンドン）、デン・ハーグ市立美術館（デン・ハーグ）、スウェーデン国立現代美術館（ストックホルム）、ルイジアナ美術館（コペンハーゲン）、州立シュトゥットガルト美術館（シュトゥットガルト）オーストリア国立工芸美術館（ウィーン）、美術館協会展覧会場パレ・ド・ボザール（ブリュッセル）。『墨美』一五一号、一九六五年九月、二九頁。各会場、約三週間から一カ月の会期であった。

30 ちなみに塑像に関しては、後年、仙厓の作か否か確証がないことが研究者により指摘された。月村麗子「訳者後記」鈴木大拙著『仙厓の書画』岩波書店、二〇〇四年三月、二〇五頁

31 今日の国際交流基金の前身にあたる。

32 **Sengai, Musée Cernuschi,Paris, 1962**

33 ちなみに、ここに収められた鈴木のテキストは、数年後、最晩年の代表的な著作である『仙厓の書画』（岩波書店、二〇〇四年）へと発展した。

34 竹本忠雄『墨美』一五一号、一九六五年九月、三七頁

35 竹本、前掲書、三一頁

36 **P.-M. Grand "La grand leçon de tendresse du bouddhisme et le goût d'instruire aux disciplines métaphisiques adoucissent et élèvent plusieurs pièces." *Le Monde*, le 18, mai, 1962**

37 *Le Messaggero*, 1961 竹本忠雄「仙厓作品の欧州巡回展、その反響の分析的整理」『国際文化』九九号、一九六二年、一四～一五頁

38 会期は一九六二年十一月九日から十二月三十一日まで。

39 飯島勇「パリの日本文人画展」『ＭＵＳＥＵＭ』第一四五号、一九六三年四月号、二六頁

40 『読売新聞』一九六二年十一月九日朝刊

41 同様の意図を持った展覧会で、大規模なものは一九五八年にパリ、ロンドン等を巡回した「日本古美術展」L'art japonais à travers les siècles , Musée national d'art moderne , Paris, 1958 が挙げられる。

42 当初の計画は三度の展示替えであった。延長時には、人気のあった作品

43 のみを再度構成して展示した。鈴木進「パリの日本文人画──文人画開幕まで──」『MUSEUM』第一四八号、一九六三年七月号、二七頁
「時代おくれと見られる文人画に、美術通として世界的にも有名なマルローが注目し、パリで紹介しようというのだから考えさせられる。古い着物が花の都で脚光を浴びるのだから、驚きでもある。」野間清六「パリに見せる文人画」『藝術新潮』一九六二年十二月号、一〇四頁

44 飯島前掲書、二六頁

45 飯島前掲書、二六頁

46 「これができたら奇跡であるという声さえあった」、鈴木、前掲書二七頁

47 飯島前掲書、二七頁

48 『読売新聞』一九六二年十一月九日朝刊

49 『読売新聞』一九六三年二月八日朝刊

50 同展は、外務省、文部省、フランス大使館の後援のもと、東京国立博物館、読売新聞社主催で一九六二年十月十二日から十七日まで開催された。

51 『読売新聞』一九六二年十月十六日朝刊

52 『読売新聞』一九六三年二月八日朝刊

53 Michel, Temman, *Le Japon d'André Malraux ou l'histoire d'une révélation*, Fondation Cannon Amsterdam 1995, p. 22.

54 ミシェル・テマン（阪田由美子訳）『アンドレ・マルローの日本』阪急コミュニケーションズ、二〇〇一年、、Ⅶ頁

55 朝吹登水子「パリの文人画」『藝術新潮』一九六三年一月号、五七～五八頁

56 『読売新聞』一九六二年十一月二十九日夕刊

57 鈴木前掲書、二九頁、展示を指揮した鈴木によると、壁の前に設けられた台や州浜は、来館者に作品を触れさせないようにする保護の役割をもはたしたという。

58 勅使河原蒼風「パリの文人画展と『花』」読売新聞一九六二年十二月三日夕刊

59 飯島、前掲書、二九頁。会場に禅画が展示される際、いけばなをともに展示する方法は、後の展覧会にも引き継がれた。一九六三年「彼岸展」の折には草月流渋井夫人とルネ・ローランが、一九六五年「後期禅画展」では勅使河原蒼風がそれぞれいけた。

60 『読売新聞』一九六二年十一月二十九日夕刊

61 会期は一九六三年十月十八日から十二月十六日まで。マルローが命名した原題の訳については拙論「一九六三年パリに現れた禅画──「日本古美術展」における禅画出品の意図をめぐって──」『成城美学美術史』第二十一号（二〇一五年三月）に詳述。

62 予定では一九六二年の開催であったが、「文人画展」開催が入り、一年延期された。野間清六「パリにおける日本古美術展報告」『MUSEUM』第一五七号、一九六四年四月号、三一頁

63 Vadime et Danielle Elisseef, *La Civilisation japonaise*, Les Éditions Arthaud, Paris, 1974

64 エリセーエフは前年日本における「フランス美術展」の際にクーリエとして来日している。

65 カーンの当時の役職は「副館長」（飯島、前掲書二七頁）とも「館長」（野間、前掲書一頁）とも表記があるが、本論では本公式展覧会図録の表記に準じた。

66 「美の来訪者四　日本古美術展の使者　バルチュス・ド・ローラ伯　画家」『藝術新潮』一九六二年十月号、一二七頁

67 野間清六「日本美術の〝此岸〟──パリの日本古美術展を巡って──」『三彩』一九六四年六月号、一〇頁

68 野間清六「フランスに見せる日本美術」『藝術新潮』一九六三年十月、九二頁

69 野間、前掲書、九二頁

70 禅宗絵画は既に海外で展示された実績がある。一九三九年ドイツ、ベルリンでの「伯林日本古美術展覧會」『伯林日本古美術展覧會記念展覧目録』帝室博物館、一九三九年七月

71 野間清六「パリにおける日本古美術展報告」『MUSEUM』第一五七号、一九六四年四月号、三一頁

72 一九五四～五五年「フランス美術展」（東京・福岡・京都）と一九六一年「フランス美術展――一八四〇年から一九四〇年まで」（東京国立博物館・京都市美術館）。さらにフランスからの返礼として「日本古美術展」の翌年に日本にもたらされたのは、門外不出の《ミロのヴィーナス》であった。

73 作品出品数は、公式展覧会図録 *L'Au-delà dans l'art japonais*, Musée du Petit Palais, Paris, 1963. と東京国立博物館発行『ＭＵＳＥＵＭ』第一五七号掲載の報告とでは若干異なる。公式図録には、いくつかの誤植が見受けられることと、展覧会後に『ＭＵＳＥＵＭ』での報告は図録よりも出品数が上回るため、より正確な数の可能性があると判断し、『ＭＵＳＥＵＭ』の記載に準じた。

74 『朝日新聞』一九六三年十一月二十七日夕刊

75 注1を参照。

76 P.-M.Grand, Arts anciens du Japon, Premiers potiers et moine truculents, *Le Monde*,1963, 10, 21. 及び、Raymond Cogniat, L'Au-delà dans l'art japonais, *Le Figaro*, 1963, 10, 19–20

77 Grand, op. cit.

78 『朝日新聞』一九六三年十一月二十七日夕刊

79 図録総売上部数八〇〇〇部。通常は八、九人に一人の割合で買われる展覧会図録であったが、「日本古美術展」では四人に一人の割合で買われていったという。野間前掲書、三二頁

80 野間前掲書、三二頁

81 飯田善国「ベルリンの日本美術、禅美術とヤポニズム展」『みづゑ』一九六六年一月、九七頁

82 会期は一九六五年九月十九日から十月二十四日まで。当時は「日本古美術展」と呼ばれていた。密教美術が専門のドイツ東洋美術館ロジャー・ゲッパーが図録テキスト執筆した。

83 Albert Buesch, Der Tages Spiegel, 1963, 9, 21（飯田訳、前掲書一〇七頁）Bueschは木彫に取り組んだドイツ表現主義を代表する彫刻家エルンスト・バルラッハと円空を「時空を超えて一つの親縁性を持っている」と称している。

84 名古屋・龍泉寺所蔵、千仏体（三～五センチ）の三体。『朝日新聞』一九六五年十月十五日朝刊

85 矢島前掲書、九八頁

86 矢島新「眼の革命」『日本美術の発見者たち』東京大学出版会、二〇〇三年六月、八〇頁

87 『禅と日本文化 *Zen Buddhism and its Influence on Japanese Culture*』The Easten Buddhist Society, Kyoto, 1938 はその代表的著作といえる。

88 『弓術における禅 *Zen in der Kunst des Bogenschiessens*』Otto Wilhelm Barth Verlag, München, 1948 フランス語版には、画家ジョルジュ・ブラックや鈴木大拙が序文を寄せている。Le Tir à L'arc, Paul Derain, 1960,

89 Lozerand, Emmanuel, La dilution du sujet japonais chez les intellectuels français au tournant des années 1970, Colloque international à la Maison franco-japonaise, le 6 septembre, 2013. 講演エマニュエル・ロズラン「１９７０年前後のフランス知識人がみる日本的主体の希薄化」国際シンポジウム１９４５年以降のフランスにおける日本文化受容、日仏文化会館、二〇一三年九月六日

90 Hugo Makibi Enomiya-Lassalle 一九四八年日本に帰化。愛宮ラサール、帰化名、愛宮真吉備。彼は赴任先の広島で原爆投下に遭い被爆した。慰霊のためではなく、世界平和を祈るための世界平和記念聖堂建設に尽力した。

91 *Zen, Weg zur Erleuchtung*,1957. この本は世界各国で翻訳された代表的著作である。

92 準備委員会顧問には、仏教に関する *Aspect du bouddhisme*, 1951、*Amida*, 1955 の著者フランスのカトリック教会の枢機卿、神学者のアンリ・ドゥ・リュバック（Henri de Lubac 1896–1991）が含まれていた。

93 この前文には仏教への言及がある。

94 「キリスト教以外の諸宗教に対する教会の態度についての宣言」『第二バチカン公会議公文書』カトリック中央協議会、二〇一三年九月、三八六頁

# 加藤信清と相国寺、大典晩年の見果てぬ夢
## ――円通閣再建・観音懺法・清国名刹への仏典寄贈――

福田　道宏

### はじめに

加藤信清（一七三四～一八一〇）は、「古今未曾有」の文字絵を描いたことで知られている。[注1]

その信清と、京都相国寺百十三世で、近世京五山を代表する碩学で、著述家としても知られる梅荘顕常（一七一九～一八〇一、大典禅師、以下「大典」と略す）との間に接点があったことは、信清の伝記史料として必ず引かれる「慈雲山龍興寺五百羅漢図記」[注2]を大典が著したことからも明らかだが、現在知られる限りにおいて、相国寺には二点の信清作品が伝来する。ひとつは方丈室中の《法華観音図》であり、もうひとつは信清唯一の非文字絵作品《徳川家康像》である。

さらに、大分月桂寺蔵《経相白衣観音像》は、もともと相国寺光源院に伝来していたものが、月桂寺に譲渡されたと箱書から判明する。また、その落款の特異な表記が大典との関わりから記されたものである可能性がある。

本稿では、加藤信清と相国寺、そして大典との、これまで考えられていた以上に密接な関わりについて、これらの作品と、天明の大火後の大典の動向をもとに考えてみたい。

### 一　加藤信清の生涯

加藤信清の伝記資料のなかでも、まとまった分量があって基本となるのが、「慈雲山龍興寺五百羅漢図記」と「遠塵斎退筆塚」である。まず、前者だが、大典が寛政三年（一七九一）生前の信清に実際に会って著わしたものである。龍興寺住持天啓禅威の頼みで、帰京後

の寛政四年十二月八日付で執筆し、龍興寺に送った。当時、信清は江戸小日向服部坂の龍興寺（現在は中野区に移転）のため、《五百羅漢図》五十幅をはじめとする一連の作品（以下「龍興寺作品」と称す）を制作中で、大典は実際に《五百羅漢図》のうち完成していた三十幅余りと《釈迦三尊像》を見ている。文化四年（一八〇七）刊行の大典の遺文集『北禅遺草』巻五にも収録されているが、天啓がこれに寛政五年一月付で解題を付したものが国立国会図書館蔵『寺社書上』二七（小日向寺社書上参）龍興寺の書上の末尾にも綴じ込まれている。さらに早稲田大学演劇博物館蔵『安田文庫貼り込み帳』に木版の一枚摺（挿図1）があり、版行もされたことが判明する。

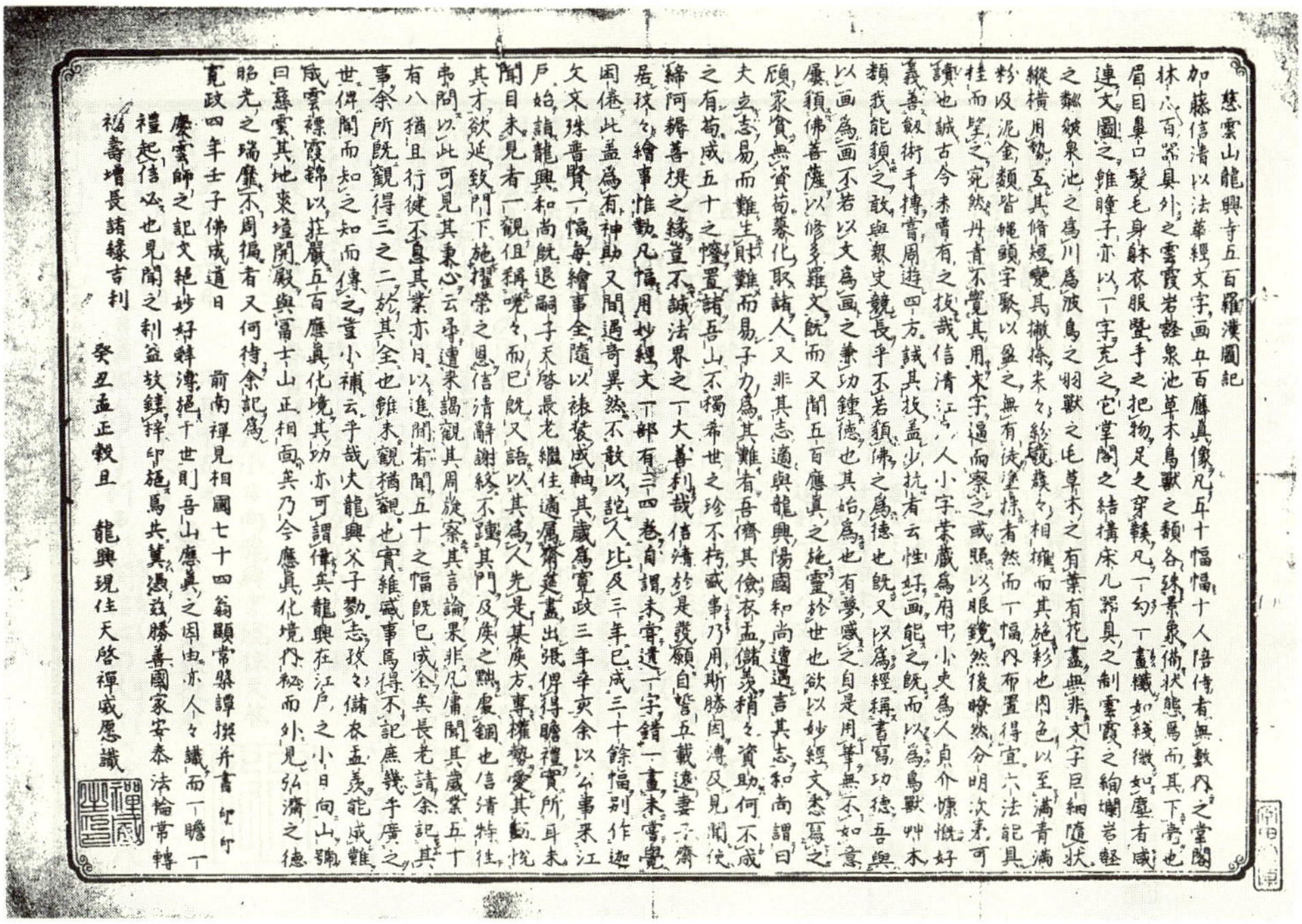

挿図1「慈雲山龍興寺五百羅漢図記」（早稲田大学演劇博物館）

天啓の依頼は、有名人の文章の宣伝効果を期待してのものだろう。信清と会ってみてその印象、人となり、画業などの記述がある。そこにちりばめられた修辞は、大典が僧侶である点から、天啓の依頼で書いている点から、鵜呑みには出来ないが、何より初対面とは言え、生前の彼と直接会って話しており、五百羅漢図の制作状況と過程が窺えるため貴重である。また、当時、信清作品がどのように見られていたかの、生きた証言でもある。

次に後者の「遠塵斎退筆塚」[注3]（挿図2）だが、信清没後十三年、文政六年（一八二三）法眼藤原相栄の撰になる。碑面は、大円寺（もと芝伊皿子、現在杉並区に移転）に現存し、鈴木廣之「図版解説　遠塵斎加藤信清筆　阿弥陀三尊像」[注4]にもおもて面の翻刻が載る。撰者藤原相栄は、芝三島町に住む相学者で、石龍子・松斎と号し、字は伯節、嵩山の三世の孫で法眼に叙せられた。[注5]

相栄は文中で信清を「先考之親友」、つまり父の親友といい、臨終に立ち会った彼に信清自身が筆塚を建てるように託した、とも書く。また、大円寺の瑞峰和尚と相栄の父も懇意で、信清自身も瑞峰和尚と親しかったとある。もちろん顕賞の意図が明らかであり、その分、差し引いて考える必要はあるが、生前の信清を知る者の手になるもので、生没年などは概ね信用に足ると言えよう。ただ、画業については大典の言い回しがそのまま使われ、参照しつつ、逸話などに手を加えたものだろう。そう考えると、相栄は父の親友を、さほど深くは知らなかったのかも知れない。なお、碑の裏面には信清の辞世があるが、こちらはどこにも採録されていない（挿図２）。

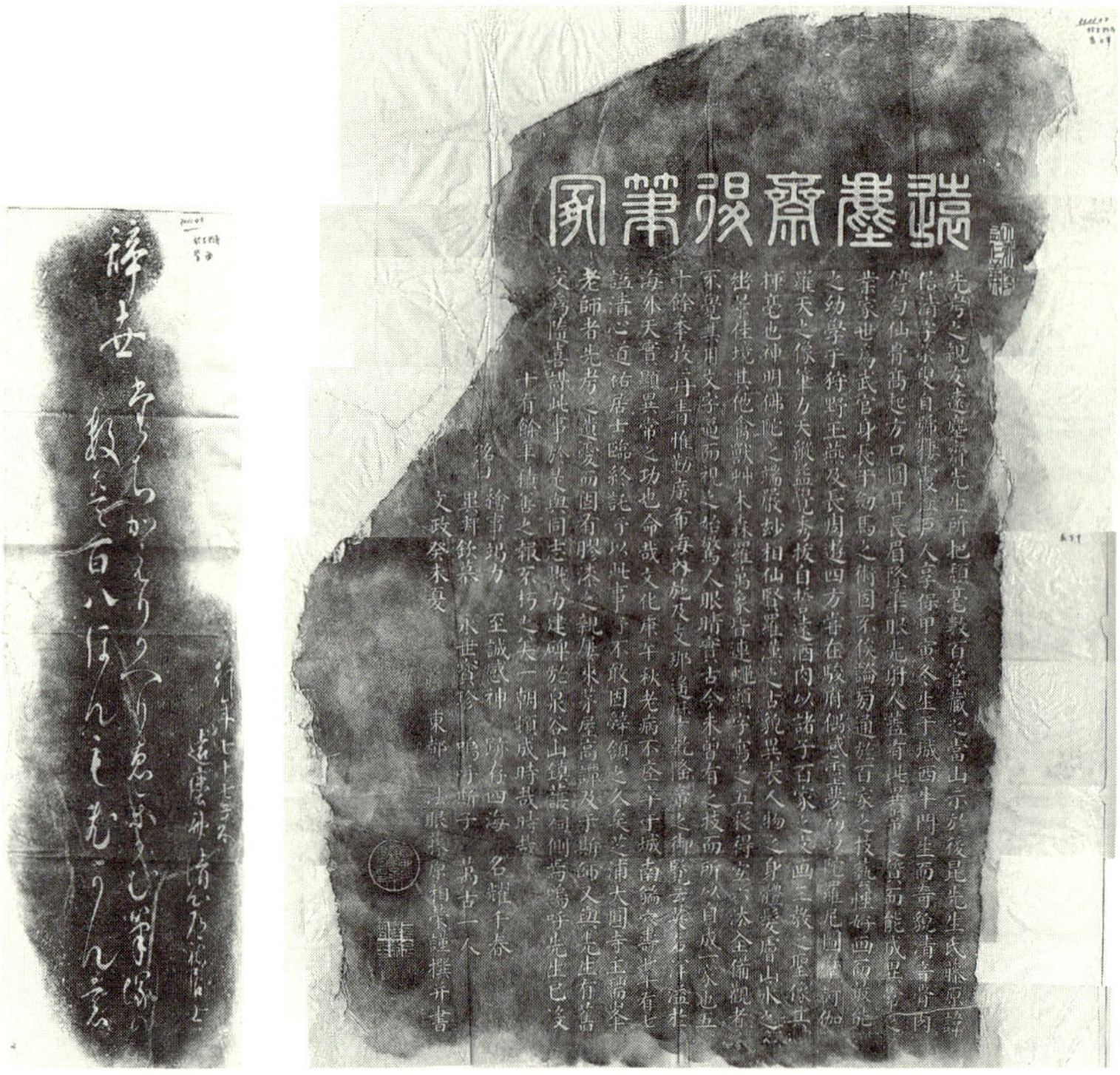
挿図２　「遠塵斎退筆塚」おもて面および裏面の辞世拓本

行年七十七歳

遠塵斎清心道祐居士

辞世　たちかえり　かへりえがかむ　筆塚の

数は百八　ぼんもひがんも

ほかは、ほとんどが断片的な資料だが、『古画備考』巻二十八「名画」に、信清が載り、「慈雲山龍興寺五百羅漢図記」も引くが、龍興寺に五百羅漢図を納めたとき、信清が記した願文（現所在不明）が収められる。[注6] また、柳沢信鴻『松鶴日記』寛政元年・二年の記事に信清の名が現われる。[注7] 信鴻は大和郡山藩主で信清の龍興寺蔵《十六羅漢図》に天啓の依頼で羅漢の名を記してもいる。

先述の『寺社書上』二七の龍興寺の書上、早稲田大学演劇博物館蔵『安田文庫貼り込み帳』には、木版刷りの「経字文字書五十五幅略説」（仮称、挿図３）がある。これは寛政五年一月付で天啓が龍興寺の信清作品五十五幅について、題名、員数、使用された文字の出

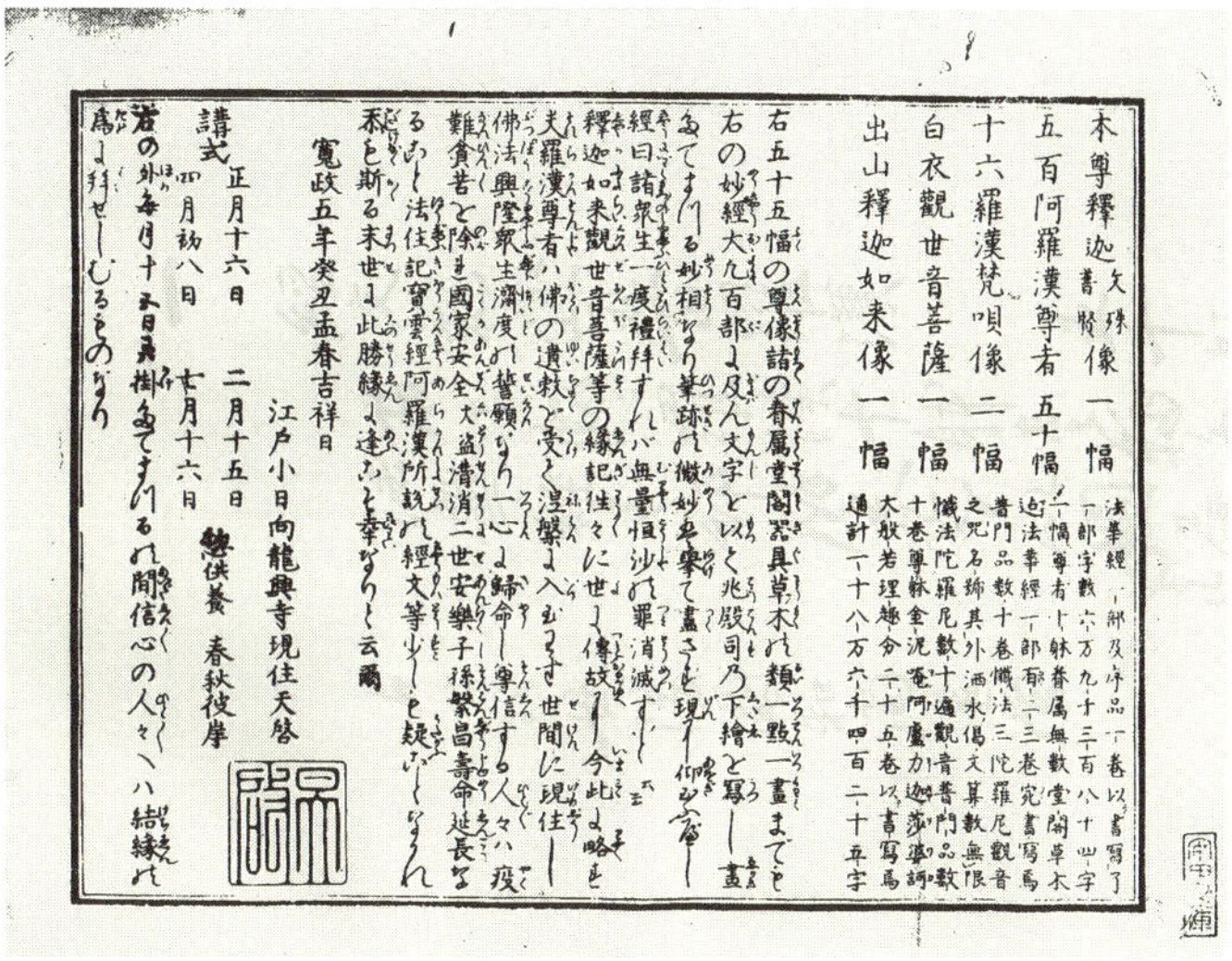

本尊釋迦文殊普賢像一幅　法華經一部及序品一巻以書寫了 一部字數六万九千三百八十四字
五百阿羅漢尊者五十幅　一幅尊者十躰眷属無數堂閣草木 迦法華經一部不二三巻完書寫焉
十六羅漢梵唄像二幅　普門品數十巻懺法三陀羅尼觀音 之咒名號其外洒水偈文其數無限
白衣觀世音菩薩一幅　懺法陀羅尼數十遍觀音普門品數 十巻尊躰金泥阿盧力迦莎婆訶
出山釋迦如来像一幅　大般若理趣分二十五巻以書寫焉 通計一十八万六千四百二十五字
右五十五幅の尊像諸の眷属堂閣器具草木の類一點一畫までを右の妙經大凡百部に及ん文字を以て兆殿司乃下繪を寫し畫成てまつる妙相すり筆跡の微妙を擧て畫を現す仰ぎ奉し經曰諸衆生一度禮拜すれバ無量恒沙の罪消滅すと云々釋迦如来觀世音菩薩等の縁起往々に世に傳ふ故に今此に略す夫羅漢尊者ハ佛の遺敕を受て涅槃に入玉ハず世間に現住し佛法興隆衆生濟度の誓願なり一心に歸命し尊信する人々ハ疫難貧苦を除き國家安全大盜消二世安樂子孫繁昌壽命延長なるべし法住記寶雲經阿羅漢所説の經文等少しも疑ひなければ業を斷る末世に此勝縁に逢ふを幸なりと云爾
寛政五年癸丑孟春吉祥日
江戸小日向龍興寺現住天啓
講式　正月十六日　二月十五日　四月初八日　七月十六日
惣供養　春秋彼岸
右の外毎月十五日に掛ならべまつるの間信心の人々へハ結縁の為に拝せしむるものなり

挿図３「経字文字書五十五幅略説」（仮称）（早稲田大学演劇博物館）

典と文字数を挙げ、その絵の説明と功徳を説き、年四回の講式、春秋彼岸の惣供養、そのほか毎月十五日に掛け並べて人々に結縁の為拝ませる旨、書かれており、開帳のために刷ったものだろう。以下、これらの資料や先行研究を参考に、信清の生涯の概略をたどる。

加藤信清は小字を栄蔵（栄叟）といい、遠塵斎はその号。また、棲霞（栖霞亭）とも号した。享保十九年（一七三四）冬の生まれ。「遠塵斎退筆塚」には、「城西牛門」の生まれとあり、牛込門付近に生家があったのだろう。何に拠ったか不明だが、『東都歳時記』は「享保十九寅仲冬」としており[注8]、これを信ずるなら十一月生まれということになる。没したのは、文化七年（一八一〇）秋、『武江年表』文化七年の条には更に、「九月十九日、加藤遠塵斎卒す。七十七歳」とある。[注9] 三田村鳶魚は「墓は目黒行人坂の妙行寺にある」とするが、根拠は不明で、鳶魚自身も述べるとおり、行人坂に妙行寺という寺は、過去にも現在にも存在しない。もし、行人坂を誤りとすると、信清と地縁のある白金・麻布と程近い元麻布にならば妙行寺があるが無住。

画業は本業でなく、大典は「府中小吏」と記し、幕府の役人だったらしいが、如何なる職制であったか、はっきりしない。「遠塵斎退筆塚」背面の辞世とともに記された戒名は「清心道祐居士」で、「院殿」でも「大居士」でもない。身分はそう高くなかったものか。なお、文字絵を始めたきっかけとして、相栄は、四方を周遊していて、かつて駿府にいるとき偶々霊夢を感じ、初めて「陀羅尼」の文字で、「摩訶迦羅天之図」を描いた、との逸話を載せる。これを信ずるなら、現存しない最初の文字絵大黒天の図は駿府で描かれたことになる。この時代、旗本や御家人で駿府とかかわりがあるとすれば、交替で駿府在番を勤めた書院番士だろう。書院番士か、その与力・同心だった可能性もあることを指摘しておく。

大典は、剣術などをよくし、かなう者は少なかった、とも記す。ただし、武士である信清に対する修辞が含まれるであろうことは、考慮されねばならない。人となりは、会っていると非凡な感じがし、「貞介慷慨、義を好む」といい、その逸話も記す。かつて権勢をほしいままにしていた某侯が、信清の画才を愛し、自分に仕えさせ「擢栄之恩」を施してやろうと欲したが、信清は辞し、遂に応じなかった。ところが、その某侯が失脚すると、今度は弔問に出掛けた、という。これに関して、三田村鳶魚は、石材は島津斉興から提供されたと退筆塚の背面の刻文にあり、某侯を斉興ではないかと書く。[注10] 確かに大円寺は島津家の香華所で、何の縁もない者のために石材を与えたりしない、という推論は魅力的だが、斉興では五百羅漢図以前ということと年代が合わない。鳶魚は何に基づくのかわからないが、「この殿様は御老中であったらしい」と書きながら、老中でなどあり得ない斉興の名を挙げる。この年代、権勢を振るったのち失脚した大名を素直に考えるなら、田沼意次の方がまだしも適当だろう。意次は天明六年（一七八六）に老中を罷免され、信清が龍興寺作品に着手した天明八年に没している。逸話が事実なら、龍興寺作品以前に、すでに大名のような後援者があったことになる。

貴顕との関係では、先述のとおり、柳沢信鴻との関係が知られる。また、《孔子像》を収める広島県立美術館蔵「諸家書画帖」には、公家、大名や著名な文化人の書画も含まれる。依頼者が誰で、どういう経緯で依頼されたのかは不明だが、近世は厳しい身分秩序の一方で、文化人たちが身分を越え、時に対等な交遊が出来た時代であった。[注11] 信清もそのような文化人に数えられていた可能性があることは、伝記を考えるうえで重要である。

さきに見たように、いつから文字絵に手を染めたかは駿府でと伝えるものの不明だが、幼くして絵を好んだという。相栄は、狩野玉燕に学んだ、とするが、鈴木廣之の指摘どおり、玉燕が没した年、信清はまだ数え十歳である。作品を見る限り、何らかの絵画教育を受け、基礎的な素養はあったのだろう。

天明八年正月、信清は一大事業に着手する。それが《五百羅漢図》五十幅をはじめとする龍興寺作品の制作であり、これを機縁に大典と知り合い、また、生前から名を高からしめ、没後も人口に膾炙することとなった代表作であった。龍興寺では現在、八幅の信清作品を所蔵しており、わかっている限り最多である。かつては、五十五幅を蔵し、文字どおり最大の所蔵者であった。同寺は柳沢家と深いかかわりを持ち、『寺社書上』によると、将軍綱吉が描いた楊柳観音なども蔵していた。五十五幅の内容は「経字文字書五十五幅略説」に、「本尊釈迦文殊普賢菩薩像一幅」・「五百阿羅漢尊者五十幅」・「十六羅漢梵唄像二幅」・「白衣観世音菩薩一幅」・「出山釈迦如来像一幅」とある。『古画備考』によれば、一八九二年（明治二十五）、若干の「黄白」、つまり金銭のため「沽却」するところとなる、とあり、残念ながら、同寺に伝わるのは、右の《釈迦三尊像》と《五百羅漢図》のうち三幅、《十六羅漢図》二幅、《白衣観音像》・《出山釈迦図》各一幅で、全容を目にすることは出来ない。

《釈迦三尊像》・《五百羅漢図》は、先述の寄進の際の願文により、天明八年一月一日から起筆し、寛政四年十一月に完成したと判明する。さらに「慈雲山龍興寺五百羅漢図記」により後述のとおり大典と会った寛政三年二月から五月には《釈迦三尊像》と《五百羅漢図》のうち三十幅余がすでに表装を終えていた。《十六羅漢図》二幅は柳沢信鴻が天啓から賛を依頼された寛政元年閏六月以前の制作と判明し、[注12]これらが制作年の明らかなもののなかではもっとも早い。ほかの二幅は、制作時期が明らかでないが、寛政五年一月付の「経字文字書五十五幅略説」が版行されるまでには仕上がっていたはずである。なお、大典は、信清が龍興寺作品を描くにあたって、「自誓五載遠妻子斎居」、つまり五年間、妻子を遠ざけ、潔斎を誓った、と記す。この記述により、妻や子があったことが判かる。

ほかに、彼の人生で時間軸上に載せられるのは、作品の制作年のみである。龍興寺作品以後、信清はさらに文字絵を描き続けた。その数はいまわかっている限りで十八点ほどになり、これまで考えられていたよりは多くの作品を描いていた。[注13]また、龍興寺作品は足掛け五年で五十五幅で、年に十幅前後、ほとんど月に一幅という計算になるが、以後は多い年で四幅、少ない年は皆無で、ならすと概ね年に一幅ほどを描いていたことになる。紙数の都合でいちいち深入りはできないので、作品の紹介と検討は別稿に譲り、信清と大典について見てゆくことにしたい。

## 二　天明の大火と相国寺

信清が龍興寺作品に着手してちょうどひと月が経とうとしていた、天明八年（一七八八）正月三十日未明、京都では鴨東、団栗辻子で出火した火事が鴨川の西にも飛び火し、翌二月一日未明には禁裏御所が炎上、同日夕刻に鎮火するまで一日半にわたって京都の中心市街を焼き尽くした。いわゆる天明の大火である。御所の北に位置する相国寺も、この未曾有の火災で法堂など数宇を残して、開山塔、後水尾天皇より下賜の方丈、徳川家康寄進の山門円通閣など灰燼に帰した。そして、このとき、身命を賭して復興に尽したのが大典であった。

大典は、字は梅荘、諱は顕常、大典・蕉中・北禅などと号した。享保十四年（一七二九）三月二十日、相国寺独峰慈秀のもとで得度。[注14]『相国寺史料』所載の、その際の證文によれば、近江国神崎郡伊庭郷生まれで、北山龍安寺門前に住む儒医今堀東庵の実子で、父と同じく伊庭郷に生まれ、名を大次郎といった。このとき十一歳とあるので、生年は享保四年である。[注15]同書所載の「上名簿」には公卿で従三位非参議の故七条信方の猶子とある。[注16]また、没後、弟子の伊藤慎斎が同じく弟子の大徳寺真珠庵太室宗宸に宛てた消息によれば、これ以前、黄檗山万福寺の華蔵院にもいたという。[注17]

同十七年九月二十九日侍者に転位、同十九年五月二十八日蔵主、元文四年（一七三九）正月七日維那となり、同五年七月十四日首座に転位、寛保二年（一七四二）八月八日には前堂に転じた。その間、儒者宇野明霞について詩文を学ぶなどした。延享二年（一七四五）慈雲庵住持となり、同五年秉払、十刹真如寺に任じ、寛延三年（一七五〇）十二月四日西堂に転位。宝暦六年（一七五六）師の独峰慈秀が遷化し、同十年慈雲庵を退隠、安永元年（一七七二）に慈雲庵に帰るまで郊外に閑居して著述に勤しんだ。同五年幕府から相国寺住持の朱印状を受け、同九年八月、相国寺百十三世となる。同十年五月から天明三年（一七八三）五月まで、幕府の命により対馬以酊庵に派遣される。以酊庵は、朝鮮との文書起草や朝鮮使節接応を取り仕切る、いわば外交機関で、京都五山の文筆に長けた僧侶が輪番でこれに当たったが、大典はその六十一世となった。同四年南禅寺公帖を受ける。その後、相国寺復興に晩年の十年余りを費やした。信清と出会ったのはそんな最中であった。

## 三　加藤信清と大典との出会い

信清と大典とは龍興寺を介して出会う。「慈雲山龍興寺五百羅漢図記」には、「寛政三年辛亥余以公事来江戸、始詣龍興、和尚既退、嗣子天啓長老継住、適属斎筵」とあり、寛政三年公事のため江戸へ来た大典は初めて龍興寺を訪ね、天啓和尚と会い、そこで信清に引き会わされる。聞けば、信清に五百羅漢図制作の援助を申し出た陽国和尚はすでに退き、継住した天啓がその志を継いでいるとのことだった。

「相国寺史稿」二十五、寛政三年正月条によれば、「二十九日　幕府朝鮮聘使ヲ対馬ニ邀へ、其礼事ヲ襄サント欲シ、住持梅荘ヲ召ス、梅荘此日発駕ス」とあり、続けて引かれる「参暇寮日記」によれば、前年十二月二十三日に寺社奉行松平輝和から翌亥年二月中旬迄のうちで大典に江戸に参府するようにと仰せ渡された。[注18] 同じく「議聘公用記」にはこれが「従松平越中守御召」、つまり松平定信の御召で、「来ル二月十五日前出府」するようにと仰せ渡され、正月二十九日に京を発ち、二月十一日に江戸に到着、十四日定信邸へ初めて出勤した、とある。[注19] 公用を済ませ、相国寺に帰ったのは五月二十六日である。同じく「参暇寮日記」によれば同月十三日に江戸を発ち、二十五日に草津宿まで戻り、翌日大津で維明周奎らの出迎えを受け、七つ時に帰山した。[注20]

つまり、信清と出会ったのは、二月十一日から五月十三日までの江戸在府中に絞られる。この邂逅の様子は「慈雲山龍興寺五百羅漢図記」によって知られるが、大典は制作中の《五百羅漢図》五十幅のうち、すでに完成していた二十幅余りと、《釈迦文殊普賢菩薩像》一幅を実見して、絵について具さに記し、信清がなぜこのような絵を描くようになったのか、そもそもどのような生い立ちで、どのような人となりなのか、会ってみての感想を交えて記す。大典と信清との会話の内容はここから想像するほかないが、逸話などは具体的で、或る程度長時間、信清から話を聴いたものと考えられる。

しかし、当然のことながら、ここに表われているのは聴き手としての大典の姿であって、話し手としての姿が欠如している。「慈雲山龍興寺五百羅漢図記」が天啓の頼みで執筆された文章という性質からは致し方ないが、語り合ったというには、ここからは会話の片方、謂わば一方通行の、信清の独白とそれに対する大典の感想しか見えてこないのである。大典がこの文章をものしようと、聴き取り調査のため、質問だけして聴き役に徹していたのならともかく、普通、会話は相互通行だから成立するし、また、執筆は帰京後、年が明けた寛政四年である。ふたりを比べるなら、より多くを語りそうなのは、学才・文才を以って知られ、熱心な宗教者であり、幕府の信任厚く、今回もその召し出しによって出府している大典の方こそが、話題が豊富だろうし、十五歳年長でもあり、会話を主導したのではないか。だからこそ、信清は大典に感銘を受け、こののち、大典のために作品を制作したと考えられる。

もちろん、実際の会話を私たちは聴くことは出来ない。しかし、相国寺が所蔵する二点と、かつて所蔵していた一点から、その一端を想像することは出来る。では、具体的に、大典が何を語ったのか、信清が何を聴かされたのか、作品に即して見てゆく。

## 四　相国寺蔵《法華観音図》

《法華観音図》（挿図4）は普段、相国寺方丈室中に掛けられており、その法量が縦一六八・六センチ、横九二・七センチ、現在知られている作品中、最大の作品である。板橋区立美術館「諸国畸人伝」展に出品され、同展図録の佐々木英理子による解説[注21]にも記すとおり、信清自身が相国寺に納めたことが明らかである。すなわち、「相国寺史稿」二十六所載の「参暇寮日記」に、

挿図4　加藤信清《法華観音図》（相国寺）

寛政六年三月八日、経字観音大士画像江戸加藤栄蔵信清書写当山江寄附ニ付、点眼供養、々々了而一山吃斎、
但昨日自維那寮触如左
口触
明八日一番鳴鐘、就鹿苑院、観音大菩薩開眼真大悲咒消災咒、
尤立班諷経、々々了而斎筵合山御出頭事
但斎後慶雲大和尚、懺法御講読之事
三月七日　堂司梵宣白

とあり、鹿苑院で開眼供養が行われた。[注22]大悲咒・消災咒をあげて供養したあとには「斎筵」があり、さらにそのあと、懺法講読も行われた。講読をした慶雲大和尚とは、前々年、寛政四年七月の慶雲院殿足利義勝三百五十年遠忌を修するにあたって、金地院に願い出、同年八月から慶雲院の称号を名乗ることになった大典である。[注23]慶雲院は大典の慈雲庵と、松鷗庵・林光院という塔頭三院の本院である。同じく所引の「北禅禅語」には「経字観音尊供養偈」として「本迹二門成普門　円通脱躰大悲尊　皇州三月春如錦　燕語鶯啼満四園」が載る。[注24]落款には「以法華一部遠塵斎信清謹書行歳六十寿」とあり、前年の制作である。

さて、まず注目すべきは、懺法講読である。懺法は相国寺の最重要儀式ともいえる観音懺法のことで、そこで声明として唄われる『請観音経』を大典が講じた、ということだろう。現在も毎年六月十七日、方丈で行われる観音懺法は、ひとが「知らず知らずのうちに仏法に背」き、重ねている「罪を観音菩薩に懺悔し、一人一人が生まれながらに備えている「仏性」を取り戻すための儀式」という。[注25]円通閣で行われていたため、「閣懺法」ともいう。円通閣は天明の大火で焼失したが、観音懺法は焼け残った法堂で続けられた。「相国寺史稿」二十五所引の「参暇寮日記」によると、寛政三年、役僧の評議により鹿苑院で修することに決したが、直前になって法堂で続けることになった。[注26]この鹿苑院とは、前年に冨春軒から移築した客殿・台所であり、紀綱寮の若年僧らが、鹿苑院は手狭で進退にさまたげが多く、また、声明の音響が籠らず、「各自之心も改まらない、と訴えたためである。この訴えのなかでも観音懺法は「本山ニ於而ハ、年中第一之法会、夷洛之口碑ニも伝来候程之義」と特別だと強調されている。

その後、文化五年（一八〇八）からは前年に再建なった方丈で行われるようになって現在に至る。なお、天明の大火以前の明和六年（一七六九）から、伊藤若冲《釈迦三尊像》三幅（相国寺蔵）と《動植綵絵》（宮内庁三の丸尚蔵館蔵）が懺法の日、方丈に掛けられるようになり、現在も三尊のうち両脇侍《文殊菩薩像》・《普賢菩薩像》の二幅が掛けられる。

次に注目すべきは、信清が描いたのが観音だった点である。観音懺法が行われる方丈だが、先述のとおり、《法華観音図》は、普段、室中に掛けられている。ここで「普段」と書くのは、観音懺法の日に限っては、その場所に懺法本尊として別の観音像が掛かるからである。その観音像とは伝吉山明兆《白衣観音像》（挿図5）で

挿図5　伝吉山明兆《白衣観音像》（相国寺）

ある。いつから伝明兆《白衣観音像》が本尊となったかは不明だが、《法華観音図》と見比べてみると、興味深いことに気付く。

まず、信清のそれは白衣観音というには、色とりどりの衣を身にまとうが、伝明兆のそれが村田隆志による解説で「白衣は風をはらんで右から左へと翻り、あたかも観音懺法の開始にあたって奏される、観音菩薩と三世三千の諸仏の来臨を請う勧請の楽に応じて、南海の補陀落浄土から瑞雲に乗って飛来する姿」と評される像容を模したかのように、衣も髪も向って右から左へと強い風に吹き流されている。[注27]また、伝明兆のそれが白衣観音の通例に従い、左手に白蓮華を持つのに対し、信清のそれは右手に柳の小枝を持つという違いはあるが、どちらも左右の手を手首のあたりで、左を上にして交差させる点も共通している。伝明兆の法量は縦一九一・二センチ、横八〇・三センチで、信清よりも天地が一三・五センチ長く、幅は逆に一二・四センチ狭いが、表具が加わることを考慮すれば、儀式で同じ場所に掛けるのに不都合のある差ではない。そもそも、信清は龍興寺宛の願文に、張思恭・明兆を師として描いたと記しており、信清にとって明兆は図像の典拠だったことが知られる。[注28]

こうして見てくると、信清が大典と出会ってのち、龍興寺の諸作を完成させて間もない寛政五年に制作の《法華観音図》は、伝明兆《白衣観音像》と全く無関係に描かれたとは考えにくい。信清は《法華観音図》が伝明兆《白衣観音像》に代わって観音懺法に用いられることも視野に入れて、或いは期待して観音を描いたのではないか。信清が相国寺を訪ねない限り、同寺にとっての観音懺法の重要性、伝明兆《白衣観音像》の像容などを知る機会は、大典との会話のなかにあったとしか考えられない。

もちろん、これだけの材料では推測の域を出ず、確言は出来ないが、ほかの二点を見てゆくと、大典との会話のなかで信清が聴かされたことが、おぼろげながら浮かび上がる。次節では、観音懺法を修する場であった円通閣ともかかわりの深い徳川家康を描いた《徳川家康像》について見てみたい。

## 五　相国寺蔵《徳川家康像》

信清唯一の現存する非文字絵作品《徳川家康像》（挿図６）は、信清作品としてはこれもまた稀な、落款を持たない作品である。しかしそれでも、間違いなく加藤信清筆、と言い切るのには幾つかの理由がある。その第一は、絵から受ける印象である。実見してすぐに信清だと感じた理由を説明するのは困難だが顔貌表現や色彩感覚などが、文字絵と非文字絵という差異を超え、共通している。第二には、繰り返し述べているように、信清と大典との関係が知られるからである。そして、第三に本作箱書に「加藤栄蔵画」と記されているからである。その筆跡は大典の筆跡と酷似するという。[注29]徳川家康と大典、特に信清と知り合った天明の大火以降の大典には特別な関係がある。箱書は、まず、表には、

挿図６　加藤信清《徳川家康像》（相国寺承天閣美術館）

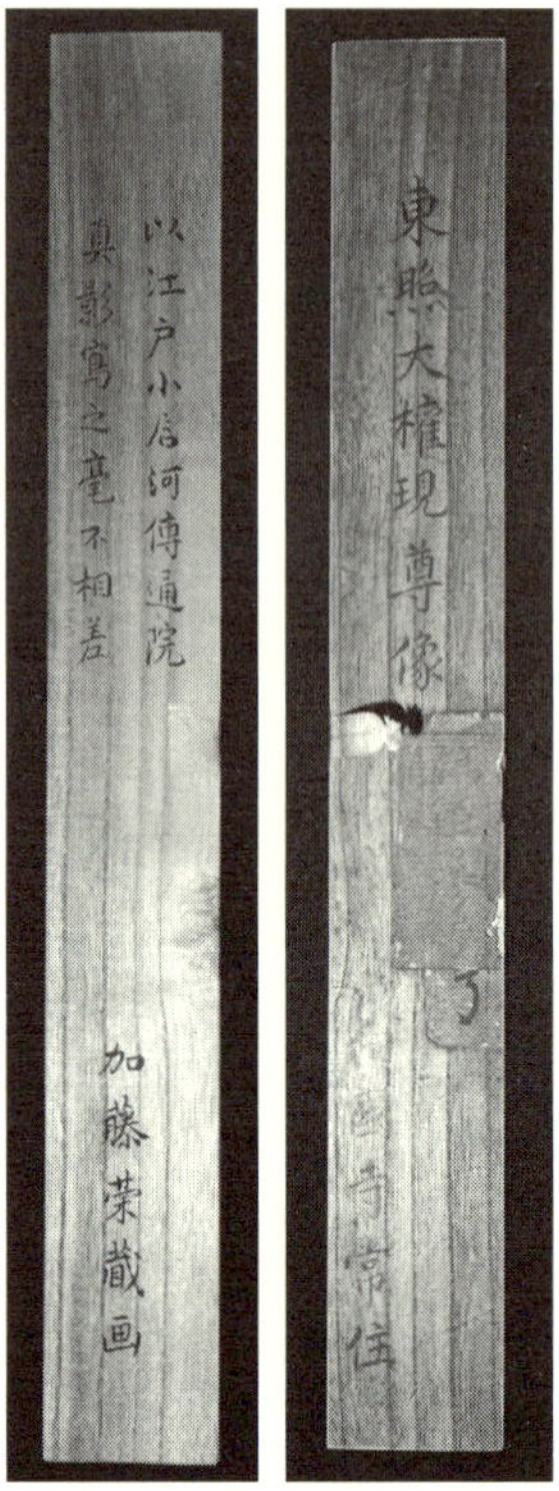

挿図７　加藤信清《徳川家康像》箱書蓋表裏（相国寺承天閣美術館）

東照大権現尊像　　　相国寺常住

の文字があり、裏には、

以江戸小石河伝通院
真影写之毫不相差　　　加藤栄蔵画

とある（挿図７）。つまり、本作に描かれるのは東照大権現、神となった徳川家康であり、江戸小石川伝通院にある「真影」を毫も相差がえず、加藤栄蔵が描き写した、ということである。伝通院は徳川家康生母於大の方の菩提寺として創建された寺で、無量山寿経寺ともいう。徳川家の絶大な庇護のもと寺勢を誇ったとされ、ここに家康肖像画があっても何の不思議もないが、寡聞にしてその存在を聞かない。たとえ、信清の時代にはあっても、その後の火災や戦災で失われたのかもしれない。

　よく知られる家康像と比べると、本作は像容が特異である。家康は繧繝縁の畳の上に茵を敷き、そこに坐した束帯姿で描かれる。道具立てとしてはほかに、鴨居が画面上部に横一文字に描かれ、その下に巻き上げられた御簾、さらに御簾の内側に朱色の帳を総つきの紐二本で縛って吊るし上げているのみである。欄干も階もなく、唐破風もない。なお、鴨居が右肩上がりにやや傾いているのは、右斜めを向く像のため、奥行きを意識したものか。帳には五箇所に金泥の三つ葉葵の紋があり、茵にも同じく金の葵紋、束帯の地文様としても葵紋が描かれている。

　縦六二・〇センチ、横二四・五センチの小画面だが、細部に目を凝らすと、冠の纓や帳を巻き上げる紐など質感を表わそうと細線を入れ、一見白一色のように見える表袴にも地文様を描き、平緒や腰に佩いた刀の手貫緒の組紐風の質感など細部まで全く手を抜いていない（挿図８）。顔貌表現も特異で、ほかの家康像のふくよかな顔立

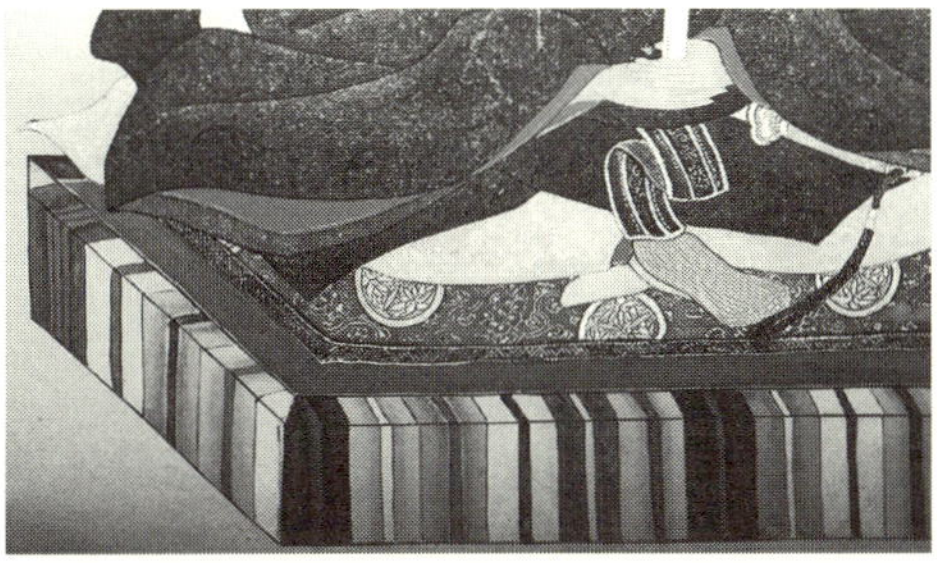
挿図8　加藤信清《徳川家康像》（部分　相国寺承天閣美術館）

ちとは異なり、引き締まって精悍ですらある。その顔立ちは信清が描く仏以外の像、たとえば額や目尻に深い皺の刻まれた《孔子像》や羅漢の顔立ちとも通じるものがある。なお、繧繝縁の畳の、向かって左奥の角が、色を塗り間違えて、角が欠けたようになっているが、毫もたがえずというのを信じるなら、伝通院の原本の描き誤りか。

すでに見たとおり、箱書の情報量はわずかだが、楷書で書かれたその筆跡は、たとえば、大典の《送書目録並送状[注30]》（大光明寺蔵）などと比べると、紙本と桐箱で単純な比較は出来ないが、線が細く、一画一画がしばしば離れているなど、確かに雰囲気が通じ、同一人の手としても違和感はない。蓋裏の「以」「真」「不」は送状に出てくるそれと似通っており、「差」も「工」の部分が「ユ」になるなど非常によく似ている。一方、「伝通院」の「伝通」二字は、目録の終わりから八番目の「伝通記十五冊」に同じ字の並びがあるが、形が異なる。蓋表の「東」は送状に頻出し、六画目を大きく跳ねるなど酷似する。「照」は送状では連火の部分を「火」にするものの、上の「昭」の部分、特にその右上の「刀」が片仮名「ク」のようになっている点などの書き癖が共通している。送状・目録の「国」の旧字「國」に関しては、箱書の「相国寺」の「国」と同様、すべての個所で、「戈」のなかに「厶」を書く。

挿図9　加藤信清《徳川家康像》（部分 相国寺承天閣美術館）

徳川家康《円通閣棟札》（相国寺）

本作に関しては、以前、解説を執筆したが[注31]、その際には見落としていて、その後、判明したことがある。それは、御簾の内の帳の中央の葵紋を囲むように三箇所に短冊形に金泥で塗った枠があり、そこに記された文字の出どころである。紋の向かって右に「源家武運」、同じく下に「与山門」、左に「同永久矣」とある（挿図9）。続けて読むと、「源家」、つまり徳川家の武運と山門は同じく永久なるかな、となる。これは天明の大火で焼失した円通閣を寄進した徳川家康が自ら、棟札として書き付けた十一文字である[注32]。山門焼失ののち焼け跡から、この棟札が見つかり、相国寺では当時、江戸にいた大典から幕府に奏上、幕府は相国寺に寺社奉行松平輝和を通じ、棟札を以後永く護持するために箱を作って二度と開かぬよう命じられた。そこで相国寺では、棟札を収める桐箱を作り銅板巻きにして守り伝えてきた。以来二百二十八年、この箱は開かれることがなかったが、二〇〇七年、相国寺承天閣美術館での「開基足利義満六〇〇年忌記念　若冲展――釈迦三尊像と動植綵絵一二〇年ぶりの再会――」でその禁が破られ、陳列もされた。以上の経緯については同展図録所載の村田隆志による解説[注33]に詳しい。そして、《徳川家康像》の箱書と、ほぼ同材質に記された棟札の箱の箱書を比較してみると、「東照大権現」の「権」の字がやや異なるものの、同一人、つまり大典の筆と見てよい。

さて、棟札は厳重に保管されることになったが、では、円通閣はその後、再建されたのか。相国寺僧らを恐悦させた、大火にあっても筆跡だけは焼け残る東照大権現の神威だが、結論からいうと、幕府の財政悪化の前には神威も通じず、再建されず現在に至り、礎石のみがその跡をとどめている。しかし、相国寺にとって円通閣は、家康、そして幕府からの手厚い庇護を最も端的に表わす象徴であり、また、前節で述べたとおり観音懺法という最重要儀式を行う場でもあった。何としても再建したかったはずで、ほとんど悲願といってもよい。「相国寺史稿」によれば、相国寺は大火後、幕府に対し繰り返し、再建を願い出ていた。とりわけ、大典は遷化のその日まで、その思いを強く持ち続けていた。大典は幕府との太いパイプを活かし、また、幕府からの召し出しで江戸に出府する機会を活かして、たびたび再建を願い出る。「相国寺史稿」二十六では寛政八年六月の条に、「十四日　慶雲院梅荘ノ江戸ニ在ルヲ機トシ、山門再造ノコトヲ幕府ニ嘆願ス、此日梅荘、寺社奉行松平輝和ノ慰諭ヲ受ク」とあり[注34]、「参暇寮日記」を引く[注35]。

それによると、江戸在府中の大典から四月二十九日相国寺に手紙が届き、山門内願について言ってきた。続く六月二十九日に届いた同十七日付書状では、願いが聞き届けられた、とその顛末を書き送ってきた。

五月二十二日、松平輝和に呼ばれて行くと、「此節御用も相済」んで滞在中の勝手はどうかと懇ろに尋ねられ、「時宜相応」に答えたところ、また連絡すると言われる。六月五日に出向くと、二、三日中に連絡するとのこと。十三日、今すぐか翌日四つ時過ぎ以降に来るようにと連絡があり、翌十四日昼前に行くと、用人神谷弥平から「格別之御願筋」なので呼んだのだと聞かされ、輝和は持病があるが、今日は登城もなく、お目に掛かるだろうと伝えられる。しばらくして座敷で輝和に会う。そこで輝和から「口達」、つまり口頭で、山門再建について仰せ渡しがあった。そのあと、神谷に御礼回りはどうしたものか、老中への御礼や、「管寺」（相国寺管下の寺か、ほかで三管寺ともあり、相国寺・鹿苑寺・慈照寺か）が全員で御礼に下向すべきかと尋ねたところ、奥へ入って輝和に確認、「管寺」の件はそれには及ばない、ただし、このことは老中戸田氏教から仰せ達せられたので、考え次第で御礼に行くとよいかもしれない、とのことだった。十五日、輝和は登城中なので用人に御礼、戸田邸でも用人に御礼、板倉邸に行き、十九日に江戸を出立すると届けた。手紙の最後には、「一、去々年来御願申上候儀、先一通リ形付候而忝安慮仕候、猶委曲近々帰山、縷陳可仕候、先為告報如斯御座候」とあり、十四日に輝和から仰せ達せられた内容と思しき引用が続く。すなわち、

一、山門願之儀、　仰達之写如左
相国寺山門之義、去々寅十一月追而御沙汰ニ可被及と有之候儀者、終ニ捨置ニ者不相成、則時節を以、旧にも可被復との趣ニ可有之候、惣て難及沙汰、又者不容易儀なと申達趣とは訳之違たる事ニ候、右之段能心得候而、無懈可被相勤候
一、方丈も追付再建可致ニ付、御箱物安置之所も、右方丈江取つゝけ、一間別棟ニ鋪理度旨、右者方丈再建出来之節、猶可被申聞候、
右之本紙南蔵衆封箱江入置候事

とあり、続いて大典が御礼参りの口上の写しがある。

今般相国寺山門之儀、御願申上候処、結構なる仰を奉蒙、難有仕合ニ奉存候、帰京後一衆江為申聞候者、一同ニ難有可奉存候、
私儀位頭ニ罷在候ニ付、一衆相兼、為御礼参上仕候

この記事から、「相国寺史稿」には見えないが、「去々寅十一月」つまり、寛政六年にも願い出て、追って沙汰に及ぶべしとの返答を得ていたこともわかる。大典は寛政六年も八月二日から朝鮮聘使にかかわって江戸に下っており、[注36]その間に寺社奉行など幕閣に掛け合ったものだろう。

そして、寛政八年六月の時点では、山門再建について、とりようによっては前向きにもとれる返事を得る。追って沙汰に及ぶべしというのは捨置きにしているのではない、いずれ山門は旧に復すべきと考えており、沙汰に及び難いとか容易ならざることだとか言っているのとは訳が違うことをよく心得よ、という。さらに、方丈も追っつけ再建する、方丈に続くひと棟として「御箱物安置之所」も建てたいというのは、再建が決まってから願い出るように、とも言われる。「御箱物安置之所」はさきに触れた、家康直筆の円通閣棟札を収めた箱を奉安する建物か。

問題は、「時節を以」て、という部分だろう。幕府の側の真意はわからない。すぐには無理なので、曖昧に先延ばしにしたつもりが、相国寺の側でよい意味に受け取り過ぎたのかもしれない。しかし、寺社奉行松平輝和は老中戸田氏教にも御礼に行くよう勧めているので、全く脈のない話でもなかったのだろう。このとし、大典が

江戸に出府したのは、やはり朝鮮聘使に関することで、「相国寺史稿」二十六所引の「参暇寮日記」・「議聘公用記」・「年代即鑑[注37]」などによると、建仁寺環中玄諦とともに幕府の召しにより、三月四日相国寺を発ち、三月十七日に江戸着、二十二日に松平信明に初めて召し出され、以後折々出勤。四月末には一応の決着をみたようで、大典・玄諦の以酊庵あての五月二日書状に「我等も今日御暇出申候」とあり、この日、暇を出された。

その後、在府中に山門の一件があり、大典が帰山したのは七月四日であった。その際、相国寺は「此度　御用御参府之次、山門再建願件、彼是御周旋、結構ニ被仰付候儀、全ク右和尚御辛労有之ニ付」、大典の山門再建のための尽力に謝すため、大津まで輿丁など人足を出迎えに送り[注38]、さらに八月三日には「慶雲和尚　於江戸山門再建願有之候処、公儀より結構ニ被仰出候ニ付、為謝労金子弐千疋贈進、御辞退ニ候得共再呈、受納有之」とあり、金子を贈っている[注39]。しかし、さきに述べたように、山門は再建されなかった。寛政十年二月頃にも大典は幕府の召しにより江戸へ赴き、五月までの在府中、寺社奉行土井利和らに掛け合い[注40]、さらに翌十一年三月には山門再建願い出のために江戸に下向する[注41]。結局、十一年四月十二日、大典は土井利和から直に書付で、「御事多之時節故、未難被及御沙汰間、其趣相心得居候様被　仰出候間、其旨可被存候」と申し渡されて、即再建は諦めざるを得なくなった。二十日、土井利和へ「去十二日被　仰渡候趣難有奉承知候、猶又以時節被及御沙汰被下候様奉願候」との口上を書付で差し出したが、後半で「以時節」と願っているように、完全に諦めた訳ではなかったことがわかる。

本題に戻ると、信清が《徳川家康像》を描き、そこに天明の大火で焼失した円通閣の家康直筆の棟札の文字を書き込んだのは、再建が相国寺、そして大典の悲願であると知っていたからこそだろう。そもそも、棟札の文字を知り得る機会も大典という接点があったからにほかならない。そして、次に見る《経相白衣観音像》は、大典が山門再建と並んで、最も意を注ぎながら、やはり果たさぬ夢に終わった、もうひとつの事業と関わって制作されたものと考えられる。

## 六　月桂寺蔵《経相白衣観音像》

臼杵城と対峙するように隆起した高台の上に石垣が威容を誇る清光山月桂寺は、関ケ原合戦後、美濃郡上八幡から転封されてこの地に入った稲葉氏の菩提寺である[注42]。臨済宗妙心寺派の禅院。慶長十三年（一六〇八）二代藩主典通が、祖父で藩祖の稲葉良通を開基とし、湖南宗岳を開山に迎え創建。湖南は典通の父貞通が良通の菩提を弔って妙心寺に智勝院を開いたとき、開山に請じた南化玄興の法嗣である。山号・寺号は、良通の戒名「清光院殿前三品一鐵宗勢法印」と、良通が妻月桂のため湖南を開山に開いた岐阜県揖斐川町の清光山月桂院による。

挿図10　加藤信清《経相白衣観音像》（月桂寺）

寺域は県指定史跡で、寺宝には県指定有形文化財《快川紹喜像》一幅、《月桂寺歴代住持画像》二十二幅や《稲葉家歴代藩主画像》十八幅など多数あるが、原則非公開の寺院である。「心頭を滅却すれば火も自ら涼し」の遺偈であまりに有名な快川の画像が伝わるのは、快川が湖南やその師南化の師だからであり、快川が火中入滅の直前までまとっていたと寺伝にいう「火定の袈裟」も伝わる。

さて、加藤信清《経相白衣観音像》（挿図10）だが、これも県指定有形文化財になっており、二〇〇九年二月一日に、同寺第二十二代住持の寺崎養道和尚の特別の計らいで調査の機会を得た。本作は、『うすき草紙月桂寺物語』[注43]に図版掲載されるほか、『中国絵画総合図録』第四巻にも「遠塵」の「観音大士図」として単色図版が掲載される。[注44]紙本着色軸装、本紙の法量は縦一三二・九センチ、横五五・四センチ。

描かれるのは滝を背に、滝壺から突き出した岩上に坐し、別の岩に両ひじをつき、顎杖をして凭れかかる白衣観音である。ひじをつく岩の上には柳の枝を挿した花瓶が置かれる。信清はほかにも白衣観音を描いている。龍興寺蔵《白衣観音像》や、無落款で技法上特異な東京国立博物館所蔵の一本とは、波立ち渦巻く水面から突き出した岩上に坐す点が共通するが、観音の姿勢が異なる。龍興寺本・東京国立博物館本では、椀を手にして右ひじをつくものの、体も顔も正面を向き、岩に凭れてはいない。

しかし、実は月桂寺本とほぼ同図様の信清の白衣観音像がある。龍興寺五百羅漢図のうちの一幅で、現在、バークコレクションが所蔵する《Ten Rakan Examining a Painting of a White-Robed Kannon（白衣観音図を吟味する十人の羅漢たち）》の画中画で、羅漢たちが取り囲んで拝する白衣観音像である（挿図11）。画中画で一度描いたものを、独立した作品として描きなおしたことがわかる。

さて、本作で目を引くのはその落款である（挿図12）。

挿図11　加藤信清《Ten Rakan Examining a Painting of a White-Robed Kannon》（バークコレクション）

挿図13　加藤信清《経相白衣観音像》部分（月桂寺蔵）

挿図12　加藤信清《経相白衣観音像》落款

　大日本武蔵国白金玉川上遠塵斎行年六十三寿謹書画

とある。制作年はここから龍興寺作品完成から四年後の寛政八年と判明する。信清は作品に「東都」・「白金」「玉川上」・「城南麻谷」などの住所を記すことが多いが、「大日本武蔵国」は異様と言ってもよい。殊更に、日本で、と記すのには訳があるはずである。ここでは、この落款を頼りに制作背景を明らかにしたい。

　本作の共箱の蓋表には「経相円通大士」と書かれ、裏には「春沢和尚得経相円通大士記」と題された長文が四行にわたって記される。文化七年（一八一〇）四月に月桂寺書院で「渤海霊仙和南」なる者が書いたもの。筆者は不明。少々長くなるが引用する。

　春沢和尚得経相円通大士記

　　旹文化庚午七年夏四月中澣

　　　再観念渤海霊仙和南揮毫於清光山書院

文化第六己巳歳丁花園開刱本有円成国師四百五十年遠諱、廼春沢和尚為輔大斎会故到于京師、乃訪相国寺中光源大蟲禅師、従而話及先師力生所蔵之玩具之事、大蟲持眎円通大士尊像、曰此則是遠塵斎之所描経相也、遠塵斎曽図以此寄贈育王山而播名於華域而苦描之、然亡官許而止矣、予偶得之座下亦観此図也、曰往便蕃於蘭山和尚輪下、乃覩彼所描経相羅漢厥奇異精緻、則雖呉道士不可尚也、私竊欲得之而末由求焉、今又視此図倍知神奇妙絶也、少焉大蟲曰吾将附与同心之人顧信力非座下、則微可附与者乃附之、於是頂戴謝曰素所願望則千金以不可換也、乃竟十襲而蔵諸、春沢以為略記所得之由、庶幾後人之護惜也、僕会為賀瑞世遠航於海来、於春沢則命之矣、誼不可惟述所聞見之概以為記、遠塵斎字英蔵姓加藤燕都之人也

文意の取りづらい箇所も多いが、概略を示す。文化六年、「花園開山本有円成国師」、つまり妙心寺開山関山慧玄の四百五十年遠忌があり、月桂寺第十三代春沢崇拙[注45]はその法要の手伝いのため京都に行き、相国寺光源院を訪ねた。「大蟲禅師」とあるが、享和三年（一八〇三）閏正月四日、光源院を辞し大智院と称した維明周奎から後継とされた大中周愚だろう[注46]。ここで、「先師」、恐らく維明が所蔵の「玩具」の話に及んだ[注47]。大中は観音像を持ってきて見せ、これは遠塵斎が描いた「経相」だと言った。そして、遠塵斎はかつてこれを「育王山」に寄贈して「華域」に名を馳せようと苦労して描いたが、「官許」なくして止めになった、と言う。自分もたまたまそこにいて、この図を見た。蘭山和尚[注48]のもとで彼の描いた「経相」の羅漢も見たが、呉道士といえどもかなわない「奇異精緻」なものでひそかに欲しいと思った。いままたこの図を見て、ますます「神奇妙絶」なことを知った。大中は、これを同心の人に与えよう、と言うので頂戴することになった。後人がこれを大切に守り伝えることをこい願う。春沢の頼みでこの一文をものした。遠塵斎は字は英蔵といい、姓は加藤。「燕都」、つまり江戸の人である、という。

重要なのは、まず、第一に本作が、かつて相国寺光源院に伝来していたことで、それは維明の所蔵品で、維明のあと光源院を継住した大中から文化六年、月桂寺春沢に付与されたということがわかる点である。

第二に、これが「育王山」に寄贈して「華域」に名を馳せようとして描かれたという記述である。「育王山」は「華域」とあるので、中国浙江省寧波の阿育王山広利禅寺だろう。そこで思い返されるのは、退筆塚に記された「廣布海内施及支那遥歴　乾隆帝之御覧云英名洋溢於海外天実顕異常之功也」、つまり、信清の名が支那にまで及び乾隆帝も御覧になった、海外に英名をはせるとは「異常之功」である、という一文である。三田村鳶魚はこれを信じている。結局寄贈されなかったからこそ相国寺光源院に残っていた訳だが、もちろん、たとえ日本から信清作品が伝わることがあったとしても、そう易々と皇帝御覧になるとは思えない。

しかし、外国との接触が著しく制限されていた当時の状況のなかで、にわかには信じ難いこの逸話も、大典の事績と照らし合わせると、全くの作り話ではなく、或る程度の現実味を帯びたものだったことがわかる。

本作を信清が描いた頃、先述のとおり大典は相国寺山門の再建に情熱を傾けていたが、寛政五年ころから、併行してもうひとつの壮

大な事業にも取り組み、幕府に許可を求めていた。それは、日本に伝わる仏教の経典を中国に贈って、名刹に納めようという事業である。「相国寺史稿」二十六の寛政五年十一月条に、「十七日　梅荘顕常、愛宕山六如慈周ト相謀リ、支那国ニ絶滅スル所ノ仏典ヲ考査シ、長崎奉行ヲ経テ之ヲ彼地ニ贈リ、以テ其名山大刹ニ納メンコトヲ、町奉行ニ申請ス、此日其事ヲ本山参暇ニ申告ス」とあり、続けて「参暇寮日記」を引用する。[注49]

十一月十七日、大清国へ書籍寄贈ニ付、慶雲和尚願書如左

奉願口上覚

一、往古唐土より日本へ伝来候仏書類、其後彼方ニ者断絶候而、此方ニ残リ致流布候書籍類夥敷有之候、今般右之書籍吟味仕リ取集メ、唐土へ遣度奉存候、左候者、於彼方甚賞嘆仕リ、重宝ニ可相成、仏法之利益者不及申、乍憚日本之光輝と奉存候、尤長崎表之交易ニ仕而者、双方共不案内ニ而難相分存候ニ付、今般右書籍各一部宛贈物ニ仕リ、彼方名藍之地ニ相納メ、学徳有之僧徒之手ニ入候様、一篇之文章相認、差添遣度奉存候、且又日本古徳撰述之仏書も彼方へ致流行利益ニ可相成品者、是亦相添遣度奉存候、右之通一旦相送候後者、彼方より所望仕リ、於長崎表往々交易之品被仰付候儀も可有之候と奉存候、依而此度右之書籍、目録之通差遣度儀御願申上候、尤此方彼方共、随分慥成輩懸念不申候而者無心元存候、何卒右之儀御許容被成下、長崎奉行所ニ於而宜御取計被下候様仰付被下候者、難有奉存候、以上

寛政五年癸丑十月　　相国寺常長老

御奉行所

右之通今般御願申上候、以上

本山　　慶雲院顕常印

参暇和尚

以下略すが、このあとに引用されるのは右のなかで「一篇之文章」と記された「漢文案　日本国伝来仏書逸于彼者寄贈」と「遺書目録」であり、さきに大典の筆跡の比較でも触れた《送書目録並送状》とほぼ同内容である。[注50]つまり、大典は中国から伝来した仏教だが、その中国で失われた仏典を中国に長崎奉行経由で贈り、通常の交易ルートに載せては理解されないだろうから「一篇之文章」を添えて、先方の僧侶の手に渡るようにしたい。仏教の利益となるだけでなく、日本の光輝だ、という。また、今回は一部ずつを贈って、今後、先方から所望されれば交易ともなり得る、と記す。この件も、幕府は明確な返事をしなかったと見え、先述の《送書目録並送状》の送状は「日本寛政六年甲寅」付であり、右の「参暇寮日記」に続けて引かれる「参暇寮日記」では寛政八年二月二十二日に「先達而差出候送書目録」のうち「選択集決疑鈔」を除き、「六妙門」

など六部を加える記事がある。さらに「相国寺史稿」二十六の寛政九年九月の記事には、やはり「参暇寮日記」を引用して、六如と奉行所へ申請した件について「于今埒明不申ニ付、再願口上書」を出した記事があり、[注51] 同書の小畠鼎文による註記に「此後奉行所ヨリ何等指令アリタルコトヲ見聞セス、本件ハ恐クハ不成功ニ帰シタルモノカ、惜ム可シ」とあるように幕府の認めるところとならなかったのだろう。大典は、中国にある名刹に仏典の寄贈をしようとしていた。寧波の阿育王山広利禅寺はもちろん、中国の「名山大刹」に含まれていただろう。

ここまでで明らかなように、信清が月桂寺蔵《経相白衣観音像》の落款に「大日本武蔵国」と記し、「育王山」に寄贈しようとしていたが「官許」が得られず中止になったことが相国寺内で伝わっていて箱書に書かれ、また信清の死後、退筆塚に中国まで名を馳せたと記される理由は、大典のこの壮大な事業との関わりにおいてしか理解出来ない。つまり、信清が中国への仏典の寄贈の際に自作を一緒に送ろうとして本作を制作したのは、大典からこの企みについて聞かされていたからである。制作が自発的なものか、大典の依頼によるものかは不明である。また、そもそも、すでに見てきたように、大典は信清と出会って以降、たびたび江戸に参府しており、会ったのが一度なのか、継続的に江戸で会っていたのかも不明である。若冲と大典の関係を考えるなら、一度ではなく、その後も含め複数回会ったか、便りぐらいは交わしていたかと想像したくなる。

いずれにせよ、信清はこれまで考えられてきた以上に、大典との関わりのなかで、或いは大典からの影響のもとに、作品を制作していたと考えられるのである。

現在、所在が判かっている相国寺に伝わる信清作品と、かつて相国寺にあった信清作品は以上の三点に過ぎないが、塔頭などから今後も資料や作品が見つかる可能性はあるだろう。

## まとめ

紙数もすでに尽きているので、簡潔にまとめる。

加藤信清のほとんど未詳の前半生だが、文字絵を始めた地として駿府と伝えることから、幕府旗本・御家人のうち交替で駿府在番として赴任する書院番士かその与力・同心であった可能性のあることを指摘した。

後半生については文字絵作品が残るが、その数はこれまで考えられてきたよりは、相当多いのではないか。未だ見出されずに眠っているものもあるだろうし、没後二百年以上が経ち、その間に人災・天災で失われてしまったものもあるだろう。飽きもせずに、というのは簡単だが、習熟した文字絵技法で晩年まで夥しい数の作品を描き、後半生を文字絵に捧げたといえるだろう。

第二章から第六章では、加藤信清と大典の、これまで考えられてきた以上に密接な関係について、具体的な作品三点と、天明の大火後、信清と知り合って以降の大典の動向とをもとに明らかにした。

信清は「慈雲山龍興寺五百羅漢図記」を著わして、自分を理解し、文字絵という企てを褒めてくれる大典と出会い、自らの生い立ちや文字絵にかける思いを語った。一方、大典も信清に自らの夢を語っただろう。信清は大典の期待や理解に応えようと文字絵作品を描き続けた。のみならず、大典から聞かされた、大典の夢であった相国寺山門円通閣の再建や、そこでの観音懺法、清国への仏典寄贈などの事業の企てに共鳴もして、相国寺と大典のために《法華観音図》・《徳川家康像》・《経相白衣観音像》を描いた可能性が高い。信清の没後建てられた「遠塵斎退筆塚」にいう、海外に名を馳せた、という逸話も、全くの作り話ではなく、大典が中国に寄贈しようとしていた経典とともに、信清は自らの作品を中国寧波の育王山に寄贈しようと考えていたことが下敷きになったであろうことを明らかにした。

加藤信清と大典とは単に一度きり江戸で出会って、「慈雲山龍興寺五百羅漢図記」を著わしたというだけの関係ではなく、互いに認め合っていた。特に、伊藤若冲亡き後、晩年の大典にとって加藤信清の存在は大きなものだったし、大典晩年の見果てぬ夢は加藤信清のものでもあったのではないかと考えられるのである。

注

1　加藤信清に関する先行研究としては、三田村鳶魚「遠塵斎の羅漢図」（『三田村鳶魚全集』巻二十一、中央公論社、一九七七年）、鈴木廣之「図版解説　遠塵斎加藤信清筆　阿弥陀三尊像」（『美術研究』三四三、一九八九年）、矢島新「加藤信清筆　法華経文字描五百羅漢図」（『國華』一三〇二、二〇〇四年。矢島新『近世宗教美術の世界　内なる仏と浮世の神』〈国書刊行会、二〇〇八年〉に収載）、鯨井清隆「加藤信清筆「五百羅漢図」及び「神農図」の筆順に関する考察」（『美術史研究』四七、二〇〇九年、二一～四二頁）のほか、『――変容する神仏たち――近世宗教美術の世界』（渋谷区立松濤美術館、一九九五年）『開館十五周年記念特別展　文字絵と絵文字の系譜』（渋谷区立松濤美術館、一九九六年）所載の矢島新による解説、『諸国畸人伝』（板橋区立美術館、二〇一〇年）がある。また、言及としては、Laura Kaufman「Practice and Piety; Buddhist Art in Use」（『Apollo』二七六、一九八五年）、『好奇心のおもちゃ箱』（仙台市立博物館、一九九二年）、安村敏信「見世物としての絵画」（『日本美術史の水脈』ぺりかん社、一九九三年）、内山淳一『江戸の好奇心』（ぺりかん社、一九九六年）、Patricia J. Graham『Faith and Power in Japanese Buddhist Art, 1600–2005』（University of Hawai'i Press、二〇〇七年）などがあり、国立国会図書館ホームページ「本の万華鏡第六回へのへのもじえ――文字で絵を描く――」第二章祈りの文字絵（http://rnavi.ndl.go.jp/kaleido/entry/6.php）でも紹介されている。

2　大典の遺文集『北禅遺草』に収められ、『東都歳事記』（東洋文庫一五九）一（平凡社、一九七二年、九二～九六頁）など、信清の没後二十年に満たないうちからすでに、これが参照されている。朝岡興禎『増訂古画備考』（思文閣出版、一九八三年、一一七二～一一七五頁）も全文を掲載する。前掲注1三田村鳶魚「遠塵斎の羅漢図」、同じく鈴木廣之「図版解説　遠塵斎加藤信清筆　阿弥陀三尊像」など近代以降の先行研究でも基本資料として扱われ、鈴木論文には翻刻も載る。

3　一九九六年（平成八）十二月、卒業論文として提出した拙稿『遠塵斎加藤信清の文字絵について』（未公刊）では、「退」の字を篆書の字形と、信清の辞世に出てくる「たちかえり」という語から「復」と読んで、「復筆塚」と称すべきと書いたが、今回改めて調べたところ、字形から言っても「退」の正字「𢓊」であり、お詫びして訂正したい。なお、『広辞苑』でも「筆塚」の項に「退筆塚」とあると吉村巴恵氏からご教示いただいた。

4　前掲注1鈴木廣之「図版解説　遠塵斎加藤信清筆　阿弥陀三尊像」、三田村鳶魚「遠塵斎の羅漢図」。

5　『江戸現在広益諸家人名録（天保十三年版）』（『近世人名録集成』勉誠社、一九七六年）など。

6　前掲注2朝岡興禎『増訂古画備考』。

7　前掲注1鯨井清隆「加藤信清筆「五百羅漢図」及び「神農図」の筆順に関する考察」。

8　前掲注2『東都歳事記（東洋文庫一五九）』。

9　『増訂武江年表（東洋文庫一一八）』二、一九六八年、平凡社、四三頁。ただし、月岑は『武江年表』で、ほかの人々の没した記事に卒年とともに葬られた寺を記すことが多いが、信清については書いていない。これは、月岑が菩提寺を知らなかったからかも知れず、命日については、過去帳など確かな資料に当たったものか疑問である。

10　前掲注1三田村鳶魚「遠塵斎の羅漢図」。

11　『江戸の文人交友録　亀田鵬斎とその仲間——渥美コレクションを中心に』世田谷区立郷土資料館、一九九八年など。

12　前掲注1鯨井清隆「加藤信清筆「五百羅漢図」及び「神農図」の筆順に関する考察」。

13　加藤信清の現存作品の総体については別稿に期することとする。

14　「相国寺史稿」二十七『相国寺史料』第七巻、思文閣出版、一九九一年、四一九～四三四頁に大典示寂の記事と彼の略歴などが載る。以下、大典の履歴に関しては同箇所所引の史料による。

15　前掲注14『相国寺史料』第七巻四二一頁所引「参暇寮日記」。

16　前掲注14『相国寺史料』第七巻四二二頁。

17　前掲注14『相国寺史料』第七巻四二三頁所引「真珠庵文書」。

18　前掲注14『相国寺史料』第七巻七四頁。

19　前掲注14『相国寺史料』第七巻七六頁。

20　前掲注14『相国寺史料』第七巻八九～九〇頁。

21　前掲注1『諸国畸人伝』。

22　前掲注14『相国寺史料』第七巻一八二頁。

23　前掲注14『相国寺史料』第七巻一六〇～一六二頁。

24　前掲注14『相国寺史料』第七巻一八三頁。

25　『開基足利義満六〇〇年忌記念　若冲展——釈迦三尊像と動植綵絵一二〇年ぶりの再会——』日本経済新聞社、二〇〇七年、一三九頁。

26　前掲注14『相国寺史料』第七巻九一～九四頁。

27　前掲注25『開基足利義満六〇〇年忌記念　若冲展——釈迦三尊像と動植綵絵一二〇年ぶりの再会——』二〇二頁。なお、前掲注1『諸国畸人伝』所載の佐々木による《法華観音図》解説では、類似した像容の《蓮舟観音図》（泉岳寺蔵）を信清が描いていることに言及するが、これも補陀落山から海を渡って来臨する様なのかもしれない。

28　前掲注2『古画備考』。ただし、現在、この願文は龍興寺には残っていない。

29　村田隆志氏のご教示による。

30　『大典禅師と若冲』大本山相国寺・相国寺承天閣美術館、二〇〇一年、六六・六七頁。

31　『美術フォーラム21』一五、美術フォーラム21刊行会、二〇〇七年、二七頁。

32　村田隆志氏のご教示による。

33　前掲注25『開基足利義満六〇〇年忌記念　若冲展——釈迦三尊像と動植綵絵一二〇年ぶりの再会——』二〇二～二〇三頁。

34　前掲注14『相国寺史料』第七巻二四五頁。

35　前掲注14『相国寺史料』第七巻二四五～二四九頁。

36　前掲注14『相国寺史料』第七巻一九六～二〇〇頁。ただし、同所註記に

「参暇寮日記、此年七月ヨリ明年七月ニ至る迄断欠シ、他ニ未タ本件ニ関スル資料ヲ発見セス」とあり、帰山の日時や、在府中、山門についてどのような交渉があったかは未詳。

37 前掲注14『相国寺史料』第七巻二四〇～二四五頁。

38 前掲注14『相国寺史料』第七巻二四一頁。

39 前掲注14『相国寺史料』第七巻二四八頁。

40 前掲注14『相国寺史料』第七巻三〇一～三一一頁。このときは、二月二十四日に大典が江戸着府ののち、同二十七日には天真集膺が、大典帰京後の六月十三日には新集周鼎が江戸に向かい、この件に当たっている。四十分の一図面や大図を作って、江戸に送ったりもしていて、相国寺がいかに本気だったかがわかる。また、幕閣への直接的な働きかけだけでなく、「京極家」（のちの桂宮家）から一橋家（当時、空主だが、公仁親王女が一橋斉済室）、伏見宮家から輪王寺宮（公澄入道親王は伏見宮頼邦親王の子）という、別ルートも模索したが功を奏さなかった。七月十一日になって土井家用人から、御沙汰がいつになるやらわからないし、長逗留では費用もかさむし、まして二人ではなお物入りだろう、帰京して返事を待っては、と言われ、天真は八月三日に江戸を発つ。その後、新集は翌年大典が再び参府するときまで江戸でロビー活動を続ける。

41 前掲注14『相国寺史料』第七巻三一五～三三〇頁。

42 『うすき草紙月桂寺物語』臼杵ルネサンスの会、一九九四年。以下、月桂寺に関する記述はこれによる。

43 前掲注41『うすき草紙月桂寺物語』六一頁。

44 東京大学出版会、一九八三年（JT874）。

45 前掲注41『うすき草紙月桂寺物語』一三頁。

46 前掲注14『相国寺史料』第七巻四八二頁。

47 ちなみに、月桂寺には落款に「癸丑仲春為月桂常住写於崎陽華嶽　維明周奎」とある《天神梅》三幅対があり、寛政五年（一七九三）二月に維明が描き、寛政八年臼杵藩主稲葉弘通が賛をした作品が伝わるので、相国寺僧と月桂寺との接点はこの辺りにあったものと推測される（前掲注41『うすき草紙月桂寺物語』六二頁）。維明が長崎に旅をしたかは不明ながら、「相国寺史稿」二十六の寛政五年四月条に引かれた「参暇寮日記」には「維明西堂旅行中ニ候得共」（前掲注14『相国寺史料』第七巻一六三頁）、同年京都を離れていたことは確かである。

48 前掲注41『うすき草紙月桂寺物語』所載の「臼杵藩略年表」天明七年（一七八七）条に「六月、月桂寺表門建つ、小倉蘭山和尚の筆による「紫海清光」の額掛かる」とあり、春沢の師で小倉開善寺の蘭山正隆のことか（笹尾哲雄『近世における妙心寺教団と大悲寺』文芸社、二〇〇二年）。

49 前掲注14『相国寺史料』第七巻一七三～一八〇頁。

50 前掲注30『大典禅師と若冲』六六・六七頁。若干の用字の違いや誤脱などはある。ちなみに、この中国への仏典寄贈という事業については同書所載の有馬頼底「大典禅師の生涯と若冲居士」（六九～七三頁）でも紹介されている。

51 前掲注14『相国寺史料』第七巻二八六～二八八頁。

［図版出典］

挿図4『諸国畸人伝』（板橋区立美術館、二〇一〇年）

挿図5・9—2『開基足利義満六〇〇年忌記念若冲展』（相国寺承天閣美術館、二〇〇七年）

挿図6・8・9『美術フォーラム21』15（美術フォーラム21刊行会、二〇〇七年）

挿図11『Jewel Rivers Japanese Art from The Burke Collection』（Virginia Museum of Fine Art、一九九三年）

増上寺所蔵

# 一信筆五百羅漢図における図像の継承と「新様」

梅沢　恵

## はじめに

増上寺本五百羅漢図は狩野（逸見）一信（一八一五～六三）が晩年、十年の歳月を費やし、心血を注いで制作した大作である。一信を支援した増上寺の大雲が記した『新図五百羅漢図記』によれば、一信は最後の四幅を残し百幅の完成を見ずに亡くなり、残された下図をもとに弟子の一純と妻の妙安が完成させたという。[注1] 五百羅漢図は増上寺で開眼供養され、この大作を安置するために建てられた羅漢堂は江戸の名所となった。[注2] また、病のために四幅を残してこの世を去った画家と夫のために尽くし、遺作を安置する羅漢堂を自ら建立し、堂守となった妙安の献身は人々の心を打ち、語り継がれた。[注3] しかし、第二次世界大戦中に空襲で羅漢堂が焼失すると、増上寺の蔵に長く保管され、寺外での公開はほとんどなかったという。

本図は昭和五十四年に、東京都港区の文化財として指定された。河合正朝氏により作品調査が進められ、詳細な報告書[注4]（以下、『報告書』）の発行により本図の全貌が明らかにされた。本報告書は、全幅の図様と主題、博捜された関連資料が収録されており、本図および一信研究の良質な基本文献となっている。さらに、板橋区立美術館、江戸東京博物館で開催された展覧会[注5]が契機となり、江戸時代の狩野派の再評価の気運が高まる中、最末期に連なる画家として一信も注目されるに至る。そして、二〇〇六年には東京国立博物館所蔵の五百羅漢図が五十幅一堂に公開された。[注6] 図録には参考図版として増上寺本のうち、第二十五幅［六道　鬼趣］と第七十二幅［龍供］の二図が掲載されている。

そして、二〇一一年、東日本大震災発生により、延期を余儀なくされながら、山下裕二氏の監修により、はじめての大規模な一信展が江戸東京博物館で開催された。[注7]この展覧会では、増上寺本全幅が一堂に公開された。また、展覧会にあわせて刊行された『狩野一信五百羅漢図』[注8]には、新たに撮影された良質な写真とともに一信の伝記、逸見家所蔵の一信資料等が収録された。その後、同展は米国・サックラー美術館でも開催され、二〇一三年秋には山口県立美術館を会場とし、新出の作品とともに再び全幅公開されている。[注9]長く増上寺に眠っていた五百羅漢図は、ここ数年で幕末期の美術史を彩る重要作品となったのである。

本稿では、一信の代表作である増上寺本五百羅漢図について、中世羅漢図からの図像の継承について検討し、特に円覚寺本の図像との比較から百幅全体の構想について考察したい。

## 五百羅漢図の系譜

中国・寧波から内陸にはいった場所に位置する天台山の石橋、方広寺周辺には生身の五百羅漢が示現するといわれる。その信仰は鎌倉時代には、日本にももたらされ、重源、成尋らは入宋して天台山を訪れ、生身羅漢を供養したと伝えられる。五百羅漢図は、この生身羅漢を描いたもので、龍を降ろして雨を降らせ、猛獣である虎や獅子を手懐け、空を飛び、海を渡るなどの、超人的な羅漢の神通力のほか、天台山を舞台とした羅漢の法会や喫茶、入浴などの日常の僧院生活を主題としている。

現存する五百羅漢図の遺例としては百幅、五十幅、十幅の大部の系統と、二幅、一幅の少数幅で構成される系統に分かれる。前者には、南宋時代に描かれた大徳寺本[注10]がある。他に鎌倉・円覚寺本、[注11]舶載画をもとに制作されたと考えられる東福寺の明兆筆の五十幅本[注12]とその下絵が残されている。これらの作例はいずれも細部に差異はあるものの概ね基本となる図像を共有する関係にある。

ところが、これらの五百羅漢図には図像の根拠となる経典や儀軌はほとんどない。また大部の五百羅漢図は十六羅漢図、十八羅漢図などに比べて作例が少なく、主題や用途についても不明な点が多い。これまで全幅のカラー図版が掲載された刊行物がなかったことも、五百羅漢図の研究を困難にしてきた。近年、井手誠之輔氏による宋、元代の著色仏画研究、[注13]奈良国立博物館の「聖地寧波～すべてはここからやって来た～」展を契機とした五百羅漢図研究の蓄積[注14]により、五百羅漢図の制作背景と主題は次第に明らかにされつつある。筆者は、二〇〇七年に宋、元代の羅漢図や十王図を中心とした展覧会「宋元仏画」を企画した際、鎌倉・円覚寺の五十幅を調査する機会を得て以来、五百羅漢図の世界観に魅了される一人である。

そして、一信もまた、増上寺本を描く過程で、中世の五百羅漢図に強い関心をもったに違いない。増上寺僧の仲介により、鎌倉の光明寺や円覚寺などの古刹を訪ね、所蔵される中世の羅漢図を実見したと伝えられる。一信の五百羅漢図制作において、中世の羅漢図がイメージソースとなったことは図様を見れば明らかであるが、すでに指摘があるように、図像をそのまま写したのはごくわずかな幅に限られている。むしろ、原本の図像の意味内容を温存しつつ、再解釈、変容させたというべきだろう。

従来、一信の五百羅漢図については、その大胆で濃密な画面構成と彩色のために、その独創性やエキセントリックな側面に注目が集まってきた。しかし、増上寺本の画面をつぶさに観察すれば、一信が中世以来、羅漢図を描いたどの画家よりも古画に敬意を払い、真摯に向き合ったのかを思い知らされることだろう。

## 一信の作画態度

一信が増上寺本を描いた頃、江戸には五百羅漢像があふれていた。[注15] しかし、その多くが本来の図像の意味をよく理解せず、形のみを写したものであった。そしてそのことが一信に「新図」制作を決意させた一因とみられている。増上寺本からは、旧来の図像をただ踏襲するのではなく、図像の真意に迫ろうとする作画態度がみえてくる。そして、それを実現可能にしたのは、一信の覚悟と信念に心を打たれ、経済的な援助と「羅漢とは何か」という問いに対する教示を惜しまなかった増上寺の僧たちと、その人的ネットワークであった。とりわけ、後に一信の五百羅漢図制作にも教学的な教示を与えることとなった、『羅漢図讃集』の著者、養鸕徹定らの影響は大きかったであろう。[注16]

一信の古画に対する謙虚な作画態度が最もよく現れているのが、第一幅から八幅の「名相」と名付けられた一群である。そして、それ以降の幅では、古画の図像を直接引用する表現は減少する。ブレーンとなった増上寺僧の意向が強く反映されているためとみられ、とりわけ、「如法の僧事」、「十二頭陀」を主題とした幅は特にその傾向が強い。

本稿では、全幅のうち、古画の図像の継承に着目することにより、一信のイメージソースを探るとともに、実見することができた作品が限定されていたことについても、他の史料から補完的に考えてみたい。また、大雲の『新図五百羅漢図記』をはじめ、一信の没後、増上寺僧によって語られた言葉は、作品の主題を考える上で最も重要な史料であることは間違いない。しかし、この大雲の言葉の解釈をめぐっては、やや誤解を生じている向きもある。絵画制作の場において、画家がパトロンや注文主の意向とのあいだで揺れ動き、苦悩する例は洋の東西を問わず行われてきた。一信が思い立った五百羅漢図の制作は、途中から、徳川将軍家の菩提寺である増上寺の一大プロジェクトとなった。増上寺の僧たちが語る「新図」と、一信の挑んだ「新様」は果たして一致していたのであろうか。この基本的な疑問にたち返りながら、まずは、一信の五百羅漢図に描かれている図像を丹念にみていくことにしたい。

## 増上寺本の主題

河合氏が『報告書』ですでに指摘されるように、一信が五百羅漢図を制作するにあたり、円覚寺本を五百羅漢図の構想のベースと見なしていたことは疑いない。[注17]ただし、具体的に各幅の図様を照合してみると、円覚寺本の構図をそのまま写した幅は第九、十幅の「浴室」に限られている。

一信の五百羅漢図の構成と主題については、一信を支援した増上寺の大雲が記し、文久三年に版行された『新図五百大阿羅漢記』[注18]に詳述されている。それによれば、「名相」（一～八幅）、「浴室」（九、十幅）「受戒」（十一～十二幅）「布薩」（十三～十四幅）「論議」（十五～十六幅）「剃度」（十七～十八幅）「伏外道」（十九～二十幅）「六道」（二十一～四十幅）「十二頭陀」（四十一～五十）「神通」（五十一～六十幅）「禽獣」（六十一～七十幅）「龍供」（七十一～七十四幅）「洗仏等」（七十五幅）「洗舎利」（七十六幅）「堂伽藍」（七十七～八十幅）「七難」（八十一～九十幅）「四洲」（九十一～百幅）という主題により構成されていることがわかる。

また、同年に版行された「応真堂執事記」の奥書がある『新図五百大阿羅漢縁起』[注19]にも簡略ながら作品全体の構想が整理されているので一部を紹介しておきたい。

（前略）
初より第八までは其名号に就て相をあらはし、第九より第二十までは如法の僧事を行いたまふ相、第二十一より第四十までは六道済度の相、第四十一より第五十までは七難を救ひたまふ相、第五十一より以下は遊戯神通等の相、最後の十幅は須弥の四洲を遊化したまふ相なり（後略）

第一から八幅までは「その名号に就いて」描いた幅である。『新図五百大阿羅漢記』によれば、この最初の八幅は増上寺の学僧たちに具体的な教示を請う以前に、一信が単独で構想していた部分である。ここでいわれる「名号」とは『乾明院五百尊羅漢名号』を指す。『報告書』の金山正好氏による解題によれば、本書は南宋江陰軍の乾明院にあった碑文を写したもので、順治十七年（一六六〇）に開版されている。[注20]ここに記される名号は「住世十八尊者」と「石橋五百尊者」からなり、釈迦の入滅に際し、涅槃に入らず正法を護持することを担った十六羅漢に二尊を加えた十八羅漢と、天台山石橋周辺に示現する五百羅漢の名号を列記したものである。十六羅漢については『法住記』などに典拠があるが、五百羅漢図の名号はいつ定められたものか、不詳である。五百羅漢の名号は、梵語の漢字音写と漢語、複合語からなっているという。河合氏は、清涼寺に伝存する下絵（あるいは模本）に尊名の書き入れがあることから、一信が『乾明院五百尊羅漢名号』の名号を五百尊すべてに割り当てていた可能性について言及されている。また、一信の五百羅漢図制作に影響を与えたとみられる本所羅漢寺の五百羅漢像にも、一軀ごとに尊名が割り当てられていることが注目される。[注21] 先にみた『新図五百大阿羅漢縁起』によれば、「名号に就いて」その相を描いたのは第一幅から八幅までとする。残念なことに清凉寺所蔵の下絵にこの八幅は含まれていない。一信はこの名号をもとにして、一体、どのように羅漢図を制作したのであろうか。今、試みに、比較的意味が取りやすい漢語の尊名を中心に、検証してみたい。

## 「名相」（第一～八幅）にみる作画法

「名相」幅のうち、第七、八幅に描かれる十尊の羅漢に対応するのは『乾明院五百尊羅漢名号』の第三十一～四十番にあたり、対応する尊名は次のとおりである。

破邪神通尊者　堅持三字尊者　阿㝹樓駄尊者　鳩摩羅多尊者
毒龍皈依尊者　同聲稽首尊者　毘羅胝子尊者　伐蘇密多尊者
闍提首那尊者　僧法耶舍尊者

字義と図像を照合させると、何尊かの羅漢は尊名と図像との関連を指摘できる図像が含まれている。例えば、「破邪神通尊者」は第七幅の遠景で神通力により邪鬼を退散させている羅漢（挿図1）であることが推測される。また、「毒龍皈依尊者」は第八幅（挿図2）の遠景で龍の頭を如意で押さえて降伏させている羅漢であると考えられる。さらに、「同聲稽首尊者」は、第八幅の手前で三人の僧と一緒に大きく口をあけて経を唱えて稽古をつけている羅漢であろうか。

第八幅の中央左には曲録に坐す羅漢（挿図3）が一尊描かれている。この羅漢の瞳が灰色で彩色されているのが注目される。他の羅漢たち

挿図1　一信筆　五百羅漢図　第七幅（部分）増上寺

挿図2　一信筆　五百羅漢図　第八幅 増上寺

挿図３　一信筆　五百羅漢図　第八幅（部分）増上寺

の黒々と生気に満ちた瞳と比べると、眼が虚ろでその特異性が際立っている。全幅を通じ、このような瞳の表現は他にみられない。そのため、この羅漢のアトリビュートを示していると考えられる。涅槃図において摩耶夫人を先導する図像で描かれる阿㝹樓駄は釈迦十大弟子の一人としても知られる。釈迦の説法中に居眠りをしたのを恥じて以後眠らず、ついに失明したが、それにより、真理を見通す天眼を得た。灰色の瞳は失明した阿㝹樓駄を表しているのではないだろうか。そうであれば、尊名から『名号』の「阿㝹樓駄尊者」がこれに該当する。この羅漢には、別の羅漢が対峙しており、経巻を手に何かを尋ねているが、眼前の羅漢の姿は見えていないようである。しかし、手に執る払子はしっかりと握られており、歯の抜けた口を開いて何かを教示しているように見える。そして、跪く羅漢も神妙に老羅漢の口元を見守る。ここでは、画面の手前に描かれている三人の僧を相手に賑やかに発声練習をする羅漢の一群との「静」と「動」の対比の妙が面白い。

第一～八幅には「須跋陀羅尊者」や、先の「阿㝹樓駄尊者」のように十大弟子や十六羅漢に含まれる尊名がある。このことと、第一～八幅に、中世の十六羅漢図からの引用がみられる図像が多く含まれることは関連がありそうである。第三幅、第四幅には特にその傾向が強い。例えば、第三幅の眠たそうに写経をする童子を見守る膝を抱えた羅漢、その隣で自然木の杖を両手で握り抱え込む羅漢の図像、第四幅の頭頂から衣を被る浅黒い肌の羅漢などである。いずれも、南宋時代の寧波の仏画家である金大受や日本では南北朝時代の良全の羅漢図に代表される、最も流布した「張玄羅漢」といわれる十六羅漢図の図像である。

ところで、十六羅漢図は一幅に羅漢を一尊ずつ描くのが基本であり、説話画的な画中に図像をそのまま導入すれば、凡庸な図様となってしまう。実際、対幅の羅漢図には、画中に十六羅漢を配置しただけの作例があるが、背景の山水と羅漢図像がうまく融合している例は少ない。その中で、建長寺本十六羅漢図は五百羅漢図から図様を取り出して八幅仕立ての十六羅漢図とした異色の作例である。建長寺を訪れた一信も本図を実見した可能性が高く、増上寺本制作のヒントを得たのかもしれない。そのような観点からみても、一信は、既存の図像を画中に巧妙に紛れ込ませることに成功しているといえる。

その工夫の一端は、第三幅の下部に描かれる写経しながらあくびをする童子の図像（挿図４）にもよく表れている。眠る童子の図像は前述の「張玄羅漢」の十六羅漢図によく描かれるモチーフである。伝統的な図像では童子はうつぶせで居眠りする姿に描かれている。しかし、山下氏が指摘されるように、[注22]これを「欠伸布袋図」の図像にアレンジすることで、羅漢図としての主題の意味を損なうこ

挿図４　一信筆　五百羅漢図　第三幅（部分）
増上寺

となく、図様に変化をつけることに成功している。この他にも、例えば、第八幅の遠景の二尊は、いずれも「降龍羅漢」と称される図像をアレンジしたものであり、龍を如意で押さえ込む羅漢、龍の出現に驚き羅漢の衣の中に逃げ隠れる童子の図像は金大受本などにみられる「張玄羅漢」の定番ともいえるモチーフである。ここでも、一信は説話画的な画面に旧来の定型図像を違和感なく挿入しており、優れた画面構成力を示している。

## 戒律を守る羅漢

『新図五百阿羅漢縁起』によれば、第九より第二十幅の主題は「如法の僧事」とある。如法とは仏教の戒律に適っていることであり、「如法の僧事」は遵守しなくてはいけない戒律を守った僧の生活をいう。つまり第九、十幅の「浴室」から十二幅は仏教の戒律に基づく羅漢の集団生活を主題としている。「受戒」（十一、十二幅）において、具足戒が授けられ、「布薩」（十三、十四幅）は月二回、満月と新月に行われる僧が懺悔をするもので、「論議」（十五、十六幅）は仏教の教義を問答する場面が描かれる。「剃度」（十七、十八幅）は剃髪して僧になる様、「伏外道」は首に髑髏をかけ、頭上に炎をいただく、異教徒たちが、羅漢との問答の末、ついに仏教に帰依する様を描く。

「如法の僧事」のうち、「浴室」、「論議」は中世の五百羅漢図にも描かれるが、増上寺本ではそれが、より詳細かつ明確に整理されている。そして、同様の主題が第四十一～五十幅の「十二頭陀」であり、中世の羅漢図にはみられない新規の主題である。正確には、中世の羅漢図にも所々に描かれているが、増上寺本のように明確に主題とされていない。増上寺本では戒律を守り、集団生活の規律を守ること、頭陀行と呼ばれる厳しい修行を行う羅漢の様子が主題として意識的に取り上げられている。大雲の『新図五百大阿羅漢記』に記されるように、増上寺の僧たちにとっては、「梵土の古儀」に基づいて法衣などの僧が用いる衣や道具、修行の様子を正確に描き表すことこそが、新たに五百羅漢図を制作する大義として捉えられていたことが推測される。実際、大雲は袈裟の種類や着用法などを詳細に一信に教示したという。そして、「今、信欲出新図、則宣留意于梵儀耳」とあるように、増上寺の僧たちが一信の「新図」に最も期待したのもこの点であったのではないだろうか。

## 衆生を救済する羅漢たち

第二十一より第四十までは「六道済度の相」である。円覚寺本などど、中世の五百羅漢図においては地獄に飛来する羅漢を描く図が一図あるのみで、中世の五百羅漢図に六道済度という主題はない。後述するが、八十一幅からの「七難救済」も同様であるが、衆生を苦しみからの救済する主題が全体の中で大きく取り上げられていることは中世の羅漢図と大きく異なる点として指摘しておきたい。円覚寺本第四十三幅は全五十幅のうち、六道のうち地獄を描く唯一の幅である。増上寺本二十一幅の基本となる構図は円覚寺本など中世の図像を下敷きとして描かれており、増上寺本の「六道済度」という主題の着想となった幅であると考えられる。

挿図5　一信筆　五百羅漢図　第二十一幅　増上寺

挿図6　伝明兆筆　五百羅漢図　第四十三幅　円覚寺

まずは、図様が近い増上寺本第二十一幅（挿図5）と円覚寺本（挿図6）の画面を比較してみたい。羅漢の集団が雲に乗り、地獄の上空に現れた様を描いている。下には地獄の釜が描かれており、地獄に堕ちた亡者を追い立てる恐ろしい獄卒や針の山、灼熱の炎が描かれている。画面の構成に大きな違いはない。しかし、羅漢の示す行動については両者に決定的な違いが現れている。中世の羅漢図において、羅漢は衆生に対して直接的な救済を行う存在ではない。円覚寺本の画面をみると、中央の羅漢が手にした柳の枝で水をまいている。すると、煮えたぎっていた地獄の釜が蓮池に変化し、亡者が化生する。一見すると、円覚寺本でも、羅漢が地獄の釜から亡者を救済しているように見える。しかし、ここに一信にとっては不運というべき落とし穴があった。円覚寺本第四十三幅は伝明兆本に分類される室町時代の補作にあたり、この図に関しては、図像の写し崩れが生じているのである。大徳寺本を参照すると明らかなように、本来の図像は、雲に乗る羅漢の一群のうち、中央の羅漢だけは地獄から衆生を救済する地蔵菩薩の化身として描かれるべきなのである。地蔵菩薩は冥界で亡者を裁く十王の一人、閻魔王の本地とされる。釜の脇の獄卒がひざまずいて恭しく見上げているのは地蔵菩薩（閻魔王）が獄卒の主領であるからである。このような原本の図像の本来の意味は、円覚寺本ではすでに失われてしまっている。そのため、地蔵菩薩の持物として錫杖とともに描かれていた鉢もまた椀型の器に変わってしまっている。そして、それは増上寺本でも踏襲されているのである。

「羅漢の姿をしているが、実は菩薩の化身である」という前提は中世の五百羅漢図では一貫している。その最もわかりやすい例は、宝誌和尚の故事[注23]を踏まえた、羅漢が顔を引き裂いて観音菩薩の本性を顕す場面である。このような中世の羅漢図における約束事について、一信は正しく理解していなかったのか、あるいは、知っていて、あえて「新様」を描いたのか、今後検討すべき課題であろう。いずれにしろ、羅漢が直接、衆生を救済するという主題は、中世の羅漢図とは一線を画しており、一信の五百羅漢図の全体の構想にも大きく影響しているといえよう。

一信の五百羅漢図では、この六道済度の主題が第二十一より第四十幅に及ぶほど拡大し、全体に占める割合も格段に増えている。羅漢は、地獄の亡者を錫杖を垂らしてすくい上げようとし、羽団扇で風を起こし、雨を降らせて地獄の猛火を消す。第二十四幅では、上空から輪宝を投げて獄卒を直接攻撃している。しかし、本来獄卒は十王の命により地獄に堕ちた亡者を追い立てる役割を担う存在である。ここまでくると、羅漢が無差別に地獄の亡者を救済する様は、六道の秩序を乱しているようにさえみえる。

第八十一から九十幅「七難」にも同様の傾向が見て取れる。ここでは、『法華経』普門品（『観音経』）に説かれる七つの難から救済する観音利益に擬え、羅漢が七難から衆生を救済する主題が描かれている。[注24] ここでもやはり、本来の救済者である観音菩薩は羅漢の後方に退いている（挿図7）。第八十一幅では光り輝いていた観音菩薩は八十二幅では影が薄くなり、第八十三幅では、後方で目立たず密かに海難救助を行うが、羅漢の活躍にかき消されてしまう。観音菩薩の存在はさらに小さくなり、第八十四幅ではついに画面から姿

挿図7　一信筆　五百羅漢図　第八十一幅　増上寺

を消してしまうのである。『法華経』に説かれる七難救済は、観音菩薩の功徳を説いたものである。ここでも本来の救済者である観音菩薩に代わり羅漢が救済に乗り出している。これは、中世の五百羅漢図の主題との決定的な相違点であり、新たな解釈が導入されているともいえる。

ところが、この観音の七難救済を五百羅漢図に導入した例は、一信よりも先行する、徳川幕府御用絵師が描いた五百羅漢図にも見いだすことができる。

## 板谷慶舟筆五百羅漢図

近年、尾張徳川家の菩提寺である建中寺に所蔵されている板谷慶舟筆釈迦三尊・五百羅漢図が紹介された。[注25] 作者の板谷慶舟は住吉派の幕府御用絵師で、一旦住吉家を継いだが、家督を甥に譲り、板谷家を創立した人物である。また尾張徳川家でたびたび画用をつとめている。この五百羅漢図の制作経緯については吉川美穂氏により次の点が明らかにされている。一具の釈迦三尊像の年記により、寛政三年（一七九一）頃、住吉家が所持していた五百羅漢図の模本をもとに制作されたものであること。ただし、全五十幅のうち、中世の五百羅漢図（東福寺本、大徳寺本）と図様が一致する幅は半数の二十四幅で、その他は十六羅漢図や道釈人物画など五百羅漢図以外からの図様の転用もみとめられること。そして、その中世の五百羅漢図に含まれない図様の中に七難図のうち、「水難」と「刀杖難」からの救済という主題が含まれている、という重要な指摘がある。

板谷慶舟の五百羅漢図が建中寺に奉納された経緯[注26]について記された「野村佐大夫書状」に、板谷慶舟が「兆殿司五百羅漢之図」を所持していたとある。この模本は、吉川氏が指摘されるように、『訂正増補考古画譜』巻八「兆典司の像」にある「安永甲午我王命、師〈明兆〉之所図、五百羅漢五十鋪、悉以観之、仍命令臨写、我党応命写二十鋪」とある、安永三年（一七七四）に将軍家治の命により制作された住吉内記筆東福寺本の模本の副本であると考えられている。[注27]

五百羅漢図に『観音経』所縁の七難救済という主題を導入することがいつから行われたのか、検討しなくてはならないが、少なくとも、一信に先行する作例にすでにみられる主題であることは注意される。この「七難」が描かれる八十一幅以降には、増上寺本の前半にみられたような重層的な画面の構成はみとめられず、次に続く九十一幅以降の「四洲」では、さらに画面の構成が単調となる。いうなれば、「新図」を表明しながらも、主題を既存の五百羅漢図に求めなければならないほど、最後の二十幅の構想は行き詰まっていたのかもしれない。

## 円覚寺の五百羅漢図

幕府御用絵師が、寺院に所蔵される中世の船載羅漢図の修理や欠幅の補作を行うことはたびたびあった。[注28] 絵師はその際に舶載羅漢図を模写する機会を得ていたと考えられる。そして、そのことにより模本や粉本が蓄積されることになる。木挽町狩野家もそのような画事を担っていた。

円覚寺本五百羅漢図は、現在、伝張思恭本三十三幅、伝明兆本十六幅の他、木挽町狩野家の奥絵師である狩野養川惟信（一七五四～一八〇八）によって制作された補作一幅（挿図8）で五十幅が構成されている。[注29] この補作の一幅には画中に養川の識語（挿図9）がある。

趙思恭兆殿主所筆五百阿羅漢圖、昔亡其一巻
圓覺方丈需余以補其闕補成恭賜
台覧云天明癸卯之冬
養川法眼惟信畫幷識

挿図8　狩野養川筆　五百羅漢図　第五十幅　円覚寺

これによれば、この養川の描いた一幅は、張思恭と明兆の五百羅

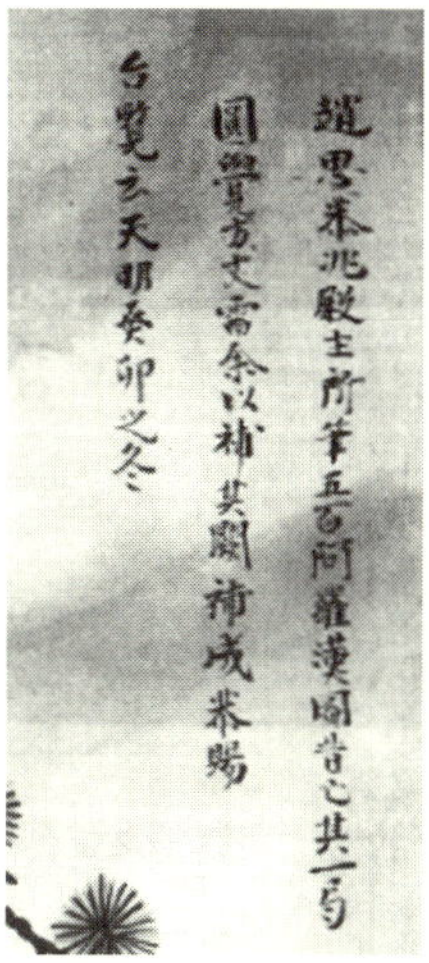

挿図9　狩野養川筆　五百羅漢図　第五十幅　識語　円覚寺

漢図が昔一幅失われたので、円覚寺方丈の需めに応じてその欠幅の補作を仰せつかり、完成後の天明三年（一七八三）冬に将軍の台覧に供されている。この養川の補作とほぼ同じ図様が、東福寺本第四十三幅に含まれている。この養川の一幅は東福寺本、あるいは安永三年（一七七四）に制作された東福寺本の模本をもとに制作されたものと考えられる。

円覚寺五百羅漢図と幕府御用絵師との関わりは、安永二年（一七七三）の円覚寺の霊宝仏牙舎利の江戸城登城が一つの契機となったとみられる。円覚寺の仏牙舎利は源実朝が宋の能仁寺の舎利を船載したものと伝えられ、舎利殿に安置される円覚寺の根本霊宝である。慶長五年（一六〇〇）に徳川家康が上杉景勝征伐の途上に円覚寺に立寄り、この仏牙舎利を拝したと伝えられる。[注30] この家康の仏牙舎利奉拝の先例により、徳川将軍家は円覚寺の仏牙舎利を信仰し、歴代の将軍が奉拝している。明和二年（一七六五）には徳川将軍家により仏牙舎利の龕が修理されている。[注31] 安永二年（一七七三）には、寛永寺門主公遵法親王の仏牙舎利奉請を伝聞した徳川家治が城中に奉請し奉拝してい

る。[注32]この時に仏牙舎利以外の宝物も江戸城へ運ばれたのかは未詳であるが、円覚寺の五百羅漢図についても耳にしていたのではないだろうか。先にみたように、翌年の安永三年に明兆筆五百羅漢図の臨模が申しつけられている。円覚寺本の欠幅を補うために東福寺本五十幅の模写が命じられたと考えるには資料に乏しいが、この時期、五百羅漢図に対する家治の関心が高まっていたことは確かであろう。

## 増上寺と円覚寺

円覚寺の仏牙舎利は文化十二年（一八一五）、増上寺の貫主典海により江戸に招請された。本堂において一山集会拝礼されたという。[注33]その後、江戸城に迎えられ、将軍家斉により供養されている。さらに、弘化四年（一八四七）には家慶も城中に奉請しており、この頃には歴代将軍が仏牙舎利と結縁のために江戸城に奉請するのが恒例となっていたようである。そして、そのたびに増上寺の役者がその仲介をしている。[注34]

一信の五百羅漢図制作には、増上寺の僧の助力があったことは、すでに指摘されている。一信が中世の羅漢図を実見することができた経緯について、亮迪の『源興院過去帳』[注35]の記述が参考となる。

（前略）
一信大ニ歓喜シテ所々ニ五百羅漢之画像ヲ尋ヌルコト余事ヲ捨テテ一心不乱ナリ。慎誉〈十世十一世法ヨ慎ヨ〉亮迪ト同道シテ鎌倉光明寺ニ至リ禅月大師ノ十八羅漢ヲ拝シ、又円覚寺ニ詣テ白雲庵ヲ訪フ〈聊知ル人也〉円覚寺ノ什宝〈五十軸之五百羅漢〉拝シ、但シ〈兆殿司四十六兆子教四フク〉合作也、其他建長或ハ古刹等巡視スレトモ京都南都ハ申ニ不及、日本全国ニ未タ百軸ノ五百羅漢ノ画像ナシ（後略）

この史料に拠れば、一信は源興院十一世慎誉、亮迪とともに鎌倉の光明寺の十八羅漢図、円覚寺の五百羅漢図、建長寺の宝物を実見している。円覚寺では「聊知ル人也」と注があるように、塔頭の白雲庵を訪ねている。安村敏信氏の年譜によれば、一信が鎌倉の諸寺を訪ねたのは、嘉永七年（一八五四）頃であったという。[注36]この年の円覚寺の参暇日記『鹿山公私諸般留帳』には、残念ながら一信一行の来山の記録はない。ただし、その前後の記録をみると、円覚寺と増上寺との間に交渉事があったことがわかる。それによれば、円覚寺は嘉永七年七月に将軍家の舎利供養料による積立金を近郷に貸し付けていたが回収できず、増上寺役者の口添えにより寺社奉行所に訴えたことがあった。[注37]その際、提出した言上書には円覚寺白雲庵の荊叢恵通が連署している。おそらく、この訴訟によってできた縁を頼っての訪問であろう。参暇日記に記録がないのは本山ではなく塔頭を訪ねたためであろうか。狩野派に学んだとはいえ、御用絵師ではない一信が、円覚寺本など中世の羅漢図の諸本を実見することは困難であったと推測される。それは、円覚寺仏牙舎利に対する将軍家の篤信と恒例になっていた仏牙舎利登城の儀を仲介する増上寺との関係があって、はじめて可能であったといえる。また、光明寺の十八羅漢図を実見したのも、光明寺が増上寺に役者を輩出する浄土宗の有力寺院で、増上寺との関係が深かったためとみられる。

円覚寺本五十幅のうち、「兆殿司四十六兆子教四フク」としているのは、実状とは異なっており、また光明寺の十八羅漢図は禅月様ではなく、「張玄羅漢」であるため、亮迪が語る作品そのものについての認識はやや頼りない。

次に再び、大雲の『新図五百阿羅漢記』をみたい。

（前略）

適得覧金沢称名寺所伝唐禅月大師真蹟十六応真。其衣相、多画梵土古儀。蓋当時親見梵僧、且大師嘗夢見羅漢而画之、則誠足以信取。龍眠、子恭、曷有心于尋梵儀。而明晁、等楊諸老亦因循為図。余未知其為何也。今、信、欲出新図、則宜留意于梵儀耳。（後略）

ここでは、かつて金沢称名寺の禅月様十六羅漢図を見たところ、羅漢の衣が、インドの古儀にもとづいて描かれていた。それは禅月大師が実際にインド僧を見ることがあり、また夢に羅漢が示現したためである、と述べる。そのうえで、李龍眠、張思恭、明兆、雪舟という中国と日本の羅漢図の名手の名を挙げ、前例を踏襲するだけでその真意を描くことができていないと断じている。

この『新図五百阿羅漢記』の記述は、一信の五百羅漢図の「新様」の問題、そして一信の制作に期待されたものを語っている重要な部分である。井手誠之輔氏が指摘されているように[注38]、ここでは、禅月様羅漢図以外の羅漢図に描かれている僧衣や器物が「梵土の古儀」つまり、仏教の戒律に則って描かれていないことを批判しているのである。そして、大雲をはじめ、増上寺の学僧は、「梵土の古儀」に則って描くことを一信に勧め、一信もまた、三衣と呼ばれる僧の衣の種類や着用法について教示を請うたのである[注39]。

だが、ここで注意しなければならないのは、この『新図五百阿羅漢記』の記述が先行する中世の羅漢図の画風や主題を批判したものではないということである。少なくとも、一信がいかに先行作例の図像をよく研究し、吸収していたかについては、第一～八幅の「名相」、第九、十幅の「浴室」と第五十一から七十幅にかけての「神通」「禽獣」における中世の羅漢図像の参照状況をみれば、明白である。

例を挙げればきりがないが、第五十五幅では円覚寺本にもみられる羅漢が顔を引き裂いて本来の菩薩としての姿を現す図像が描かれる。また、五十六幅には童子に水月観音の掛幅を持たせる図像を挿入し、五十八幅では、鉢を高々と掲げて雨を降らせる図像を取り入れている。五十九幅には大蛇の口内で坐禅する羅漢、異国風の人物が灸を据える図像も採用されている。第六十一幅の鹿の耳かきは円覚寺本の龍の耳かきのアレンジであろうし、第六十八幅の霊獣に乗る羅漢の図像も円覚寺本など中世の羅漢図にみられる図像である。第六十九幅では、天台山石橋の景を描き、第七十幅では珠にじゃれる獅子を描く。これらの事例から一信が先行する羅漢図の図像を積極的に摂取していたことが理解される。つまり、『新図五百阿羅漢記』において、先行する羅漢図が批判されているのは、仏教の戒律で定められた三衣などの服制や修行や規式について、画家が正しく意味を理解しないで描いている点である。さらにいえば、そのような大雲ら学僧の問題意識によって、先行する羅漢図の主題は厳密に分類、整理、再構築された。その結果、「如法の僧事」や「十二頭陀」という戒律に関わる主題を描く幅が多くを占めることになったのではないだろうか。

## 一信にとっての「新図」

経済的な支援者であり、仏教の指導者としての役割を果たした増上寺の僧たちが一信の新図に期待したものと、一信が五百羅漢図制作で目指したものは果たして同じであったのだろうか。

　全幅を通覧すると、もっとも変化に満ちて生き生きと描かれているのは、「神通」幅に思えてならない。なぜなら、一信は初めの八幅でみせた先行する羅漢図の図像のアレンジをさらに進め、自身の信仰に引き寄せて図像を自在に変容させているからである。

　『新図五百阿羅漢記』には、本図を制作するにあたり、一信が浅草寺の観音菩薩と成田山新勝寺の不動明王に「三宝の冥助」を祈求したことが記されている。浅草寺には絵馬が残され、成田山新勝寺には十六羅漢図の大幅、羽目板彫刻のための五百羅漢図の下図制作など、羅漢図に関わる画事を務めている。[注40] 他にも、一信の子孫である逸見家に残されている画稿類には、成田山の不動明王の版木の下絵も残されており、[注41] 一信と成田山の関係の深さを物語っている。つまり、「神通」幅の中に描かれている不動明王は、成田山不動尊を描いたものと考えられる。

　第五十一（挿図10）、五十二幅（挿図11）は連続した画面となっている。第五十二幅の遠景に岩座の上に坐し、羅漢が顔を引き裂いて不動明王の姿を現している様子が描かれている。これは、五十五幅に描かれている中世の羅漢図における宝誌和尚の説話を下敷きとして観音菩薩が正体を現す羅漢像のアレンジである。大徳寺本、円覚寺本など中世の五百羅漢図には、画家が羅漢の姿を写しとどめようとしたら、羅漢が顔を引き裂き観音としての本来の姿を現したという主題が描かれる。増上寺本にも羅漢の姿を写そうとする画家が描かれているが、その画家は観音菩薩ではなく、不動明王の前に描かれている。一信はおそらく、この画中の画家に自分の姿を重ねているのであろう。前景には干上がった池の魚をねらう鳥獣を追い払う羅漢たちに混ざり、不動明王の眷属である矜羯羅童子と制多迦童子

挿図 10　一信筆　五百羅漢図　第五十一幅　増上寺

挿図 11　一信筆　五百羅漢図　第五十二幅　増上寺

も描かれている。第五十四幅には、木の虚で火定行を行う羅漢が描かれている。近くに矜羯羅童子も描かれ、火定の羅漢の正体もまた成田山不動尊であり、さらに開山の道誉の霊験譚や、後に増上寺第三十六世となった祐天顕誉（一六三七～一七一八）のイメージが重ねられている可能性がある。[注42] また、第五十五幅は原本に近い図像で、羅漢が顔を引き裂いて観音菩薩としての正体を現す図像（挿図12）がみられる。しかし、原本である円覚寺本（挿図13）や大徳寺本においては十一面観音であった図像が、増上寺本では聖観音に変化していることが注目される。この改変はおそらく浅草寺の本尊が聖観音菩薩であることと関係があるだろう。そして、この浅草観音と成田山不動の図像の周辺には羅漢とは異なる僧が描かれている。観音菩薩の右隣に描かれる合掌する僧は本図の他の登場人物とは佇まいがやや異なる。頭光が描かれないため、羅漢ではないことがわかる。中世の五百羅漢図には、羅漢の群像に紛れ込ませて実在の人物の肖像を描き込む伝統がある。円覚寺本に

挿図 12　一信筆　五百羅漢図　第五十五幅（部分）　増上寺

挿図 13　五百羅漢図　第四十幅（部分）　円覚寺

も、伝張思恭本、伝明兆本ともに羅漢に混ざり実在の人物像が数多く描き込まれている。[注43]円覚寺本を実見した一信も、おそらく、五百羅漢図に肖像を描き込むという伝統を理解していたと思われる。つまり、合掌する人物は増上寺本の制作にゆかりのある人物像である可能性がある。

　このように、本図制作の成就を祈念した成田山不動と浅草観音の像を描き込む「神通」幅には、一信の制作に対する思い入れが強く感じられる。そのために、全幅の中でも最も充実した作行きを示しているように感じられるのだろう。

　また、このほかにも、増上寺にゆかりの深い図像を挿入しているとみられる幅がある。四十一幅の「十二頭陀」には修行の一環として羅漢が仏像を作る様子が描かれている。画面には羅漢が制作している二軀の仏像（挿図14）がみえる。手前は三国伝来と伝えられる清凉寺の釈迦如来立像、奥の小像は生身仏として信仰を集めた善光寺如来の脇侍の観音像であると考えられる。いずれも増上寺と関係の深い浄土宗寺院の霊像である。そして、この時期、増上寺では清凉寺の釈迦如来立像の模刻像である清凉寺式釈迦如来像を新たに造像するプランがあったことも無関係ではあるまい。[注44]このような増上寺にまつわる図像を五百羅漢図に描き込んだのは、一信の謝意の表れといえる。

挿図14　一信筆　五百羅漢図
第四十一幅（部分）　増上寺

　これまで見てきたように、第五十一幅からの「神通」幅は最も充実しており、そこには一信が本図の制作を祈念した浅草観音と成田不動尊が中世の羅漢図の図像を変容させて挿入されていた。一信が目指した実質的な「新様」はこのあたりにあったといえるのではないだろうか。

## おわりに

　大雲の『新図五百羅漢図記』において語られる「新図」の意は、「梵土の古儀」に則り、戒律や修行の諸相を正しく描くことであった。そのため、「如法の僧事」には戒律をまもった僧の集団生活の様子が描かれ、さらに、「十二頭陀」とよばれる厳しい修行という主題が多くの幅を割いて描かれた。しかし、全幅を通して最も充実して描かれているのは浅草観音と成田不動尊という一信個人の信仰にまつわる図像と、制作を終始支援し続けた増上寺にゆかりの図像が挿入された画幅であるように思われる。

これまで、増上寺本の制作経緯については、一信の没後に増上寺僧が記した史料を手がかりに解釈が進められてきた。それによれば、禅月大師の描いた羅漢は「梵土の古儀」に則り描いているが、李龍眠や張思恭、明兆、雪舟の描く羅漢図は形のみ踏襲しており、図像の真意を理解していない。また、一信以前には百幅仕立ての五百羅漢図が存在しないため、新たな図を制作するに至った、というものである。しかし、これは一信自身が語っている言葉ではない。

本稿では中世の羅漢図像の継承状況を確認し、特に「名相」と名付けられた初めの八幅に注目し、名号から図様を創出する作画法について試論を述べた。さらに、中世の羅漢図にはない六道済度という主題は、円覚寺本の「地獄への飛来」の本来の図像を誤読したために、制作された可能性を指摘した。一信の五百羅漢図では、本来は、観音菩薩の利益であるべき「七難救済」という主題を含め、羅漢自らが直接手を下して衆生を救済するという中世の羅漢図にはない新たなテーマが生みだされていたのである。そして、それが結果的に、一信の五百羅漢図を「新図」として特徴付けたといえよう。

それは、安永の大地震や水害を体験し、その惨状を目の当たりにした画家が、正法を守ることに徹し、この世の全てのものから供養される存在である受け身の羅漢よりも、衆生の苦しみを一緒になって嘆き悲しみ、神通力を衆生の救済のために惜しみなく発揮する羅漢を切望した結果であったのかもしれない。そして、この一信の五百羅漢図が、二〇一一年の東日本大震災という未曾有の災害から間もなく公開されたことも、何か不思議な縁を感じずにはいられないのである。

注

1　五百羅漢図の全容および、一信の伝記、画業についての主要な先行研究は次のとおり。松嶋雅人「狩野一信」『日本の美術』五三四、二〇一〇年。山下裕二「増上寺秘蔵の仏画・狩野一信筆『五百羅漢図』について」、安村敏信「一信の伝記と画蹟」、山下裕二・安村敏信編『狩野一信五百羅漢図』小学館、二〇一一年。

2　明治十一年に羅漢堂が建立された際、増上寺法主であった福田行誡は妙安に請われて「新図一百幅五百羅漢縁起」を作成している。望月信道編『行誡上人全集』大東出版社、一九四二年所収。

3　岡本麻美「幕末生まれの『五百羅漢図』」『五百羅漢図――幕末の鬼才狩野一信』山口県立美術館、二〇一三、参照。増上寺内ではたびたび五百羅漢図の縁起が制作されたようで、戦後になっても、「五百羅漢物語」が寺史に収録されている。木村博了『増上寺史』大本山増上寺、一九七四年。

4　河合正朝編『港区文化財報告書　狩野一信筆「五百羅漢図」』東京都港区教育委員会、一九八三年。

5　『狩野派の三百年』江戸東京博物館、一九九八年。『妖と艶――幕末の情念――』板橋区立美術館、二〇〇三年、等。

6　『特別陳列　幕末の怪しき仏画――狩野一信の五百羅漢図』東京国立博物館、二〇〇六年。

7　『五百羅漢　幕末の絵師狩野一信　増上寺秘蔵の仏画』江戸東京博物館、二〇一一年。

8 山下裕二・安村敏信編『狩野一信 五百羅漢図』小学館、二〇一一年。

9 *MASTERS OF MERCY*, The Arthur M. Sacler Gallery, 2012.『五百羅漢図――幕末の鬼才 狩野一信』山口県立美術館、二〇一三年。

10 画中の金泥落款により、義紹という僧が発願し、林庭珪と周季常という画家が描いたもので、寧波近隣の東銭湖畔の恵安院に施入されたという制作の事情も明らかにされている。『大徳寺伝来五百羅漢図 銘文調査報告書』奈良国立博物館・東京文化財研究所、二〇一一年等参照。

11 円覚寺に所蔵される五百羅漢図は、伝張思恭本（元時代）三十三幅と伝明兆本（室町時代）十六幅、狩野養川惟信本（江戸時代）の一幅からなる。『神奈川縣文化財圖鑑』絵画篇、神奈川県教育委員会、一九八一年。五百羅漢図解説（海老根聰郎氏による）参照。

12 東福寺に所蔵される五百羅漢図は大徳寺本、円覚寺本と図像を共有する。伝承に拠れば、明兆は鎌倉にあった五百羅漢図を写したとされる。東福寺には下絵も残されている。仙海義之「明兆による中国画の学習――「五百羅漢図」東福寺本と大徳寺本との比較――」『鹿島美術研究』一八、二〇〇一年。

13 井手誠之輔「日本の宋元仏画」『日本の美術』四一八、至文堂、二〇〇一年等参照。

14 『聖地寧波 日本仏教1300年の源流――すべてはここからやって来た――』奈良国立博物館、二〇〇九年。『大徳寺伝来五百羅漢図 銘文調査報告書』奈良国立博物館・東京文化財研究所、二〇一一年。『大徳寺伝来五百羅漢図』思文閣出版、二〇一四年。

15 五百羅漢の彫刻で知られる本所の羅漢寺は一信もたびたび訪れたようで、五百羅漢図制作にも影響があったとみられる。後に浄土宗貫主となる福田行誡の五百羅漢に対する信仰は特別であったようで、本所羅漢寺の地震と水害で被災した五百羅漢像のために仮屋を建てている。行誡はまた、一信が五百羅漢図を制作している同じ頃、文久元年（一八六一）に菊池容斎に五百羅漢図を描かせている。また、のちに十五幅の五百羅漢図も所持していた。『平成新修福田行誡上人全集』4巻、USS出版、二〇一一年。『菊池容斎と明治の美術』練馬区立美術館、一九九九年。

16 知恩院所蔵の五百羅漢図の中央に描かれた図像と一信筆成田山新勝寺所蔵の十六羅漢図の図像の一致が指摘されている。井手誠之輔「日本における五百羅漢図の展開――大徳寺本系五百羅漢図から、一信の増上寺本へ」『五百羅漢図――幕末の鬼才狩野一信』山口県立美術館、二〇一三年。知恩院本の図像分析については呉氏の論文に詳しい。呉永三「京都・知恩院所蔵〈五百羅漢図〉に見られる信仰と霊地」『佛教藝術』三二七、二〇一三年。この知恩院本は版本にもなっていたようで、同図像の版本著色画が大雄寺（栃木県黒羽町）に所蔵されている。

17 前掲注4参照。

18 増上寺の学僧大雲が制作の経緯について述べたもので、文久三年に版行されている。この史料については白木奈保子氏による全文の翻刻と書き下し、現代語訳がある。『五百羅漢図――幕末の鬼才狩野一信』山口県立美術館、二〇一三年、所収。

19 奥書にある「応真堂執事」とは誰のことであろうか。本書は文久三年に版行されており、この時すでに羅漢堂があったことになる。早稲田大学図書館所蔵。

20 前掲注4参照。

21 五百羅漢寺所蔵『造立寄進者簿』による。多少の異同はあるが、五百羅漢寺の像も『乾明院五百尊羅漢名号』に基づいているようである。

22 前掲注7、山下氏解説参照。

23 『仏祖統紀』巻三十七。

24 「七難」という主題は円山応挙が絵巻を制作するなど江戸時代にはいくつかの作例がみとめられる。

25 吉川美穂「建中寺蔵 板谷慶舟広当筆『釈迦三尊・五百羅漢図』の制作事情――徳川宗睦との関わりを中心に」『金鯱叢書』三九、二〇一二年。

26 享和二年（一八〇二）には、尾張徳川家の徳川治行の正妻である聖聡院殿が円覚寺に参詣し、什宝拝見を申し入れている（『鹿山公私諸般留帳』）。そのリストの中には、仏牙舎利や牧谿筆観音像などの宝物とともに「五百

羅漢之画五拾幅　宋張思恭筆　内十七幅兆殿司筆」とある。美濃高須藩主であった徳川治行は、子に先立たれた徳川宗睦の養嗣子となったが、寛政五年（一七九三）には宗睦に先立ち没している。板谷慶舟本の制作と直接の関わりはないが、尾張徳川家と五百羅漢図との関わりを示す史料である。

27 本所にあった五百羅漢寺（現在は目黒区に移転）には住吉内記の五百羅漢像や菊池容斎の十六羅漢図が伝来している。

28 中山法華経寺には趙璚の十六羅漢図が所蔵されている。このうち欠幅を狩野派の御用絵師が補作している。また、現在は屏風仕立てになっており、羅漢図の裏面には墨梅が描かれている。『宋元仏画』神奈川県立歴史博物館、二〇〇七年、解説を参照。

29 円覚寺には他にも木挽町狩野家の絵師たちによる十六羅漢図が所蔵されている。

30 玉村竹二・井上禅定『円覚寺史』春秋社、一九六四年。

31 仏牙舎利は厨子の中の宮殿型の舎利容器に奉安されていた。記録によれば、もとは鎌倉の浄土宗寺院英勝寺（廃寺）が施入したものという。前掲注30『円覚寺史』参照。

32 前掲注30『円覚寺史』参照。

33 前掲注30『円覚寺史』参照。

34 前掲注30『円覚寺史』参照。

35 『源興院過去帳』は前掲注4所収。

36 安村氏による年譜、前掲注1参照。

37 円覚寺所蔵『鹿山公私諸般留帳』嘉永七年七月。

38 井手論文、前掲注16参照。

39 白木氏は、大雲が一信に対する戒律教示のために、慈雲の『方服図儀』、顕道敬光『大乗比丘十八物図』を用い、これらの挿図が五百羅漢図制作にも参照された可能性を指摘された。白木奈保子「逸見一信筆『五百羅漢図』と増上寺学僧の戒律思想――袈裟と十八物の観点から」美術史学会全国大会、二〇一四年口頭発表。

40 前掲注1、安村氏年譜参照。

41 逸見家資料については佐々木英理子「逸見家資料について」『狩野一信五百羅漢図』小学館、二〇一一年参照。

42 村上重良「成田不動講」田中久夫編『不動信仰』雄山閣出版、一九九三年。

43 梅沢恵「異国の仏を請来すること」『宋元仏画』神奈川県立歴史博物館、二〇〇七年。梅沢恵「羅漢図における『生身』性とその受容」『アジア遊学』一二二、勉誠出版、二〇〇九年。梅沢恵「円覚寺所蔵五百羅漢に関する研究――画中に描かれた人物像を中心に――」『鹿島美術研究』二七、鹿島美術財団、二〇一〇年。

44 『福田行誡上人全集』四、所収。

# 背景を黒地にする宗教絵画
## ――白隠の禅画と幕末の地獄絵を中心に――

矢島　新

### はじめに

余白という言葉がある。何も描かれていない、文字通り地の白が残されたスペースを言うが、日本の絵画は通常絹や紙などの白い画面に描かれたので、余白が白いのは自明のことであった。

筆者はこの夏近世の地獄絵に関する拙論を脱稿し、[注1]その中で幕末に近い時期に制作された地獄絵に、背景を黒地にする作例が目立つことを指摘した。酒田市十王堂の「閻魔地獄図」[注2]、品川区長徳寺の「六道絵」[注3]、四日市市両聖寺の「閻魔王庁図」[注4]といった作例がそれで、いずれも黒く塗り込めた背景に、閻魔の怒り顔や地獄の責め苦が色鮮やかに浮かび上がる鮮烈な地獄絵である。

増上寺が所蔵する「五百羅漢図」百幅は、幕末の絵師狩野（逸見）一信が嘉永七年（一八五四）から没年である文久三年（一八六三）にかけて精魂込めて描き上げた大作で、近年大規模な展覧会が開かれて話題を集めたことは記憶に新しいが、[注5]その第二十一幅から二十四幅にかけての地獄を描く幅（挿図1）や、第八十一幅から九十幅にかけての七難を描く幅において、一信はやはり黒地の背景を採用している。また立山信仰を主題とする立山曼荼羅も地獄の描写を含む大画面の説話画であるが、幕末にはやはり背景を黒に近い濃紺に塗り込めた作例が見られる。

これらの幕末の地獄絵は、いずれも今日の劇画に見られるようなドラマティックでシャープな表現を特色とするが、黒地の背景はその効果を高め、引き立てている。そのように地獄の描写に暗黒は欠かせぬように思われ、我が国での本格的な地獄絵の嚆矢というべき平安時代後期の「地獄草紙」に、すでに虚空を黒く表現した例が見

挿図1　一信筆「五百羅漢図」より第二十二幅　（増上寺）

られたのだが、その後六百年にわたって様々なスタイルで描き継がれた地獄絵には、黒い背景はほとんど見かけることがなかった。そうしたことを考えると、江戸時代後期の地獄絵に再び登場した黒い背景は、大きな意味を持つものであるように思われる。

背景を黒く塗り込める表現に関してもう一点気にかかるのは、江戸時代中期の禅僧白隠（一六八五〜一七六八）の遺した禅画に、それも達磨や観音を描いた大作に、小数ではあるもののやはり背景を黒く塗り込めた作例が見られることである。それらの黒地の背景を持つ作例は白隠七十歳過ぎの宝暦五年（一七五五）から明和四年（一七六七）にかけて描かれたものであり、幕末の地獄絵より百年近く先行しているが、やはり類例の少ない印象的な表現として特筆されるだろう。

拙稿では、幕末の地獄絵や白隠の禅画に見られる黒地の背景（黒バック）の淵源を探りながら、その絵画史上の位置付けについて考えてみたい。

## 一　黒地の背景

まず黒バックに関する問題点を整理しておこう。

たとえば山水画と、尊像を単独で描く密教画や肖像画とでは、上部に描き残されたスペースの意味合いは異なる。風景を描く前者では上部の空隙は空の描写に相当するが、後者では人物や尊像の背部はまさに余白であるケースが多い。場景を描く地獄絵は、両者の中間と言えるだろうか。

ただ古い密教画の多くは、護摩行の燻煙等で絹地が劣化して暗色化しており、背景は文字通りの余白ではない。平安時代や鎌倉時代に描かれた密教画の当初の画面は今より明るかったと考えられるが、現状は黒バックに近い例が多い。たとえば院政期の密教画を代表する京都国立博物館所蔵（東寺旧蔵）の国宝「十二天像」は、黒地にカラフルな像容が浮かび上がるように見えて印象深いが、制作当初の背景は現状とはかなり色調が違ったはずである。当初の状態を復元的に考察する必要があるが、まだそのような論考を知らない。

密教画の背景に関しては、厳密には黒バックではないものの、それに近い濃紺の地に金銀泥で尊像を描いた作例に言及すべきだろう。空海請来本を転写した「高雄曼荼羅」や平安中期に描かれた「子島曼荼羅」などの両界曼荼羅、紺地に金泥で書写した経文で宝塔を描きだした金字宝塔曼荼羅などがその代表で、金泥や銀泥の輝きを最大限に引き出すために、ほとんど黒に近い濃紺の地を採用したものである。そのような紺地に金銀泥で描いた宗教絵画は、その後も絵画史上に時折顔をのぞかせることがあった。

鎌倉時代以降に制作された来迎図では、阿弥陀や観音・勢至を金一色で表現する皆金色と呼ばれる表現が盛んであったが、やはり地が濃紺である例が多かった。皆金色の来迎図では、衣も含めた阿弥陀の身体や、白毫や身体から発せられる光は通常金泥や截金で表現されるが、地が暗色でなければ、金の輝きは目立たない。皆金色像の濃紺の地は燻煙などによるのではなく、制作当初からの意図的なものだろう。

我が国で独自の発達を遂げた漆工品である蒔絵は、漆黒の地に金粉を蒔いて絵画的な装飾を施すものであるが、表現効果の点で紺地に金銀泥描の作例に似ている。蒔絵には秋の草原などの風景がしばしば描かれるが、黒地は夜の闇の写実的な描写などではなく、あくまで素材である漆の色である。金と漆黒の、すなわち輝きと闇の対比は、鮮烈でありながらも上品かつ繊細である。

工芸作品の地色は蒔絵のように素材の色そのものであるケースが多いが、染織品の場合はある程度自由に色を使うことができた。秀吉所用と伝える「富士御神火文黒黄羅紗陣羽織」（大坂城天守閣蔵）は桃山時代を代表する意匠で、黒バックに浮かび上がる鮮やかな黄色の富士山が印象深い。闇夜の噴火の描写とする見方もあるが、黒という色彩を大胆にデザインした例と言うべきだろう。

一方白地である紙本や絹本に山水や花鳥を描く通常の絵画に、背景を漆黒に塗り潰す例は皆無に近かった。夜景を描く場合も、やまと絵では行燈や松明などを描いて観念的に表現する例がほとんどであったし、水墨山水画においては、薄墨を掃いたかすかな闇に月を白く抜いて、夜景であることを示す例が多かった。やまと絵であると水墨画であるとに関わらず、近世以前の紙本や絹本に描かれた風景画には、夜景をベタ塗の黒地で表現する例はほとんど見かけることがない。真の闇夜は描くべき形象さえ見えぬはずで、そもそも絵の主題には適さない。江戸時代の蕪村は夜の闇を巧みに描き出したが、その清新な表現については後述しよう。

以上極めて大摑みな分析ではあったが、ベタ塗の黒地の背景というものが、近世以前には蒔絵などを除いてあまり見かけぬものであったことを確認しておきたい。

## 二　版画の作例

紺紙金銀泥描や蒔絵は、まず黒い（あるいは黒に近い濃紺の）画面があって、そこに金や銀で形象を描き出す技法である。本稿のテーマである幕末の地獄絵や白隠の禅画は白地の余白を黒で潰したものであり、表現の方向が真逆である。

　地獄絵のように本来の白地を黒く潰す例として思い浮かぶのは、版画の技法に関わる作例である。幕末の地獄絵や白隠の禅画は、後述するように版画的表現の影響抜きに論ずることはできない。以下に版画の技法を用いた作品に見られる黒地の背景について、概観しておきたい。

　まず中国の作例から述べる必要があるが、その最初に取り上げるべきは拓本であろう。拓本は版画と呼んで差し支えない技法であるが、正像である文字や像が陰刻された石碑に紙をあて、その上から墨をたたいて写し取るので、通常の木版画が左右反転した文字や像を陽刻した版面に直接墨を置き、そこに紙をのせて裏からバレンで摺りあげるのとは大きく異なっている。文字が陰刻された石碑を拓本にとると、広い黒地に文字が白く抜かれることになるが、そうした黒地の拓本は、書の修練のための法帖となって広く普及したのである。

　拓本となったのは文字だけではなかった。豊後高田市円福寺と京都市栗棘庵にそれぞれ伝わる「禅宗六祖像」は中国の石刻像の拓本であり、衣文線や顔の輪郭が黒地に白い線で表現されている。元代に作られた拓本が、かなり早い時期に我が国に将来されたものという。[注6]

　拓本の多くは石碑を原像とするが、清代の町田市立国際版画美術館所蔵の「魚籃観音像」[注7]（挿図2）のように、木を版材として、拓摺の版画が制作されることもあった。版材が石から木に替わっただけで、陰刻された正像をそのまま写し取るのは同じである。この版画技法については中野三敏氏が詳しく考証されており、[注8]氏は正面摺という語を使っておられるが、この拓本と同工の技法については、拓摺や拓版画という呼称が使われることが多いようである。

挿図2　「魚籃観音像」（町田市立国際版画美術館）

　黒バックは通常の木版でも行われている。版はもちろん正像ではなく左右反転した像である。町田市立国際版画美術館所蔵の明代の「聖蹟図」は紙の裏からバレンの目が確認され、木版を摺った黒地と分かるが、この聖蹟図は日本でも元禄四年（一六九一）に版行されている。一六七九年に刊行が始まった『芥子園画伝』は、江戸時代の絵画に大きな影響を与えた版本として著名であるが、その初集にも黒地の山水図が収載されている。

＊　＊

我が国の版画は、十七世紀以前は通常の木版によるものがほとんどであったが、その中で黒バックもごく稀に試みられていた。宋版に基づいたと考えられる十牛図はその早い例で、黒ベタの地に円く窓を開けて、中に尋牛以下の図様を描いている。鎌倉時代の天理図書館本[注9]や南北朝時代と考えられる『四部録』に収載された一冊[注10]が知られている。

文禄三年（一五九四）の奥書がある『仏説地蔵菩薩発心因縁十王経（地蔵十王経）』版本[注11]も注目すべき作例である。その挿図の主要な部分は十王の裁きの場面で、そちらは白地に黒線で形象を表した通常の木版表現であるが、最後の五頁に展開される地獄の場面には黒バックが用いられている（本書19頁参照）。

十七世紀には拓本に似せた書の手本が通常の木版で制作され始める。多くの版本が文字を陽刻するのとは逆に陰刻しているので、文字の周囲の黒地が広い。見かけが石碑の拓本に似ていることから石摺の呼称が慣用的に用いられている。慶長七年（一六〇二）の『四體千字文』が早い例と言う。

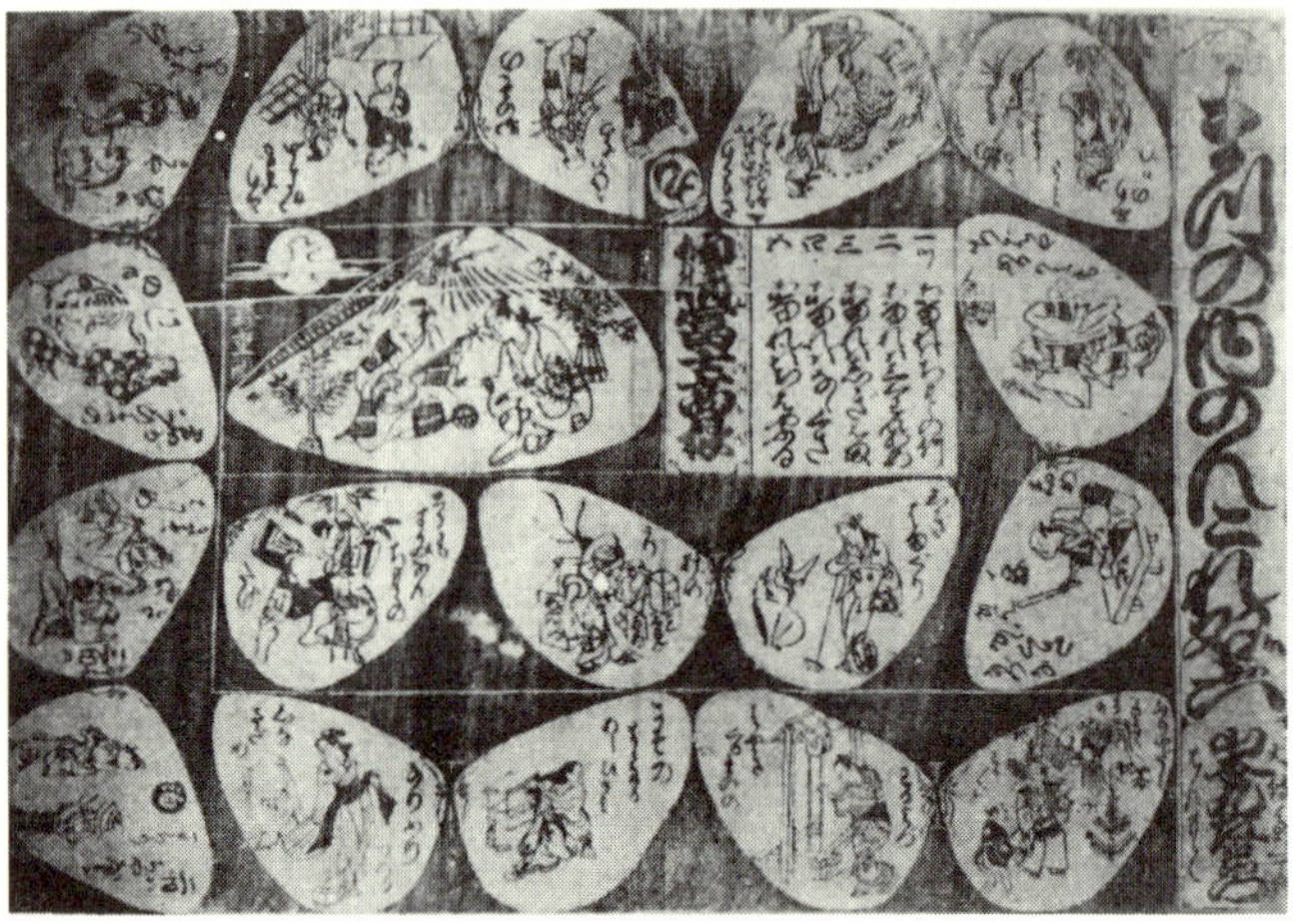
挿図３　羽川珍重筆「松の内のんこれ双六」

十八世紀になると、黒バックの木版画が江戸の浮世絵師によって制作されている。羽川珍重（一六七九?～一七五四）の「松の内のんこれ双六」（挿図３）は享保年間の作と言うが、黒地に貝のような形を抜いて、その中に人物等を描いている。

奥村政信（一六八六～一七六四）や西村重長（一六九七?～一七五六）は、ベタな黒地に、白く抜いた線描で人物等を描き出した一枚ものの木版画を制作しており、それらも石摺と呼ばれている。『浮世絵大事典』[注12]は延享年間（一七四四～四八）前後の事としている。奥村政信は中国版画から学んだ遠近法を使った浮絵の創始者として知られ、アイデアに富んだ絵師であったようだが、黒バックも中国の作例にヒントを得たものかもしれない。

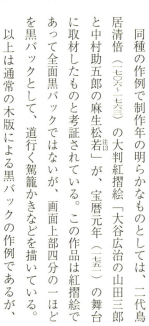

同種の作例で制作年の明らかなものとしては、二代鳥居清倍（一七〇六～一七六三）の大判紅摺絵「大谷広治の山田三郎と中村助五郎の麻生松若」[注13]が、宝暦元年（一七五一）の舞台に取材したものと考証されている。この作品は紅摺絵であって全面黒バックではないが、画面上部四分の一ほどを黒バックとして、道行く駕籠かきなどを描いている。

以上は通常の木版による黒バックの作例であるが、十八世紀に入る頃から我が国でも拓版画が行われるようになる。やはり書の手本から始まったらしく、中野三敏氏は「何れにせよ本邦正面版の刊行はおおむね元禄、宝永、正徳と云った時期に中国の技法を旨として、長崎を起点に江戸へ伝わり、高玄岱、細井広沢といった唐様書家の尽力する所によって定着して、宝暦頃には町版の一つとして法帖の特製高級品という感覚を持ちながら流布するに至ったといえる。そしてその頃から、この技法を絵画に及ぼした画譜、画巻の刊行も企てられるにいた」ったと述べておられる。[注14]

この拓摺による絵画としては、伊藤若冲（一七一六～一八〇〇）の作品が有名であり、表現の質も高い。宝暦十年（一七六〇）制作の西円寺他が所蔵する「髑髏図」（挿図4）が早い例で、[注15]この分野の代表作である明和四年（一七六七）制作の「乗興舟」や、翌五年制作の「玄圃瑤華」をはじめ、優れた拓版画を制作している。淀川両岸の情景を描く「乗興舟」は、版木が残されていて貴重である。明和八年（一七七一）に制作された一連の花鳥版画も黒バックが印象的であるが、こちらは陰刻で製版した通常の木版画で、合羽摺りで彩色を加えたものという。[注16]若冲は一点制作の水墨画においても「白象図」（個人蔵）や付喪神図（福岡市博物館蔵）のように黒バックを試みている。版画作品での経験を活かしてのことであろう。

挿図4　伊藤若冲筆「髑髏図」（西円寺）

若冲が拓版を試み始めた宝暦年間を境に、黒バックは徐々に例が増え始める。例えば南蘋派に数えられる建部綾足が宝暦十二年（一七六二）に刊行した『寒葉斎画譜』には、ベタな黒バックの図が見られる。先に『芥子園画伝』の例に言及したが、黒バックが中国画に由来することを示す例と言えよう。

続く明和年間は、鈴木春信（一七二五?～一七七〇）が多色刷りの錦絵を創始した版画史の大きな節目であるが、春信も黒バックの作品を残している。「夜の梅」（メトロポリタン美術館他蔵）や「蛍狩り」（東京国立博物館他蔵）などは版画特有のベタな黒地で夜の闇を表現しており、それまでになかった斬新な感覚の作品となっている。

写楽の大首絵の黒雲母摺も、黒バックの流行という流れの中で捉えられるかもしれない。その色調は漆黒の強さとは別趣の上品さに特徴があるが、工夫を凝らした暗色のモノトーンの背景という点では、同じ流れの中にある。

十九世紀の作例としては、葛飾北斎（一七六〇～一八四九）による一連の読本の挿絵が重要だろう。四十代の脂ののった北斎は、『椿説弓張月』（文化四年（一八〇七））、『霜夜星』（文化五年）、『恋夢艋』（文化六年）と傑作を次々に世に送り出しているが、いずれの作品にも黒バックの印象的な図が見られる。近世の絵双紙類を概観すると、十八世紀の作例では線主体の白っぽい画面であったのが、十九世紀になると黒を面として使った黒っぽい絵が多くなり、画風もシャープな劇画調が増えるという変化が見て取れる。そうした新しい傾向の先駆けが北斎であった。

幕末期の錦絵では、歌川国芳（一七九八～一八六一）の武者絵作品のいくつかに印象的な黒バックが見られる。国芳のダイナミックでシャープな画風には、黒バックに赤や青の鮮烈な原色が乱舞する配色が相応しい。

以上黒バックの版画を概観してみた。全体に占める割合は微々たるものの黒バックがそれなりに試みられていたことと、それが十八世紀半ばの宝暦年間頃から徐々に増え始めることが確認されるだろう。版画は黒と白の対比に生命線があると言えようが、通常の絵画に比べてグラデーションの表現が難しいので面としての黒が強調されることと、筆や刷毛でベタな黒地を仕上げるのはなかなか難しい作業であるが、版を用いれば比較的容易であること、の二点を指摘しておきたい。

## 三　白隠の禅画に見られる黒バック

白隠を形容する言葉はまず高名な禅僧であり、臨済宗中興の祖であろうが、近年ようやく絵画表現者としての存在の大きさについて理解が深まりつつある。[注17]今絵画表現者というこなれない言葉を使ったが、職業的な絵描きではなかった白隠に、画家や絵師、あるいは画僧といった言葉は使いにくい。画技を生活の糧とせずに数千点にも及ぶ書画を描いた表現者は白隠以前には存在しないし、白隠以後にも求めるのが難しい。

白隠の描いた絵は今日禅画と呼ばれているが、そのほとんどは庶民への布教の道具として、自らが描きたいものを、描きたいように描いた、自由な自己表現であった。白隠は新たな画題を数多く描いたが、技法の面でもいくつか新たな試みに挑んでいる。書において後から墨を足すのを躊躇しなかったことや、下描き線をはっきりと残す描法などは白隠独自の試みと言えようが、黒バックの採用もその一つに数えられる。

大分市万寿寺に伝わる朱衣の「大達磨像」は、白隠画の筆頭に推されることの多い傑作であるが、[注18]この作品がそうであるように、白隠は黒バックの作品をしばしば描いている。吉澤勝弘氏が編集された大著『白隠禅画墨蹟』[注19]には黒バックの作品が十一点収載されており、それ以外にも数点が知られている。後述する越後三尺坊の版画以外は、いずれも筆で背景を直接塗り潰した墨絵である。『白隠禅画墨蹟』に載る禅画の総数が六八四点であることを思えばごく少数にとどまるとも言えるが、それらが手間のかかった力作ぞろいであることも確かであり、存在感ある作品群を形成している。

まず制作年代が明らかなものを確認しておくと、大阪市立近代美

挿図５　白隠筆「維摩像」（大阪市立近代美術館建設準備室）

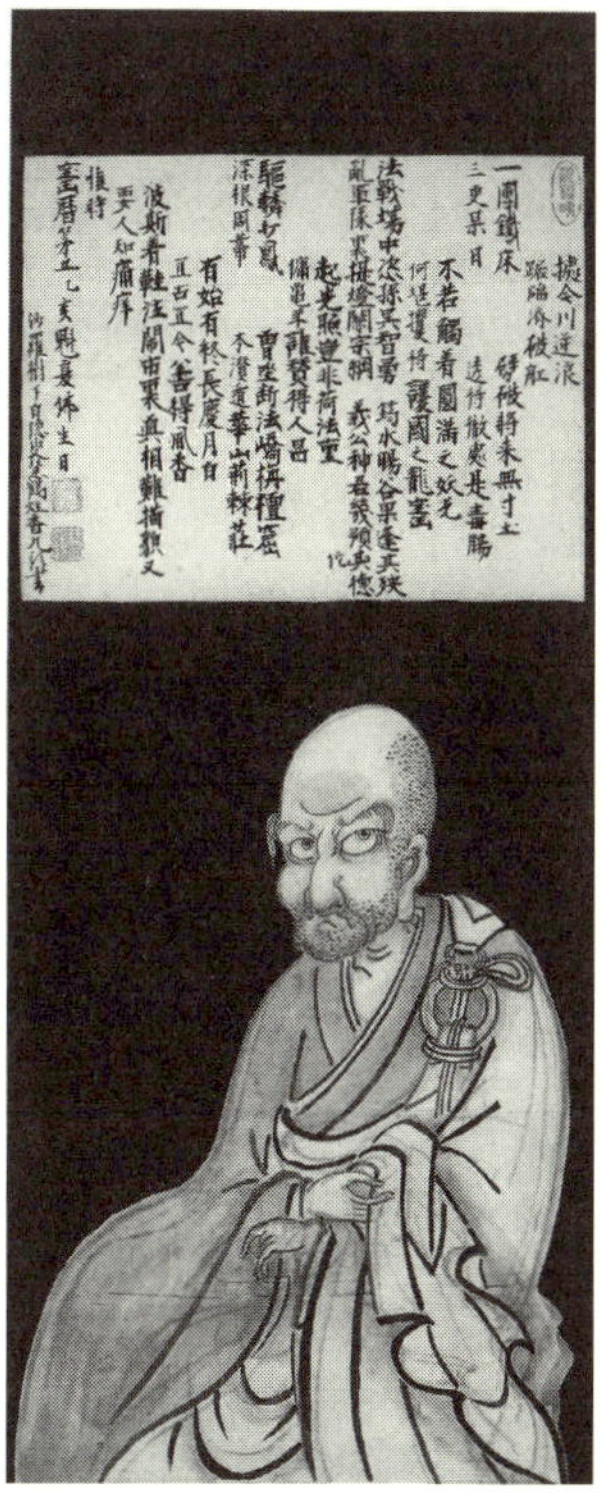

挿図６　白隠筆「太原崇孚像」（龍津寺）

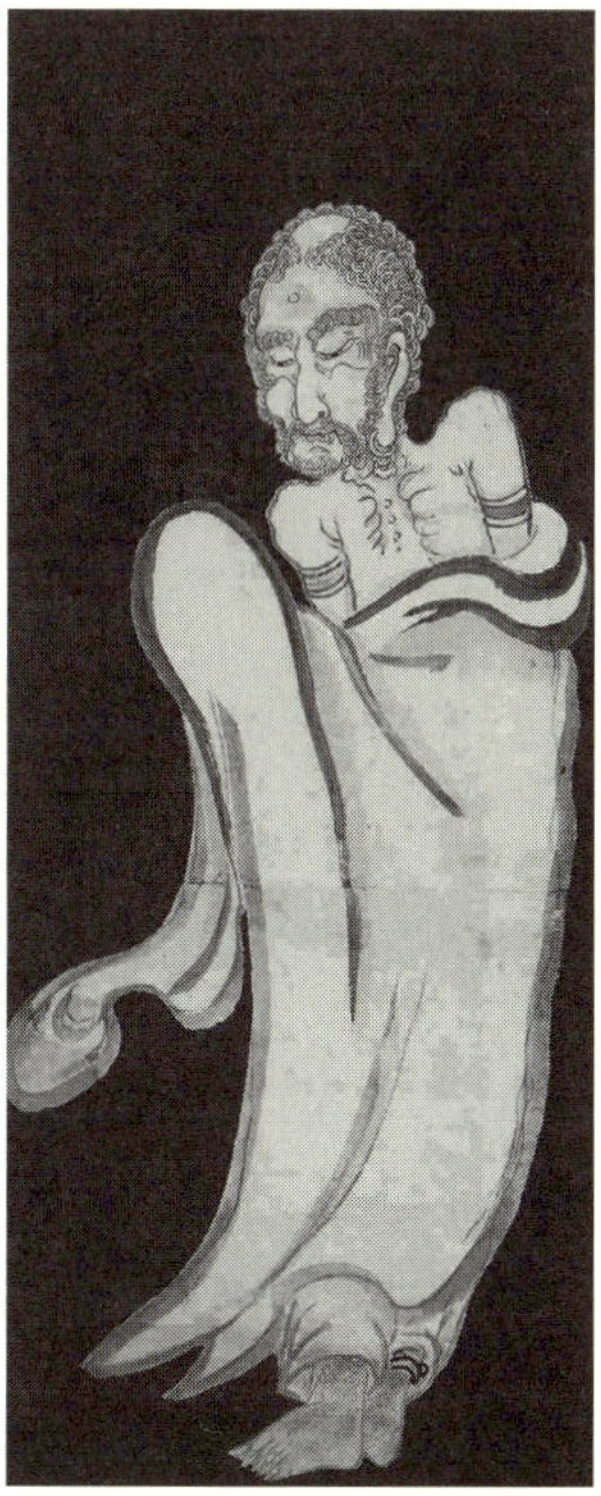

挿図７　白隠筆「出山釈迦像」（大雄寺）

術館建設準備室所蔵の「維摩像」（挿図５）と静岡市龍津寺所蔵の「太原崇孚像」（挿図６）が七十一歳の宝暦五年（一七五五）の作、永青文庫（二幅）、佐野美術館、万寿寺、大龍寺、個人がそれぞれ所蔵する六点の「蓮池観音像」が八十三歳の明和四年（一七六七）の作である。制作年は記されていないが、飯田市大雄寺に伝わる「出山釈迦像」（挿図７）は、白隠が伊那谷巡錫中の宝暦七年（一七五七）、七十三歳の作と考えられる。

七十一歳の宝暦五年以前に黒バックを試みていた可能性はあるが、まだその確実な例を知らない。版画作品には先述の奥村政信作品のように黒バックの作例が既に見られたが、一点制作の本画には、濃紺のバックを別とすれば、宝暦五年以前に筆を使って背景を墨で塗り潰した作例をほとんど見かけることがない。筆や刷毛で塗り潰す場合どうしてもムラが生じるが、専門的な絵師であればそのようなラフな仕上げを嫌うであろうことが、ベタ塗りの黒バックがあまり行われなかった一因かもしれない。あくまで素人の立場で絵を描いた白隠は、塗りムラなど気にしないおおらかな表現者であった。

白隠はほとんどの作画に賛を付すが、黒バックにする場合、この賛の処理が難しい。七十一歳での二作は処理の方法が異なり、「太原崇孚像」では黒バックの中にかなり広い長方形の枠を塗り残し、その中に賛を墨書するが、「維摩像」はおそらく蠟を用いて賛を白抜きしている。賛の周囲はやや墨色が薄く、先に賛を白抜きしてから余白全体を濃い墨で塗り潰したように見える。白隠には薄墨を掃いたグレーバックの作例も多いが、上から賛を墨書しても読み取れる程度の薄墨に止めたと見ることもできる。個人蔵の「関羽像」（挿図８）のように、像の周囲だけ黒く塗り、背景は白地のままに残して賛を付した作例もある。

絵画作品として視覚的効果が高いのは背景全面を黒々と塗り込める作例であろうが、そこに賛を付すには、蠟で文字を書して墨をはじく蠟抜きという方法に依る必要があった。興味深いのは伊那谷で描いた「出山釈迦像」（挿図７）で、旅先で蠟が入手できなかったのか、その黒バックには珍しく賛がない。この例から考えても蠟抜きは手間のかかる特殊な技法であったようだが、白隠が実際に行った工程は明らかではない。

蠟抜きの技法を白隠が如何に自己のものとしたかは不明だが、延享三年（一七四六）、六十二歳で描いた大月市宝林寺の大幅の「観音十六羅漢図」の画中に描かれた巻子に、その早い例が認められる。六十代でまず蠟抜きの手法を会得し、七十代になって黒バックを試みたと考えられるだろう。

挿図８　白隠筆「関羽像」

白隠の黒バックの作例には修験道系の尊像が目立つ。『白隠禅画墨蹟』には、個人蔵本（挿図９）と新座市平林寺本（挿図10）の、二幅の「越後三尺坊像」が収載されている。両者は雲に乗る狐の上に立って右手に剣、左手に索を持つ不動明王のような形姿が共通するが、個人蔵本が髪を結って身体に瓔珞を付けるのに対し、平林寺

挿図９　白隠筆「越後三尺坊像」

挿図10　白隠筆「越後三尺坊像」（平林寺）

本は蓬髪で瓔珞は付けず、口先の尖った烏天狗の面貌である。個人蔵本には越後三尺坊という尊名が賛に記されるが、平林寺本には賛自体がない。両者の形姿が異なる以上、平林寺本を同じ越後三尺坊と呼んで良いのかどうか疑問が残る。竹内尚次氏の大著『白隠』[注20]では平林寺本を秋葉権現としておられるが、越後三尺坊は秋葉権現の異名である。

個人蔵本と同じ像容の越後三尺坊像は、他に永青文庫と個人蔵のものの二点が知られ、個人蔵本はやはり賛を白抜きとし、永青文庫本は画面左上に長方形のスペースを塗り残して、そこに墨書している。永青文庫には烏天狗の形姿をしたやはり賛を持たない一幅も所蔵されている。以上を整理すると、烏天狗の形姿をした平林寺本と永青文庫本の二幅は賛を欠き、越後三尺坊と尊名が明記される三幅のうち、二幅は賛を白抜きにし、一幅は塗り残したスペースに墨書している。同じ修験系の尊像を描き、表現が近似する作品であっても、賛の処理の仕方は多様だったことが分かる。

以上の五幅は制作年が不明であるが、永青文庫には越後三尺坊と良く似た像容の「不動明王像」があり、その賛には宝暦十年（一七六〇）の制作である旨が記されている。この不動明王像は完全な黒バックではなく、グレーに止めたバックに賛を墨書する点が異なるが、全体の雰囲気は五幅と良く似ており、制作時期が近いのかもしれない。

興味深いのは、この越後三尺坊像の版画が制作されていることである。早稲田大学會津八一記念博物館（挿図11）と沼津市個人が蔵するもの[注21]がそれで、紙の裁断具合がことなるので現状の寸法は少し異なるが、同一の版木から摺られたものと思われる。早稲田本の寸法は縦九二センチ×横二九センチで、一点制作の越後三尺坊像が縦一三〇センチ前後の全紙大であるのに比べてやや小振りである。版画である以上数多く摺られたに違いないので、この二本の他にもまだかなりの数が現存している可能性がある。白隠画を版画にしたものとしては他に「おたふく女郎粉引歌」を知るが、珍しい存在であ

挿図11　白隠筆「越後三尺坊像」版画（早稲田大学會津八一記念博物館）

挿図12　白隠筆「越後三尺坊像」版木（天澤寺）

ることは間違いない。

この越後三尺坊の版画は、富士市の天澤寺に版木が残されている[注22]（挿図12）。縦九四センチ×横三〇センチを測る大きな版木で、左右反転した像と賛を陰刻している。この版木を実測した結果を早稲田本と比べてみたところ、越後三尺坊の像高は同寸で、図様もほぼ一致したが、剣の柄や足指の爪などの細部にわずかな違いが見られた。おそらく天澤寺の版木は、最初の版木が摩耗したために彫りなおされた二代目なのであろう。

江戸時代には各地の寺社の本尊や祭神を刻した宗教版画が盛んに制作されたが、火伏の神として人々の信仰を集める越後三尺坊を版画にしようとした寺が、高名な白隠に下絵を依頼したということかもしれない。そもそも下絵が黒バックだったとも考えられるが、彫りの簡単な陰刻にしたために、黒バックの版画になった可能性もある。

白隠が黒バックを試みるに至ったきっかけとしては、黄檗関連などの中国画の影響をまず想定すべきであろうし、越後三尺坊像の版木が制作された時期も不明であって、最初の黒バック作品が確認される七十一歳以前であったのか、それ以後なのか、あるいは没後のことであったのかも判断できないが、白隠が版画の摺りあがりを見て黒バックの効果に改めて気付き、以後の作画に取り入れた可能性も考えてみる価値があるだろう。

白隠画の黒バックに関してあと一点言及したいのは、没年の前年にあたる八十三歳の明和四年（一七六七）に、黒バックの観音像を集中して制作していることである。制作年が記された先述の六点の他にも、竹内氏の『白隠』には同時期の制作と見られる同工の蓮池観音像二点と白衣観音像二点が収録されており、都合十点もの黒バックの観音像を描いたことが知られる。

先に触れた万寿寺の「大達磨像」や、京都府全性寺の大応・大燈・関山のいわゆる応燈関三幅は最晩年近くに描かれた黒バックの大作であるが、両者には朱や黄色の彩色も施されており、さらに印象深い作品に仕上がっている。白隠最晩年の画業は日本宗教絵画史の到達点と言うに躊躇しないが、その中で黒バックの作品が占める割合は大きい。この明和の時点では後述するように筆で背景を墨で塗り潰した一点制作の作例は極めて珍しく、先例にとらわれぬ果敢な表現者としての白隠の面目躍如たるものがある。

そのように明和四年はそれまでに黒バックの経験を積んでいた白隠にとって集大成と言うべき充実の年であったが、この年京都では若冲が拓摺の代表作である「乗興舟」を制作し、江戸では春信が斬新な黒バックの錦絵を描いていた。故郷沼津の松蔭寺やその周辺で展開した白隠の画業は、地理的な問題と、ユニークすぎる表現故に孤立した存在と考えられがちであるが、東西画壇との符合という事実は、白隠画を絵画史の流れの中で捉え直す必要があることを、あらためて教えてくれるように思われる。

## 四　一点制作の作例

先に近世の版画作品に見られる黒バックについて略述し、今白隠七十歳以降の作品を概観したが、その検討によって筆で背景を墨で塗り潰す白隠画の先進性が改めて浮き彫りになった。本節では白隠画のように版画の技法によらない一点制作の黒バックの作例について、紙幅が許す範囲でまとめてみたい。

先に触れた蒔絵や染織品の他にも、例えば扇面流し図屏風（フリア美術館蔵）などは黒バックに近い例に数えてよいのかもしれない。ただ宗達や光琳が蒔絵のデザインを手掛け、黒地に金の効果を知悉していたことを思えば、そうした工芸性の強い作品にあっても、漆黒のバックは極めて少なかった。ましてタブロー的性格が強い山水画や花鳥画、人物画等にあっては、白隠以前にはほとんど見かけなかったように思われる。

そうした中で、文人画家の先駆け的存在である柳沢淇園（一七〇三～五八）が、ほとんど黒バックに近い濃紺地の作品を描いていて注目される。その一つは岡田美術館所蔵の緑青で竹を描いた「彩竹図」（挿図13）、もう一点はベルリン東洋美術館所蔵の濃彩の「花卉図」で、両作品ともバックはベタな濃紺である。特に「花卉図」は写実的で緻密な画法が他に類を見ないもので、藤の花弁一枚一枚に施された微妙な陰影の表現などは、中国経由でもたらされた西洋画のテクニックを消化吸収したものだろう。[注23] 両作品とも制作年がはっきりしないが、淇園は宝暦八年（一七五八）に没しているので、白隠の黒バック作品に先行する希少な存在ということになる。

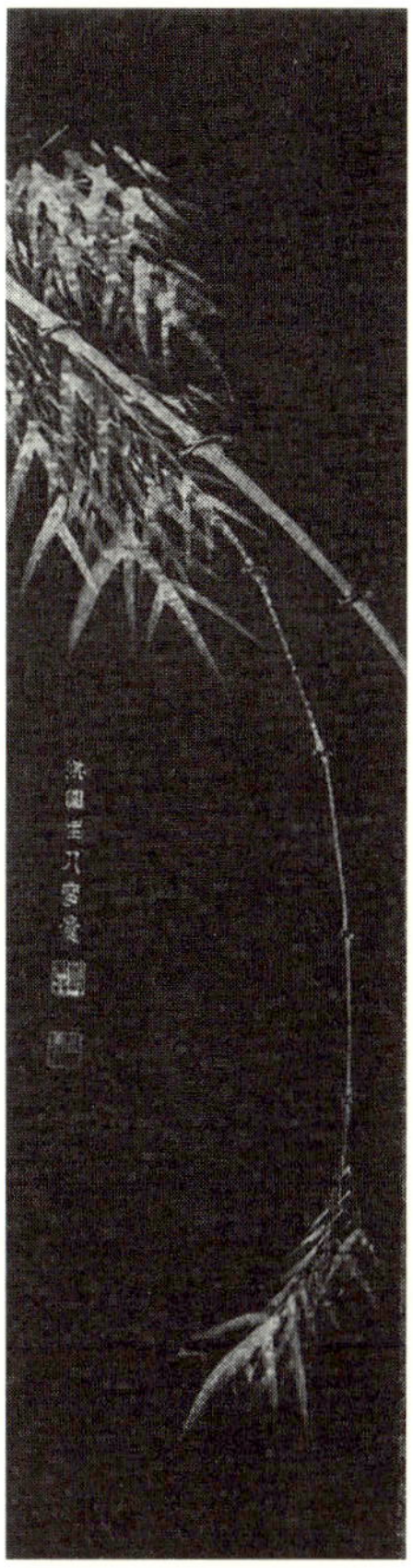

挿図13　柳沢淇園筆「彩竹図」（岡田美術館）

淇園の作品には中国風が色濃いが、先に引用した中野三敏氏の拓版画に関する見解の中で、中国風の拓版画を広めた書家の一人に挙げられていた細井広沢は、淇園の書の師匠であった。

室町時代以降の水墨山水画には、空に薄墨を掃いて月を白く抜き、夜景を表現する例がしばしば見られたが、闇そのものを描こうとする試みは少なかったように思われる。そうした中で明和に続く安永年間には、京都の先進的な画人によって、夜の闇を描写した作品が描かれている。

葛蛇玉（一七三五～八〇）は遺された作品が極めて少ない絵師であるが、プライスコレクションの「雪中松に兎・梅に鴉図屏風」（挿図14）は、その貴重な一作である。六曲一双の大画面に雪降る闇夜の情景を描いており、広い背景にかなり濃い墨を掃いて、幹や枝葉に

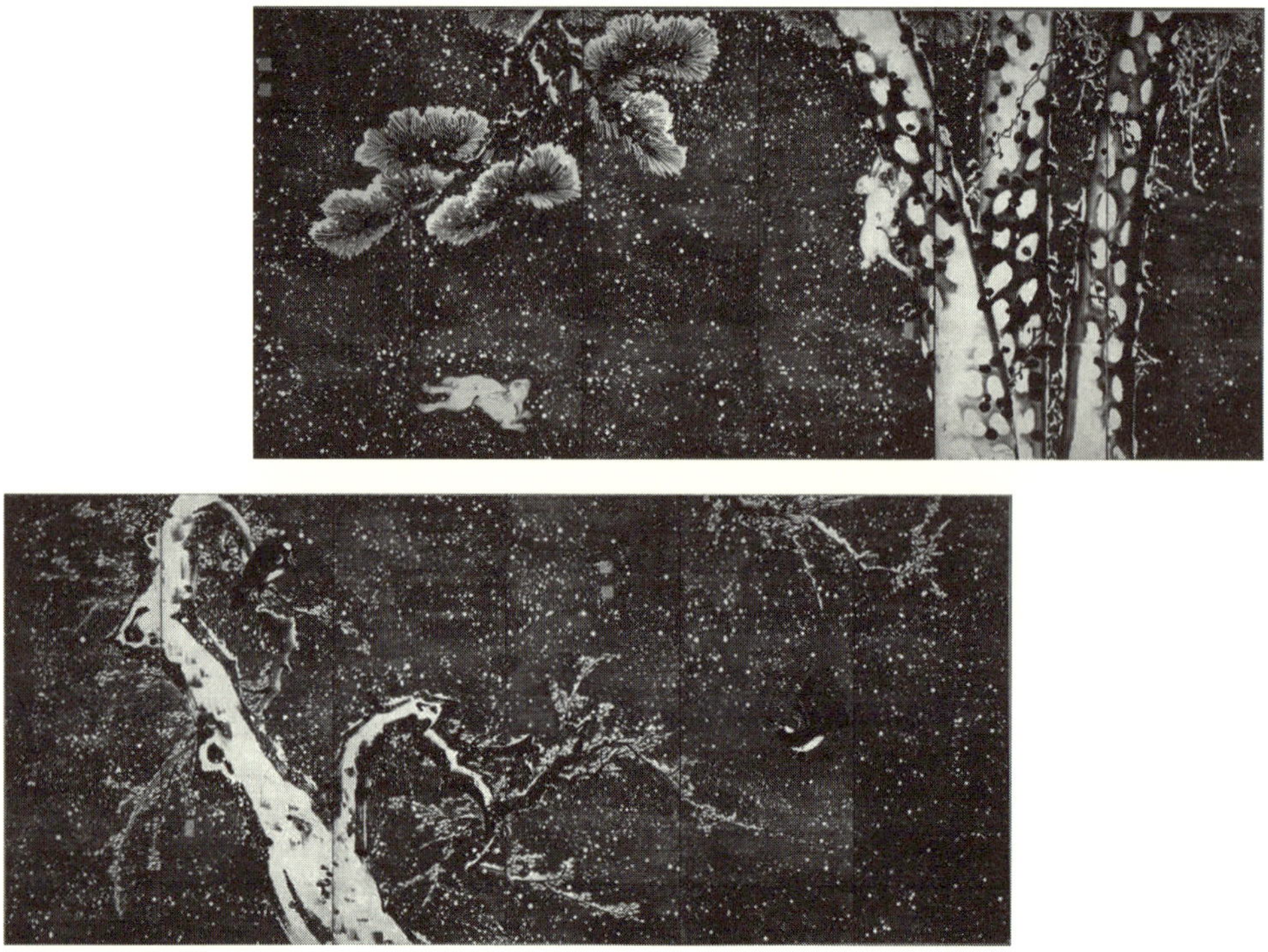

挿図 14　葛蛇玉筆「雪中松に兎・梅に鴉図屏風」（プライスコレクション）

積もる雪は紙の白地を残し、降る雪は白い絵具を吹き散らして表現している。墨の微妙なグラデーションが闇の深さを表現しているが、それこそが蛇玉の狙いだったと思われる。

黒地に書かれた賛は読みにくいが、「安永甲午之季秋製図」とあって、安永三年（一七七四）に制作されたことが分かる。人々が黒バックの効果に気づきはじめた明和に続く時期であることに、あらためて注意を喚起したい。

今年二〇一三年に『蕪村の絵絹』[注24]という好著を上梓された星野鈴氏は、与謝蕪村（一七一六～一七八四）を「夜の画家」と形容しておられる。氏は北村美術館の「鴉図」や逸翁美術館の「暗夜漁舟図」を取り上げて、菜種油による灯火の普及によってかえって夜の闇が実感されるようになった当時の社会状況を指摘された。「富嶽図」、「蛾眉露頂図」、「夜色楼台図」という蕪村画を代表する三つの横物が、夏秋冬の夜景三部作を構成するのではないかという指摘も魅力的である。

蕪村の夜を描く作品は「謝寅」落款の晩年作に集中しており、蛇玉の「雪中松に兎・梅に鴉図屏風」が少し先行する。佐藤康宏氏は、「蛇玉が若冲の画歴を模倣したところがある」と述べられ、蕪村が蛇玉の屏風を目にした可能性にも言及されている。[注25]そうとすれば、闇夜の表現は、若冲、蛇玉、蕪村と受け継がれたことになる。佐藤氏は蛇玉の雪の表現について、南蘋画風の影響も指摘しておられる。

蛇玉や蕪村の夜景はベタ塗りではないものの、かなり濃い墨で深い闇を描き出している。「雪中松に兎・梅に鴉図屏風」や「鴉図」、「夜色楼台図」は雪が重要なモチーフであるが、黒というに近い暗色の地であるからこそ、雪の白さが引き立つ。絵師は時に白い胡粉を吹き散らし、時に白地を塗り残して、その質感を表現しようとしている。「鴉図」の降る雪を塗り残しで描く表現などは、他に類を見ないものであろう。

蛇玉や蕪村の夜景は、闇を繊細なグラデーションで描くものであり、版画作品に見られたベタな黒バックと同列に論ずることはできないが、新たな感覚で処理された暗色の背景という点で、同じ時代の流れの中にあるだろう。

また十九世紀に入ると、谷文晁の「海鶴蟠桃図」（山形美術館蔵）や酒井抱一の「富士図」（静嘉堂文庫美術館蔵『手鑑帖』のうち）のように、先述の柳沢淇園作品と同工の、ベタ塗りの濃紺のバックが目立ち始める。海鶴蟠桃図のような吉祥画題は中国に倣ったものであるに違いなく、空をベタな群青で塗り込める新しい色感についても、中国画の影響抜きに考えることはできない。江戸時代の尖鋭な画家の多くが、中国からの情報に常にアンテナを張っていたことを示す事例と言えよう。

## 五　江戸時代後期の宗教絵画

拙稿の最後に、江戸時代後期の地獄絵に立ち戻ろう。

十九世紀の宗教絵画を見渡してみると、黒バックと濃紺のバックが盛んに用いられ、ジャンルによって使い分けられていることが知られる。濃紺のバックが用いられた例としては、安政五年（一八五八）制作の宝泉坊本や慶応二年（一八六六）制作の吉祥坊本といった立山曼茶羅や、奈良矢田原第3農家組合所蔵の富士参詣曼茶羅などが挙げられ、復古大和絵の旗手であった冷泉為恭（一八二三〜一八六四）が描いた「山越阿弥陀図」（大倉集古館蔵）や「仏頂尊勝陀羅尼神明仏降臨曼茶羅」（文久三年、大倉集古館蔵）などもこれに加えられる。谷文晁画や酒井抱一画のように、濃紺バックの風景画は十九世紀に入って数を増すように見えるが、仏画においても同じ傾向が見て取れるのである。[注26]

第一節「黒地の背景」で述べたように、平安時代以来の伝統を持つ金字宝塔曼茶羅や、鎌倉時代以降の皆金色の来迎図のような金を多用する特殊な宗教絵画には濃紺の地が用いられていたが、江戸時代後期の紺地の宗教絵画には必ずしも金が多用されているわけではなく、古代・中世との連続性よりも、新たな色感の登場という印象が強い。花鳥画などと同様に、中国の明清時代の絵画の動向と無縁ではないのだろう。

一方ベタ塗りの黒バックは、本稿冒頭で言及した弘化二年（一八四五）制作の酒田市十王堂の「閻魔地獄図」や嘉永二年（一八四九）頃制作の品川区長徳寺の「六道絵」、安政四年（一八五七）制作の四日市市両聖寺の「閻魔王庁図」など、特に地獄絵のジャンルにおいて枚挙にいとまがない。酒井抱一が文化二年（一八〇五）に描いた「青面金剛像」（細見美術館蔵）や、北斎が描いた「弘法大師修法図」（西新井大師総持寺蔵）のような例はあるものの、地獄絵以外に漆黒のバックが用いられた例は少ないだろう。

狩野（逸見）一信の「五百羅漢図」を見ても、黒バックは地獄や甚大な災害を描く幅に限って使われ、その他の羅漢の日常生活を描く幅などでは、鮮やかなブルーやオレンジに近いベージュが空の色として使われている。一信はやはり地獄には黒バックが相応しいと考えたのだろう。これら幕末に描かれた黒バックの地獄絵は、強い色彩対比の効果で見る者を引き付けたに違いなく、長い地獄絵の歴史に、新たなページを書き加えるものであった。

幕末に近い時期の地獄絵に黒バックが盛んに採用されたのには理由がある。それは天保十四年（一八四三）に出版された『往生要集』新版の挿絵に黒バックが多用されたことで、おそらく全国各地で広く読まれたであろうこの版本が、各地の地獄絵制作に影響を与えたと考えられるのである。

平安時代の源信が著した『往生要集』は江戸時代に広く読まれ、寛文三年（一六六三）に初めて挿図のある版本が出版されたのを皮切りに、元禄、寛政とたびたび版を重ねているが、それらには黒バックの図は含まれておらず、画風も素朴な印象が強いものであった。天保版（本書35頁参照）には八田華堂金彦という絵師の名が記されているが、金彦は多くの図の背景を黒で潰し、寛文版や寛政版に比べて鋭い描線でシャープな形態を描き出している。そこには二百五十年ほど前の『地蔵十王経』版本や、寛文版『往生要集』の素朴さはない。ジャンルは異なるが、十九世紀初頭の北斎の読本挿絵のスタイルの延長線上に、捉えるべきもののように思われる。

天保十四年以前の地獄絵に黒バックが皆無だったわけではないが、それ以後の地獄絵に黒バックが頻出するのには、この天保版『往生要集』の影響が大きかったに違いない。『往生要集』版本を研究されている西田直樹氏は、一信の「五百羅漢図」にもこの天保版の影響が見られると指摘されている。[注27] 従うべき見解であろう。天保版『往生要集』の影響が指摘される地獄絵は他にも見出されるし、国芳が三枚続きの「地獄変相図」[注28]に黒バックを採用したのも、そうした時代の流れの中での選択だったのだろう。

以上近世絵画に見られる黒地の背景について、いくつかの観点から考察を加えてみた。黒バックの淵源が中国絵画にあることに疑いはないが、伝統にとらわれぬ自由な表現者であった白隠は自らの内なる仏を描きだす際のアクセントとして黒バックを案出し、同じく自由な絵師であった若冲はかつて誰も描いたことのない黒バックの幻想的な風景を描き、地獄絵を描いた無名の絵師や、国芳らの時流に敏感であった浮世絵師たちは、黒バックに赤や青の原色を乱舞させて、動乱の時代を映し出したのである。

注

1 本稿は二〇一三年夏に本書収載の「近世の地獄絵――素朴な表現の作品を中心に――」を脱稿した後に執筆したものである。当初はこの第七巻に収載する予定ではなかったが、予定されていた数の原稿が入らなかったこともあって、編者の責として、急遽収録することとなったものである。そのため幕末の地獄絵に関しては少し記述が重複してしまっている。御寛恕願いたい。

2 板橋区立美術館『あの世の情景』展、二〇〇一年

3 拙稿「長徳寺蔵六道絵」（『國華』一二一九号、一九九六年）

4 四日市市立博物館『冥界の裁き　閻魔さまと地獄の世界』展、一九八九年

5 江戸東京博物館『増上寺秘蔵の仏画　五百羅漢　幕末の絵師狩野一信』展、二〇一一年

6 谷口鉄雄「禅宗六祖像について――豊後・円福寺本を中心に」（『佛教藝術』一五五号、一九八四年）

7 『救いのほとけ――観音と地蔵の美術――』展図録（町田市立国際版画美術館、二〇一〇年）

8 中野三敏「拓版画の系譜――木拓正面版について」『版と型の日本美術』展図録（町田市立国際版画美術館、一九九七年）所収

9 『日本古版画集成　図版編Ⅱ』（筑摩書房、一九八四年）

10 『中国憧憬――日本美術の秘密を探れ――』展図録（町田市立国際版画美術館、二〇〇七年）

11 宮次男「十王経絵について」（『実践女子大美学美術史学』第五号、一九九〇年）

12 武藤純子氏による『浮世絵大事典』（浮世絵学会編、東京堂出版、二〇〇八年）の「石摺絵」の項目

13 『浮世絵全集第1巻初期版画』（河出書房新社、一九六三年）

14 中野前掲注8参照

15 狩野博幸氏による『伊藤若冲大全』（京都国立博物館編、小学館、二〇〇二年）の解説

16 小林忠「伊藤若冲の版画」（『MUSEUM』三七七号、一九八二年）

17 拙稿「表現者白隠――その理解のためのノート――」『ZENGA　帰ってきた禅画　アメリカ　ギッター・イエレン夫妻コレクションから』展図録（浅野研究所、二〇〇〇年）所収、拙稿「素朴絵の転換点に立つ巨人白隠」（『聚美』第七号、二〇一三年）など

18 拙稿「白隠筆朱衣達磨像」（『國華』一三七九号、二〇一〇年）

19 『白隠禅画墨蹟　禅画編・墨蹟編・解説編』（花園大学国際禅学研究所編、監修・解説吉澤勝弘、二玄社、二〇〇九年）

20 竹内尚次『白隠』（筑摩書房、一九六四年）

21 『白隠とその時代』展図録（沼津市歴史民俗資料館、一九八三年）に収載

22 前掲注21

23 この花卉図は『在外日本の至宝6　文人画・諸派』（毎日新聞社、一九八〇年）に収載され、辻惟雄氏が解説を執筆されている。図版による限り、職業画家ではない淇園の手になるとにわかに信じがたいほどの完成度を示しており、筆者がまだ実見していない以上、ここでの考察の対象に加えるべきではないのかもしれない。

24 星野鈴「蕪村の夜」『蕪村の絵絹』（風人社、二〇一三年）所収

25 佐藤康宏「蛇玉山人のこと」（『國華』一〇八五号、一九八五年）

26 立山曼荼羅宝泉坊本は西尾藩主松平乗全によって描かれ、吉祥坊本は老中本多忠民が絵師に描かせたものである。大名家の出である酒井抱一の例も含めて、経済的に恵まれた描き手による作画が目立っている。青系絵具の代表である群青は高価であったが、彼らにとって費用の多寡は問題ではなかったのだろう。

27 西田直樹「増上寺『五百羅漢図』の成立過程の研究」（『作大論集』二号、作新大学、二〇一二年）

28 大判錦絵三枚続　蔦屋吉蔵版

# 仏像

# 地方仏
## ――青森・岩手から――

須藤　弘敏

### はじめに――地方仏の概念

言うまでもなく、仏像は畿内に限らず列島各地に早くから展開していた。少なくとも八世紀末の列島各地に仏像は存在し、それをまつる施設や儀礼が存在したことは多数の史料や仏像そのものの存在によって確かめられ、九世紀には本格的な寺院も各地に相当存在したことはやはり各地の遺跡や出土品等から明らかである。当初は畿内で制作された金銅仏、あるいは請来の金銅仏など小型の仏像が各地に運ばれていったことも現存するそうした実例から推測できる。しかし、九世紀以降は各地で仏堂の本尊となる大きさの仏像が必要となったため、それぞれの土地で仏像を制作することとなった。もちろん造仏には一定の知識と修練が不可欠なため、地方の木材を用いた仏像を刻むのも、最初は中央で多少なりとも経験を積んだ僧侶や工人だったはずである。

平安時代前期の地方での造仏が具体的にどういった環境で展開していったかわからないことが多いが、忘れてならないのはアジアの他地域と違って木彫の仏像がほとんどだったことである。石や金属などほかの用材と異なり、木の場合はその選別と加工に関わる工人が日本列島各地に奈良時代から存在し、一定の知識と技術が既に蓄積されていた。その状況で仏像を刻み始めるのに、あと必要なのは図像的な知識といくつかの工具と顔料だけだったはずである。その際、国分寺など中央の仏教情報を伝達する施設が情報を発信するセンター的な役割を果たしていたかどうか、現存する地方の平安仏の所在地や伝来した寺院について考えると、複数のチャンネルで情報は展開していったように思われる。その後、平安時代後期には仏教と仏像どちらについても情報が広く伝播し、その需要も各地に存在したから、形の上では列島の北から南まで仏像が行き渡ったことになる。しかし、その仏像が実際にどういうものだったか、また仏像をどう位置づけ、どういう宗教感情を抱いていたかとなると、中央と地方が一様だったとは思われない。仏像に「仏」像としての機能を求めたのか、それともより包括的な意味での礼拝対象として機能することを求めたのか、精神的生活の中で仏教をある程度輪郭の明らかなものとして位置づけていた都の貴族らと、それ以外の地方や庶民の場合は異なっていたに違いないからである。ことに平安時代に地方で刻まれた仏像の多くは、それぞれの土地の山岳や海浜、湧水などに関わる固有の神祇信仰を契機として生まれたものが多く、教義的な観念以前の必然性が考えられる。

そして、仏像制作の頻度や数量に格段の違いがあった中央と地方では、仏像そのもののほかに、仏像を刻む仏師に対する意識にも明確な差異が存在した。[注1]宗教的なイメージを偶像として具体化してくれる仏師に対して、その能力も知識も乏しい人々は敬意をもって接していて、日常は仏師が存在しない地方ほど、その敬意は大きかったわけである。そうした状況をよく示すのが、名高い「宇治拾遺物語」一一〇話「ツネマサガ郎党仏供養事」[注2]である。

筑前山鹿庄を訪れた、おそらく都や大宰府の官人とおぼしき人物がこの地で行われた造仏供養の供宴に遭遇した際の話で、供養の講師として招かれた僧が「何仏を供養し奉る」と施主に問うたのに対し、施主は自分は知らないが仏師は知っているはずだと答える。ところが、仏師は「講師の御房こそ知らせ給はめ」と言い、ついには「ただ「仏つくり奉れ」といへば、ただまろがしらにして斎の神の冠もなきやうなる物を、五頭きざみたてて、供養し奉らん講師して、その仏、かの仏と名を付奉る也けり」という次第だった。こうした仏供養に呆れる一方、「おかしかりし中にも、同じ功徳にもなればと聞きし」と無知を嘲るだけではないのが救いである。この説話は、十二世紀末ないし十三世紀初めの都から遠く離れた地方の仏像制作をめぐる状況を伝えている。

今、九州北部にそうした道祖神像のような当時の仏像が残っているかどうか筆者には知識がないが、北東北にはそうした仏像観をうかがわせる像がまだいくつも残っている。たとえば、岩手県の北端二戸市（旧浄法寺町）天台寺は、岩手の中でも特に地方色の濃い平安時代の仏像が幾体も残っていることで知られるが、[注3]その中で粗彫りで有名な重要文化財の聖観音像や十一面観音像ではなく、「吉祥天像」と呼ばれている像（挿図1）に注目したい。像高一五二センチの等身像だが、ずんぐりとした体軀の上にのった幅広の頭部は、長い眉と目に対し極端に小さな口というアンバランスさで起伏も少ない、いかにもあかぬけない像である。よく言えば素朴な造形と言うことになるが、造形としては未熟で彫刻技術の拙さは覆うべくもない。細かな衣文は彫刻せず、これも拙い彩色で文様を、それも都ではあり得ない奇妙な花文を墨で描くのみである。これを吉祥天と

挿図1　吉祥天（天台寺）

呼び慣わしているが、正確には名づけようがなく、仏像なのか神像なのかも決められず、冠を取ってしまえばもんぺをはいた土地の女性の姿でしかない。天台寺にはほぼ同寸の天部立像もあるから、毘沙門天と吉祥天のペアとして造られたと見ることも可能だが、十一世紀の造像当初に何と呼んでいたかは不明である。しかし、この稚拙な像には強い存在感がある。一見しただけでは仏像と呼ぶのに違和感を感じるが、この地域では礼拝対象としての十分な力を維持し続けてきた像である。つんと取り澄まして礼拝者との間に距離を置く像ではなく、拝む者に緊張も畏怖心も要求しない造形であるため、この地域に暮らす人々の気持ちに寄り添う像として守られてきたものであろう。天台寺にはほかにも図像的な比定がむつかしい像が幾体もあり、像高二四一センチの伝菩薩坐像を地域では薬師如来と呼んできたし、ほぼ同形同寸の伝如来立像二体は、そっくりであることも含め何らかの神像的な性格を持つものかもしれない。

「宇治拾遺物語」の説話が語るように、中世まで地方における宗教的環境の中で必要とされた礼拝像には、教義的な裏付け以前に土地の木材で土地の人々の風貌に似せて刻むことが求められていたと言える。岩手県天台寺の像は列島各地で刻まれたそれら地方の仏像神像の貴重な生き残りなのである。そういう認識で地方に残る古代中世の仏像や神像を見直してみると、中央の価値基準である文化財指定を受けているようなすぐれた彫技や緊張感あふれる像であっても、やはり畿内の像とは表情が少し違っている。地方で造られた仏像神像は、技巧的に劣るから表情が整っていないと思われがちだが、整った表情を拒む礼拝者の意識が反映していると理解することもできよう。そして、後段で詳しく述べるが、そうした地方の宗教的事情を率直に反映した仏像神像が廃棄されてきた近世以降の歴史が何より問題である。明治の神仏分離令が巻き起こした旋風は、全国の社殿や祠にまつられていた地方独自の性格を持つ彫像の多くを廃棄させてしまった。その後、近代化を進めてきた日本は、奈良京都の古仏を称揚しても、地方の仏像神像を意識的に忘れてきたのではないかと疑っている。

「地方仏」を定義づけるための長い前置きとなったが、早くから「地方仏」の存在と意義を提唱し、多数の実地調査を行ってきたむしゃこうじみのるが述べた「地方にしっかりと根をおろしている仏たち」ということばがその定義に最もふさわしい。[注4] 地方の材で地方の人々のために造像された仏像というのが「地方仏」の最も大まかな定義だが、むしゃこうじがほとんど取りあげなかった近世の地方仏をも考えていくためには、「地方に根をおろした」像という視点を置くことで、問題のあり方がより明確になると考えている。また、その際に仏像と神像を分けて考えるべきでないことも、地方の宗教的環境を考えれば当然であろう。

## 一　近世における地方の仏像
### ――青森県下仏像悉皆調査から見えてきたもの

これまでの仏像研究において江戸時代に関心が持たれたことはあまりなく、近年各地で盛んな地域の仏像調査においても、江戸時代の像については作者や銘文など特に資料価値があるものだけが対象として選別されることが少なくない。また、宝山湛海や清水隆慶といった好作で名高い仏師、あるいは主要な一部寺院の仏像については調査や研究が、七条仏所など中世仏師の系譜に連なる仏師とその造像については史料的な研究が、そして円空と木喰というその個性的表現で人気を集める造仏聖らについては、展示や出版が頻りである。しかし、近世の仏像には、仏師系図にも載らず、教団お抱えでもない仏師たち、さらには職業仏師ではない大工や僧侶たち、彼らが刻んだ像も多数含まれる。

近世の仏像を考える初めに重要なことは、仏像が全国一円にあまねくまつられるようになり、その多くが上方と江戸という二大生産地から移出されたものだったことである。仏像制作は技巧と点数から言えば江戸時代こそ最盛期である。寺請制度によって経営基盤が整った各地の寺院は、教団本山の末寺となった結果、須弥壇上に本山の指示による図像的に整った仏像を一定の形式で安置するようになった。近世の体制化された仏教において、仏像は宗教的感情に基づく礼拝対象としてよりも、儀礼空間を飾る象徴的な装置として必要とされたのである。そのとき、そうした需要に応え得たのは上方と江戸の仏師仏所であって、上方や江戸周辺を除いたほとんどの地方仏師たちは修理など補助的な立場に止まらざるを得なくなったのである。

筆者は二十数年前から青森県下の仏像調査を行ってきたが、青森県には中世以前の仏像がきわめて少ないため、最初から江戸時代と推定される仏像はすべて調査の対象にしてきた。その結果、平成二三年一月までにほぼすべての市町村で四六〇三体の仏像および一部の神像を調査した。これによって青森県は、全国四七都道府県の中で唯一、現存するほぼすべての仏像データベースを獲得したわけである。[注6]もちろん本州北端の青森県は仏教文化について長い歴史を持っているわけでなく、開創を鎌倉時代までさかのぼれる寺院もごくわずかしかない。しかし、こと近世の仏像の分布状況については全国各地とほぼ変わらないと思われる。その理由は、寺院の地域的な偏りは人口比に伴ってあるものの宗派的な偏りはないこと。そして、近世以来の本堂は数少ないが、八割以上の寺院が今も江戸時代以来の本尊像を保持していること。像で等身以上の大きなものはまれだが、通常の寺院須弥壇の大きさからすれば標準的な大きさで、三尊像が多数を占めることなど、全国各地の状況と共通しているからである。他都市等の仏像調査報告書[注7]と対比参照してみてもその判断は変わらない。もちろん青森県の状況が日本近世の仏像の傾向すべてを示すなどとは思わないが、そのデータには全国で均質化していた江戸時代当時の仏教寺院と仏像のあり方がおおむね反映している。

そこで得られた青森県下に残る近世の仏像に関する全体的な展望は次の通りである。まず基本的な問題として、青森県は弘前藩、その支藩である黒石藩の領地だった津軽地方、盛岡藩が支配した下北地方、盛岡藩の支藩八戸藩の領地だった八戸周辺および上北地方（通称南部）、この三つの地方に分けられる。その中で農業生産力が高く人口も多かった津軽地方は、寺院数は最も多いが中世までさかのぼる寺院や仏像はごく少数である。南部地方は中世から仏教の展開が進んでいて、古い仏像や信仰の伝統も確かめられる地域だが、農業生産力が低かったため寺院数と仏像の数はそう多くはない。そして、下北地方は県内で最も人口が少なく陸路の交通は不便で、寺院数も少ないのだが、人口や寺院の数に対して仏像は数多く残っていて、面積や人口でまさる南部地方より多いのは驚きである。戸数百に満たない村落の小さな寺院でも必ず江戸時代の本尊像をまつっていて、半島全体では六二箇所に一三〇〇点あまりの仏像仏画が残っている。[注8]

そういった分布状況だが、すべての地域を通して確認された第一の特徴は、いかに小規模な仏堂であっても、本尊としてまつる仏像は上方や江戸から入手していることである。規模の大きな寺や藩主と関わり深い寺には、大きさも作風もことにすぐれた像（挿図2・3）があるのは当然で、作者や由緒もそれなりである。しかし、今

挿図２　地蔵菩薩半跏像（弘前市・報恩寺）

挿図３　妙見菩薩半跏像（黒石市・妙経寺）

挿図４　観音菩薩坐像（横浜町・阿弥陀堂）

も住職がいない、当時は寺院として公許されていなかったような庵寺ですぐれた作風の仏像（挿図４）を見いだしたことは一度や二度でない。どういった機縁でそれだけの像をまつることができたかわからないことの方が多いが、狭い地域だからこそ地域の強い支援がなければ入手し維持できなかったことは確かである。また、江戸時代においても奥州津軽や下北と言えば、上方の感覚では蝦夷地同然だったはずである。だからといって、その海岸沿いの村落各地に運ばれた仏像はけっして質の劣るものではなく、しっかりした作風の端整な像ばかりである。江戸時代における仏像制作とその流通に関しても重要な資料だと言える。

　そのほか内陸部の寺々でも本尊としてまつられる仏像のほとんどは、上方か江戸で制作されたものである。城下町弘前には九〇を超える寺院があるが、「大仏師正統系図」にも記載された七条仏所右京了意工房の隣松寺千体地蔵像を始め、京都や江戸の仏師名がいくつも確認できる。平川市（旧尾上町）浄土寺の阿弥陀如来立像（挿図５）の台座内には「当庵主体心、江戸表作仏、寛政三年（一七九一）亥九月九日江戸表出立、亥十月二十八日当庵寺下着」と記されている。像高九八・八センチの像を庵主体心が背負って運んできたのであろうか。いずれにせよ、本尊となる仏像はそうした困難があっても江戸や上方から請来するのが原則だったことを語っている。それらの本尊像は、みな光背や台座を具していて、整ったプロポーションの体軀は金色に輝き、表情は端整で理知的である。きちんとした儀軌に従って造られた像で、間違いを防ぐため白象の台座に「ふげん」と墨書されるような例も多数ある。本州北端の村でも「なに仏、かの仏」の時代ではもうなくなっていたのである。いかに小規模であっても正規の教義に従って仏事を執り行う、寺院須弥壇という公の空間にはそれにふさわしい金色の仏像が必要で、それを尊重する姿勢は、弘前や八戸のような城下町でも、津軽下北両半島海浜の村落でもまったく変わらないのである。

　県下の仏像全体を展望して得られた第二の特徴は、ちょうど第一

挿図５　阿弥陀如来立像（平川市・浄土寺）

の特徴の裏返しとなる。それは、地元でも仏師ではない人々によって刻まれた仏像が多数残っていて、そのほとんどが須弥壇を離れた場所にまつられていることである。それらは、本堂でも隅や廊下の端、境内でも本堂ではなく地蔵堂や観音堂と名付けた別の小さな小屋などに置かれている。また、もともとは寺ではなく、村の中の堂や祠、あるいは民家の神棚などにまつられていたものが後に寺に納められたものが過半である。寺院の教義にもとづかない個人的な祈りや願いの対象として礼拝される偶像は、寺の公的な空間や決まりからはずれた場にまつらざるを得なかったのである。それらは金彩とは無縁な彩色像がほとんどで、多くが今は黒くすすけてしまい、礼拝像としての威厳やありがたみは感じられない。構造も一木造りで、材は芯をはずしていない。手足だけ別材を寄せる例が少なくないが、かなり乱暴なはめ込み式の造作になっていることが多く、いかにも仏師ではない素人の造像であることを示している。像の種別では、観音と地蔵の菩薩像、十王や鬼卒などの地獄関係諸像が大半を占め、一緒に恵比須、大黒が加わることも珍しくない。構造が構造だけにあまり大きくはなく、一五から四〇センチ程度のものが多く、それより大きな像の場合は特別な願意や古くからの信仰の伝統によるものである。これら須弥壇と無縁の仏像たちは、地域の人々の直接的な信仰に応えるために、宗派や指導的な僧などと関係なく造られ、同じ近世でも弾誓や但唱のような造仏僧ましてや円空や木喰の仕事とは異なっている。ひたすら個々の地域の需要に応えるための造像の場では、仏教の基本的な情報が広く行き渡った江戸時代であっても、教義や規格あるいは図像といったしばりをあまり気にする必要がなかったのである。

以上のように江戸時代の地方では、仏教信仰という同じ看板を背負っていても、まるでタイプの異なる二つの仏像群が存在し、その果たすべき機能で両者はすみわけていたのである。もちろん、その中間に位置づけられるような仏像もある。地方の仏師が中央作を模倣して刻んだような仏像がそれで、一応の図像的特徴は完備するものの、彫刻や彩色の技巧が劣っている。そして、青森県下では仏師が少なかったせいもあるが、こうした中間的性格の像は少なく、ほとんどが上記の二タイプどちらかであった。もちろん地方仏師であっても江戸時代後半にはかなり熟達した技術を備えた者が散見し、上方や江戸周辺の地方にはそうした例が少なくない。[注9]青森県下の像でも盛岡や八戸などの仏師が刻んだものには中央作に近いレベルの像もあることも無視はできない。

中世までとは異なり、近世では地方にある仏像が地方仏なのではなく、実は地方においても地方仏は少数派だったのである。それらは少数派とは言え、全国どの地方にもあったはずだが、明治以後その多くが見捨てられていったため、それが今もかなりの数が残っている青森県や岩手県は貴重な地域と考えている。[注10]

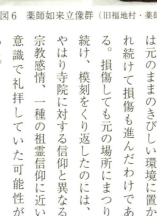

## 二　青森・岩手の地方仏——中世から近世へ

明治になってから、地方で刻まれた仏像や神像を北東北の人々が見捨てなかったのはなぜだろうか。仏教が広く深く浸透していく中で、寺院の仏像を礼拝するのと平行して、長く地域に根づいた仏像神像を尊崇する感情が強かったことはもちろんである。だがそれだけでなく、寺院の仏像と地域の仏像神像とをそれぞれ異なる価値観で礼拝していたように思われる。地域に古くからまつっていた薬師如来なら薬師如来の像があった場合、それは如来像なのだから、きちんとした寺格を得た寺の須弥壇上にまつってかまわないわけである。全国各地の平安時代の薬師如来像は実際そうしてまつられてきたし、東北でも福島県会津の勝常寺薬師如来坐像や、岩手でも南寄りの黒石寺薬師如来坐像は、地域の信仰が新たな教団組織再編後も変わらなかった例である。ところが、青森県では勝常寺や黒石寺のような古くかつ規模の大きな寺はなく、中世からの仏像であっても村の小さな堂や社にまつられてきた。たとえば、室町時代以前にさかのぼる南部町（旧福地村）個人蔵の破損した伝薬師如来立像（挿図6）は、元々あった小さな薬師堂にまつられ続け、江戸時代にはその模刻も二度行われ、今は三体並んでまつられている。[注11] 七戸町のこれも著しく傷んだ中世にさかのぼる伝薬師如来立像とそれにしたがう神将像三体も同じように小さな規模の山屋薬師堂にまつられている。[注12] どちらの地域も江戸時代までに立派な寺院が整備されているが、これらの像は元のままのきびしい環境に置かれ続けて損傷も進んだわけである。損傷しても元の場所にまつり続け、模刻をくり返したのには、やはり寺院に対する信仰と異なる宗教感情、一種の祖霊信仰に近い意識で礼拝していた可能性がある。

挿図6　薬師如来立像群（旧福地村・薬師堂）

地方では、仏像は神祇信仰と重なって礼拝されてきたケースがことさら多く、最初から神社にまつられてきた像も多数ある。青森県でも、南部地方の田子町真清田神社は下田子観音堂とも呼ばれ、この地で造られた十一面観音立像（挿図7）ほか三体の立像をまつっているが、神仏分離令の際に一時個人宅に移されたものの、大正一一年に社殿に戻されて現在に至っている。平安時代以来、先述の天台寺も含まれるこの糠部地方一帯[注13]で盛んな十一面観音信仰にもとづいて刻まれたと思われる像は、きわめて強い地方色を示し、技巧的にはかなり稚拙だが、ほかの三体とともに存在感は圧倒的である。よく言えば個性あふれる造形、きびしく言えば十一面観音なのかどうかも疑わしい木の塊とでも呼びたい像である。教団仏教が強力に展開していた時代に、それとは違う次元の信仰の対象としてまつられてきた典型的な像である。制作者も仏師ではなく、大工か木挽きのような工人かと思われる。

神仏習合的な環境が個性的な仏像（神像）を生んだのはもちろん南部地方だけではないし、奈良時代後半からの長い歴史もあり、なぜそうした表現が必要とされたかについては井上正氏などの考察がある。[注14]神威や霊威といったものを求めて造られた平安時代前期の像においても、地方の像には威圧的な表情だけではなくやさしげな印象を持つ像が少なくない。時代は下がるが[注15]、この真清田神社の仏像群はさらに稚拙な表現のため、厳しい表情がかえってユーモラスな印象を与え、姿態のぎごちなさと相まって笑ってしまうような印象である。十一面観音立像は地付き部分が傷んだ現状でも像高は一八六センチあり、ほかの三体も一一〇センチ以上と、青森県下ではかなり大きな像である。木の塊と言ったが、実際これら四体の像は田子真清田神社近辺にあった古木から彫出したものではないかと思われる。十一面観音立像は、頭頂から足首まで一木だが、背面は板状の材を矧ぎ付けていて、後頭部は材の当初の状態のまま節のあるへこんだ形状を呈している。そうした材を意図的に利用していることから、やはり神木だったかと思われる。

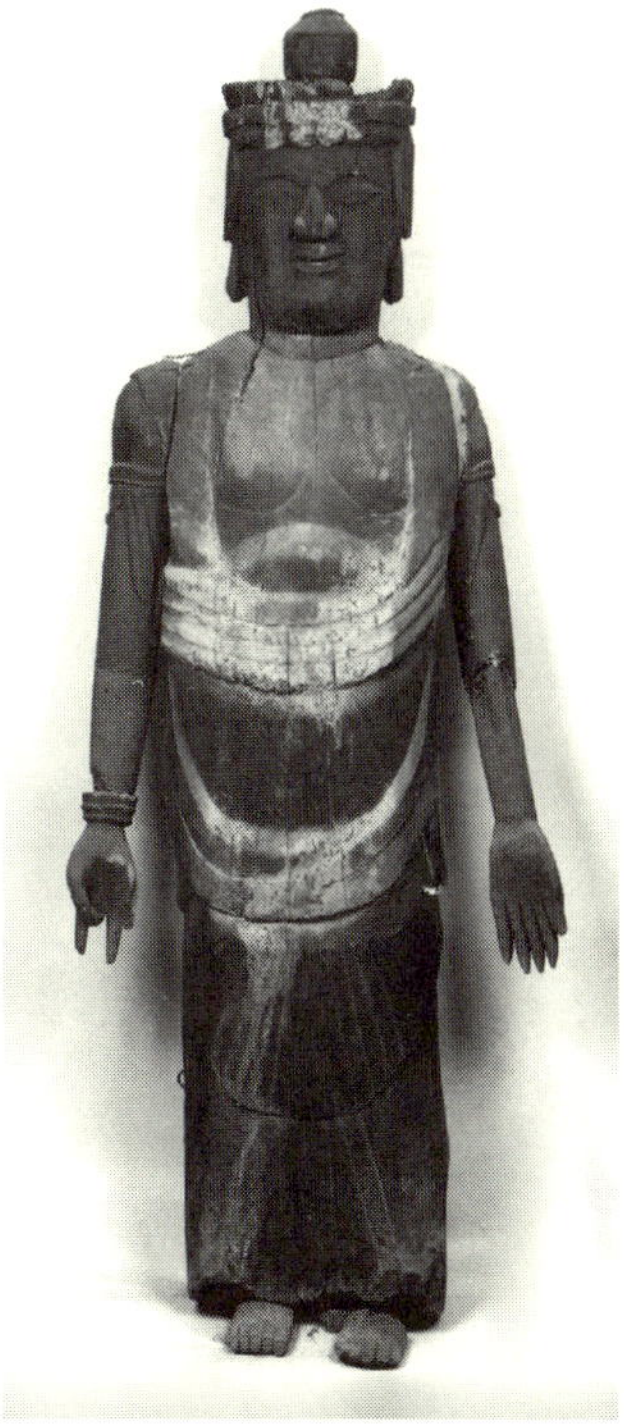
挿図７　木造十一面観音立像（田子町・真清田神社

真清田神社の諸像は中世にまでさかのぼり得るが、最初に述べた天台寺に伝わる一一世紀の伝吉祥天像より数段地方色が強まっていて、この地域に観音信仰の伝統は継承されていても、本格的な仏師は不在のまま仏像彫刻の技巧も伝承されていなかったと推測される。その旧田子町では、江戸時代になって造仏僧奇峯学秀が姥岳神社のご神体として再び十一面観音立像を刻んでいる。八戸曹洞宗大慈寺の住職学秀は、生年は不明だが元文四年（一七三九）に亡くなった、南部地方各地に多数の仏像を残した造仏僧である。この学秀による十一面観音立像は、大きさこそ六〇センチ程度だが、明らかに真清田神社像を意識した像容である。地域に古くから伝わった仏像（ご神体）が、近世の新たな地方仏として再生したわけである。そして、学秀は晩年の享保二〇年（一七三五）、先にあげた旧福地村薬師

挿図８　十一面観音立像（新郷村・長泉寺）

堂の薬師像をこれは明確に模刻として造像している（挿図６）。学秀の彫刻は、内刳りを一切しない一木造りに終始し、表面もあまり彩色せず箔押しや金泥彩は全くしない。彫刻技法は見よう見まねだったようで、住職を務めた大慈寺にはもちろん端整な金色の本尊像があって、そうした江戸時代の標準的仏像の形状は熟知していたが、中世から地域の信仰を集めていた、地元で刻まれた仏像神像の姿を伝えようとしたわけである（挿図８）。

## 三　近世青森岩手の地方仏

前章でとりあげた奇峯学秀のほかに、南部ではほぼ同時代に同じく造仏僧として活躍した津要玄粱がいる。延宝八年（一六八〇）に八戸の湊町で生まれ、宝永年間に盛岡の曹洞宗祇陀寺住職を務めていたが、正徳二年（一七一二）以降八戸に戻り、階上岳の麓に草庵を結んで造仏や造塔に務め、延享二年（一七四五）に亡くなっている。学秀仏と玄粱仏の違いは円空と木喰の作風の違いに似ていて、鋭さ厳しさの学秀、柔らかさ穏やかさの玄粱という印象がある。現在も南部地方には二人が刻んだ仏像が多数残っているが、学秀仏が多く干割れしたりしているのに対し、玄粱仏は同じ一木造りでも割れた例があまりないため、ある程度木取りや彫刻の技術を習得していた人のようである。とはいえ、両者ともに仏師工房の仏像とはまるで違う、良い意味での素人臭さが強い表現である（挿図９）。

こうした造仏僧とでも呼ぶべき僧侶は、青森県内だけでもほかに津軽黒石で幕末から明治にかけて盛んに造像した浄土宗の寂導やその弟子寂静などがいる。仏像に最も近い場にいる僧侶が木や石で彫刻することは奈良時代から続く伝統だが、近世には需要も多かったことから全国各地にそうした造仏僧が存在した。たとえば、九州宮崎の円立院、延寿院、快然といった僧たちは日向修験の流れから生まれたが、なかなか達者な造形である。[注16] しかし、彼ら造仏僧の仏像はやはり須弥壇中央にまつられる像ではなく、菩薩、天部、明王、それに法然や善導あるいは役行者といった祖師像がほとんどである。僧であればこそ、彼ら自身が刻む仏像は須弥壇本尊にふさわしくないとの判断があったと思われる。

挿図９　韋駄天像（南部町・法円寺）

地方の造仏僧が刻んだ仏像に見られるいわゆる素人くさい表現は、果たして仏師ではないための技術の未熟さだけで説明がつくだろうか。二つの解釈が可能なように思われる。一つは円空や木喰の仏像とも通じ合う表情の豊かさである。[注17]感情をうかがえない一種冷え冷えとした仏師の仏像とは異なり、彩色や金箔で飾らない学秀や玄梁の仏像は円空木喰と同じく、顔の表情が重要だった。端整で無表情な金色の仏像に対して、異なる性格を期待したがゆえに喜怒哀楽を直接的に表しているように思われる。もう一つは、稚拙さも含んだ地方仏としての性格に由来しているように思われる。

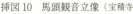

中央仏師による公あるいはハレの仏像は、宗派や地域の違いを超えた規範的な美しさが特色である。古代中世の仏像を多数修復してきた近世の中央仏師たちによる仏像は、日本の仏像史すべてを踏まえて到達した端整美麗な表現である。それに対して、地方仏には中世以来の地域ごとの造形志向が反映している。「はじめに」で取りあげた岩手県二戸市（旧浄法寺町）天台寺の伝吉祥天像に表れた造形感覚は、七百年を経た同地域の地方仏にやはり息づいている。その好例が岩手県北の葛巻町宝積寺の六観音立像（挿図10・11）である。

挿図10　馬頭観音立像（宝積寺）

挿図11　千手観音立像（宝積寺）

造形的魅力で近世地方仏の頂点にあると筆者が考える宝積寺六観音立像は、菩薩像としての威厳や神々しさとは無縁である。いくぶん不安定に見える体軀とどこかおどおどしているようにさえ見える形姿は、遠い浄土のほとけからの発想ではなく、身近な人々の姿から発想しているように思える。六体はそれぞれ印相と着衣の意匠などで違いを表しているが、頭上面が一つもない十一面観音、二臂しかない千手観音、馬頭ではなく烏帽子をかぶった馬頭観音で、尊名はあくまで背面の墨書に従って呼んでいるだけである。図像儀軌を超越した地方仏の面目躍如たる像である。一八世紀半ばまでに刻まれた像だから、通常の観音菩薩のイメージはよく知っていたはずである。だが、古く豊かな地方仏の伝統を持つ地域で仏師ではない人が刻んだとき、彼は後者の造形的伝統を優先したのに違いない。また、それは造仏者だけの志向ではなく、この地域の人々が古くから共有していた宗教造形感覚だったことを忘れてはならない。六観音の固く合掌する手には葛巻の人々の真摯な祈りが反映している。

## 四　地獄関係諸仏と民間仏

須弥壇から最も遠い場所にある仏像が地蔵菩薩像と十王や奪衣婆の像である。都市でも地方の農村漁村でもすべての地域に残っていて、北東北では深浦町円覚寺の像のように中世までさかのぼり得るものもあるが、多くは江戸時代後半のものである。それらは大づかみな造形とユーモラスな表情が特徴的で、亡者を引きずる鬼卒までもが親しみやすい表情を浮かべている（挿図12）。地獄絵の情景を彫刻化したものもあり、仏教教義で地獄に関する関心がいかに高かったかを知らしめるものである。地蔵菩薩像は中央作あるいはそれに倣った彩色の立像が多くを占めるが、地方作の一木造りの像も少なくない。[注18] しかし、十王像はほとんどが地方仏で、内刳りがない一木造りのため、小ぶりでも結構重い。素朴な彩色や文様が施されているが、雨ざらしにあったような表面や地付き部分の損傷が目立つ例も少なくない。いずれも恐ろしげな表情の像はほとんどなく、明らかに笑った顔の像もあることがおもしろい（挿図13）。

挿図 12　鬼卒と亡者像（葛巻町・正福寺）

挿図 13　十王像（弘前市・最勝院）

これらの十王や鬼卒などの像は、地域が必要としたものである。寺院や僧侶が地獄絵を布教教化の道具として用いたことは確かで、北東北にも多数残っているが、それらは表現が稚拙であっても特に地方仏画といった性格があるわけでない。[注19] しかし、彫刻の地獄関係諸像は儀軌にとらわれない率直な表現が特徴で、一体一体が個性的である。その理由は、仏像に象徴や装飾としての機能ではなく、不

挿図14　子安観音像（五所川原市・慈眼寺）

安や祈りに応える直接的な機能を期待したためだと考える。近世において仏教はようやく民衆のレベルにまで浸透したと言われるが[注20]、仏像が信仰者と限りなく近づいて、礼拝する人の感情や祈る気持ちを率直に反映させるようになったのは、これらの地獄諸像であろう。民衆にとって最も必要とされた仏像が最も忌むべき世界のイメージだったのは、それだけ来世への不安感が強かったことと、多くの家族を亡くしていたからにほかならない。自らの地獄での救済というよりは、幼くして亡くなった子が地獄で苦しむことがないことを願う気持ちが十王や鬼卒にユーモラスな表情を浮かべさせたのではないだろうか。

　同じような願いがうかがえる地方仏が五所川原市慈眼寺の子安観音像（挿図14）である。赤子を胸に抱く地蔵を「子安地蔵」と呼ぶので、この像を「子安観音」と呼んでいるが、結った髪を左右に垂らし、扇のような宝冠をつけ、白毫はあるもののもんぺのような衣をはくこの像は、厳密には観音菩薩に比定できない。津軽も北端のこの地はキリシタン流刑地でもあったが、像の制作は早くても一八世紀末かと思われ、像にクルスなどの標識も見当たらないため、マリア観音という解釈もむつかしい。ひねくれた解釈は避けて、津軽の若い母の姿を借りた観音菩薩という理解で良いように思われる。この像の最も大切なポイントは元気そうな赤子をしっかり抱き留める両手である。大きく力強いその手にこそこの像を刻んだ願いが表れている。その願いとは、乳児のうちに亡くなった子の供養、あるいは子を残して亡くなった母の供養、さらには産褥でともに亡くなった母子の供養などの可能性がある。イメージのヒントには子安地蔵や鬼子母神があったろうが、この像はそうした儀軌にとらわれない率直な宗教的感情の結晶である。彫刻技巧が稚拙だからこそ、強い祈りが今のわれわれにも響いてくる。地方仏が地域の民衆の祈りから生まれたものであることをこの像は象徴している。

　こうした地方の仏師ではない人間によって稚拙な技法で刻まれた仏像を、筆者は民間仏と呼んでいる。中央仏師、地方仏師、造仏僧や造仏（作仏）聖、それらに含まれない大工や木挽き、石工などが地元の木材や石を用いて刻んだ仏像をさしている。たとえ仏師でないにしても、木材や石材を処理し加工するには知識と道具が必要で、江戸時代にそうした知識と技術を持った人間は限られていたはずで

挿図 15　鬼形像（十和田市・法蓮寺）

挿図 16　童形亡者像（法蓮寺）

ある。もちろん、まったくの素人が刻むことも皆無ではないが、その場合も何らかの技術的な知識や助言者が身近になければ不可能だったはずである。その典型的な例が上北の右衛門四良である。

　右衛門四良は現在の十和田市洞内に住んでいた大工で、彼の刻んだ仏像が現在十和田市法蓮寺と七戸町の青岩寺にまとまってかなり残っている。法蓮寺に伝わる像に寛延二年（一七四九）から安永八年（一七七九）の銘があるので、その間に制作したものと推定される。[注21] 大工だったと伝えるが、彼の彫刻はかなり粗放な仕上がりで、大づかみな造形と微笑を浮かべる表情に魅力がある（挿図15・16）。ほとんどの像に自ら彩色した痕跡が残っていて、一木造りで内刳りをしない小型の像ばかりである。今は先の二寺に集められているが、昭和三〇年代までは上北地方各地の民家の神棚や仏壇の隅にまつられていたものばかりで、明らかに寺院と縁のない仏像である。彼の仏像を通じて、近世の南部上北地方の人々の宗教的感情と美意識がよく理解できる。一見粗末で稚拙な像ばかりだが、親しみやすい表現は地方にねざした仏像と呼ぶのにふさわしい。

　ほかにも南部、下北、津軽各地に民間仏は多数残っている。詳しい紹介は報告書に譲るとして、ここには各地の特徴を代表する数点をあげておこう。南部地方は最初に述べたように、平安時代からの長い地方仏の伝統がある地域のため、ユーモアだけでなく民間仏なりの造形的洗練が進んでいる。南部町や八戸市周辺には中世の毘沙門天像が数体残っていて、民間仏にも何体もある中で、個人蔵毘沙門天像（挿図17）は江戸時代南部の代表作である。馬産地南部に多い蒼前神像の傑作（挿図18）は地方の民間仏であっても洗練された表現を獲得している好例である。下北半島は、先述したように上方から請来した仏像が多くあったことと、中世の伝統がほとんどない地域だったため民間仏も中央作の仏像の影響を反映しやすく、延寿庵の菩薩立像（挿図19）は如来像一体と一二体の菩薩像という群像だが尊名はつけがたい。腰をやや屈めた独特な形姿はモータウンのコーラスグループのようにさえ見える。

　最後にあげるのは、津軽半島北端、足元が津軽海峡という場所に立つ今別町本覚寺の多聞天立像（挿図20）で、境内の小さな社殿のような堂に安置されている。戟を持ち宝塔を捧げながら閻魔王の面貌を示す多聞天像の胸には三宝珠が描かれ、あろうことか背からは竜が立ち上がっている。四つ以上の尊格を一身で表すことを期待されたわけである。本覚寺自体は浄土宗の拠点寺院で、整った仏像や

挿図 17　毘沙門天立像（個人蔵）

挿図 18　蒼前神騎馬像（個人蔵）

当麻曼荼羅、さらに障壁画も完備しているため、この毘沙門天像はあくまで今別の漁民の信仰から造られた像なのである。この像で最も技巧が凝らされてるのが竜の頭部で、かなり手慣れた彫刻である。そこから、この像を刻んだのが船大工だったと推定できる。船首の装飾で似たような竜頭は今も実際にこの地域に残っている。像の状態や彫刻技法から明治に入る可能性もある一九世紀の像だが、地方において本当に必要とされた宗教的偶像とはどういったものなのか、雄弁に語っている。

挿図 19　菩薩立像（むつ市・延寿庵）

## 五　近世地方仏の位置づけ

中世からの土着の宗教的伝統を持った地方では江戸時代になっても、権力者はともかく民衆レベルでは、仏像については教団仏教と地域宗教のダブルスタンダードで臨んでいたわけである。理屈の上では寺院須弥壇の仏像だけで満たされるはずだが、地域固有の宗教的環境が消えることはないため、真清田神社諸像のような仏像を

挿図 20　多聞天立像（今別町・本覚寺）

「寺の仏」ではなく「ムラのカミ」として礼拝し続け、さらに地域の宗教的要求を満たすものとして地方仏ごとに民間仏の形で偶像が造られていったのである。大まかな形は中央作の仏像に倣っていても、その中に本当に見たかったものは経典や説教とは異なるイメージだったから、慈眼寺の子安観音像や宝積寺の六観音像が生まれたのである。

近世地方仏の多くは仏像の形状を追うだけで正直言って造形的魅力は感じられない。一方、造仏僧が刻んだ仏像は、基本的な儀軌は踏まえながら彫刻の表現に個性を表していて魅力があり、名前が知られている場合は「〇〇の円空」などと呼ばれて、そこそこ尊重されている。しかし、仏像の規矩や儀軌を無視したかのような民間仏となると、粗末な姿のため誰にも注目されることなく、本堂の片隅や境内の地蔵堂などに積み重なって眠ってきた。寺院の本堂や境内がきれいで清潔な空間に整備されるにともなって、みすぼらしく汚くさえ見える仏像は、古い建具と同様に処分されてしまうのである。元々は家々の神棚や辻の祠に眠っていた民間仏は寺に納められ、どうにか明治の神仏分離令騒ぎから救い出され、火災や震災からも免れてきたものの、そのあまりに稚拙で地方色の強い造形から居場所を失う危機にある。実際の調査の際にも、「そんな仏像に価値があるのですか」と聞かれることがしばしばである。

民間仏は、稚拙な表現にこそ魅力がある。木にこめられた霊威といったアニミズム的な存在感が強いインパクトを持つ中世までの地方仏、素人くさくはあるものの作家的な個性がある造仏僧の仏像、それらと比較したとき、民間仏はどんな造形として評価できるのだろうか。それを解くためのアプローチとして、アフリカやオセアニアの primitive art あるいは tribal art と呼ばれる造形と同じような見方が一つあるだろう。樹木と祖霊崇拝、アニミズムに基づく造形などという点では共通性はかなりあると思う。しかし問題は、一方に美麗端整な仏像があって、その機能や価値を十分評価していた人々がその形を借りて、性格はおよそ異なる偶像を造りまつっていたことである。ハレの仏像に対してケの仏像とでも言うべき性格づけをされ、前者には不可能な、地域独自の価値観や造形感覚を与えられたのが民間仏なのである。二章であげた田子町真清田神社の仏像[注22]のような造形は、平安時代の天台寺諸像や同じく岩手県東楽寺諸像など地域のカミとしてまつられる仏像の水脈から生まれている。その水脈からより小ぶりで個別的な造形として生まれたのが江戸時代の民間仏だと解釈することも可能であろう。

調査を続けてきた過程で発見した江戸時代の民間仏を既成の美術史の範疇に収めるのは容易でない。かといって、アウトサイダーアートやアールブリュットというような枠を与えるのも感心しないし、「美術ではなく民俗資料でしょう」と放り出すにいたってはモノを見る目がないことを宣言するに等しい。本稿は地方の民間仏について、さてこれからどこへ探しに、またどう考えていこうかという出発点でしかない。

注

1 浅香年木は早くに、貴族層や僧侶とそれ以外という発注者側の階層によって仏師に対する態度が違うことを指摘している（浅香年木『日本古代手工業史の研究』付論「古代における仏師の生産関係と社会的地位」法政大学出版局、一九七一）。

2 引用は『新日本古典文学大系42』（岩波書店）による。「宇治拾遺物語」は、この前段（一〇九話）で都での仏師と施主との関係を語っていて、地方の状況を際立たせるための対照と思われる。

3 天台寺は明治の神仏分離令によって多数の社殿、仏堂および尊像を失っている。おそらく近世までは今見るような個性的な仏像と神像が数十体以上あったに違いない。

4 むしゃこうじみのる「おわりに——ふたたび、なぜ地方仏か——」（『地方仏』法政大学出版局、一九八〇）。本書および同『地方仏Ⅱ』（法政大学出版局、一九九七）は、地方で仏像調査を続ける者にとって大きな励ましであり、示唆に富む。だが、むしゃこうじ自身が述べているように、ある一定の地域全体の仏像を通覧した上で、さらにその中で特徴的な造形を絞り込まないと、何が地方的な傾向や特徴なのかも見えてこないし、地方的ではない普遍的な傾向までを見誤る恐れもないわけでない。また、彼が訪ね歩いた寺や堂にも近世の像はあったはずである。中世以前の仏像のみを選別して注目する視点では一般の仏像研究と何ら変わらない。彼自身の「地方仏」の定義に従うならば、取りあげるのに時代で区別する必要はないように思う。ただ、多くの研究者が異口同音に語ることだが、「江戸時代の仏像は多すぎ」るのである。実際、寺院の文化財調査におもむけば、限られた時間と人手では調査対象を選別せざるを得ないことは、分かりすぎるくらい分かっている。近世の像については壇上から移動もせず、像名を記録し、ストロボでスナップ的な撮影をしておしまいという調査がいかに多いことか。

6 調査は、青森県立郷土館、弘前市史編纂室、五所川原市史編纂室、青森県史編さんグループなどとの共同で行い、各機関職員の方の協力を得ながら、調査撮影執筆のほとんどは須藤が行った。調査は、移動が可能だった像はすべて須弥壇から下ろして、状態の確認と銘文の記録、計測と撮影を行った。調査報告はすべて写真とデータをあげて刊行し、いずれも市民県民対象に市販している。総計四二四の寺院と神社、博物館、および一部個人が所蔵する近世以前の仏像神像および絵画などを調査対象とし、彫刻は三八八箇所が所蔵する四六〇三体であった。この調査で、該当する仏像がないと連絡があった二村と調査を拒絶された一ヶ寺を除いて、ほか青森県内すべての寺院から調査の趣旨にご理解いただき、ご協力をいただいた。

・『弘前の仏像　弘前市史特別編』（弘前市、一九九八）
・青森県立郷土館『青森県の仏像　西北五地方編』（青森県立郷土館、一九九八）
・『青森県史叢書　下北の仏像　下北地方寺院文化財調査報告書』（青森県、二〇〇六）
・『青森県史叢書　南部の仏像　三八上北地方寺院文化財調査報告書』（青森県、二〇〇八）
・『青森県史叢書　津軽の仏像　東青中南黒地方寺院文化財調査報告書』（青森県、二〇一一）

以上を総括した展望と円空仏などに関する考察は、『青森県史　文化財編・美術工芸』（青森県、二〇一〇）の第二章、第三章に記した。

7 青梅市教育委員会『青梅市仏像彫刻調査概報Ⅰ・Ⅱ・Ⅲ』、生駒市教育委員会『生駒市の仏像Ⅰ・Ⅱ』、江戸川区教育委員会『江戸川区の仏像仏画1・2』、勝浦市教育委員会『勝浦市仏像調査報告書』、東京都北区教育委員会『北区の仏像一九九九』、広陵町教育委員会『広陵町の仏像』ほか。

8 下北半島の村々は、江戸時代の農業生産はわずかだったが、林業と漁業が大きな収益をあげていた。昆布やヒバなどその大半が日本海廻りで上方に移出され、帰りの船が祭礼の山車を飾る布帛や衣装、そして仏像を運んできた。現存する像の銘文にはそうした当時の状況をしのばせる情報も少なくない。仏師では、京都の堤宗悦、畑治良右衛門、熊本幸之丞、駒野丹下、丸元幸助、大坂の土橋外記、江戸の浅子周啓らの名前が確認できる。詳細は『下北の仏像』（注6）を参照されたい。

9　田辺三郎助「造像の普及と彫刻の世俗化」（『日本の美術五〇六　江戸時代の彫刻』至文堂、二〇〇八）

10　もちろん、北東北以外の地域からこうした仏像が全くなくなってしまったはずはない。青森県の場合は筆者が調査記録したため状況が把握できているわけで、他県においてもそういう目的で調査していけば、まだまだ見つかるはずである。

11　この薬師像模刻の歴史は興味深く、最後の享保二〇年（一七三五）に模刻した僧奇峯学秀については後段で述べる。『南部の仏像』（注6）参照。

12　如来立像と神将像三体はおそらく同時ではなく、後者は後に造られたと思われる。如来像はカツラの一木造りで、後世の手が入っている面部はともかく、平板ながら衣文などそれなりに整った体軀の表現から中世に地方の仏師によって刻まれたかと推定される。神将像も一木造りだが、こちらはさらに造形が稚拙なため、南部地方の非専門仏師によるものかと推定する。

13　糠部は、鎌倉時代には現在の下北半島を含む青森県東部と岩手県の二戸、九戸地方全体をさしていたが、近世に成立した糠部三十三観音では現在の青森県八戸市、三戸郡、岩手県二戸郡、九戸郡が範囲となっている。ここで筆者が言う糠部には、後で触れる六観音像をまつる岩手郡葛巻町までを含み、多くの地方色豊かな観音像が伝来している地域である。

14　井上正『古佛』（法藏館、一九八六）、『続古佛』（法藏館、二〇一二）

15　十一面観音、観音、毘沙門天、不動明王の四体だが、状態や作風からほぼ同時期に造像されたと思われる。芯を中心に残した木取りや、腕や足先の寄せ方など、本格的な仏像彫刻技法には通じておらず、二〇キロも離れていない天台寺に伝わる平安時代の聖観音、さらに近い南部町恵光院の鎌倉時代初めの十一面観音立像などの像容をまねて彫った感がある。神社に残された最も古い元禄八年（一六九五）の棟札などに、慶長一一年（一五七九）に領主南部信直によって堂が修復されたことを伝えているので、四体の制作時期は一五世紀以前の可能性もある。なお、この四体について、『南部の仏像』で筆者は、十一面観音立像を桃山ないし江戸時代、ほか三体を江戸時代と推定したが、現在は四体ほぼ同時期で一五ないし一六世紀かと考えている。

16　前田博仁『近世日向の仏師たち』（鉱脈社、二〇〇九）

17　矢島新「内なる仏を彫る――木喰の生涯と作仏――」（『木喰仏』東方出版、二〇〇三）

18　こうした像の場合、手先や持物を失っていたり、現状では彩色が確認できないことも多いため、地蔵菩薩像とはせず僧形立像と記録するケースが多い。

19　須藤弘敏「青森県下の地獄絵について」（山田厳子編『青森県における仏教唱導空間の基礎的研究』科学研究費研究成果報告書、二〇〇六）

20　末木文美士「民衆の信仰」（『近世の仏教　華ひらく思想と文化』吉川弘文館、二〇一〇）

21　安永八年の銘は右衛門四良の自書ではないため、それ以前に亡くなっている可能性もある。右衛門四良については、須藤弘敏「右衛門四良」（『南部の仏像』青森県、二〇〇八）を参照されたい。

22　地方土着の信仰においては、仏とカミは文字通り同体である（大矢邦宣「みちのくらしさ」を受け継ぐ仏たち」（大矢邦宣編『別冊太陽　みちのくの仏像』平凡社、二〇一三）。「宇治拾遺物語」説話の人々が「なに仏、かの仏」と呼んでいたのと似通った意識でまつられていた仏像が今も北東北には多数残っている。

図版出典

1『特別展　平泉　みちのくの浄土』図録／2・13『弘前の仏像』／3・5・20『津軽の仏像』／4・6・7・8・9・15・16・17・18『南部の仏像』／10・11・12『別冊太陽　みちのくの仏像』／14『青森県史　文化財編・美術工芸』／19『下北の仏像』

# 奈良・世尊寺阿弥陀如来坐像考

## ——近世における比蘇寺と「放光樟像」——

長谷　洋一

### はじめに

奈良県吉野郡大淀町比曽にある霊鷲山世尊寺は寛延四年（一七五一）に雲門即道により開かれた曹洞宗寺院であるが、周知のようにその前身を飛鳥時代創建と伝えられる吉野比蘇寺に求めることができる。

比蘇寺は奈良時代の高僧神叡や唐僧道璿が止住し、また平安時代には宇多上皇らの参詣を仰ぎ、藤原道長も金峯山参詣の途中に訪れるなど、吉野地方を代表する屈指の古刹であった。世尊寺蔵『現光寺縁起絵巻』（江戸時代）によれば、弘安二年（一二七九）には金峯山寺別当職であった春豪上人が比蘇寺に移り再興に努め、叡尊に付属させて以後は真言律宗となったが、近世には「破壊して當代かすかにのこれり」（『和州旧跡幽考』）とする有様であった。

比蘇寺は、諸史料から吉野寺、比蘇寺（檜曾寺・竊寺）、現光寺、栗天奉寺とも称され、とりわけ「現光寺」の寺号の由来ともなった「放光樟像」伝承の仏像を安置したことで、つとに知られている。現在の世尊寺には、本尊阿弥陀如来坐像のほか十一面観音立像、役行者像、聖徳太子孝養像などが安置されており、このうち十一面観音立像は近年調査が行われて奈良時代の制作と判明したが[注1]本尊阿弥陀如来坐像については古様を示すものの制作時期の特定が難しく、これまで漠然と平安時代や「藤原初期」と推測されるに過ぎなかった。[注2]

先般、奈良県教育委員会文化財保存課によって阿弥陀如来坐像の調査が行われ、胎内から「元禄十三年」「京七条定朝廿三代法橋大佛師左近家城康住」などの墨書銘があることがわかり、後述するように阿弥陀如来坐像は元禄十三年（一七〇〇）に再興されたことが判明した。家城左近の事績として、また衰退著しいとされた近世比蘇寺の復興を物語る貴重な作例とみられたため、このたび世尊寺住職本山一路氏のご理解をいただき改めて調査を行うことが出来た。

近世仏像の特徴として、造像銘記など直接仏像に関わる情報のほか、関連する歴史資料の豊富さをあげることができる。仏像の作風や様式の検討のみならず関連史料と併せて考察することで、造像事情や寺史の一端を明らかにすることができ、ひいては地域の宗教事情の解明にも寄与できる。「放光樟像」として名高い世尊寺阿弥陀如来坐像の再興は、そうした事情を明らかに出来る興味深い事例であるとみられる。そこで本稿では世尊寺阿弥陀如来坐像の調査報告を行うとともに若干の考察を加えることで近世仏像史研究の一端を紹介したい。

なお調査・報告にあたっては、奈良県教育委員会文化財保存課神田雅章氏、同佐藤大氏、大淀町教育委員会松田度氏から多大なご高配を得た。紙面を借りて深く感謝申し上げたい。

## 一　「放光樟像」伝承と世尊寺

### 1　「放光樟像」伝承にみえる仏像

まず比蘇寺の「放光樟像」伝承について確認しておきたい。「放光樟像」伝承については、比蘇寺の歴史とも大きく関わり、これまで多数の論考が認められる。[注3] そこで「放光樟像」伝承に登場する仏像に着目しながら近世に至るまでの「放光樟像」の変遷についてみていくことにする。なおこれ以降、霊鷲山世尊寺については、便宜的に雲門開創の寛延四年以前までを「比蘇寺」、寛延四年以降を「世尊寺」と称することにする。

「放光樟像」伝承は、『日本書紀』欽明十四年条にみえる「夏五月戊辰朔、河内国言、泉郡茅渟海中、有梵音。震響若雷声、光彩晃曜如日色。天皇心異之、遣溝辺直、此但曰直、不書名字、蓋是傳寫誤失矣、入海求訪、是時、溝辺直入海、果見樟木、浮海玲瓏。遂取而献天皇、命畫工、造佛像二軀。今吉野寺放光樟像也。」に基づく。茅渟海に浮かぶ雷鳴のように梵音を発し光り輝く樟木が引き揚げられて献上され、欽明天皇は画工に命じて、仏像二軀を造らせ、それが今の吉野寺にある光を放つ樟像であるとする。

この記事は『日本霊異記』にも所収されるが、その内容に変更や脚色が加えられている。『日本霊異記』巻上「三宝を信敬し現報を得る縁　第五」では、敏達天皇の時代に和泉国の海中から楽器のような音が聞こえ、音は笛や琴、雷鳴のようでもあった。昼は鳴り響き夜は輝いて東の方に流れていった。大部屋栖古が皇后の命を受けて高脚浜へ赴くと、「霹靂之楠」であった。大部屋栖古は池辺直氷田をしてこの楠木から「仏菩薩三軀」の仏像を造り飛鳥豊浦堂に安置した。その後、物部守屋との戦いでは池辺直氷田をして仏像を稲の中に隠し、守屋の敗北後に隠していた仏像を取り出して後世に伝えた。これが吉野竊寺に安置される光を放つ阿弥陀如来像であるとする。

『日本書紀』での「吉野寺」が比蘇寺であることは言を俟たないが、記事では「佛像二軀」とされ、「放光樟像」の像名を明らかにしていない。しかし『日本霊異記』では「放光樟像」を「仏菩薩三軀」「阿弥陀如来像」としたことがわかる。『日本霊異記』の説話は、『今昔物語』や菅家本『諸寺縁起集』「現光寺」にも引き継がれ、前者では「阿弥陀ノ像」、後者では「阿弥陀三尊」像であるとする。ただし『扶桑略記』では『日本書紀』と同じく「仏像二軀」と記している。

いっぽう『日本書紀』推古三年条には「夏四月、沈水漂着於淡路嶋。其大一圍。嶋人不知沈水、以交薪焼於竈。其烟氣遠薫。則異以獻之。」の記事がみえる。この記事は、『聖徳太子伝暦』に引き継がれ、そこでは脚色が加えられて「放光仏」伝承を帯びることになる。『聖徳太子伝暦』では、淡路島南岸に漂着した沈水香を島人が知らずして焼き、薫香が漂ったために朝廷へ献上した。聖徳太子はそれが栴檀香木である沈水香と知り、百済工によって檀像を刻み高さ数尺の観世音菩薩像を造って吉野比蘇寺に安置した。その像は時々光を放ったと記している。

『聖徳太子伝暦』では比蘇寺に安置されたのが高さ数尺の観音菩薩像であり、また「霹靂之楠」ではなく「栴檀香木（沈水香）」であるとするが、光を放つ仏像が比蘇寺に安置された点は、『日本書紀』欽明十四年条と共通する。この説話も『扶桑略記』や『元亨釈書』に引用され、そこでも「観世音菩薩高数尺」（『扶桑略記』）「百済工刻観音像」（『元亨釈書』）と記されている。

以上の伝承を比蘇寺側からみれば、比蘇寺安置の「放光仏」は、『日本書紀』欽明十四年条に基づく楠木像の「仏像二軀」、「仏菩薩三軀像」「阿弥陀如来像」（『日本霊異記』）、「阿弥陀ノ像」（『今昔物語』）、「阿弥陀三尊像」（『諸寺縁起集』）と『日本書紀』推古三年条に端を発する『聖徳太子伝暦』での沈水香による数尺の観音菩薩像の二組が存在したことになる。前者では像名や員数に異同が認められるが、次第に阿弥陀如来像あるいは阿弥陀三尊像に固定していく。同一寺院に二系統の放光仏伝承をもつ点について吉原浩人氏は、『天王寺秘決』等を引用しつつ、「現在の世尊寺には平安時代の本尊阿弥陀如来坐像、奈良時代の丈六十一面観音像という古仏が現存」しているために生じた混乱であるとされている。[注4]

以上のことから、比蘇寺に阿弥陀如来像が安置されるのは、『日本書紀』欽明十四年条に脚色を加えた『日本霊異記』以降の「放光樟像」伝承に基づくものであることが確認できた。

## 2　比蘇寺と世尊寺

先に確認した比蘇寺での二系統の「放光仏」伝承は近世にも引き継がれ、さらに複雑な経緯をみせる。

延宝九年（一六八一）刊行の林宗甫『和州旧跡幽考』第十一巻芳野郡「比蘇寺」の項には、『元亨釈書』による推古天皇三年の沈水香説話を載せ、「観音の像をつくらせ、吉野の比蘇寺に据え給うに、時々光明をはなち給うとなり」と観音菩薩像について記す一方で、『日本書紀』欽明十四年条に基づく『日本霊異記』以後の「放光樟像」である阿弥陀如来像についてはなんら触れるところはない。実は金峯山寺の一堂社である世尊寺（以下、「金峯山寺世尊寺」と称する）に欽明十四年条に基づく「放光樟像」伝承が移されているのである。『和州旧跡幽考』「世尊寺」では、「世尊寺は炎上の後、形ばかりなる堂あり。本尊は釈迦如来、侠（ママ）侍は阿難迦葉なり。抑々、釈迦如来は欽明天皇十四年五月戊辰朔日、河内の国、泉郡茅渟の海中に梵音いとひゞきて、雷の聲にやたぐえなんとして佛つくりにおほせて、仏像二はしらをぞつくらしめ給う。今、吉野寺に光りをはなち給う樟の木の像是れなり（日本紀）」と記している。釈迦如来像とする点に『日本霊異記』系の伝承とは相違するものの、それまでの諸史料が揃って「阿弥陀如来像」「観音菩薩像」の安置先を共に比蘇寺としていたのに対して、『和州旧跡幽考』では、観音菩薩像を比蘇寺、釈迦如来像（阿弥陀如来像）を金峯山寺世尊寺と、「放光仏」伝承をそれぞれ別寺に割り振っている。

金峯山寺世尊寺は創建不詳ながら弘和元年（一三八一）成立の『新葉和歌集』にその名をみせる。[注5] 明応五年（一四九六）閏二月に吉野を訪れた三条西実隆も十九日に「比曽寺」を訪ね、「此地勝絶之寺」と讃え本尊が百済伝来の観音像であることを記した後、翌日には蔵王堂、宝塔院に詣でた後「鷲尾寺号世尊寺」に詣でている。[注6]『実隆公記』からは、比蘇寺での阿弥陀如来像の存在、金峯山寺世尊寺釈迦如来像に伴う「放光仏」伝承については何も触れていない。近世吉野山の堂社仏閣を記した寛文五年（一六六五）刊行の『吉野山伽藍記』[注7]にも「世尊寺 仮堂有。本尊釈迦也。」とあってここでも「放光仏」伝承について触れておらず、また金峯山寺世尊寺が寛文五年以前に炎上し延宝九年に至っても仮堂であったことがわかる。罹災後の再建は捗々しくなく、元禄九年（一六九六）には再建勧進のために金峯山寺世尊寺円栄による『世尊寺縁起』（天理図書館蔵保井文庫）が板行されたが、そこには「欽明天皇の御宇に和泉国茅渟に光りをはなつ霊木有りしを釈迦如来像の尊像を造り世尊寺の本尊にして則放光像といえり」と記されている。

こうした両者の関係からみると、竹居明男氏が比蘇寺の考察[注8]に関して比蘇寺における「世尊寺」の名称の初見とみた『堯恕法親王日記』延宝八年三月十三日条にみる京都・仏光寺での「吉野山世尊寺之仏像」の出開帳記事は、比蘇寺ではなく金峯山寺世尊寺のことを示すとみられる。仏光寺での出開帳では「日本仏像之最初也、名放光仏」として「長七尺計」の釈迦像のほか、阿難・迦葉像、大将軍像、子守ノ地蔵、役小角、聖徳太子像（三歳像と十六歳像）、蔵王権現像、天照太神像などが出展された。このうち金峯山寺世尊寺旧蔵天照太神像（現大阪・今宮戎神社蔵）には、延宝八年に鷲尾山堂社再興のため京奉行に再興を願い出て許され、釈迦如来像などを修復した旨の墨書銘[注9]があり、銘記にみる仏像等の像名と先の『堯恕法親王日記』での出展仏像とはほぼ一致する。このことから近世比蘇寺の状況と『堯恕法親王日記』の記事とはひとまず無関係であるといえよう。

以上の経緯を踏まえると、「放光仏」伝承が比蘇寺と金峯山寺世尊寺に分離したのは寛文五年以降延宝八年までの間で、金峯山寺世尊寺釈迦如来像[注10]が「放光仏」伝承を帯びたのは罹災後の再建勧進を促すためであったとも想像される。『実隆公記』では比蘇寺本尊を「観音像」とし、『和州旧跡幽考』「比蘇寺」でも阿弥陀如来像の存在に触れていないことから、中世から近世にかけて比蘇寺での「放光樟像」伝承に基づく阿弥陀如来像の存在は忘れ去られたものと想像され、そうした間隙をぬって金峯山寺世尊寺は釈迦如来像に放光仏伝承を付加させたのではないかとも思われる。ともあれ、比蘇寺における阿弥陀如来像再興は「放光樟像」伝承の正統性を示すためにも急務であったが、「破壊して當代かすかにのこれり」という現状ではいかんともしがたかったと思われる。元禄十三年の阿弥陀如来坐像再興は比蘇寺からみれば重要な意味をもつものであったことがうかがわれるのである。

## 二　阿弥陀如来坐像の概要

### 1　調査報告

では、阿弥陀如来坐像の調査報告を記すことにしたい。

阿弥陀如来像（挿図1～5）は像高一二八・七センチ（四尺二寸五分）、髪際高一一三・二センチ（三尺七寸四分）を計る坐像で[注11]、肉髻をあらわし賽の目状の螺髪を彫出する。螺髪は髪際で二十八列、地髪部六段、肉髻部八段を数える。肉髻珠はなく白毫相を表す。耳朶環状。首には三道を表す。大衣は左肩を覆い、右脇腹を通って左肩にかかり（偏袒右肩）、右肩には覆肩衣を着ける。両手は腹前中央で左右第一指と第二指を相捻じて阿弥陀の定印を結ぶ。裳を着し結跏趺坐する。

構造は、寄木造で彫眼とする。肉髻頂部をのぞく頭部のすべてと躰部前面をキリとみられる広葉樹の一材から彫出し、頭部内は内刳りを施さず躰部内面のみを内刳りする。この頭躰根幹材は底面中央に像心束をもつが、現在像心束は除去されている。また像心束の左右内側にはそれぞれヒノキ材の薄板を当てて鎹で留めている。この部分は前面材から後方に伸びる左右二本の束の位置にあたり、薄板の上から透漆が塗布されている。その他全ての部材はヒノキ材を用いている。先の頭躰根幹材背面に三材の別材を縦方向に矧ぎ寄せ

挿図3　同　側面

挿図1　世尊寺阿弥陀如来坐像

挿図4　同　背面

挿図2　同　斜め

挿図5　同　像底

る。肩から腕を含み地付に至る体側部は左右とも上下三材からなり、頭躰根幹材側面に寄せ背面側にはさらに小材を補う。左右手とも上膊前面から前膊にかけて各一材製で、定印を結ぶ手首先以下は左右共木一材からなる。膝前部は前半部を一材、後半部上面一材に左右外側に各一材を寄せ、左右の大腿部付け根に小材二材をそれぞれ矧ぐ。裳先一材製。像表面にはこまかなノミ跡を残して丁寧に浚われ透漆を塗布する。像内内刳り面全面にも透漆を塗布する。白毫（水晶製）は後補、現状では台座・光背は付属しない。

像内背面には次の墨書銘（挿図６）が認められる。

放光佛再興意趣者
尊師清空源徹上人
為　追慶加修造者
悲母玉室妙泉禅定尼
辰
維時元禄十三天　四月佛生日再興始五月晦日修復終
再興沙門當寺可空
京七条定朝廿三代法橋大佛師
左近家城康住
前川市兵衛
原田源兵衛

阿弥陀如来坐像の体軀は、なで肩で均整がとれており膝前などにみる衣文も整ったものながら、面長の頭部は著しく大きい。側面からはわずかに前傾した体軀の薄さが目立ち、これまで漠然と平安時代の作とした点もうなずける。再興の内容は構造面からもわかるように広葉樹材からなる頭躰根幹部を利用して、ヒノキ材からなる新

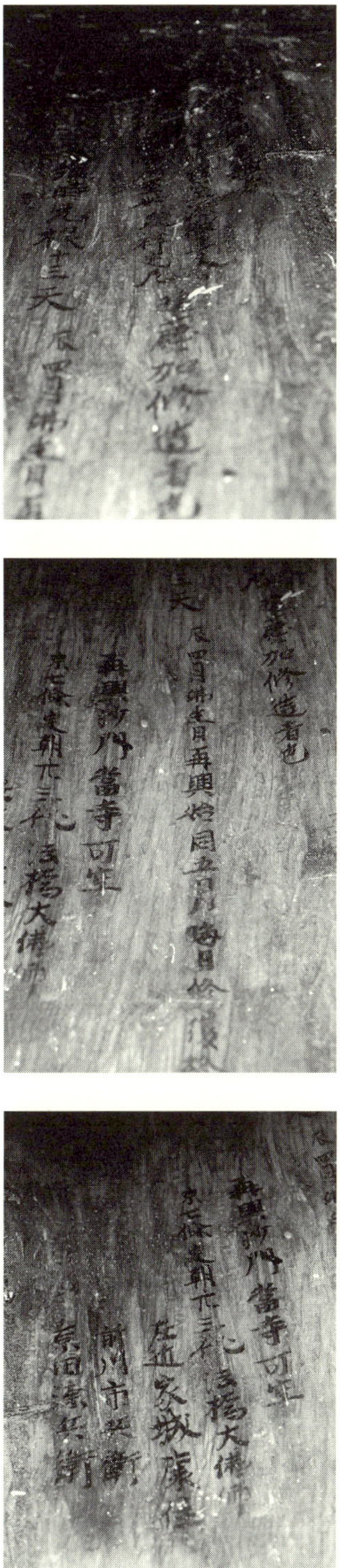
挿図６　墨書銘

材で躰部背面、左右体側から頭躰根幹部を包むように補い、膝前部、裳先部も同様に補っている。頭躰根幹部は、内刳り面でのノミ跡の相違や像心束や前後の材を結ぶ束の痕跡があることから古仏像の根幹材を用いたことがわかるが、頭部内を全く内刳りしないことから頭躰根幹部の製作時期は不明である。ただし表面の彫刻面は細かなノミ跡を残して丁寧に処理され古材部分と新材部分に顕著な違いが認められないことから、像表面はすべて元禄十三年時の彫り直しと考えられる。また像心束や前後材を繋ぐ束の除去も同様の時期に行われたものとみられる。

墨書銘からは放光仏である阿弥陀如来像を尊師清空源徹上人と母玉室妙泉禅定尼のために沙門可空が再興をはかり、左近家城康住らが元禄十三年（一七〇〇）四月八日から五月晦日にかけて再興したことがわかる。

### 2　面相表現と仕上げ

さて阿弥陀如来坐像の特徴として掲げられるのは面相部（挿図7～8）の表現であろう。頬の肉付けが少ない面長の面部に鉢が張った大きな地髪部に高い肉髻を頂き、面幅いっぱいに眉、眼を表している。また耳も大きく、全体に面相各部の均衡がとれていない印象を受ける。眉線は左右微妙に異なり、古材をもとに改造したことが明らかである。目は目尻・目頭に微妙な曲線をもって表されている。なにより印象的なのは唇の表現である。上下唇ともに肉厚に表した唇は大きく、上唇は人中左右に大きく弧を描き、下唇も緩やかな弧を描く。上下唇ともに鎬立つもので、躰部にみられる柔らかさは認められない。結んだ口の線は左右に吊り上がって口角には窪みを表し、微笑に似た表情をみせている。また顎下の肉付けを少なくすることで三道をやや長く見せている。

こうした面相表現は一般にみる江戸時代の仏像には認められず、強いてあげれば飛鳥仏を彷彿とさせる表情を示しているとでもいえよう。この面相表現が阿弥陀如来坐像の制作時期判断を難しくしていたのである。

もちろん阿弥陀如来像の修復改作は銘記でみるように欽明帝の「放光仏」であることを意識したうえでのことと思われるが、仏師を含めて江戸時代の市井の人びとが飛鳥時代の仏像をどの程度理解していたのかは、はなはだ心もとない。しかし三道を長くみせ、面長な面相に窪みを表した口角などの面相表現からは何らかのイメージソースを伴って修復されたものと想像できる。『現光寺縁起絵巻』によれば、聖徳太子創建四十六寺のうち「冠首三ヶ寺」として四天王寺、法隆寺、比蘇寺を掲げている。このうち法隆寺では元禄三年（一六九〇）三月二十五日から五月晦日まで開帳を行っている。この時、初めて金堂南正面扉を開いて参詣者を入堂させており、また夢殿や聖霊院、綱封蔵なども公開している。元禄三年の法隆寺開帳は大成功を収め、この成功を受けて元禄七年には江戸回向院の出開帳を実施している。[注12] 法隆寺の開帳・出開帳は元禄の大修理に結び付

挿図7　同　面相（正面）

挿図8　同　面相（斜め）

いていくが、このような法隆寺の動向はおそらく「冠首三ヶ寺」と称した比蘇寺にも何らかの影響を与えたものと想像される。

「放光樟像」伝承を伴う阿弥陀如来坐像の仕上げが透漆による古色仕上げにも注目したい。彫刻面はこまかなノミ跡を残して丁寧に浚われており、本来ならば「放光仏」に相応しく皆金色像とすべきだが、透漆仕上げにしている。この透漆仕上げは漆と荏油などの油を混ぜた有油系漆によるいわゆる「花塗」とみられる。「花塗」の用語は既に延宝六年（一六七八）旧石清水八幡護国寺の康祐発給の「薬師如来脇立日光月光之注文」「古仏十二神御注文」に「上々花塗」「堅地花塗」の語句がみえる。本郷孝衣氏は花塗について古仏の古色付けとの関係を指摘されているが[注13]、ここでは本郷氏の指摘に加えて当時の社会状況のなかで考えてみたい。

元禄時代、海外貿易による金銀の流出が続き、さらに経済発展により貨幣需要が増大するなかで、市中に十分な貨幣が流通せず経済の停滞を招くこととなった。荻原重秀は元禄八年（一六九五）に貨幣の金銀含有量を引き下げた貨幣改鋳を行って通貨量を増大させる政策をとった。加えて市中の金銀にも厳しい制限を設けたのである。金銀の使用制限は金箔・銀箔にもおよび、元禄九年に幕府は江戸に箔座を設け、高額な運上金を定めて金銀箔や金泥の生産・販売を統制する。元禄十一年（一六九八）四月四日には水引、菓子入、杯台、玩具などに金銀箔の使用を禁じた御触が出され、「諸道具金物之類ニ、金銀みたり遣候儀、可為無用事」としている[注14]。この御触は知恩院にも知らされ「当座遣之諸色、金銀之箔無用之廻状参候、右之趣門前境内相触候」とあって[注15]、知恩院門前にも伝わっていた。翌年三月二十五日付には「金銀箔つかひ候儀停止之品々、去年申触候通急度可相守候、真鍮箔之儀ハ何によらす諸職人勝手次第可用之」と再度金銀箔の使用を禁止するとともに金銀箔にかわって真鍮箔の使用を推奨する御触も出された[注16]。金箔の使用禁止に関する御触は元禄十四年にも出されており[注17]、市中での金銀箔の使用禁止が徹底されなかったことを物語るが、こうした金銀箔の統制策が金銀箔の使用を全面的に禁じた宝永二年（一七〇五）の大成令[注18]に繋がっていく。そうした社会状況のなかにあって「放光樟像」伝承を伴う阿弥陀如来坐像の再興にあたっても、透漆による古色仕上げにしたものと思われる。

### 3　家城左近

再興を行ったのが「京七条定朝二十三代」を名乗り法橋位をもつ京都仏師の左近家城康住と前川市兵衛、原田源兵衛であった。家城左近の名は宝永五年（一七〇八）奈良・広陵町百済寺馬頭観音立像・兜跋毘沙門天像修復銘に「仏師京智恩（ママ）院／古門前家城左近」とみえる[注19]ほか、享保三年（一七一八）京都・京都市知恩院阿弥陀堂四天王像の納入品等にも「古御門前三吉町大仏工／左近作之」などと記され[注20]、さらに延享四年（一七四七）三重・明和町納願寺阿弥陀如来立像光背に「洛東知恩院／京（ママ）門前三吉町／大仏工／家城左近／維信」の修復銘が認められる[注21]。このことから家城左近の居所が知恩院古門前三吉町であることが知られる。ひいては貞享二年（一六八五）『京羽二重』「諸職名匠名職部」にみえる「智恩院町　同（大仏師）左近」も家城左近に繋がる系譜の者と思われる。納願寺阿弥陀如来立像修復銘には「維信」とあり、これ以前に康住は引退あるいは死亡したとみられる。

奈良・百済寺（真言宗）馬頭観音立像・兜跋毘沙門天像の銘記からは共に多武峯寺との関係が推測されるものの、知恩院や浄土宗納願寺の事例からは知恩院や浄土宗との関係がうかがわれるほか、正徳四年（一七一四）冬に知恩院阿弥陀堂本尊の修復や翌年十月の同天蓋の新調を家城左近が手掛け[注22]、また元文四年（一七三九）六月十一日には知恩院から「寺中分祠堂銀」三二〇匁を借用する[注23]などの事績が認められる。以上のことから家城左近は浄土宗本山知恩院と深い関わりのある仏師であると考えられる。「康住」の肩書には「七条定朝廿三代」とあり七条仏師二十二代康猶の弟子筋にあたるようにも思われるが、先の事績や二十六代康祐が元禄二年（一六八九）に没したことを勘案すれば、二十五代康乗あたりの弟子筋とみられる。

残念ながら、再興時の「沙門可空」、尊師清空源徹上人、悲母玉室妙泉禅定尼については手掛かりがなく現状では不詳と言わざるを得ない。

## 三　比蘇寺と浄土宗

### 1　近世の比蘇寺

では、なぜ比蘇寺の阿弥陀如来像再興に浄土宗知恩院と関係の深い仏師が関与したのであろうか。

『現光寺縁起絵巻』では、金峯山寺別当職春豪による再興後、叡尊に付属させて以後、比蘇寺は「律院」となったとしており、さらに往古の伽藍として仁王門、中門、金堂、講堂などをあげるほか、七院として東院、西院、傳燈院、安居院、温室院、行幸院、百済院があったとする。明徳二年（一三九一）の鎌倉・極楽寺蔵『西大寺諸国末寺帳』[注24]にも「ヒソ現光寺」とみえ真言律宗に属していたことがわかる。その後、先に掲げた『実隆公記』の記事や文禄三年（一五九四）

九月二十日に東塔が豊臣秀吉によって伏見観月橋下に移築されるな[注25]どの記録がみえるものの、近世においては享保十一年（一七二六）に朴道秀拙が仙台・保寿寺から入寺[注26]して曹洞宗となるまでの近世比蘇寺の状況を物語る資料は皆無に等しい。

わずかに十一面観音立像の納入文書中に寛文二年（一六六二）の年紀をもつ「和州大御輪寺比丘高覚」や釜口山長岳寺久保院「円栄」「実栄」「宗見」による願文が認められるが[注27]、納入文書は大御輪寺に関するものが多く、比蘇寺との関係については明らかにしえない。

いま、比蘇寺阿弥陀如来像に関係する資料として享保十年（一七二五）二月二十二日の日付をもつ「大和國吉野郡比蘇寺鋳鐘募縁序」版木をあげることができ[注28]、版木文中には以下の記述がみえる。

荒廃纔《こうはいわづかニ》に講堂《かうたう》のみぞ残《のこ》れり　於是《ここによりゐて》先師近年建《せんしきんねんこん》立《りう》の願《ぐわん》を起《おこ》し先新《まづあらた》に太子堂を造立《さうりう》し其本《そのもと》を忘《わすれ》ざるの標《しるし》□せり加之《しかのみなかず》念仏の常行《じやうぎやう》を企《くわだて》んと願《ねが》へり依之其志《これによってそのこころさし》續□《いまや》也常念仏《じやうねんぶつ》を開闢《かいひやく》し侍《はんべ》りぬ　復梵鐘（以下略）

またこの版木と関連するとみられる「金堂幷太子堂建立勧化袋」版木もあり、そこには「日本第一番彫刻放光／樟像阿弥陀如来」の文字がみえる。両版木の板行者は不明ながら[注29]、「鋳鐘募縁序」版木からは、講堂のみが残った状態で、板行者の「先師」が太子堂を建立し常行念仏を開いて比蘇寺復興の端緒にした意図をうかがうことができる。また「勧化袋」版木からは「放光樟像」の阿弥陀如来像が先にあって、次いで金堂、太子堂の建立勧化を進めたことがわかる。この二種の版木からは、講堂が残った状態で、阿弥陀如来像の再興、金堂・太子堂の復興、常行念仏の開闢という比蘇寺復興の順序をたどることができる。現太子堂角屋鬼瓦には享保七年（一七二二）、同九年の瓦銘があり[注30]、太子堂建立より以前の元禄十三年での阿弥陀如来像再興が間接的に裏付けられるとともに阿弥陀如来像を前に常行念仏が開かれたことも理解できよう。

比蘇寺での常行念仏に関しては、享保二十年六月の朴道入寂[注31]後の慈峯が雲門即道に入寺を依頼し、雲門が「霊鷲山世尊寺」と山号寺号を改めて禅刹として復興をはたしていくなかでも確認できる。慈峯による雲門の招へいについては、塚田博氏が紹介された世尊寺文書中の代官中坊左京（秀亨）宛の口上書に詳しく記載されている[注32]。

奉願口上書之覚

一、御領分和州吉野郡比蘇村吉野寺者、従古来無本寺ニ而御座候處、中古済奈宗実如と申僧罷在候得共、其後年久敷無住ニ而、廃壊仕候ニ付、拙僧師匠朴道□譲住職、以来禅曹洞宗ニ相改置候、右朴道遷化之後、拙僧住職仕罷在候得共、建立修補も難成、段々及大破、千万歳之毒へ奉存候、右吉野寺茂拙僧住職仕候而も、万一建立相続茂難成ニ、摂州西成郡之内大道村大道寺三代雲門和尚、御招待仕候、相渡候様ニと、右朴道遷化之節、致遺命置候ニ付、今度遺命之通、雲門和尚御招待仕度、奉願候、併無本寺ニ而ハ、宗門之法要興行難成、依之本寺相定中度奉願候、本寺之儀ハ雲門和尚法系ニ依而、大道寺ニ相定、寺号之儀も往古之山号寺号霊鷲山世尊寺ニ唱□申度奉願候、且又従前々、為念仏料五人扶持御寄進被成置候、向後ハ禅堂料と彼成可□候、右願之通、被仰付雲門和尚へ、招待御状彼下候ハヽ、忝可奉存候、已上、

寛延三年午十月　　吉野寺

慈峯

御地頭

御役人中

右之通相違無御座候、已上

和州吉野郡比蘇村世尊寺

慈峯

大意を示せば以下の通りとなろう。

吉野郡比蘇村吉野寺は古来より無本寺であり、中古には「済奈宗実如」という僧がいた。その後は無住廃壊となり、朴道秀拙が入寺して曹洞宗に改めた。朴道の遷化後、慈峯が住職となったが万一「建立相続」が困難の際には摂州大道寺雲門和尚を招くようにとの朴道の遺命により雲門和尚を招きたく願い出るものである。併せて無本寺では宗門（曹洞宗）の法要も行うことができないので、雲門法系によって大道寺末とし山号寺号も往古の「霊鷲山世尊寺」としたい。また従前より「念仏料五人扶持」を寄進していただいているが、今後は「禅堂料」としていただきたい。

塚田氏は文中にみる「中古済奈宗」について「実如」という僧名、後段にみえる「念仏料」から一向宗と推測されたが、本願寺第九世実如（一四五八～一五二五）と同名の法名を持つ一向宗の僧がいたとは考え難い。むしろ「念仏料」として五人扶持の寄進があったことから、比蘇寺が世尊寺に寺号を改める以前は浄土宗に属していたのではなかったかと思われる。

このことから近世比蘇寺は真言律宗から浄土宗、そして曹洞宗へと転宗していったことが推測できる。大正十五年（一九二六）の『世尊寺沿革史略』でも「此時代（元禄～寛延　筆者註）は当寺の頽廃其の極度に達し住持等も転々として変はり、したがって或いは禅、或いは念仏、或いは真言となり形跡あれば寺も荒るるがままに委され」と記されており、この間の経緯を示唆するものといえよう。

しかしながら、なぜ比蘇寺はこの時期に浄土宗に属していたのであろうか。また朴道はなぜ後住の慈峯による復興が不首尾に終わることを見越していたのだろうか。

## 2　浄土宗法輪寺

今、比蘇寺に隣接して浄土宗法輪寺がある。『大淀町史』によれば、法輪寺はもと比蘇寺の塔頭（子院）であったとされている。法輪寺の前身が七院のいずれに当たるのかは不明であるが、『知恩院

日鑑』元禄五年（一六九二）三月二十五日条に「和州比曽村法輪寺無本寺故直末之願被仰付候」とみえ、法輪寺も元禄五年までは比蘇寺と同じく無本寺であったことが判明する。[注33] 以下、『知恩院日鑑』に掲載された法輪寺の歴史をみながら比蘇寺との関係や先の疑問について考察してみたい。

法輪寺は元禄五年四月四日に長願寺の添状を得て本山直末となった。その後は順調に浄土宗寺院としての活動を行っていたとみられ、法輪寺喚鐘には、元禄十年の年紀とともに当時の住職である「蓮心」と「念仏講中」十名の名が刻まれている。[注34]

宝永五年（一七〇八）六月十八日には法輪寺住職が死去した旨の書状が法輪寺組中・旦那から本山知恩院に届く。八月二十七日には本山から後住として朗誉源流が選任されたが、法輪寺後住について近在の門中寺院である安養院・極楽寺・妙楽寺から知恩院宛ての同日付書翰では、「其地比曽村法輪寺就無住、朗誉長老後住被相願候、乍然、旦那願ニ而ハ後住不被仰付御法式候、然共上京之旦那、相応之住持、御本山被仰付被下候様ニと口上書差出候付、即朗誉長老へ住職被仰付候間、可被得其意候、向後従持替之節、此方へ可有御窺候」と、法輪寺檀信徒の間で後住の選出についての思惑に差異が認められる。

正徳五年に朗誉から病身につき隠居願が出され、その後は倫誉、廓誉と続き享保十年十一月十二日には廓誉が病身につき隠居願が出された。翌年三月十日に「和州吉野郡比曽村法林（輪）寺無住ニ付、以御取立、蛇穴光明寺隠居性誉長老へ被仰付候事」と、この間法輪寺は無住であったことがわかる。[注35]

享保十八年（一七三三）三月晦日に法輪寺は出火し「一堂あますことなく」焼失してしまう。六月八日には本山門主安誉良我から当時の住職である蓮心に授与された名号も焼失し再交付を願い出ている。再建は元文元年（一七三六）頃で、元文二年三月一日条には次のように記されている。

一　和州吉野郡比曽村法輪寺、去ル丑年三月焼失已後、無住ニ候処、了信と申僧、再建之志願有之、則去年中、本堂荒立出来有之由、然共、住職不蒙仰候而ハ、此上成就難仕候之間、御憐愍を以、住持被仰付可被下旨、尤再建成就之上ハ、早速了信相退、如寺格、後住請待可仕、右堅後例仕間敷、為願、旦那清兵衛・喜八郎登山、願書一札幷組寺添簡被差出之、仍而吟味之上、及披露候処、願之通御許容、了信（平僧之由、）道心者へ住職被仰付、拝礼等相済、組寺へ及返書、右改格ハ成間敷旨、委細申渡候上、組江も申渡ス、且又、住職之礼式等ハ、為再建成就之御報謝、幷役礼ニ至迄、御免被成下候事、依願、本寺証文遣之、

ここからは、火災後の法輪寺は無住となったが、了信なる「道心者」の僧が再建を志願し昨年中には本堂があらかた出来たので再建が成就するまでの間、了信を住職としたい。再建後は了信に退いて

もらい、またこれを先例としないことや「改格」しないことを条件として許可されたことがうかがわれる。「改格」が意味するところは不明だが、他宗への改宗を示すものと思われる。了信は元文五年（一七四〇）閏七月頃に死去し、後住には「順誉故禅」が就いた。順誉は寛延二年十二月二十二日に死去し、後住には吉野郡河原屋の仏国寺住職である先誉恵察が転住する（寛延三年二月四日条）。

以上、比蘇寺と浄土宗、『日鑑』からみた法輪寺の歴史を見てきたが、版木等からの検討からは享保十年以前に比蘇寺で常念仏が開闢され、代官より「念仏料五人扶持」の寄進を受けていたことが明らかとなった。また法輪寺住職廓誉が隠居し後住が性誉になった享保十一年[注36]に朴道秀拙が比蘇寺に入寺し、さらに法輪寺再建の時期は朴道の入寂や慈峯が後住となった時期と重なる。また順誉が死去した翌年に慈峯が雲門即道に入寺を依頼している。これらのことからみれば比蘇寺と法輪寺は不離不即の関係にあったと思われる。他宗の道心者である了信はおそらく比蘇寺の関係者であったものと推測され、想像をたくましくすれば、法輪寺の火災、再建を見聞した朴道はしばらく比蘇寺の復興に専念できないことを知っていたものと想像される。

比蘇寺と法輪寺との関係は、法輪寺が比蘇寺の塔頭（子院）であったことからみて少なくとも法輪寺が浄土宗へ改宗した以前から成立していたと考えられる。つまり法輪寺の檀信徒は同時に比蘇寺の庇護者であったとみられるのである。法輪寺の旦那のなかに後住を自薦し本山の承諾を得ようする者がいたのもこうした特殊な事情があったものと推測される。彼らによって本山知恩院と関係の深い家城左近が起用されて比蘇寺阿弥陀如来像の再興がなされ、その後常念仏の開闢を行った。しかし享保十八年三月晦日に起こった法輪寺の全焼によって比蘇寺の再興は中断にやむなきに至り、法輪寺の再建後、比蘇寺と法輪寺はそれぞれ別個の住職を迎えて宗旨を違えてそれぞれ今日まで法灯を継いでいるのである。

## 四　近世吉野地方と比蘇寺

金峯山寺をはじめとする吉野地方の寺院は古代・中世を通して修験道を軸とした真言・天台系寺院が主流であったが、近世になるとその宗教事情は一変する。

慶長十九年（一六一四）には徳川家康の命で南光坊天海が金峯山寺の学頭となり、金峯山寺は名目のうえでは天台宗寺院となった。十四世紀前半の創建とされる瀧上寺や本願寺蓮如が開基した願行寺、本善寺を基盤にして一向宗が展開し、さらに浄土宗も応永四年（一三九七）に了誉聖冏が建立した西迎院が吉野地方の浄土念仏の根本道場として、近世にはそれぞれ教線を拡大していった。さらに江戸時代前期には曹洞宗の慶田寺派が教線を拡大したほか宇治・興聖寺五世の万安英種が布教を展開していった。[注37]近世吉野地方の寺院は真言・天台系寺院が存続するいっぽうで、浄土真宗、浄土宗、曹洞宗に改宗していった寺院は枚挙にいとまない。古代からの歴史を誇る寺院もこの変革のなかに巻き込まれ、平安時代に日蔵道賢の開創と伝えられる吉野如意輪寺も慶安三年（一六五〇）に文誉鉄牛が本堂の大修理を行ったことで真言宗から浄土宗に改宗し、また古代寺院「安佐寺」の丈六阿弥陀如来像も慶安年間に浄土宗西蓮寺の還誉が神告によって西蓮寺に移坐され寛文十一年（一六七一）に修復を受けていることが胎内墨書銘から知られる。[注38] こうした状況のもとで比蘇寺だけが例外であるはずもなく、慈峯が記した「奉願口上書之覚」の内容は宇治・興聖寺御役寮にも報告されていることからも世尊寺は曹洞宗興聖寺末となったことがわかる。[注39]

「放光樟像」である阿弥陀如来像の再興が浄土宗法輪寺檀信徒の手によってなされ代官から「念仏料」として五人扶持の寄進を受け、その後は朴道秀拙の入寺を経て雲門即道により「霊鷲山世尊寺」と山号寺号を改め曹洞宗興聖寺末となることで「比蘇寺」の法灯と「放光樟像」伝承が今日まで受け継がれている。世尊寺阿弥陀如来像の再興はそうした意味で近世吉野地方の宗教事情の動静を明らかにできる貴重な作品とみられるのである。

注

1 奈良国立博物館『古密教 日本密教の胎動』図録、二〇〇五年七月。奈良県教育委員会文化財保存課「世尊寺木造十一面観音立像」『奈良県指定文化財 平成十七年度版（第四十七集）』二〇〇七年三月。

2 大淀町史編集委員会『大淀町史』大淀町役場、一九七三年二月。

3 比蘇寺に関する研究史については奈良県大淀町教育委員会編『平成十九〜二十二年度大淀町文化財調査報告──現光寺縁起絵巻・佐名伝遺跡・槇ヶ峯古墳の調査──（奈良県大淀町文化財調査報告書 第6集）』「1 現光寺縁起絵巻（平成十九年度の調査）」（二〇一一年三月）で纏められている。

4 吉原浩人「現光寺（比蘇寺）縁起から善光寺縁起へ──霊像海彼伝来譚の受容と展開──」『唱導文学研究』第五集、二〇〇七年三月。

5 金峯山寺世尊寺については、首藤善樹『金峯山寺史』（国書刊行会、二〇〇四年十一月）を参考とした。

6 『実隆公記』同日条。

7 首藤善樹編『金峯山寺史料集成』国書刊行会、二〇〇〇年十二月。

8 竹居明男「吉野寺縁起の史料性をめぐって──欽明紀十四年五月戊辰朔条を中心に──」『日本書紀研究』第十一冊、一九七九年（改題「吉野寺と〈日本書紀〉」『古代日本仏教の文化史』吉川弘文館、一九九八年）所収。

9 吉野町史編集委員会『吉野町史』（吉野町役場、一九七七年一月）によれば、墨書銘は以下の通り。「金峯山鷲尾山堂社破滅于時延宝八申庚暦／堂社再興可致トテ京奉行訴□シ相叶ニ付／釈尊阿難迦葉子安地蔵役行者蔵王／権現天照太神夷聖徳太子諸尊之／勝光院寺ニ正月八日寄下シ奉諸尊修／（一行不詳）／真理院丹秀勝光院正祐□歌之／［　］叶再興ス」。

10 現金峯山寺保管釈迦如来立像。（奈良県教育委員会「木造釈迦如来立像」『奈良県指定文化財 平成十五年度版（第四十五集）』二〇〇五年三月）。

11 その他の法量は次の通り（単位センチ）。

白毫高 一〇九・五　頂〜顎 四四・〇
髪際〜顎 二六・二　面幅 二七・四　耳張 二九・五
胸厚（中央）三一・〇　腹厚 三三・五　肘張 七二・七
坐奥 七二・〇　膝高（左）一八・七　膝高（右）一八・五

12 法隆寺『特別展覧 世界文化遺産登録百済観音堂着工記念 法隆寺元禄秘宝展──江戸の出開帳から──』一九九五年十月。

13 本郷孝衣『文化財の保存修理に関する研究――日本における彫刻文化財の保存理念とその実際について――』東京藝術大学学位論文、二〇〇六年三月。

14 京都町触研究会編『京都町触集成』第一巻（岩波書店、一九九四年六月）所収の一五四号文書。

15 『日鑑』元禄十一年四月一〇日条。総本山知恩院史料編纂所編『知恩院史料集』日鑑・書翰篇二（一九七五年十一月）所収。以下、『知恩院日鑑』に関しては『知恩院史料集』の巻数のみを記す。

16 前掲注15 二〇〇号文書。

17 前掲注15 三〇二号文書および三〇三号文書。

18 『徳川実紀』宝永二年六月条。

19 広陵町教育委員会『広陵町文化財調査報告書 広陵町の仏像』一九九二年三月。

20 「平成六～七年度修復文化財関係銘文集成」（京都国立博物館『学叢』二十四号、二〇〇二年五月）および「平成八～十年度修復文化財関係銘文集成」（京都国立博物館『学叢』二十五号、二〇〇三年五月）。

21 明和町史編さん委員会編『明和町史 史料編 第1巻民俗・文化財』二〇〇四年三月。

22 『日鑑』正徳五年四月一〇日条、正徳五年一〇月五日条。（『知恩院史料集』日鑑・書翰篇五）。

23 『日鑑』同日条。（『知恩院史料集』日鑑・書翰篇十九）。なお借財は翌元文五年一〇月二日に一部返済されている（同書）。

24 『西大寺関係史料（一）――諸縁起・衆首交名・末寺帳――』奈良国立文化財研究所 一九六八年三月。

25 『多聞院日記』同日条。なお江戸時代初期に徳川家康によって園城寺に再移築され現存する。

26 世尊寺墓地には朴道秀拙の墓碑があり、享保二十年（一七三五）六月に入寂したことがわかるとともに「住蘓山九年七十二歳示寂」とあって享保十一年（一七二六）に六十三歳で比蘇寺に入寺したことが判明する。

27 奈良県教育委員会『奈良県総合文化調査報告書――吉野川流域――』一九五四年三月。なお大正十五年（一九二六）に世尊寺住職上田萬鏡が纏めた『世尊寺沿革史略』に元禄年中に高覚和尚が本堂を修復したとの記事があり、納入文書の「高覚」と結び付ける説もある（前掲注3）。

28 元興寺文化財研究所『世尊寺の版木（財）大和文化財保存会援助事業による）』二〇〇五年三月。

29 『世尊寺の版木』では「大和國吉野郡比蘇寺鋳鐘募縁序」の版木刊行者を朴道秀拙とするが、朴道の入寺時期は享保十一年である。また刊行者を版木末尾にみえる「謙□」とする説もある（前掲注3）。

30 奈良県教育委員会「世尊寺太子堂」『奈良県指定文化財 昭和六十三年度（第三〇集）』一九八九年九月。

31 前掲注25。

32 塚田博「附論二 世尊寺朴道について」（近世洞門研究会「『日本洞上聯灯録』の研究（二）」（『駒沢大学禅研究所年報』15、二〇〇三年十二月）所収。

33 以下、断りのない限り『日鑑』『書翰』（『知恩院史料集』）の記事に拠る。

34 前掲注2。

35 『日鑑』同日条。（日鑑・書翰篇十）。

36 前掲注26

37 岩城隆利「大和南部の曹洞宗」『奈良県史』6寺院、名著出版、一九九一年六月。

38 奈良県教育委員会『奈良県総合文化調査報告書――吉野川流域竜門地区――』一九五三年三月。

39 前掲注32。

〔付記〕掲載写真はすべて奈良県教育委員会文化財保存課からの提供による。

# 黄檗様彫刻史

楠井　隆志

## はじめに――黄檗宗の開立

承応三年（一六五四）、中国臨済宗黄檗派の禅僧隠元隆琦《いんげんりゅうき》（一五九二～一六七三）が弘法のため長崎に渡来し、寛文元年（一六六一）京都宇治に黄檗山萬福寺を開創した。これを契機に開立されたのが臨済宗黄檗派、すなわち今日の黄檗宗である。[注1]

隠元は、福建省福州府福清県にある中国臨済宗の古刹・黄檗山萬福寺にのべ十七年間住山し、黄檗山を中国東南の一大禅林に築き上げ、明末仏教の新流派というべき臨済宗黄檗派を誕生させた。黄檗派は、臨済宗開祖・臨済義玄の本師である黄檗希運を宗とする禅風、いわば黄檗宗風を宣揚することによって独自の主体性を確立し、また禅宗諸派に対して黄檗派こそが禅宗の正統であると標榜し、一種の優越性を誇示した。

隠元は黄檗山を拠点に法化を弘め、弟子達は福建省の各地で寺院を経営しながら教線を拡張していった。同時に隠元は海外への教線展開を構想していたが、折しも長崎・興福寺の住持であった逸然性融を中心とする長崎の唐人社会あげての再三の懇請を受け、隠元は東渡を決し、二十数名の弟子達とともに長崎に渡航、ただちに興福寺に晋山《しんざん》した。ここに、日本黄檗宗発展の礎が築かれたのである。

隠元の会下には、鎖国下で中国への留学が果たせない、求道心に燃える日本僧が参集した。当初、隠元は三年で帰国するつもりだったが、幕府から寺院建立の命を受け、宇治に寺地を得て黄檗山萬福寺を開創し、ついにその余生を日本で送ることになった。

隠元が開立した日本黄檗宗の特徴としては、宇治の黄檗山萬福寺を本拠地として臨済宗の正統（臨済正宗）を宣揚し、教学を重視しながら明末仏教の念仏を禅に取り入れたこと、明末の清規や組織制をそのまま日本に導入し厳格に定めたこと、皇室の優遇、幕府や大名の保護を得て短期間で大量の宗下寺院を有することが出来たこと、成立初期から発展期にかけて黄檗山萬福寺では渡来僧による住持伝承制をとったことなどが挙げられる。

隠元は、日本黄檗宗の拠点となる黄檗山萬福寺の伽藍整備にあたり、故山である福建省福州府福清県の黄檗山萬福寺を彷彿とさせる寺観と堂内空間の再現を目指した。諸堂の建築自体は日本的であるが、風水にもとづいた大陸風の伽藍配置により建立された。各堂の内外には隠元をはじめとする渡来僧の筆になる扁額や聯が数多く掲げられ、黄檗禅の精神を宣揚した。初期には隠元の命で当時長崎に滞留していた中国人渡来仏師范道生（一六三五～七〇）が招致され、明清彫刻の様式そのままの諸像が造立・安置された。

范道生が萬福寺諸像において体現した新奇な作風や形式は、隠元や嗣法門人らの称賛を浴びた。范道生はわずか一年で萬福寺を去るが、その後の造像は京仏師に託され、延宝二年（一六七四）にはほぼ寺観の整備と造像を終えた。やがて隠元の弟子達が黄檗派の全国展開を進めるにつれ、造像にあたり萬福寺に安置される范道生作の諸像や京仏師作の大雄宝殿本尊釈迦如来坐像に倣った作風や形式が強く求められた。本稿では、黄檗派の全国展開にともなって浸透した萬福寺諸像に倣った作風を「黄檗様」と称することにする。

従来の彫刻史研究では、黄檗様の彫刻として萬福寺の范道生作十八羅漢像のみ光が当てられ、簡単に言及されてきたに過ぎなかった。日本の仏像彫刻が絶えず中国大陸からの影響を受けながら展開してきた歴史をあらためて考えてみるとき、「黄檗様彫刻」を生み出した十七世紀という時代ほど、中国大陸からの影響が濃密であった時代はほかにない。長崎では、無条件に大量の中国仏が舶載され、また多数の中国人仏師が渡来して中国そのままの造像がおこなわれた。その濃厚な中国風は、范道生の登場と黄檗山萬福寺の開創によって突如京都に移植され、そこから「黄檗様」が創造されたのである。本稿の目的は、「黄檗様」創造の過程と展開の様相を具体的に明らかにし、「黄檗様彫刻」を江戸時代の仏像彫刻史に位置付ける端緒を開こうとするものである。

## 前史——十七世紀明清彫像の受容と長崎の造像界

### 唐寺の創建

十七世紀前半、江戸幕府は朱印船貿易の保護から一転して鎖国政策をとった。キリシタン禁圧を断行し、唐船《とうせん》（江戸時代を通じて中国は「唐《とう》」と呼ばれた）とオランダ船のみ長崎への来航を認める管理貿易体制を強化した。それに伴い、長崎に居留する唐人《とうじん》の人口は増加していった。唐人屋敷設置の前年にあたる元禄元年（一六八八）の数字だが、来航唐人数は延べ九一二八人に及んだ。その頃の長崎の

人口は約五万人だったという。[注2]

長崎居留の唐人は出身地別に「帮《はん》」と呼ばれる同郷社会を形成し、祠堂を設けて航海安全・海難救護の女神である媽祖《まそ》を祀った。長崎に来航する唐船は媽祖の小像を必ず船中に奉安しており、停泊中は像を祀堂に預けて奉祀した。やがてこの媽祖廟に先祖・同朋の菩提供養のため仏寺的機能が付与された。これを唐寺《とうでら》といい、市中に興福寺《こうふくじ》、福済寺《ふくさいじ》、崇福寺《そうふくじ》の唐三か寺が開創された。興福寺は江南・江西・浙江地方出身者、福済寺は泉州・漳州地方出身者、崇福寺は福州地方出身者の帰依を集めた。それぞれの草創事情をひもとくと、興福寺開基の真円（元和六年〈一六二〇〉渡来）や福済寺開基の覚海（寛永五年〈一六二八〉渡来）らも当初僧侶として渡来したわけではなかったようで、崇福寺も香火を看守する者が数人いた程度の祠廟に過ぎなかった。キリシタン禁制への対応を迫られ、同郷の長崎居留唐人や唐通事らが相はかって唐僧を招請して住持とし、禅院として発展させた。唐僧招請の条件としては同郷出身であることが重視された。興福寺では寛永九年に黙子如定《もくすにょじょう》（江西省建昌府出身）が、福済寺では慶安二年（一六四九）に蘊謙戒琬《うんけんかいわん》（福建省泉州府出身）が、崇福寺では寛永六年に渡来していた超然（福建省福州府出身）がそれぞれ招請された。彼らの入寺によって一段と伽藍の建造・整備が進んだ。唐寺住持には宗教者として、また文化人として長崎奉行や大名に影響力をもつことが要され、中国本土の禅刹からより高僧を迎えることが望まれた。こうした唐寺への唐僧招請の動きが、隠元渡来という日本仏教史上きわめて重要な覚醒を促したのである。

### 長崎の明清彫像

唐寺には、檀越らが故郷で慣れ親しんできた作風の明清彫像を寄進した。中国から取り寄せたり、唐人仏師を招いて長崎で造らせたりした。後者の場合も明清彫像の範疇に含めなければならない。まず唐寺に伝わる明清彫像を眺めてみよう。

興福寺の本尊釈迦如来坐像（挿図1）は、像内構造が、体部の正面と背面は板材を用い、それを両肩部材で挟み込み、像底には板材を矧ぐ、いわゆる箱組み式構造を示す。X線CT調査により、像内の空洞部には金属製五臓一連（挿図2）、巻子一巻、穀類等、銅鏡一面などが納入されていることが判明した。五臓は、咽喉、肺、心、肝、腎、脾に相当すると考えられる各臓器を薄い金属板で切り抜き、針金で連結されたもので、五臓最下段に連結される心葉形の板には「張朝泰」という筆頭寄進者と思われる人物名が打ち出されていた。巻子は金泥もしくは銀泥で般若波羅密多経と結縁交名を書くもので、興福寺創建年を遡る明・万暦四十四年（一六一六）の年記や発願者の本貫地かと思われる「浙江嘉興府」という地名が読み取れた。これにより、興福寺釈迦如来坐像は万暦四十四年に江南地方で制作されたと判断され、明代末江南地方の基準的作例として注目される。

挿図２　釈迦如来坐像納入品
（金属製五臓模型）　三次元画像
（長崎・興福寺）

挿図１　釈迦如来坐像（長崎・興福寺）

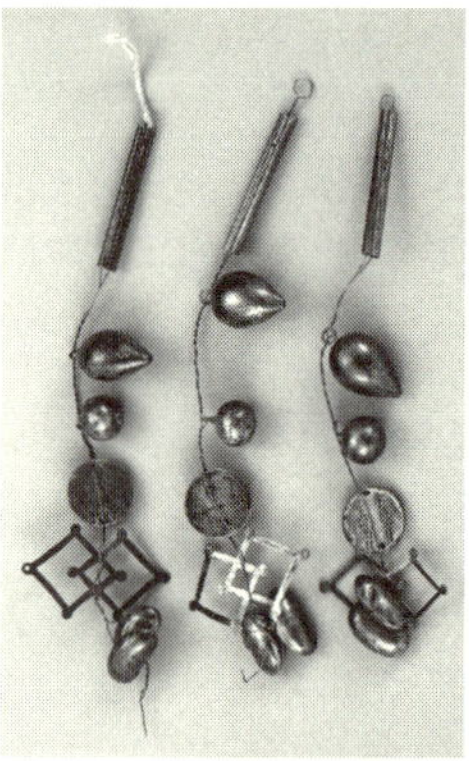

挿図４　釈迦三尊像納入品
（銀五臓模型）（長崎・崇福寺）

挿図３　釈迦如来坐像および迦葉尊者立像・阿難尊者立像（長崎・崇福寺）

興福寺は寛文三年（一六六三）に焼失した。詳しくは後述するが、その再興造像には福済寺にいた范道生が招かれた。また、元禄十四年（一七〇一）南京船六十番船が持ち渡った「小仏三躰」を悦峯禅師に寄進したいという船頭からの申し出が許可され、興福寺に引き渡された（『唐通事会所日録』同年十月二十四日条）。

福済寺は昭和二十年原爆のためすべてが破砕、焼失した。大雄宝殿の華光菩薩像と達磨大師像、護法堂の塑造弥勒仏（布袋）像は、いずれも寛永十年（一六三三）漳州出身の仏師林高龍と呉真君が長崎において造立したとする。[注3]両人は福建省漳州府龍渓県出身で、長崎の恵美須町に滞在していたという。[注4]明暦二年（一六五六）建立の大雄宝殿（天人師殿）には、普陀山請来の三世如来像が安置された（『重興分紫山福済禅寺記』[注5]）。慶安三年（一六五〇）建立の円通殿（法堂）本尊の観音像は福建省漳州出身[注6]の方三官の作という（『長崎夜話艸』[注7]）。万治三年（一六六〇）に渡来した范道生は寛文三年まで約三年間福済寺に寓居し、仏神像を造っていた。

崇福寺大雄宝殿の釈迦如来坐像および迦葉尊者立像・阿難尊者立像（挿図3）は、いずれも脱活乾漆造である。[注8]三尊の顔立ちの特徴は、達磨大師坐像（大雄宝殿安置、脱活乾漆造）、韋駄天立像（護法堂安置、脱活乾漆造）とも共通しており、同一仏師らによって相次いで造られたものと推測される。昭和十年の釈迦三尊修理の際、像内から銀五臓三連（挿図4）、銀銘札一枚、朱色絹織布一枚、その他帯状の布四枚、黄・赤・青の糸の固まり、真綿、扇面写経（金剛般若波羅密経）一本、「羅漢奉加人数之巻」一巻などの納入品が取り出された。銀五臓は「咽喉」を含む鍛造の各臓器を純銀製の細線で一繋ぎとする。そのうち円盤形の裏面には「承應二年、化主何高材」と墨書があり、承応二年（一六五三）に崇福寺大檀越何高材の寄進になることが知られる。また、銀五臓は三連伝わっており、中尊釈迦如来坐像だけでなく両脇侍像にもそれぞれ納入されていたと考えられる。朱色絹織布の両面には墨書があり、承応二年の年記や結縁者と思われる人物名、さらに「弟子仏師江西南昌府豊城縣」の「徐潤陽」「宣海錦」ともう一名の仏師名が記されていた。[注9]

大雄宝殿の十八羅漢像は、釈迦如来像納入品として伝来する「羅漢奉加人数之巻」に延宝五年（一六七七）の年記がある。概ね頭・体部を別材製とし、体幹部は箱組み式の構造を示している。表層は薄く塑土を塗って下地として漆箔を置き、衣縁や袈裟には盛り上げ文様を施している。延宝四年に唐僧南源性派が和僧梅嶺道雪に宛てた書簡に「福州寺近請唐山仏司三人来塑羅漢」とあり、三名の唐人渡来仏師が造立したと推測されている。[注10]

聖福寺[注11]の清代彫像には、大雄宝殿本尊の釈迦如来坐像（挿図5）および迦葉尊者立像・阿難尊者立像、旧禅堂安置の白衣観音坐像および善財童子立像・龍女立像、天王殿の韋駄天立像がある。いずれも、中国・清代彫像独特の作風とプロポーションを示し、像表面を漆喰状の捻塑材でモデリングすることに依る粘りの強い衣文表現をみることができる。像内構造は体幹部を箱組み式に造り、その空洞

挿図５　釈迦如来坐像（長崎・聖福寺）

挿図６　釈迦如来坐像納入品（金属製五臓模型）三次元画像（長崎・聖福寺）

部には棚板や前後の桟木が取り付けられている。釈迦如来坐像、迦葉・阿難尊者立像、白衣観音坐像の各像には像内空洞部に金属製五臓（挿図６）や穀類等の納入品が存在することが、X線CT調査およびX線透過撮影調査によって判明した。釈迦三尊像は元禄十一年の第二十番南京船（船頭呉子英）で舶載されたもので、韋駄天立像は蘇州で造立され、同十六年船頭呉氏らによって寄進・供養されたものである（『聖福鉄心禅師語録』、『聖福鉄心禅師略集』、『武陵瑞聖禅寺鉄心禅師語録』）。

霊源院[注12]の奥院安置の釈迦如来坐像は、寛文元年に釈迦・文殊・普賢三尊として請来されたものと伝えられる。本堂本尊の魚藍観音立像は同十年広東商人許登授が中国・霊松山より勧請したものと伝えられる[注13]。両脇侍の善財童子立像と龍女立像は塑像（本尊は木彫像）である。写実性に優れており、清代初期彫像のリアリズムの典型をみることができる。

以上は長崎市域の唐寺や黄檗宗寺院に伝わるおもな明清彫像であるが、黄檗宗寺院以外でも注目すべき彫像が多い。光雲寺（曹洞宗）本尊の釈迦如来坐像および文殊菩薩坐像・普賢菩薩坐像は、慶安年中（一六四八〜五二）に唐通事潁川官兵衛と陸一官が普陀山伝来の三尊像を唐人船頭から譲り受けて光雲寺に安置したものという（『光雲禅寺三尊霊像記』[注14]）。また、晧臺寺（曹洞宗）本尊の釈迦如来坐像および観音菩薩坐像・勢至菩薩坐像（寺伝では文殊菩薩・普賢菩薩像）は、高大誦が普陀山から請来して自邸に安置していたが、寛文五年晧臺寺住持から請願されて寄進したものという（『勅賜海雲山普昭晧臺禅寺仏像碑記』[注15]）。興味深いことに、光雲寺の釈迦如来坐像と晧臺寺の両脇侍像は顔立ちやプロポーション、衣文表現などが類似しており、本来は光雲寺の中尊像と晧臺寺の両脇侍像とで三尊を構成していたと考えられる[注16]。

挿図７　釈迦如来坐像および観音菩薩坐像・地蔵菩薩半跏像（福岡・福厳寺）

明清彫像は、長崎市域に限らず有明海沿岸、とくに福岡県筑後地方の黄檗寺院にも注目すべき作例が数多く伝来する。理由としては、柳川藩や久留米藩が黄檗派を保護したこと、長崎と筑後を結ぶ有明海の海上交通が活発だったことが考えられる。福岡（久留米）・福厳寺の釈迦如来坐像および観音菩薩坐像・地蔵菩薩半跏像（挿図7）は、寺伝に隠元持ち渡りとされる。三尊とも頭・体部を別材製とし、体幹部は箱組み式構造を示す。中尊釈迦如来像は、法衣に揺らぐような衣襞を密にあらわし、蓮華座蓮弁に覆い被さりその形状どおりに起伏をみせながら垂下するのが特筆される。また、精巧な透かし彫りを廻らす框座には、清代装飾彫刻の高度な技術をみることができる。

## 長崎明清彫像の造形的特徴

ここで長崎に数多く伝来する明清彫像の造形上の特徴をまとめてみたい。

如来像では、肉髻と地髪の段をほとんど付けない、肉髻を露頂とする、頸のくびれを二本とする、もしくは三道の下一本を胸部上にあらわすなどの特徴がある。菩薩像では、宝冠・耳當・胸飾などの装飾品はほとんど付けない、観音は衣で頭を覆う姿につくること（白衣観音）が多いなどの特徴がある。如来と菩薩で共通する特徴としては、蛾眉で眼尻が吊り上げる、上瞼のふくらみが強調される、耳垂は貫通せず、肉太で大きく垂れる、口角が吊り上がる、指や爪が長い、腹部に紐で結ばれた裙の上端部を見せる、上半身が丈高で膝前の張り出しは小さいなどがある。

材質面では、木彫像の場合、地髪部に円錐形の塑土製螺髪を貼り付けること、像表面は捻塑性の強い漆喰状の素材でモデリングすることが多い。脱活乾漆像の作例では像内に心木を取り付けないことが多い。塑像の作例もままみられる。

木彫像の構造・技法面では、頭・体部を別材製とし、体部の正面と背面は板材を用い、それを両肩部材で挟み込み、底材を矧ぎ付ける、いわゆる箱組み式構造をみせるものが多い。像内の箱状空洞内には構造強化のため棚板もしくは桟木を取り付けていることが多い。そこに、金属製五臓などさまざまな物品を納入することがよく行われている。中国の伝統的医学にもとづく五臓六腑の模型を仏像の像内に納める風習は、仏像を生身の仏とみなす中国特有の信仰であり、その彫像が中国で制作されたことを示す物証となる。立像では、足枘は一本の雇い枘に作り、像底および台座天板に穿った枘孔に挿して立たせる仕口が多い。菩薩や神像では衣縁部などの装飾を盛り上げ文様でおこなうものが多い。

精巧な透かし彫りを廻らした框座も注目される。熊本・玉泉寺の銅造白衣観音坐像（元禄八年寄進）、長崎・聖福寺の韋駄天立像（蘇州製、元禄十六年請来）、萬福寺天王殿の韋駄天立像（湖州府製、元禄十四年請来）などの作例から、十七世紀後半から十八世紀前半にかけての中国・江南地方における特徴と推測される。

こうして明清彫像の造形的特徴を概観すると、同時代の京仏師の作例と比べて相当異質であることは容易に理解されよう。

## 唐人渡来仏師の時代から長崎唐仏師の時代へ

日本での造像活動が知られるその他の唐人渡来仏師について眺めてみよう。福岡・帝釈寺の観音菩薩坐像は、延宝四年（一六七六）「唐山匠人」作になる（光背裏朱漆銘および『鉄文禅師語録』巻第十二）。東京・養玉院（天台宗）の釈迦如来坐像および迦葉尊者立像・阿難尊者立像（弘福寺旧本尊）は、同五年長崎で范道生の弟子・范宗仁が造立している（釈迦如来坐像背面朱漆銘）[注17]。また、福岡・法雲寺の十八羅漢像（昭和三十四年焼失）は、貞享三年（一六八六）「唐匠」游君亭の造立になる（『鉄文禅師語録』巻第十二）。

唐人渡来仏師の活動は、貞享三年の游君亭以降確認できなくなる。元禄二年（一六八九）唐人屋敷が完成し、これまで市中に雑居していた唐人や新来の渡航者がすべて収容されたことが大きな要因と考えられる。寛文十年に再渡来した范道生の上陸が認められなかったように、新たに唐人仏師を招いて唐人屋敷の外で造像させることも許されなくなった。そのため、これ以降は中国から彫像を船載する例が急増した。聖福寺大雄宝殿の釈迦如来坐像および迦葉尊者立像・阿難尊者立像は元禄十一年に、同じく天王殿の韋駄天立像もその翌年に船載されている。宝永二年（一七〇五）萬福寺天王殿に安置された韋駄天立像は、浙江省湖州府で造立され（『黄檗悦山禅師語録』巻一）、元禄十四年の六十番南京船が持ち渡ったものである（『唐通事会所日録』同年十月二十四日条）。

また、唐人屋敷が設置された頃から「長崎唐仏師」と称する日本人仏師の活動が活発になる。長崎に活動拠点を置き、唐風の仏像を専らとする仏師である。彼らは、渡来仏師が帰化したり、渡来仏師に師事して明清の作風や技術を直接学んだ者と考えられる。

聖福寺方丈に安置される釈迦如来坐像は、像底に「長崎住超印作」の陰刻銘がある。小像ながらまとまりのよい佳作である。超印は、千葉・竜渓寺（曹洞宗）の宝冠釈迦如来坐像を造立した「肥前之国長崎唐山仏師方超印」（背面朱漆銘）[注18]と同一人物であろう。方姓を名乗る長崎唐人仏師としては、慶安三年（一六五〇）の福済寺観音菩薩像を造立した方三官が知られるが、方三官と同姓の仏師の作例が見出されたことで方超印と方三官の関係が注目される。[注19]

佐賀・広福護国禅寺韋駄天立像は元禄七年馬場権兵衛元真により再飾されているが、彼は「仏工長崎住唐仏師隠官嫡孫」と名乗っており（同像修理銘札墨書）[注20]、「唐仏師隠官」すなわち范道生とのつながりを標榜する。なお同十五年福岡・日吉神社の狛犬台座銘文にも「長崎唐仏師、馬場権兵衛、弟子元真」とある。[注21]

聖福寺天王殿の弥勒仏坐像（挿図8）は正徳六年（一七一六）「崎陽仏師宗英」の造立になる。中国独特の布袋像の姿に造られるが、全体に統一がとれ完成度も高く、存在感に富む。長崎唐仏師の技量の高さを示す優品といってよいだろう。宗英は、享保元年（一七一六）に長崎・光輪院の地蔵菩薩半跏像を造立した「唐造立仏師九州肥前之国長崎住人、中村氏宗英」[注22]と同一人物とみてよい。

挿図8　弥勒仏坐像（中村宗英　長崎・聖福寺）

興福寺大雄宝殿の准胝観音坐像は宝永七年（一七一〇）「唐仏師、長崎住仏師平内」の造立になる（蓮華座天板裏墨書銘）。平内は、元禄十三年の熊本・東向寺釈迦如来坐像像内納入木札銘より「長崎南馬町住、俗名山口平左衛尉」と知られる。[注23]興福寺像の像内構造は箱組み式を示しており、この点において、後述するような形式的模倣に留まった京仏師とは一線を画す。また、同十二年造立の熊本・正覚寺文殊菩薩坐像台座内墨書に「師渡唐御免にてこれを作る」とあり、「師（匠である唐人仏師）が渡（帰）唐を許されたので、（代わりに）この像を作った」と読める。唐人渡来仏師から長崎唐仏師平内へと明清彫像の技術・作風が継承された様子が伺い知れ、注目される。

## 唐人渡来仏師・范道生

萬福寺の中国的魅力を構成する重要な要素に范道生《はんどうせい》（一六三五～七〇）が造った仏像群がある。隠元隆琦像（開山堂）、白衣観音坐像および善財童子立像・龍女立像（禅堂）、弥勒菩薩坐像（天王殿）、達磨大師坐像（祖師堂）、十八羅漢像（大雄宝殿）、華光菩薩倚像（伽藍堂）、韋駄天立像（文華殿保管）の二十六軀が范道生の作となる。

范道生は福建省泉州府安平の出身で、字は石甫、号は清源山人を用い、印官とも呼ばれた。日本渡来以前の事績については不詳である。万治三年（一六六〇）五十三番船で渡航し、福済寺に寓居した。寛文元年（一六六一）十一月頃と同三年二月の時点では福済寺での造像が確認できる。同二年隠元は観音、韋駄天、伽藍祖師、監斎等の造像を范道生に命じているが（『普照国師年譜』）、少なくとも観音像（白衣観音坐像）や伽藍像（華光菩薩倚像）、祖師像（達磨大師坐像）については長崎で造立され、完成後、萬福寺に運ばれ開眼されたとみるべきだろう。[注24]同三年九月興福寺での造像が確認され、同年三月八日に焼失した興福寺（観音堂と鐘楼を除く）の復興造像に携わっている。この頃萬福寺へ登るよう再三要請を受けていたらしく、造像が一段落した同年九月十三日長崎を出発したと思われる（以上、『唐通事会所日録』）。

范道生が萬福寺に滞在した期間は、寛文三年九月下旬頃から翌年九月初旬までのわずか一年弱であった。その間に、寿像である隠元隆琦倚像（寛文三年十一月四日竣工）、弥勒大士像（十一月二十七日開光）、十八羅漢像（十一月八日起工、同四年五月十八日十八軀のうち八軀開光、八月二十九日竣工）を造立した。この間、萬福寺にいた黄檗僧から像の出来映えと仏師范道生の功績を讃える詩偈文が多数贈られている。

十八羅漢像竣工後、范道生は安南にいる父賛公の古稀を祝うため萬福寺を辞して長崎の福済寺に向かい、ほどなく船便を得て離日したと思われる。離日後、黄檗山漢松院の独吼性獅《どっくしょうし》のもとに自筆の十八羅漢図を送ってきた（福岡・江月寺所蔵「十八応真図」）。そこに描かれている羅漢の姿態は萬福寺十八羅漢像とほぼ一致する。寛文十年二十六番船で再び来航したが、新来唐人の扱いを受け上陸と滞在の許可がおりなかった。萬福寺の使僧も駆けつけて長崎奉行との交渉が重ねられたが、そのうち范道生は病に罹り、同年十一月二日船内にて絶命した（寛文十年の動向はすべて『唐通事会所日録』）。崇福寺裏山に埋葬された。

何故、唐人渡来仏師范道生は萬福寺に招致されたのだろうか。『普照国師年譜』寛文二年の条をみると、「師、国に入りてより見るところの梵像、はなはだ如法ならず」とあり、隠元の目には日本の仏像が法に適っているとは映っていなかったようである。また、『松堂続集』所収の「世尊瑞像有序」には「老僧、この土の三坐道場に至り、つねに像を造らんと欲すれど、とくに巨匠なし」とあり、渡来後つねに造像の意向を持っていたが巨匠がいなかったと述べている。隠元が范道生を知るきっかけになったと想像されるのが、寛文二年開刻の『黄檗和尚太和集』所収「牛頭栴檀瑞相歌幷引」に見える。「前歳たまたま唐人至る。善く能く減塑す。この香を出して観仏を雕成す。宝相厳麗、瞻禮みな希有と嘆ず。」とある。赤栴檀木の仏像を造った仏師の名は具体的に記されていないが、彫技の優れた「前年に渡来した唐人仏師」とは万治三年に渡来した范道生のことをさすと考えられる。

まず、長崎時代の作例を眺めてみよう。

万治三年（一六六〇）から寛文三年（一六六三）までの長崎時代、范道生は福済寺に寓居していた。福済寺にも彼の作になる仏神像が存在したと想像されるが、残念ながら原爆のためすべて失われた。先に述べたとおり、萬福寺の観音菩薩坐像および善財童子立像・龍女立像（禅堂）、韋駄天立像（文華殿保管）、華光菩薩倚像（伽藍堂）、達磨大師坐像（祖師堂）の各像は、寛文二年に范道生が長崎で造立したものと考えてよい。なお、禅堂の観音菩薩坐像（挿図9）は脱活乾漆造で、范道生唯一の乾漆像の作例である。X線透過撮影により、像内にはまったく心木を取り付けていないことが判明した。

寛文三年三月から九月にかけての興福寺再興造像で、范道生が具体的にどの像を再興したかは記録がない。しかし、興福寺には萬福寺の范道生作品と共通した形式と作風が認められる像があり、それらについては范道生ないしその周辺の作とみてよい。大雄宝殿の韋駄天立像、媽祖堂の媽祖倚像および侍女立像[注25]、関帝倚像（挿図10）および関平立像・周倉立像、三官大帝倚像および両脇侍倚像が該当する。いずれも像表面の漆箔・彩色（後補）のため構造の詳細は不明であるが、媽祖倚像および両脇侍立像や関帝倚像のX線透過撮影調査により、頭躰幹部を通して縦一材より彫出すること、頭部は後頭部から、躰部は背面および像底から内刳りを施すこと、それぞれ矩形の蓋板を当て、材の接合に釘や鎹を一切用いず、千切りを埋め込んで接合するなどの特徴が明らかになった。

挿図9　観音菩薩坐像（范道生　京都・萬福寺）

挿図10　関帝倚像（范道生　長崎・興福寺）

続いて、寛文三年（一六六三）九月末ないし十月初旬から翌年九月初旬までの萬福寺滞在期間に造像された作例を眺めてみよう。

開山堂の隠元隆琦倚像（挿図11）は、寛文三年十一月四日、隠元七十二歳の誕生日に竣工した。范道生が萬福寺に登って最初に手掛けた彫像であり、日本黄檗宗の開立を高らかに宣揚した記念碑的彫像といえる。法衣と朱袈裟を着け、[注26]両足を踏み下ろし沓を履いて宝座に倚坐する中国スタイルの法像（頂相彫刻）である。本像以降、黄檗宗の頂相彫刻はすべて倚像で造られた。頭髪には毛が貼り付けられ、口髭、顎鬚にも植毛されている。面貌については対看写照に基づくとみられる高い写実性が認められるが、着衣や衣襞の表現は形式的である。

用材は環孔材の堅木で、像の完成を祝う諸法子孫僧の詩偈によれば「西域木」（チーク材）をもって彫成されたとある。当時、萬福寺諸堂の建築資材として大量のチーク材が寄進されており、それを流用したとみられる。構造については像表面の彩色が厚いため不詳であるが、X線透過撮影により面相部をわざわざ刳いでいることが判った。これは京都・泉湧寺観音菩薩坐像や神奈川・清雲寺観音菩薩像など日本に伝来する南宋時代・江南地方の彫像に通じるものがある。躰部は、躰幹部に両側面材を千切りで接合しているようである。大まかな内刳りが施され、棚板や横桟などは取り付けられておらず、中国江南地方の木彫像の特徴とされる箱組み式構造ではないことは留意されよう。彼の出身地である福建地方の造像法であろうか。この隠元像は日本黄檗派にとって初の頂相彫刻となったが、倚像ながら像高一五五・五センチと異様に大きい寿像が造立された理由は、萬福寺開創や黄檗派開立の祝祭、他派に向けての誇示の意味もあったであろう。

挿図 11　隠元隆琦倚像（范道生　京都・萬福寺）

天王殿の弥勒菩薩坐像は布袋の姿に造られる。丸いふくらみと張りを強調する上体と比べて、右脚を立て膝とする下半身は短小に造られる。総体としては破綻をきたしておらず、むしろ安定感ある姿態にまとめている。なお、下半身を短小に造るのは、韋駄天立像や善財童子立像、そして一部の十八羅漢像などにも共通して指摘できる。

大雄宝殿の十八羅漢像（挿図12）は寛文三年十一月八日に起工、翌年五月十八日に十八軀のうち八軀が開光供養され、八月二十九日に竣工している。構造は一木造と寄木造が混在しているが、他の范道生作品と同様すべて彫眼である。袈裟や衲衣の縁にはペースト状のもの（胡粉か）を盛り上げて牡丹唐草

挿図12　跋陀羅尊者倚像（十八羅漢像のうち）
（范道生　京都・萬福寺）

文様を描く。十八軀それぞれの表情や体勢は個性豊かにデフォルメされており、なかでも面貌にみる独特な肌合い、皺や頬骨の誇張的表現は強烈な存在感を放っている。隠元の高弟である即非如一は、完成した羅漢像を観て「梵相奇古、儼然として生きるがごとし」（『即非禅師全録』第二十「阿羅漢有序」）と評している。

留意すべきは、范道生滞在中に十八羅漢像全体の開光供養が行われていないことである。途中五月十八日に八軀のみ開光供養が行われているが、これは奥州白河城主本多忠平が亡母法光院妙雲性敬夫人の七周忌を薦するための供養に過ぎなかった。あらためて像をみてみると、着衣の装飾は金泥による緻密な地模様の上に牡丹唐草文や雲文を彩色で描くが、このような装飾は他の范道生作品（興福寺諸像を含む）には認められない。このことを勘案すれば、彫刻は范道生がおこない、すべての表面装飾については范道生が萬福寺を去ったあと京仏師が仕上げたとみなければならない。

## 黄檗様彫刻の完成

### 京仏師兵部と萬福寺丈六釈迦如来坐像

范道生は寛文四年（一六六四）九月に萬福寺を辞した。そのため、萬福寺におけるその後の造像は京仏師に託されることになったのだろう。隠元示寂後（寛文十三年）編集された『黄檗開山塔院什物数』によれば、同七年建立の舎利殿安置の観音勢至二尊について「仏師兵部彫造」と注記される。[注27] 現在、舎利殿には該当する像はない。また同書の聖像の項によれば、松堂常住供養の栴檀立像一尊について「逸然師捨、仏工兵部造」と注記されている。これは松隠堂釈迦如来立像として現存し、光背頭光の銅鏡裏陽鋳銘より同七年の完成が知られる。詳細は不明だが、兵部と興福寺逸然の関係が注目される。

寛文八年、隠元の侍者南源性派は師の意を帯びて京仏師に釈迦如来像の造立を命じた（『松堂続集』巻一、「世尊瑞像」序）。その詩偈に続いて「示仏工兵部」と題する偈が収録されていることから、大雄宝殿本尊釈迦如来坐像（挿図13）の作者は兵部とみなされている。大雄宝殿落成供養は同年十二月八日に行われていることから

挿図13　釈迦如来坐像（兵部　京都・萬福寺）

（隠元筆大殿落成偈、萬福寺蔵）、本尊の完成はその後まもなくとみられる。

その造形的特徴をまとめてみよう。肉髻を露頂とし、地髪との段がほとんどない、顔はやや面長で頬が丸く張る、耳垂は肉太で大きく垂れる、蛾眉を描く、口角をつり上げる、腹部に紐で結ばれた裙の上端部をみせるなどは、明清彫像の特徴と共通する。一方、両肩に懸ける衣の正面の衣縁が左右対称にうねって外側へはねる、両足部ではふくらはぎの量感を強調するような楕円を描く衣文が表されるところなどは、明清彫像にもままみられるものであるが、左右対称の形式美を一層追求した表現といえる。こうした形式的特徴は、当代の伝統的作風を示す如来像にはみられなかった独特のものである。この釈迦如来坐像に対し、隠元は「曲盡心巧、端厳美妙、金彩晃煜」などと称賛の言葉を並べている。この大雄宝殿本尊が、隠元のいう「如法」（『普照国師年譜』寛文二年条）の仏像にもっとも近いと理解してよい。以後、この丈六像がいわゆる「黄檗様（唐様）」彫刻の祖形となったと想像される。

萬福寺における兵部の活動期間は寛文七年から同九年頃にかけてと限られている。[注28]また、大雄宝殿の釈迦如来坐像以降の萬福寺あるいは黄檗派下における活動についても不明である。

### 黄檗山御用仏師――友山・香甫・康祐・忠円――

寛文八年（一六六八）、萬福寺では大雄宝殿、斎堂、天王殿等が建立された。大雄宝殿本尊釈迦如来坐像の竣工を喜ぶ隠元は詩偈「世尊瑞像」（『松堂続集』巻二）を作っているが、その序文に、范道生辞去後の萬福寺造仏を託した京仏師達の様子について「是を嗣ぐ国中の斲師、展転として取る。即ちいよいよ出れば、いよいよ奇なり」と述べている。京仏師らが范道生作の諸像を熱心に学ぶ様子を彷彿とさせる。延宝二年（一六七四）七月には大雄宝殿の釈迦如来坐像および迦葉尊者立像・阿難尊者立像が開光供養され（『黄檗木菴和尚全録』）、秋には天王殿の四天王立像も開光供養された（『木菴禅師年譜』、『黄檗木菴和尚續録』巻六、『木庵禅師語録』巻二十九）。迦葉尊者立像・阿難尊者立像、四天王立像は寄進者が同じであることから、造立仏師も同じと考えられる。黄檗山文書『知客寮須知』所収の元禄七年（一六九四）七月三日付文書に、本山の仏師は前々より友山、香甫、康祐、忠円の四人に定められていたとあり、[注29]萬福寺にも御用仏師の制があったことが知られる。恐らく、延宝二年頃の造像に参画したのがこれら四人であり、その功績により御用仏師と定められたのだろう。黄檗派下での彼らの主な事績を追ってみよう。

友山は、延宝二年の天王殿四天王像の造立に参加していたことが判明している。[注30] 同七年開刻の鉄眼版大般若経一四八巻の損資助刻者として名が刻まれている。天和三年（一六八三）に愛知・永福寺の釈迦三尊を造立している。元禄三年には佐賀・星巌寺の釈迦如来坐像（挿図14）を造立しており、蓮華座蓮肉上面に「洛陽大仏師、法橋友山彫刻」とある。[注31] 同寺の華光菩薩倚像、達磨大師坐像なども友山の作であろう。なかでも達磨大師坐像は、萬福寺十八羅漢像のうち蘇頻陀尊者坐像を模したものである。執拗なまでにうねる衣端の表現などは忠実に写しているが、顔立ちは日本人好みのものとなっている。また同年、京都・直指庵経蔵の釈迦如来像を造っている（月潭道澄『心華剰録』所収「祥凰山直指禅庵方冊大蔵経記」）。前掲『知客寮須知』には「友山は死去致し」とあり、元禄七年以前に没していたようである。

挿図14　釈迦如来坐像（友山　佐賀・星巌寺）

香甫は、天和三年に黄檗山長松院本尊の釈迦如来像を造立している（『鉄牛禅師七会語録』巻十一、「仏師康甫」とみえる）。[注32] 同年奥州藩主伊達綱村が范道生作釈迦如来像を得たが、鉄牛道機は「神京仏工康甫」に命じて迦葉尊者・阿難尊者像を造らせ、仙台城内に道場を建て三尊を安置した（『鉄牛禅師語録』巻十一）。同十年に開光された東京・弘福寺弥勒菩薩像はその十余年前に鉄牛が「法橋康甫」に命じて彫造させたものという（『江戸黄檗禅刹記』巻四）。[注33] このように、香甫は元禄以前鉄牛に重用されていたことがうかがえ、前掲『知客寮須知』に「香甫は江戸に居住致し」とあるのも、鉄牛に従って江戸へ移住した可能性が高い。しかしながら、元禄二年以降、鉄牛はもっぱら黄檗僧である仏師松雲元慶に造像を託すようになり、香甫は起用されなくなった。

康祐（一六三一〜八九）は、寛文七年に静岡・宝林寺の釈迦如来坐像を造立しているが、その背面刻銘に「洛陽大仏師法橋康祐刻」とある。同十年に福岡（柳川）・福厳寺の韋駄天立像を造立した（体内納入木札墨書銘）。同十一年に滋賀・胎蔵寺の大日如来坐像を造立しており、台座裏墨書銘に「仏師京大仏師法橋康祐」とある。[注34] 同十二年に群馬・広済寺の木庵性瑫倚像を造立した（『黒瀧潮音和尚年譜』）。[注35] 延宝二年福岡・福厳寺の釈迦如来坐像（挿図15）および迦葉尊者立像・阿難尊者像立像を造立した（迦葉尊者体内納入木札墨書銘）。[注36] 前掲『知客寮須知』に「公儀により京上御追放」とあるのは、元禄二年康祐・康伝親子が日光山御用での不正により十二カ国を追放されたことをさす（日光山『御番所日記』元禄二年五月九日条）。[注37] 同年十二

挿図15　釈迦如来坐像（康祐　福岡・福厳寺）

月二日、五十九歳で没している。

忠円は、寛文四年頃に高泉性潡から偈文「示洛陽忠円仏師」を得ており（『洗雲集』）、初期御用仏師四人のうち黄檗派との接触が最も早い。延宝六年に京都・仏国寺の韋駄天像を造立喜捨した。同七年に福岡・如法寺の如意輪観音坐像を再興した。元禄七年の前掲『知客寮須知』には「忠円一人近年は出頭致し候」と記され、松隠堂重興にあたり奉加金を献上したとある。同年六月付奉加帳には諸職人の筆頭に「大仏師忠円、奉白金弐両肆分七厘正」とみえる。[注38]同八年頃慧極道明より偈文「大仏師忠円転法橋」を贈られている（『法雲慧極禅師語録』巻八）。同十一年山口・東光寺の釈迦如来坐像および迦葉尊者立像・阿難尊者立像を造立している。同十七年萬福寺慈光堂の観音菩薩立像を造立しており、頭部内墨書に「京大仏師藤村忠円法橋彫刻字三位」とある。また、宝永二年（一七〇五）には大阪・法雲寺の韋駄天立像を造立しており、像内墨書銘に「京兆烏丸大仏師忠円法橋彫刻、字三位」とある。[注39]宝暦十三年（一七六三）、末寺等へ仏像を搬送する時に黄檗山紋入り提灯・絵符の掲示を求め、許されている。[注40]忠円は二代以上にわたって襲名されたと思われる。

### 黄檗山御用を競望する京仏師

延享二年（一七四五）の『済家黄檗山萬福禅寺派下寺院牒』によれば、黄檗派下の寺院総数は一〇四三ヶ寺を数える。[注41]黄檗派は寛文元年（一六六一）の萬福寺開創からわずか八十四年でここまで成長した。萬福寺の興隆と黄檗派の急成長に、京仏師たちが受注拡大の期待を強く抱くのも無理はない。

元禄七年（一六九四）の『知客寮須知』には、御用仏師友山、香甫、康祐、忠円の四人以外にも萬福寺や塔頭に出入りしていた仏師の名前がみえる。「緑樹院御取次、仏師大輔」「緑樹院御取次、仏師良円」「東林院御取次、仏師香允」「龍興院御取次、仏師弘教」（六月十一日付文書）の名が見え、またこれら四人から松隠堂重興奉加金も納めているので御用仏師に加えられたいとの願い出があったが、認めないとある（七月三日付文書）。[注42]塔頭や法系で取次仏師を定めていたことが知られる。同六年九月の松隠堂重興奉加帳『黄檗開山塔院疏』下冊（黄檗山萬福寺文華殿保管）には、「大仏師忠円」「大仏師香允」「仏師大輔」「仏師良円」「大仏師弘教」「大仏（師）伏見屋六兵衛」「大仏師久保」の名がみえる。当時、黄檗山には多数の仏師の出入りがあったようで、萬福寺が京仏師達の羨望の的だった様子がうかがわれる。

康祐の長子・康伝は、元禄二年父と共に公儀により十二カ国を追放されたが、同六年に潮音道海像（『黒龍潮音和尚年譜』）、群馬・不動寺の釈迦如来像・文殊菩薩像・普賢菩薩像・伽藍神像・達磨大師像・監斎像を造立した（『黒龍潮音和尚年譜』）。康祐三男の友学（康倫、一六六五～没年不詳）も、同八年潮音道海像を造立した（のちに奥州・龍蔵寺安置）。同九年開版の『潮音禅師語録』第一巻には「仏工友学筆」の潮音頂相が収録されている。同十五年に群馬・宝林寺の釈迦如来坐像を造立しており、像底に墨書「仏工元祖定朝法印二十六世、大仏工左京法印康祐忰三男、源姓清水氏友学入道康倫、三十三歳」とある。[注43] このように潮音は康祐没後もその息子達を重用し続けていた。宝永七年（一七一〇）に萬福寺十八羅漢像を忠実に模した奈良・王龍寺の十八羅漢像を造立した。[注44] 享保六年（一七二一）滋賀・永明寺の観音菩薩像を造立しており、像底墨書に「京都大仏工法橋友学彫焉」とある。[注45] 萬福寺蔵『黄檗山知客寮目録簿』延享三年（一七四六）正月七日条に、仏工友学が方丈および南知客寮へ新年の礼に訪れて進物ありとみえ、[注46] 萬福寺にも出入りしていたようであるが、ここにみえる友学は二代目だろうか。

## 松雲元慶

東京・羅漢寺の五百羅漢像（挿図16）を造立したことで有名な松雲元慶[注47]（一六四七～一七一〇）は黄檗僧であった。もと仏師であったが、寛文九年（一六六九）大阪・瑞龍寺の鉄眼道光に投じて僧となった。出家後も黄檗宗の内外で造像や修理に携わっていた。延宝五年（一六七七）に東京・豪徳寺の釈迦如来坐像、阿弥陀如来坐像、弥勒菩薩坐像、達磨大師坐像、大権修利菩薩（伽藍神）倚像を造立した。豪徳寺は彦根藩主井伊家の江戸菩提寺で曹洞宗であるが、仏殿を建立寄進した井伊直孝娘・掃雲院が当時鉄眼に深く帰依していたことから、松雲に堂内安置仏の造像が命じられたと思われる。同六年に大阪・瑞龍寺の薬師三尊像および十二神将像を造立した。この頃諸国行脚をするなか、大分・羅漢寺に詣でて五百羅漢像造立の志を立て、貞享四年

挿図16　五百羅漢像（松雲元慶　東京・羅漢寺）

（一六六七）江戸に赴いた。元禄元年（一六八八）奈良・法起寺十一面観音立像を修理しており、背板墨書銘に「大坂難波瑞龍寺弟子祥雲」とある。[注48]鉄牛道機を開山とする東京・弘福寺関係では、同二年に緊那羅菩薩像を造立寄進したのを皮切りに、同三年に釈迦三尊像、韋駄天像、四天王像、観音像等、同五年に鉄牛道機倚像、同十年に韋駄天像と四天王像を造立した。[注49]同四年頃に羅漢寺五百羅漢像の造立を開始し、同八年には羅漢寺本尊の丈六釈迦如来坐像や五百羅漢像等の開光供養が行われた。そのほか同六年に千葉・大雄寺白衣観音坐像、同十年に宮城・大年寺の釈迦如来坐像および迦葉尊者立像・阿難尊者立像、羅漢寺の迦葉尊者立像および阿難尊者立像、同十三年千葉・福聚寺の賓頭盧尊者像を造立した。宝永七年（一七一〇）羅漢寺にて六十三歳で示寂した。

　松雲が鉄牛との関係を深めたきっかけは、鉄牛が松雲の師である鉄眼の刻蔵事業を支援したことだったと思われる。今のところ、元禄二年の弘福寺緊那羅菩薩像の造立寄進が松雲と鉄牛の最初の交わりである。同四年には五百羅漢像の第一尊の資を鉄牛が喜捨した。前述した弘福寺、大年寺、福聚寺のいずれも鉄牛を開山とする黄檗寺院である。

　日本近世仏像彫刻史における松雲元慶の意義は、黄檗僧として黄檗様による造像を貫いたことに尽きる。松雲作品は、鉢の張った頭部、細くすっきりとした顎のライン、伸びやかな肢体、自在な手足の構えとそれに連動する大胆な衣文表現などが特徴として挙げられる。面貌もきりっとした目に代表されるように生彩に富むが、萬福寺十八羅漢像のような誇張的表現はかなり抑えている。萬福寺の范道生作品を原典としながら別趣の黄檗様を完成させたといえよう。

## 江戸仏師善慶

　寛文十一年（一六七一）江戸における黄檗派最初の寺院である瑞聖寺の本尊釈迦如来坐像が造立された。像内に江戸仏師と思われる「音羽仏師祐運次郎兵衛」の銘があったという。[注50]また前述のとおり、初期の黄檗山御用仏師のひとりであった香甫は、少なくとも元禄七年以前に江戸へ活動拠点を移しており（前掲『知客寮須知』）、鉄牛道機に従って江戸へ移住した可能性が高い。香甫のように、黄檗派の関東進出とともに江戸へ拠点を移した京仏師もいたであろう。しかしながら、元禄二年以降に鉄牛が松雲元慶に造像を託すようになって以後、黄檗派における香甫の活動はみられなくなった。

挿図17　釈迦如来坐像（善慶　山形・佛心寺）

　善慶は、正徳五年（一七一五）に山形・佛心寺の丈六釈迦如来坐像（挿図17）を造立している。立てた右手に蓮華を拈じ、左手は掌を上にして臍前に置く、拈華微笑の釈迦如来坐像で、萬福寺大雄宝殿の本尊をほぼ忠実に模したものである。同年に「大仏師法橋善慶」が佛心寺に宛てた『大仏注文受負書』が伝わっている。本像を「唐様作り」と称していること、台座・光背を含めた代金が金百五十五両であったこと、材料や製作の仕様を詳細に説明していること、善慶が江戸南伝馬町に住んでいたことなど、大変貴重で興味深い情報が記されている。[注51]東北に伝えられたこの丈六像に、黄檗様彫刻の最後の輝きをみる思いがする。

## おわりに――黄檗様彫刻の時代

以上、黄檗様彫刻の創造と展開の歴史を見渡してきた。まず黄檗様彫刻の前史として十七世紀における長崎の造像界の様相について紹介した。当時長崎には大量の明清彫像が将来されており、また多数の唐人渡来仏師が活動していた。長崎では、唐人渡来仏師に師事して直接中国風形式や技法を学んだ日本人仏師（長崎唐仏師）も現れた。隠元によって黄檗山萬福寺が開創され、長崎で活躍していた范道生が萬福寺に招致されると、明清様式が京都の地に突如として移植された。范道生はわずか一年で萬福寺を去り離日するが、彼が萬福寺に遺した諸像の形式や作風に学んだ京仏師らが若干のアレンジを加え、萬福寺大雄宝殿の丈六釈迦如来坐像において「黄檗様」を完成させた。そこから黄檗派の全国展開とともに京仏師が造った黄檗様の彫像が各地に伝わっていったのである。また、黄檗宗の開立と発展は臨済宗他派や曹洞宗に多かれ少なかれ刺激を与え、とくに曹洞宗ではかなり黄檗風化が進んだようである。黄檗宗以外の禅宗寺院、とくに曹洞宗寺院でも黄檗様の仏像が安置されているのをよく見かけるが、江戸時代の仏像における黄檗趣味の広がりを物語っている。

十七世紀後半に開花した黄檗様彫刻であったが、隆盛をみた期間は短かった。元禄期に五百羅漢像をはじめとする羅漢寺諸像を独力で完成させた松雲元慶や正徳五年（一七一五）に佛心寺の丈六釈迦如来坐像を造立した善慶以後、黄檗派下での造像で注目すべき事績を遺した仏師はついに現れなかった。

黄檗山萬福寺は創建以来焼失や損壊などを被ることもなかった。元禄七年の松隠堂再建をもってほぼ現在の寺観が完成し、それ以降大規模な造営・造像はなかった。また、十八世紀後半に至ってもなお、忠円を名乗る仏師が黄檗山御用を世襲していたようである。このように宗内での創造の場が乏しくなると、造形力の低下や形骸化が進んでゆくのは自然の成り行きだったといえるだろう。

黄檗山萬福寺の住持は、初代隠元以降第十三代までと、第十五代、第十八代、第二十代、第二十一代と渡来僧が選ばれていたが、天明四年（一七八四）の第二十一代大成照漢示寂後はすべて和僧が就任した。黄檗宗の末寺数は、延享二年（一七四五）に一〇四三ヶ寺あったが天保十四年（一八四三）には実質数七五一ヶ寺まで減少している。[注52] 宗風として中国風が薄らいでいったことや宗勢の衰えが加速したことなども、黄檗様彫刻の没個性化の遠因となったとみるべきだろう。

黄檗様彫刻の誕生は、その後の江戸時代造仏界の将来を決定づけるほどの影響は及ぼさなかったが、ある種の新奇さをともなう新風となって吹き抜けたことは事実である。江戸仏師の末裔といえる高村光雲（一八五二～一九三四）は、修業時代、羅漢寺に足繁く通っては松雲元慶作の五百羅漢像や百観音を格好の研究対象としたという。[注53] 松雲元慶は、范道生の萬福寺諸像に影響を受け、生の唐様を自らのものとして巧みに消化した。高村光雲は、多感な修業時代に松雲元慶の羅漢寺諸像をつぶさに研究して多くの刺激を受けた。そして、新しい時代の動向を素早くかつ的確に読み取り、「近代日本最初の彫刻家」となった。極言すれば、日本彫刻史上に果たした黄檗様彫刻の歴史的意義とは、のちにやってくる近代という新時代の胎動を準備したということになろうか。

注

1 本節は次の著書・論考に多くを負っている。
平久保章『人物叢書　隠元』（吉川弘文館、一九六二年）
林観潮「隠元禅師と福清黄檗山及び臨済宗黄檗派」（『黄檗文華』第一二九号、黄檗山萬福寺文華殿、二〇一〇年）

2 大庭脩『漂着船物語――江戸時代の日中交流――』（岩波新書、二〇〇一年）

3 『光風盖宇』（三浦実道編、福済寺発行、一九二四年）

4 『長崎市史　地誌篇　仏寺部下』（長崎市、一九二四年）

5 延宝二年（一六七四）南源性派撰。前掲書（注4）所収。

6 唐通事西村家子孫峰家所蔵「方耀山先生肖像賛」によれば、方耀山の父・方三官は「福建泉州府同安縣大西橋人」とある。
宮田安「崇福寺の梵鐘銘」（同著『長崎崇福寺論攷』所収、長崎文献社、一九七五年）

7 西川如見著、享保五年（一七二〇）成立。

8 迦葉尊者立像と阿難尊者立像は、麻布層に漆喰状の捻塑材でモデリングし、漆箔仕上げとする。像内には心木や横桟は取り付けていないように思われる。両沓先は木心とする。像底は板貼りとし、足枘はない。

9 現状では絹地の劣化が著しく墨書の判読が難しくなりつつある。仏師名の解読には発見当時に撮影された写真をも参照した。
宮田安「釈迦三尊」（前掲書〈注6〉所収）

10 宮田安「崇福寺十八羅漢」（前掲書〈注6〉所収）

11 聖福寺は長崎市玉園町所在。延宝五年（一六七七）鉄心道胖を開山として創建された。創建当初から黄檗山萬福寺の末寺と位置づけられ、特定出身地の長崎住宅唐人や有力唐通事を檀徒として有しなかったことから、興福寺、福済寺、崇福寺の唐三か寺とは明確に一線が画される。鉄心が長崎住宅唐人の父を持つことから長崎来航商人の帰依を集めた。

12 霊源院は長崎市平間町所在。万治二年（一六五九）鉄巌道廊が玄津院（現在の霊源院奥院）を開創。寛文六年（一六六六）黄檗山萬福寺末寺となった。

13 『長崎市史　地誌編　名勝旧蹟部』（長崎市、一九三七年）

14 延享二年（一七四五）撰述。『長崎市史　地誌篇　仏寺部上』（長崎市、一九二三年）

15 元禄五年（一六九二）高玄岱撰述。前掲書（注14）所収。

16 拙稿「黄檗様彫刻前史――一七世紀長崎の造像界と范道生――」（浅見龍介『禅宗の彫刻』〈日本の美術　第五〇七号〉所収、二〇〇八年）

17　久野健編『造像銘記集成』（東京堂出版、一九八五年）
18　紺野敏文氏のご教示による。
『指定有形文化財修理報告書——仏像彫刻編2——』（市原市教育委員会、二〇一二年）
19　『長崎夜話艸』（前掲注7）によれば、方三官の男子二人は皆父の伝を得たが、父没後、その名を辱めぬようにと二人とも仏工を捨てたとある。
20　竹下正博氏（佐賀県立佐賀城本丸歴史館）のご教示による。
21　『柳川文化資料集成第三集　柳川の美術Ⅰ』（柳川市史編集委員会、二〇〇五年）
22　『九州歴史資料館年報　平成五年度』（九州歴史資料館、一九九四年）
23　興福寺像以外の平内作例については有木芳隆「近世・天草の唐様仏像」（『熊本県立美術館　研究紀要』第十三号、二〇一三年）が詳しい。
24　白衣観音坐像については寛文二年九月十九日付の隠元筆開光法語が萬福寺に伝わる。伽藍・祖師の両像についても同年十一月一日付の隠元筆開光法語が伝わる。寛文二年に命じられた諸像に対しては、その出来栄えや范道生を称賛する黄檗僧の詩偈文が一切残されていないことから、寛文二年に范道生は萬福寺に来ていなかったとみてよい。なお、観音像の脇侍である善財龍女両像も同年中に造られたと思われる（『黄檗和尚太和集』に開光法語あり）。
25　楠井隆志・鳥越俊行「長崎市・興福寺所蔵媽祖倚像および侍女立像——九州所在木彫像基礎資料　四——」（九州国立博物館紀要『東風西声』第七号、二〇一二年）において、X線透過撮影画像やX線CT画像を参照した調査報告を行っている。
26　像表面の彩色は、宝座に記された銘文から明和七年（一七七〇）に塗り直されたことが知られる。
27　藤元裕二「黄檗山萬福寺所蔵『黄檗開山塔院什物数』の翻刻と解題」（『黄檗文華』第一二八号、黄檗山萬福寺文華殿、二〇〇九年）
28　なお、寛文六年に斎堂（禅悦堂）の大悲菩薩像が開光されている（『木菴禅師年譜』同年条）。これは現在の緊那羅王菩薩立像に該当する。従来、この像は同二年范道生作とみなされてきたが（『普照国師年譜』同年条の「監斎」に該当する）、顔立ち、作風、台座形式などから范道生作とするには違和感を覚える。京仏師作であろう。
29　大槻幹郎「黄檗山文書『知客寮須知』を読む（九）」（『禅』四一五号、黄檗山萬福寺緑樹院、一九八九年）
30　天王殿四天王像修理の際に広目天像から「友山」銘墨書が多数発見された。
『天王殿四天王像修理報告書』（黄檗山萬福寺文華殿所蔵、一九八三年）
31　錦織亮介「小城・黄檗宗星巌寺の創建」（『北九州大学文学部紀要（B系列）』第二十三巻、北九州大学文学部、一九九一年）
32　大槻幹郎編『鉄牛道機禅師年譜』（黄檗山塔頭長松院、一九九〇年）
33　木村得玄編『校注江戸黄檗禅刹記』（春秋社、二〇〇九年）
34　江口正尊「黄檗信仰史　三十一」（『史迹と美術』第七〇五号、二〇〇〇年）
35　そのほか潮音道海が康祐に命じて造らせたものに、天和三年の広済寺弁財天像・大黒天像、貞享四年の三福庵三福神像などがある。延宝五年潮音が群馬・広済寺の祝国開堂を行った際、康祐は上堂を請うている。同七年潮音が隠元七回忌にあわせて上洛の際、康祐宅を訪ねている。同八年康祐が仏工本家職を継いで法眼位に叙せられると偈を贈っている（以上いずれも『黒瀧潮音和尚年譜』）。康祐逝去にあたっても弔いの詩偈を贈っている（『潮音和尚語録』『潮音禅師詩偈集』）。このように潮音と康祐は親交が深かった。
36　福岡・福厳寺には、年記はないものの寛文年間から延宝年間にかけて康祐が造った四天王立像（多聞天像台座天板裏墨書銘「京柳馬場通二条上ル町大仏師、法橋康祐作、同大学」）と観音菩薩坐像（像底板朱銘「京大仏師法橋康祐作」）もある。
『柳川福厳寺歴史資料調査報告書——付・筑後の黄檗寺院——』（福岡県・九州歴史資料館、一九八三年）
37　長谷洋一「康祐没後の近世七条仏師——「内證有之ニヨリテ、小佛師康傳相務之」——」（『關西大學文學論集』第六十一巻第二号、關西大學文學會

編、二〇一一年）

38 前掲注29大槻論文

39 これにより、貞享版『京羽二重』で大仏師の二十二番目に「烏丸錦小路上ル町」の住として名が見える「三位」は忠円であることが知られる。

40 大槻幹郎・加藤正俊・林雪光編著『黄檗文化人名辞典』（思文閣出版、一九八八年）忠円〈二代〉の項。

41 竹貫元勝『近世黄檗宗末寺帳集成』（雄山閣出版、一九九〇年）

42 前掲注29大槻論文

43 江口正尊「黄檗信仰史十三」（『史迹と美術』六八一号、一九九八年）

44 萬福寺「十八羅漢像」作品解説（『黄檗の美術――江戸時代の文化を変えたもの――』図録、京都国立博物館、一九九三年）

45 前掲注43江口論文

46 『黄檗文化人名辞典』（前掲注40）「友学」の項。

47 黄檗僧としては道号「松雲」、法諱「元慶」である。交流のあった諸師の語録では「松雲」と表記される（「祥雲」の例もわずかにある）。塩澤寛樹氏の指摘通り、仏師として彼が関わった作例の銘記においてはすべて「祥雲」もしくは「祥雲元慶」と表記される。
塩澤寛樹「墨田区・弘福寺鉄牛道機倚像と祥雲元慶」（『MUSEUM』六二九号、二〇一〇年）
なお、羅漢寺の諸像、松雲元慶の事績と作例については、次の調査研究報告が詳しい。
副島弘道編「東京羅漢寺の仏像――調査研究報告――」（『鴨台史学』第八号、大正大学史学会、二〇〇八年）

48 切畑健「昭和五十五・五十六年度修復文化財関係銘文集成」（京都国立博物館『学叢』第五号、一九八三年）

49 前掲注47塩澤論文

50 田辺三郎助『江戸時代の彫刻』（『日本の美術』五〇六号、至文堂、二〇〇八年）

51 菊池和博「釈迦如来座像及び黄檗宗佛心寺の考察――山形県東根市大字沼沢地区――」（『山形県立博物館研究報告』第十五号、一九九四年）

52 天保十四年（一八四三）の『天保末寺帳』や『無住寺院帳』（いずれも黄檗山萬福寺文華殿蔵）を総合した総計数。

53 高村光雲『幕末維新懐古談』（岩波文庫、一九九五年）

〔付記〕

挿図掲載にあたり、各所蔵者・管理者より格別のご理解を賜った。記して感謝申し上げます。

挿図12・13は京都国立博物館、15は九州歴史資料館、17は山形県立博物館、1～11・14は九州国立博物館より提供を受けた。挿図16は田辺三郎助『江戸時代の彫刻』（『日本の美術』五〇六号、至文堂、二〇〇八年）より複写・転載させていただいた。

# 円空仏への途
## ―神像彫刻史から見た円空作品の位相―

山下　立

### 一　問題の所在

もう四十年近い歳月が流れてしまったが、昭和四十八年夏、新宿の小田急百貨店で開催された「円空・木喰展」は、いまなお脳裏に強い印象を残している。[注1] それは、わたくし自身が感受性に富んだ中学生であったことにもよるだろうし、何よりも円空・木喰作品の実物に触れたはじめての体験であったということにもよるだろう。展覧会見学以前から、五来重博士の『円空仏』や『微笑仏』といった著書[注2]を繰り返し愛読していたわたくしにとって、会場に居並ぶ多くの像について予備知識が無いわけではなかった。しかしやはり、実物の放つ力は大きかったと言うことなのだろう。

とりわけ、岐阜・六角堂に伝わる二軀の護法神像（挿図16、17）には、邂逅の欣びを感じずにはおられなかった。不思議な微笑み、怒髪天をつく巨大な頭部、殆ど手を入れない柱状の体軀、頭・体で余り変わらぬ比率等、すべてが規格外で、謎の彫刻といっても過言ではないように思われた。多くの人々が円空作品にひきつけられて止まないのも、本像に代表される破格の造形によるところが大きいからだろう。円空が、日本美術や彫刻史の概説書に必ずといってよいほど取り上げられるのも、当然といえば当然である。しかし、この種の本を見るたびに、多数の仏像彫刻の中で円空作品のみが著しく異質で、頁を繰っていて、どうしても唐突な印象を拭うことができないのもまた事実である。

むろん円空もまた歴史的存在であってみれば、彼の作品のみが彫刻史の中で隔絶した位置にある筈はないとも言える。日本の彫刻史には、官営造仏所以来の伝統的な仏工の流れとは別に、行者系の彫刻の流れがあり、円空作品の中に、その伝統を見ようとする研究[注3]が現れる所以である。但し、行者系彫刻を表象する鉈彫や立木仏が盛行したのは平安後期であり、江戸初期に活動した円空との間に五百年に及ぶ歳月が横たわり、両者を繋ぐとされる遺品もきわめて少ない。そこで、仏像彫刻だけでなく、行者と関係の深い彫刻的要素を持つ各種遺品、例せば、三昧耶形などを視野に入れる必要性を拙論中で提言したこともあった[注4]。

だが、近頃のわたくしは、別の観点から円空作品を捉え直している。それは、神像彫刻造像の流れの中に円空作品を位置づけることである。神像彫刻史と言っても、名品を羅列しただけのそれでないことは言うまでもない。本稿は、地方に広く分布する神像彫刻を取り上げ、それらに普遍的に認められる造像手法や造形的特質を分析することにより、かかる造像の伝統の中から円空の彫刻も派生したのではないかとの卑見を開陳する。それでは、円空作品を日本彫刻史の中に定位し直すささやかな試みをはじめることとしよう[注5]。

## 二　研究史――円空作品の造形的系譜をめぐって――

### 1　昭和三十年代まで

円空作品の簡素な造形や、立木に直接仏像を彫刻するといった彼の造像手法は、円空が生きた江戸時代からすでに一部の人たちの耳目を集めていたものらしい。その一端は、円空没後約半世紀を経た時期に長谷川忠崇が編纂した『飛州志』や、同じく約九十年後に伴蒿蹊の手になった『近世畸人伝』といった書物の記事から窺うことができる[注6]。勿論、定朝や運慶のように在世時から名匠として仰がれ、広く一般にその名が知られていたわけではない。日本美術史上に残る仏師として注目されるとは、だれも想定してはいなかったろう。

その造形性が高く評価されるのは、職人的な細緻な技巧が持て囃された江戸期よりも寧ろ、西欧の近代彫刻が流入し、新しい評価基軸が生じる近代に入ってからとなる。その造形に注目した最初期の人物が、彫刻家の橋本平八氏だったのはかかる事情を象徴していよう。彼は昭和六年十月に岐阜・千光寺を訪れ、そこで目にした円空作品について、同二十八日の日記の中で次のように述べる。「碧玉の如き清浄無垢とそれを作出する心智の明澄さその技能の洗煉さ。刀法の微妙なる即ち鉈のサバキの快適さである。実に驚くばかりなる自由奔放喩へ様なきものである。実に素晴しい刀跡である」と。また同日の記述の中には、その作品録の企図に言及する個所もあるのだが、それは実行に移されぬまま、その僅か四年後、三十九歳の若さで逝去している。上記の日記は、その七回忌を期して出版された『純粋彫刻論』に収められているが[注7]、本書に円空作品の写真が掲載されているわけではない。そして、まさに時局は敗戦へと向ってすすみ、芸術論が人々から顧みられることのない当時の状況も手伝って、円空に人々の注意が向けられることはその後しばらく殆ど無かったようである。

## 2　昭和三十年代以降の動向

円空作品が俄に世間の注目を集め出したのは戦後、それも概ね昭和三十年代に入ってからである。[注8] 戦後の円空研究は、橋本氏による円空の再発見・再評価とは別に起こったようで、初期の研究を牽引した土屋常義氏が、昭和三十一年に所属する岐阜大学の研究報告に「円空とその作品」[注9]を発表されたあたりから論考・図書の発行が相次ぎ、各種展覧会の開催と相俟って、三十年代はまさに円空ブームの観を呈するに至った。円空同様、江戸期の造仏聖として知られる木喰行道が、既に大正年間から評価され始めたのに比べると、かなり新しいできごとであると言ってよいだろう。とは言え、研究が本格的に開始されて既に半世紀以上が経過しており、円空に関心を持つ研究者を糾合して設立された円空学会の発足から数えても、四十年以上の歳月が流れている。この間、多くの研究が世に出ており、その作品を集めた展覧会もまた枚挙に遑無き程各地で開催されている。

それにも拘らず、研究史を繙いてまず注目されるのは、日本彫刻史からの論及が極端に少なく、古美術の研究者全体に枠を広げても同様な傾向を示すことである。たしかに、かつての日本美術史における仏像彫刻は概ね鎌倉期まででその叙述を終えるのが通例であり、国指定物件も室町以降のものはそれ以前のものに比べて極端に少ない。しかし、近年は次第に中世後期から近世までを視野に入れるようになり、この時代の仏師に関する研究も漸次蓄積されつつある。かかる動向の中、広くその名が人口に膾炙し、大衆的人気を獲得するに至った円空作品が彫刻史・美術史家の論述対象になり難いのは何故か。

一つには、飛鳥から鎌倉時代に至る優品を基準として構築されてきた日本彫刻史の中に、それらとは極端に異質な作風を持つ円空作品をどのように位置づけるかという問題があるからにちがいない。殊に、「まったく新しい〝彫刻〟の種」「近代日本彫刻の師祖」（本郷新氏）などと評され、[注10] 伝統的な仏像彫刻というよりも近代彫刻、モダン・アートとして再評価されるような円空作品を、日本彫刻史研究の立場からは、なかなか正当には遇しきれなかったとも言えよう。三十年代に発表された論考・評論や図書を総覧すると、古美術の研究者によるものが僅かであるのに対して、江原順氏、河北倫明氏、土方定一氏、本間正義氏、針生一郎氏などの近代彫刻の研究者や美術評論家、[注11] 柳宗悦氏や谷口順三氏といった民芸畑の研究者[注12]の名が多く見られる所以である。また、橋本平八氏と同じく、高田博厚氏や榎本建規氏、本郷新氏、棟方志功氏の如き現代の彫刻家・板画家、[注13] さらに劇作家の飯沢匡氏や哲学者の谷川徹三氏など[注14]が円空論・作品論にその名を連ね、或いは、在野の研究者や一般の愛好家によって調査研究が進展してきたという経緯もある。かかる諸点は、古典的な仏像彫刻研究の有り様と著しく異なる円空研究の特徴と言わなければならない。

　第二に、その造形性に加えて、作品数が実に厖大で、多くの地域に亙って広く遺存している点、第三に、研究の進展している職業的仏師とは全く異質な聖という形態など、従来の彫刻史研究の枠内で理解することの難しい側面もある。さらに付言すれば、興福寺八部衆像や平等院鳳凰堂阿弥陀如来像、東大寺南大門の金剛力士像など、鎌倉までの各時代には作行や技法的な面でその時代を象徴する名品が存在するが、室町以降になるとこうした作例は姿を消し、押し並べて平準化してしまう。他方、円空作品においては、平準化とは対極の際立った作風を見せ、江戸時代彫刻の一断面を示すもの、もとよりこの時代を体現しているわけではない。抑も、前者が皇室や権門勢家の発願による国家的造像として、豊富な財力と当代最高の技術を注いで制作されたのに対し、円空作品は資力に乏しいわれわれ田夫野人のための造像であって、同一俎上に載せ難いものなのである。この意味からも、彫刻史家をはじめ、古代・中世の優品を中心に研究を進めてきた美術史研究者にとって、円空作品は研究対象として扱い難いものであり、本格的に論及されるケースが少なかったのは、こうした諸種の事情によるものと言えよう。[注15]

## 3　美術史・彫刻史研究の成果

　その数少ない日本美術史の立場からの研究として、最初期の土屋常義氏の業績をまずは挙げなければならない。氏は研究の草創期において、精力的に円空作品を発掘していち早くその造形的魅力を世に知らしめた。昭和三十一年に発表した論文において氏は、円空作品の如き類型は飛鳥・奈良は勿論、平安・鎌倉にも見られず、卒然と発生した芸術であるとその独自性を論じる。また彫刻的な面から、円空彫刻の特徴を鉈彫であるとし、当時まだ平安時代の鉈彫について未完成説が有力であったことを承けて、円空の場合は当初より鉈彫の大味な渋みを狙った完成品であり、彼こそが鉈彫の創始者であると説く。[注16]
　さらに、円空作品に関する初の本格的な研究書に当たる『円空の彫刻』では、論旨に若干の修正を図って、古式の笑いや鰭状の衣文、正面観照性など、飛鳥仏からの影響と、一見稚拙ながらもそこに簡素な美がある禅宗美術との共通性にも言及される。[注17]このように、その後の研究で論じられる円空作品の特徴の多くが、この二著によって既に指摘されていることが分かる。[注18]また、円空の芸術は古典仏像に見慣れた人々にとっては埒外であるためか、仏像研究家や美術史家が円空を取り上げようとしないと、その固陋さを批判される。この批判からは、ブームを巻き起こした円空をどう評価したらよいかという当時の古美術研究の側の戸惑いも垣間見える。そして、その戸惑いが結果として円空忌避に繋がってゆく[注19]のだが、かかる状況は今日もなお尾を引いているように思われる。
　次いで、こうした先駆的研究を承けて、日本彫刻史の流れの中に円空を位置づけようとされた彫刻史家が久野健氏である。[注20]氏によれば、円空仏のよさは伝統にとらわれぬ仏菩薩の自由な姿、木の美しさを生かしたするどい刀法、純粋で無邪気な微笑を浮かべた面相などであるが、かかる特色は偶発的に出現したものではなく、天平時代の官営造仏所以来の職業的仏師の他に、行者系の彫刻の流れがあり、円空作品にはその伝統が息づいているとされる。

久野氏によれば、八世紀には下級僧侶たちが自ら仏像を造像していたことが文献から窺え、僧や行者が仏像を作る伝統が具体的に示された事例が、平安後期に盛行した鉈彫であるという。鉈彫について久野氏は、網羅的な調査と体系的な研究を進め、その結果として、戦前に主流であった未完成説に改変を迫る論を纏められた。[注21]そして、これら鉈彫作品の荒々しい鑿使いに円空作品との共通する手法を見られるとともに、やはり平安後期に遺品が確認される立木仏にも同様の精神を考えられた。鉈彫・立木仏の伝統が中世以降も継承され、円空へとバトンが引き継がれたという氏の研究は、その後の円空作品理解に大きな影響を与えたといってよいだろう。

但し、氏が両者を繋ぐ作例として例示されたのは、鉈彫の伝統をひく荒彫像として、千葉・岩坂部落の虚空蔵菩薩坐像（鎌倉中期）と栃木・太平寺の千手観音立像（桃山時代前後）、円空と同じ木食行を守る僧の造仏として、岩手・個人蔵地蔵菩薩坐像（南北朝・至徳元年〈一三八四〉銘）[注22]の僅か三例に止まっている。そのうち、岩手の地蔵坐像は紙造という特殊な遺品であり、作風の上から円空作品との類似性は全く認められない。かくの如く、日本彫刻史全体を踏まえた氏の見解に説得力はあるものの、両者を繋ぐ事例に些か乏しく、鉈彫・立木仏から円空作品へと至る地下水脈のような彫刻の流れを具体的に辿り難い憾みがあったと言えよう。

こうした欠を補うためにわたくしは、仏像彫刻に加えて、行者の活動範囲の中にある三昧耶形、碑伝、木製塔婆、牛玉版木、懸仏等の彫刻的要素を持つ様々な遺品を視野に入れつつ、研究を進めてゆく必要性を小論の中で提起したこともあった。[注23]この提言は、最新の日本仏像史のテキストに引用されるなど、[注24]それなりに支持されているようだが、自ら顧みても隔靴掻痒の感は残る。

## 4　円空作品の造形的背景をめぐる議論

一方で、美術史的な研究とは別に、円空の宗教的な立場を解明しようとする研究は少なくない。ことに、宗教民俗学の立場から彼の造仏聖としての行動を分析された五来重氏の研究は、美術史的な問題を論じる場合でも見逃すことができない。氏は、その造形について「単なるフォルムとして論じたり、型破りで奇抜なモダンアートとして解説するのはお門違い」とし、「山岳修行と窟ごもりの苦行で鍛えられた精神力の所産として、はじめて理解できる」と説かれている。[注25]まことに尤もな指摘であるが、五来氏の研究において造形面で看過し難い点を挙げるならば、円空の出自を木地師とする説であろう。これは、茨城・月崇寺観音菩薩立像の像背に延宝八年（一六八〇）の紀年銘、すなわち

「万山護法諸天神　　延宝
　御木地土作大明神　　八年庚申秋
　サ（種子）観世音菩薩　九月中旬」

との墨書が見出されたことに端を発している。氏はこの銘記の内容について、「土」は「士」のあやまりで木地師の「師」の当て字と断定してよく、「御」は「木地士作大明神」全体にかかる敬語であり、大明神は木地師の守護神「大皇大明神」のことであろうと解釈された。[注26] かねてより氏は、初期の作品が細部ですぐれているかわりに大作をこなしきれなかったのは、木地細工のような細工物から出発したためではないか、と推測されていたのだが、[注27] この銘文の出現でそれが確信に変わったのである。

この円空・木地師説[注28]は、影響力のある碩学の唱道されたものだけに反響は大きく、その後の研究では無視し得ないものとなっている。しかし細部に優れながら大作をこなしえないのは、木地師に限らないとも言える。抑々わが国に遺存する大半の神像彫刻が小像であり、[注29] 中世後期以降、大規模な造仏に恵まれなかった多くの仏師たちもまた、小口の受注を受けては糊口を凌いでいた。神像を手がけてきた工人も、大作に不慣れなこの時期の仏師たちも、巨像制作に取り組むならば、やはり一様に手に余る可能性が高かろう。同様に、職業仏師としての修行を積まず、寄木造や割矧造を殆ど手がけることのなかった作仏聖にとっても、こうした事情は変わらない。

いずれにせよ、かかる造形的な側面からだけでは円空と木地師との関係を想定することは難しい。また、氏のいう木地細工とは御神体として作られた木地人形（すなわち神像）を指すというのだが、木地師が用いたトチ・ブナ・ケヤキなどの樹種のうち、一般の神像彫刻でも円空作品でもケヤキ以外は殆ど用いられることはない。[注30] 而もあくまでその中心は、ヒノキやカヤといった針葉樹材であり、この点からも、木地師から円空作品が派生する可能性は些か考え難いものがある。

一方、木地師説の根拠とされた月崇寺像背銘に関する五来氏の解釈についてはどうか。小島梯次氏は、以下の諸点から批判を加えられている。すなわち、①「土」を「士」とは読めない。②「御」は次の「木地」にかかるように思われる。③円空は「春日大明神」といった固有の神名は書いているが、単に「大明神」とだけ書くことはない。④作品中はもちろん、再興した弥勒寺に伝わる自筆の『諸神唱礼文』にも「大皇大明神」の神名は出てこない。⑤長谷川公茂氏から「御木地」は「御本地」ではないかとの教示を得たが、確かに円空作品の銘文に「御本地」とした例があり、中に「木地」と読めそうな一例があるが、その下に「土（または士・師）」とは記されていない、[注31] と。

さらに長谷川公茂氏は、上記墨書の「土」を赤外線で見ると「土」であって「士」ではなく、このことからも木地師説は成立し難いと説かれた。[注32] 両氏の批判に対する反論もあるのだが、[注33] わたくしは小島・長谷川両氏の指摘は正鵠を得たものと思う。

但し、通常の仏像彫刻とは著しく異なる造形の背後に、単なる個人的才能に帰することなく、仏師とは異なる技術的な伝承を想定された五来氏の視点は示唆に富むものと言える。円空の造形的背景として本稿では、木地師説にとらわれることなく、神像彫刻全体の技術・造形的特質をクローズアップしつつ、考察を加える所以である。[注34]

なお、研究史上で触れておかねばならないのは、昭和四十六年に多くの研究者を糾合して円空学会が設立され、現在までも活動を継続してきたことである。そして発足以来、機関紙『円空学会だより』と研究誌『円空研究』を刊行し、平成二十四年末まで前者は一六六号、後者もまた二七号を数えるに至っている。而も、学会活動の眼目の一つに作品調査とその公開があり、新発見資料がいち早くこれらに紹介されてきたことは特筆すべきである。勿論、論文・報告の執筆陣に彫刻史家・美術史家は少なく、総じてその宗教的立場の解明を志す立場の方が多い点は、これまで述べてきた円空研究の全体的傾向に沿うものと言える。

## 三　神像彫刻の造像手法と円空作品

さて、それでは神像彫刻と円空作品との共通する特徴について見ることにしよう。そのためにはまず、神像彫刻の特質・独自性を明らかにする必要がある。この問題については、かつて本論集に収めた小論の中で、仏像と比較しながら論じたことがあるので[注35]詳細はそれに譲るが、基本的に日本彫刻史の本流に位置する仏像彫刻と、仏師の手によらない大多数の神像彫刻の性格・構造・様式、造像の史的展開に、かなりの逕庭がある点を指摘しなければならない。それ故、仏像の様式に神像を当て嵌めてその位置づけを考えることは、仏師によって制作された一部の作品を除けば殆ど困難であると言うことになる。

この点をもう少し詳しく見ると、以下の如くである。すなわち、現存する神像彫刻は九世紀の遺例が最も古いのだが、初期の作品では、その造像技法や様式などは当代の仏像彫刻のそれに一致する部分が多く認められ、仏像の影響をはっきり看取することができる。このことから、神像制作が始まった当初は、その造像に当った工人もまた、主として仏像制作に携っていた者と推察される。爾来、各時代の仏像彫刻に準じる技法・様式を備えた遺例を見ることはできるが、それらは寧ろ少数派に止まり、平安中期以降の大多数の神像は、日本彫刻史における様式的変遷とは無関係に小型・簡略化し、独自路線をひた走ってゆく。仏師とは別に、神像中心に造像に当たっていた工人の存在が想定される所以である。そこで本章では、神像彫刻に広く認められる特有の技法的・造形的特徴を個別に確認し、円空作品のそれと比較してゆきたい。

### 1　内刳りのない一木造

まず第一に、造像技法の面から見てゆくことにしよう。一般的な仏像彫刻と異なり、神像においては各時代を通じて一木造中心であり、多くは膝前部や拱手する両手などを含んで竪一材から彫出し、内刳りも施さない点を挙げなければならない。この場合は言うまでもなく、彫眼ということになる。平安後期以降に造像の主流となる割矧造や寄木造、鎌倉以降盛行する玉眼が、各地で造像された神像彫刻に適用されることは殆ど無かったのである。

挿図1　男神坐像
（滋賀・小槻大社）

挿図2　同

挿図3　僧形神坐像
（滋賀・長福寺）

挿図4　僧形神坐像
（滋賀・日吉神社）

具体的事例として写真に掲げたのは、滋賀・小槻大社男神坐像（挿図1、2、像高六〇・五糎、以下、基本的に「像高」の表記は省略し、法量のみ記す）と同・長福寺僧形神坐像（挿図3、二六・〇糎）、同・日吉神社僧形神坐像（挿図4、三九・〇糎）の三軀で、いずれも膝前や衣の中に隠した両手を含んで竪一材で彫成し、内刳りを一切行わない。木心は小槻大社像のみ籠められている。これら三像は、それぞれ平安中期（十世紀）、平安後期（十一～十二世紀）、室町時代（十五世紀）の制作と考えられるもので、神像成立期に近い時期から連綿と、かかる技法的な特徴が伝承されてきたことが窺える。[注36] そしてそれは、円空作品においても全く変わらないものであり、像種を選ばず、立像・坐像を問わず、彼の最初期から晩年に至るまで一貫している技法的特徴と言えよう。

ここでは、参考図版として愛知・観音寺の山王神坐像（挿図5、6、四軀、台座を含む総高二一・二～二二・二糎）を掲げておきたい。本例は、丸太材を縦に四等分に割って、それぞれから一軀ずつ彫出したもので、むろん内刳りは行わない。また、背面を平滑に仕上げており、そこに梵字真言と「山王」との神名を記している。なお、縦に分割した各材から像を彫出する技法や背面の平滑な仕上げなども、神像彫刻の造像では円空以前から既に行われてきた手法である。これらについては、2・3項で改めて触れることにする。

## 2　膝前部の縮小と簡素化

次に、造形的な面から見て、著しく簡素化された像が神像のかなりの割合を占めることが注目される。ことに膝前部の縮小・簡略化は神像のアイデンティティと感じられる程、この種の彫像の多数派を形成し、中には、膝前部が殆ど省略されるケースも屡々認められる。而も、九世紀制作の初期神像として知られる広島・御調八幡宮僧形神坐像（六六・七糎）や十世紀の小槻大社男神坐像など、神像造立のかなり早い時期から、既にその兆しが認められる点は重要である。仏像の影響によって造像が始まった神像ではあるが、このことから、早くから仏像とは異なる造形的な志向があったことが理解されるからである。同様に、衣文線の省略化傾向も早くから現れ、神像造形の一特色をなしている。

挿図５　山王神坐像　（愛知・観音寺）

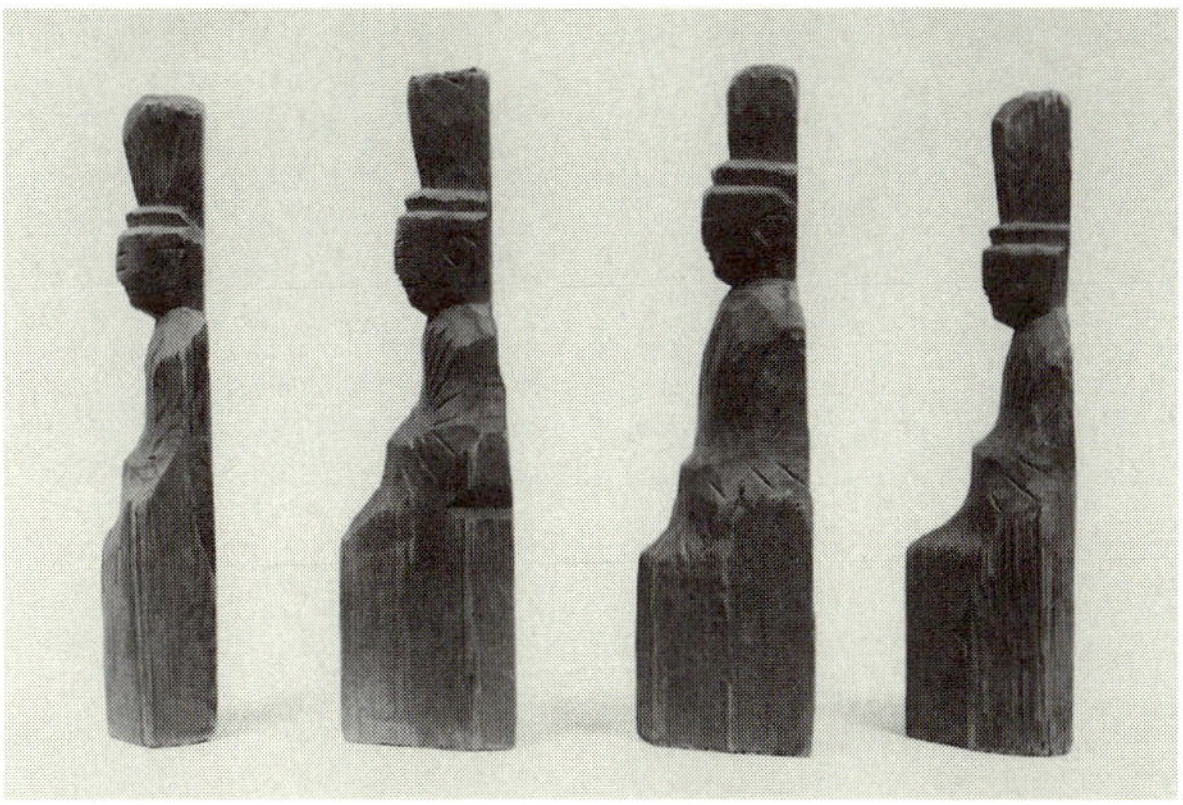

挿図６　同

かかる簡素化が神像造像の早期に出現することは、必ずしもこの形状が造形力の衰退に起因するものでないことを物語っている。ここで想起されるのは、元来神とは人の目には見えない存在であり、神聖な霊木を依代として降臨するという観念である。わたくしは、仏像彫刻のような完好な形姿ではなく、神像彫刻において膝前部を中心に簡素化が図られているのは、上記の観念を視覚化するためではないか、と考えている。[注37]

そこで、1項に掲げた三つの作品、すなわち小槻大社男神像、長福寺僧形神像、日吉神社僧形神像をあらためて観察してみよう。小槻大社像は、拝する者に畏怖の感情を抱かせるような瞋怒の表情を刻出する[注38]とともに、量感に富んだ上体を造形している。他方、膝前部の作りはかなり窮屈となり、簡略化が進行している。下半身が切り詰められているが故に、逆に烈しい面貌表現や重量感に満ちた上半身が強調される、と言ってもよいだろう。衣文線については、初期作品ということもあってそれなりに彫刻されてはいるが、荒彫風にエッジを彫出するという仏像のそれとは異質な表現がとられている。

長福寺像は、墨で描かれた厳めしい眼差しなど、神威を感じさせる面貌表現を見せるとともに、膝前部や衣文など、総体に省略の多い造形を示す。日吉神社像もまた、目鼻立ちは明瞭であるが、膝前はすっかり退化し、衣文もまた省略化が著しい。さらに、体軀を極端に扁平に造形し、像背を平滑に作っている。目につきやすい額に、枝を切除した痕跡を残す点も興味深い。

一方、円空作品においても、こうした膝前部の簡略化については、前項で見た観音寺像をはじめ広く認められる特徴の一つとなっている。ことに注目されるのは、円空は神像のみならず、仏菩薩など各種の像にこの形状を敷衍している点である。この点に関しては勿論、材に合わせて像を彫出してゆくという彼の造像スタイルに起因する面があることは否定しない。だが逆に、神像彫刻を基盤に造像スタイルが確立されたが故に、かかる造形性が可能になったとも言い得られよう。

また、衣文線に関しては、通常の仏像同様に繰り返し線刻を入れるケースが多く存在する反面、省略の目立つ作品の占める比率も高い。さらに、上記日吉神社像で行われた平滑な背面処理も、神像彫刻における簡素化の一環として間々行われているが、円空作品でもさまざまな像種で多用されるに至っている。以上のような円空作品における造形的特色は、基本的に神像彫刻の伝統的表現を踏襲するものと解されよう。

なお、円空作品では各種の像で台座を共木で彫出するケースが多く、神像でも彼の最初期の作として知られる岐阜・神明神社男・女神坐像（三軀のうち、天照皇太神像二一・五糎、阿賀田大権現像一四・一糎）を除き、このタイプが主流を占めている。観音寺像などの膝が高いのは、台座を含んでいるためであり、この点については円空特有の造形的な工夫と言えそうである。[注39]

### 3　柱状化現象

さて、2項で見た簡素化及び膝前部の縮小化傾向はさらに、膝前を完全に省略し、身体的プロポーションを無視する頭体の柱状化へと進展する。こうなると最早、人体造形と言うよりもこけしに近いとさえ言えるだろう。柱状化現象に関してはこれまで、美術史研究において殆ど注意が払われてこなかったが、わたくしは神像表現を理解するためには重要なファクターであると考えている。実際、近年の科学的分析によって十世紀の作と推定された島根・青木遺跡出土（島根県埋蔵文化財調査センター蔵）男神像あたりから早くもかかる形態が生じており、中世になるとかなり普遍的に見られるようになっている。比較的調査の進んだ九州地方をはじめ、各地にその遺例を見ることができるが、ここでは最も早い時期の青木遺跡出土像をはじめ、滋賀・日牟禮八幡宮男神像、佐賀・掘江神社神像群を取り上げてみよう。いずれも完全な一木像で、内刳りを施さない点は、1・2項で論じた諸像と規を一にする。なお、青木遺跡出土像は木心を籠め、日牟禮八幡宮像は外している。掘江神社神像群に関しては、心持ち材が稍多い程度で、両者にわたっている。

　青木遺跡出土像（挿図7、一三・二糎）は、伝世品が大多数を占める神像の中で稀有の出土事例であり、炭素一四年代測定法（AMS法）の結果、八九五～一〇二五年の年代中に九五・二％の確率で含まれ、十世紀後半の可能性が最も高いとの結論が提示されたものである。[注40] にも拘わらず、既に膝前を完全に省略して柱状化しており、この測定結果を尊重すれば、かかる形状が膝前の簡略化と同じく、後代の彫刻的衰微によるものでないことを物語っていよう。また、各部に鑿痕を残し、頭部を幾分左側に傾けるなど、総体に歪みのある造形を示す。

挿図7　男神像
（島根県埋蔵文化財調査センター）

挿図8　男神像
（滋賀・日牟禮八幡宮）

挿図9　神像群　（佐賀・掘江神社）

　日牟禮八幡宮像（挿図8、一三・〇糎）も、柱状化現象の典型的はフォルムを示すとともに、衣文を刻むことなく墨で簡潔に描いている。また、眉・目のあたりは薬研彫の如く鋭角的な彫りを入れ、口の周囲も彫りくぼめ、而もそれらの上から眉と目、顎髭を大きく墨書きする。彫刻的手法と絵画的手法が相俟って、強い個性と神威を表現しているのである。その省略の多い形状や大胆・自在な彫技は、円空作品へと繋がる造形性を備えていると言ってよかろう。制作時期については、面相部の鋭い彫法から推して、鎌倉時代に遡ると考えられる。[注41]

　掘江神社神像群（挿図9、二一・六～三五・六糎）は、日本全国の主要な神々を表現した六十八軀にのぼる厖大な作品群で、いずれも永正八年（一五一一）に制作されたものと推察される。[注42] やや丁寧なつくりの三軀（№66～68像）と、より簡略化の著しい六十五軀（No.①～㊺像）の二つのタイプに分けられるが、ここでは後者について取り上げよう。これらの像は、柱状の竪一材に頭・体の区分や目鼻など、僅かな加工を施しただけの極度に簡略化された形状を示している。円空作品のように体軀部分を剝って表面を整えるが、殆どの像が部分的に樹皮を残しているのは注目される。円空もまた、三重・少林寺の護法神像（挿図12、九一・五糎）をはじめ、表面に樹皮を残す像を数々制作しているからである。尤も少林寺像の場合、樹皮を残すというより全面樹皮に覆われたと言うべきだが、枝を適宜切断した安定感のある材に眼・口等を僅かに刻んで、樹木が神に変容する刹那を示すような不思議な姿が造形されている。また、木取りについても、円空の造像と同じように、材を丸太のまま用いるケースと、縦に二～四分割した材を使用するタイプがあり、像はいわば材の形状や大きさに合わせて適宜彫刻されていると言える。例せば、No.⑯遠江国八幡大菩薩像（挿図11、三三・二糎）やNo.㊼出雲国木次大明神像（挿図10、三〇・五糎）などは、かなり曲がった材をそのまま使用し、恰も像がお辞儀をしているような形状を示している。円空作品で言えば、大きく屈曲した素材の形を生かして尊像に仕立てた愛知・観音寺千面菩薩像中の一軀（挿図13、三〇・七糎）などが想起されよう。或いは、No.⑰伊豆国三嶋大明神像（二六・七糎）やNo.㉝出羽国羽黒権現像（挿図14、二八・二糎）では、枝を切断した痕をそのまま残している。このように、掘江神社神像群にはさまざまな面で円空精神の先駆的な形象が看取されるのである。

神像と円空作品との共通性が種々浮かび上がってきたが、改めて柱状化現象に戻って論を進めたい。以上見てきたようにこの現象は、仏像表現とは最も異質なものであり、神像彫刻の特異

挿図10　出雲国木次大明神像（No.㊼像）（佐賀・掘江神社）

挿図11　遠江国八幡大菩薩像（No.⑯像）（佐賀・掘江神社）

挿図12　護法神像（三重・少林寺）

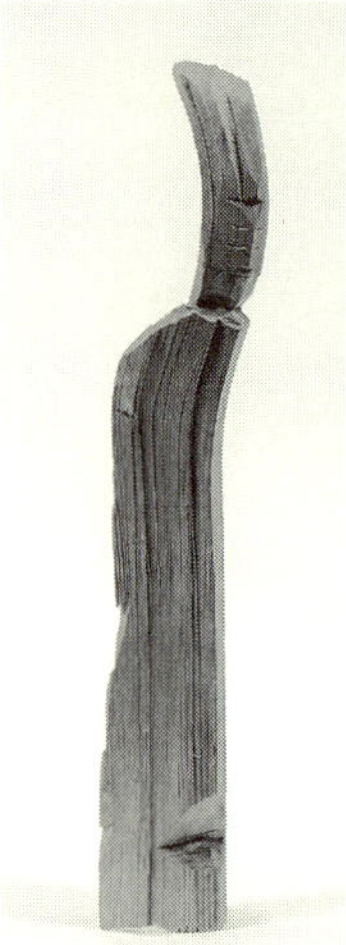
挿図13　千面菩薩像群のうち（愛知・観音寺）

挿図15　雨宝童子立像
（愛知・観音寺）

挿図14　出羽国羽黒権現像（№㉝像）
（佐賀・掘江神社）

挿図17　護法神像（㋑像）
（岐阜・六角堂）

挿図16　護法神像（㋺像）
（岐阜・六角堂）

性を示すものと言わなければならない。そして円空もまた、小像から岐阜・高賀神社十一面観音立像（二二一・二糎）の如き巨像に至るまで、柱状の材の形を生かした作品を多く遺しているのである。このことは円空が、仏菩薩などを数多く造像してはいても、仏師よりも神像制作者に近しいことを物語ろう。

ここではこの種の一例として、岐阜・六角堂護法神像（挿図16・17、二軀）と愛知・観音寺雨宝童子立像の写真を掲げておきたい。六角堂像（㋑像六七・八糎、㋺像六二・〇糎）はそれぞれ、丸太を縦に四等分に割って心を外した一材から彫出した作で、体部は三角柱状のまま殆ど手を入れず、僅かに拱手形らしき形に仕立てている。注目されるのは、二軀とも枝を切断した痕をそのまま残し、殊にその一つを耳の形に取り込んでいることである。掘江神社№㉝像や、前項で見た日吉神社像と共通する意識が窺えるとともに、造形的にはより進化させたと言うことができよう。一方観音寺像（挿図15、台座含総高五一・〇糎、像高四二・五糎）は、木心を外した角柱状の材から彫刻したもので、円空作品としては省略も少なく、全体に丁寧に仕上げられていて、六角堂像とは対照的な作風を示している。しかし、背面は上記した同寺山王神像などと同じく平滑で、ある意味、正面観を生かすべく角材を有効に彫出したとも言える。

なお、かかる柱状化現象についてわたくしは、膝前部簡略化の延長線上に把えられるだけでなく、伊勢神宮の心の御柱に代表される、神聖な木柱を以て神の依代とする信仰との関連性を考えている。下って、家の神として東北地方に広く分布するオシラサマなども、その系譜に連なっているように思われてならない。[注43] 円空作品が、信仰乃至造形的な面で決して隔絶した存在でないことは、このような面からも理解できよう。

## 4　荒彫

2・3項とも密接に関連する問題であるが、神像彫刻の表面仕上げについても注目したい。前項において、表面に樹皮を残すケースについて少しく触れておいたが、ここでは、荒彫について検討しよう。この種の作例では、一般的に仏像における鉈彫像がイメージされるだろうが、東国の仏像に多い規則的に鑿目をつける典型的な鉈彫像とは異なり、神像の場合は鑿目を不規則に残しているケース、すなわち荒彫が目立っている。なお、鉈彫に関しては、時代的に平安後期、地域的には東国に偏在すると考えられているが、荒彫の神像に関しては、必ずしもかかる偏りは見られず、各時代・各地域にわたっている点、特に注意を促しておきたい。

さて、この種の神像作品として、滋賀・矢川神社男神坐像と同・八坂神社神像群を取り上げよう。これらもまた、上記の諸像と同様、内刳りを施さない一木像で、後者の中に木心を外すものが一体含まれる他は、いずれも心持ち材を用いている。矢川神社像（挿図18、19、五二・二糎）は、平安後期（十一世紀）の制作と見做される古像で、衣文などは殆ど表現せず、像の正面、特に胸部にほぼ全面に亙って細かい鑿目を遺している。それも、像背に冠纓を彫出する丁寧な作りであるにも拘わらず、最も目立つ像の正面に敢えて無数の鑿目を遺しているのであ

挿図18　男神坐像
（滋賀・矢川神社）

挿図19　同

挿図20　伝随神坐像（㋑像）
（滋賀・八坂神社）

挿図21　十一面観音立像
（滋賀・太平観音堂）

る。[注44]このことから、かかる表面仕上げには、材の霊木性を標幟するなど、何らかの意義が込められているものと考えられよう。

八坂神社像は、台座上に坐す（台座共彫出）稍大振りの主神（挿図20、㋑像、台座含総高七一・八糎、像高五二・二糎）に、台座を伴わない小型の八軀（㋺～㋷像、四二・八～五三・六糎）を加えた九軀一具の神像（社伝で随神と呼称する）と、後者と同巧の男・女神坐像三軀の都合十二軀の群像からなるまことに興味深い事例である。各像共、眼、眉、髭などを墨描きするほかは素地のままで、像の表面全体に荒彫風の鑿痕を残す。その鑿目は、細かな矢川神社像とは対照的にごつごつとしており、特有のリズムを生んでいる。㋑像は、眼を三目とし、頭上に小面を戴き、その両側に炎髪をつけ、唐服を着して両手に円板状の持物を執っている。他に類例のない異形の姿だが、特に注意されるのは頭上面の形状で、例せば滋賀・太平観音堂十一面観音立像（挿図21、一八〇・〇糎）など、円空が屢々手掛けた頭上面を持つ作品に近い造形性を見ることができるからである。制作時期については、墨書で描かれた目やひげの表現は強く、平安時代の像に比べて総じてより明確な表現がとられており、一応鎌倉時代と推察しておこう。[注45]

ところで、円空作品における表面仕上げはどうであろうか。その多くは、鉈ばつりと評されるように、やはりごつごつとした特有の仕上げがなされている点に大きな特徴がある。参考までに、先に掲げた観音寺雨宝童子像の部分写真（挿図22）を改めて掲載するので、それにより円空の鑿捌きの一端をご覧頂きたい。その上で、八坂神社神像群、特に㊁像（挿図23）と比較しよう。㊁像の像背部分と観音寺像の写真を並べるならば、一見同一作者の彫刻ではないかとの誤解を生じかねない程、そのマチエールは共通する感覚におおわれている。いずれにせよ、円空特有の手法と考えられてきた表面仕上げもまた、神像彫刻の造像では既に行われてきたものなのである。

挿図22　雨宝童子立像
（愛知・観音寺）

挿図23　伝随神坐像（㊁像）
（滋賀・八坂神社）

## 5　拱手形

第五に、形制の面から見て、拱手形の占める割合の高さを挙げなければならない。この形制は、神像彫刻の代表的な三つのタイプ、すなわち僧形神像・男神像・女神像全てに共通して行われるものであり、特に、衣の中に両手を隠すタイプが圧倒的に多い。他方、一般的な仏像彫刻では限定的にしか見られず、僅かに仏像の化仏や肖像の興教大師覚鑁像など、限られた種類・像種に採用されるに止まっている。

ところで、純然たる神像というよりも、神仏習合的な作例の中に拱手形を示すものが屢々存在している。ここでは、かかる作例として滋賀・MIHO MUSEUM十一面神坐像（挿図24、一二三・〇糎）と京都・許波多神社男神（伝馬頭天王）坐像（挿図25、四八・〇糎）とを挙げておきたい。ともに、平安末の制作と考えられる一木彫像で、内刳りは行わない。前者は木心を外し、後者は籠める。拱手形や膝前の簡略化などの神像的な特徴とともに、頭部や三道相といった仏像的要素も盛り込まれ、ことに頭上に十一面と馬頭を戴いてその本地仏を標幟している。かかる事例は、本地垂迹説の広がりに伴って神仏の一体化が進展し、その傾向が理論だけでなく造形面にまで及んだために生まれたものと解されよう。[注46]

挿図24　十一面神坐像
（滋賀・MIHO MUSEUM）

挿図25　男神（伝馬頭天王）坐像
（京都・許波多神社）

翻って円空作品に眼を転じると、かなりの割合を占める神像作品は勿論のこと、如来・菩薩やその他の眷属の中にも拱手を表す像が多々含まれる。最初期の作品の一つとして知られる岐阜・子安神社阿弥陀如来立像（二二・四糎）や木地師論争で注目された月崇寺観音菩薩立像に見られるように、彼の造像の場合、仏菩薩像であっても元来は本地仏として制作されたケースが多い。そしてその延長上に、岐阜・薬師堂薬師三尊像（中尊一〇四・八糎、脇侍五三・三、五四・〇糎）の如く、通途の仏像にまでこの形制が敷衍されてゆくのである。それは、こうした習合遺品造像の伝統を承けて、この種の形式に慣れ親しんだ面も与っているからにちがいない。[注47]

## 6　光背を伴わない像

最後に、付属物の面でも検討を加える必要がある。一部の例外を除き、仏像では必備となる台座・光背を伴わないケースが、神像彫刻では寧ろ多数派であるという点で、特に、光背（厳密には光背ではないが、光背状の三曲屏風を含めても）に関しては、大多数の像が備えていない。神道曼荼羅などの画像では、神影像は礼盤上に坐し、三曲屏風を負うケースが多く見られるのだが、彫刻になるとこの種の付属品は俄に激減してしまうのである。

円空作品においても、光背に関して同じ傾向を指摘することができる。江戸期の造仏聖として、円空と知名度を二分する木喰行道が基本的に光背を備えるのに対し、円空の場合は不動明王像などを除き、大多数の作品でこれを省略する。このことは、遊行の造仏聖という共通するスタイルを持つ二人ではあっても、造形技術のバックボーンに大きな違いがあることを示唆するものと言える。

ここで、古代から連綿と造像されてきた光背を持たない神像作品と、同じく光背を伴わない近世の円空作品とを繋ぐ作例を紹介しておこう。応永二十三年（一四一六）銘の滋賀・歳苗神社男神三尊像（挿図26～28）がそれである。この三尊は、主神となる男神坐像（一九・六糎）の左右に、配祀神の本地仏と推察される阿弥陀・薬師如来の各坐像（二三・五、二四・五糎）を侍せしめるもので、いずれも内刳りのない一木造になる。注目されるのは如来像で、男神像の畳座に倣ったような偏平な蓮華座もさることながら、そこに光背を立てた形跡が無く、当初から光背を伴わなかった点が看取されるからである。無論、退化した膝前部や像背を中心に鑿痕を多く残す点、或いは衣文線を殆ど刻まない簡略化著しい表現などもまた、神像と相通じるものと言えよう。[注48] このように、本地仏などの習合遺品には、神像に準じた作像がなされるケースが屢々あった。さらに円空の場合、抑々彼が作る仏像に本地仏が多く含まれるという事情もあって、結局殆どの仏菩薩像にそれを拡大することとなる。像本体に止まらず、付属物の観点から見ても、円空はやはり日本神像史の伝統を継承していると見做されよう。[注49]

挿図26　男神三尊像　（滋賀・歳苗神社）

挿図27　薬師如来坐像　（滋賀・歳苗神社）

挿図28　阿弥陀如来坐像　（滋賀・歳苗神社）

## 四　結語

以上論じてきたように、円空作品を円空作品たらしめている特徴的な造形性や制作技法の多くは、神像彫刻の伝統的手法の中に広範に見られることが明らかになったものと思う。すなわち、内刳りのない一木造技法、膝前部の縮小など簡素化の著しい造形、プロポーションを無視し、時に柱状化するフォルム、その際、丸太のまま、或いは縦に二乃至四分割した材を用いる木取り法、鑿痕をはじめ樹皮や節を残す表面仕上げ、神像以外でも多用される拱手の形式、仏像でも光背を省略する点など、さまざまな面に及んでいる。であるとすれば円空は、仏像彫刻、神像彫刻、仮面彫刻、欄間彫刻、木地細工など、わが国で多様な発達を見せた木彫の伝統の中から、殊に神像彫刻造立の伝統を踏まえて造像に取り組んだものと考えられる。そして、その技法の上に、造像活動や修行の過程で巡り合った各種の彫刻作品の様式や意匠、例えば飛鳥仏の特徴を取り入れながら、その神仏造形を確立したものと言えるだろう。

　ところで、本論集に収めた神像彫刻に関する拙論でも記しておいたことであるが、当該研究は戦後長い間、ごく一部の研究者の間で細々と行われてきた、いわば特殊研究であった。[注50]抑々、神像彫刻は非公開を前提としており、その大多数はいまなお社殿奥深くに奉祀されている。近年に至って、神像を含む神仏習合美術への関心が高まりを見せつつある中で、次第に少しずつではあるが作品調査が行われるようになったが、仏像調査に比べるとその実現にはなお高いハードルが存しているのである。

　本稿で取り上げた神像作品も、古くから公開されていたわけではなく、平成に入って調査され、その概要や写真が公表されたものが多い。そして、これらをはじめ各地に広く分布する数多の神像彫刻が、まだ人々の視野に入らなかった時に、円空作品は現代社会に姿を現したのであった。そして、独創的とか型破りなどと評され、忽ち日本美術の寵児の如くブームを巻き起こしたのである。しかし、円空の独擅場と考えられてきた種々の技法的・造形的特徴は、必ずしも円空のオリジナルではなく、円空以前の神像彫刻に既にさまざまに息づいていることは、いま本稿で論述してきた通りである。円空の彫刻とは、主として地方の社祠に祀られてきた神像彫刻造像の伝統と技法とをもとに、職人的にそのわざを磨いて造形的に完成させたものであり、仏菩薩の像もこれを応用したもの、と言い得られるのではなかろうか。初期の円空作品が神像中心であったことや、仏菩薩像でも拱手したり、光背を伴わない点に改めて注意が払われるべきだろう。神像彫刻も仏像彫刻史の一支脈であることに変わりはないが、円空作品のみがなぜ日本彫刻史の中で規格外なのか、という少年の日に芽生えた疑問や違和感が、こうしてわたくしの中で次第に氷解しはじめたのである。

注

1 五来重監修『異端の放浪者　円空・木喰展』（展覧会図録、一九七三年）参照。

2 五来重『円空仏　境涯と作品』（一九六八年）、同『微笑仏　木喰の境涯』（一九六六年）

3 久野健氏の一連の研究（「行者系の彫刻」〈『MUSEUM』一三〇号、一九六二年〉、「関東近世彫刻史からみた円空」〈『三彩』一四六号、一九六二年〉、「円空以前」〈『円空研究』二号、一九七三年〉など）。

4 拙稿「活津彦根神社十一面観音像について」（宇野茂樹編『近江の美術と民俗』所収、一九九四年）

5 筆者は、拙稿「円空仏への途」（筆者編『戦国・安土桃山の造像Ⅱ――神像彫刻編――』滋賀県立安土城考古博物館展覧会図録、二〇〇七年）において、円空作品と神像彫刻との関連性について少しく論じたことがある。本稿は、その中で記した見通しを承けて、両者の技法的・造形的特徴を具体的に取り上げつつ、改めて論じるものである。なお、彼の作品は一般的に「円空仏」と呼ばれ、親しまれている。それはそれで差し支えないけれども、神像彫刻造像の伝統を踏まえたという面が、些か希薄化してしまう呼び名であるとも言える。本文中でこの名称を使用しなかったのは、このような理由からであるが、本稿は前稿を承けて執筆したものであるため、論題にはそれに準じてこの呼び名を採用している。

6 『飛州志』（岡村利平編輯本〈『飛驒叢書』一編、一九〇九年〉二九四〜五頁）、『近世畸人伝』（宗政五十緒校注本〈『東洋文庫』二〇二巻、一九七二年〉九九〜一〇二頁）。このうち、周知の通り『飛州志』では、「其面相ノミ在ツテ、其余印相等分明ナラズ。俗ノ荒削ト云フニヒトシ。然レドモ空、其業未熟ニシテ斯ク造リ出スニハ非ザルカ。元来妙手ナルベキモノト見エタリ」（句読点筆者）と、円空作品について比較的妥当な批評が加えられている。なお、円空を取り上げた江戸時代の文献については、棚橋一晃編「文献総目録」（中日新聞社『円空――その芸術――』展覧会図録、一九七九年）を参照。本目録は、江戸期の文献以外にも、現代の研究書や図録、論文、特に新聞掲載論文に至るまで紹介している。

7 橋本平八『純粋彫刻論』（一九四二年）。なお橋本氏には円空作品について書き記した一文があり、戦後見いだされて活字化されている（同「上人の彫刻」〈『現代の眼』一二三号、一九六五年〉）。

8 三十年代に先立ち、仏教美術の多い内地と異なる北海道では、木喰とともに円空作品にも早くから多少の関心が寄せられていたようで、昭和二十七年には江差町公民館において「木喰・円空両上人遺作展」が開催されている。但し、円空よりも活動期のずっと下る木喰の名が先に挙げられているところに、既に世評の高かった木喰作品に比べて、当時の円空作品への評価の程を窺うことができよう。

9 土屋常義「円空とその作品――郷土出身の仏像彫刻家――」（『岐阜大学研究報告（人文科学）』四号、一九五六年）

10 本郷新「円空上人の彫刻」（『美術手帖』一八三号、一九六一年）

11 江原順「円空」（『三彩』一二八号、一九六〇年）、江原順・後藤英夫『円空・人と作品』（一九六一年）、河北倫明「円空上人と日本の伝統」（『みづゑ』六六九号、一九六一年）、土方定一「円空　この魔術的造像僧」（同）、本間正義「円空と平八――近代木彫の系列――」（『國華』八三六号、一九六一年）、同『円空と橋本平八』（『近代の美術』一六号、一九七三年）、同『円空と木喰』（ブック・オブ・ブックス『日本の美術』一九七四年）、針生一郎「荒けずりの迫力――木彫のルネサンス」（『朝日ジャーナル』一九六二年一月一五日号）など。なお、円空に関する初めての大型写真集『円空の彫刻』（丸山尚一著、写真田枝幹宏、一九六一年）に長文の序文を寄せたのは、画家で美術評論家の瀧口修造氏であった。

12 柳宗悦「円空仏との因縁」（『民芸』八一号、一九五九年）、同「円空仏と木喰仏」（『民芸手帖』一〇八号、一九八二年）、谷口順三「円空上人鉈ばつり仏巡礼」（『民芸』五六号、一九五七年）、同「円空仏を調べて」（『民芸』八一号）、同『円空』（一九七三年）など。

13 高田博厚「本格の円空仏」（『民芸』八一号、一九五九年）、榎本建規「埋め

られた日本彫刻史の空白　円空上人の彫刻」（『芸術新潮』一〇巻一一号、一九五九年）、注10「円空上人の彫刻」、棟方志功「円空について想う」（『造形芸術』四一号、一九六二年）など。また『円空学会だより』創刊号（一九七三年）の会員名簿には棟方氏とともに平櫛田中氏の名も見え、或いは、現在の円空研究を牽引される長谷川公茂氏も版画家としての顔を持つように、橋本平八氏以来、多くの実作者が円空作品からインスパイアされ、その造形性に大きな関心を払ってきた事情が窺える。

14 飯沢匡『異説「円空」論』（一九六五年）、同「土屋常義氏の非礼を糾す」（『円空研究』一号、一九七二年）、谷川徹三「円空上人の人と彫刻」（『国学院大学日本文化研究所紀要』七集、一九六〇年）など。近年では、梅原猛氏が詳細な円空論を発表されており（『歓喜する円空』二〇〇六年）、造形美術とは異ジャンルの哲学者の著述として、谷川氏の系譜に連なるものと言えよう。

15 久野健氏の一連の研究を除く彫刻史家の円空論には、笠原幸雄「青森県の円空仏」（『哲学会誌』五号、一九六九年）、同「東北の円空仏」（『円空研究』二号、一九七三年）、永井信一「木喰僧の彫刻——円空・五行・山居——」（『三彩』二九三号、一九七二年）、三山進「円空——その芸術——」（注6『円空——その芸術——』）、同「円空紀行」（後藤英夫・長谷川公茂・三山進『円空巡礼』一九八六年）、同「円空と木喰」（『日本美術全集』二三巻、一九七九年）、「円空と日本美術史の交点」（長谷川公茂監修『円空——慈悲と魂の芸術展』展覧会図録、一九九四年）などがある。

16 注9「円空とその作品——郷土出身の仏像彫刻家——」

17 土屋常義『円空の彫刻』（一九六〇年）

18 円空と鉈彫との関係については、土屋氏とはかなり異なった視点からではあるが、久野健氏が論じられており（注3の諸論）、飛鳥仏の影響に関しては、丸山尚一氏（「円空上人　生涯と作品」（『みずゑ』六六九号、一九六一年）、注11『円空の彫刻』など）や三山進氏（注15の諸論）らも言及されている。また、本間正義氏はこの両面にわたって検討され、「円空を基点とするように、木彫の一つの系列がたどれるのではないか。円空は古代飛鳥仏、平安初期密教像の一木造からの脈流を引き、それは江戸期をつらぬいて木喰に及び、その周辺の群僧から、もっと底辺に拡散埋没する」（注11『円空と木喰』）と、円空の位置づけを簡明に整理された。一方、禅宗美術との類似性については、棚橋一晃氏（『異端の仏たち』一九七七年）が触れられている。なお、土屋氏が言及されなかった問題として、黄檗美術の影響を考慮する見解がある（上記の三山氏の諸論参照）。

19 円空が注目され始めた早い時期に、柳宗悦氏は「円空仏によつて日本彫刻史に、新しい一頁が活々と加はつたことを、共々に日本人として祝福したいではないか。それとも在来の史家は、余りにも正脈を離れた荒荒しい法外の作だと見て、記述を尚もためらうであらうか」（注12「円空仏との因縁」）と、美術史家が円空研究に二の足を踏むであろうことを既に予見されている。

20 注3「行者系の彫刻」、「円空以前」など。

21 久野健氏の一連の鉈彫研究は『鉈彫』（一九七六年）に集成されている。

22 本像の紀年銘に関しては、至徳元年ではなく、正徳元年（一七一一）銘の可能性も指摘されている（齋藤望「紙製の仏像について——静岡・龍譚寺の地蔵菩薩立像を中心に——」（『無遮九〇』一九九〇年））ので、ここに註記しておこう。

23 注4「活津彦根神社十一面観音像について」

24 円空研究に関する筆者の提言は、長谷川洋一「円空・木喰の評価」（水野敬三郎監修『日本仏像史』二〇〇一年）の中に、出典を明記しないまま、ほぼそのままの形で引用されている。

25 注2『円空仏　境涯と作品』

26 五来重「野生と庶民宗教の芸術——円空仏」（『野生の芸術　円空展』展覧会図録、一九八〇年）、同「円空の遊行と美並村」（『美並村史』通史編下巻、一九八四年）

27 注2『円空仏　境涯と作品』

28 円空の出自を木地師とする見方は、五来氏の研究以前に飯沢匡氏（注14『異説「円空」論』）による指摘がある。

29　拙稿「一対・一具の神像彫刻における造形的差異をめぐる一考察」（林温編『様式論――スタイルとモードの分析』所収、二〇一二年）

30　僅かな事例ではあるが、近年調査した滋賀県下の神像彫刻九軀の樹種は、ヒノキ二例、カヤ七例であった（田鶴寿美子・杉山淳司・山下立「滋賀県地域における神像彫刻の樹種調査――新旧手法の適用による――」（『滋賀県立安土城考古博物館紀要』二一号、二〇一三年））。なお、木地師の用いる材と円空作品の用材との違いについては、梅原猛氏の指摘がある（注14『歓喜する円空』）。

31　小島梯次「円空の生誕地考」（『円空研究』一五号、一九九二年）、同「円空仏・木喰仏」（同監修『円空・木喰展・「庶民の信仰」の系譜』展覧会図録、二〇〇九年）

32　長谷川公茂「円空の生涯」（注15『円空――慈悲と魂の芸術展』所収）

33　池田勇次氏は、かりに「御木地土作大明神」を「御本地」と読むならば、次に仏菩薩名が来る筈で、下が「大明神」であるから上は「本地」にはならず、結果的に「木地」とせざるを得ないと指摘されている（同編『岐阜県美並村が語る　円空の現像』二〇〇三年）。本地垂迹説を踏まえたまことにもっともな見解であるが、次行に「サ観世音菩薩」とあることに注目すれば、円空は「土作大明神の御本地は観世音菩薩である」という意味で、この銘を記したと解釈できるように思う。無論、他例に徴して円空が神本仏迹思想に依拠しているわけではないだろう。

34　円空作品と神像彫刻との関係については、五来重氏の一連の研究（注26「野生と庶民宗教の芸術――円空仏」、「円空の遊行と美並村」など）のほか、池田勇次「郡上郡の円空」（『円空研究』五号、一九七六年）、丸山尚一「円空風景風土論」（永井信一・丸山尚一『円空と木喰』一九七八年）、三山進「円空と日本美術史の交点」（注15）などで指摘がある。但し、両者の技法・造形的特徴を分析してその関係性が論じられているわけではない。本稿においてわたくしが、かかる視点から議論を進めるのはこのためである。

35　注29「一対・一具の神像彫刻における造形的差異をめぐる一考察」参照。

36　この三像は、注5『戦国・安土桃山の造像Ⅱ――神像彫刻編――』で個別に解説を加えている。また、小槻大社像については、佐々木進「小槻大社の男神坐像」（『栗東歴史民俗博物館紀要』三号、一九九七年）参照。

37　拙稿「神像彫刻の造形的特質とその展開」（赤松徹真編『日本仏教史における「仏」と「神」の間』所収、二〇〇八年）参照。

38　本像の如き瞋怒の面相表現については、拙稿「神像彫刻における男神像とその忿怒表現をめぐって」（赤松徹真編『日本仏教史における神仏習合の周辺』所収、二〇一二年）で触れた通り、神像造像の早い時期から連綿と造形化されており、円空もまた、かかる神像彫刻の伝統に従ったと見做されよう。

39　円空の台座に関しては、三山進氏により興味深い見解を提示されている。すなわち、多くの像の台座に岩座が用いられているのは、岩座で神います山岳を象徴し、神仏融合の姿の具現をめざしたからではないか、というものである（注15「円空紀行」）。

40　島根県教育庁埋蔵文化財調査センター編『青木遺跡Ⅱ』（弥生～平安時代編、二〇〇六年）参照。

41　本像を含む同社神像群については、拙稿「日牟禮八幡宮の神像群」（筆者編『武将が縋った神仏たち』滋賀県立安土城考古博物館展覧会図録、二〇一一年）参照。

42　当社神像群に関しては、注5『戦国・安土桃山の造像Ⅱ――神像彫刻編――』で解説を加えるとともに、六十八軀全ての写真を掲げ、各像に①から(68)に至る番号を付しておいた。本稿でもこの番号を用いることとする。

43　この問題については、注37「神像彫刻の造形的特質とその展開」で既に若干の議論を行っている。

44　本像に関しては、注29「一対・一具の神像彫刻における造形的差異をめぐる一考察」、注30「滋賀県地域における神像彫刻の樹種調査――新旧手法の適用による――」で取り上げた。

45　同社神像群十二軀のうち、伝随神像九軀と男神像一軀は、滋賀県立安土城考古博物館で六年前に開催した展覧会に出陳され、図録に全点の写真を掲げるとともに随神像には㋑から㋷までの番号を付したので、本稿でもこの番号を踏襲する（筆者編『甲賀郡の風土と遺宝』二〇〇七年）。なお、本像群については、松岡久美子「滋賀・八坂神社神像群について」（津田徹英編『図像学I――イメージの成立と伝承（密教・垂迹）――』所収、二〇一二年）があるほか、注30「滋賀県地域における神像彫刻の樹種調査――新旧手法の適用による――」でも若干の卑見を記している。

46 この二像を含め、神仏双方の図像的特色を持つ作品に関しては、注37「神像彫刻の造形的特質とその展開」の中で私見を提示しておいた。

47 宋元画では、釈迦や観音などを拱手に描くものが多く、その影響が禅画などに広く及んでいる。但し円空の場合は、かかる動向の反映ではなく、やはり神仏習合的な造像環境の然らしむるものであろう。一方、木喰行道の作品に拱手が多く見られるのは、円空とは逆に、江戸期に一般化したこの種の絵画作品の影響によるものと考えられる。

48 当社の三尊像に関しては、拙稿「滋賀・歳苗神社の神仏習合遺品――神像・本地仏像・懸仏――」（『史迹と美術』六九九号、一九九九年）参照。

49 従来の研究では、円空が光背を省略することについて神像彫刻との関係からは捉えていない。例せば本間正義氏は、円空が素材の木の円筒形から横に張り出すことを嫌い、一本の木を最短距離で彫り込もうとする直截の気持ちが強いことにその原因を求めている（注11『円空と木喰』参照）。

50 注29「一対・一具の神像彫刻における造形的差異をめぐる一考察」

［付記］

作品の調査・写真撮影に際して、所有者・管理者各位から格別のご高配を忝なくした。末筆ながら、ここに記して深甚なる感謝の念をあらわしたい。

［初校に際して］

本稿提出後、文中でも触れた佐賀・掘江神社神像群について一文を纏めた（「佐賀・掘江神社神像群の造形的特徴とその意義について」〈『滋賀県立安土城考古博物館紀要』二二号、二〇一四年〉）ので、あわせてご一読頂ければ幸甚である。

# 四国堂造立小考

## ――木喰の造像活動における四国堂とその安置仏の意義――

近藤　暁子

### はじめに

木喰（行道、五行、明満）は山梨出身の木食僧で、生涯にわたり日本全国を廻国しながら各地に仏像を彫り残した。その数は千体を超えるとされ、現在は七百体近くが確認されている。[注1]

木喰と彼の作り出した仏像、いわゆる木喰仏が世に知られるようになったのは柳宗悦の活動による。彼は大正十三年（一九二四）に朝鮮陶磁器の調査を目的に山梨県を訪れ、小宮山清三宅で偶然目にした木喰仏に傾倒して精力的に調査研究を進めた。彼が短期間で挙げた目覚しい成果は、その後各地で展開する木喰研究の礎となったことは周知のとおりである。[注2]

小宮山家で柳が目にした仏像は、木喰が寛政十三年（享和元年（一八〇一））から翌年にかけて故郷・古関村丸畑に建立した、四国堂に安置されていた仏像であった。四国堂諸像は、大正八年（一九一九）に売却されて四散し、柳が調査で丸畑を訪れたときには、既に堂は失われていた。現在その所在が確認されるのはおよそ半数で、戦災などで失われたものも多いという。[注3]四国堂は、四国八十八ヶ所霊場の本尊をはじめとする九十体近い像を安置した堂宇で、数多く残された木喰仏の中でも、最大規模を誇る群像である。木喰の生涯の事績を概観する上では必ず紹介されるものであるが、木喰仏発見の契機となったこともあって情緒的に紹介されることが多く、また、失われている像も多いためか、建立の経緯を具体的に記した資料が残されているにもかかわらず、その意義について深く言及されたことはないように思われる。

そこで本論では、木喰の宗教活動の中で四国堂が占める位置について、木喰の信仰に対する姿勢や建立の経緯を、残された資料から再確認するとともに、現存する四国堂像の造形的特色を木喰仏の作風変遷の中に位置づけることなどにより、あらためて考えてみることとしたい。

## 木喰の概要

木喰については、その生涯と廻国経路について、彼自身が残した宿帳や納経帳の類、さらに残された作品の背面に記された墨書などの検討から明らかにされている部分が多い。中でも享和二年（一八〇二）に完成した四国堂の竣工にあわせて整えられた『四国堂心願鏡』（木喰の里微笑館保管）は、その建立の経緯とともに、それまでの自身の事績について記しており、木喰研究の基本的な史料として用いられてきた。

それらによると、木喰は享保三年（一七一八）甲斐国古関丸畑村の名主、伊藤家六代目当主、六兵衛の次男として生まれた。十四歳の時に江戸に出て、二十二歳で大山不動尊に参じた折、古義真言宗の僧に出会って出家した。さらに四十五歳のとき常陸国羅漢寺の観海上人のもとで木食戒を受けて日本廻国修行を志し、その後安永二年（一七七三）、五十六歳のとき相州伊勢原から旅立った。そして文化七年（一八一〇）、九十三歳で没したが、これは、晩年同行したという甥によって伝えられた「紙位牌」（木喰の里微笑館保管）によるもので、その終焉の地については未だ不明である。

木喰の年齢については、寛政六年（一七九四）銘の「奉納大乗妙経版木」（木喰の里微笑館保管）に「年七十七才」の墨書があり、これを逆算すると生年は享保三年ということになる。これ以降の作品には、いずれも享保三年生まれの年齢が記されるため、享保三年を生年とする年齢の数えが一般的に認識されている。しかし、それ以前に制作された作品には、それより十年後の享保十三年（一七二八）の生年を示す年記と年齢が認められるものや、それにとどまらない若干の混乱も見られる。これついては、寛政五年（一七九三）頃より、それまで名乗ってきた「行道」から、「五行菩薩」と名乗りを変えていること、また寛政六年には火災により焼失した日向国分寺の堂宇と本尊を再興するという大事業を完遂していることから、その自信が新たな名乗りと年齢を木喰にもたらしたのではないかとの指摘もある。[注4] どちらが真実の年齢であるかは明らかにしえないが、本論では『四国堂心願鏡』をはじめ多くの作品に記されている享保三年を生年とした年齢で考察を進めていくこととしたい。

また、木喰は生涯三度にわたり名乗りを変えている。最初は「行道」、前述のように寛政五年（一七九三）頃から「五行」あるいは「五行菩薩」、そして晩年、京都清源寺で十六羅漢を製作中に阿弥陀如来の夢告を得て「明満仙人」と名乗るようになる。木食行を修する行者は木食某と名乗るが、彼も最初は「木食行道」と称する。以降五行と名乗るに至り口偏のついた「喰」の字を用いた「木喰」を併用するようになり、後年はそれに統一される。口偏のついた「喰」の字で「木喰」と記すのは他に見られないため、彼を指す固有名詞のように使われることが多い。そのため、本論でもこの呼称を用いる。

## 木食行における造像

木食とは、本来修験者が入峰修行の際、食料を携行できないことから興った十界修行のひとつと言われる。[注5]十穀・五穀を断ち、木の実や草の根を食する行で、それを修する者は十穀聖、穀断聖などとも呼ばれた。特に弘法大師空海が穀断ちをして入定を遂げたと信じられていることから、高野聖にこの行者が多いという。[注6]高野山奥の院は、中世においては木食行者など修行僧の中心道場的役割を担っていたといい、[注7]その流れを汲んでか、近世の木食僧は高野山に代表される真言宗系、浄土宗系、浄土宗系から派生して天台宗系となった三派に大別される。[注8]安土桃山から江戸時代初めの浄土宗系の弾誓の教えを伝える「弾誓経」には、塩を断って木食行をすることによって極楽往生の障りとなる煩悩を払い心身を清浄にするなどと説かれるが、[注9]木食戒そのものは口伝などで伝えられたらしく資料としては残されていない。前述のほか火食はしない、単衣で重ね着をしないなどの行が伝えられており、[注10]各地を廻国しながら人々のために加持や説法を行い、念仏を勧進し、仏像や寺院を造立するなどの衆生済度を目的とした行の実践が含まれていたのではないかと指摘されている。[注11]

特に造像活動については、その行為が修行の一環として定められていたとの指摘がある。[注12]木喰についてみれば、数ある大願のなかで、本願として「仏を仏師、国々因縁ある所にこれをほどこす、皆日本千躰の内なり」との文言を木札や扁額、奉納額などに記している。これにより、彼が作仏を本願として最も重視していたことがわかる。近世の宗教美術を概観するとき、作仏聖と呼ばれる僧が数を求めて作仏を行っていたことは既に指摘されており、例を挙げれば、弾誓の系譜に連なる但唱は二万体、円空においては一二万体とも言われる。但唱に続く弾誓派の僧、閑唱、空誉、法阿らも、それぞれに千体仏を造立している。このような数を求めての造像は平安時代より見られるが、彼らによるものは、多くの数量を課すことによる自らの鍛錬と人々への布教を兼ね備えているという点で、それらとは性格を異にするものと考えられている。[注13]

千体仏という観点からみれば、木喰は本願中に「日本千躰の内」という文言を記している。千体仏という概念は通常一ヶ所に奉納される千体に対して認識されるべきもので、各地に彫り残した総体を千体仏としてよいかという問題は、従来指摘されているとおり検討する必要があろう。[注14]しかし彼が具体的にその数字を意識していたことは、文化四年（一八〇七）以降晩年の作の像背銘に「日本二千タイノ内」と記すようになることから察せられる。[注15]しかし、それより留意すべきは「国々因縁ある所にこれをほどこす」の言葉ではなかろうか。そもそも木喰は千体仏を一ヶ所に奉納することではなく、最初から全国各所に納めることを誓願しているのである。木喰の作仏は、廻国修行を前提としたものであり、一ヶ所にとどまって数のみを求めることはその目指したところではなかった。本来修行者にとって、作仏という行為は衆生済度の手段、修行の手段であり、行為自体が目的であったわけではなく、数を求めることですら自らに課した修行である。この言葉は、近世の作仏聖の大量造像の有する意味が、中世以前のそれとは異なるものであることを端的にあらわしていると言えよう。[注16]

　残された資料によると、木喰の大願は寛政十年（一七九八）に「六大願」であったものが、享和二年（一八〇二）には「拾大願」、翌享和三年以降は「十八大願」というように年を追うごとに数を増やしていく。[注17]このように大願とはなにかしらを契機として増える可能性も指摘されているが、[注18]特に廻国修行をする者は、各所で見聞する実情に即した誓願を追加していくのが現実的な修行の実践に思われる。木喰の生涯をたどる際、常に問題とされるのが、宝暦十二年（一七六二）に木食戒を得てから安永二年（一七七三）に廻国に出立するまでの十一年間と、廻国に出立してから現在確認されている最初の墨書銘である安永八年（一七七九）銘を有する子安地蔵菩薩像（北海道爾志郡・金剛寺）を制作するまでの間の六年間の空白である。その背景に大願の追加ということを想定することも、一案であろうか。[注19]

　こうして大願が増えていく中で、常に廻国しながら作仏するという木喰の本願は変わらない。このことからも、廻国と作仏、このふたつがいかに彼の宗教活動の中で重要な位置を占めていたかが察せられる。

## 真言僧としての木喰

『四国堂心願鏡』によると、木喰は真言宗僧侶のもとで出家しており、真言宗系の木食僧である。しかし残された作品や資料には、「八宗一見の行者」という文言が見られる。八宗とは南都六宗、三論・成実・法相・倶舎・華厳・律に、天台・真言の両宗を加えたもので、八宗一見とはすなわち日本仏教のあらゆる宗派を意味する。この言葉は木喰の超宗派的な立場を表明したものである一方、諸宗を一見におさめるという統合性を内含しているとされ、その根源にあるのは真言密教の本義であることが指摘されている。さらに遺稿とされる『懺悔経諸鏡』の記述や残された様々な和歌からは、木喰が阿字を観相する阿字観を実践し、真言の教義に対して深く理解していた様子もうかがわれる。[注20]

　木喰が制作した尊像は、密教の教主である大日如来をはじめとする仏教の諸尊、ほかに山神や大黒天といった神像、弘法大師や聖徳太子などの祖師像や自身像など、実に多岐にわたり、まさに八宗一見の言葉にこめられた超宗派性を体現しているかのようである。ししかし、前述のように木喰にとって作仏は目的でなく手段であるという観点からすれば、各所の状況において必要な尊像を制作するのはむしろ当然のことに思われる。一方注目すべきはほとんどの像の光背に記された、梵字の光明真言であろう。光明真言は大日如来の真言で、一切の真言陀羅尼の総呪であるため、尊像の別なくこれを記すことに、真言密教のもつ諸宗の統合性を木喰が意識していた様子が指摘されている。[注21]

また、京都清源寺に伝わる『十六羅漢由来記』には、当寺十三世仏海和尚によって、木喰が訪れたときの様子が次のように記されている。[注22]冒頭には、

> 往年文化三年丙寅の冬十月、圖らずも木食行者上人來入せり。嘗て行者の徳名を聴く、則ち東海道甲國の産にて日向州國分寺の前住大上人なり。

とあり、木喰が日向国分寺の再興を成した人物として知られていたことは興味深い。さらに、十二世当観和尚がもてなしを申し出たところ、木喰は次のように述べたという。

> 我れ誓願して五穀と鹽味とを食せざること茲に五十年なり且つ臥具を用ゐず、寒暑一に單衣、時變れども衣を重ぬること無し、請ふ高懐を煩はすこと勿れ、齢ひ粤に九十有一歳なり、惟我れ廻邦して、望むものは他無し、神佛一千像を彫刻し及び加持を修して以て衆生の病苦を救はんと欲する已なり。茲に於て先師、飢人の美膳を護るがごとく歡喜讃嘆して曰く、我れ久しく、十六羅漢を拜請せんと欲して未だ果さず、望むらくは請ふ此を彫刻せんことを。

先に木食戒の実際は明らかでないと述べたが、ここに記される木喰の言葉によれば、五穀と塩をとらないばかりでなく、寝具は用いず、暑さ寒さによらず、単衣の衣をまとうのみであったことがわかる。そして廻国修行しながら神仏像千体を彫刻して加持を施し、衆生の病苦を救わんとすることのみがその目的であると述べる。それを聞いた当観は、十六羅漢の像を望み、それによって、現在晩年の代表作のひとつに数えられる清源寺十六羅漢像は制作されたことがわかる。衆生を救うために木喰が作仏と加持を行っていたこと、そして人々の求めに応じて尊種を決めていたことを示す一文であり、これにより、木喰の作仏が多岐にわたる背景を推し量ることができる。[注23]

このことは、木喰が造像した尊像中最も多いものが観音菩薩、次いで薬師如来であるというように、一般の人々が親しみやすく必要としたであろう尊像が、真言密教の根本の仏である大日如来に勝っている様子からもうかがえる。一方祖師像についてみれば、真言宗祖である弘法大師空海の像を早い頃から作り始めてまた数も多く、

興教大師覚鑁像がそれに続き、その信仰の起点がいずれにあるのかをおのずから示している。[注24] 日蓮像は山梨県南巨摩郡身延町の日蓮宗寺院・金龍寺に伝わっている一体があるが、木喰には「念仏は　真言阿字の　ふうみなり　ひげだいもくは　にてもやいても」と詠んだ和歌がある。「ひげだいもく」は日蓮宗特有の曼荼羅本尊を指すが、この歌により、木喰が日蓮宗を痛烈に風刺しているとの指摘がある。[注25] 宗旨を批判しながら、その宗祖の像を制作することはまた、作仏という行為に対する木喰の前述のような姿勢を裏付けているともいえよう。

木喰はまた、生涯にわたる廻国修行において、弘法大師信仰所縁の四国八十八ヶ所霊場を二度巡礼している。最初は天明七年（一七八七）、七十歳の時に七十七番札所から逆順で、二度目は寛政十一年（一七九九）、八十二歳で巡歴し、寛政十二年の九月に故郷甲斐国丸畑に戻る。そしてその翌年から、生涯最大の群像を安置することとなる四国堂の建立を始めるのである。

## 『四国堂心願鏡』にみる四国堂建立の経緯

前述のとおり『四国堂心願鏡』は、享和二年（一八〇二）の四国堂竣工に合わせて、その建立の経緯と自身の生涯について記した木喰の自叙伝でもある。そもそも四国堂とは何か。ここで『四国堂心願鏡』の記述から、あらためて確認しておきたい。[注26]

『四国堂心願鏡』は、最初に木喰の本願、そして自叙伝、次に和歌を記して最後に奥書がある。自叙伝の前半ではその生涯を振り返り、十四歳の時に故郷から江戸に出たこと、二十二歳で大山不動尊で出会った真言宗僧侶について出家したこと、四十五歳で廻国修行を志して常陸国観海上人の弟子となり木食戒を授かったことに続き、廻国修行の途次、日向国分寺で伽藍再興を成し遂げたことが記される。

その後寛政九年（一七九七）に九州を発ち、故郷に戻って永寿庵の五智如来を勧請して再び出立しようとしたところ、次のような事態となり、以降四国堂建立の経緯が綴られる。

當村ヨリ、ヨコテムラマテ、イチレツ、イツタイニ、申合、ネガイキクル事、タイモウノ、ネガイノギ、ヲボツカナハ、ソウラエドモ、アマリシュシャウノギニ、メンシテ、ソフダンニヲヨブ

これによれば、丸畑村（當村）から横手村まで一帯申し合わせて「大望」の申し出があり、心もとなく不安に思ったがあまりに熱心な様子なので、相談に及ぶこととなった、というのである。続く記述によれば、その後兄弟の山に草庵を結び、道具や用材などすべて寄進によってまかない準備を整え、寛政十三年（一八〇一）三月六日よりとりかかったものの、作業半ばに至り村人の協力は徐々に失わ

れ、最終的に十三軒のみの協力によって、享和二年（一八〇二）二月二十一日に完成をみるのである。

先に木喰の作仏は各所で望まれた尊像を制作して奉納すると述べたが、ここでは「タイモウ（大望）」とあるのみで、村からの具体的な申し出については記されていない。四国堂の建立趣旨については、四国遍路ができない故郷の人々のために八十八ヶ所霊場の本尊を安置したなどの指摘がなされてきたが[注27]、『四国堂心願鏡』の次の記載によって、より積極的に木喰の意図が影響した可能性がうかがわれる。

ソノ節、ヒヤウギシテカタク申合十三人講中トキハメ、四國八十八所ハ日本廻國大願成就ノ供養ノタメニ、コノトコロニ八十バンクハンジヤウス、又ナミサハムラノ施主ハキシン、カウリヨク、アルイハ、人足トウマデモ、万ジ心ツケタル、至心ノ心ザシニメンジテ八尊ハ三人ノ内佛トシテ、サヅクルモノナリ、リヤウムラメテ、八十八バンナリ、

これは、最終的な協力者十三軒が決まったことを伝える内容で、これにより四国八十八ヶ所の本尊は、日本廻国大願成就の供養のため、四国堂にそのうち八十尊を勧請し、南沢村の三人の施主の心づくしの尽力に感謝して、残りの八尊を内仏として授けたことが知られる。木喰はこの帰郷で日本廻国の大願を達成したのであり、この記述によれば、四国堂はその供養のために勧請したと解釈することもできる。

想像をたくましくすれば、村人からの「大望」の申し出に具体的な希望はなく、堂宇の建立や仏像の造立は、木喰に一任された事業だったのかもしれない。しばらく故郷に逗留するあいだ、永寿庵五智如来像など幾つかの造像をまのあたりにし、彼の日向国分寺再興の話を耳にしたかもしれない故郷の人々には、木喰が積んできた功徳を自分たちも共有したいという思いが出来したのではないだろうか。木食行には、特に苦行性が伴う。それは聖の性格のひとつであり、原始宗教者の代受苦性と滅罪信仰のあらわれとされ、聖は共同体の苦難を引き受けて救済するという機能を持つがために、共同体から容認され得たとの指摘があるが[注28]、逆の見方をすれば、聖が積んできた功徳は共同体において共有され得るものだという認識があった可能性もあろう。

木喰は「相談に及んで」、建立すべき堂宇の性格を自身が信仰の軸足を置いた真言密教に縁深く、二度の巡歴を果たした四国八十八ヶ所霊場の本尊を勧請する四国堂とするに及び、安置すべき最初の像として、真言宗の開祖・弘法大師空海の像を制作した（寛政十三年三月八日銘・山梨県立博物館蔵）（挿図）。また、完成した堂内には、四国堂仏制作直前に造像した自身像（同年二月二十四日銘・日本民藝館蔵）が安置されていたという[注29]。自身像は、人生の重要な節目（米寿、千体仏願成就など）で制作される場合があり、また

弘法大師像（山梨県立博物館）正面

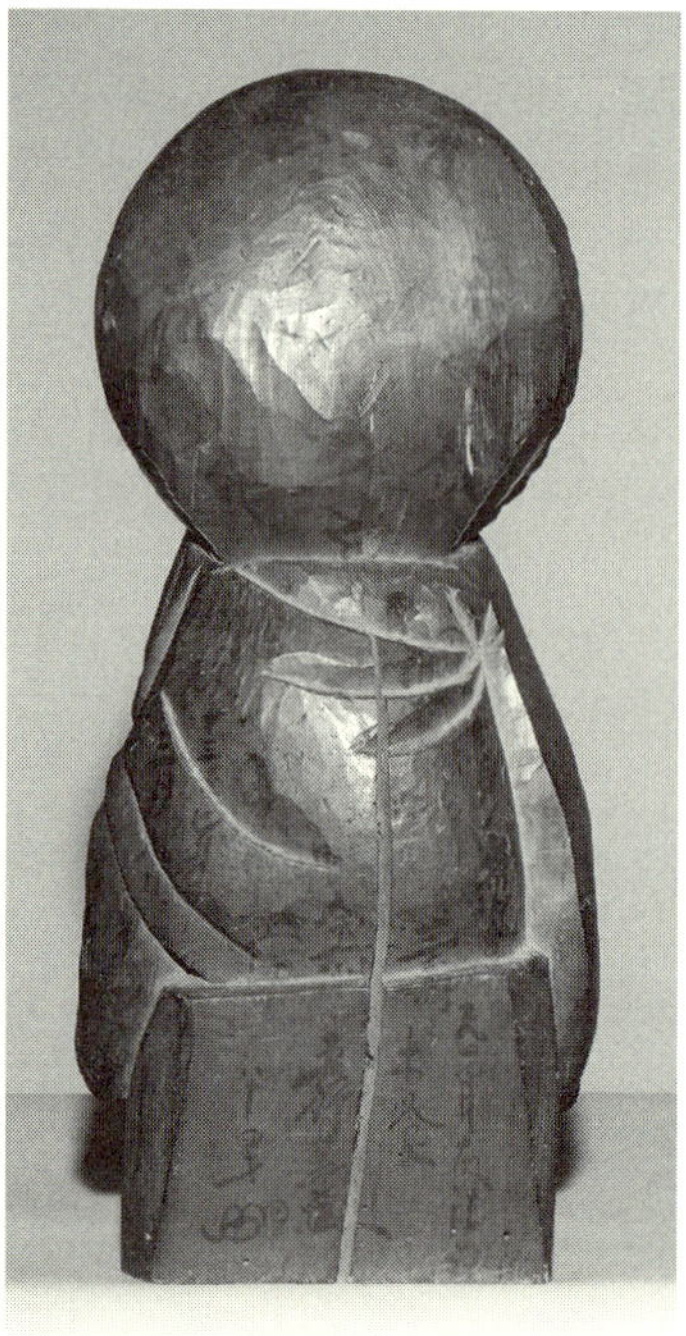
同　背面

本像以前に制作されたものに、堂宇や本尊に先立って制作された例はない。[注30]したがって、本像が廻国大願達成の意味合いを持つことは間違いなく、群像に先立って制作された自身像の初例ということからも、四国堂造立に込められた思いの深さをうかがうことができる。

前述のように木喰が自身の宗旨によらず人々の求めに応じて作仏を行ってきたことからすれば、自身の信仰に基づき、さらに廻国満願成就の意味を込めて建立した四国堂は、彼が生涯に成した事績の中でも特別な位置を占めるといえる。また、幼くして離れた故郷の人々が、大願成就して戻った自分を認め、望まれて行った造立であることを考えれば、心情的にも特別な意味があったに違いない。この事業にこめられた木喰の思いが並々ならぬものであったことは、『四国堂心願鏡』の奥書に記された「四國堂　木喰五行ノ一切一ツキコンリヤウナリ（四国堂　木喰五行の一切一期の建立也）」の言葉が如実に物語っている。

しかし実際のところこの事業は難航した。『四国堂心願鏡』によれば、最初一切の協力を申し出た村人たちは、事業半ばに至り折り合いがつかなくなり、協力者は徐々に減り、最終的に十三軒となった。今、「講中蓮名〆拾三人」（木喰の里微笑館保管）に記されるのがその十三軒の名である。『四国堂心願鏡』は、行道が村の人々に、仏に懺悔して深く信心し、互いに思いやって仲良く暮らしていくことを切実に願う文章で閉じられ、その思いが込められた和歌が添えられている。四国堂を残しこの地を発った木喰は、二度と故郷に戻ることはなかった。

## 木喰の造像における四国堂諸像の位置

以上、四国堂建立は木喰の宗教的事績において特別な意味を持つものであることがわかった。四国堂のために制作された仏像は、四国八十八ヶ所霊場の本尊八十八体と宗祖弘法大師像一体の八十九体である。なお、このうち八体は内仏として南沢村の支援者に与えられたので、実際に安置されたのはそれを除いた八十一体と、自身像（同年二月二十四日銘・日本民藝館蔵）と大黒天像[注31]を加えた八十三体であった。

木喰が作仏を始めたのは、現在確認されている作品から、安永七年（一七七八）に北海道に渡ってからのことで、以降生涯にわたり各地で続けられる。[注32]栃木県鹿沼市栃窪薬師堂の薬師三尊像と十二神将や、宮崎県西都市国分寺の五智如来像など、比較的初期の頃にも一具の像が見られるが、西国三十三所観音などのまとまった数の群像制作は晩年になってからの特徴で、新潟県にその作例が多く残されている。それらを概観しても四国堂像の数に及ぶものはなく、群像制作の中でも最大のものとして重要な位置を占める。

また、木喰の作風は、およそ前期、中期、後期にわけて考えられる。前期は北海道で作仏を始めてから、九州で日向国分寺を再興しおよそ十年にわたり住職を務めるなどした、安永七年（一七七八）六十一歳から寛政九年（一七九七）八十歳頃までとされる。中期は、九州を発って廻国を再開し、廻国満願を果たして帰郷し四国堂諸像を制作する享和元年（一八〇一）八十四歳頃まで。後期はそれ以降文化七年（一八一〇）九十三歳までにあたる。[注33]

造形・作風の特徴は、前期は造像を始めたばかりの試行錯誤の様子がうかがえる。頬のふくらみを強調するためか口の周囲を彫り込むようにする相貌表現も手馴れておらず、そのため静かに沈思するような表情のものが多い。中期は、寛政九年七月銘山口県美祢市秋芳町観音堂毘沙門天の像背銘に初めて「日本千躰の内」の文言が見られ、千体仏造像を発願したと考えられる時期にあたる。頭光と本体を一木から刻み出し、頭光の縁を放射状に彫りこんでいくなど形式的にも整えられ、口角をやや上げた、穏やかな表情を見せるようになり、後に継承されていくいわゆる木喰様式が完成した時期とされる。そして晩年に至る後期では、千体仏達成を目指すかのように群像が多く制作される。文化四年（一八〇七）に制作した像には「二千」の文字が墨書されたものがあり、この頃までに千体仏を達成し、二千体を新たに発願したと考えられる。[注34]彫技も手馴れたもので、「微笑仏」の呼称に相応しい満面の笑みを浮かべた表情もこの期の特徴である。

四国堂像は中期の制作にあたる。いずれも像高七〇センチメートル前後で統一され、縁を放射状に刻んだ頭光も含んで一木で彫成される。これは四国堂像より数年前の愛知・静岡での造像から定着する形式だが、ここにおいて群像すべてに施されるという安定したものとなった。[注35]相貌は、目尻はややつりあがり、眉目はおおぶりに表現される。前期では両端を長めに表現して口角を下げた印象をあたえた上唇の表現も改められて自然であり、頬の丸みを強調するかのように彫り下げていた口から顎にかけての面も滑らかに整えられている。そのため、笑みを浮かべているとまでは感じられないものの、表情は総じて穏やかで、むしろ仏の聖性を感じさせものとなっている。手など細部の表現に不自然な要素を残すものも見られるが、全体に丸みを帯びた滑らかな彫りで仕上げられている。

台座は、上から荷葉、蓮台（蓮実、蓮弁）、框の三部で構成され、荷葉に列弁状の彫刻を施しているのが特徴的である。そのため、より華やかな造形となり像の荘厳性を高める効果があったと思われるが、これは、静岡県内の数例と、丸畑周辺で制作された像にのみ見られる形式である。[注36]

このような造形的特徴は、列弁状の荷葉を除いては以降の造像に継承されていく。荷葉そのものは形成されるが、列弁状の彫刻は省略されていくのである。こうした簡略化を伴う定型化は、この後群像制作が増加していく中で、必然的に行われていったと言えるのかもしれない。[注37]四国堂像は、前述のように寛政十三年（一八〇一）三月六日より制作が始められ、開眼供養は翌享和二年二月八日に行われるが、「講中蓮名〆拾三人」によれば同年十一月には完成している。九ヶ月間で八十九体を彫り上げたことになり、およそ三日で一体を完成させたことになるが、弘法大師像の背銘には三月八日と記されているため、それが確かなものであることがわかる。

このように、四国堂像は他の像には類例の少ない装飾的要素と、大量制作を可能にする定型化への指向を示す造形的特色を兼ね備えており、中期に完成された木喰様式においてその到達点を示した作品と言える。そのため、木喰仏中の群像制作、また造形的展開において、その占める位置は非常に重要なものと言える。

## おわりに

以上、いくつかの観点から、四国堂とその安置諸像について考察してきた。木喰は廻国して作仏するという行為によって真言宗の教義を体現することを本願としており、状況の必要性に応じてあらゆる神仏の像を制作した。しかし故郷で人々に求められた堂宇建立では、自身の本義である真言宗と深い関わりのある四国堂を建立し、そこに自身の廻国満願供養という意味合いをも込めた。さらに安置された群像は生涯最大の数を誇るものであり、様式的にもひとつの到達点を示すとともに、その後の大量造像の方向性をも包含するものであった。以上を踏まえれば、四国堂は木喰自身の宗教的思想を最もよく反映したもので、安置諸像は彼の作品の作風変遷を考える上で重要な意味をもつものであり、一連の四国堂建立事業は、彼が生涯を通じて成した宗教的事績の中でも、特筆すべきものと言える。また、数々の困難にも関わらずこれを完遂した事情を考えれば、故郷の人々に仏恩を施したいという個人的な強い思いがあったことも想像に難くなく、宗教者とは異なる、木喰の人としての心情をも垣間見ることができる。

柳宗悦が最初に目にした仏像は三体、そのうちの一体は、四国堂諸像のうち木喰が一番に鑿を振るった弘法大師像であった。[注38] 木喰生涯の事績のみならず木喰研究においても、四国堂が有する意義は非常に大きいと言い得るのである。

注

1 小島梯次「主な木喰仏の所在分布」『円空・木喰展 「庶民の信仰」の系譜』図録、株式会社アートワン、二〇〇九年

2 柳宗悦「附録 上人発見の縁起について」(『木喰五行上人畧伝』木喰五行研究会、一九二五年)。なお、以下に挙げる柳の論考についてはすべて『柳宗悦全集著作篇』第七巻(筑摩書房、一九八一年)に再録されている。また、柳の木喰仏発見から、それ以降の一連の調査等については、森谷美保「柳宗悦の木喰研究――大正末期に起こった木喰仏発見の騒動について」(『生誕二九〇年 木喰展 庶民の信仰――微笑仏』図録、神戸新聞社、二〇〇七年)に詳しい。

3 柳宗悦「故郷丸畑に於ける上人の彫刻」『木喰五行上人の研究』(木喰五行研究会発行、一九二五年)。なお、現存する四国堂像については拙稿「山梨の木喰仏」中表2参照(『生誕二九〇年 木喰展 庶民の信仰――微笑仏』図録、神戸新聞社、二〇〇七年)。四国堂はその後、木喰生誕二六〇年にあたる昭和五十三年(一九七八)に再建された。

4 矢島新「内なる仏を彫る」『木喰仏』東方出版、二〇〇三年

5 五来重『微笑仏 木喰の境涯』淡交社、一九六六年(『円空と木喰』淡交社一九九七年再録)

6 五来重『増補高野聖』角川書店、一九七五年

7 和田昭夫「木食応其考」『密教文化』五五・六一、一九六一年(『山岳宗教史研究叢書三 高野山と真言密教の研究』名著出版、一九七六年再録)

8 西海賢二「木食僧の系譜――観海・行道・観正――」『仏教民俗大系二 聖と民衆』名著出版、一九八六年

9 伊藤真徹『日本浄土教文化史研究』隆文館、一九七五年

10 小島梯次「木喰の作品と生涯」(注1前掲書所収)

11 孤杉彩「木喰の自身像」(前編)(後編)『芸術学学報』六・八、一九九八年

12 宮島潤子氏は、弾誓系木食行者は作仏が修行の一環であると指摘し(『角川選書二三八 謎の石仏 作仏聖の足跡』角川書店、一九九三年)、五来重氏は木食戒のひとつとして定められていたからだと述べている(注5前掲書)。

13 矢島新「数を求める造仏」(『近世宗教美術の世界――内なる仏と浮世の神』図書刊行会、二〇〇八年)。氏は、近世以前の大量造仏について、平安時代は仏師に発注する貴族的な作善、鎌倉時代以降は知識階級による自己修養的な作善とし、室町時代に至り庶民層にまで行き渡り始めたとして、その性格の違いを述べている。

14 矢島氏前掲論文(注13)

15 この言葉が最初に現れるのは文化四年(一八〇七)年一月八日銘の「自身像」(京都・蔭凉寺)で、その後丹波・摂津猪名川での作仏には再び「日本千タイノ内」と記し、七月四日銘松尾大権現と日本和歌三神像以降の像には「二千タイ」の文字が見られるようになる。そのため、千体達成の時期については明らかでないが、五行菩薩から明満仙人に名前をかえる「自身像」からとする考えもある(注11孤杉氏前掲論文、注13矢島氏前掲論文)。

16 小島梯次氏は、円空による群馬県富岡市一ノ宮・貫前神社旧蔵の大般若経断簡に記された文言のうち「十八年中動法輪」に注目して、それを十八年間法輪(仏法の教え)を動かしてきたということ、すなわち十八年前に布教を始めたと解釈し、奥書の延宝九年(一六八一)から逆算してそれが寛文三年(一六六三)にあたり、円空最初の像が制作された年と一致することから、円空自身、造像が布教であると考えていたと推測している(同氏「円空仏・木喰仏」注1前掲書所収)。近世の聖が造像を手段として認識していたことをうかがわせる史料といえる。

17　小島氏前掲論文（注16）より抽出して整理すると次のようになる。
・六大願
寛政十年（一七九八）　木札（鳥取県東伯郡・観音堂）
寛政十一年（一七九九）　子安観音菩薩像（愛媛県四国中央市・光明寺）
寛政十二年（一八〇〇）　「大沙殿」扁額（静岡県周知郡・金森神社）
・拾大願
享和二年（一八〇二）　「講中蓮名〆拾三人」（山梨県・木喰の里微笑館保管）
同年　『四国堂心願鏡』（山梨県・木喰の里微笑館保管）
・十八大願
享和三年（一八〇三）　『木喰うきよ風りふわさん』（糸魚川市歴史民俗資料館）
文化元年（一八〇四）　奉納額（新潟県長岡市・個人）
同年　仁王像台座銘（新潟県長岡市・真福寺）
文化二年（一八〇五）　奉納額（新潟県柏崎市・大泉寺）
文化五年（一八〇八）　阿弥陀如来図（山梨県甲府市・善光寺）ほか

18　宮島氏前掲書（注12）

19　なお、前者については生年を享保十三年（一七二八）と解釈すれば空白は生じない。

20　宮坂宥勝「甲斐の木喰――八宗一見と阿字観――」（『智山学報』四八、一九九九年）。真言僧としての木喰の信仰について明確になされた最初の指摘は梅原猛「明治百年における日本の自己誤認　日本人の宗教的痴呆」（『美と宗教の発見　創造的日本文化論』筑摩書房、一九六七年、『梅原猛著作集』第三巻、集英社、一九八二年再録）においてであり、それまで主に作仏のみが論の対象であった木喰の、宗教者としての一面に光があてられた。

21　宮坂氏前掲論文（注20）

22　柳宗悦「丹波に於ける木喰佛」（『工藝』第二十一号、一九三二年）より引用。尚、柳自身による註釈等は省略した。

23　本史料には、他に木喰の容貌に関する記述がある。顔色が憔悴して、髪も髭も白く、螺のように乱れ伸びており、身長は六尺ほどで土色の衣をまとって錫杖を手にしていたといい、一見した当観は狂人ではないかと思ったという。厳しい木食行を修する様子が、この風貌からもうかがえる。また作仏を行う際の様子として、一室にこもり人が中を見ることを許さず、昼夜にわたり作業の音が聞こえていたことが記されている。

24　小島梯次「木喰の作品」中、木喰の神仏像数による（『生誕二九〇年　木喰展　庶民の信仰――微笑仏』図録、神戸新聞社、二〇〇七年）。弘法大師像は二十一体、興教大師・聖徳太子像各三体、行基像二体、理源・日蓮・道元などがそれぞれ一体と続く。

25　梅原氏前掲論文（注20）

26　『四国堂心願鏡』引用は、柳宗悦「木喰上人略傳」『木喰五行上人の研究』（木喰五行研究会発行、一九二五年）所収の翻刻を、土方定一『木喰の彫刻』（講談社、一九六六年）所収影印等を参考にしながら行った。なお、改行・改頁、改葉などの印は省略した。

27　宮坂氏前掲論文（注20）ほか、多くの指摘がある。

28　五来氏前掲論文（注5）

29　柳氏前掲論文（注3）。なお、『四国堂心願鏡』には四国堂の造作は寛政十三年（一八〇一）三月六日より始めるとあるので、ここではそれ以前に制作された自身像は四国堂仏には含めず、弘法大師像を最初の一体と解釈する。

30　孤杉氏前掲論文（注11）

31　柳氏前掲論文（注3）。現在は不詳のため、これが当初から四国堂安置を想定して制作されたかは不明である。

32　従来木喰の処女作といわれていた北海道二海郡八雲町門昌庵の子安観音菩薩像が、木喰の弟子・白道の作であることが近年の調査により明らかにされた（小島梯次「北海道の白道仏」『微笑仏』一二、全国木喰研究会、二〇〇二年ほか）。現在確認されている現存最古の在銘作例は、安永八年（一七七九）五月二十四日銘、北海道爾志郡江差金剛寺の子安地蔵菩薩像である。

33　小島氏前掲論文（注10）の区分名称に依る。矢島氏などのように廻国前期、廻国後期、晩年などと呼称は異なる場合もあるが（注4前掲論文）、作風変遷の区分と内容については概ね一致する。また、行道から五行菩薩、明満仙人へと至る名乗りの変遷もおよそ作風の変遷と重なっていくため、宗教的自覚の深まりが、作風にも影響を与えているとされる。

34　文化四年（一八〇七）一月銘の京都藤京寺自身像に「日本二千ノ内ナリ」、同年七月銘松尾大権現像ほか四体の神像にも「日本二千タイノ内」とあるものの、その間の作品には再び「一千」と記されていることから、千体達成をどの時点とするかは諸説ある。

35　「図版解説（四国堂諸像）」（『東海の木喰仏』安城市歴史博物館　一九九九年）、矢島氏前掲論文（注4）。

36　荷葉というのは柳が用いた独特の呼称と考えられる（注3前掲論文）。なお、四国堂像の造形とそれに関連する作例については拙稿（注3前掲論文）参照。

37　独自の型を決めることによって像の量産を可能にしたという指摘もある（浅見龍介「円空と木喰の造像」『特別展　仏像　一木に込められた祈り』図録、東京国立博物館、二〇〇六年）。

38　柳氏前掲論文（注2）、式場隆三郎「木喰仏世に出づる迄」（『木喰上人の研究』第四号、木喰五行研究会、一九二五年）。

# 石仏の図像に関する一試論
## ――伊豆の三十三観音石仏群の図像分析から――

田島　整

### はじめに

静岡県の東端に位置する伊豆半島は、それ自体が巨大な火山岩の岩塊である。そのため伊豆は良質な石材に恵まれ、近世、石材に乏しい江戸への石材の一大供給地となった。伊豆産の石材は俗に伊豆石と呼ばれるが、大きく二種類に分けられる。一つは冷え固まった溶岩からなる安山岩質の堅牢な堅石であり、他方は降り積もった火山灰が堆積して岩となった凝灰岩で、軟石とよばれる。このうち、堅石は江戸初期に江戸城石垣に用いるため、伊豆東海岸から大量に海上輸送されたことが知られているが、一方の軟石も、石質が軟らかくて加工が容易なため、寺社の石段や建築の土台石、石仏・石塔などの材料としての需要から、やはり江戸に大量に供給された。一方、石材に恵まれた環境は、伊豆半島内にも豊富な石造物を残したが、そのうち三十三観音石仏群は、その規模から目を引くもののひとつである。筆者はかつて伊豆の三十三観音石仏群のうち、一四例を調査、概要を紹介したが[注1]、石仏の姿かたちに図像学的に興味深い問題があることを見出しながらも、この点を十分に論じることができなかった。本稿は伊豆の三十三観音石仏群の図像分析を通じて、江戸時代の石仏に採用された図像と造形上の問題について考えてみたい。なお、調査を行った一四例は以下の通りで、本稿はこのうちから数例を適宜参照しつつ論を進める。

①長谷寺石仏群（熱海市網代）　寛政三年（一七九一）
②円応寺石仏群（伊東市宇佐美）　不明
③東林寺石仏群（伊東市馬場町）　十八世紀中頃～後半

④永昌寺石仏群（伊東市富戸）　寛政十年（一七九八）
⑤堂の穴石仏群（伊東市八幡野）　寛政九年（一七九七）か
⑥大江院石仏群（伊東市八幡野）　寛政九年（一七九七）か
⑦観音山石仏群（河津町奥原）　元文元年（一七三六）
　～嘉永二年（一八四九）
⑧庚申堂石仏群（下田市須崎）　宝暦七年（一七五七）
⑨春日山石仏群（下田市五丁目）　文政十二年（一八二九）
⑩正善寺石仏群（南伊豆町手石）　文化十一年（一八一四）
⑪日和山石仏群（南伊豆町子浦）　明治三年（一八七〇）以前
⑫熊野山石仏群（伊豆市湯ヶ島）　寛政七年（一七九五）
⑬戸倉野石仏群（伊豆市戸倉野）　文化十年（一八一三）
⑭安楽寺石仏群（伊豆市土肥）　寛政六年（一七九四）

## 一、三十三観音石仏群とは

本論に入る前に、三十三観音石仏群の性格を明らかにしておきたい。

三十三観音石仏群とは、三十三体の石造観音像から構成される石造物群である。江戸時代の石仏の多くは、完全な立体彫刻（丸彫り）ではなく、半肉彫りの浮彫だが、伊豆の三十三観音石仏群を構成する観音像も、観音山石仏群と安楽寺石仏群の二例を除いて浮彫であり、砲弾型に成形した石材の前面に観音像を半肉彫りし、背景を舟形光背とする。刻まれた観音の種類は、千手観音がおよそ半分で最も多く、次いで如意輪観音と十一面観音がほぼ同数の四～六体、三体前後の聖観音と続き、さらに馬頭観音、准胝観音、不空羂索観音をそれぞれ一体ずつで、いわゆる七観音がすべて含まれる。

この群像が何を意味するかについては、西国、坂東、秩父、その他の地方霊場など、各地の三十三所の観音霊場本尊をあらわしたとする説が有力である。[注2]一方、伊豆の遺例に限ると、光背や台座に西国三十三所の霊場名を刻むもの、[注3]石仏群の由来を刻む石碑に、西国霊場本尊を写したとあるものが散見される。[注4]さらに、観音山石仏群を除き、千手観音と思われる多面多臂像が多く含まれるため、千手観音を本尊とする霊場が三所しかない秩父霊場を写したものではないことが分かる。同様に、伊豆の地方霊場である伊豆横道観音霊場も、千手観音を本尊とする霊場は一所のみだから、石仏群とは関係がない。最後に坂東霊場だが、坂東霊場本尊に如意輪観音は含まれないのに対し、伊豆の三十三観音石仏群には数体の如意輪観音が存在するため、坂東霊場も候補から除外できる。このことから、伊豆の三十三観音石仏群は全て西国霊場本尊を写したものと結論できる。[注5]

また、三十三観音石仏群の造立目的について触れておきたい。一般的に三十三観音石仏群は、霊場巡拝に行けない人々の信仰の便を図り、霊場本尊と結縁させる目的で造立されたものと言われている。この説は妥当だろうが、戸倉野石仏群の三十三番・如意輪観音坐像の台座には「天下泰平　國土安全　当村安全」と刻まれ、地域の安全が祈願されている。また、日和山石仏群は、漁民や廻船業者が出漁・出航の際に天候を判断する日和山にあること、廻船業者が石灯籠を奉納していることなどから、[注6]海上安全を祈願した可能性が高い。一方、東林寺石仏群には戒名を刻む像があり、追善供養のためであることが推測できる。このように観音石仏群の造立には、様々な祈願が同時に込められていたらしい。

## 二　問題の所在

伊豆の三十三観音石仏群は西国霊場本尊を写したものであるため、個々の石仏は、該当する霊場本尊と観音の種類が一致すると考えられる。しかし、実際に三十三観音石仏群を調べると、霊場本尊とは明らかに仏の種類が一致しないか、あるいは少なくとも一致しないかのように見える例が散見される。またその造形が特異で、石工が霊場本尊を写すことには関心を払わず、自由に鑿をふるって制作したように見える像も多い。石仏愛好者の間には、古代・中世の仏像が仏教教理や儀軌に従って造像されたのに対し、江戸時代の石仏の造形は、図像上の束縛から解放された、庶民による素朴な信仰の発露であり、そこに石仏の魅力があるという意見も根強い。筆者も江戸の石仏にそのような面があるとは思うが、三十三観音石仏群が写し霊場であることを思えば、ことこの石造物群に関しては、本尊の姿を写し、再現することが造像の発願者や石工の目標であったと考えざるを得ない。このように考えると、霊場本尊と石仏群の間に不一致が見られるという問題を、石工の独創に帰すべきか疑問が残る。そこで本稿では、伊豆の三十三観音石仏群の中から、西国霊場本尊と一致しない例を抽出して分析、一見、誤りや独創に見える造形の背後にある図像学を考えてみたい。

## 三　准胝観音と不空羂索観音の表現

表1は、西国霊場本尊をあげたものである。[注7]これを見ると、千手観音や十一面観音といった著名な変化観音のなかに、准胝観音と不空羂索観音という知名度の低い観音が一体ずつ含まれている。本稿では最初に、三十三観音石仏群が、この二つの変化観音をどのように表現しているか見ていきたいが、その前に西国霊場本尊の姿を確認したい。

まず不空羂索観音だが、九番・興福寺南円堂本尊がこの仏である。この像は、体内に納入された願文から文治五年（一一八九）、康慶が制作したことが判明する像で、国宝に指定されている。[注8]本像は一面八臂の坐像で、左右第一手は正面で合掌し、第二手の左に蓮華、右に錫杖、第三手は左右ともに膝の後ろで与願印とする。第四手は左右とも合掌する第一手の肘下に突き出し、左に羂索を右に払子をとる姿である。一方の准胝観音は、十一番・上醍醐寺准胝堂の本尊

表1　西国霊場本尊

| | 霊場名 | 本尊 |
|---|---|---|
| 1 | 青岸渡寺 | 如意輪 |
| 2 | 金剛宝寺 | 十一面 |
| 3 | 粉河寺 | 千手 |
| 4 | 施福寺 | 千手 |
| 5 | 葛井寺 | 千手 |
| 6 | 南法華寺 | 千手 |
| 7 | 岡寺 | 如意輪 |
| 8 | 長谷寺 | 十一面 |
| 9 | 興福寺南円堂 | 不空羂索 |
| 10 | 三室戸寺 | 千手 |
| 11 | 上醍醐寺 | 准胝 |
| 12 | 正法寺 | 千手 |
| 13 | 石山寺 | 如意輪 |
| 14 | 三井寺 | 如意輪 |
| 15 | 観音寺 | 十一面 |
| 16 | 清水寺 | 千手 |
| 17 | 六波羅蜜寺 | 十一面 |
| 18 | 頂法寺 | 如意輪 |
| 19 | 行願寺 | 千手 |
| 20 | 善峰寺 | 千手 |
| 21 | 穴太寺 | 聖観音 |
| 22 | 総持寺 | 千手 |
| 23 | 勝尾寺 | 千手 |
| 24 | 中山寺 | 十一面 |
| 25 | 清水寺 | 千手 |
| 26 | 一乗寺 | 聖観音 |
| 27 | 円教寺 | 如意輪 |
| 28 | 成相寺 | 聖観音 |
| 29 | 松尾寺 | 馬頭 |
| 30 | 宝厳寺 | 千手 |
| 31 | 長命寺 | 千手・十一面・聖 |
| 32 | 観音正寺 | 千手 |
| 33 | 華厳寺 | 十一面 |

で、不幸にして二〇〇八年の八月、雷火で焼失した。写真から見る限り本像は、准胝観音像の基本形である一面十八臂坐像であったらしい。[注9]

それでは不空羂索観音と准胝観音は、三十三観音石仏群においてどのように表現されているのだろうか。検討に際して注意したいのは、石仏の順番が入れ替わっている可能性である。そこでここでは、光背や台座に霊場番号が刻まれている春日山石仏群・正善寺石仏群・戸倉野石仏群に、順番の混乱がなかったと考えられる、長谷寺石仏群と熊野山石仏群を加えた五作例を検討する。まず不空羂索観音像を見ると、長谷寺像（挿図1）を除く四例が三面六臂坐像である。また例外の長谷寺像も本面の左右に本面と同じ大きさの脇面を配し、頭上に小さな一面をあらわす六臂坐像であることから、三面六臂坐像のバリエーションと考えて良いだろう。一方、准胝観音像を見ると、春日山像は一面四臂坐像、熊野山像が一面六臂坐像、長谷寺像は三面六臂坐像、正善寺像と戸倉野像（挿図2）は三面八臂坐像であった。

挿図1　長谷寺の不空羂索観音

挿図2　戸倉野の准胝観音

問題は、石仏と霊場本尊が図像的に一致しない点である。霊場本尊像に限らず一面八臂が基本形の不空羂索観音が、石仏では共通して三面六臂坐像にあらわされていることに着目すれば、これらの相違は石工の誤りとは思えず、何らかの規則に従って造像した結果と考えられる。また臂数や面数が一定せず、図像に規則性がないように見える准胝観音の石仏についても、三十三観音石仏群を構成する石像の多くが立像であるのに対し、准胝観音が決まって坐像にあらわされている点は、ある種の規則性を思わせる。また、一面が基本形の准胝観音を三面にする作例が多いことにも、理由があるだろう。

　三十三観音石仏群の不空羂索観音像と准胝観音像の姿に霊場本尊とは異なる姿を与えた要素は何か。まず考えられるのは、誤った姿に造立された三十三観音石仏群を模して、他の群像が作られた可能性である。あるいは、石仏群を造った石工が同じ系統にある可能性もあるだろう。しかし、各石仏群を見ると、それぞれの造形は個性的で、同じ系統の作者による作例とは思えず、影響関係も想定しにくい。さらに表2は、千手観音の臂数を各作例間で比較したものだが、これを見ると、図像的にも各作例は一致しないことが分かる。これらの造形の違い、図像の差異は、各石仏群がそれぞれ孤立した状況で造像されたことを示しており、伊豆の三十三観音石仏群相互間に影響関係は考えにくい。

　石工が「仏像図彙」[注10]を所有していたという報告がある。[注11]「仏像図彙」は、江戸時代に信仰されていた仏像の図を土佐派の画工・紀秀信が描き、簡単な説明を付したもので、元禄三年（一六九〇）に出版されて以来、明治十九年（一八八六）まで内容を増補しつつ版を重ねた仏像図像集である。これを所有していたのは新潟県魚沼郡の石工・太良兵衛で、彼は文化六年（一八〇九）から嘉永二年（一八四九）年にかけ、自らの仕事を「大幅細工覚帳」に記録、総作品数は二九四五点にのぼる。彼は三十点余りの書籍を所持していたが、このうちに「仏像図彙」五冊がふくまれ、彼が制作の際に本書を参照していたことが推測できる。ところで「仏像図彙」は江戸時代もっとも流布した仏像図像集であるから、太良兵衛以外の石工もこれを所持し、石仏制作の参考にしていた可能性が高い。そこで「仏像図彙」に掲載された不空羂索観音と准胝観音の図を検討すると、不空羂索観音は一面

表2　千手観音石仏の図像比較

| 石仏群 | 面数 | 臂数 |
|---|---|---|
| 長谷寺 | 一面が多い | 十四臂・十八臂が多い |
| 円応寺 | 一面 | 八臂ついで六臂が多い |
| 東林寺 | 一面 | 十臂と十四臂のみで十臂が多い |
| 永昌寺 | 一面と十一面 | 十二臂が多い |
| 大江院・洞の穴 | 十二面 | 十四臂 |
| 観音山 | 一面 | 八臂 |
| 熊野山 | 一面 | 十二臂～二十二臂で様々 |
| 戸倉野 | 一面が多い | 十四臂が多い |
| 庚申堂 | 一面 | 二十臂が多い |
| 春日山 | 六面 | 十四臂 |
| 正善寺 | 一面と七面 | 十六臂 |
| 日和山 | 一面 | 十二臂 |

八臂坐像、一方の准胝観音は一面十八臂坐像で、実際の霊場本尊と同じ姿であった。このことから、石仏の図像の出典は、「仏像図彙」ではないことがわかった。

ところで、三十三観音石仏群が、西国霊場本尊を写した石造物であるという原点に立ち戻ると、霊場本尊の情報を記した書籍が、石仏の姿に影響を与えた可能性が考えられる。例えば江戸時代の巡拝者は、各種の西国霊場案内記（以下、案内記と略す）を手に巡拝を行っていたが、これらの案内記の記述や掲載された図が石仏の図像に採用された可能性はないだろうか。また、西国霊場周辺では、各霊場本尊の絵姿を一枚の紙に並べて刷った版画（本稿では西国三十三所本尊御影図、略して本尊御影図と呼ぶ）が数多く頒布されていたが、この本尊御影図も石仏群の手本になった可能性がある。そこで次に、案内記と本尊御影図の図像と、三十三観音石仏群の図像の異同を検討したい。

まず、江戸時代に刊行された案内記のうち、筆者が参照し得た五本を選び、そこに記され、あるいは挿絵として描かれた各霊場本尊の図像を検討する。検討した五本は享保十八年（一七三三）に初版が刊行された「秩父坂東西國順禮行程記」、寛延二年（一七四九）の「順礼改道車」、安永二年（一七七三）の「西国順礼道中杖」、寛政三年（一七九一）の「西国順礼細見記」、文政八年（一八二五）刊行の「西國順禮道中細見大全」である。注12

まず「秩父坂東西國順禮行程記」を見る。案内記には霊場本尊の図が必ずといってよいほど掲載されているが、本書には霊場本尊の挿絵は無く、その代わり本尊に関し簡単な記述がある。それによると、九番札所・南円堂の部分には「本尊一丈六尺不空けんさく八臂」とある。残念ながら面数の記述がないが、本書の前半に七観音の図があり、このなかの不空羂索観音図は三面八臂坐像であるため（挿図3）、南円堂本尊も三面八臂坐像と考えられていた可能性が高いだろう。一方、十一番・上醍醐寺の項には「本尊三尺の三面八ぴの志由んでい」とあり、霊場本尊を三面八臂像としている。次に

挿図3　不空羂索観音（行程記）

挿図4　不空羂索観音（細見大全）

挿図5　准胝観音（細見大全）

「順礼改道車」を見ると、九番・不空羂索観音は三面六臂坐像に、十一番・准胝観音を一面六臂坐像に描いている。以下、「西国順礼道中杖」は、九番は三面六臂坐像に、十一番は三面八臂坐像に描き、「西国順礼細見記」は、九番、十一番ともに三面八臂坐像に描いていた。最後に「西國順禮道中細見大全」を見る。本書は各霊場の御詠歌や由緒、本尊の情報はもちろん、霊場までの距離や道順の地図、霊場周辺の名所などまで収録された誠に親切な案内であり、西国霊場案内記の決定版と言える内容のものである。本書の各霊場の記述部分を見ると、九番・不空羂索観音としては三面六臂坐像が（挿図4）、十一番・准胝観音には三面八臂坐像が描かれている（挿図5）。以上の結果をまとめると、案内記おいて、九番・不空羂索観音は三面六臂坐像か三面八臂坐像に、十一番・准胝観音は一面六臂坐像が一例ある他は、他は全て三面八臂坐像として紹介されているという興味深い結果が得られた。

次に西国三十三所本尊御影図を検討したい。これらはいずれも縦長の紙に墨一色で刷られた粗製の版画で、最上段に一番・紀伊熊野那智本尊・如意輪観音坐像ほか三番までの三体の本尊図を、以下五体ずつ六段に四番から三十三番にいたる本尊図を並べている。これら本尊御影図は江戸時代から近代にかけ、西国霊場の周辺で掛軸の形で販売されていたものと思われる。かなりの種類があるが、筆者が見ることができたのはそのうちの四本で、基本的なデータは以下の通りである。

A本（縦五〇・一一cm×横二一・三cm）（挿図6）

上部一九文字二三行に渡って西国霊場縁起が刷り込まれており、さらに「観音参詣之日」として観音の縁日が上げられている。縁起の末尾に「貞享元年五月吉日」（貞享元年＝一六八四年）とあり、これが開版年か。最下段に「濃州谷汲山華厳寺」とあり、三十三番・華厳寺周辺で頒布されていたものらしい。

B本（縦六九・五cm×横二七・三cm）

上部に一七文字一六行に渡って西国霊場縁起が刷られる。年銘はないが、縁起の末尾に名を記す筆者「熊野那智山釈頼雄」は、延宝五年（一六七七）年の古文書に名が見られるため、[注13]本図はおよそ十七世紀後半の開版か。最下段に「紀州熊野那智山開板」とあり、一番・那智山が頒布したものとわかる。

C本（縦五七・五cm×横二七・二cm）

上に天蓋が描かれ、その右に「種々重罪五逆消滅／自他平等即

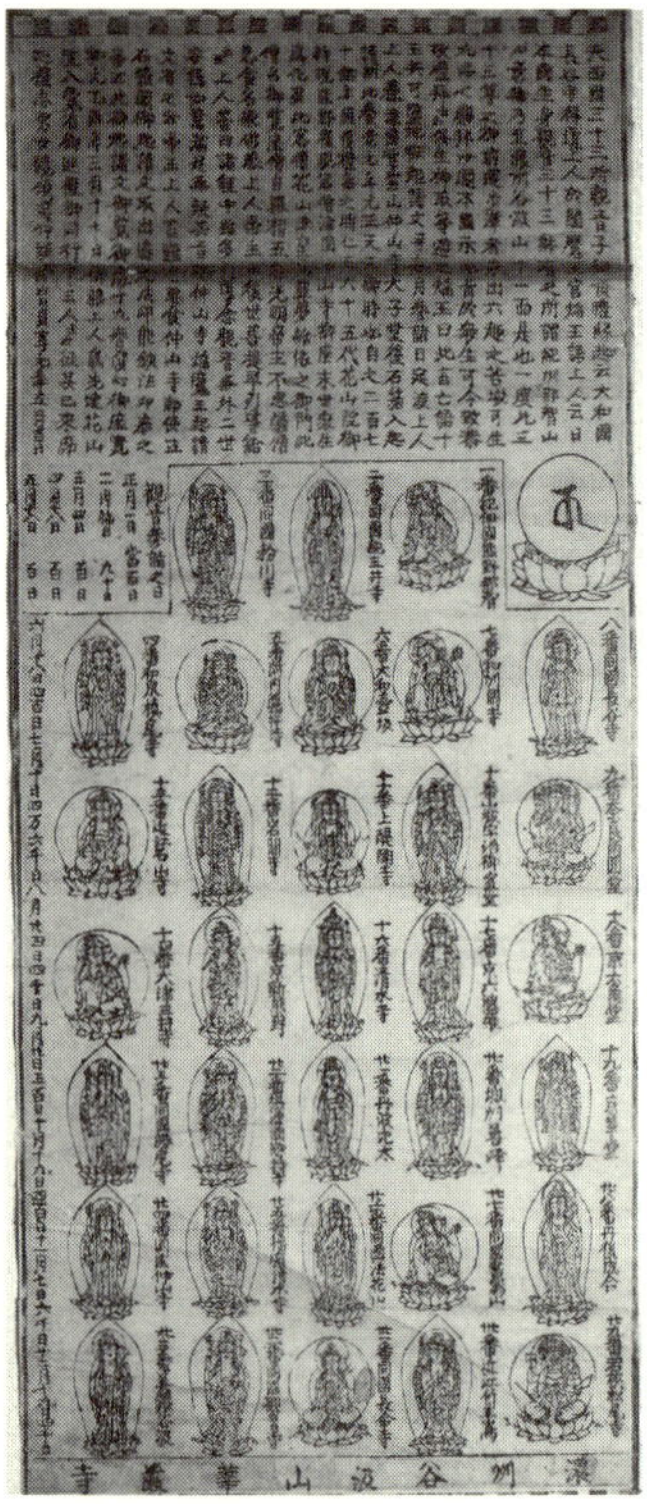

挿図9　本尊御影図（A本）

身成佛」左に「南無大慈大悲／観世音菩薩」の文字がある。年代や頒布地は不明。各観音図は四本の中で最も詳細で正確である。

D本（縦六七・九cm×横二八・八cm）

上に天蓋、その上方左右に飛雲に乗る日月をあらわす。霊場番号と霊場名を像の周囲に記す以外、文字はなく、年代や頒布地は不明。観音像は細い線刻で簡潔に描く。

A～D四本の不空羂索観音を見ると、不空羂索観音は全て三面六臂坐像であり、石仏の姿と一致することが分かった。次に准胝観音だが、A本は一面六臂坐像、B本は三面八臂坐像、C・D本は三面六臂坐像である。このように本尊御影図に見られる准胝観音の図像には作例間で差異が認められるが、これは先述の通り、石仏の図像にも見られる特徴であり、むしろ、A本の一面六臂坐像は熊野山石仏群、B本の三面八臂坐像は正善寺石仏群と戸倉野石仏群、C・D本の三面六臂坐像は長谷寺石仏群の准胝観音石仏と一致している点は留意すべきだろう。本尊御影図の図像が石仏の図像の出典となったと仮定するならば、諸本に見られる差異が、石仏の図像の違いに由来しているとも考えられるだろう。

以上の考察から、三十三観音石仏に含まれる不空羂索観音と准胝観音の図像と、西国霊場案内記や西国三十三所本尊御影図に見られる両観音の図像が一致することが確認できた。これらの案内記や本尊御影は、京都や伊勢といった都市や、西国霊場周辺で販売されており、当時の人々が容易に入手できたものである。このことから、案内図や本尊御影が三十三観音石仏群の図像の出典になる可能性は高いと思われる。

## 四　熊野山三十三観音石仏群に見る特異な図像表現

次に、天城山の北麓に位置する、伊豆市湯ヶ島・西平地区の曹洞宗寺院、成就院の裏山に点在する熊野山三十三観音石仏群について考えてみたい。成就院は西国霊場巡拝を達成した萬右衛門が、中伊豆の最勝院八世・大用精賢禅師を開山に招き、弘治元年（一五五五）に開いたという寺で、萬右衛門は裏山を、西国霊場一番にちなんで熊野山と名付けたという。[注14] 熊野山石仏群の造立事情に関しては二つの説が行われている。一つは、安永五年（一七七六）にこの地の忠右衛門・藤右衛門が諸国巡拝の後、西国三十三所を模して石仏群を造立したというもので、[注15] 今一つの説は、宝暦五年（一七五五）に造立後、安永五年に忠右衛門・藤右衛門が西国巡拝を行い、霊場の石を石仏の下に納めたというものである。[注16] 一方、石仏群の最後、三十三番・聖観音立像の光背背面に「寛政七乙卯三月日」の刻銘があり、少なくともこの像は寛政七年（一七九五）に完成したものらしい。この事実は、宝暦五年造立説を疑わせるに十分だが、一方の説の安永五年からも二十年近く隔たっている。安永五年は石仏造立の発願年で、勧進や準備、三十三体の石仏完成までにかなりの時間を要した可能性もあるが、この推論の判断は難しい。本稿では本石仏群の年代を前述の刻銘に従って寛政七年（一七九五）としておきたい。

個々の石仏は、舟形光背に見立てた石材から像を彫出する浮彫像である。各観音像はいずれも頭部が体に比して過大で、頭体の自然な人体比率が崩れているほか、不自然な位置から腕が伸びるなど、造形の崩れや形式化が著しい。例えば十番・千手観音立像を見ると（挿図7）、頭体の比率が三等身ほどとなり、丈の短い裙の裾からは両脚の半ばから下が露出する。また、一番上の脇手の左右には蓮華を持つが、蓮華の茎は太すぎて松明を握るようだ。さらに目を引くのは持物を持たない脇手の表現で、掌だけを、魚の鰭のように体側に重ねて並べる。この独特な造形を見ると、その姿の由来を石工の独創性に帰したくなる。

ところで本石仏群にはもう一つ顕著な特徴がある。それは頭上面を持つ像がないことで、西国霊場本尊に五体は含まれているはずの十一面観音が確認できない。そこで、熊野山石仏群に本当に十一面観音が存在しないのかどうかを、本来なら十一面観音にあたるはずの、二番・八番・十五番・十七番・三十三番の像[注17]の図像分析を通じて検討したい。

挿図7　熊野山の千手観音（十番）

改めて確認すると、やはりどの像にも頭上面は確認できない。さらに、二番と三十三番は一面二臂立像だが、八番・十五番・十七番（挿図8）は一面四臂立像で、十一面観音像としてはあまり例を見ない姿である。特に西国霊場本尊には四臂像は含まれていないため、この表現は問題だろう。しかし一方で、本石仏群に一面四臂立像はこの三体しかないため、四臂の表現は、この三体が他の像とは異なる観音であることを示す表現の可能性がある。十一面観音の図像上の特徴が十（あるいは十一）個の頭上面であることは良く知られているが、仮に、本石仏群を制作した石工がこれを知らなかったとすれば、他の像と臂数を変えるという変則的な方法で、十一面観音を表現することも考えられる。なお、頭上面が十一面観音の表現手段として用いられていないとすれば、一面二臂で聖観音と思われた二番と三十三番の像も、十一面観音の可能性がある。

挿図8　熊野山の十一面観音(十七番)

熊野山石仏群の頭上面を持たない十一面観音の姿は、石工の知識不足に由来する誤りなのだろう

挿図9　二番・十一面観音（改道車）

挿図10　二番・十一面観音（細見記）

挿図11　十七番・十一面観音（D本）

挿図12　十二番・十一面観音（B本）

か。この点を、案内記と本尊御影図を用いて確認したい。
　熊野山石仏群造立以前に出版された「順礼改道車」「西国順礼道中杖」「西国順礼細見記」を見る。二番・八番・十五番・十七番・三十三番本尊の図を確認すると、「順礼改道車」ではいずれも頭上面はあらわされていない（挿図9）。次いで「西国順礼道中杖」においては、かろうじて頭上に四～七つの頭上面が描かれているものの、いずれの面も目鼻が省略されているため、頭上面があると意識して観察しなければ確認できない形である。「西国順礼細見記」では、頭上面の形態の省略が進み、頭上面というよりは、天冠台の上に蓮弁が並んでいるような表現に変化していた（挿図10）。次に前にとり上げた四本の本尊御影図を見ると、B本の全てと、A本の二番にかろうじて頭上面と思われる表現が確認できるものの、いずれも卵形あるいは半円形の形をあらわすのみで目鼻は確認できず、この部分に頭上面が存在することを意識して観察しなければ見落とす可能性が高い形である。さらに残るC・D本に至っては、頭上に髻をいただくのみで、頭上面は存在しない（挿図11）。このことから、頭上面を有しない熊野山石仏群中の十一面観音の図像は、案内記や本尊御影図の表現と共通することが分かった。一方、十一面観音を四臂にあらわす点だが、今回分析した案内記や本尊御影図に一致する図像は見いだせなかった。しかし案内記や本尊御影図は図像の崩れが著しく、面数や臂数など細部の確認は難しい。このことを思うと、十一面観音の四臂は天衣や衣文の誤認によるものかもしれない。

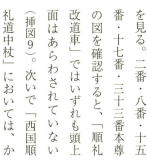

　以上述べた通り、熊野山石仏群の石仏には、案内記や本尊御影図と共通する表現が見られたが、同様の例は他にもある。例えば先ほど、千手観音像の脇手が、掌を体側に並べる特異な表現であることを紹介したが、このような表現も、案内記や本尊御影図に描かれた霊場本尊にしばしば見ることができる。挿図12は本尊御影図のB本の例だが、腕をあらわさず、掌だけ並べて脇手を表現する手法は石仏とよく似ている。このことから、石工の独創的な表現と思われた脇手の形も、案内記や本尊御影図に由来する可能性が指摘できる。

　次に一番・如意輪観音坐像の図像を見ると、如意宝珠が胸の中央

挿図13　熊野山の如意輪観音（一番）

挿図14　十四番・如意輪観音（改道車）

挿図15　七番・如意輪観音（道中杖）

から突き出ているように見える（挿図13）。本来、一番の如意輪観音は六臂像であり、右第一手は頬にあてて思惟の様をあらわし、右第二手で如意宝珠を捧持、右第三手は立てた右膝の脇に下して数珠を持つはずなのだが、熊野山石仏の場合、右第一手を頬に当て、第三手を下すのは良いが、如意宝珠を持つはずの右第二手も下し、第三手と重ねている。一方、左手は別に三本確認できるため、如意宝珠は掌に乗っていないことになる。同様の表現を本尊御影図に求めると、A本において、如意輪観音の如意宝珠を捧持する右第二手の図像が崩れ、宝珠のみが胸前に浮いているように見える。次いで案内記を見ると、「西国順礼細見記」には不自然な表現は見られなかったものの、「順礼改道車」は腕の表現が稚拙で、石仏同様、あたかも宝珠のみが胸前に浮いているように見える（挿図14）。一方、「西国順礼道中杖」の如意輪観音は正面で何故か合掌する像が多く、如意宝珠を持たない像が多いが、例外的に如意宝珠を持つ七番像で、宝珠が胸から突出するような表現が行われていた（挿図15）。

　以上述べた通り、熊野山石仏群に見られる特異な表現は、案内記の挿絵や、本尊御影図と共通点が多いことが指摘できる。

## 五　正善寺三十三観音石仏の図像

　前項では、熊野山石仏群の図像を分析、その特異な表現が、案内記や本尊御影図と共通し、これらの図を写した表現である可能性を指摘した。ところで、このような事情は、天城山に抱かれた熊野山石仏群固有のものなのだろうか。あるいは他にも見られるものなのだろうか。本項ではそれを明らかにするため、天城山中とは対照的な伊豆南端の町・南伊豆町にある正善寺石仏群を見て行きたい。

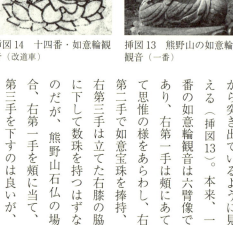

　青野川は南伊豆町の中心部を東西に貫く一級河川である。この川は六つの小河川を併せつつ次第に川幅を増して手石地区に入り、鯉名川が流れ込む辺りで大きく南に流路を変え、ほどなく弓ヶ浜に注ぐ。正善寺は青野川と鯉名川の合流地点の対岸、民家の奥にある曹洞宗寺院で、この門前、敷石の参道の左手に、三十三観音石仏群が一列に立ち並んでいる。

　正善寺石仏群を構成する石仏は、舟形光背をかたどった石材から

挿図16　正善寺の千手観音（三番）

観音像を浮き彫りするもので、熊野山石仏群と共通する造りである。しかし造形的には熊野山石仏群と本群像の違いは大きい。頭体比が三等身以下の熊野山石仏群に対して、正善寺像はおよそ四等身でより実際の人体に近い。また、正善寺像の方が量感表現に優れて丸彫りに近く、熊野山像では脇手の腕を省略するものも多かったが、正善寺像では丸みある立体的な腕がしっかりとあらわされる（挿図16）。なお、正善寺石仏群の個々の像の光背左上には札所番号が刻まれている。

　また、正善寺石仏群には、正面に「西國三十三所尊像塔」の文字が刻まれた角柱型の石塔が付属している。この塔の塔身左側面には「現住四世代　願主　當村喜助」、右側面には「文化十一甲戌年八月吉日」と刻まれており、本石仏群が、文化十一年（一八一四）、手石村の喜助が願主となって造立したものであることが分かる。また、三十三番・十一面観音立像の台石には「為両親菩提　當村施主やす」の刻銘があり、少なくともこの一体に関しては、喜助以外の寄進者がいたことが確認できる。

　ところで本石仏群に関しては、正善寺の近くにあった泉源寺の木造三十三観音群像（木像群と略す）を写したという伝承がある。[注18] 泉源寺は廃絶しているが、幸い木像群は南伊豆町湊の修福寺に移され、現存する。[注19] そこで両者を比較したが、両者の間には図像上の一致点が見いだせなかった。例えば千手観音像を例に比較すると、木像群がいずれも十臂なのに対し石仏群は十六臂、木像群の頭上には頭上面が並ぶが石仏群に頭上面はない。このことから、正善寺石仏群が木像群を写したものではないことは明らかである。

　それでは本石仏群は何に基づいて造像されたのか。注目したいのは、本石仏群の十一面観音像に、熊野山石仏群同様、頭上面をあらわさない像があることである。すでに述べた通り、西国霊場本尊で十一面観音に該当する像は、二番・八番・十五番・十七番・三十三番の五体だが、このうち正善寺の十七番は、一面四臂で右第一手を頬にあてて思惟する姿から、如意輪観音に代わっていることが分かる。そこで残りの四体を見ると、八番は、宝冠台の上に三個、その上に四個、頂上に一個、合計八個の卵型を彫出しており、目鼻こそないものの、これらは頭上面の表現だろう。一方、十五番と三十三番の像は、天冠台の上に三個、その上に一個の円形をあらわすが、円形の個数から見ても、さらに下三個の円形が正面と左右に分けてまばらに配置されている点から見ても、頭上面というよりは宝冠の飾りである可能性がある。問題は残る二番で、宝冠左右に蕨手状の飾りを付けるのみで、頭上面らしき表現は確認できない（挿図17）。これらの点から、正善寺石仏群も、熊野山同様、案内記や本尊御影図などの粗製の版画を参考に造像された可能性が指摘できる。
　ところで先ほど、正善寺では十七番に如意輪観音像をあてていると述べたが、その際、一面四臂像であると述べた（挿図18）。これは正善寺石仏群中の全ての如意輪観音像に共通する姿だが、西国霊場本尊としての如意輪観音像は六臂が正しい。一方、江戸時代の如意輪観音石仏には二臂像が多いから、本群像の四臂は石仏の通例とも異なっている。それではこの四臂の出典も、案内記や本尊御影図に求められるだろうか。

　まず本尊御影図につき、如意輪観音を本尊とする一・七・十三・十四・十八・二七番の図を確認すると、A～D四本とも六臂像に描かれていた。しかしA本では右第二手の宝珠を持つ手が確認できず、また左の三手も全てを確認しがたいものが散見される。一方、B・D本も、右第一手の思惟手、右第二手の宝珠を持つ手、左第二手の蓮華を持つ手などが体と一体化し、あたかも五臂像のように見える例が散見された。次に案内記を見ると、「順礼改道車」では十八番を四臂とし、「西国順礼道中杖」では十三番と十四番を四臂にしていた。さらに「西国順礼細見記」は前述の六所に加えて三十三番にも如意輪観音をあてていたが、全てを一面四臂としている（挿図19）。

挿図17　正善寺の十一面観音（二番）

挿図18　正善寺の如意輪観音（十七番）

挿図19　一番・如意輪観音（細見記）

　以上の結果から、正善寺石仏群も、案内記や本尊御影図の図像との共通点が認められ、これらをもとに造像された可能性が指摘できる。

## 六　結論

　本稿では伊豆半島に存在する三十三観音石仏群をとりあげてその図像を分析、石仏の造形表現が何に基づいて行われたものなのかを考察した。結果は以下の通りである。

①三十三観音石仏群に含まれる不空羂索観音像、准胝観音像の図像は、実際の霊場本尊の図像とは一致しなかった。その図像と一致するものは西国霊場案内記、西国三十三所本尊御影図に見ることができる。

②熊野山石仏群に含まれる十一面観音像には、頭上面をあらわさない特異な表現が見られたが、同じ表現は、案内記や本尊御影図にも見られる。また、千手観音や如意輪観音に見られる特殊な表現も、案内記や本尊御影図に散見されることを確認した。

③正善寺石仏群には、木彫像を写したという伝承があったが、石仏と木像の間には図像上の差異が大きく、伝承は否定せざるを得ない。一方、石仏群に含まれる十一面観音像の頭上面をあらわさない表現や、如意輪観音像を四臂とする図像は、案内記や本尊御影図にも見られ、特に後者は案内記にしばしば見られることが分かった。

以上の結果から、伊豆の三十三観音石仏群の造像にあたっては、西国霊場案内記や西国三十三所本尊御影図が、手本として用いられたと推定できる。また、一見、石工の独創的な表現と思われる造形も、図像を忠実に写しとる過程で生まれた可能性が高い。なお付言すれば、江戸時代の石仏の多くが三次元的な丸彫り像ではなく、二次元に近い浮彫であることも、二次元の絵図をそのまま図像として用いる上で扱い易かっただろう。

伊豆の三十三観音石仏群が案内記や本尊御影図をもとに制作されているとすれば、石仏造立の前段階には、「江戸時代の庶民が西国霊場巡拝の旅に行き、そこで出会った霊場本尊を自らの村に勧請したいと発願し、案内記や本尊御影図を買い求め、[注20]入手した案内記や本尊御影図を石工に示して石仏の造像を発注する」という過程があっただろう。このことは、庶民による富の蓄積、庶民による旅の盛行、出版技術の発達と大量の印刷物の流通、庶民が出版物を購入、その内容を享受する高い文化水準という、日本史上、江戸時代の庶民が初めて達成し得た、優れて文化的な生活様式があってはじめて達成できたことである。この意味で、伊豆の三十三観音石仏群は、江戸時代らしい造形物ということができる。

ところで、「伊豆の」と限定したのは、三十三観音石仏群を造立するに当たり、日本のどの地においても案内記や本尊御影図が用いられたとまでは、考えられないためである。例えば、江戸や京都などには、仏教図像に詳しい者（僧や仏師など）がおり、彼らの直接的あるいは間接的な指導によって、図像的に正確な石仏群が造立される可能性は十分考えられる。こう考えると、本稿の結論は地域限定的なものにならざるを得ないが、本稿で確認された、出版物を石仏の手本として用いるという手法自体は、「仏像図彙」を所持していた石工がいたように、江戸時代、一般的に行われていたものだろう。本稿はその具体例を、図像分析という美術史の一手法によって示すことができたことをもって成果としたい。

言うまでもなく本稿には課題が多く残されている。伊豆の三十三観音石仏群の図像が、案内記や本尊御影図を手本にしているらしいことは分かったが、具体的にどの本を用いているのかまでは特定できなかった。これを明らかにするためには、前提として、西国霊場案内記や三十三所霊場本尊御影図の諸本について、そこにあらわれる図像の系統的な研究が必要だが、江戸時代の版画や書籍に見られる仏像の研究は進んでいるとは言い難い。それ以前に江戸時代の仏教版画に関する図版や資料も極めて少ないのが現状である。また本稿では面数や臂数と言った簡単な図像の比較を行うにとどまったが、そのような単純な図像上の差異以上に、量感表現や空間表現、脇手の配置や面貌の相違など、個々の石仏群間には造形的な相違が大きい。仏教美術においては、教理や図像学に基づく規範性の強い側面と、作者の自由な造形表現が許される部分が存在する。新体操やフィギュアスケートの規定演技と自由演技に譬えることができるかもしれないが、本稿が扱ったのは規定演技部分に限定されている。この点で本稿は片手落ちで、造形表現という自由演技の部分にこそ、作者たる石工の本領が発揮されていると考えられるだけに、この部分の考察を行えなかったのは本稿の限界である。造形の分析は、石工の出身地や系譜、彼が属した工房を明らかにできる可能性も高く、重要な研究課題であるが、今後の課題としたい。

ところで本稿をなすに当たり、先学の研究を当ったが、美術史の立場からの石仏研究は、ほぼ中世以前の作例に限定されていることを知った。考古学の石造物研究にも同様な傾向があり、中世の宝篋印塔や五輪塔などの石造塔に関しては大きな成果を上げているものの、江戸の石造物に関する研究は未だ少ない。一方、江戸時代の石仏研究の多くは民俗学の立場からなされたものであり、論考の多くが、石仏を通じて江戸時代の庶民信仰、さらにはその背後にある日本古来の信仰を明らかにするという目的のものである。また、歴史学の立場から石仏を郷土史研究の史料として用いる研究も多い。石仏に刻まれた銘文の分析や、年代毎の石仏造立数の推移を統計処理して得たデータを用いるものである。しかしこれらの民俗学的、歴史学的研究のほとんどは、驚くほど石仏の造形に冷淡である。一方、アマチュア研究者の間では、変わった姿の石仏や、限られた地域に見られる石仏の報告が活発に行われており、かなりの量の情報が蓄積されているが、多くの場合、変わった図像の報告や分布の調査に留まっており、やはり図像や造形の分析は進んでいるとは言い難い。また石工研究の伝統も存在するが、一部の名人石工の業績や、高遠の石工など広範囲に活躍した石工集団の活動を収集、作品を鑑賞し、あるいは生涯を明らかにするものにとどまり、それらの作品の図像学的、造形学的な考察まではほとんど行われていない。このようななかで、もっぱら造形を研究の対象とする美術史が、今後の江戸時代の石仏研究において果たすべき役割は大きいと思われる。その成果は石仏研究に新たな知見をもたらすのみならず、美術史に新たに広大な研究領域を加えることになるだろう。

注

1 田島整「伊豆の三十三観音石仏」(『伊豆歴史文化研究』三号、伊豆歴史文化研究会、二〇一〇年)

2 大護三郎『石神信仰』(木耳社、一九七七年)八六五頁など。また現在、江戸時代の石仏に関してもっとも内容的に充実している事典である、日本石仏協会編『日本石仏図典』(国書刊行会、一九八六年)も、三十三観音の項で「一般的に三十三観音と呼ばれて各地に見られるものは、観音の三十三変化身に基づく三十三体ではなくて、西国、坂東、秩父などの観音霊場にちなむものである」としている。

3 東林寺石仏群、戸倉野石仏群、日和山石仏群。

4 観音山石仏群、庚申堂石仏群、春日山石仏群、正善寺石仏群。

5 伊豆には百観音石仏が二例(伊豆市堀切・益山寺百観音石仏群、伊豆市宮上・最勝院百観音石仏群)存在する。百観音石仏群は西国・坂東・秩父霊場本尊をあわせて造立したもので、百観音という形であれば西国以外の霊場本尊を刻んだ石仏群も存在することになるが、三十三体一具ではないので本稿の対象とはしない。

6 石灯籠は花崗岩製で二基一対、高さ四七・〇㎝。うち一基に「石燈籠二對諸回船中/明治三年三月日/施主　伊東湯川村　藤二郎/世話人　當村　勘三良」の刻銘がある。

7 江戸時代と現代とでは霊場本尊が代わっている例もある。江戸時代の石仏を扱う本稿では、当然江戸時代の本尊を検討すべきだが、本尊の種類は江戸時代の史料間においても若干の相違がある上、江戸時代の霊場本尊に関する研究も少なく、現時点では妥当なものを示し難い。そのため本稿では現在のものを挙げるにとどめた。なお、江戸時代の西国霊場案内記では二十四番・中山寺本尊は決まって千手観音とする。また石仏では、二十六番・一乗寺本尊を千手観音、三十三番・華厳寺本尊を如意輪観音にするものも散見するが、その理由は分からない。

8 山本勉「不空羂索観音菩薩像、四天王像、法相六祖像」(『日本彫刻史基礎資料集成』鎌倉時代造像銘記篇第一巻、中央公論美術出版、二〇〇三年四月)。

9 浅野清編『西国三十三所霊場本尊の総合的研究』(中央公論美術出版、一九九〇年二月)

10 筆者は、紀秀信著『仏像図彙』(国書刊行会、一九七二年)を用いた。本書は天明三年版にあたる「諸宗増補　仏像図彙」の影写本で、「仏像図彙」はもと四冊本であったが、この天明三年版から五冊本になった。

11 曽根原駿吉郎『太良兵衛の石仏』(講談社、一九七一年)。

12 検討した五本の書誌は以下の通り。

朝暉房渇子著「秩父坂東西國順禮行程記」(享保十八年〈一七三三〉、京都・山城屋佐兵衛)、「順礼改道車」(寛延二年〈一七四九〉、伊勢山田・文台屋庄左衛門、京都・大坂屋源助、京都・菱屋新兵衛)、「西国順礼道中杖」(安永二年〈一七七三〉、京都・正本屋吉兵衛)、西川氏著「西国順礼細見記」(寛政三年〈一七九一〉、京都・菊屋喜兵衛、伊勢山田・藤原長兵衛)、俣野通尚著「西國順禮道中細見大全」(文政八年〈一八二五〉、京都・菊屋喜兵衛)。

13 『菰野町史』上(菰野町教育委員会、一九八七年)

14 成就院境内、熊野山入口に立つ説明看板と、天城湯ヶ島町文化財保護審議委員会編『天城の史話と伝説』(未来社、一九八八年)による。なお、一八〇〇年成立の伊豆の地誌「豆州志稿」の成就院の項にも、弘治年間に安藤萬右衛門が開いたとある。

15 前出の看板によるが、この説の出典は不明。なお、成就院門前、観音坐像を乗せた「奉納西國三十三所観世音菩薩塔」と刻まれた石塔に安永五年の年銘がある。

16 天城湯ヶ島町文化財保護審議委員会編『天城の史話と伝説』(未来社、一九八八年)

17 二十四番・中山寺本尊も十一面観音だが、江戸時代の案内記や石仏では、中山寺本尊は決まって千手観音とするのが例であるため、ここでは検討から除外した。

18 重岡中山・土屋収著『伊豆の横道』(伊豆新聞本社、一九七八年)。

19 修福寺本堂向かって左の壇上に安置。なお、修福寺には群像の由緒を記した額があり、住僧祖禮が観音の夢告を得て、三四回にわたって西国霊場巡拝を行い、一回ごとに霊場一カ所の本尊を勧請してきたという。「文政八酉年六月日」とあるため、この由緒書の原文は文政八年（一八二五）に書かれたようだが、さらに「明治廿三年八月日」とあるため、額自体は、明治二十三年に書写されたようだ。なお、木造群像は法量・作風が共通し、一具の像と考えられるため、伝説は後世の潤色だろう。

20 江戸時代の西国霊場巡拝者が、旅の途上で本尊御影図を購入していたことを示す記録には、遠州舞阪宿の住人が寛政十三年（一八〇一）正月晦日から三月晦日にかけて行った旅の記録「享和元年西国順礼旅日記」（舞阪町立郷土資料館編集発行、二〇〇四年）がある。この中で筆者は、三十二番・観音寺から三十一番・長命寺に行く途中、「八まん町（八幡町）」で、「ひやうぐ屋善兵衛」の「御詠か付三十三所懸ゑ（御詠歌付三十三所掛絵）天神のかけゑ」を「百文二十四」で購入している。なお、この買い物について筆者は「かけ物やす（安）し」と書き添えており、良い買い物だったらしい。

附記

本稿で用いた西国霊場案内記や三十三所本尊御影図は、全て私の同僚である上原仏教美術館学芸員・櫻井和香子氏の所蔵品である。また、本稿で扱った問題点やその解決のための視点のいくつかは、彼女との日々の会話やアドバイスから得たところが多い。この点から本稿は櫻井氏との共同研究と言って過言ではない。最後にこの点を附記し、櫻井氏の協力に感謝申し上げたい。

# 宗教建築

# 近世寺社建築の装飾表現

光井　渉

## はじめに

本論は、建築の装飾表現の持つ意味を近世の寺社建築を中心に検討するものである。

建築は、空中に巨大な屋根を固定するための構造技術と、用途に応じた平面形が重要な意味を持つものである。しかし、建築はこれだけで完成するものではなく、古代から装飾表現も行われ、特に近世建築においては顕著な発達を示している。

戦後の日本建築史研究では、構造や機能性を重視するモダニズムの建築観が支配的であったために、建築の装飾表現を否定的ないしは付随的に評価してきた。しかし、昭和五十二年に開始された「近世社寺建築総合調査」を契機として、装飾表現を再評価する動きが始まった。この調査を通じて近世寺社建築に関するデータが集積され、同時期に進行したポストモダニズムの潮流もあいまって、近世寺社建築の多様な装飾表現を評価していく視点が数多く提示された。その結果、装飾表現に依拠した近世寺社建築の文化財指定が進み、さらに修理工事に伴う詳細調査によって、建設の社会的背景・工匠の人的系譜・技法などの解明が進展し、装飾表現のもつ社会性の解明も大きな研究テーマとなったのである。[注1]

本論では、以上のような近年の研究動向をふまえて、近世に顕在化した建築の装飾表現、特に建築彫刻に焦点をあてて記述を行う。建築の装飾表現はどのように進行したのかという実態の紹介に加え、なぜそうした現象が発生したのか、その進行に関与した人間は誰なのかといった社会からの検討を行っていきたい。

## 古代・中世建築の装飾表現

本論は近世寺社建築の装飾表現を主要なテーマとするが、そのために少し遡って古代・中世の装飾表現についてまず確認しておこう。

窪寺茂は建築の装飾表現の技法を、「ほる（彫刻）」・「ぬる（塗装）」・「そめる（染色）」に大別している。[注2] これに「はる（貼付）」を加えた四つが建築の装飾表現技法であり、古代建築の段階で既にこの全てが萌芽している。

しかし、古代建築の装飾表現は塗装と貼付が主流で他の技法の使用は限定的である。例えば、法隆寺金堂（奈良県斑鳩町、八世紀）では、室内空間を浄土あるいは飛天などを描いた壁画で演出し、平等院鳳凰堂（京都府宇治市、天喜元年〈一〇五三〉）も同様に阿弥陀如来の周囲に浄土の風景を描き、多数の菩薩小像を懸けている。螺鈿や蒔絵を駆使した中尊寺金色堂（岩手県平泉町、天治元年〈一一二四〉）も同様である。

以上のように古代建築では、装飾表現は堂内に集中し、その技法も塗装・貼付が中心である。彫刻技法も部材の外形を造り出すことに多用されていて、水平部材の先端である「木鼻」・上方の重量を下方に伝達する「蟇股」・軒先の屋根重量を柱に伝達する「組物」など、様々な形状が確認できる。しかし、その形状は部材の腐朽防止など実利的な意味合いが強く、装飾表現とは言い難い性格のものとなっている。

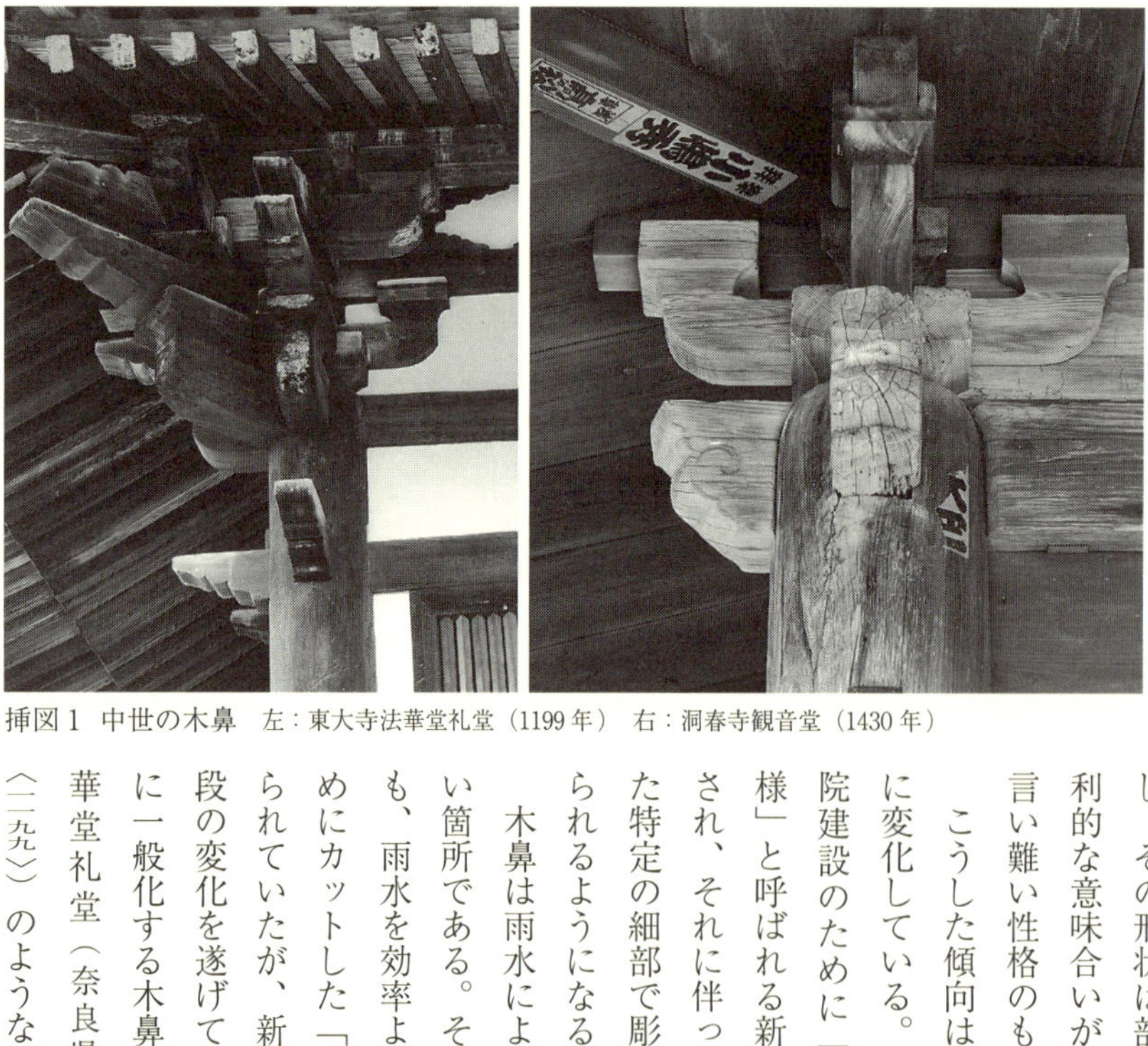
挿図１　中世の木鼻　左：東大寺法華堂礼堂（1199年）　右：洞春寺観音堂（1430年）

こうした傾向は十三世紀頃から徐々に変化している。東大寺再建や禅宗寺院建設のために「大仏様」や「禅宗様」と呼ばれる新しい技術体系が導入され、それに伴って木鼻や蟇股といった特定の細部で彫刻的な装飾表現が見られるようになる。

木鼻は雨水による腐朽が進行しやすい箇所である。そのために古代建築でも、雨水を効率よく排出するために斜めにカットした「鯖尾尻」などが用いられていたが、新技術導入に伴って格段の変化を遂げている。十三世紀以降に一般化する木鼻の形状は、東大寺法華堂礼堂（奈良県奈良市、正治元年〈一一九九〉）のような大仏様系のものと、洞春寺観音堂（山口県山口市、永享二年〈一四三〇〉）のような禅宗様系のものに大別されるが（挿図1）、いずれも外形に複雑な繰形を施し、禅宗様系のものでは側面に渦文様が平彫され、その渦文様の形状には顕著な時代相が指摘されている。[注3] 蟇股についても、刳り抜かれた内部の隙間に左右対称の文様を施す傾向が出現している。円成寺春日堂（奈良県奈良市、安貞年間〈一二二七~一二二九〉）や石手寺仁王門（愛媛県松山市、文保二年〈一三一八〉）はその代表的な事例である（挿図2）。

　このように十三世紀以降に部分的に始まった彫刻を用いた装飾表現は、中世後半の十五世紀頃から更なる変化を遂げている。彫刻技法を用いる部分が拡大し、具象的なモチーフや新たな彫線技法が採用され始めるのである。

　まず木鼻については、御霊神社本殿（兵庫県三田市、文明二年〈一四七〇〉）では、繰型の輪郭線を活用して全体形が象をイメージさせるものへと変化している。蟇股では具象的なモチーフの採用が進行し、同時に透彫や薄肉彫の技法も採用されている。今八幡宮本殿（山口県山口市、十六世紀初期）では左右対称の構図をとる牡丹を模った彫刻がはめ込まれ、さら

挿図3　戦国期の蟇股
上：今八幡宮本殿（16 世紀初期）　下：十島菅原神社本殿（1589 年）

挿図2　中世の蟇股
上：円成寺春日堂（1227~1228 年）　下：石手寺仁王門（1318 年）

に十島菅原神社本殿（熊本県相良村・天正十七年〈一五八九〉）では、竹の彫刻は左右非対称の構図となっている（挿図3）。

　十五世紀以降には、木鼻や蟇股に加えて、「手挟」や「脇障子」でも彫刻的な装飾表現が行われるようになる。軒下を支える厚板の材料である手挟は、当初は側面に繰型を施しただけであったが、御上神社本殿（滋賀県野洲市、十四世紀初期）では端部の繰型が発達し、浄厳院本堂（滋賀県近江八幡市、室町時代後期）では、側面に浮彫を施すものとなっている。神社本殿の側面に据えられる脇障子では、大笹原神社本殿（滋賀県野洲市、応永二十一年〈一四一四〉）で既に草葉を浮彫で表現しており、三船神社本殿（和歌山県

紀の川市、天正十八年〈一五九〇〉では薄肉彫を用いて、波・僧侶・龍を彫り出すに至っている。

こうした彫刻を用いた装飾表現は神社本殿に顕著な現象で、寺院本堂では控えめである。是沢紀子によれば、この時期の装飾表現は、参詣者が滞留する神社本殿の正側面側に集中し、内部空間を荘厳化することを目的とした古代寺院建築の装飾表現とは大きく相違している。[注4]また宮沢智士によれば、この時期の装飾表現には、用いられる部位・技法・モチーフ選択には強い地域性が存在している。[注5]前に述べた手挟の発達は滋賀県で顕著なものであり、和歌山県北部や熊本県人吉盆地など固有の装飾表現が確認できる地域が全国に存在している。

この顕著な地域性は、独自の技術を脈々と伝承し続けた工匠集団が各地に存在していたことを裏付けている。工匠集団が寺社や武家といった地域権力と一体化して地域における建設活動を独占的かつ継続的に実施した結果、装飾表現における地域性を生み出したといえよう。また、近畿地方一円の在地の神社本殿で特に装飾表現が進展している事実からは、自治的な組織で運営されていた惣村との関わりも指摘できるであろう。

## 近世権力の演出

中世後半に各地で多様な展開をみせた装飾表現は、十六世紀末から十七世紀前半の約百年間に大きく変容している。この時期には、新たな覇者となった近世権力が主導して日本史上未曾有の大建設を行っており、それによって建築の在り方が一変したからである。

近世権力は、都市建設や領国経営のために、各地の有能な工匠を抜擢して家臣団に編入している。豊臣秀吉が実施した大坂城造営には法隆寺大工の家系に連なる中井正吉が関与し、豊臣秀頼が実施した京都の方広寺（文禄四年〈一五九五〉）や豊国神社（慶長四年〈一五九九〉）の造営では、紀伊国出身の平内吉政が建設に関わっているから、豊臣政権では、大和・紀伊出身の工匠を起用していることが確認できる。[注6]

初期の徳川政権では、神官の家系から在地領主化した木原吉次やその縁者の鈴木長次などが建設関係の統括を行い、その配下に浜松等の工匠が参加していたが、「普請方」と呼ばれる直営建設組織の整備とともに、紀伊出身の平内氏や鶴氏、近江出身の甲良氏などが参入し「御大工」と呼ばれるようになっている。そして、法隆寺大工系の中井大和守正清も徳川政権に参入し、「一朝惣棟梁」と呼ばれるまでの存在となっている。

こうした状況は諸藩でも同様である。東北の覇者となった伊達氏は、山城出身の梅村氏を仙台藩の御大工として登用し、仙台城や瑞巌寺・大崎八幡宮の造営を行っている。また陸奥国分寺薬師堂（宮城県仙台市、慶長十二年〈一六〇七〉）では和泉日根野出身の駿河守宗次、瑞巌寺五大堂（宮城県松島町、慶長九年〈一六〇四〉）では紀州根来出身の刑部左衛門国次を起用するなど、近畿各地の工匠を起用している。

以上のように、豊臣政権・徳川政権の下で、近畿地方各地で独立して活動を行っていた工匠集団は離散集合して再編成され、近世権力の一部として強力な建設事業体を形成している。結果として建築技法は集約され、中世末期にみられたような顕著な地域性は姿を消し、大規模ではあるが比較的均質な建築造形が普及したのである。

それでは、この時期の建築装飾はどのようなものであろうか。

近世権力による建設事業のメインテーマは、城下町等の都市建設や壮大な城郭建築群である。城郭建築では複雑な屋根形等に装飾的表現が見られるが、彫刻等の技法を用いたものは少ない。また、古代的な寺社の復興においても、復古的な意味合いが強い中心的な堂宇では、教王護国寺金堂（京都市、慶長八年〈一六〇三〉）や清水寺本堂（京都市、寛永十年〈一六三三〉）のように装飾表現は控えめである。近世初期において顕著な装飾表現が確認できるものは、近世権力が関与して新規に創設した寺社建築にほぼ限定され、しかも、その表現の傾向は慶長期から元和期を経て寛永期に至る短期間で大きく変化している。

まず、慶長期の寺社建築の装飾表現についてみてみよう。

京都市の三宝院は、醍醐寺座主であった義演が豊臣秀吉の援助を受けて、慶長期に再建を果たしたものである。中心施設である殿堂は書院造の住宅形式を基本とし、襖絵を除けば装飾表現には乏しい。その中にあって境内の正面に設けられた唐門の扉表面には金碧の菊と桐の彫刻が大胆に貼り付けられている。続いて、豊国廟の門を移築したと伝えられる宝厳寺唐門（滋賀県長浜市、慶長八年〈一六〇三〉）をみると、正面唐破風に巨大な蟇股が置かれ、その内部には草花、左右には二羽の鶴の彫刻が付けられ、蟇股が乗る虹梁の下の隙間には三匹の兎の透彫、柱と扉の間及び扉の表面には文様状の草花の浮彫板が貼り付けられている（挿図4）。さらに、西本願寺唐門（京都市、十六

挿図4　宝厳寺唐門（1603年）

世紀末～十七世紀初期）は、全体が極彩色で彩られ、正面唐破風には上下に二匹の獅子と麒麟、側面壁には龍の透彫板が取り付けられ、木鼻は完全に獅子を模ったものとなっている。

以上は京都における事例であるが、紀州根来出身の刑部左衛門国次が手がけた慶長九年（一六〇四）の瑞巌寺五大堂では、正面向拝の木鼻は龍や花など完全に具象化したものとなり、蟇股の内部には蔓と葉が立体的に彫り込まれている。山城出身の梅村一族が手がけた大崎八幡宮（仙台市、慶長十二年〈一六〇七〉）でも、拝殿の屋根頂部に浮彫で仕上げた二羽の鶴を貼り付け、拝殿の正面側で柱頂部を貫通するように指し込まれた部材は、金碧に彩られた丸彫の龍となっている（挿図５）。

挿図５　大崎八幡宮（1607年）

このように慶長期の建築装飾には技法面での新しい傾向が指摘できる。中世以前の建築では壁が設けられるか隙間のままであった部分に、浮彫や透彫を施した板状の部材をはめ込むようになり、また壁や扉の表面に彫刻を施した板を貼付する傾向もみられるようになっている。彫刻技法では材料本来の輪郭線が消失して、具象性の高い丸彫の立体的な彫刻となっている。ただし、装飾表現は全体としては左右対称性を保ち、柱や梁などの構造部材には手を付けず、装飾箇所は付加的な扱いにとどまっている。

これらの技法の傾向の一つ一つは、既に中世末期までに出現しているものである。相違点は、地域的特性として発達した個々の技法が一つの建築に統合して用いられている点である。近世権力の下で再編成された工匠が、出自によって異なる技法を持ち寄った結果、全体として新しい装飾表現が出現したといえよう。そして、統合の過程の中で中世に見られた地域性は希薄なものとなっている。大崎八幡宮の華麗な装飾は、近畿地方各地で展開した技法を応用したもので、東北地方の中世建築文化とは全く無縁なものなのである。

元和期に入ると、城下町や城郭の建設が一段落し、建設界の主要なテーマは寺社、特に領国の総鎮守である神社や藩祖を祀った霊廟に移行している。特に、権力者の神格化を目指した霊廟建築というテーマは建築装飾を考える上で重要な存在である。

霊廟建築には「権現造」という新しい建築類型が用いられてい

挿図6　久能山東照宮社殿（1617年）

る。権現造は、奥に位置する小型の本殿とその前方の拝殿の間に幣殿（相の間・石の間とも）を配置して一棟とするものである。権現造は全体として工字型の平面となり、側面には複雑な出隅入隅が生じるため、各部分の独立性が高くなる。この権現造の性格は、各部に種類の異なる建築装飾を施していく上で恰好のものとなる。

始めて権現造を本格的に採用したのは、元和期に造営された徳川家康を祀る日光東照宮である。前述した中井正清が統括した元和造営日光東照宮本社社殿は現存していないが、彫刻を用いた装飾表現は木鼻や蟇股に集中し、そのモチーフは「しかにもみぢ（鹿に紅葉）」・「ほうわう（鳳凰）」・「びわ（琵琶）」といった花鳥に限定されていたことが明らかになっている。[注7] 同じく中井正清が関与した久能山東照宮社殿（静岡県静岡市、元和三年（一六一七））でも、軒下部分に装飾表現が集中していることを確認できるので（挿図6）、元和期の霊廟建築は、権現造という新しい形式を採用してはいるが、装飾表現が行われる箇所と技法・モチーフ選択は慶長期の延長上にあるといってよい。

建築の装飾表現を巡る状況が一変するのは続く寛永期である。元和期の造営から約二十年後の寛永期に全面的に改築された日光東照宮社殿をみると、装飾表現の著しい進歩が確認できる。例えば、日光東照宮唐門（寛永十三年（一六三六））では、内部まで彫線が及ぶ「籠

挿図7　日光東照宮唐門（1636年）

彫」が木鼻等の彫刻に採用され、構造材である柱や梁の表面に細かな文様を連続して浅く刻んだ「地紋彫」や龍の彫刻が施されている（挿図7）。また、神厩（寛永十三年（一六三六））の三猿などメッセージ性を伴う具象的なモチーフも採用されるなど、寛永造営日光東照宮からは、技法・モチーフ選択の両面で新しい傾向が指摘できる。

藤尾直史によれば、近江出身の甲良豊後が寛永造営日光東照宮の統括者である。[注8]この甲良豊後の家系が幕府御大工として継承された事実から、寛永造営日光東照宮の新しい装飾表現は幕府に高く評価され、江戸に集約される彫刻技法集団の形成を促したと推定できよう。同じく幕府御大工であった平内政信は、慶長十三年（一六〇八）に記した大工書の『匠明』において、建築工匠に必要とされる五つの能力を「式尺ノ墨曲（設計能力）」・「算合（積算及び工程管理能力）」・「手仕事（施工能力）」・「絵用」・「彫物」としており、慶長期の段階で既に、装飾を意味する絵用（絵様）と彫物（彫刻）が重視されていることが理解できる。慶長期のこうした認識が寛永期までにさらに進展し、甲良豊後のように装飾表現に秀でた工匠が大規模な建設事業を統括する時代に突入しているのである。

ただし、天和三年（一六八三）の地震を契機とした日光東照宮の修理をみると、もう少し異なる事情を確認できる。伊東龍一によれば、天和の修理には「大仏師　左京」が参加し、陽明門の彫刻を担当している。[注9]左京は「京都大仏師」の「康祐」に比定されており、陽明門の他に十七世紀中期に江戸の寛永寺や増上寺の彫刻も担当しているので、建築彫刻には建築工匠以外に仏師も参加していたことが確認できる。これら仏師や絵師を建築工匠が統括して華麗な建築が実現していたのである。

以上のように、中世末期までに各地で発達した装飾技法は、慶長期までに近世権力の下で統合され、寛永期以降に権現造の霊廟建築の中で急速な展開を遂げている。日光東照宮で用いられた装飾表現は、彫刻面で特に顕著であるが、彩色や金物など他の装飾技法を全て駆使したものとなっており、その施工は建築工匠を頂点として、絵師や仏師も組み込んだ建築生産組織によって実現された。

ここで改めて装飾表現が用いられた施設の種別を確認すると、城郭や古代的な寺社の中心堂宇では装飾表現は希薄で、近世権力の始祖を神格化するための霊廟建築や領国支配の象徴となる神社で顕著である。また、民衆の目に直接触れる門においても装飾表現の進展は著しい。こうした種別の偏りから、寛永期頃までの装飾表現は、近世権力の存在を演出するための装置として機能するものであったと総括できよう。慶長期から寛永期という短期間で装飾表現が著しい進展をみせた背景には、より華々しい演出を求める近世権力の意図が隠されているのである。

一方、この時期の近世権力が関与していない一般的な建築をみると、装飾表現は木鼻や梁の端部表面に、「渦」と「若葉」と呼ばれる二つの文様を彫り込む「絵様」にほぼ限定されている。十七世紀初期以降の絵様の形状は極めて強い時代相を伴っている。すなわち、彫線の断面は平彫からM型の断面へと変化し、渦の曲線は真円形から横長方向の楕円形へ、若葉については長さが横長に延長し、その形状が複雑化して十八世紀に入ると波や草葉といった具象的な形状へと変化しているのである。この緩やかではあるが確実な進化から、民衆レベルでも装飾表現を求める動きが次第に発生していたと推定できよう。

## 都市文化としての装飾表現

寛永期までに近世権力の下で集約化した装飾表現は、元禄期を過ぎた十八世紀に新たな展開を見せる。霊廟建築で培われた建築装飾が広く普及を始めるのである。[注10]

十八世紀における装飾表現の進展は全国的な現象であるが、特に日光に近接する北関東で顕著である。妙義神社社殿（群馬県富岡市、宝暦六年〈一七五六〉）は、北関東で装飾表現が波及していく過程を考察する上で重要な遺構であるので、平成元年までに行われた修理を担当した窪寺茂の研究に基づいて（注1参照）、その装飾表現をみてみよう。

挿図８ 妙義神社社殿（1756年） 右：本殿側面（扇面流し） 左：拝殿（龍型の繋梁）

妙義神社社殿は権現造を採用しているが、拝殿正面に千鳥破風と唐破風型の向拝を設けて正面の造形を複雑化し、さらに拝殿後方から本殿を囲むように透塀を巡らして各所を細かく区分する仕掛けを施し、彫刻・漆塗・彩色・錺金具・染織といったあらゆる技法を駆使して装飾表現を行っている。拝殿の柱には地紋彫、金碧の木鼻は象、向拝の下部には鶴、建具上の小壁には外側に向かって浮き出るように立体的な彫刻欄間が設けられ、軒の組物の間にも波形の浮彫を施した板がはめ込まれている。本殿の側面の「扇面流し」は、「鉄漿」（鉄くずを米のとぎ汁などに融解させたもの）を用いて木肌を強調した波形の浮彫を下地として、そこに扇子・団扇を張り付けて彩色している。このように、妙義神社社殿には、それまでに開発されていたあらゆる装飾技法が集約している。

さらに、妙義神社社殿には新しい

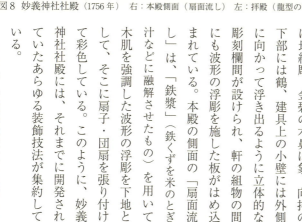

傾向も指摘できる。それまでの装飾表現が構造材の隙間や材料の端部や表面にとどまっていたのに対して、拝殿の正面側の繋梁は全体が龍を模り、本殿では組物の一部である尾垂木が波状に加工されている。特に拝殿の繋梁は、構造材全体が具象的な形態に転換し、本来の繋梁の輪郭線は完全に消滅している（挿図８）。

　また、妙義神社社殿では、本殿・幣殿・拝殿という三つの建物で装飾モチーフが明快に区分けされている。すなわち彫刻欄間では、本殿は桐に鳳凰、幣拝殿は牡丹に唐獅子ないしは松に鷹であり、蟇股では、本殿は内外とも水鳥や波間の植物といった水を連想させるもの、幣拝殿では兎や山鳥・菊花といった山野を連想させるものに統一されている。このように、妙義神社社殿のモチーフ選択は、各部の独立性が高い権現造の構成を最大限活用したものとなっている。

　妙義神社社殿の造営では、装飾モチーフ決定を含む全体統括を江戸在住の建築工匠である飯村久敬が行っている。飯村久敬が選任された背景には、妙義神社の本寺である東叡山寛永寺の存在が指摘されているので、日光東照宮を含む天台宗教団の総本山である東叡山寛永寺を中心にして江戸に集積された装飾表現技法が、飯村を通じて妙義神社造営に用いられたと推定できる。飯村の指揮下で妙義神社社殿の彩色を担当したのが江戸狩野派の中澤燕洲グループであった事実はこの推定を裏付けている。その意味で、妙義神社社殿の装飾表現は、江戸で花開いた都市文化の果実なのである。

　一方、飯村の下で彫刻を担当した安藤利助の出所は不明であるが、その傘下の彫物師であった石原藤助については、専修寺御影堂（栃木県真岡市、寛保三年〈一七四三〉）の象型木鼻の墨書に「野州芳賀郡千本田野辺村」在住と記されているので[注11]、十八世紀中期には、江戸に集積された彫刻技法は関東の在地にも伝播していたことが確認できる。彫刻に秀でた工匠が在地に居住していた事実は、建築の装飾化が近世権力の庇護の下にある一握りの寺社や霊廟から、在地の一般寺社にまで波及していたことを物語っている。建築装飾は近世権力の独占物から、民衆の手の届くものへと変質しているのである。

　ここで、江戸時代初期の大寺社の造営をみると、その多くは幕府や藩がパトロンとなって実施したものである。しかし、十八世紀に入ると幕府や諸藩の財政は悪化し、寺社は自力による建設活動を余儀なくされている。そうした状況の中で、寺社は勧化や開帳などを通じて庶民から広く薄く建設資金を調達することに奔走し[注12]、建築造形に資金拠出者である庶民の嗜好性が反映し始める。

　庶民信仰に支えられた装飾表現を示す事例として著名なのが、千葉県成田市の成田山新勝寺である。新勝寺は十世紀に創設された真言宗寺院であるが、十八世紀初頭に佐倉藩主稲葉氏の帰依を受け、同時期に新勝寺の不動明王の功徳をテーマとした初代市川団十郎の演技が好評を博したことを契機として江戸市民に広く知れ渡り、元禄十六年（一七〇三）に行われた江戸深川での出開帳を契機として、庶民からの喜捨が集積される寺院となった。

現在の新勝寺大本堂は昭和四十三年に建設されたものであるが、境内にはかつて本堂として用いられていた「薬師堂」（明暦元年〈一六五五〉）・「光明堂」（元禄十四年〈一七〇一〉）・「釈迦堂」（安政四年〈一八五七〉）という三つの建築が存在している。

三つの旧本堂を時代順にみると、全体規模が拡張している他に装飾表現の傾向も変化している（挿図９）。江戸庶民の信仰を獲得する以前に建設された初代本堂の薬師堂は、僅かに正面の梁に渦と若葉の絵様が施されるだけでほとんど装飾表現を有していない。対して、二代目本堂である光明堂では、江戸在住の島村円哲によって、二人の天女を浮彫した欄間の他に獅子型の木鼻や、組物の間にはめ込まれた花鳥、軒支輪の波彫刻など、構造材の隙間を埋める彫刻的な装飾表現が出現している。しかし、装飾表現は正面側にほぼ限定されるなど抑制的な扱いにとどまっている。そして、三代目本堂の釈迦堂では、大屋根に千鳥破風が付加されると同時に、柱の表面には鋭い彫線の彫刻が施され、籠彫の持送も用いられている。すなわち新勝寺の三つの旧本堂から、江戸庶民に代表される参詣者の増大に対応するように装飾表現が進展していることを確認できるのである。

挿図９　新勝寺旧本堂における装飾表現
上：薬師堂（1655 年）　下：光明堂（1701 年）

さらに新勝寺境内を見渡すと、大本堂の前面に建つ三重塔（正徳二年〈一七一二〉）の存在に気付く。三重塔は新勝寺の建築群の中で最も装飾表現が顕著なもので、龍を模った尾垂木や十六羅漢を主題とする初重壁面彫刻などこれまで述べてきたあらゆる技法を駆使した上で、三重の軒裏に極彩色の雲水の彫刻を一面に施している点に特徴がある（挿図10）。日本建築の軒裏は、見上げたときに最も目立つ部分であり、通常そこには稠密に垂木が並んでいる。しかし、新勝寺三重塔ではこの垂木の並びを一切排除し、面的な彫刻に置き換えるという画期的な造形を行っているのである。

新勝寺三重塔の軒裏は、ただ面的な彫刻で覆われているだけではない。雲水の表現は、初重から三重に行くにしたがって波

挿図10　新勝寺三重塔（1712年）

の大きさや彫線が大まかとなっており、初重の柱や組物は赤を基調とした極彩色であるのに対して二・三重の柱や組物は黒漆で仕上げられている。三重塔の各層は深い軒を持つために遠くから水平に近い状態で眺めると軒裏を確認することはできない。一方近寄ると屋根表面は姿を消して軒裏が覆い被さるように見えてくる。この突然の転換は極めてわかりやすい印象的なものであり、各層における軒裏の表現の相違は近寄った際の見え方を演出するものなのである。

新勝寺三重塔は、中興の立役者である僧侶の照範の指揮の下、建築工匠の桜井瀬左衛門が担当したものである。桜井が同時代に手がけた薬王院三重塔（茨城県桜川市、宝永元年〈一七〇四〉）をみると、龍の尾垂木彫刻や壁面の彫刻などは新勝寺三重塔に類似しているが、軒裏だけは通常の垂木が並ぶものとなっている。この事実から、新勝寺三重塔の軒裏彫刻は、建築工匠ではなく寺院側が意図したものとみなせるであろう。もしそうならば、一般の参詣者を意識した造形を寺院側が企画し工匠に作成させたことになる。三重塔の建設時期が江戸深川での出開帳直後にあたることを考え合わせると、江戸庶民の参詣を狙って寺院側が新規な装飾表現を企画した可能性が高い。

もう一つ庶民信仰の中で装飾表現が行われた事例についてみてみよう。

埼玉県熊谷市妻沼に所在する歓喜院は、平安時代末期に活躍した斎藤実盛が大聖歓喜天を奉じて建立した神仏習合の寺社である。妻沼は利根川に接する交通の要衝であり、江戸時代中期以降は江戸地廻り経済圏の発達のなかで利根川の渡船場として栄え、それに付随して歓喜院への参詣者も激増している。

そうした状況の中で建設されたのが歓喜院聖天堂である。奥殿（延享元年〈一七四四〉）・中殿（宝暦十年〈一七六〇〉）・拝殿（宝暦六年〈一七五六〉）の三つの建築が連結する権現造の構成を用いた聖天堂では構造材も含めた全ての部材に彩色と彫刻が施されており、華麗なその姿は近世の装飾表現の頂点といってよい（挿図11）。

聖天堂の装飾表現には様々なモチーフが用いられている。拝殿の「琴棋書画」は中国における文士のたしなみを表現したもので、奥殿の「三聖吸酸」は三人の聖人（孔子・釈迦・老子）が酢をなめて顔をしかめている図像である。こうした故事の表現は寛永造営日光

挿図 11　歓喜院聖天堂（1744~1756 年）　奥殿側背面

東照宮でも見られるが、歓喜院聖天堂では琴棋書画の人物を子どもに置き換えるなど、図像を基にして教育の重要性を語ることを可能にしている。こうした民衆への絵解きの素材としての建築装飾という性格は、十八世紀後半以降に広く普及していくものとなる。

聖天堂を建設した建築工匠は、江戸幕府の御大工を務めた平内政信の子孫と伝えられている妻沼居住の林兵庫正清と正信親子である。林兵庫正清は単に聖天堂の建設を手がけただけではなく、その建設企画から資金調達も含めて関与しており、施主と工匠の両者にまたがる役割を果たしている。聖天堂の建設に長期間を要したのは、特定の施主ではなく江戸地廻り経済圏で潤った一般庶民から広く資金拠出を求めたためである。

聖天堂の建築彫刻を実際に担当したのは、上州花輪村（群馬県みどり市）に居住していた石原吟八郎や、妙義神社社殿の彫刻を担当した安藤利助グループの小沢五右衛門等であり、広く北関東一円から工匠が参集している。こうした人的なネットワークの要に位置したのが、江戸幕府御大工家の出自を持つ林兵庫正清であり、関東の農村部に建設された聖天堂ではあるが、そこには幕府や東叡山寛永寺などを媒介として江戸に蓄積された技法と人脈が総動員されているのである。

以上のように、歓喜院聖天堂は、資金調達面でも工匠の人脈や技法の面でも、江戸を中心とする経済システムや都市文化を基盤として生み出されたものなのである。

## 名工の時代

装飾表現の担い手となった工匠は関東地方各地に展開しながら、江戸をハブとしてネットワークを構成していた。在地に展開した工匠は、妙義神社社殿や歓喜院聖天堂などのように特別な場合には結集して建設に従事することもあったが、通常は自らの居住地域周辺をテリトリーとして独自の活動を行っていた。

田中孝明・渡辺勝彦によれば、江戸幕府彫物大工棟梁の系譜に連なる竹田重三良は結城小森村（茨城県結城市）に居住し、千葉県を中心に地元の工匠と協力しながら村社クラスの社殿の彫刻装飾を担当している。[注13]また、山岸吉弘によれば、武蔵国羽生領本川俣村（埼玉県羽生市）の三村家は、上総国勢多郡花輪村（群馬県みどり市）の石原家と共同で千葉・群馬・埼玉の各地で社殿を手がけている。[注14]両者の事業形態は、三村家が建築の構造面を受け持ち、石原家は彫刻を担当するという相互補完の関係にあった。

このように、十八世紀以降、彫刻を主な職能とする工匠が広く在地に展開している。一方、彩色を手がける工匠の在地展開はあまり確認できない。この事実を反映するように、十八世紀末以降の神社建築では極彩色を用いるものが減少し、彩色を省いた素木の建築が主流となっている。絵師の介在を必要としない素木の建築は、一見しただけでは地味であるが、彫刻による装飾表現を際だたせるには有効である。

前述した歓喜院でも、十八世紀中期の聖天堂は極彩色であるが、安政二年（一八五五）頃の貴惣門では彩色はほとんど用いられておらず、柱の表面も地紋彫を施さず無垢な素木の木肌を強調するものとなっている。貴惣門を担当したのは、聖天堂を建設した林兵庫正清の子孫にあたる林正道であり、人脈的な系譜は連なりながらも装飾表現の傾向は大きく相違し、軒下の彫刻のみを強調するものとなっている。

彩色が排除されると、装飾表現の評価は彫刻のみによって判断される状況となり、彫刻技法に秀でた建築工匠が名工として認知されるようになる。左甚五郎伝説はこうした社会現象の中から生み出されたものといえよう。こうした名工の中でも広く名声を博したのが、長野県諏訪地方を本拠とする立川流と大隅流である。ライバル関係にあったこの二つの流派には、彫刻による装飾表現の面で大きな相違点があったことが指摘されている。[注15]

まず大隅流は、安永期に江戸で修行した柴宮長左衛門矩重に端を発するもので、代表作の水上布奈山神社本殿（長野県千曲市、寛政二年〈一七九〇〉）にみられるように、彫刻数の多さとその主題の豊富さに特徴がある。一方、宝暦期に同じく江戸で修行した立川和四郎富棟から始まる立川流は、当初、彫刻の使用は抑制的で伝統的な花鳥をモチーフとしていたが、二代目の立川和四郎富昌の時代に特徴的な彫刻表現を獲得している。この立川流は広く名声を博し、素木の彫刻が特徴的な諏訪大社上社本宮幣拝殿（長野県諏訪市、文政六年～嘉永三年〈一八二三～一八五〇〉）（挿図12）など本拠地諏訪の物件以外にも、東海・関東あるいは遠く近江にまでその作品を残すに至っている。

名工と称された工匠は、優れた彫刻技法を誇示するだけでなく、わかりやすいモチーフ選択を行って庶民から広い支持を得ている。天保二年（一八三一）に建設された東京都大田区の御嶽神社社殿は、権現造の形式を採用したものであるが、その本殿の周囲の壁面は浮彫の彫刻で埋め尽くされている。藤原篤意によるこの壁面彫刻は、浦島太郎や温公甕割あるいは養老滝伝説などのモチーフを用いて、義・仁・智・信・忠・礼・孝という儒教的な道徳観を表示し、彫刻の意味を読み込む楽しみを庶民に提供している（挿図13）。

このようにして、十八世紀中期以降の寺社建築にあっては、彫刻の比重が非常に高まり、それに比例して建設資金に占める彫刻の経費の割合も高まっている。前述した三村家と石原家が携わった伊勢崎神社（群馬県伊勢崎市、嘉永元年（一八四八））の場合では、彫刻の多い本殿では人件費の約四八パーセントが彫刻に充当され、彫刻の少ない拝殿でも約二五パーセントに達している（注14参照）。

挿図 12　諏訪大社上社本宮拝殿（1850 年）　拝殿向拝

挿図 13　御嶽神社社殿（1831 年）　本殿背面

ここで、この時期の彫刻をみると、その取り付け方に変化が生じている。本来は梁の先端部分であった木鼻は、梁本体とは別材となって側面から取り付けるものとなり、壁面などを覆う平面的な彫刻で周囲に余白部分を設けることが多くなっている（注13参照）。これらは建築の構造体の完成後に彫刻部分だけを取り付けるための工夫であり、事前に彫刻のみを制作するプレファブ的発想に基づくものであると同時に、彫刻の総量を調整して建築費用を予算内に納めるためのものでもあった。資金面で大きな割合を占める彫刻によって、建設価格の調整が行われていたのである。
以上のように、十八～十九世紀には彫刻が寺社建築の価値を大きく左右する存在となっている。そこで駆使されたモチーフや技法の選択あるいは資金調達にあたって重要な意味を持ったのが、建築図面である「指図」と「絵様雛形」である。

まず指図については、逢善寺観音堂（茨城県稲敷市、天保十三年〈一八四二〉）には、装飾部分を描いた天保七年の木版刷の指図が現存しており、勧化など民衆からの献金に活用されたと推定されている。桐生天満宮（群馬県桐生市、寛政五年～享和二年〈一七九三～一八〇二〉）にも装飾部分を詳細に描いた指図が現存しているが、現存する建築と比較すると装飾部分に相違があり、建設着手以前にこの図を用いて施主と工匠が共同で装飾モチーフ等の検討を行ったと推定されている。

次いで絵様雛形は、各種装飾の標準的な形態を記した大工書を指すもので、工匠家の中で伝来したものに加えて木版刷で刊行されたものも多数存在しており、工匠が彫刻などを制作する上でのデータベースとして機能していた。[注16] 十八世紀以降の寺社建築の彫刻をみると、モチーフや技法が着実に変化している。流行ともいうべきこの変化の時代相は、工匠間の情報交流の他に絵様雛形の定期刊行によってもたらされたものである。

以上のように、建築を演出した華麗な彫刻は、名工と賞された個人の創作物であるが、その背後には一種の社会制度ともいえる様々な仕組みも介在していたのである。

## 建築装飾の終焉

建設資金の拠出者である庶民を意識した彫刻の増加は十九世紀前半に日本全国でピークを迎えるが、この時期には新しい傾向も出現している。

挿図 14　大滝神社本殿及び拝殿（1843 年）

大滝神社本殿及び拝殿（福井県越前市、天保十四年〈一八四三〉）は、中国の故事に基づいた丸彫彫刻による壁面や、素木の木肌を強調する構造体など、彫刻に力点を置いたこの時期の寺社建築を代表する遺構である（挿図14）。しかし、大滝神社本殿及び拝殿の最大の特徴は、各部に施された彫刻ではなく全体造形にある。本殿と拝殿が一体化し、その上部に四段に重なるように小屋根が並ぶその姿は他に類を見ないものとなっている。

こうした奇抜な全体造形を指向する遺構は、二重螺旋のスロープが内部を巡る旧正宗寺三匝堂（福島県会津若松市、寛政九年〈一七九七〉）や、土蔵造で西洋の教会堂を思わせる吹き抜けの空間を実現した浄念寺本堂（新潟県村上市、文化十五年〈一八一八〉）など他にも多数存在しており、彫刻などの各部装飾からの脱却が試行されていた事情が窺える。

さらに、神仏分離思想と寛政二年（一七九〇）の内裏造営で採用された復古的な建築形態が、神社建築に決定的な影響を及ぼしている。徹底的に表面的な装飾表現を排除し、直線的な材料だけで建築を構成する住吉神社本殿（大阪市、文化七年〈一八一〇〉）のような造形が幕末期に出現したのである。

そして、明治維新以後の社会変動の中で、華麗な建築装飾のキャンバスとなった寺社は大きな変革期を迎える。寺檀制度と寺領という経済的な基盤を失った仏教教団は疲弊して、多額な出費を必要とする建設活動を行えなくなり、国家神道の下で再編された神社では、国家という新たなパトロンの下で、復古思想に裏付けされた装飾を排除した建築様式が推奨されるようになる。

明治維新以後の西洋文化受容の最初の段階では、日本の伝統的な建築技術を用いて西洋の社会制度に対応した建築が作られている。「擬洋風」と称されるこうした建築を手がけたのは、近世の建築工匠の系譜に連なる人物である。擬洋風建築の代表作ともいえる開智学校（長野県松本市、明治九年〈一八七六〉）は地元工匠の立石清重が建設したもので、その正面車寄にみられる波形や龍の彫刻は明らかに近世の装飾表現の延長上にある。天使など新しいモチーフを採用しているが、庶民の求める新規さを演出するという点では近世の寺社建築と近似する存在といえよう（挿図15）。

しかし、明治中期以降に本格的な西洋建築の受容が始まると、庶民の求める新規性は急速に西洋建築に向かい、擬洋風建築も姿を消して近世的な装飾表現は急速に失われていく。昭和九年（一九三四）に完成した柴又帝釈天題経寺（東京都葛飾区）の法華経の説話に基づく羽目板彫刻は、建築装飾表現の最後の輝きなのである。

挿図 15　開智学校（1876 年）　正面車寄

注

1　近世社寺建築総合調査は、文化庁の補助事業として昭和五十二年から平成二年までの間に実施され、都道府県単位で報告書が刊行されている。この緊急調査で得られた知見は、奈良国立文化財研究所『近世寺社建築の研究』（全三集、昭和六三年～平成四年）や『佛教藝術』一七〇号（毎日新聞社、昭和六二年）の「特集　近世社寺建築」において総括されている。

2　窪寺茂『江戸の装飾建築』ＩＮＡＸ・図書出版、平成六年。なお、建築の装飾表現については、伊藤延男監修『大工彫刻』（ＩＮＡＸ、昭和六一年）所収の諸論考に詳しい。

3　関口欣也『中世禅宗様建築の研究』中央公論美術出版、平成二二年。

4　是沢紀子「機内南部における中世神社の聖なる場所に関する考察」『日本建築学会計画系論文集』五五八、平成一四年。

5　宮沢智士「中世神社建築の装飾細部よりみた地域性」『日本建築学会論文報告集』一六〇、昭和四四年。

6　近世の建築技術者については、内藤昌『近世大工の系譜』（ぺりかん社、昭和五六年）に詳しい。

7　内藤昌・渡辺勝彦・麓和善「元和創建日光東照宮の復原的考察」『建築史学』五、昭和六〇年。

8　藤尾直史「彫物と大工・木挽の分業体制」『日本建築学会北海道支部研究報告集』八五、平成二四年。

9　伊東龍一「日光東照宮の天和度修理における彫刻工事担当の工匠について」『日本建築学会大会学術講演梗概集』昭和六二年。

10　近世寺社建築の展開については、文化庁歴史的建造物調査研究会編『建物の見方・しらべ方　江戸時代の寺院と神社』（ぎょうせい、平成六年）に詳しい。

11　『重要文化財　専修寺御影堂修理工事報告書』文化財建造物保存技術協会、平成元年。

12　近世における寺社建設資金調達手法の変遷については、湯浅隆「近世寺社の造営費用調達について」（国立歴史民俗博物館編『古図に見る日本の建築』至文堂、平成元年）に詳しい。

13　田中孝明・渡辺勝彦「結城の彫工竹田氏による下総村社の彫刻」『日本建築学会計画系論文集』六五一号、平成二二年。

14　山岸吉弘「近世の社寺建築普請における大工彫刻と彫刻師の役割について」『二〇一一年度日本建築学会関東支部研究報告集Ⅱ』平成二四年。

15　大河直躬「素木で勝負　諏訪の名工立川流と大隅流」（『大工彫刻』、注2参照）、矢崎秀彦・伊藤富夫『大隅流の建築』（鳥影社、平成六年）。

16　絵様雛形については、小葉田淳・内藤昌『日本建築古典叢書9　近世建築書　絵様雛形』（大龍堂書店、平成三年）に詳しい。

# 近世工匠の作品を通して見た地方における工匠の諸相

御船　達雄

## 一　はじめに

近世は贅を尽くした桃山建築に始まって、多様な種類の建築が生み出された。それを生み出したのは、近世工匠であったのはいうまでもないが、時の権力者、為政者の、権力と経済力が背景にあった。特に豊臣家、徳川家が、戦乱で乱れた各地の寺社伽藍の復興につとめたのは、つとに知られている。

寛永期までの、爆発的な建築需要にたいし、各地の大工家が権力者の作事組織に組み入れられ活躍した。紀州根来出身であった平内家は徳川幕府御大工に上り詰める。平内家は木割書『匠明』を現在に残しているが、これは一子相伝の秘伝書であった。木割書の成立は中世にまでさかのぼり、柱寸法や柱間寸法の単位を基にして、各部材の大きさを比例的に決め、寺社の設計手法の規範となっていった。この木割書は、元来は大工家の秘伝であったが、やがて刊行され、加えて規矩術書、ひな形本も加わって、全国的に設計技術が平準化していく。かくして破綻のない一定のプロポーションを備えた寺社建築が全国各地で建てられたいっぽうで、創造性や、全体性は喪失され、かわりに、その空隙を埋めるかのように、建物を荘厳するための彫刻が発達していった。

このような近世工匠をめぐる制度や技術史的検討は、内藤昌、西和夫、高橋康夫、谷直樹氏らの著作に詳しい。本稿では少し視点を変えて、近世工匠を捉える新たな三つの柱を建て、これらについて筆者が文化財調査で関わった建物そのものから考えてみたい。その三つとは周縁性、境界性、継続性の観点である。

周縁性とは、中央の技術に対する地方の問題である。近世初頭に造られた寺社建築は、権力者が独占した技術によって造られており、いわば中央の工匠によって先導された技術であった。いっぽうで地方において、工匠はどう活躍したのか。地方の大工家の文書は小林家文書、手中家文書などがあるものの、総じて地方工匠の実態はあきらかではない。中央の技術の周縁はどうであったのか、鳥海山修験道の建築と工匠から考える。

境界性とは、工匠の属性を考えるキーワードである。「宮大工」という概念が現在でもある。普通の大工とは違うととらえられ、宮大工が民家を建てると穢れがあるともいわれる。しかし地方において、工匠は果たしてそうであったか。造寺造宮の大工は特別な存在ではあるが、宮大工にとって、民家建築はどう見えたのか。この寺社建築と民家建築について考える。

最後の継続性の観点は、工匠の技術と時代とが変転する関係で捉えてみる。近世寺社の工匠が、近代を迎え、どう対応したのか。近世と近代の境には、境界があるのかないのか。近代初頭における造寺大工の作品を、近世的技術の継続性の観点から考えたい。

## 二　鳥海山修験の建築と工匠

### 鳥海山信仰と二つの口ノ宮

山形県と秋田県の県境に、日本海に臨んで秀峰鳥海山がそびえる。通称出羽富士と呼ばれ、独立峰であることから、古くから信仰の対象となり、修験の霊場となった。

鳥海山大物忌神社は大物忌神を祭神とし、社伝によれば欽明天皇二五年（五六四）に鳥海山頂に座したという。古代には式内社となり、出羽国一宮であり、山頂に本社、山麓の蕨岡と吹浦に里宮が設けられた。神仏習合により鳥海山大権現と称し、山岳修験の行場の一つとして栄えた。しかし明治時代の神仏分離令で正式には神社となり、修験は廃され、山頂の大物忌神社は国幣中社に定められ、里宮である蕨岡と吹浦はともに「口ノ宮」となった。明治期の廃仏毀釈と吹浦大火によって、近世期の建造物の残りは良くないが、現在も神仏習合時代の遺構や民俗が色濃く残されている。

### 吹浦口ノ宮の本殿（挿図1）

鳥海山大物忌神社吹浦口ノ宮は山形県遊佐町吹浦にある。ここは鳥海山を源とする月光川の河口にあたり、西は日本海に面し、北は鳥海山へと続く山並みが控える。その山裾に吹浦口ノ宮が構えられているのである。南には社家や、かつての修験の宿坊、そして門前町の商家の町並みがある。

吹浦口ノ宮の境内は、門前の集落が広がる位置に大鳥居が建ち、参道の傍らに社務所と下拝殿が構えられている。そこから北へと長い石段を上がると、杉林に囲まれた雛段状の傾斜地に、南面して社殿が建てられている。拝殿は本殿より低い位置に建ち、本殿は石垣を積んだ高い位置にある。拝殿背面には登廊が取りつき、その内部の階段で本殿の建つ区画へと導かれる。拝殿と登廊は近代戦前期のものであるが、本殿は当社に残る唯一の近世期神仏習合時代の遺構である。

本殿は二棟あり、東側が大物忌神を祀る大物忌神社本殿、西側が月山神を祀る摂社月山神社本殿で、両者は同形同大で並び建つ。社殿は一間社流造、銅板葺で、南面する。前身本殿が宝永三年（一七〇六）正月の火災で焼失し、その後、宝永八年（一七一一）に庄内藩酒井家によって再建されたと伝える。昭和一四年（一九三九）に中門廻廊や玉垣が造られ、さらに拝殿が昭和一八年（一九四三）に建て替えられた。本殿の屋根はもとは茅葺であったが、昭和三八年（一九六三）に、銅板に葺き替えられている。

挿図１　大物忌神社吹浦口ノ宮本殿

本殿の身舎は桁行一間、梁間一間で、二室に区画し、前面を外陣、後方を内陣とする。向拝は正面一間で、身舎三方に廻縁、向拝に浜縁を設け、浜縁上に木階を置く。

基壇は切石積みで身舎部は亀腹を設ける。身舎柱は円柱に造り、向拝柱は几帳面取り角柱で、上下は地紋彫りの入八双金具形に造り出し、浜縁上に建てる。身舎柱は足固貫、腰貫、頭貫を通し、頭貫端は木鼻に作り絵様を施す。床高さには足固を差し付け、内法長押、切目長押を打つ。向拝柱は浜縁際に切目長押を打ち、頂部は水引虹梁を輪薙いで入れ、虹梁両端を木鼻に造る。向拝の身舎との取り合いは海老虹梁を入れる。

組物は身舎が和様出三斗組、実肘木付、中備は彫刻入蟇股とし、丸桁、妻虹梁を支える。向拝組物は実肘木付き連三斗組で、中備は彫刻入り蟇股を置き、向拝丸桁を支える。

柱間装置は身舎正面中央間が幣軸構えで板唐戸を建て、その他は腰貫より地長押まで、横張板壁とする。軒は身舎が二軒繁垂木。向拝は身舎飛檐垂木を打ち越して、二軒繁垂木とする。

身舎の三方の廻縁は縁束を建て切目縁に造り、縁上に擬宝珠柱を建て勾欄を設ける。側面には脇障子を設け、笠木上には竹節欄間を設ける。向拝浜縁は切目縁で、浜縁上の切目長押から身舎廻縁へ向け、木階をたたむ。

屋根は銅板葺で、箱棟上に千木と勝男木を据え、いずれも銅板で包むが、前述のように屋根はもと茅葺であった。

建築年は前記のように宝永八年と伝わるが、棟札等はなく、工匠もまた不明である。頭貫や虹梁の渦紋は木瓜形で、かつ虹梁の若葉は太い。絵様から見れば、宝永よりはやや下る。江戸時代後期か、その頃に大きく手を加えた可能性がある。本殿は典型的な一間社流れ造りの遺構だが、建ちが高く、かつ茅葺屋根である点に地方色が見られ、彫刻の鑿さばきは垢抜けない部分もある。基本的に中央の造寺造宮で発揮される技術には基づくが、庄内地方の在地の工匠の手によるものと見て良いだろう。

## 蕨岡口ノ宮の建築（挿図2）

鳥海山大物忌神社のもう一つの口ノ宮である蕨岡口ノ宮は、遊佐町上蕨岡に所在する。庄内平野北辺の天狗森の丘陵上で、北方は鳥海山へと連なる山並みとなる。集落は通称、上寺と称され、神社と学頭坊であった龍頭寺を中心とした鳥海修験の拠点で、近世には三十三坊の衆徒坊院が建ち並んでいた。

神社境内は集落を南北に縦貫する道の東側にとられ、道に面し鳥居と随神門が西面して建ち、参道は東へ延びる。舞殿が参道の南にあり、ここで参道は北へ折れる。石段をあがりさらに鳥居をくぐると、本殿が南面して建つ。

この本殿の建つ位置は、近世には蕨岡「大堂」があったところで、これが安政二年（一八五五）に焼失して以降、空き地となっていた。本殿は東側山手に、鳥海山を遙拝する拝殿として建てられたが、建物管理上の理由から、昭和二八年（一九五三）に現在の大堂跡に移築されたものである。

挿図2　大物忌神社蕨岡口ノ宮本殿

本殿の東には、荘照居成社などの小祠が並ぶ（挿図3）。社地は杉の巨木に囲まれており、神域らしい厳かな雰囲気で満たされている。

現在の本殿は明治二九年（一八九六）に造営されたもので、新しいものである。桁行三間、梁間六間、切妻造、銅板葺屋根で、正面に向拝一間が付く。内部は広い一室よりなり、正面側に外陣、背面側に内陣をとり、背面中央間に宮殿を造る。本殿は規模が大きいうえ建ちも高く広壮で、大材がふんだんに用いられ、内外ともに見

応えがある

随神門は当社で数少ない近世期の遺構である。三間一戸の単層八脚門、切妻造トタン葺屋根である。中央間は門扉を構えず柱間を開放し、両脇間は正面側を低い板敷とし、棟通り柱筋より背面側に張り出しを造り、随神像を祀る。随神門はもと大堂の仁王門であったが、神仏分離令により、明治六年（一八七三）に仁王像を後述の龍頭寺に移し、代わりに随神像を祀っている。

門柱は丸柱、棟通りには冠木をのせる正式な八脚門の構えをとる。組物は和様出組である。中備は蟇股を用い、組物裏には支輪を設けている。軒は二軒繁垂木である。屋根はかつて、杮葺であったという。

随神門の建立年代や工匠は不明である。柱には貫の埋木が多数見られ、少なからず改造されてもいる。虹梁の絵様は、正面側では渦紋に若葉を付したものであるが、門通り内部では流水を彫る。木鼻や拳鼻の絵様と合わせると、一九世紀前半期の建立であると考えられる。

挿図３　荘照居成社

荘照居成社は本殿の南東に建つ小祠である。天保年間の庄内藩主酒井家の転封問題により、農民運動が起こり、転封阻止に尽力した江戸町奉行矢部駿河守を祀るため弘化三年（一八四六）に建設された。「奉造立出羽國一宮荘内飽海郡鳥海山末社正一位荘照稲荷宮一宇所御遷宮尊師蕨岡学頭龍頭寺法印智徹」とする棟札が残っており、志願者の名や山内の役僧の名、工匠の名などが記されている。

これによると棟梁は斎藤信登美、脇棟梁は大川左膳で、彫工に西之坊融朝、安衛伸郷、御船治吉、真嶋佐藤治が名を連ねる。大川左膳は後述の龍頭寺本堂再建の棟梁でもあり、文政一一年の蕨岡大堂の再建にも関わった。越後大川の出身であると伝え、その子孫は明治二九年に前述の本殿を造っている。

西之坊は同じ上寺の三十三坊のうちの一つで、棟札の西之坊融朝（不明～文久二年没）はこの坊の当主でありながら、彫刻達者で作品を多く残した。御船治吉こと御船治喜二（不明～明治三〇年）は、この融朝の弟子である。御船もまた、彫刻達者として活躍し、遊佐町内や、本庄市の寺社に作品がある。

荘照居成社は、一間社流造、銅板葺で、正面に軒唐破風を付けた賑やかな外観である。身舎は二室で内陣に宮殿を造る。身舎三方に切目縁を廻らせ、向拝には木階を設け、浜縁を造る。組物は身舎が尾垂木付二手先、向拝は連三斗組である。

水引虹梁や繋ぎの海老虹梁には華麗な彫刻を施している。また向拝柱には金襴巻を造り出し、地紋を彫る。総ケヤキ造の建物で様式的に破綻なく、彫刻の切れも良く質が高い。社殿を彫刻で覆うのは江戸時代末期に良く見られるもので、本殿もその系譜にあるが、海老虹梁上の力士像や縁板の扇張りなど、庄内地方らしさも見られる。そしてこれを造営したのは、後述の龍頭寺本堂再建の工匠たちと同じであったのである。

## 蕨岡の龍頭寺の建築（挿図4）

龍頭寺は蕨岡大堂があった大物忌神社蕨岡口ノ宮の南隣にある。修験時代は蕨岡三十三坊を末寺として、各坊の当主に僧階を授与する本寺であった。寺伝では、大同二年（八〇七）慈照上人の開創とされる。往時は松岳山観音寺光岩院と称したが、江戸初期に龍頭寺に改称した。山号は鳥海山で、近世は醍醐寺三宝院直末、現在は京都東山の総本山智積院末の真言宗寺院である。

かつては、鳥海山大物忌神社の別当でもあり、上寺三十三坊を統率し、学頭職を務め、学頭坊とも称した。神仏分離令により蕨岡一山の衆徒は、龍頭寺を残して帰俗し、修験の拠点としての機能は失われたが、龍頭寺は現在まで寺院として存続している。

境内地の中央東寄りに、西面して本堂を建て、本堂の北東側には西面して開山堂、南東には座敷棟が、本堂とそれぞれ廊下で連結されて建つ。敷地の北西には、観音堂が南面して建てられている。

本堂は桁行一三間半、梁間六間半、木造平屋建（一部二階有）、入母屋造、銅板葺、平入、の建築である。正面向かって左寄りには、唐破風銅板葺屋根の向拝一間（玄関）を設けている。屋根は銅板葺であるが、かつては木羽葺であったとされる。

挿図4　龍頭寺本堂

建築年は棟札により、天保一五年（一八四四）に建てられたことが知られ、こちらも発願者である龍頭寺や、施主である一山衆徒の記載が見え、また工匠として、棟梁が大川左膳、彫工が西之坊融朝、治吉（御船治喜二）であったことが判明する。

本堂は西面して建ち、北を上手とし、方丈形式本堂の下手に庫裏が接続した構成である。床上部全体に幅一間の広縁が正面と上手側面にとられ、本堂部は主要六室よりなり、中央の部屋列を仏堂部分とし、正面側に外陣、背面側に内陣をとる。内外陣の境は、框を入れて内陣の床高さを六寸二分（一八八ミリメートル）高くし、上部は三連の虹梁を段違いに掛け、彫刻欄間を建てる。柱上には出組を載せ、天井回縁を支える。外陣天井は竿縁天井である。床は拭板敷に畳を回し敷きに敷き込む。

内陣の背面側柱間は、中央間を円柱の来迎柱とし、虹梁を掛けて仏壇とする。脇間は低い位置に虹梁を入れ、下部を格子戸、上部を唐破風付の脇仏壇とする。各柱上は出組を載せ、天井回縁を支え、支輪を入れて格天井を折り上げて造る。

外陣と広縁境は三間にわたって大虹梁を掛ける。大虹梁は渦紋に牡丹を陽刻した大胆な絵様で、現状では虹梁下を開放しているが、三本の建具溝が虹梁下にあり、かつては建具で仕切られていたことが知られる。虹梁を差し付ける柱は、七寸八分（二三六ミリメートル）角のケヤキの柱で、唐戸面が取られており、仏堂であることを意識した造りである。

外陣の正面側は広縁を挟んで、向拝がある。向拝は向唐破風造の式台玄関形式で、広縁境には舞良戸を建てている。向拝柱は九寸（二七三ミリメートル）角のケヤキ柱で、頭貫を入れ、柱上には出三斗組を載せて、水引虹梁を支える。天井は折上格天井である。式台上には一対の仁王像が安置されるが、これが前述の大堂仁王門（現大物忌神社随神門）に安置されていたものである。

仏堂室列の上手室列は座敷で、正面側に十畳間の下座敷、背面側に八畳間の上座敷がある。ともに内法長押と有壁長押を打ち巡らし、竿縁天井を張った部屋で、下座敷と上座敷の間は框が入り、上座敷を上段の間とする。柱は杉が多用され、六寸二分（一八七ミリメートル）角と太く、長押も成が高い。木割の太いさまは、ここが雪国であることを感じさせるものである。上座敷の、床の間と床脇には違い棚と天袋が設えられる。床の間の落し掛もまた木太いものである。

仏堂室列の下手室列は二室の畳敷の部屋で、上手座敷と同様の室内意匠となる。正面側十畳は取次間的な部屋、背面側八畳は居室的な部屋であろう。

庫裏部は寺僧の生活空間である。主要五室よりなるが、仏堂部に比べると改造が大きい。最も下手正面側の部屋に間口一間の入口を設け、切妻破風の小庇を付ける。ここが通常の出入口である。現在は踏み込み土間程度であるが、かつては土間であったものと考えられる。土間寄り付きとなる一二畳半の部屋は、茶の間に相当する部屋で、仏堂部と異なり有壁長押は打たず、土間境は差鴨居構えとして、比較的質素である。上手側に正面を向けて床の間がある。台所まわりは現状は新建材を張って改造されている。

本堂の柱は面取角柱で木太いものである。背面を除く三方の外周り各柱には、頭貫木鼻を付けた特徴的な意匠である。軒は四方ともセガイ造とし、一軒疎垂木を配る。正面から見ると建ちの高い外観で、唐破風の立派な向拝がとりわけ目を引く。

現存する他の坊院本堂が、茅葺屋根であるのに対し、当寺本堂は木羽葺であり、これは山内三十三坊の学頭職であったがゆえの、寺格を表したものであるのかも知れない。内部の欄間彫刻などの彫刻は、融朝、治喜二の作品であろう。

観音堂は桁行三間半、梁間三間（一五尺）、切妻造、桟瓦葺、一間向拝付の置屋根形式の土蔵建築である。南面して建てられ、東側には穀蔵が取り付く。外壁は腰を海鼠壁とした漆喰塗で、土蔵然とした外観であるが、正面に取り付く向拝が仏堂らしさを見せている。堂内には十一面観音像を祀るほか、かつては黄檗版一切経を保管していた。

観音堂はもと大堂の経蔵であったものを、明治八年（一八七五）頃に移築したとされる。神社には経蔵時代の延享五年（一七四八）銘の棟札が残る。現状を見ると、確かに仏壇まわりの柱や虹梁には比較的古そうな材も見られるが、天井等の内部造作や向拝まわりは、明治八年頃と見るのが適当であろう。従って古材を一部使用しつつ、明治八年に材を補い新築したと考えられる。

挿図５　龍頭寺観音堂向拝

堂内は一室で、正面側奥行一間を土間、他を拭板敷とする。天井は竿縁天井である。背面側奥行半間分は、間口三間の仏壇に造る。仏壇は大虹梁を三間一杯に掛け、壁際は半柱、中央間は粽付きの円柱を立て、大虹梁下にさらに虹梁を三連にわたり掛ける。柱上には平三斗、中備は蟇股を載せ、大虹梁を支える。

向拝は木工的には一番手がかかっている（挿図５）。几帳面取角柱に水引虹梁を掛け、皿斗付平三斗で丸桁を支え、軒を二軒繁垂木とした、良くある形式ではある。しかし水引虹梁や繋虹梁に施された彫刻は圧巻である。水引虹梁は上部の蟇股と一体で造り出され、虹梁には波が、蟇股には龍が彫り出されている。蟇股は斗と実肘木を用いる本来の形式を越え、龍の頭が直接丸桁を支えるものである。また木鼻と繋虹梁も一体的に彫り出され、木鼻は龍の頭になり、龍の尾が繋虹梁に巻き付くさまが彫り出されている。巧みな彫刻師の技量は見応えがあるが、軒まわりは直線で明治八年の仕事であると考えられる。

棟札等がなく、明治八年頃の新築に近い移築工事を手がけた工匠は、判然としないが、彫刻師御船治喜二が関わったと伝える。治喜二は地元出身で、龍頭寺の檀徒でもあり、本堂造営にも加わった。観音堂の華麗な向拝まわりの彫刻は、彼の手によるものとの伝えは真実性はあると思われる。

小結

明治の神仏分離令により、鳥海山信仰は大物忌神社に統合され、鳥海山修験は廃れたが、今も吹浦と蕨岡には往事の遺構が残されており、歴史的風致を形成している。吹浦の本殿を手がけた工匠は不明であるが、地元在地の大工であると見られる。いっぽうで、幕末から明治期にかけて行われた蕨岡での普請は、大工や彫刻師名に共通性があり、山内で同じ大工達が活躍していたことが判明する。龍頭寺の建築は雪国らしい木太いもので、座敷はある意味で垢抜けない空間でもある。しかし荘照居成社や龍頭寺本堂仏堂部は、彫刻師たちの活躍もあって見応えある建築に仕上がっている。

## 三　仏堂と民家の境界

### 異質なる建築の境界性

境界性の観点から、地方に営まれた造寺と民家の関係に注目したい。まずは、始めに相模国の北村家住宅。次に紀州山間部における東光寺について、仏堂建築と工匠技術の境界性を考える。

#### 相模の北村家住宅とその工匠（挿図6）

旧北村家住宅は川崎市立日本民家園に所在する重要文化財の民家である。いうまでもなく民家園は国内各地の民家を移築してきて、保存展示している施設であるが、旧北村家住宅は神奈川県秦野市に所在し、貞享四年（一六八七）と建築年代が明らかである点が特筆され、民家園においても重要な建物となっている。茨城県の椎名家住宅が延宝二年（一六七四）の建築であることが明らかで、建築年代の判明する民家では東日本で最も古いものであるが、旧北村家住宅はこれに次ぐ古さである。

ところでこの旧北村家住宅は建てられた年代からすると、大変先進的で、完成度の高い造りである。これは寺社建築を手がけた大工か、もしくは明らかにそれと同等の技能をもった工匠によって作られたと考えられる。ここでは住宅の造りを、構造技術やデザイン力の観点から検証したい。

旧北村家住宅は移築前は相模国の鍛冶谷村（神奈川県秦野市）にあった。鍛冶谷村の庄屋であった家の分家であるとされ、分家初代が寛文九年（一六六九）に没していることが墓石銘より明らかになっており、村の中では一定の地位にあったと見られる。民家園への移築にあたって、小屋束の枘より墨書が発見され、貞享四年に同じ村の大工理兵衛が建てたことが明らかとなった。

住宅は桁行八間半、梁間五間、平屋建、寄棟造、茅葺屋根、平入の農家建築である。平面形態を見る限り、関東の近世前期～中期民家に典型的な広間型三間取の形式であり、いたって平凡なものである。右勝手形式で、向かって右側に三間の土間を取り、左側に五間

挿図６　旧北村家住宅正面外観

挿図７　旧北村家住宅の押板と帳台構

半の床上部を取る。床上部と土間部の境は一間毎に柱が建ち並び、一七世紀の民家らしい古式を見せる。土間寄り付きの部屋は、梁間一杯にとられた広間のヒロマで、床は通常の板床ではなく、竹簀の子床に痕跡から復原されている。ザシキの上手室は、正面側に八畳のオク、その背面側に八畳のヘヤがとられる。

　ヒロマの設えの見どころは、正面側三間が竹簀の子床で、長押を打ち回し、押板や帳台構が設けられていることであろう（挿図7）。また大きな神棚が土間を向いて設えてある点も目を引く。ヒロマ正面側は関東でシシマドと称される格子窓が作られている。オクには妻側に床の間を設け、ヘヤ境には仏壇を据える。長押を打ち、竹簀の子天井を張った部屋である。性格としては、上客をもてなす部屋であるといえよう。いっぽうヘヤは押板右側の帳台構から入る部屋で、天井を設けていないが、畳敷の寝室である。

　構造を見ると、上屋梁間三間の前後に、半間づつの庇を付けた構成で、上屋と下屋を合わせて四間にしている。上屋梁は下屋繋梁上に乗り出しており、いわゆる四方下屋造である。これに茅葺屋根を支える合掌を据え、建物が成り立っているのである。

　この民家が建設された時代に照らすと、なぜ先進的であるのかといえば、無用なところに柱を建てない梁組に構造的な工夫のあること、そして床上部の柱間が開放的であり、床の間、押板、帳台構という支配層の書院住宅の設えを設けることにある。

　いうまでもなく上屋は屋根を支える本体となる部分で、下屋はそれに付け足されたものである。とするならば、上屋と下屋の境には柱が建つことになるが、上屋と下屋を一体的な部屋に使うとなれば、部屋や土間の中に柱が建つことになり、使い勝手が悪い。この時期の民家では、その点はあまり気にしないのか、部屋中に柱が建つのが通例である。しかし旧北村家ではこれを構造の工夫により、すべて柱を抜いているのである。

特に注目されるのがヒロマ梁組の巧みな処理である。三通りに桁行に敷梁を通し、下屋まで届く大梁を掛け、その上に上屋梁を載せる。敷梁と大梁はていねいなチョウナ痕のある瓜剥仕上げで、用材の屈曲を見事に合わせ、無用な束を立てることなく組んでいる。また隅部の上屋下屋境で隅行梁を入れて柱を抜いている。構造上非常に合理的な処理であるが、このような例は珍しいものである。ことに隅行梁は折置で隅の側柱に納まっており、現場合わせの加工で決して間に合うものではない。俗に「大工と雀は軒でなく」といわれるが、隅行きの納まりをまとめるのは、大工の技量の見せ所である。

土間境は一間毎に柱が建つ。その柱は鉋をかけないチョウナ仕上げである。ヒロマの床は竹簀の子床で天井を張らない等々、なるほど一七世紀民家らしい古式が見てとれる。しかしヒロマを演出する押板、帳台構の設え、そして打ち回された長押、開放的な柱間装置に注目したい。これらはいずれも一七世紀の民家で「一般的」であった要素ではなく、支配層、権力者の住宅で用いられたものである。

同時代の一般的な民家は、掘立柱、土座住まいで機能分化が進まない平面であった。名主の分家であるとはいえ、当家でこのような設えがあるのは、極めて先進的であるといえよう。前記のヒロマの巧みな梁組も、相乗的にヒロマの空間演出に効果を加えている。

この住宅を造ったのはどのような工匠であるか。墨書に見る大工理兵衛が、北村家と同じ村の大工であること、それを補佐したのも近隣の村の大工であることが小屋束墨書より知られるが、そのほかは不明である。しかし建物から見るに、営々と民家建築を主とする大工によったものとはとうてい思えない。隅行梁を用いる構造技法、書院座敷の要素を知った工匠、すなわち、理兵衛は堂宮大工であったのではないか。

## 紀州の東光寺本堂の建築と工匠（挿図8）

先に堂宮大工が造ったであろう民家を紹介したが、次には堂宮大工が、在地の民家的な要素をどのように考えたか。紀伊山地の山深い地にある和歌山県北山村の事例で検討したい。

東光寺は和歌山県東牟婁郡北山村竹原に所在する曹洞宗寺院である。北山村一帯は林業の村で、かつては北山川、熊野川を経て、新宮まで筏で材木を出していた。東光寺は新宮市全龍寺の末寺で、竹原のほか、七色（北山村）、花知（三重県熊野市）の氏寺になっている。この地を中世に支配した竹原氏の竹原入道の創立と伝えるが、現在の東光寺の開山は、全龍寺五世峰延玄祝大和尚で、元禄二年（一六八九）に亡くなっていることから、江戸時代前期と考えられている。

天保一五年（一八四四）二月に伽藍を焼失し、その後弘化四年（一八四七）に本堂が再建された。現在は、同じ北山村内の見福寺、宝蔵寺との三か寺で、住職が兼任している。本尊は薬師如来である。

再建時の棟札が残されており、弘化四年に当寺一八世全牛の代に建てられたことがわかる。大工は本宮（熊野三山の一つで現在の熊野本宮大社）の御宮大工の鳥居藤助保周である。

伽藍は北山川の西岸に沿って形成された竹原集落の南よりにあり、北山川により形成された段丘上に、東向きに構えられている。石垣をあたかも城郭のように積み上げ寺地を造り、規模の大きな本堂を中央に建て、本堂前には山門を構える。

本堂は桁行九間半、梁間六間、切妻造、桟瓦葺、平入の建築である。方丈形式本堂の下手に、庫裏（居室）が接続された構成で、本堂部正面に簡単な向拝を設け、下手庫裏部には正面と側面側に入口を開く。外部柱は面取角柱で、柱上には組物を設けない。装飾的な要素がほとんどない簡素な外観である。また、反りのない、切妻造の大屋根が外観上の大きな特徴で、両妻面は板張（現トタン張）としている。これは当地民家のガンギと呼ばれる形式と全く同じ造りになる。

挿図８　東光寺本堂外観

平面は上手本堂部が主要五室、下手庫裏部が主要四室よりなる構成である。本堂部は背面側中央間が内陣で、その正面側を十畳の外陣とする。外陣の下手が六畳、内外陣列の上手は八畳二間の続き間座敷とする。正面側は一間幅の広縁を造り、上手側面は四尺幅の縁側を付ける。

内外陣境は平三斗を載せた径二〇〇ミリメートルあまりのケヤキの丸柱を建て、虹梁を掛け、柱間は開放に造る。内陣はケヤキ材を用いた板の間で、中央に禅宗様の須弥壇を構える（挿図９）。丸柱

挿図９　東光寺本堂内陣

に造った来迎柱に須弥壇が取り付き、須弥壇上は来迎壁筋に火灯窓を開き、本尊を祀る。来迎柱上には虹梁を掛け、二手先の連三斗組を据える。内陣は格天井とし、須弥壇上は小組格天井とする。内陣の背面側と下手側面は位牌棚が設けられる。

十畳間の外陣は広縁境に大虹梁を掛け、中備には蟇股を載せる。南北面は長押を打ち、天井は竿縁天井を張る。上手二室の座敷は、背面側が主室で、長押を巡らし、床の間、違い棚、付書院を備えた書院座敷に造る。床の間は板床形式とし、床柱は杉の磨き丸太を用いた端正な形式になる。座敷両室の天井は竿縁天井とし、室境は波の紋様の欄間を建て込む。

座敷の背面側は梁間四尺八寸で、板敷きの小間が取られる。この小間の背面側は、落し猿付きの板戸が設けられ、外部から鍵を用いて出入り出来るようになっている。板蔵の戸前に似た構成で、用途は不明であるが、かつての使い方を想像させる珍しい造りである。

正面広縁は床板を切目に張り、天井は竿縁天井とする。正面側はアルミサッシが入るが、かつては雨戸を開けると柱間全面が開放される造りであった。なお座敷正面側は窓の構えになる。

庫裏部分の入口を入ると、八畳の取次間、十畳の台所（居間）と続き、台所下手には流しを設ける。八畳は差鴨居を巡らし、小壁を板壁とした構成で、民家に近い造りである。

主要な柱は四寸七分角の栂柱を用い、柱間は畳割制によっている。内法高さは六尺と通常より高く取られている。

この本堂は方丈形式本堂と庫裏の機能とを併せもったもので、これに切妻造の大屋根をかけた構成である。屋根に反りがなく、妻面にガンギを下げた独特の外観で、当地の伝統的な民家に良く似ている。外部に組物はなく、装飾的な要素が少ないこともあって、外観を一見すると、寺院本堂ではなく、大きな民家そのものにさえ見える。

しかし内部は手をかけて造り込まれ、ケヤキ造りの内陣や、端正な意匠の座敷など、上質な建築である。地域色ある外観と、内部の正統的な堂宮の造りとが融合している点に大きな特徴がある。

このような特徴ある本堂が、本宮大社の御宮大工であった鳥居藤内保周によって建てられたのである。実は鳥居は、名が確認出来るもので、淵龍寺（臨済宗妙心寺派、田辺市本宮町下湯川）の本堂も建設している。この本堂は東光寺より一二年さかのぼる天保六年（一八三五）に建設されたことが棟札より明らかで、大工は鳥居のほか、下湯川村の蔭地種兵衛、他に本宮村から七人の工匠が参加している。淵龍寺は、桁行七間半、梁間五間と、東光寺よりはやや小さく、右方入母屋造、左方切妻造、桟瓦葺、平入の建築である。平面は東光寺と類似し、やはり民家風の外観である。

このように鳥居大工は、幕末期に二つの民家風本堂を建てた。どうということのない素っ気ない外観であるが、本宮大社の宮大工であった鳥居が、本格的な寺院本堂を造る技術を持ち合わせていなかった訳ではあるまい。現に東光寺本堂の内部は良材をもちいて、端正に造作されており、一目見て一流の堂宮大工の手によることがわかる。

なぜこのような形になったのか、これは推測によるほかはないが、施主の意向あるいは大工の意図により、わざと民家的な素っ気ない外観とされたことは間違いないだろう。寺院本堂としての主張をしない地方色ある民家風の外観と、堂宮大工によって造りこまれた内部造作のコントラストが鮮やかな建築である。

### 小結

北村家住宅と東光寺本堂を見てきた。どちらも民家をキーワードとすると、造寺造宮の技術なるものの境界性が見えてくる。仏堂的技術による民家と、民家的なる仏堂とで、外観も機能も異なっているが、それを支える技術は、堂宮大工によってこそ裏付けられていると考えられ、民家と仏堂の両者は、対義的なようでいて、実は単に建築表現の差の結果でしかないようにも思えてくる。またこれは日本の近世民家の、完成度の高さの証左とも言えるのであろう。

## 四　近世建築技術の発展的解消と近世的技術の残映

### 近代を迎えた堂宮大工たち

本節では近世から近代にかけての工匠の技術的、あるいは、デザイン感覚の継承性について見ていきたい。取り上げるのは、奈良県生駒市の宝山寺の客殿建築である獅子閣と、和歌山県紀の川市の興山寺本堂である。ともに近代前期に社寺が得意な大工によって建てられたものであるが、技術の継承性という点で、興味深い作品である。

### 宝山寺獅子閣の建築

宝山寺は大阪と奈良の境である生駒山中腹にあり、生駒を山号とする真言律宗の寺院である。生駒山の東斜面に伽藍があり、古くから修験道の行場であった。生駒の聖天さんと称され、現在も庶民の信仰を集めている。

ここで取り上げる宝山寺獅子閣は、当寺一四世乗空の発願で、明治一五年（一八八二）に建設された洋風の寺院客殿建築である。建設にさいし、当寺聖天堂の再建工事に従事していた、越後出身の大工吉村松太郎の技術を見込み、横浜に三年間留学させ、西洋の建築技術を学ばせた。その吉村の作品がこの獅子閣で、いわゆる擬洋風建築の範疇になる。

獅子閣は山あいの狭隘な境内地にあって、地形の傾斜に応じた石垣に乗り出すように、一部が懸造で造られ、洋風意匠になっている。立地、意匠ともに、寺院建築としては型破りの存在感がある。

木造総二階建てで、西面して建てられ、屋根は寄棟造、桟瓦葺である。桁行一一・七メートル、梁間七・三メートルの本屋の正面に、間口三・一メートル、奥行一・九メートルの玄関車寄が、二階建て、切妻造、桟瓦葺屋根で取り付く。玄関車寄は出隅に柱頭飾りを付けた列柱を立て、二階はバルコニーに造り、破風はペディメントとする。南側は懸造の床組上に、一・二階とも梁間いっぱいにバルコニーを設けており、外観上の大きな特徴となっている。外壁は大壁造の漆喰塗で開口部は洋風モールディングを付けた額縁を回し、両開きの鎧戸を建て込む。一階が半円アーチ形、二階は四角形である。軒は木製のコーニスに造る。

玄関車寄の色ガラスの入った開き戸を入ると、一階は広い洋室の玄関ホールとなり、南西隅には螺旋階段が設けられている。洋室の床は板張り、壁は大壁漆喰塗りで、天井はクロス張りに造っている。洋室の北側には東西に二室の和室が並ぶ。和室の東側には廊下を取り、ここにも二階への階段を設ける。東西の和室は共に畳敷で、竿縁天井を張り、北側には床の間を設けている。西室はアーチ窓があるので、和室として相当に違和感があるが、東室の室内は完全な和風意匠である。

二階は南北に和室二室を取り、東、南、西の三方に廊下を巡らす。一階からは南西の螺旋階段もしくは北東の階段で二階廊下へと上がる。廊下の床は板張り、壁は大壁漆喰塗りで窓は開き窓とし、クロス張り天井の洋室として造っているが、和室二室は完全な和風でしかも手の込んだ上質なものである。二室は共に十畳間で、続き間座敷となっており、天井は格天井である。北側の和室が主室で、北側に床の間と床脇を造る。床脇は違い棚、天袋、地袋を備えた華やかなものである。両室ともに長押を打ち回し、両室境には筬欄間を建て込む。和室は三方の廊下境に明障子を建て込み、障子を閉めると、洋館造りの建物に居ることを感じさせない。まさに伝統的な客殿の書院座敷として造作された空間なのである。

構造を見ると、懸造の床組は、束柱を貫で固める。また軸組は土台を据え、柱を建て、貫と胴差で固め、桁を支えるもので、小屋組は和小屋組である。これらの構造自体に洋風要素はなく、完全な和風構法である。

施主である宝山寺の、洋風客殿を造るという意に沿って生まれた建築である。外観を見ると、日本の在来の桟瓦葺屋根である点、また山岳寺院でしばし用いられた懸造である点を除けば、かなり純度の高い洋風建築として仕上げられている。プロポーションも良く、細部意匠の破綻も少ない。ここには横浜で学んだ西洋建築の技術が外観に発揮され、施主の洋風指向に応えたといえるだろう。

しかしながら建築の構造自体は、伝統木造軸組工法であるとともに、柱間寸法も従来の尺寸によっており、それは近世からの連続する技術である。また建築的に見ても一番手間と材料費がかかっているのは、二階和室であることは明らかで、洋風客殿ではあるものの、主室である和室、それも障子を閉めると洋風要素が全く目に入らない部屋に、一番力がそそがれているのである。

そうはいっても洋風の造りの部分がおざなりになっている訳では無い。バルコニーの手摺り子は端正に造りこまれているし、二階へ上る螺旋階段も手の込んだものである。螺旋階段は松材で造られ、一五センチ角の独立柱を中心にして、片持ちで踏み板と手摺りが造られている。わずかな仕口加工のみでこの階段は造作され、階段に必要な強度を保っている。手摺りは四丁継ぎで二階まで上るが、これは曲木ではなく、造り出しである。ここには日本建築の曲線材である破風板や、茅負、海老虹梁などの加工技術が発揮され、応用されていると見ることが出来るだろう。

平成一七年～二二年の修理のさい、原寸引付図が一階和室床板から発見された。階段や扉額縁の原寸図である。螺旋階段の原寸図は黒墨と、朱墨で描かれ、黒墨は最初の計画線、朱墨は変更計画線であると分析されている。社寺建築の軒回りを納めるために、規矩術は社寺に携わる大工の必須の技術、知識であったが、螺旋階段の納まりには、この規矩術が応用されたと見られる。

興山寺本堂の建築（挿図10）

興山寺は和歌山県紀の川市桃山町最上に所在する真言宗御室派の寺院である。和歌山平野を流れる紀ノ川の南岸に位置し、紀ノ川に合流する貴志川に挟まれた河岸段丘上に寺院が構えられている。当地域は高野山領の安楽川庄であったところで、当寺の山号は安楽山である。高野山中興の祖とも称される応其上人の命で、弟子の覚栄によって天正一八年（一五九〇）に創建された寺院で、応其上人ゆかりの什物や上人の木像が残る。寺名は興山上人とも称された応其にちなむものである。

応其は、当地の鎮守である三船神社の造営を覚栄に命じ行ったり、荘内の安楽川井の修造をしたりした。その報恩のため、御影堂を建立したのが、当寺の起こりであろうと考えられている。

伽藍の配置は敷地中央に本堂と庫裏を南面させて並べて建て、南側に総門、本門を構えるものである。本門脇には弁天池がある。庫裏の北側には土蔵が建つ。本堂と庫裏の南北は、戦後になってから造られた墓地に挟まれているが、明治時代の木版画「安楽山興山寺境内之図」が残されており、旧態を知ることが出来る。

本尊は不動明王で本堂内須弥壇に安置し、脇間仏壇に右に弘法大師像、左に応其上人座像を安置している。

本堂は三間堂、宝形造、本瓦葺の形式である。正面に向拝一間が付き、背面側に庇が取り付く。

本堂小屋内には歴代本堂の棟札が残されており、このうち明治二二年の棟札が現在の本堂のものである。これにより、当寺第十九世福井定厳のときに、学文路村清水（現和歌山県橋本市清水）の大工中井弥助がこれを建て、鋳物は堺市東三丁目の鋳物師西岡弥三郎が担当したことが知られる。

本堂は三間堂の仏堂であるが、背面側の庇一間を取り込んで、身舎背面側の筋に来迎柱を建てて来迎壁を造り、須弥壇を設えている。また背面庇の両脇間には仏壇を造り付ける。内部は一間の来迎壁を除けば、一室の空間で、内外陣の境もない。床は拭板のうえに、敷回しに畳を入れている。

身舎の基礎は亀腹とし漆喰を塗る。身舎柱は八寸（二四二ミリメートル）を用い、地貫、内法貫、頭貫で固め、切目長押、内法長押を打つ。頭貫は虹梁形に造り、木鼻は牡丹の籠彫とする。内法貫上には中備のように彫刻蟇股を載せる。組物は出組の詰組形式である。堂内側は出三斗に造る。組物の大斗には皿斗を付け、また拳鼻は獅子頭彫刻にするもので、組物まわりはとりわけ華やかな構成である（挿図11）。

向拝は御影石の礎盤を据え、唐戸面取角柱を建てる。水引虹梁を掛け、木鼻は獅子頭彫刻とする。向拝組物は連三斗で、中備は彫刻蟇股を入れる。身舎との間には繋虹梁を入れず、手挟で納める。

軒は身舎が二軒繁垂木で、飛檐垂木の端をこく形式である。向拝は身舎の飛檐垂木を打ち越して二軒とする。なお向拝軒は昭和四七年に垂木を打ち替える大規模な修理を行っている。

挿図 10 興山寺本堂外観

挿図 11 興山寺本堂の組物

身舎部分には背面を除く三方に切目縁を巡らし、擬宝珠柱を建てた勾欄を巡らす。縁板は正面側に一尺五寸あまりの幅広の縁板を用いている。柱間装置は、側回りは正面と側面の中央間に諸折桟唐戸を建て、内側に明障子引違を建て込む。正面脇間と、側面の正面側脇間は、蔀戸を吊り、内側に明障子引違を建て込む形式であるが、現状では側面は明障子を取り払い、壁にする補強が行われている。側面の背面側脇間は板壁とし、堂内側は漆塗りとなる。ここはかつて腰長押が打たれていた痕跡があり、仏画を祀っていた。庇は西側面に片引の舞良戸を建て込むほかは、土壁漆喰塗とする。

天井は堂内の身舎部が折上小組格天井で、天蓋を吊る部分はさらに二重に折り上げている。背面側庇は竿縁天井である。須弥壇は二段に重ねる変則的な構成で、下の須弥壇は中央部で漆塗りが塗り分けられており、明らかに転用したものであることがわかる。

小屋構造は二通りに大梁を入れ、束踏は大梁に差し付けて束建てし、小屋を造る。宝珠を支えるため心柱を入れ、左義長柱を組む構造である。

屋根は宝形造で、背面側庇は葺き下している。瓦は本瓦葺形式である。

この本堂は籠彫の木鼻や手挟、蟇股など、彫刻で外部を飾り、組物は詰組とした出組である。各部の籠彫の鑿切れの良さは見応えがある。また垂木の端をこいた二軒繁垂木も手がかかっている。このように繊細で華やかな外観である点に特徴がある。加えて堂内は二重折上小組格天井で荘厳した手の込んだものであり、良質な檜材で普請されている。

廃仏毀釈で打撃を受けた仏教寺院にあって、この明治二二年という年代に照らすと、非常に力の入った仏堂であると評価出来よう。三間堂の小堂であるが、繊細な建築表現によって、全体として霊廟建築に近い雰囲気となっている点も特徴といえる。

### 洋風か和風か

擬洋風建築にカテゴライズされる宝山寺獅子閣は、施主からの洋風をとの意向に応えつつ、近世から継続する技術によって造られた。当時の先進的なハイカラな建物であるが、正統な堂宮大工の技術によって生まれたのである。

いっぽう興山寺本堂は、誰が見ても寺院本堂建築で、一見すると取り立てて特徴を見出すことが出来ないように見える。明治二二年の建設年となると、寺院建築として新しくもあり、建築史学では特に注目されることも無いだろう。しかし良く見ると、非常に手をかけて造営された仏堂であることが明らかで、出組を詰組に配し、彫刻を各部に取り入れた華やかな外観に特徴がある。明治期の仏堂建築は比較的簡素なものが多い中で、近世への伝統回帰、あるいは復古的とも言えるほどの力の入れようである。当時の状況や、工匠中井弥助の出自や他の作品の所在も不明であるが、こちらも近世から継続される正統的な堂宮大工の技術によって、丹念に造営されたことが、建築そのものから見て取れるだろう。

## 五　まとめ

造寺造宮を担った工匠たちについて、周縁性、境界性、継続性の観点から前記のとおり見てきた。

鳥海山修験道の建築において、工匠達の活躍ぶりを必ずしも明らかに出来たわけではないが、現存する遺構は地域色があるものの、基本的に中央建築界の工匠によって先導的に形成された技術に根ざしていることが、木割や様式的細部から確認出来る。地方であるから、中央の周縁であるからといって、技術的に未成熟であるということは無いのである。

寺社建築と民家建築とは、時に対置されるが、これに係る工匠はどうであったか。堂宮大工と家大工は、ある程度は分かれていつつも、その境界は恐らく明瞭でなかったろう。渡世のためには、両者を行き来する工匠がいてもおかしくはない。これを仏堂的な技術による民家と、民家的な仏堂とを取り上げて紹介した。東光寺本堂のストイックなまでの外観の民家的表現の根源はどこにあったのか、境界を行き来した工匠であったからなのか、そうではないのか。これも明らかには出来なかったが、この点は近世工匠を考える上で、重要な観点の一つとなるだろう。

近代初頭における造寺大工の作品を、一つは擬洋風建築の客殿、もう一つは旧高野山領で明治期に建て替えられた仏堂を取り上げた。擬洋風の寺院客殿と伝統回帰的な仏堂、これらは一見すると対極的な建築種別であるが、技術的には近代を迎えた工匠が、木割や規矩術といった近世的技術の蓄積と、その継続性のもとに、それぞれが持てる技術を発揮して、取り組んだことが共通して見て取れる。この点では、先学も指摘しているように、近世と近代の境には、技術的な境界がある訳ではないのである。

雑駁な文章となったが、筆者の関わった建築遺構を元に、近世工匠について考えた。

参考文献

藤岡通夫、近世の建築、中央公論美術出版、昭和四六年
遊佐町史編纂委員会編、遊佐町史資料 第一号 鳥海山資料（鳥海山史）、遊佐町、昭和五二年
西和夫、工匠たちの知恵と工夫、彰国社、昭和五五年
吉田靖編、日本の民家第一巻農家Ⅰ、学習研究社、昭和五六年
西和夫、建築技術史の謎を解く・続・工匠たちの知恵と工夫、彰国社、昭和六一年
北山村史編纂委員会編、北山村史 下巻、北山村役場、昭和六二年
奈良国立文化財研究所編、和歌山県の近世社寺建築 近世社寺建築緊急調査報告書、和歌山県教育庁、平成三年
遊佐人名事典編集委員会編、遊佐人名事典、遊佐町史編纂委員会、平成八年
内藤昌、近世大工の美学、中央公論社、平成九年
初田亨、職人たちの西洋建築、講談社、平成九年
式年遷座記念誌刊行会編、鳥海山――自然・歴史・文化――、鳥海山大物忌神社、平成九年
清水重敦、擬洋風建築、日本の美術四四六号、至文堂、平成一五年
中谷礼仁・中谷ゼミナール、近世建築論集、アセテート、平成一六年
和歌山県立博物館編、京都・安楽寿院と紀州・あらかわ――木食応其を支えた僧・覚栄の事績を中心に――、和歌山県立博物館、平成二二年
奈良県教育委員会編、重要文化財宝山寺獅子閣修理工事報告書、奈良県教育委員会、平成二二年
史跡鳥海山保存管理計画書 平成二三年、遊佐町

# 近世讃岐国善通寺における伽藍構成の変遷
## ――絵図類の分析を中心に――

山之内　誠

## 一　はじめに

### 1　本研究の目的

讃岐国善通寺は、弘法大師生誕の地として古くから朝野の崇敬を集め、近世以降は四国遍路や金毘羅参詣の際の巡礼地としても親しまれてきた地方中核寺院である。伽藍の歴史は古代に遡るが、戦国時代の永禄元年（一五五八）、同寺に駐留した三好實休軍の退却に際して全焼したことが伝えられており[注1]、善通寺の近世は、一面においては、この被災からの再興の歴史だったといえる。

近世の善通寺史を記す既往文献の記述も、基本的には失われた堂舎の復興という文脈でまとめられている。[注2]このため個別の建物の沿革についての言及が中心で、伽藍の全体的な構成の通時的な把握と、その性格の変遷についての分析は、未だ十分になされていない。とりわけ、近世の寺観を描いた絵図・指図類については、ほとんど研究対象とはなされていない状況にある。しかしながら、近世の善通寺伽藍を描く資料は少なからず存在するので、それらを時系列に考察すれば、境内空間の変遷をより豊かに描きだすことができると思われる。

そこで本稿では、近世における善通寺伽藍の様相を、絵図や指図などの視覚的な資料を活用して通時的に把握し、なかでも近世を通じて顕著な変容が認められる西院について、その性格の分析を試みたいと思う。

なお、善通寺伽藍は、古代以来の金堂や五重塔などが営まれてきた東側の区画と、弘法大師誕生所の由緒をもち善通寺の本坊がおかれた西側の誕生院の区画とから成り、慣例的に前者は「伽藍」または「東院」、後者は「誕生院」または「西院」と呼ばれている（挿図1）。本稿では呼称の混同を避けるため、便宜上前者を「東院」、後者を「西院」と称することとし、両者を合わせた全体を「善通寺伽藍」と呼ぶことにする。

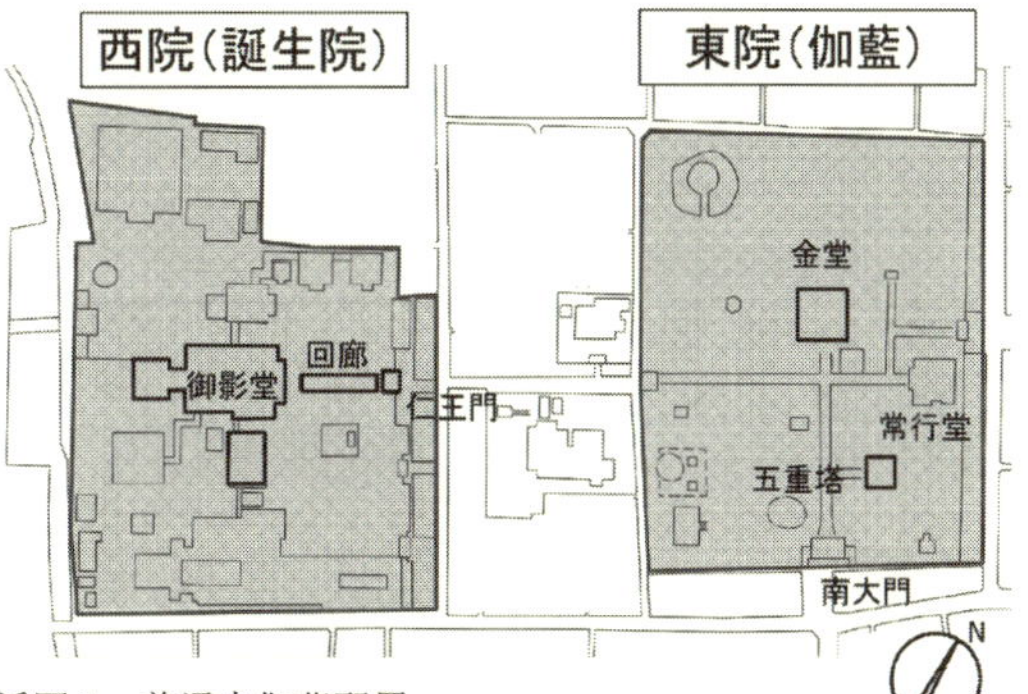

挿図1　善通寺伽藍配置

### 2　参照した資料について

本研究は、近世の善通寺伽藍の空間的イメージを具体的に捉えることに主眼をおくため、絵図・指図類の分析を軸に据えて進めることにした。分析対象とした主な史料は、以下の通りである。[注3]

・『善通寺西院内之図』（善通寺蔵）、寛永十一年（一六三四）
・『四国偏礼霊場記』（版本）元禄二年（一六八九）刊行
・『讃岐国多度郡屏風之浦五岳山善通寺官界地図』（北野天満宮蔵）、宝暦五年（一七五五）模写
・『讃岐国多度郡屏風之浦五岳山善通寺管内地図』（内閣文庫蔵）、宝暦五年模写
・『四国遍礼名所図会』（久保武雄氏蔵、昭和四十七年に同氏により複製本刊行）、寛政十二年（一八〇〇）成立
・『讃州屏風浦五岳山善通寺略図』（三康図書館蔵）、文政年間（一八一八〜三〇）頃

また、これらに加え、善通寺蔵の近世史料を適宜参照した。善通寺には数万点に及ぶ近世の文書・記録類が所蔵されているが、これらは創建千二百年記念事業として平成十二年から現在もなお、香川県立ミュージアム（旧香川県歴史博物館）により調査及びリスト化が進められている。[注4]本研究ではこのリストを手掛かりに寺蔵資料を参照することで、上記絵図・指図類の情報を補い、伽藍の変遷を年表（本稿末の表1）にまとめながら考察を加えている。もとより膨大な点数ゆえ、目を通せたのはごく一部の資料に限られ、重要な資料の見落としもあろうかと思われる。したがって、今後さらに寺蔵資料を精査すれば、修正すべき点が見つかる可能性もある暫定的な成果であることを、予めお断りしておきたい。

## 二　十七世紀の伽藍整備
### ——参詣の場としての西院伽藍の誕生——

### 1　永禄の兵火の影響

近世初頭の善通寺伽藍の様相を伝える資料は非常に少なく、詳細な状況を確認することは困難であるが、南北朝期に復興された伽藍を永禄元年（一五五八）の火災で焼失し、その復興が急務であったこと

は確かである。永禄に焼失した範囲は定かではないが、元禄二年刊行の『四国徧礼霊場記』に「西行・道範の比まではむかしの伽藍ありときこへぬれども、今はその跡のみにて」（傍点筆者）と記され、また「永禄元年兵乱之節大師御建立之伽藍十八宇多分焼失仕候、其後代々住僧等勧誘之力ヲ以金堂・常行堂・鎮守神祠・御影堂以下漸々致再興」[注5]などと、主要堂塔焼失を伝える文書も散見するため、基本的に東院は全焼したとみてよいようである。ただし、綸旨院宣等の重宝が焼失の厄を免れたことなどから、本坊（西院）については火災に遭わなかったとも指摘されている。[注6]この説に従えば、近世初頭の善通寺伽藍は、焼け野原になった東院と、中世以来の建築が存続していた西院[注7]とから成っていたと想像できる。

## 2　『善通寺西院内之図』にみる十七世紀前期の西院伽藍

生駒藩は、天正十五年（一五八七）の初代親正（雅楽頭）入封以来、寺領寄進と伽藍造営を通じて善通寺の復興支援を行っている。その概要は『善通寺史』[注8]の記述に譲るが、伽藍造営の一端を伝える資料としては、寛永十一年（一六三四）に西院伽藍の様子を描いた『善通寺西院内之図』[注9]（以下、『西院図』と略す。挿図2）がほぼ唯一の資料なので、以下ではこの指図を手がかりに、生駒氏と伽藍造営の関係を考察してみたい。なお、本図については複数の既往文献に言及が見られ、[注10]いずれも御影堂を延宝年間に建立した伝[注11]があることを理由に、新御影堂の建立が計画のみで終わった可能性を示唆する点で共通している。しかし、描写内容については、新旧御影堂の存在に言及する程度で、未だ十分な検討はなされていない。

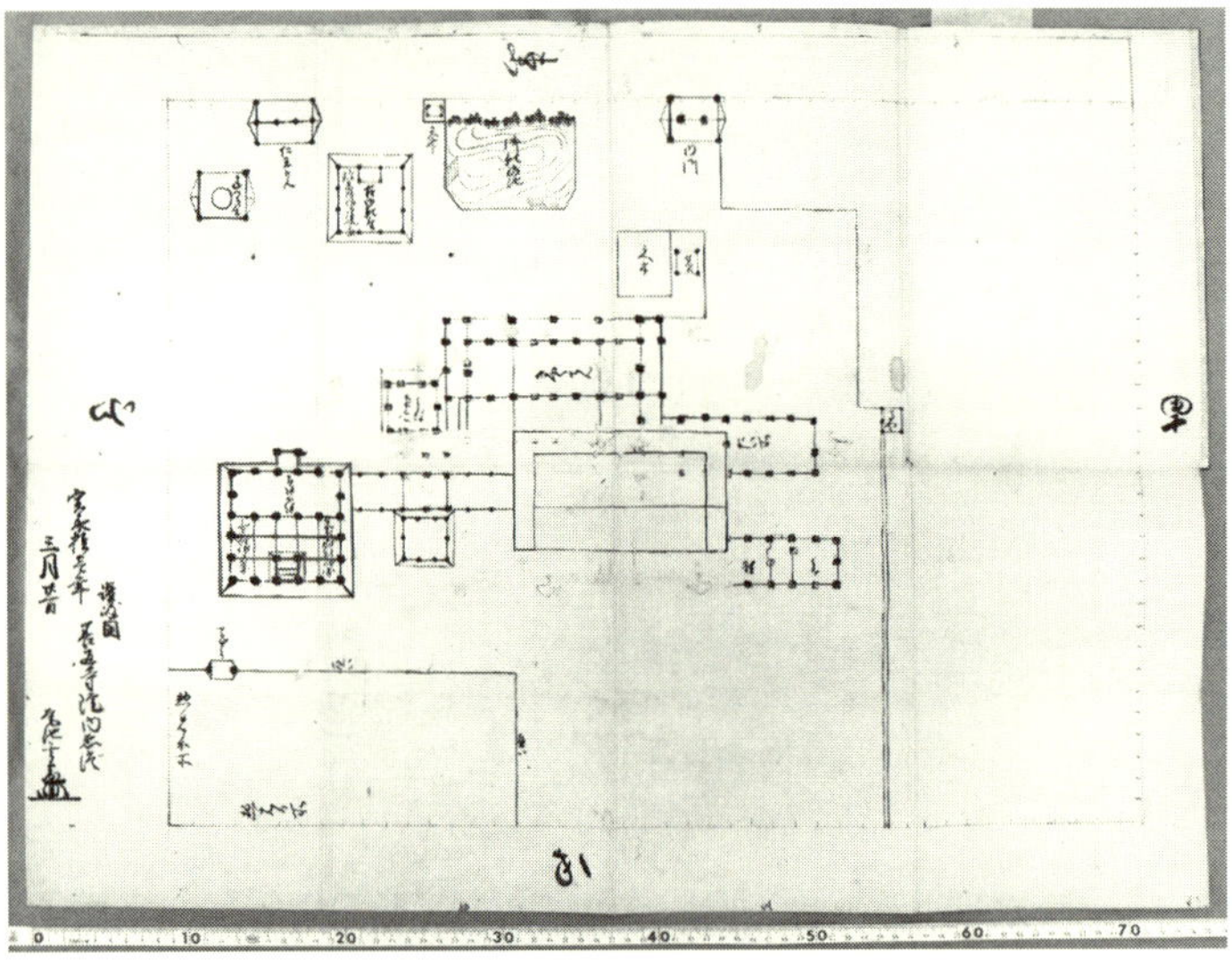
挿図2『善通寺西院内之図』（寛永11年　善通寺）

### （一）指図の性格について

『西院図』には、東を上にして西院伽藍の建築配置が描かれており、後述のようにそのまま実現したとは思えない節があるので、伽藍整備計画を示す図と考えられる。左端に「寛永拾壱年三月廿一日　讃岐国善通寺院内ゑず　尾池玄蕃（花押）」と署名があり、生駒家家臣の尾池玄蕃により、ちょうど弘法大師入定から八百年の御遠忌（御忌）の日に描かれたことがわかる。そして、図中に二つの御影堂が描かれ、それぞれ「古御影堂　雅楽頭様御建立」「新御影堂　寛永拾年　圓明院様御建立」と記載があるので、天正年間に讃岐に入封した生駒雅楽頭親正の時代から伽藍修造に関する援助が行われていたこと、寛永十一年の大師八百年御忌を翌年にひかえ、圓明院の新御影堂寄進をはじめとする伽藍整備が計画されたことが窺える。

（二）描写の特徴

『西院図』には、仁王門南脇に西向きに古御影堂が、また仁王門の正面奥に東向きに新御影堂が配置されている。また新御影堂の東南に護摩堂及び客殿が置かれるが、そのすぐ南に全く同規模の建物が描かれていて、これらも護摩堂と客殿だと思われる（後者の客殿は柱配置の表現を省略）。必要性や復興期の経済状況から考えて、護摩堂と客殿を二つずつ設ける計画はまず考えられないし、紙面の周囲に薄く目盛が付されており、位置関係を正確に図示しようとした痕跡が窺えるので、本図は建物の配置計画を示し、現況と計画案（または原計画とその修正案）とを同時に描いた図と理解できる。なお、新御影堂の正面柱間五間をすべて等間に描いている点は、中央の柱間を広くとる仏堂建築の常識に照らしてあり得ないことであり、この堂がこのままの姿で実現していたとは思えない。よって新御影堂は大まかな配置を示すのみで実際の寸法ではなく、おそらく未だ計画段階だったとみるべきであろう。したがって、「寛永拾年御建立」という書き込みは、建立に向けた何らかの約束が寛永十年に交わされた、という程度のことではなかったかと推測する。

しかしながら、寛永十一年に古御影堂と生駒親正建立の伝が存在したことは『西院図』から確かであろう。古御影堂が当初からこの場所に建てられたのか、新御影堂の建立にともないこの場所に移動する計画なのかを確認できる資料はないが、東院の多くの堂舎の再興を迫られていたこの時代、古御影堂を移築してわざわざこの場所に設置すべき理由があったとは考えにくい。[注12] したがって、古御影堂は、本図の計画前からこの場所に建てられていた可能性が高いのではないかと思う。

（三）宥謙の事績と『西院図』の計画の実現性について

『西院図』の新御影堂がこのとき実現したのか、それとも計画のみに終わったのかについては、実現に懐疑的な見解が既往文献でも主流である。[注13] というのも、寺内では御影堂の建立が誕生院住職の宥謙（在任一六六六～九一）の事績として伝えられているためで、天保七年（一八三六）に宥謙の肖像画の讃を編集した記録の文中に「造営瞬目大師之宮殿嗣而建立本院一宇」及び「不幾造営御影堂禮堂建立誕生院一宇」などの記載がみえる。[注14] 以後の寺史にも宥謙の代の延宝年間建立が伝えられ、[注15] これを積極的に疑うべき理由は見当たらない。

もし寛永十一年の『西院図』から間もなく新御影堂が完成したのだとすると、宥謙が建立したとされる延宝まではわずか四十年前後である。伽藍の中核を担う建築を短期間で失う悲劇に見舞われ、忘れ難い痛手を被ったはずだが、[注16] そのことに触れた寺内の記録は一切存在せず、十八世紀後期に編纂された寺史にも言及が無い。[注17] これは明らかに不自然である。[注18] したがって、実際のところは、『西院図』

の計画が頓挫して宥謙が礼堂と奥殿からなる御影堂を建立したか、あるいは『西院図』の「新御影堂」が存在するところに、宥謙が奥殿のみを建立したのか、おそらくどちらかであったと思われる。いずれにしても、宥謙が整備した後の御影堂は『四国偏礼霊場記』（後述）に描かれており、奥殿と礼堂からなる構成をもっていたことがわかる。

客殿の由来については、『善通寺正縁記』[注19]において、「今現在之誕生院ハ天正年中ニ生駒家之造営也」とあり、生駒氏建立とする記載が現れる。それ以前には生駒氏建立を示す資料が存在しない点は不審だが、もし事実であれば客殿は『西院図』段階で既に存在したことになり、『西院図』には天正の客殿の移築または建て替えの計画が描かれていることになる。貞享年間（一六八四〜八八）頃を描いたと思われる『四国偏礼霊場記』（後述、挿図3）には、御影堂よりもかなり前方に客殿が描かれているが、この客殿は『西院図』の計画が実現した結果なのか、それ以前からの客殿がそのまま残っているのか、残念ながら現時点では判断できるだけの材料が無い。

### 3　『四国偏礼霊場記』にみる十七世紀後期の西院伽藍

#### （一）絵図の性格について

『四国偏礼霊場記』[注20]は、高野山の学僧寂本が本文と挿図を手がけ、元禄二年（一六八九）に刊行された四国八十八箇所霊場の案内記である。本書の挿図は、四国遍路を十数度繰り返したという真念と、高野山奥院護摩堂寓居の本樹軒洪卓が現地で各札所の写生略図を作成し、それをもとに寂本が描いたことが知られる。[注21]第七巻末尾に寂本が記した「投筆贅辞」には、「四州八十八霊蹤、温レ故圖レ今七巻中、本自短毫事焉尽、山雲竹樹表二清風一」「戊辰九月二十五日書於大雲之南軒」とあり、貞享五年（一六八八）九月に書き終えたことが明らかなため、本書の挿図は貞享頃の実景に基づくものと考えられている。

#### （二）描写の特徴

善通寺の記述は巻一の冒頭であり、絵図は西を上にして西院を中心に描き、東院は西端付近のみで、「古の善通寺屋敷」との書き込みと「札所」とする小規模な建物が描かれる（挿図3）。本文では『南海流浪記』中に記された鎌倉時代の伽藍を紹介したのち、「西行・道範の比まではむかしの伽藍ありときこへぬれども、今はその跡のみにて、今の大師堂は彼御誕生の所に作れりとなり。」（傍点筆者）と記すのみなので、東院をほとんど描かないのは復興が未だ進んでいないためと考えられる。但し、善通寺には貞享元年の善女龍王社の上棟棟札が残されており、この頃には東院も復興が進められていたことは確かなようである。

西院については、東院から続く道の正面に門（二王門か）があり、そこから伽藍内正面に御影堂礼堂、その奥には「大師」と記された奥殿が描かれている。礼堂の南は、釣屋を介して護摩堂と接続する。また、「誕生院」と表記されている建築は客殿と台所＝庫裏を示すと思われるが、御影堂及び護摩堂よりも伽藍前方に配置されており、護摩堂との間に釣屋による接続は見られない。さらに天神、経蔵などの建築もみられる。なお、十八世紀中期の伽藍を描いた『讃岐国多度郡屏風之浦五岳山善通寺管界地図』（後述、挿図6）との比較から、西院北端の細長い建築は位牌堂と思われ、また御影堂礼堂の北側にある二つの建物は、鐘楼及び手水屋と推定できる。

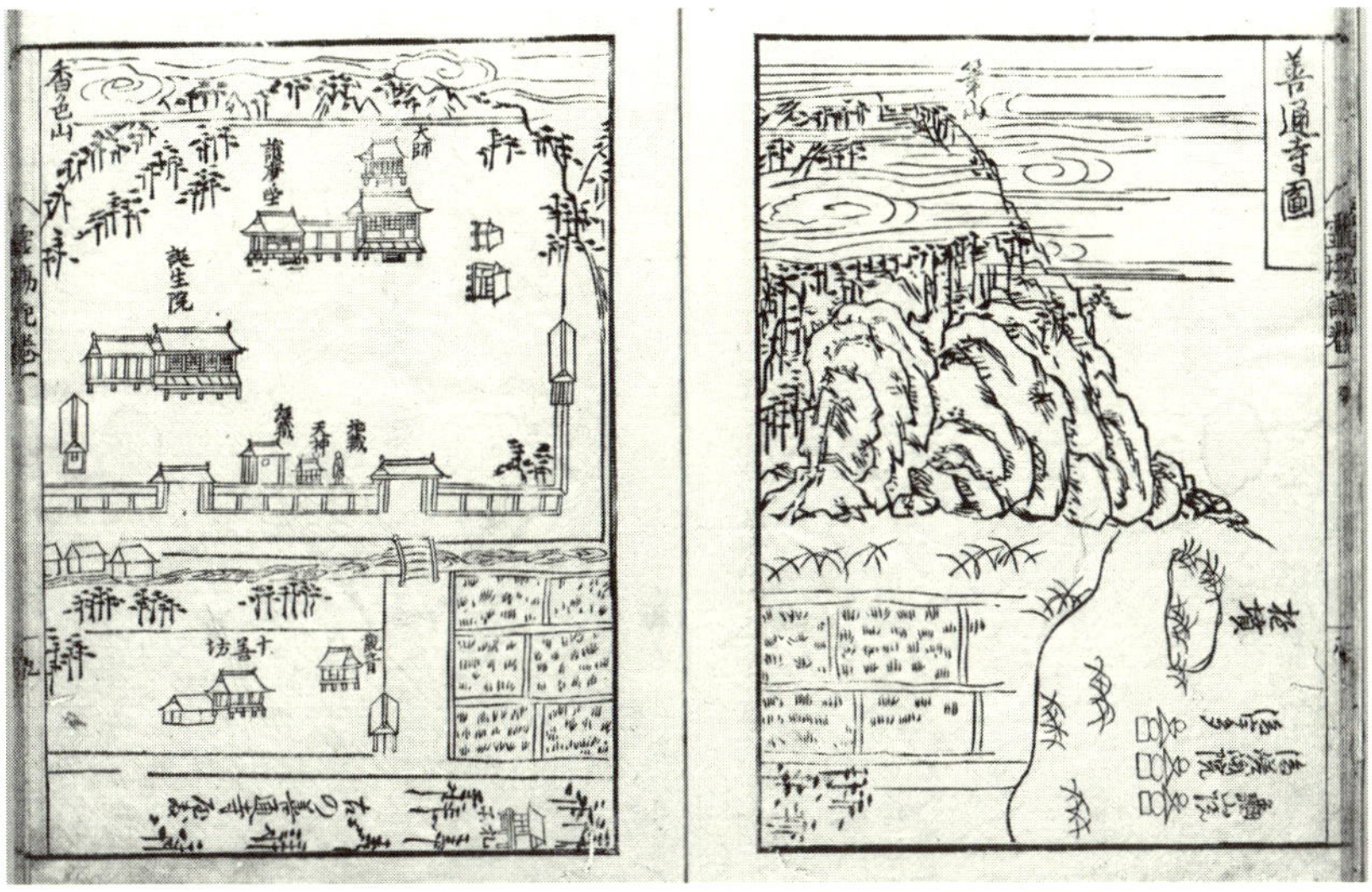

挿図3『四国徧礼霊場記』（元禄2年刊）に描かれた善通寺伽藍（内閣文庫蔵本による）

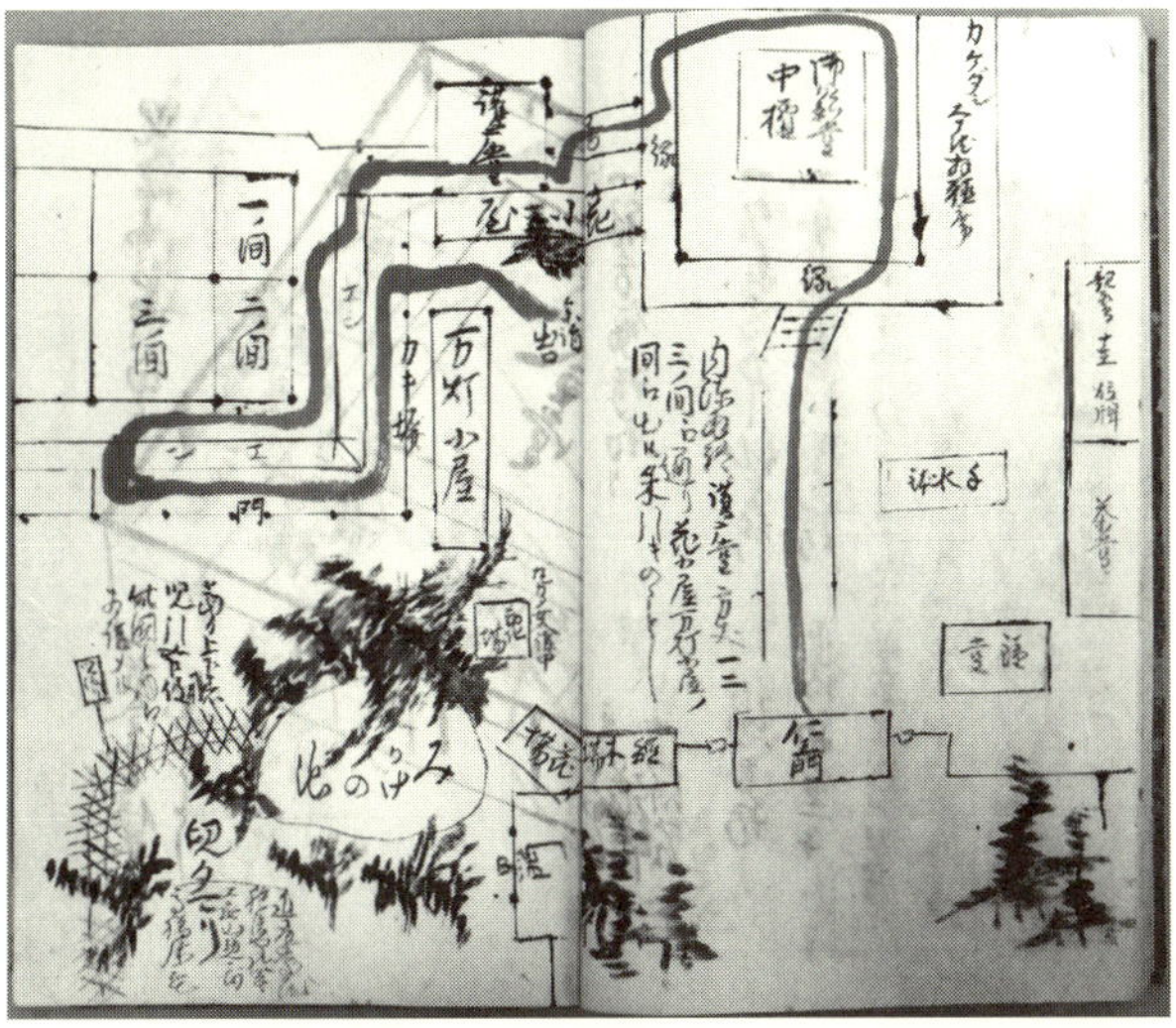
挿図4「内陣拝礼道順図」にみる御影堂・護摩堂・客殿（善通寺蔵『一千五十年御嘉辰高祖大師御誕生会記録』文政6年、所収）

（三）御影堂・護摩堂・客殿の配置構成の成立

宥謙の代までに礼堂と奥殿をもつ構成となった御影堂は、その後天保期に礼堂が建て替えられ、さらに昭和初期に大改修を受けるが、今日までその配置構成の根幹は引き継がれている。また、『四国偏礼霊場記』に描かれた客殿は昭和初期の建て替えまで存続し、護摩堂は昭和初期に西院の北側に移転改築されるまで、御影堂と客殿の間に有り続けた。これらの三堂舎は、御嘉辰の時の内陣拝礼の道順（挿図4）に組み込まれていたのをはじめ、江戸期を通じてしばしば行われた御開帳時の会場としても毎回使用され、まさに西院の中核を担っていた。[注22] したがって十七世紀後期は、西院における中核部分の配置構成の成立期とみなすことができる。

## 4　御影堂の位置づけと構成の変化

『西院図』の古御影堂は、柱間三間四方の小堂であり、仮に当初は新御影堂の位置にあったのだとしても、一院の信仰の核として多くの参詣客を集めるには貧弱すぎると言わざるを得ない。天正の建立からわずか四十年前後で五間堂の新御影堂が計画されたことを考え合わせると、おそらく古御影堂には、永禄に焼失した御影堂にかわる御影安置所の機能が求められ、未だ全山的な大衆参詣の核としての役割は十分に意識されていなかったのではないかと思われる。これに対し、『西院図』の配置計画をみると、五間堂へと規模が拡大された新御影堂は、西院における大師信仰の核となる象徴的存在と位置付けられ、これを中心とした参詣空間が企画されたことが窺える。そして少なくとも貞享頃までに、新たな御影堂が実現したのである。

さらに注目すべきは、『西院図』の新御影堂の背後に「へい」で囲まれた「惣はか所」が計画されている点である。この位置関係だと、背後に奥殿を設けようとしても「惣はか所」の「へい」と重なってしまうから、寛永期には新御影堂の背後に奥殿を設けることは想定外だったことが読み取れる。ところが貞享の『四国徧礼霊場記』には、「大師」として奥殿が背後に描かれ、両者を繋ぐ釣屋までは描かれないものの、礼堂と奥殿を組み合わせる複合仏堂への発展過程が窺える。すなわち、寛永の計画から貞享までの間に、大きく御影堂の構成が変更されたことが読み取れるのである。この変更の理由を明らかにできる史料は無いが、建築的に見れば、弘法大師の御影を祀る場所を奥殿に移すことにより、御影堂の礼拝空間をより広く確保する目的があったことは容易に想像がつく。大師の御影を祀る機能が奥殿へと移り、手前の堂が礼堂となることで、礼拝空間の機能がより充実したのは確かであろう。

以上のように、十七世紀の西院伽藍では、御影堂自身の位置づけと構成の変化がみられ、御影堂を核とする参詣空間が次第に成立する様子が確認された。そして前述の御影堂・護摩堂・客殿の配置構成とあわせて、このとき成立した空間構成が、近世を通じて引き継がれていく。つまり、西院の中枢部分の空間構成は、十七世紀後期までに成立していたとみることができる。

なお、史料上、「御影堂」という語は、『西院図』にみるように、元来大師の御影を祀る堂のことを指していたが、奥殿を設けるようになってからは、奥殿の方を「御影堂」と称す例（『讃岐国名勝図會草稿』、『善通寺正縁記』等）と、礼堂の方を「御影堂」と称す例（『金毘羅参詣名所図会』等）とが混在している。また現在の文化財登録上は、礼堂を「御影堂」、奥殿を「奥殿」と称している。本稿では用語の混乱を避けるため、どちらか一方を指す場合には「礼堂」および「奥殿」の語を用い、「御影堂」の語は奥殿設置以前の単独の堂と、奥殿と礼堂をあわせた全体を指す語として用いることにする。

## 二　十八世紀前半の伽藍整備
### ――復興の活発化と西院参詣空間の発展――

### 1　全山的な伽藍修造の活発化

十八世紀は、五重塔再建を初め、伽藍の再建・修造が盛んに行われた。まず元禄期に光胤僧正により金堂が再興されたのを皮切りに[注23]、宝永五年（一七〇八）には西院の仁王門が寄進・再建された[注24]。そして享保十九年（一七三四）の御忌を前に、伽藍修造の動きが活発化する。享保八年の「伽藍院内修覆覚帳」[注25]をみると、東院では、金堂の他に、常行堂、鎮守五所明神、善女龍王社が修理を受け、同じく西院では、御影堂、客殿のほか、護摩堂、焔魔堂、鐘楼、御影堂～護摩堂間の釣屋、護摩堂～方丈間の釣屋、院内庫などが修理を受けている。よって、これ以前からこれらの堂舎が存在していたことが判明し、東院の主要堂舎も五重塔以外は復興している様子が窺える。また、享保年間には、東院に経蔵が再建され、同じく東院の鐘楼、西院御影堂前の回廊が寄進・建立され、さらには五重塔の再建に向けた動きが本格化する宝暦年間までに、東院東門が寄進・再建され、西院の焔魔堂の建て替えと、茶堂の建立も行われたようである[注26]。これらの一連の整備の様子は、後述の森幸安の模写による二枚の地図にも概要が描かれている。

### 2　『讃岐国多度郡屛風之浦五岳山善通寺管内地図』と『讃岐国多度郡屛風之浦五岳山善通寺管界地図』

#### （一）地図の性格

『讃岐国多度郡屛風之浦五岳山善通寺管内地図』（挿図5）と『讃岐国多度郡屛風之浦五岳山善通寺管界地図』（挿図6）（以下、『管内地図』および『管界地図』と略す）は、享保末年頃から宝暦十一年頃までの約三十年間、大坂を拠点に活躍した地図製作者の森幸安が、宝暦五年（一七五五）に模写した図である。幸安は、天文図や世界図から、個別の町村や寺社仏閣伽藍等に至るまでの多様なスケールの地図を収集・模写したことで知られるが[注27]、両地図もその一部を構成するものである。『管界地図』は善通寺伽藍の建物配置を中心に描き、『管内地図』は伽藍内だけでなく、周辺の寺社を含めたやや広域の様子を示している。『管界地図』の識語中には、「又有二別ニ當寺ノ圖一。其ノ圖ニ以レテ載二スルヲ當寺ノ由来一ヲ略二ス此ノ圖一ニ。談ハ可レシ見二ル其ノ圖一ヲ」とあり、同じく『管内地図』の識語中には、「此ノ圖ハ者即チ禅通寺ノ藏板也。予模ス焉」「別ニ又有二善通寺界内ノ圖一也」と記されているので、両者が一対のものとして扱われていること、善通寺所蔵の図を模写したものであることが分かる。残念ながら幸安が模写した原図の所在は不明だが、どちらの図も「○○跡」と堂舎跡を示す記載が多数あるので、伽藍復興のための勧進に伴い善通寺が作成した伽藍図かと思われる。元文五年（一七四〇）に大坂で行われた出開帳の際に展示された寺宝の一覧の中にも伽藍図と境内

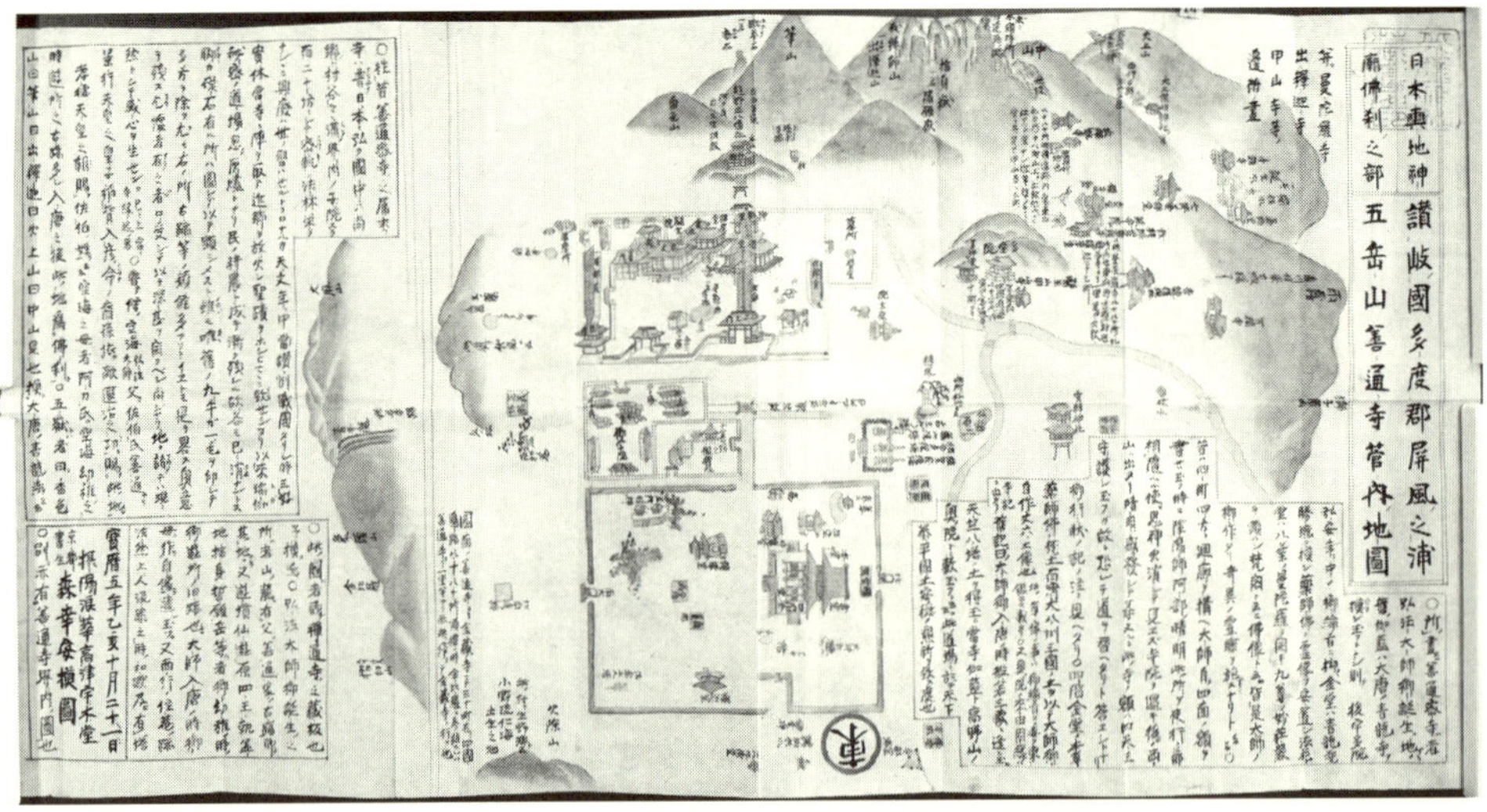


挿図 5-1『讃岐国多度郡屛風之浦五岳山善通寺管内地図』（宝暦 5 年模写、北野天満宮蔵）

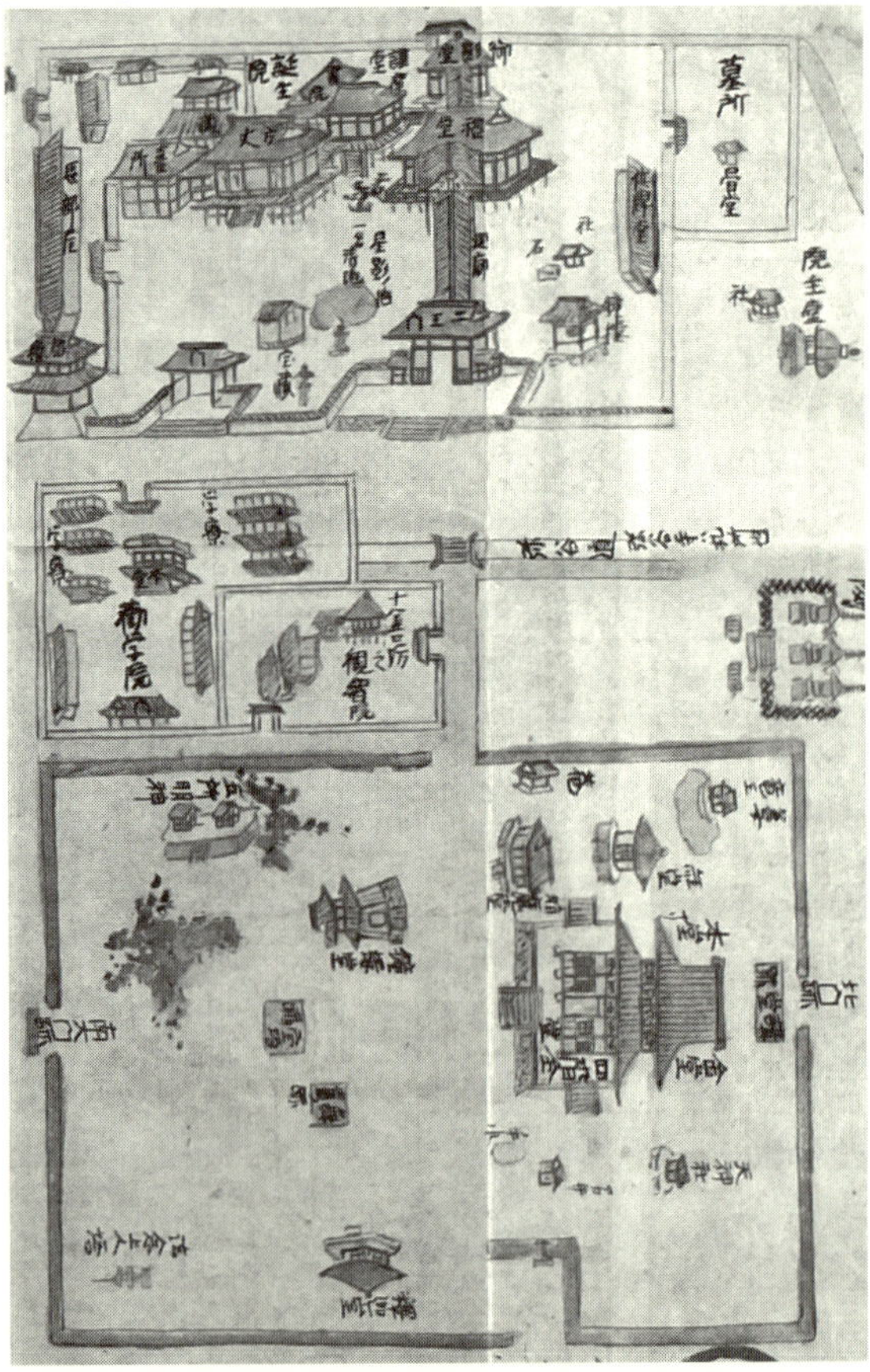

挿図 5-2『讃岐国多度郡屛風之浦五岳山善通寺管内地図』（宝暦 5 年模写、北野天満宮蔵）部分拡大図

図の一対が含まれているので[注28]、おそらくこうした機会のために善通寺が制作した図を、幸安が模写したのであろう。どちらも伽藍内の主要堂舎は比較的詳しく記されているが、後述のように両図の間には若干の食い違いがあり、護摩堂周りの釣屋の状況も宝暦五年の実態と異なると思われるので、幸安が現地を見て校訂した図とは思えない。景観年代については、両者とも元禄再興の金堂以下、享保年中に再建されたと思われる経蔵、東院鐘楼等が描かれており[注29]、さらに御影堂前の回廊も、享保年間の寄進[注30]以前に存在した記録がなく、貞享頃の実景を描く『四国偏礼霊場記』にも描かれていないので、

享保年間創建だと考えられる。したがって両図の景観年代は、享保年間以降、模写が行われた宝暦五年までの期間に限られる。

（二）描写の特徴

両者には共通して、東院に金堂、釈迦堂[注31]、経蔵、鐘楼、五所明神社、善女龍王社、籠所（庵）の諸建築が描かれ、五重塔以外の主要な堂舎がほぼ復興した様子が窺える。また、西院では御影堂の前に仁王門まで続く廻廊が設けられ、御影堂南側に護摩堂、方丈、書院、臺所（庫裏）、蔵（庫蔵）などが建ち並び、鏡池の脇に宝蔵、廻廊北側には鐘楼と位牌堂が描かれている。『四国偏礼霊場記』と比べると、特に方丈（客殿）の周囲の諸建築が整備されたことが窺え、御影堂を中心に、南側に誕生院本坊の施設群、北側には位牌堂と墓地を中心とした空間という構成が出来上がっていたようである。

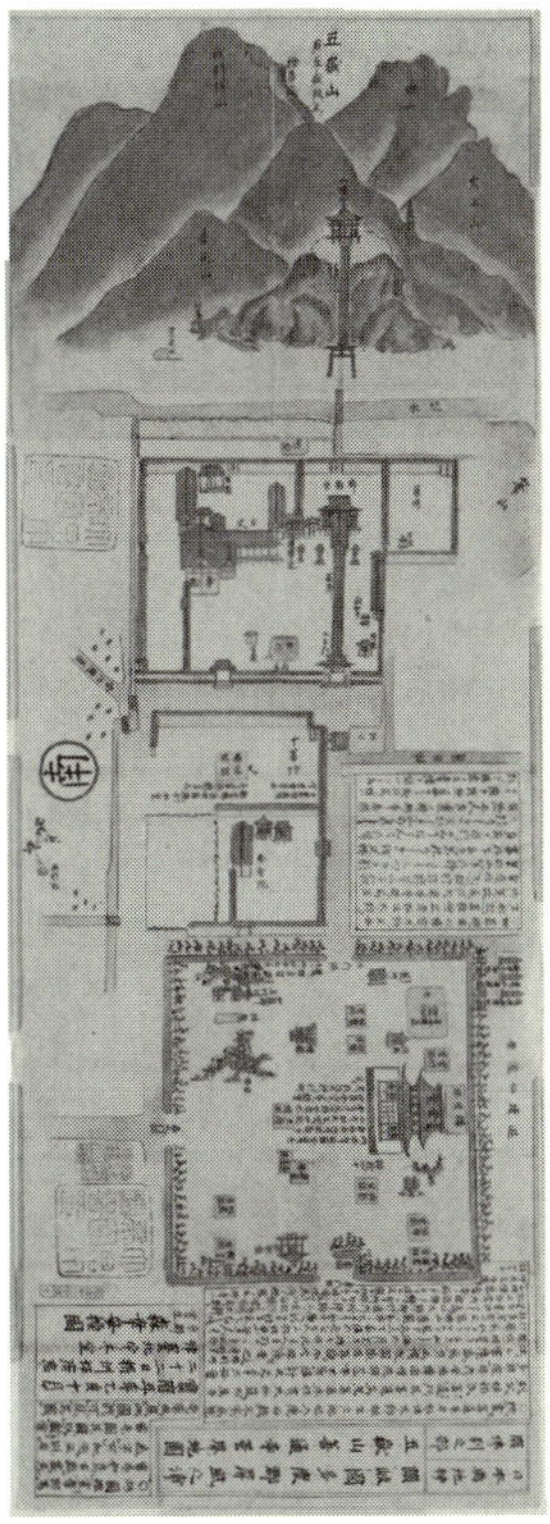
挿図 6-1『讃岐国多度郡屏風之浦五岳山善通寺管界地図』（宝暦 5 年模写、内閣文庫蔵）

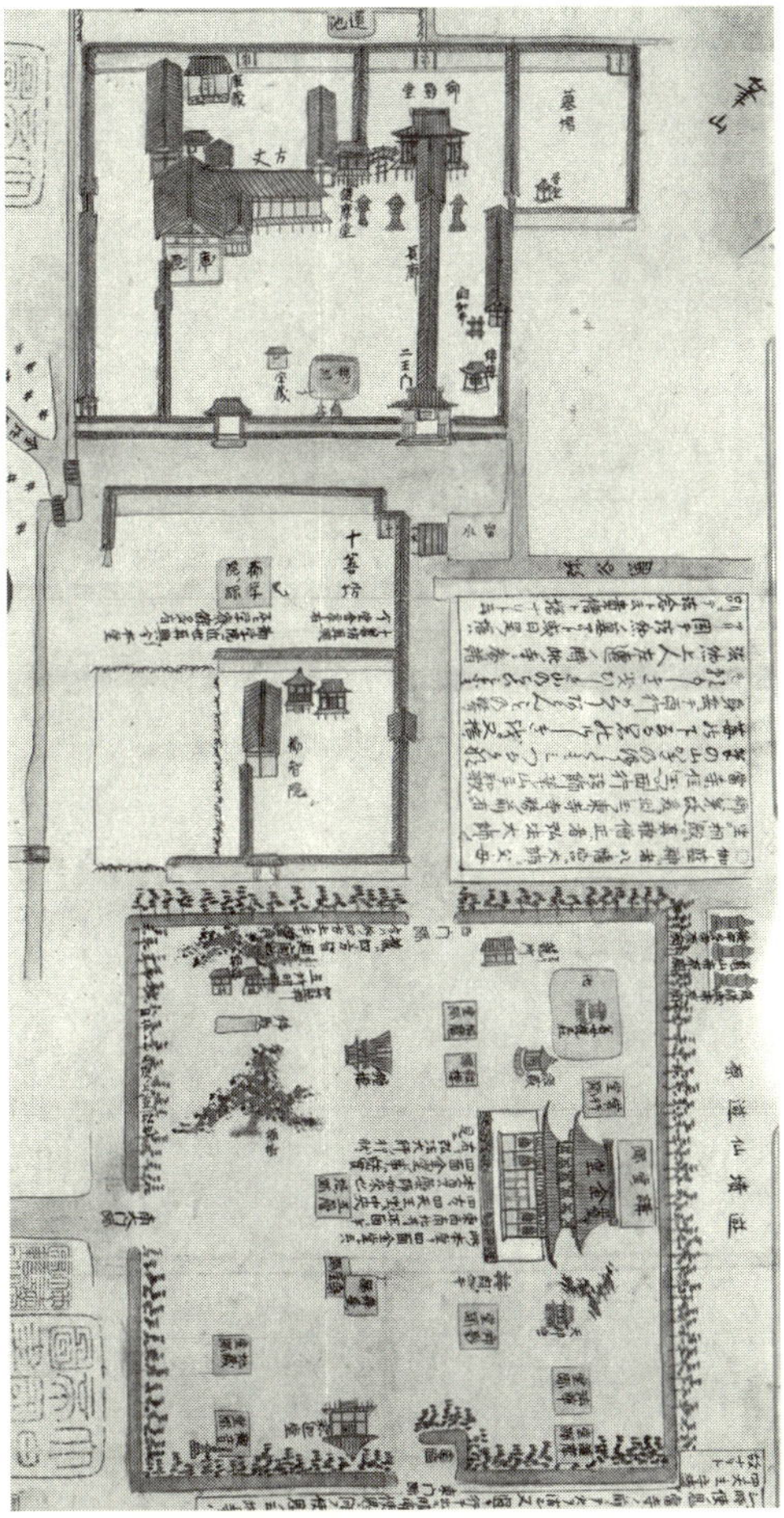
挿図 6-2『讃岐国多度郡屏風之浦五岳山善通寺管界地図』（宝暦 5 年模写、内閣文庫蔵）部分拡大図

両者の描写の主な相違点としては、①『管界地図』の御影堂は単独で完結した堂なのに対し、『管内地図』は奥殿と前堂を釣屋で繋ぐ複合仏堂とする点、②『管内地図』は東院の金堂の西脇に焔魔堂を描くが、『管界地図』では「焔魔堂跡」としている点、③『管内地図』には西院南側に長部屋と鼓楼（実際には鼓楼ではなく、後述の通り月見の亭だと思われる）が描かれ本坊の施設整備の進行が窺えるが、『管界地図』にはそれらが見当たらない点があげられる。

このうち①の奥殿については、貞享頃の景観を描いた『四国偏礼霊場記』既に奥殿が存在している以上、『管界地図』の描写は、何らかの理由で奥殿を描き落としたとみるのが妥当である。大部分が礼堂の陰に隠れてしまうために省略したのかもしれない。②については、焔魔堂は享保八年の「伽藍院内修覆覚帳」に修復対象として登場し、「九百年御忌諸事扣帳之写」[注32]には「十王堂」の名で御影堂北にあることが知られ、さらに宝暦五年に西院の修繕個所の見積を記した「奥之院閻魔堂護摩堂宝蔵玄関台所積書」[注33]のなかに「建替」対象として記載されている。この堂は閻魔だけでなく冥界の十王すべてを祀るので、十八世紀後期以降は専ら「十王堂」の名称が用いられたようである。[注34]しかし、江戸時代を通じて東院内に焔魔堂が存在したことを示す記録は存在しないので、『管内地図』の描写はおそらく錯誤だと思われる。そして③の「鼓楼」については、西院に鼓楼が設けられた記録が一切無いうえ、『讃州屏風浦五岳山善通寺略図』（以下では適宜、『善通寺略図』と略す）以降「邀月亭」の名で描かれている月見の亭[注35]の位置にあるため、おそらくこれは享保十九年の九百年御忌に「楽人賄申下小家」が設けられた「南之亭」[注36]及び天明二年に修理を受けた「南角之亭」[注37]とも同一と思われ、享保年間の存在が知れる。①のような脱落があることも考慮すれば、『管界地図』ではこの亭や、長部屋が省略されたとみるべきであろう。森幸安が模写した原図が前述のように伽藍修造の勧進目的で作られたのだとすれば、伽藍全体の概要と再興すべき建物を示す意図だったであろうから、目的外の堂舎に脱落や省略があっても不思議はない。『管内地図』に描かれている以上は、享保頃までに建立・整備されていたとみてよかろう。

（三）御影堂、護摩堂、方丈の位置関係と接続について

詳細に見ると、両図に描かれた御影堂・護摩堂・方丈の三堂舎の位置関係と接続方法については、いささか問題があることに気づく。護摩堂から方丈に至る釣屋については、『管界地図』には描かれておらず（護摩堂の南側は書院に接している）、『管内地図』では方丈の背後に護摩堂があり、前後（東西）方向に屋根のない渡廊下によって接続されている。そして『管内地図』では、護摩堂と御影堂を繋ぐ部分も平坦な廊下で、護摩堂背面の縁あたりから、御影堂の礼堂と奥殿を繋ぐ釣屋の付近へと接続されている。一方『管界地図』においては、御影堂礼堂と護摩堂は横に並び、太鼓橋状の廊下で接続されている。ところが、享保八年の「伽藍院内修復覚帳」[注38]によれば、御影堂～護摩堂間の釣屋と、護摩堂～方丈間の釣屋がともに修復対象とされており、しかもいずれも裏板や瓦が計上されているので、屋根の存在が確実である。したがって、享保以降を描く『管界地図』および『管内地図』にはこれらの釣屋が登場していなくてはならない。よって、おそらく幸安が模写した原図の表現が不正確だったのであろう。堂舎の位置関係についても、両図とも正確性を欠くものとして見るべきで、天保の御影堂礼堂の建て替えまではこれらの三堂舎に大きな修理が加えられた記録がないことを考えれば、先の挿図4の位置関係がより正確で、三堂舎を横一列に並べ、間を釣屋で繋ぐ形式であったと考えられる。

（四）御影堂前の「拝所」について

両図とも御影堂礼堂に接する部分の回廊の屋根を一段切り上げ、礼堂の拝所としている様子が描かれているが、これ以後のすべての絵図において、回廊の御影堂と接する部分が、回廊とは別棟のより大きな梁間断面をもつ建物として描かれている。文政末頃に制作された『中国名所図会』の本文中では、この部分を「拝所」と説明しているので、[注39]この部分が御影堂の拝所であったことが判明する。『四国偏礼霊場記』には見られなかった拝所が宝暦の両図に描かれているということは、享保年間に回廊を設けた際に、御影堂に接する部分を、大衆参詣に対応すべく拝所としてしつらえたということであろう。

## 3　西院の補完機能と信仰の場としての発達

『四国偏礼霊場記』には、西院内に経蔵が描かれているが、これらは『管界地図』及び『管内地図』以降、「宝蔵」と名称を変えている。このことは、享保年中に東院内に経蔵が寄進・再建されたことと関連して起きた事象と思われる。すなわち、東院経蔵が再建されるまでは西院内の宝庫が全山の経蔵として使われていたものと推定でき、西院と東院の相互補完的な関係を読み取ることができる。同様のケースは天神社についても指摘でき、寛永の『西院図』及び貞享頃を描く『四国偏礼霊場記』において西院内にある天神社も、享保以後を描く『管界地図』及び『管内地図』においては東院に描かれ、西院から消えている。永禄の火災で東院が衰微してからは、当面西院内で仮に祭祀・管理を行っていたが、東院の復興に伴い本来の場所に戻されたのであろう。一方で、同じく西院に建立された護摩堂と、東院と西院の間に位置する観智院に移された観音堂については、その後東院へ戻されることは無かった。護摩堂は『西院図』の時点から御影堂とともに誕生院内に計画されており、日常の祈禱はもちろんのこと、開帳時の会場としても使用される主要堂舎の一つとなっていたため、東院へ戻すのは不都合だったのであろう。また観音堂も、『四国偏礼霊場記』には十善坊（観智院の前身）の敷地に描かれているが、観智院の本尊十一面観音を祀り、信仰上の核となっていたため、東院での観音堂の復興は企図されなかったものと推測できる。

明確な結論を得るには、今後実証的研究を重ねる必要があるが、善通寺においては、永禄の火災以降、東院の全山的な機能の一部が一時的に西院や観智院に退避せられ、そのことが移転先を信仰の場として発達させたのかもしれない。そして復興段階においては、信仰上、欠くべからざる要素となったものがそのまま残され、それ以外が東院へと復されたものと推測できる。このような過程を経て、十八世紀前半までに西院の基本的な性格が固まっていったと考えられるのである。

## 三　十八世紀後期の伽藍――西院参詣空間の充実

### 1　弘法大師九百五拾年御忌と伽藍整備

十八世紀後期には、宝暦十年（一七六〇）の釿始に始まる東院五重塔再建事業と並行して、天明四年（一七八四）の弘法大師九百五十年御忌の機会に活発な伽藍修造が行われた。伽藍内の修復を要する個所を天明二年に書き上げた資料には、[注40]東院の金堂、常行堂、鐘楼、鎮守五所明神、西院の御影堂、方丈、庫裏、鐘楼、仁王門、裡蔵、邀月亭、客大風呂家などの修理に加え、御影堂から護摩堂に至る釣屋の「取替」も記されている。また、天明二年十二月に歓喜天の上棟が行われたことも知られており、[注41]宝暦までの修理と比べると、護摩堂裏に歓喜天ができたことに加え、庫裏周辺の邀月亭、客大風呂家等の付属施設が整備されてきている様子が窺える。

特に客殿については、「大師御忌ニ付伽藍内修覆幷法会入用之品々覚事」[注42]のなかに、

一　客殿外ト障子拾五間新ニ仕度、敷居も外ノ方皆々闕居ニ而障子入不申候、右客殿縁側ニも畳敷不申而ハ高松ヨリ参り候守院大幣候事、御荷物等ノ置所も無御座候ニ付、是非共畳ヲ敷外ト障子入不申而難相済御座候

一　客殿前通り壱間半程のき候而玄関迄ざつと懸塀覆無之而ハ客殿入込ミニ相成申候招請守院之座敷へ勝手次第人入込候而ハ相済不申様奉存候事

と記されており、来賓を招くために縁側へ畳を敷いて外障子を設け、また客殿前通りへ「懸塀覆」を設けるなど、御忌の機会が接客空間の整備を促した様子が理解できる。

### 2　『四国遍礼名所図会』について

（一）絵図の性格

『四国遍礼名所図会』（挿図7）は、題名の通り四国遍路案内の絵図であるが、奥書には「寛政十二庚申年五月吉日　九皐主人写」とあるのみで、原本をいつ誰が著したものか、定かではない。しかしながら同書の内容は、四国霊場第二十番の鶴林寺を出発して、八十八か所を日記調に順に紹介していく内容であり、作者が寛政十二年（一八〇〇）三月二十日から同五月三日の間、合計七十三日（同年は四月に閏月がある）で廻ったことがわかる。[注43]また挿し絵は独自に実景を写生したものとみられ、寛政十二年の景観を知ることができる。

（二）描写の特徴

善通寺伽藍は、東院と西院をそれぞれ見開き二頁ずつ、南東方向から鳥瞰した図として描かれる。全体に空白が大きく、敷地に対して建物が小さく描かれている印象で、筆勢がよく表れた描写となっている。龍王社拝殿が文化五年（一八〇八）の再建以前は切妻妻入で本殿に接して建っていたことなどが知れるが、[注44]建物形状の細部につい

ては、六角平面の経蔵が方形に描かれている点など、若干の不正確さも見受けられる。また、主要堂舎以外は一部省略されているようで、天明二年に修理を受けた西院内の鐘楼[注45]などは描かれていない。しかし、天明二年に護摩堂の背後に建立された歓喜天（佛塵閣）[注46]らしき小堂や、南大門位置の二本の門柱とその袖の柵など、南大門再建までの繋ぎで設けられた臨時の構造物も描かれており、十八世紀末の実景に基づく描写であることは窺える。

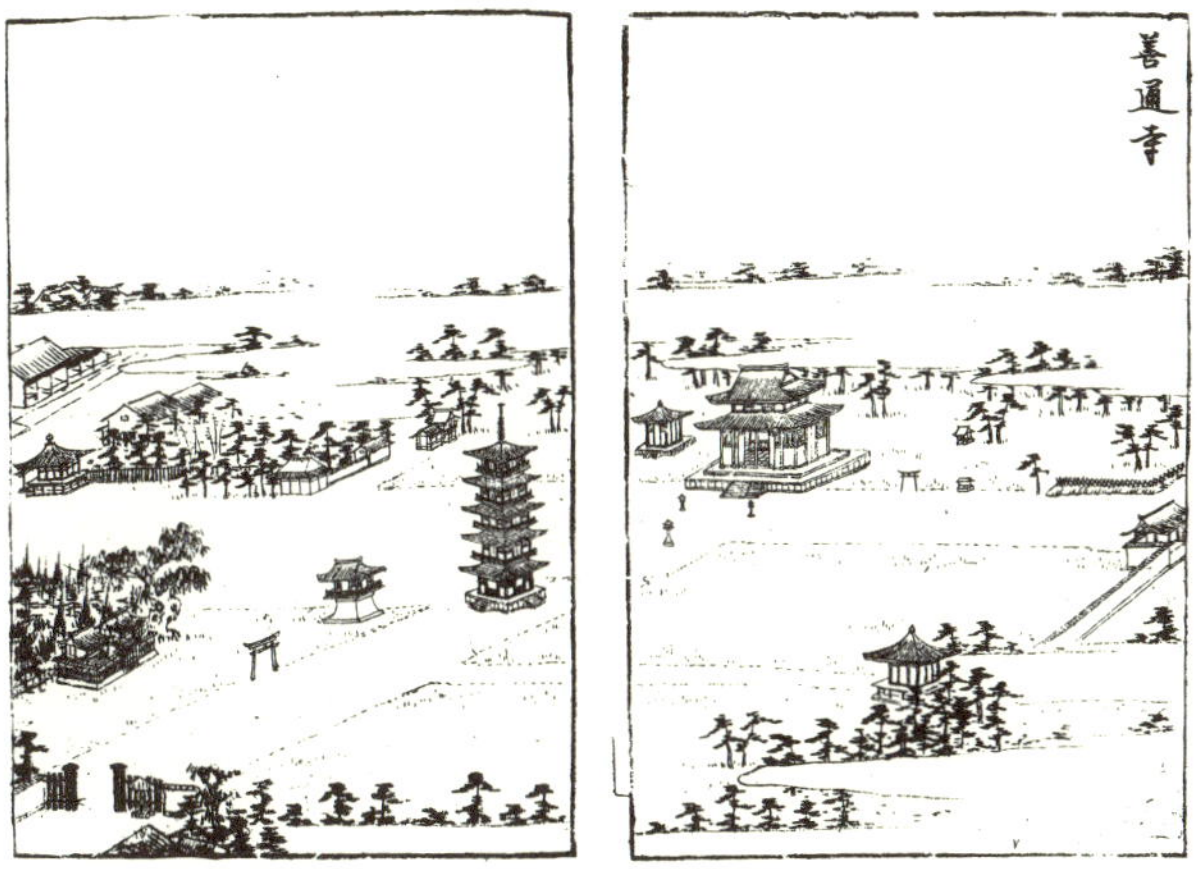

挿図 7-1『四国遍礼名所図会』（寛政 12 年（1800））に描かれた善通寺伽藍東院（復刻本による）

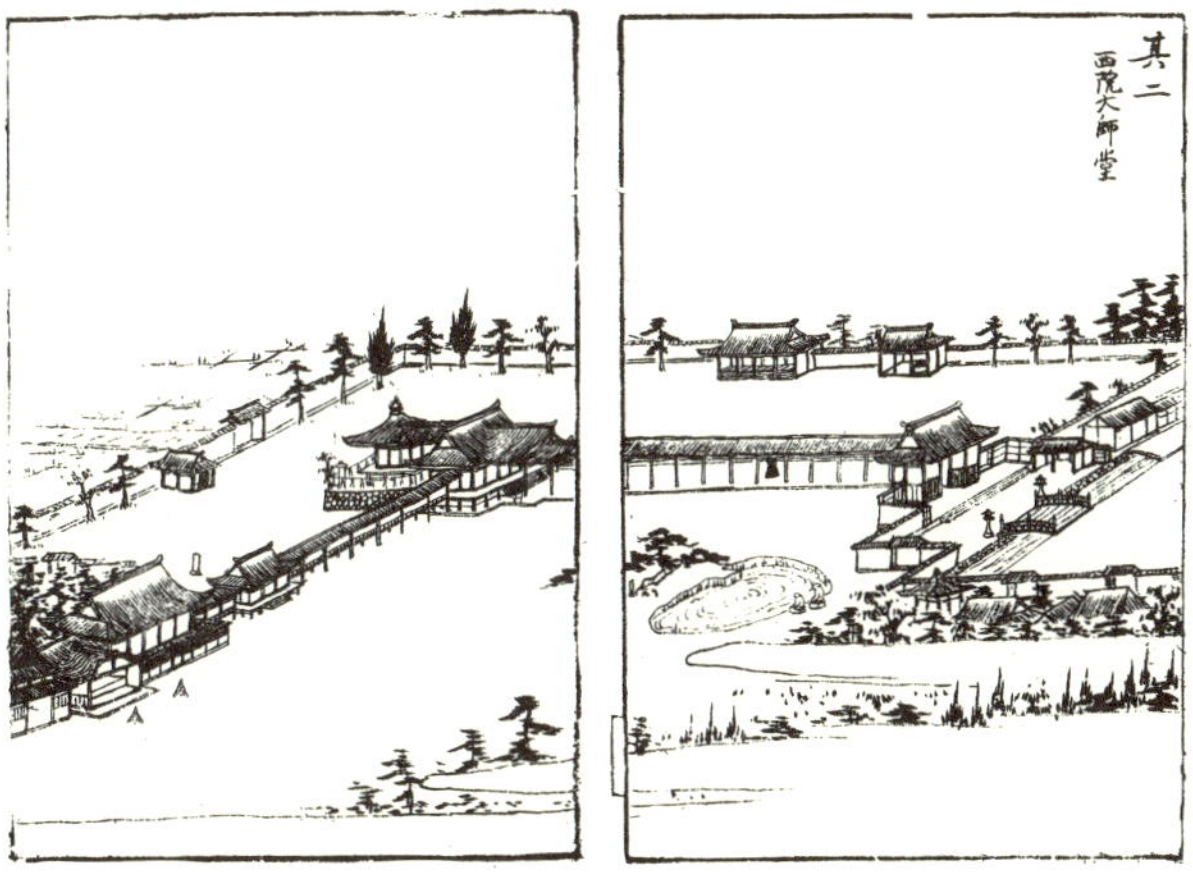

挿図 7-2『四国遍礼名所図会』（寛政 12 年（1800））に描かれた善通寺伽藍西院（復刻本による）

さらに、西院の仁王門南付近の敷地が拡張され、前面道路を取りこんだ様子も窺える。この影響で築地塀が仁王門の南で東側に矩折れになり、その個所に北向きの門を開けている様子が読み取れる。この門は文政頃に描かれた『善通寺略図』にも見られ、「御成門」とされる。また、この付近に『管界地図』及び『管内地図』に描かれていた宝蔵が無くなり、前述の九百五拾年御忌の際に設けられた客殿前面を覆う塀（「懸塀覆」）が描かれている。このように、近代まで続く西院表側の景観は、十八世紀末までに成立していたことがわかる。

　さらに、『管界地図』及び『管内地図』にあった西院客殿背後の書院も無くなっており、すでに移転していたことが窺える。なお、御影堂の北側には二つの建物が並ぶが、本文中に「十王堂大師堂の北にあり」とあることと、後の『善通寺略図』などとの対比から、東側が茶堂、西側が十王堂と思われる。

　以上のように、この時期には、御影堂の北側にも信仰対象となる仏堂と参詣客の接待施設[注47]が設けられ、参詣空間としてより充実してきたことが窺えるのである。

## 四　十九世紀前半の境内——西院の完成形へ

### 1　弘法大師一千年御忌に向けた伽藍整備

宝暦十年（一七六〇）の釿始以来、長期にわたり建立が行われた五重塔は天明八年（一七八八）にようやく上棟したが、以後も造作工事が続き、文化元年（一八〇四）に入仏供養が行われた。善通寺伽藍は、ここに至ってようやく永禄の火災を克服し、完全な復興を遂げたと言える。不幸にして天保十一年（一八四〇）に再び五重塔を焼失し、その再建には明治三十五年（一九〇二）まで要することになるが、この五重塔焼失までの期間は、近世を通じて最も善通寺伽藍が充実した時期だったとみてよいだろう。十九世紀前期は全国で名所図会が盛んに描かれた時期とも合致し、善通寺伽藍を描いた絵図は管見の及ぶ限りでも『善通寺略図』、『中国名所図会』、『讃岐国名勝図会』、『金毘羅参詣名所図会』の四種を挙げることができる。本稿ではこのうち『善通寺略図』をとりあげることにするが[注48]、その前にまず、天保五年の一千年御忌に合わせて行われた御影堂礼堂及び常行堂の建て替え等について確認しておこう。

文化元年の五重塔入仏供養以後、幕末に向けて行われた伽藍整備のうち大きなものとしては、天保五年の一千年御忌に向けて行われた御影堂の修造と、常行堂及び南大門の再建があげられる。これに先立つ文政十二年（一八二九）に常行堂・御影堂・南大門の再建を目的とした勧進を広く呼びかけるために刷られた「勅願所常行堂御影堂大門再建一萬人講仕法勧進帳」[注49]には、

（前略）金堂大塔は成満せりといへども、大師一千年の御忌も近寄けるに、御影堂常光明真言堂数年星霜を経て大破なれバ、再建の事を初たまふ折ふし、備前の国なる何某大願を起し、諸人へ功徳を廣大におよぼしめんといふ（以下略）

と記しており、金堂と五重塔は復興したものの、御影堂と常行堂が大破に及んでいると伝えている。また、南大門については、

一、大門ハむかし焼失して今ハ跡のミ残れるを、此度作州の何かし再建の事を発起して、彼の御影堂常光明真言堂とゝもニ有縁の輩に嘱託して、一万人の講を興行せんと乞ふ（以下略）

と記しており、久しく失われたままであることもわかる。但し、この時は結局再建には至らなかったようで、南大門の復興には、明治四十一年まで待たねばならなかった[注50]。

この時は御影堂の礼堂を元の六間四方から九間四方へと拡大し、旧御影堂礼堂（延宝再建のもの）を移築して常行堂としたことが知られる[注51]。旧堂を転用できたところをみると、御影堂礼堂の「大破」というのは少々誇張が含まれており、むしろこの建て替えは規模の拡大に主眼があったのではないかとも思われる。折しも、秋里籬島や暁鐘成などによる名所図会が次々と刊行され、大衆参詣が盛んになった時代である。延宝以来使用してきた六間規模の礼堂を手狭に

感じ、より大きな礼拝空間への要求が高まっていたとしても不思議は無かろう。

一方、天保四年の「伽藍御院内次繕処之見分帳」[注52]によれば、天保五年の弘法大師一千年御忌に際して建物自体の繕いを要したものとして、東院の金堂、鐘楼、西院の客殿、閻魔堂、懸しん堂、仁王門があげられており、上記の御影堂と常行堂の再建事業以外にも、多くの堂舎に修繕の手が加えられたことが判明する。御忌という五十年に一度の一大行事を契機として、こうした数々の伽藍整備が行われたのである。

## 2　大原萬年の活動時期

『讃州屏風浦五岳山善通寺略図』の検討に入る前に、この絵図の作者である大原萬年について考察しておきたい。というのも、萬年の活動時期は非常に短いと考えられ、同図の制作年代を絞り込めるからである。

大原萬年は、江戸後期に日本画家として活躍した大原東野（一七七〇〜一八四〇）の長男である。東野は奈良東大寺門前の旅籠屋・小刀屋伊兵衛の長男に生まれ、諸国を遊歴し画業を行ったが、文政二年に金毘羅参詣道の修造事業立ち上げたのを契機に、讃岐の苗田村（現・琴平町苗田）の藤の棚に居を構えて後半生を送った。[注53]

息子の萬年については生没年不詳だが、『讃岐人名辞書』[注54]によると「東野の子、父の畫風を傳へ、鹿を描く最も妙なり、然れど惜哉早く歿す」と早世が伝えられる。なお、萬年没後、東野の高弟溝口要蔵が萬年の号を継いでおり、同書の溝口萬年の項には、「東野の高弟なり、東野の子萬年夭す、因て其名を襲ぐ」とある。同様に、『続讃岐の文人』に引用されている大原まん（東野の甥の娘）が、大原熊次郎（東野の養子惣助の子）に宛てた手紙の文中にも、「倅万年早卒其後同翁にも遷化の旨」との記述が見られ、早世が知られる。[注55]残念ながら、具体的な没年は不明なのだが、「早く没す」「夭す」「早卒」などの表現からみて、この時代の一般的な寿命に比べて相当に早く亡くなったものと思われる。人生五十年と言われた近世であるから、[注56]少々大胆に推測を加えるならば、萬年の没年齢は高くてもせいぜい三十歳までとして大過あるまい。

萬年の史料上の初見は、東野が文政二年に著した「象頭山工程修造之記」である。これは金毘羅参詣道の整備のために広く寄付を募る文面で、各寄付者の寄付額に応じて東野らが自ら描いた画を進上するという企画であった。[注57]この願文の署名に、

文政二年己卯夏六月
大願主　大阪　大原　東埜
男　萬年

と、東野と連名で登場する。ここに名を連ねている以上、萬年もまた一人前の画家として参画したとみられ、この時すでに萬年は成年として社会的に認知されるべき立場であったとみてよいだろう。江戸時代の一般的な成人は十五歳程度と思われるので、[注58]ひとまず文政

二年には十五歳程度の年齢に達していたと推測しておこう。

さらに、萬年には一人娘の梅がおり、東野の没時（天保十一年）、梅の年齢は十三歳だったと伝えられている。[注59] したがって、逆算すると梅の生年は文政十一年（一八二八）ということになる。よってこの頃までは萬年も存命だったはずで、仮に萬年が文政二年に十五歳であったとするなら、梅の生まれた文政十一年は九年後で二十四歳、天保五年に三十歳を迎える計算になる。また、文政二年に二十歳だったとすると、梅の生まれた文政十一年にはもう二十九歳である。早世の伝を考慮するなら、萬年の実際の没年は概ねこの文政十一年から天保の初め頃の間に収まるであろう。いささか推測を重ねすぎた感は否めないが、以上の考察から萬年が画業を行った時期も、主に文政年間、遅くとも天保の初めまでと考えて大過ないと思われる。

## 3 『讃州屏風浦五岳山善通寺略図』について

### （一）絵図の性格

『善通寺略図』（挿図8）は、東院・西院伽藍の全体を鳥瞰的におさめた一枚物の木版画である。右下には丸亀、金毘羅、弥谷寺などへの行程についての説明に続き、「當山御夢想目藥、御影池さらし艾」「弘所　画圖版元二王門前　吟山亭」と記されているので、二王門前の吟山亭という店舗が商品の宣伝を兼ねて参詣客等に頒布（又は販売）した絵図かと思われる。左上には善通寺の由来を記し、左下には「大原萬年（印）」と記され、大原萬年の作品であることが判明する。前述の萬年の活動時期に関する考察から、『善通寺略図』も文政年間頃に描かれたと考えられる。

### （二）描写の内容と特徴

本図は、伽藍を東北側から鳥瞰した描写となっており、東院には金堂、五重塔をはじめ、常行堂、五社明神、鐘楼、東門、大石手水鉢、経蔵、天ジン宮、善女リウワウ、拝殿、大勧進所、法然上人塔などの諸堂が描かれる。また、南大門跡に門柱とその袖の柵が設けられている点や、鼓楼跡が存在することもわかる。さらに、東院内の東南角および東北角に、芝居小屋らしきものが描写されている点も興味深い。なお、東院の北には、後宇多帝、亀山帝、後嵯峨帝の三帝を祀る石塔が描かれている。

西院をみると、二王門から西奥へと回廊が延び、正面に大師堂及び奥ノ院が配置される。なお、廊下の大師堂と接する部分は、『管内地図』や『管界地図』と同様に、屋根を高く切り上げている様子が窺える。大師堂の南側には、床が太鼓状に湾曲した釣屋を介してゴマ堂が接続し、さらに南に釣屋を介して本坊の客殿が連なっている様子がわかる。そしてゴマ堂の裏には歓ギ天と宝庫が設けられている。客殿前面には唐破風の玄関があり、その南隣には庫裏が接続している。庫裏の南側にも付属屋が接続しており、その前面（東側）に細長い建物（『管内地図』に描かれた「長部屋」であろう）、そして東南角には邀月亭が描かれている。また、御影池を挟んで北側

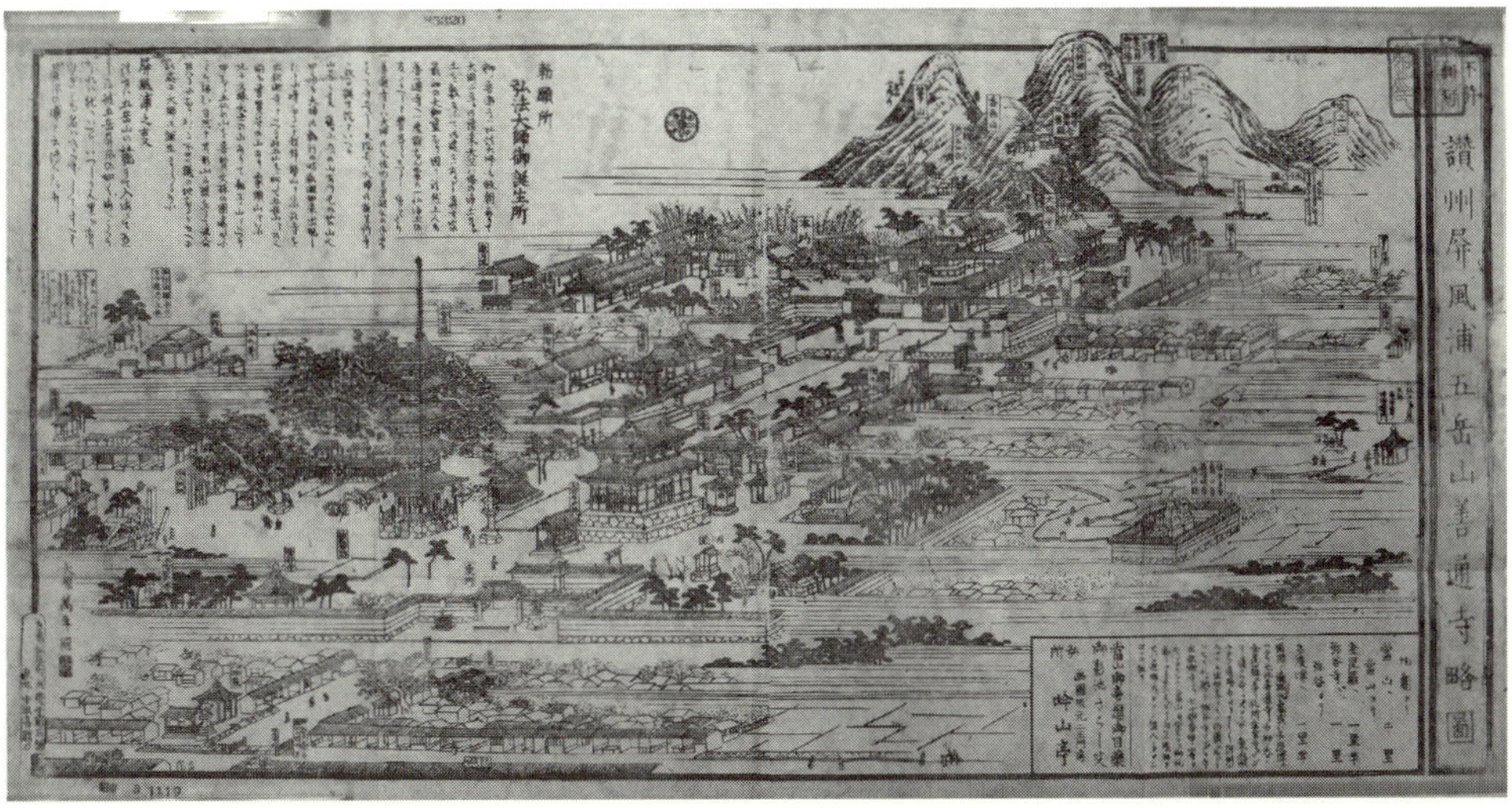


挿図 8-1『讃州屛風浦五岳山善通寺略図』（文政頃、三康図書館蔵）

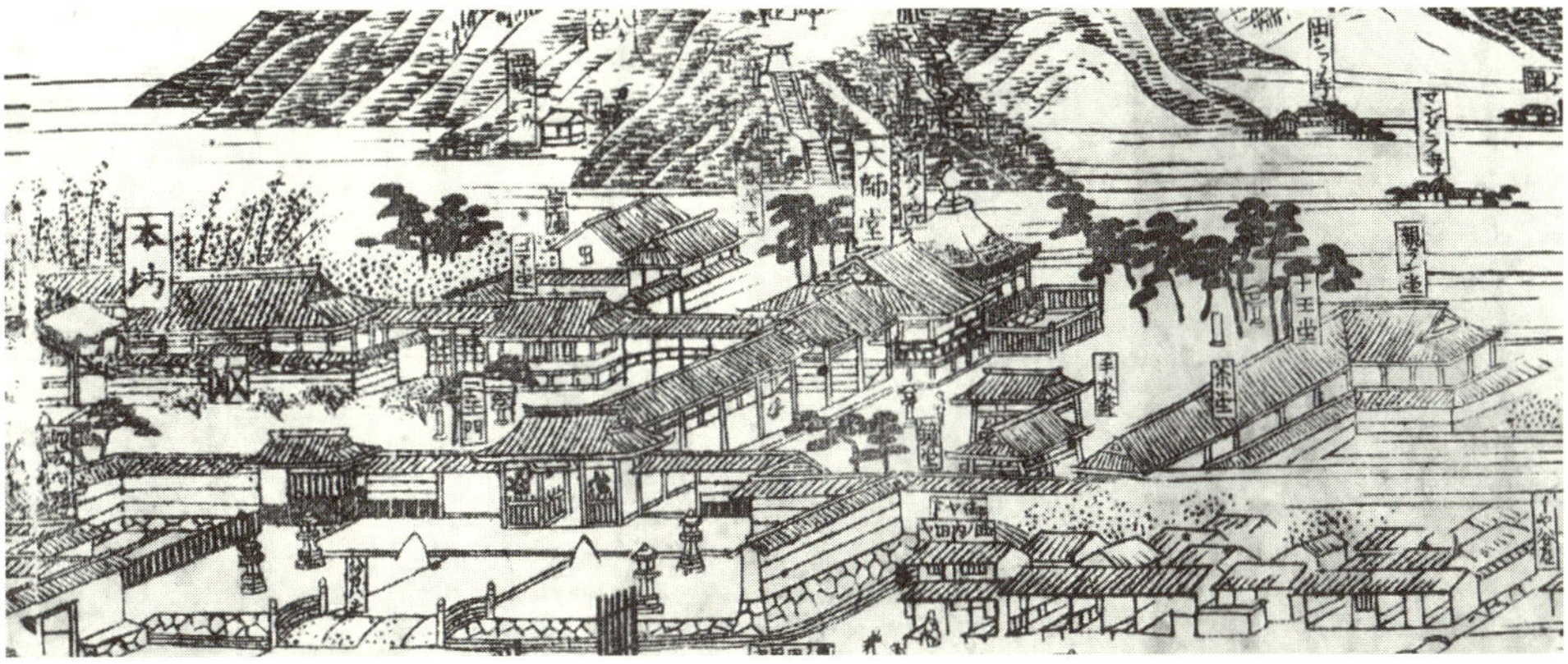


挿図 8-2『讃州屛風浦五岳山善通寺略図』（文政頃、三康図書館蔵）西院部分拡大図

に御成門が、南側には裏門が開いていることもわかる。西院の北側に目を転じると、鐘楼、手水鉢のほか、北端に茶堂、十王堂、親鸞堂が連なっている様子がわかる。

全体に描写は克明かつ繊細で、御影堂と護摩堂を繋ぐ釣屋の太鼓状に湾曲した床、六角平面の経蔵、金堂軒下の組物など、建築細部の特徴が良く表現されている。門前の店が配布した絵図であるから、もし間違いがあれば手にした人に容易に気付かれ、具合が悪かったはずである。萬年が父東野とともに居住した苗田村から善通寺までは、直線距離にしてわずか四・五キロメートルほどであるから、現地を充分に観察したうえでこの絵図を作成したことは、想像に難くない。よって、文政頃の伽藍の様子をほぼ正確に伝えている図とみて良いだろう。

### （三）親鸞堂の建立

先に見た寛政十二年の『四国遍礼名所図会』と比較すると、西院の御影堂北側がより充実した印象を受ける。すなわち、茶堂と十王堂に加え、親鸞堂が新設されている。また、茶堂と十王堂の屋根が一連に繋がれているところをみると、親鸞堂の新設とともに何らかの整備が行われたのかもしれない。

親鸞堂は見真大師親鸞の御影（鎌田の御影）を祀る堂であり、見真堂あるいは聖人堂とも呼ばれている。この御影は親鸞聖人御自作の木彫の肖像とされており、親鸞が下総国鎌田荘を遊化する際に信者に与え、讃州善通寺へこの像を送ることを託したという由緒が伝えられる。[注60] この木像は、寛政七年（一七九五）七月に一旦、豊田郡流岡村（現・観音寺市流岡町）の西蓮寺に譲られており、その際の誕生院の「口上之覚」には、

親鸞聖人木像之事

右五十年以前より当寺寶蔵ニ相納メ御座候、然ル所豊田郡流岡村西蓮寺幷旦家共より相譲呉候様、観智院まで別紙通頼出申候（以下略）

との経緯が記されている。[注61] 寛政七年から五十年を逆算すると延享二年（一七四五）になるため、その頃から善通寺の宝蔵に納められていたということになるが、それを寛政七年に一向宗寺院である西蓮寺の求めに応じて譲り、後に故あって善通寺に返還されたとのことである。[注62] この返還が何時のことかは不明だが、善通寺で一堂を設けて祀られるようになったのは少なくとも返還以後のことであろうから、寛政七年以前ではあり得ない。[注63] 寛政十二年の『四国遍礼名所図会』に描かれていないところからみて、それ以降に建立されたものと思われる。

このようにして、十九世紀前期に西院北側に新たな信仰対象が加わり、十八世紀後期から進められた西院北側の整備も一段落し、西院伽藍全体としても一つの完成形に到達した。すなわち、二王門から回廊・拝所を経て御影堂に至る空間を中心に据え、北側には十王堂、親鸞堂、さらには接待所としての茶堂が並ぶ参詣空間が完成し、回廊南側には、十八世紀中後期に整備された客殿、庫裏等をはじめとする本坊の機能がおかれる。この西院の構成は、基本的には近代の改変まで存続するのである。

## 五　まとめ

以上、絵図類をたよりに近世における善通寺伽藍の変遷を通観してきたが、最後に改めて読み取った結果から、参詣空間としての善通寺西院の変化についてまとめておきたい。

### 一　御影堂の建築と位置づけの変化

十六世紀の天正年間に生駒親正が西院に建立した古御影堂は、三間四方の小規模なものであり、おそらく全山的な参詣空間の中心となるべく計画されたものではなかった。しかし、寛永期の計画では、二王門の正面にあたる西院の中心に五間堂の本格的な仏堂として計画されており、明確に西院における大師信仰の核となる象徴的存在と位置付けられたことが窺える。この段階の御影堂は、未だ奥殿と礼堂から成る構成ではなく、一堂で完結した形式で計画されていたが、延宝再建の御影堂は、六間四方の礼堂と三間四方の奥殿と

からなる複合仏堂となり、礼拝空間がより拡充されたものであった。その後十八世紀には、享保十九年の九百年御忌に合わせて仁王門から御影堂までの間に回廊が設けられ、さらに御影堂礼堂との接続部に回廊を拡張した拝所までが設けられるなど、大衆参詣に対応した整備が進んだ。また十九世紀の天保五年一千年忌の機会には、御影堂礼堂が建て替えられ、九間四方に拡張されている。

以上のように、御影堂には五十年ごとの御忌の機会ごとに、一貫して礼拝空間を拡大・充実させる改変がくわえられたことがわかる。そして、このたび重なる改変は、御影堂という存在が、大師の御影の安置する一堂から、善通寺伽藍全体の信仰の中心へと移り変わっていく過程を映し出していると思われるのである。

## 二　西院の性格の変化と充実

「西院図」以前の西院の様子がわかる史料はほとんど存在しないが、おそらく十六世紀の「古御影堂」の段階までは、誕生院は善通寺権別当の住む本坊としての性格が強く、大衆参詣に対応した伽藍整備はあまり意図されていなかったのではないかと想像する。[注64]

しかし、寛永十一年の大師八百年御忌が契機となり、十七世紀後期までに御影堂を信仰の中心とする参詣空間が誕生した。御影堂自体の変化については前述のとおりだが、十八世紀以降、西院内の諸堂も整備された。享保の九百年御忌に際し御影堂前に回廊が新設されたのをはじめ、十八世紀後半には天明の九百五十年御忌などを機に、客殿まわりや書院、長屋、邀月亭などの本坊機能の整備が進み、また歓喜天を祀る堂も設けられた。西院北側の参詣空間としての整備も十八世紀後期以降行われ、茶堂、十王堂に続き、十九世紀前期には親鸞堂という新たな信仰対象も加わった。このように、御影堂だけでなく、伽藍全体が参詣客を集める信仰の場として充実していった過程が読み取れるのである。

限られた史料から推論を重ねたため、今後訂正すべき個所も多々出てこようが、本稿では永禄の火災からの復興史という文脈だけでは見えてこない、御影堂を中心とする西院の発展過程について概観することができたと思う。近世の善通寺は、金堂や五重塔の再興に奔走する傍らで、西院の御影堂を中心にした参詣空間を、御忌の機会などを通じて確実に発展させてきたのである。西院では近代以降も多くの堂舎が建て替えられ、特に御影堂北側では建物配置の変更が多く見られるが、御影堂を中心におき、北に参詣客のための空間、南に本坊機能を配置する空間構成自体は、現在も変わっていない。つまり、十九世紀前半に完成をみた前述の空間構成が、今日の西院における伽藍配置の下敷きになっているのである。

［謝辞］
本研究を進めるにあたり、総本山善通寺宝物館の松原潔氏には資料の閲覧等で多大なるご助力をいただいた。また、資料の閲覧及び掲載許可についてお世話になった総本山善通寺、三康図書館、北野天満宮、鎌田共済会郷土博物館にも、この場を借りて御礼申し上げる。

| 西院（誕生院） | | | | | | | | | | | | | | | | | 観智院 | 備考（典拠資料等） |
|---|---|---|---|---|---|---|---|---|---|---|---|---|---|---|---|---|---|---|
| 庫裏（甍所） | 護摩堂 | 十王堂（焔魔堂） | 親鸞堂 | 鐘楼 | 御影堂前回廊 | 釣屋／影一護 | 釣屋／護一方 | 仁王門（二） | 御成門 | 歓喜天 | 位牌堂 | 茶堂 | 邀月亭 | 長家 | 浴室 | 書院 | 観音堂 | |
| 被災せず？ | | | | | | | | | | | | | | | | | | 南海通記ほか |
| | | | | | | | | | | | | | | | | | | *1 善通寺西院内之図 *2 善通寺正縁記 |
| | | | | | | | | | | | | | | | | | | * 善通寺西院内之図 |
| 八百年御遠忌 | | | | | | | | | | | | | | | | | | |
| △たい所 | △ごまたう | | | ○かねつき堂 | | △ | | ○仁王もん | ○門所東向 | | | | | | | | | 『善通寺西院内之図』* ○古御影堂、△新御影堂 |
| | | | | | | | | | | | | | | | | | | 善通寺市史 * 古御影堂か |
| ○再建厨屋 | | | | | | | | ○修理か | | | | | | | | | | 五岳山御先代伝記善通寺史 |
| 八百五十年御遠忌 | | | | | | | | | | | | | | | | | | |
| | | | | | | | | | | | | | | | | | | 棟札 |
| ○ | ○ | | | ○ | | ○ | | | ○東向名称？ | | ○ | | | | | | ○* | 『四国徧礼霊場記』* 十善坊（観智院前身） |
| | | | | | | | | | | | | | | | | | | 従公儀向被仰付之記録 |
| | | | | | | | | | | | | | | | | | | 棟札 |
| | | | | | | | | ○再建 | | | | | | | | | | 棟札 |
| | ○修復 | ○修復焔魔堂 | | ○修復棟札有 | | ○修復 | ○修復 | | | | | | | | | | | 伽藍院内修覆覚帳 * 奥院・同所つり屋・前堂 |
| | | ○ *2 | | | ○寄進 *1 | | | | | | | | ○南之亭 *2 | | | | | 寄進物記録 *1 九百年御忌諸事扣帳之写 *2 |
| 九百年御遠忌 | | | | | | | | | | | | | | | | | | |
| ○ | ○ | | | ○ | ○ | ○ *2 | ○ *2*3 | ○ | ○東向名称？ | | ○ | | ○鼓楼 | ○長部屋 | | ○ | ○ | 『善通寺管内地図』*1 錯誤か *2 屋根無し *3 前後接続 |
| ○ | ○ | | | ○ | ○長廊 | ○ *2 | | ○ | ○東向名称？ | | ○ | | | | | ○ | ○ | 『善通寺管界地図』*1 奥殿省略か *2 屋根無し |
| ○修復 | ○修復 | ○建替閻魔堂 | | | | | | | | | | | | | | | | 奥之院閻魔堂護摩堂宝蔵玄関台所積書 |
| | | | | | | | | | | | | | | | | | | 善通寺大塔再興雑記 * 釈迦堂を常行堂に擬す |
| | | | | | | | | | | | | | | | | | | 善通寺大塔再興雑記 |
| | | | | | | | | | | | | | | | | | | 綸旨（1-3 箱 16） |
| | | | | | | | | | | | | | | | | | | 善通寺大塔再興雑記 |
| | | | | | | | | | | | | ○寄進 | | | | | | 寄進物記録 * 移設時に基趾を寄進 |
| | ○ | | | | | ○ | | | | | | | | | | | | 御戸開一巻 |
| ○修理 *1 | | | | ○修理 *1 | | ○取替 *1 | | ○修理 *1 | | ○上棟 *2 | | | ○修復南角之亭 *1 | | ○修復客大風呂家 *1 | | | 大師御忌ニ付伽藍内修覆幷法会入用之品々覚事 *1 大師九百五拾年御忌諸事覚帳 *2 *3 柵・懸塀覆新造 |
| 九百五十年御遠忌 | | | | | | | | | | | | | | | | | | |
| | | | | | | | | | | | | | | | | | | 善通寺大塔再興雑記 |
| ○ | ○ | ○ | | | ○ | ○ | ○ | ○ | ○北向 | ○ | | ○ | | | | | ○ | 『四國遍礼名所図会』 |
| | | | | | | | | | | | | | | | | | | 善通寺大塔再興雑記 |
| | | | | | | | | | | | | | | | | | | 棟札 |
| ○ | ○ | ○ | ○親ラン堂 | ○ | ○ | ○ | ○ | ○ | ○北向 | ○歓ギ天 | | ○ | ○ | ○ | | | ○ | 『善通寺略図』 |
| ○ | ○ | ○ | ○志んらん堂 | ○ | ○ | ○ | ○ | ○ | ○北向 | ○ | | ○茶所 | ○ | ○ | ○ | ○大書院 | ○ | 『中国名所図会』* 本文に再興中とある |
| | | | | | | | | | | | | | | | | | | 勅願所常行堂御影堂大門再建一萬人講仕法勧進帳 |
| | | | | | | | | | | | | | | | | | | 棟札 * 旧御影堂礼堂を移築（厳暁肖像画讃による） |
| | | | | | | | | | | | | | | | | | | 棟札 |
| 一千年御遠忌 | | | | | | | | | | | | | | | | | | |
| （御遠忌の延期行事） | | | | | | | | | | | | | | | | | | |
| | | | | | | | | | | | | | | | | | | 善通寺大塔再興雑記 |
| | | | | | | | | | | | | | | | | | | 綸旨（1-3 箱 3） |
| ○ | ○ | ○ | ○ *3 | ○鐘堂 | ○ | ○ | ○ | ○ | ○北向 | ○佛塵閣 | *4 | ○ | ○ | ○ | | | ○ | 『讃岐国名勝図会』（草稿）*1 焼失塔描写 *2 門柱ノミ *3 絵図中堂名間違い *4 絵ナシ |
| ○ | ○ | ○ | ○ | ○ | ○ | ○廊下 | ○ | ○ | ○北向 | ×東院内歓喜天祠 | | ○ | ○ | | | | ○ | 『金毘羅参詣名所図会』*1 焼失塔描写 *2 絵図中には「南大門跡」*3 描写無 |
| ○誕生院 | ○ | ○ | ○聖人堂 | ○ | | | | ○ | | | ○ | ○ | | | | | ○ | 善通寺正縁記 * 御影堂・釣屋・礼堂 |
| 一千五十年御遠忌 | | | | | | | | | | | | | | | | | | |
| | | | | | | | | | | | | | | | | | | |

表１　善通寺建築年表

| 和暦 | 西暦 | 東院（伽藍） | | | | | | | | | | | | | | | | |
|---|---|---|---|---|---|---|---|---|---|---|---|---|---|---|---|---|---|---|
| | | 五重塔 | 金堂 | 常行堂 | 鐘楼 | 鼓楼 | 経蔵 | 焔魔堂 | 鎮守五所明神 | 天神 | 善女竜王 | 竜王社拝殿 | 南大門 | 東門 | 法然上人塔 | 庵（勧進所） | 御影堂 | 方丈（客殿） |
| 永禄元 | 1558 | 伽藍全焼 | | | | | | | | | | | | | | | | |
| 天正 18 頃 | 1590 頃 | | | | | | | | | | | | | | | | ○*1 古御影堂 | ○*2 |
| 寛永 10 | 1633 | | | | | | | | | | | | | | | | △* 新御影堂 | |
| 寛永 11 | 1634 | 八百年御遠忌 | | | | | | | | | | | | | | | | |
| 〃 | | | | | | | | | | ×誕生院内天神 | | | | | | | ○△* | △きゃくてん |
| 寛文 9 | 1669 | | | | | | | | | | | | | | | | 焼失？* | |
| 延宝年間 | 1673~80 | | | | | | | | | | | | | | | | ○再建奥院有 | ○再建 |
| 貞享元 | 1684 | 八百五十年御遠忌 | | | | | | | | | | | | | | | | |
| 〃 | 〃 | | | | | | | | | | 上棟 | | | | | | | |
| 貞享 5<br>＝元禄元頃 | 1688 頃 | | | | | | ×<br>誕生院内 | | | ×<br>誕生院内 | | | | | | ○札所 | ○大師（奥院） | ○誕生院 |
| 元禄 10 | 1697 | | 釿始 | | | | | | | | | | | | | | | |
| 元禄 12 | 1699 | | ○上棟 | | | | | | | | | | | | | | | |
| 宝永 5 | 1708 | | | | | | | | | | | | | | | | | |
| 享保 8 | 1723 | | ○修復 | ○修復釈迦堂 | | | | | ○修復 | | ○修復 | | | | | | ○修復* | ○修復／玄関式臺共 |
| 享保年中 | 1716~36 | | | | ○寄進*1 | | ○再建*1 | | | | | | | | | | | |
| 享保 19 | 1734 | 九百年御遠忌 | | | | | | | | | | | | | | | | |
| 宝暦 5 | 1755 | 宝塔跡 | ○ | ○釈迦堂 | ○ | 舞台跡 | ○経堂 | ○*1 | ○ | ○天神社 | ○ | | 南大門跡 | | ○法然上人塔 | ○庵 | ○御影堂・禮堂 | ○ |
| 〃 | 〃 | 五層塔跡 | ○ | ○釈迦堂 | ○ | 舞台跡 | ○ | 焔魔堂跡 | ○拝殿跡有 | ○天神宮 | ○ | | 南大門跡 | 東門跡 | ○ | ○籠所 | ○禮堂のみ*1 | ○玄関有 |
| 〃 | 〃 | | | | | | | | | | | | | | | | ○修復奥之院 | ○修復玄関共 |
| 宝暦 9 | 1759 | | | ○釈迦堂* | | | | | | | | | | 再建願提出 | | | | |
| 宝暦 10 | 1760 | 釿始 | | | | | | | | | | | | ○再建 | | | | |
| 宝暦 12 | 1762 | 綸旨 | | | | | | | | | | | | | | | | |
| 明和 2 | 1765 | 初２層供養 | | | | | | | | | | | | | | | | |
| 宝暦 5<br>～明和 5 頃 | 1755~68 | | | | | | | | | ○寄進* | | | | ○寄進 | | | | |
| 安永 2 | 1773 | | ○ | | | | | | | | | | | | | | ○内院禮堂 | ○寝殿 |
| 天明 2 | 1782 | | ○修理*1 | ○修理*1 | ○修理*1*2 | | | | ○修理*1*2 | | | | | | | | ○修理*1 | ○修理*1*3 |
| 天明 4 | 1784 | 九百五十年御遠忌 | | | | | | | | | | | | | | | | |
| 天明 8 | 1788 | ○上棟 | | | | | | | | | | | | | | | | |
| 寛政 12 | 1800 | ○ | ○ | ○ | ○ | | ○方形平面 | | ○ | ○ | ○ | ○ | | ○ | | ○ | ○ | ○玄関有 |
| 文化元 | 1804 | ○入仏供養 | | | | | | | | | | | | | | | | |
| 文化 5 | 1808 | | | | | | | | | | | ○再建 | | | | | | |
| 文政 2<br>~11 頃 | 1819~28 | ○ | ○ | ○ | ○ | 鼓楼跡 | ○ | | ○<br>五社明神 | ○<br>天ジン宮 | ○善女<br>リウワウ | ○ | 門柱ノミ<br>南大門跡 | ○ | ○法然<br>聖人塔 | ○<br>大勧進所 | ○奥ノ院・大師堂 | ○玄関有 |
| 文政 10 頃 | 1827 | ○ | ○ | ○ | ○ | 太鼓堂跡 | ○ | | ○ | ○天満宮 | ○ | ○ | * | ○ | ○法然上人之墓 | ○ | ○奥乃院・大師堂 | ○玄関有 |
| 文政 12 | 1829 | | | ○大破 | | | | | | | | | 跡のみ | | | | ○大破 | |
| 文政 13 | 1830 | | | ○再建* | | | | | | | | | | | | | | |
| 天保 2 | 1831 | | | | | | | | | | | | | | | | ○再建礼堂 | |
| 天保 5 | 1834 | 一千年御遠忌 | | | | | | | | | | | | | | | | |
| 天保 6 | 1835 | （御遠忌の延期行事） | | | | | | | | | | | | | | | | |
| 天保 11 | 1840 | 焼失 | | | | | | | | | | | | | | | | |
| 弘化 2 | 1845 | 綸旨 | | | | | | | | | | | | | | | | |
| 天保 11<br>～弘化 2 頃 | 1840~45 | ○天保 11 年焼失*1 | ○ | ○ | ○ | 鼓楼跡 | ○<br>一切経蔵 | | ○五社<br>明神社 | ○天神宮 | ○ | ○ | 南大門*2 | ○ | ○ | ○<br>大勧進所 | ○御影堂<br>・礼堂 | ○<br>本坊玄関 |
| 弘化 3 | 1846 | ○天保 11 年焼失*1 | ○ | ○ | ○ | ○ | ○ | | ○五社<br>明神社 | ○天神社 | ○龍女社 | ○ | ○*2 | ○ | ○ | ○<br>大勧進所 | ○奥/院<br>・御影堂 | ○ |
| 天保 11<br>～弘化 4 頃 | 1840~47 | 天保 11 年焼失 | ○ | ○ | ○ | | ○ | | ○ | ○ | ○ | | 門表 | ○ | | ○<br>大勧進所 | ○* | ○誕生院 |
| 明治 17 | 1884 | 一千五十年御遠忌 | | | | | | | | | | | | | | | | |
| 明治 35 | 1902 | 完成 | | | | | | | | | | | | | | | | |

［凡例］○：建物が存在、△：建築計画か？、×：寺内の別の場所に存在　　　＊：注記（各年の備考欄参照）
ゴチック文字：該当史料上に記述された建物名。なお讃岐名勝図絵と金毘羅参詣名所図会の建物名は、絵図と本文との間に一部食い違いあるので、本文を優先した。

注

1 『南海通記』巻之九、阿州三好實休發向讃州記。永禄元年のこととして、「其十月廿日實休兵ヲ引テ還ル。其日ノ昏ホトニ善通寺焼亡ス。」「殊ニ大師造立ノ道場ナルニ焼滅セシコソ残念ナレ」とある。

2 蓮生観善編『善通寺史』昭和七年（昭和四十七年に書名を『善通寺』と改め復刊）、善通寺市企画課編『善通寺市史』第二巻、昭和六十三年、総本山善通寺編『善通寺史』平成十九年など。とりわけ平成十九年刊行の『善通寺史』には、先行研究の成果がよくまとめられている。

3 他に善通寺伽藍を描く絵図としては、金刀比羅宮図書館蔵『中国名所図会』（未刊行）、『讃岐国名勝図会』草稿（未刊行。原本散逸につき、鎌田共済会郷土博物館蔵の昭和四年の写本のみ伝わる）、「金毘羅参詣名所図会」（弘化四年刊行）の三つも存在するが、前二者の善通寺伽藍の絵図は『善通寺略図』の写しとみられることと、『金毘羅参詣名所図会』も時期が近く景観に大差がないため、本稿では分析を割愛した。なお、『中国名所図会』の成立時期は、『都名所図会』作者の秋里籬島が最晩年の文政末に用いた筆名「籬島軒秋里」が用いられているため、文政末頃と考えられる（千田稔「秋里籬島と籬島軒秋里」（『奈良女子大地理学研究報告Ⅱ』昭和六十一年を参照）。また『讃岐国名勝図会』の善通寺の記事は、本文中に天保十一年十二月七日の五重塔焼失に言及があり、加えて「今五重大塔　仁孝天皇勅願」と、弘化二年二月九日に仁孝天皇の綸旨を得たことを紙面上端に追記しているため、本文はこれらの出来事の間に書かれたものと判明する。

4 これまでの成果は、香川県歴史博物館編『調査研究報告』第二、四号（平成十八、二十年）、及び香川県立ミュージアム編『ミュージアム研究報告』第一、三号（平成二十一、二十三年）に掲載されている。

5 「奉願口上覚」（宝七箱一六三号、宝暦十一年）。なお、善通寺の寺蔵資料は、箱ごとにまとめて分類・保管されており、「〇箱〇号」という整理番号で整理されている。本稿では、善通寺の寺蔵資料をこの分類番号により示す。

6 前掲『善通寺』一七七頁。

7 西院（誕生院）は、建長元年（一二四九）に大師木像を祀る一堂を建立して開かれたが、徳治二年（一三〇七）の『一円保差図』（善通寺蔵）から初期には大小二つの三間堂から成っていたことが窺える（前掲『善通寺史』八三〜八五頁）。しかし、本坊として発展した中世後期の様子は知る手がかりがなく、不明である。

8 前掲『善通寺史』一七一〜一七八頁

9 『善通寺西院内之図』（一—三箱一号）、寛永十一年三月廿一日。

10 前掲『善通寺』一九頁、『善通寺市史』第二巻三三一〜三四頁、『善通寺史』一七二〜一七三など。

11 誕生院住職厳猷（弘化四〜安政五年）による寺記『善通寺縁起略記』（一—二箱一五号）など。

12 むしろ東院伽藍の堂舎復興に利用する方が合理的である。実際、善通寺内でも、天保年間の御影堂礼堂の建て替え時には旧堂が常行堂に転用されており、このような移築・転用は珍しいことではない。注51参照。

13 注10参照。

14 「五岳山御先代伝記伝法灌頂記録」（一—二箱一三—二）、天保七年二月。誕生院住職の厳暁が歴代住職の肖像画の補修・整理を行い、不統一だった讃の体裁を編集した様子が確認でき、現在御影堂に伝わる肖像画もこのとき作られたものと思われる。厳暁が讃の編集時に参照した資料は不明だが、先師の事績は葬儀や追善法要の際に必要なので遷化ごとに整理されたと考えられ、寺伝はある程度信頼できると思われる。なお、写真のない時代に百年以上前の人物の肖像を作成したからには、元となった肖像画があったと思われるので、そこに寄せられていた讃が出典となっている可能性が高い。

15 注11参照。

16 善通寺は文化元年（一八〇四）に入仏供養した五重塔を三十六年後の天保十一年に焼失するという苦い経験をもつが、この時には「時之貫主厳暁僧正血泣慨歎矣」と悲嘆に暮れた様子が伝えられている（「善通寺大塔再興雑記」二―三箱二八号）。

17 『讃岐佐伯善通寺旧記』（一―二箱二一号）。明確な年記は無いが、十八世紀後期に誕生院住職を務めた寛充の直筆である。

18 但し『善通寺市史』には、『弥谷寺先代旧記』なる資料を典拠として、寛文九年（一六六九）に御影堂の火災で瞬目大師の御影を焼失したため、弥谷寺の御影を代わりに奉祀したことが指摘されている（第一巻、六三六頁）。筆者は典拠資料を未確認だが、事実であれば、この時、御影堂も焼失し、十七世紀に二度の再建があったと考える事も不可能ではない。しかしながら、その場合も、善通寺の記録に一切現れない不自然さは解消しない。したがって、もし焼失したのだとしても、それは古御影堂であったと考えるのが穏当であろう。

19 誕生院住職の厳暁により、天保十一年～弘化四年（一八四〇～四七）の間に書かれた寺記。

20 近藤喜博編『四国霊場記集』勉誠社、昭和四十八年、所収。また、翻刻されたものが伊予史談会編『伊予史談会叢書第三集　四国遍路記集』に収録されている。

21 『四国偏礼霊場記』の成立の詳細は、前掲『四国霊場記集』巻末解説に詳しい。

22 御嘉辰は五十年ごとに行われる弘法大師の誕生会であり、挿図4（『一千五十年御嘉辰高祖大師御誕生会記録』文政六年、五―四箱五五号、所収）の道順にみるように大師御影を祀る奥殿（内陣）の礼拝が行われた。また、安永二年（一七七三）の「御戸開一巻」（一三箱二二号）など、三堂舎における御開帳時の宝物配置等を詳細に描いた指図を含む資料も残されている。

23 元禄年間の金堂再興の概要は、前掲『善通寺史』一八二～一八五頁にまとめられている。

24 「寄進物記録」（『香川県史』第十巻近世史料Ⅱ所収）。元禄四年から明和二年頃迄の寄進物を記録している。

25 「伽藍院内修覆覚帳」（九―一箱五―一四号）、享保八年十月十一日。

26 注24参照。

27 森幸安の仕事の全体像については、辻垣晃一・森洋久『森幸安の描いた地図』（日文献叢書二九、国際日本文化研究センター、平成十五年）に詳しい。

28 「大坂開帳霊佛霊宝扣」（一三箱一四号）、元文五申年正月吉日。この中に、「一　加監圖　一幅」「一　ケイダイ圖　一幅」と併記されている。

29 「従公儀向被仰付之記録」（元禄八年から正徳五年の記録、六―二箱六八号）及び注24「寄進物記録」。

30 注24参照。

31 本尊は釈迦像だが、宝暦九年に不断常光明真言道場とされたことで、以後は専ら常行堂と呼ばれるようになった。この経緯は「善通寺大塔再興雑記」（二―三箱二八号）に記されている。

32 「九百年御忌諸事扣帳之写」五―四箱六七。御影堂北の十王堂の前に郡奉行らの詰所となる小屋を建てる旨が記載されている。

33 「奥之院閻魔堂護摩堂宝蔵玄関台所積書」（九―一箱五―一五）、宝暦五年。

34 管見の及ぶ範囲では、『四国遍礼名所図会』（寛政十二年）以降はいずれも十王堂の名称が用いられている。

35 弘化三年（一八四六）刊行の『金毘羅参詣名所図会』には、「月見の亭なり」と説明がある。

36 「九百年御忌諸事扣帳之写」五―四箱六七。

37 「大師御忌ニ付伽藍内修覆幷法会入用之品々覚事」（六―一箱四七）、天明二年九月。

38 注25参照。

39 「大師堂」の説明に、「二王門より入りて、回廊二十五間行きて正面に屋根たかくあげて、拝所を二間に三間、惣式瓦なり。大師堂、桁行六間、梁間四間余。内陣二間余り、外陣二間。参詣の人を上着す。」とある。

40 注37参照。

41 『善通寺市史』第二巻九三二頁参照。弘法大師九百五拾年御忌の記録による。

42 注37参照。

43　徳島県阿南市の久保武雄氏が、私蔵の原本を昭和四十七年に複製本として刊行した。伊予史談会編『四国遍路記集』（伊予史談叢書第三集、昭和五十六年）に翻刻版が収録されている。文中には日付のみで年の記載は無いが、大洲城下の解説に「昨未七月に大焼して町家不残焼失」と記しているため、寛政十一年七月の大火についての言及と判明し、記事は寛政十二年の内容と特定できる。
44　善通寺に文化五年再建時の棟札が残されている。文化五年には、『善通寺略図』の通り、平入の拝殿が龍王社から離れた位置に建てられたようである。
45　注37参照。
46　注41参照。
47　文政末頃の『中国名所図会』には、茶堂は「茶所」と表記され、「せったい所なり」と説明があるので、参詣客の接待用の施設と考えられる。
48　『善通寺略図』のみをとりあげる理由については、注3参照。
49　「勅願所常行堂御影堂大門再建一萬人講仕法勧進帳」（五―四箱六一）、文政十二年七月。
50　前掲『善通寺』三〇頁参照。
51　誕生院住職厳暁が弘化四年に遷化した直後に書かれた肖像画の讃は、「御影堂厨舎等新建立、常行堂者引御影堂之舊殿」と伝えている。現在の常行堂はこの時移築された旧御影堂と伝えられ、六間四方、正面中央柱間のみを二間幅として中央柱を略すため、柱間数としては正面五間、奥行六間となる。この平面は、安永二年（一七七三）の開帳時の飾りつけを記した「御戸開一巻」（一三箱二二号）所載の御影堂礼堂の差図とよく一致し、移築の伝とも符合する。
52　「伽藍御院内次繕処之見分帳」（五―四箱四〇号）、天保四年三月廿六日。
53　大原東野・萬年父子については、草薙金四郎氏の『続讃岐の文人』（昭和二十八年、香川県教科図書株式会社）に詳しい。
54　梶原猪之松著・発行『讃岐人名辞書』、昭和三年。
55　前掲『続讃岐の文人』、二一五頁。
56　菱沼従尹氏は、江東区深川の墓地から出土した江戸中期の人骨の分析データをもとに、当時の平均余命を〇歳で二〇・三年、一〇歳では三四・三年と推定している（『寿命の限界をさぐる』東洋経済新報社、昭和五三年、九八～一〇〇頁）。これを見る限り、人生五十年という表現が決して誇張ではないことがわかる。
57　前掲『続讃岐の文人』、二二一～二二六頁。
58　『国史大辞典』（吉川弘文館、昭和六十二年）の「成年式」の項には、「近代において各地に伝承されていた農漁民の成年式」の挙行年齢について、男子は「数え年十五歳ころ」と指摘している。多少の地域差等もあろうが、ここでは一応、この説に従うことにする。
59　前掲『続讃岐の文人』、二一五頁。
60　前掲『善通寺』、三五～三七頁。
61　「日用記録」（土蔵一箱一二号、寛政六～七年）に収録。
62　前掲『善通寺』、三五～三七頁。
63　但し、『善通寺正縁記』（注19参照）では、護摩堂、十王堂、位牌堂とともに天明年中の再建としている。おそらく延享年間頃に像が納められたという由緒から、それ以後の御忌による整備を推測したのだろうが、口上覚の「当寺寶蔵ニ相納メ御座候」との記載と矛盾するので誤りと考えられる。
64　但し、大師木像を祀る鎌倉時代の一堂が誕生院のルーツなので（注7参照）、何らかの形でこの機能は継承されたであろう。「古御影堂」において永禄焼失の東院御影堂とこの一堂が統合されたのかもしれない。

# 神宮末社遥拝所と伊勢

岩本　馨

## 一　神宮の忘れられた名所

平成二十五年（二〇一三）、伊勢神宮（正式名称は「神宮」）は二十年に一度の式年遷宮の年を迎え、十月二日に内宮、五日に外宮において新殿への遷御が執り行われた。持統二年（六八八）に式年遷宮が立制され、同四年に内宮、同六年に外宮の遷宮が行われて以来、この祭儀は戦国期の中絶期間を除けば古代から現代まで連綿と実施され、今回は両宮とも六十二回目に当たっている。遷宮のたびに正殿をはじめとした諸殿舎及び御装束・神宝などが「古式」に則って新調され、「常若《とこわか》」の状態への回帰が行われてきたことで、神宮は日本人の心のふるさと、あるいは永遠の聖地などと形容されることが多い。[注1]

しかし聖地伊勢の空間は果たして本当に永遠不変のものであったのだろうか。挿図1と2は寛政九年（一七九七）刊の『伊勢参宮名所図会』[注2]（以下『図会』と略記）に描かれた外宮と内宮の宮中の図である。これを見ると現代の神宮宮中とは異なる点が散見されるが、中でも最も大きな差異は垣根である。すなわち、現在の両宮の正殿は瑞垣・内玉垣・外玉垣・板垣の四重の垣根に囲まれ、一般の参宮者は外玉垣南御門の外側で参拝することになっているが、近世の両宮には外玉垣と板垣がなく、参宮者は内玉垣の外側で拝礼を行っていることがわかる。

さらに両宮の内玉垣の周辺を見ると、切妻屋根をもった小屋のような建築が無数に建ち並ぶように描かれ、「末社遥拝巡り」という記載があることに気づく。これもまた現代の整然とした神宮の景観に見慣れた目には異様なものとして映る。これはいったい何であろ

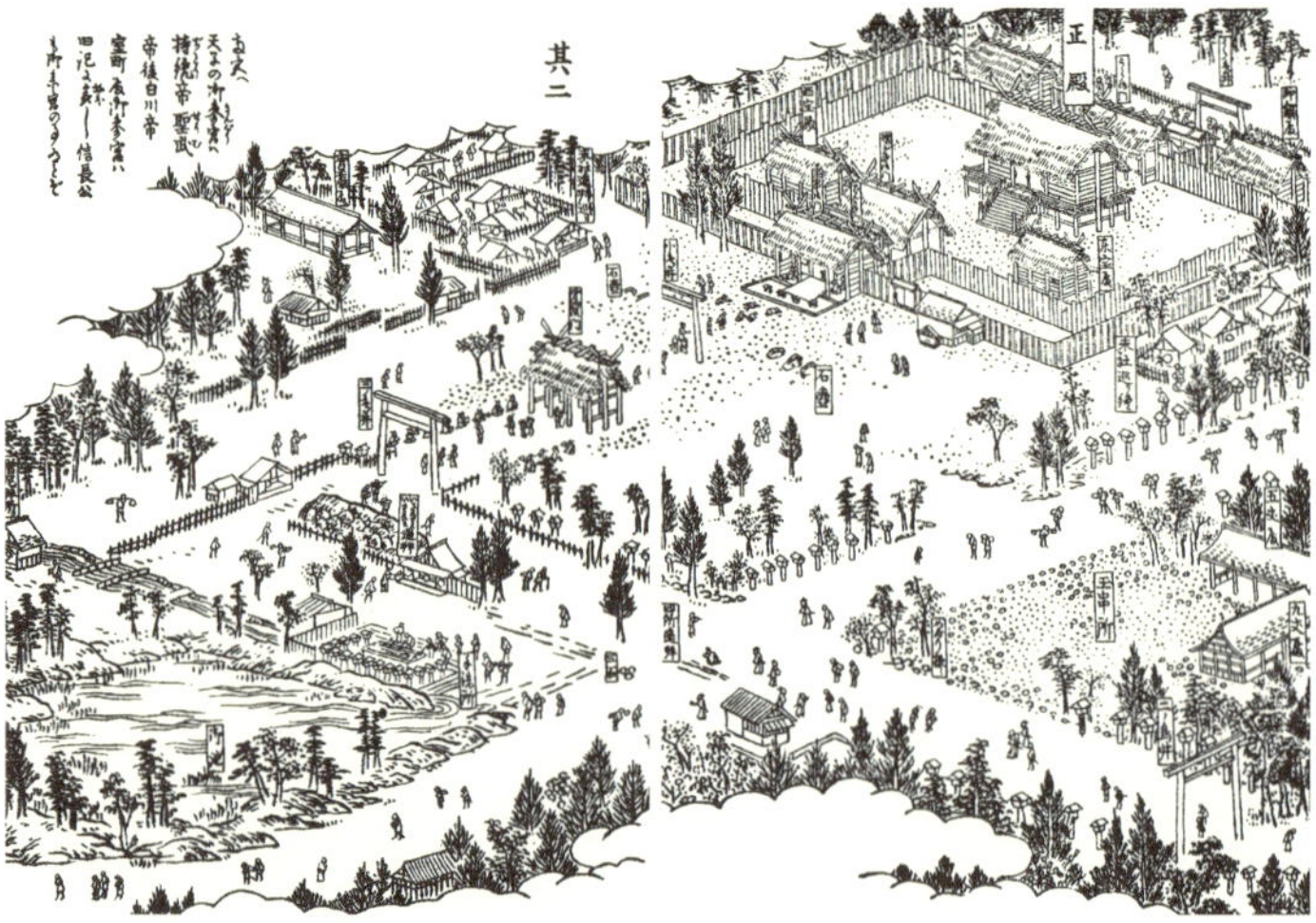

挿図１　伊勢参宮名所図会　外宮宮中図（国立国会図書館）

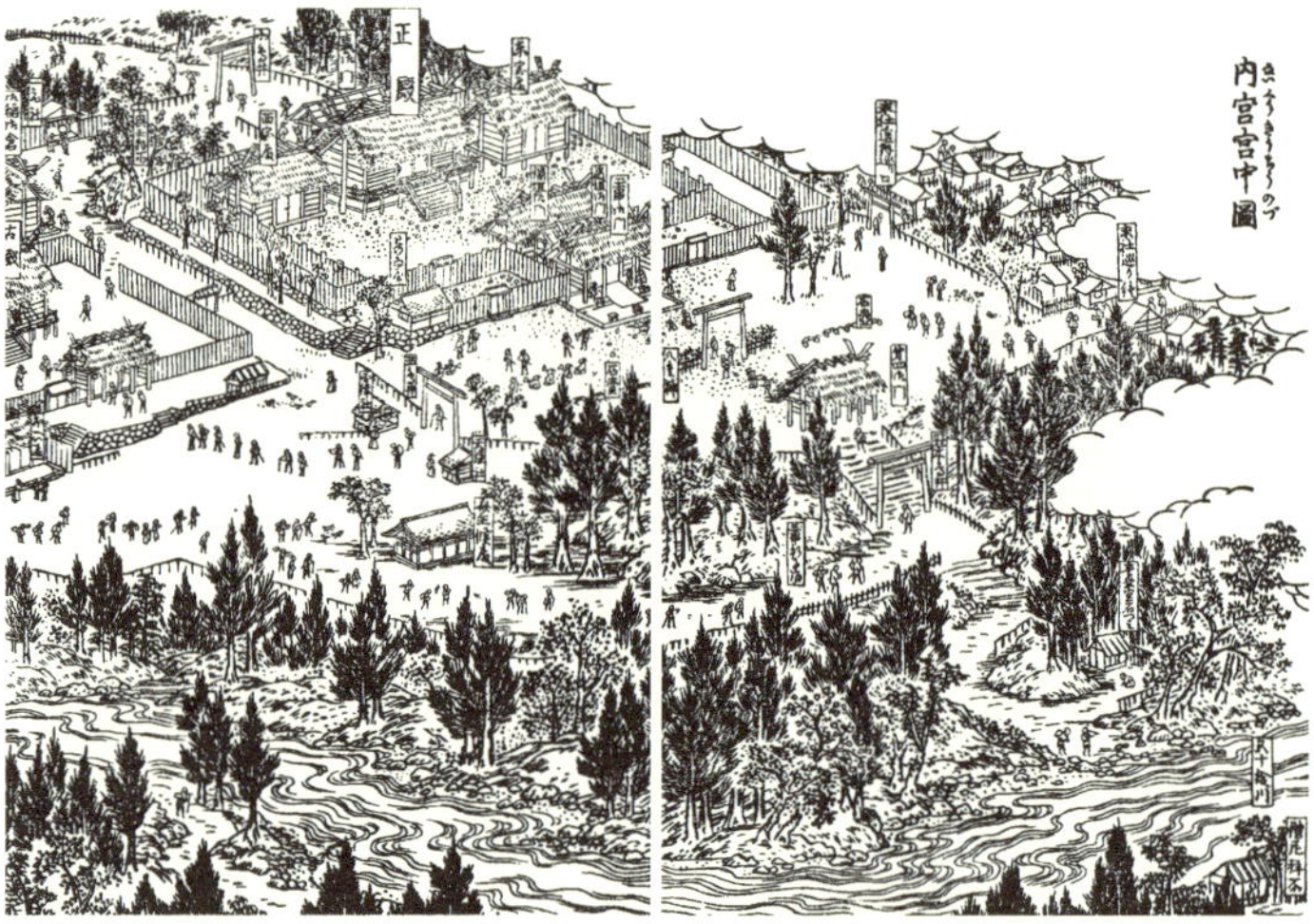

挿図２　伊勢参宮名所図会　内宮宮中図（国立国会図書館）

うか。『図会』は以下のように記している。

諸末社は他所にありて宮地に有は少し、今の宮廻りといふ物は、遠方へ参るべき其労をいとひて、此所へ遥拝所をあがめたるなり、[注3]

現代の神宮は内宮・外宮及び別宮十四社、摂社・末社・所管社一〇九社の計一二五社から構成されているが、近世の神宮にも外宮四十末社・内宮八十末社と呼ばれる（実数ではない）多数の末社が存在していた。これらは神宮宮域から度会郡、多気郡、さらには志摩国にまで分布しており、こうした諸末社巡拝の利益に手軽にあずかれるようにと内玉垣の外側に宮廻りの遥拝所が設けられていたという。

移動の自由が制限されていた近世において、巡礼や参詣は庶民の旅への欲求を満たす上で格好の大義名分であった。とりわけ伊勢は全国の民衆にとって憧れの聖地であり、「日本近世社会で最大の巡礼センター」[注4]をなしていた。そして『図会』や案内図などの各種出板物はそうした流れを一層促進した。挿図３は「新板伊勢参宮廻双六」[注5]という刷物であるが、ここでは京から伊勢までの名所の連なりという参宮体験が見事に図化されている。そして「宮めぐり」も参宮ルート内の重要名所の一つとして描かれているのである。宮廻りはそれ自体が小さな巡礼行為であるから、参宮全体の中で見れば入れ子状の巡礼内巡礼となっているわけで、そうした点でこの末社遥拝の宮廻りは「巡礼の時代」近世を象徴する空間ということもできよう。

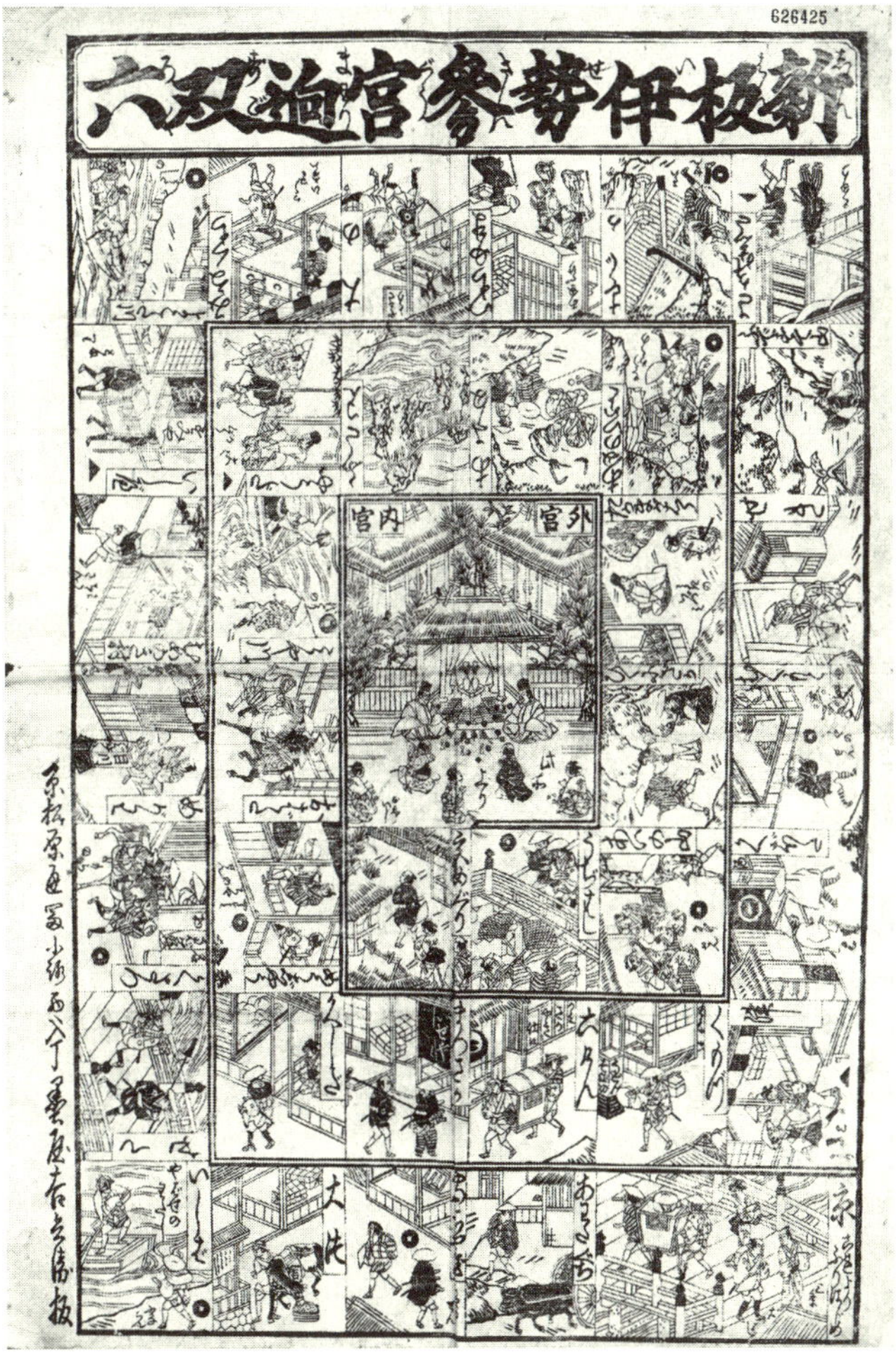


挿図３　新板伊勢参宮廻双六（国立国会図書館）

しかしこの末社遥拝所についての先行研究は乏しい。最も言及が多いのが大西源一の『大神宮史要』で、彼は「外宮四十末社・内宮八十末社」という節を設けて、末社遥拝所の成立経緯について述べているが、[注6] 叙述内容に典拠が示されていないことに加え、空間的分析にも至っていない。また伊勢参詣曼荼羅を分析した西山克は両宮正殿の周囲に末社廻りの宮が描かれていることを指摘し、これは「前近代の伊勢を象徴」するものであり、「ある種のカーニバル的空間だったのではないか」と述べている。[注7] これ自体は的確な見通しと思われるが、残念ながら実証までには及んでいない。建築史では神宮に関する論考も少なくないが、[注8] そこでの研究対象は正殿を中心とした諸殿舎に集中し、末社遥拝所の建築を正面から取り上げた論考は見られない。

そこで本稿では、神宮の末社遥拝所について、参詣曼荼羅や神宮図、名所図会など、様々なかたちで中世末・近世の神宮を描いた絵図史料を分析の主要な手掛かりとし、これと神宮諸記録などを併せて検討することで、その成立・変遷過程と実態を明らかにすることを目的とする。のみならず、これを神宮境内一角の問題にとどめるのではなく、両宮及び門前町、さらには周辺領域までをも含めた伊勢の「空間」構造とその認識にも迫っていきたい。

## 二　末社遥拝所の成立と変遷

### 1　末社遥拝所の成立

神宮における末社遥拝所がいつ成立したかについて明確に語る史

料はない。大西源一によれば、外宮四十末社・内宮八十末社の史料上の初見は『満済准后日記』永享五年（一四三三）七月四日条であるというから[注9]、その後四十末社・八十末社という言葉が一般化するにつれ、それを一つの場所に集約した遥拝所というかたちが成立したのであろう。後世の史料であるが『伊勢両宮真道案内記』[注10]は遥拝所の原初的な姿を以下のように記している。

　抑末社といふものは、乱世の時神領・社戸も納らず、祠官渡世の扶けなきゆへ、その始は板を置き、その上に布を敷て、いろ〳〵の絵像・画像を掛け、所々にて是は何の社の拝所、彼は何の神の拝所など、いふて散銭を乞ふたる事なり、

ここでは戦国期の乱世の中で神宮の祠官が渡世のために拝所を作り散銭収入を得ようとしたことが書かれている。その拝所も布を敷いた板に絵像を掛けた程度の、極めて簡易なものであったらしい。

挿図４　伊勢参詣曼荼羅神宮徴古館本（部分）外宮正殿と末社遥拝所

　中世末期における末社遥拝所の姿は伊勢参詣曼荼羅にも見ることができる。内宮・外宮正殿垣外の林の中に並ぶ茅葺き屋根の小建築群がこれを描いたものであろう（挿図４）。神宮徴古館本の景観年代は伊勢参詣曼荼羅諸本の中で最も古い天正十三年（一五八五）頃と推定されるから[注11]、遥拝所も十六世紀末頃までには建築化されていたとみなせる。また参詣曼荼羅が勧進と参宮の勧誘を目的として作成されたことを考えると、当時既に神宮によって末社遥拝所が参宮者の巡礼すべき場所として位置づけられていたこともわかる。

　近世初期の外宮末社遥拝所の様相については『宮中物語』[注12]に以下のような記述が見える。

　一、文禄二年七月に二ノ禰宜匡彦長督を得給ふ、此匡彦長官之代迄は大宮幷大社・小社によらず運上にて請宮と云事なくて、めぐりの宮も如左《（古カ）》左法四十末社有し也、匡彦長官の次貞副長官、其次辰彦長官、其次当長官常晨、是三代乃長官代々ニ宮廻ニ新地にあひ遠に宮を作らせて五拾三社あり、其上小板余多すじかいにするたる故に、宮廻りのみち二十町斗あり、右に書付たるごとく宮廻りあばれはてたる折節、御奉行石川大隅様御参宮ニて宮廻をなされ、見苦しき躰を御覧じ、其後江戸にて御取沙汰さま〳〵あしかりしと聞ゆ、長官心もとなくてや、家老に《（ママ）》伊野小左衛門・宮奉行弐人ニ云付て宮廻の道近くなす也、二月十二日に右三人出合、宮廻りの地取縄ばりして宮々をつりよせ〳〵させて、三月の中頃まで普請あつて四拾三社ニなし、

小板も一社ニ壱ツゞニさだめ、宮々を合近く立ならべ、宮めぐりのみち三町ニ不足、是は寛永廿一年三月よりの事也、参宮人押留るものもなく、道近く成たるニ、依之宮中神妙なりと云道者多かりけり、是は御公儀にをそれてかくなりたるなり、御神慮をあがめてし給ふとは人不云、

すなわち、度會匡彦が外宮長官（禰宜の首座をいい、宮域を管轄する）であった頃（文禄二年〈一五九三〉～慶長九年〈一六〇四〉）までは古くからの四十末社が存在していたが、その後檜垣貞副（慶長九年執印）[注13]・松木辰彦（元和四年〈一六一八〉執印）・檜垣常晨（寛永四年〈一六二七〉執印）の代に、新たに遥拝所が五十三社にまで増え、宮廻りの道のりも二十町（二キロメートル強）にまで広がってしまったという。そうした中、山田奉行石川政次が外宮に参拝したさい、宮廻りの「見苦しき」状況を実見したことが江戸でも取り沙汰されたことを受け、外宮長官常晨は寛永二十一年に遥拝所の整理を行い、三町四十三社にまで縮減したとある。このことについて『毎時問』[注14]は次のように記す。

石川氏御奉行ノ時遷宮ノ余金アルヲ以テ官営ト為シ給ヒ、一所ノ幅二間半、奥ノ深サ或ハ七尺或ハ九尺ニ造リ、前野ノ七左衛門ト云大工入札ニテ請取、寛永廿一年十二月廿二日ニ造畢シ、十員ノ禰宜列参シテ祓ヲ修シ、一所ゴトニ祓箱ヲ納ム、其ノ後ハ破損ニ従テ今ノ如クニ官営ナル事例ト成レリ、

これによれば、寛永二十一年の遥拝所整理は遷宮の余金を用いて行われ、このときに規模をある程度揃えるかたちで遥拝所の造替もなされたという。またこれ以後も遥拝所の修復は官費で行われたことがわかる。「祠官渡世」のための私的な遥拝所を官営化することでむやみな増殖を抑え、宮中の秩序を維持しようとする長官側の思惑が窺える。ただしそれは長官が「御公儀にをそれ」た結果であったことも事実であろう。

なお、右に挙げた史料は外宮の遥拝所整理について記したものであるが、『神領歴代記』[注15]には「内宮同八十余宇同断之由」と、この年に内宮の遥拝所の整理も行われたことがわかる。こうして近世の両宮末社遥拝所の基礎はかたちづくられた。

## 2　外宮四十末社遥拝所

ここからは、外宮と内宮それぞれについて、末社遥拝所の空間的実態を詳しく検討していきたい。

まずは外宮四十末社遥拝所の変遷について見ていく。早稲田大学図書館蔵古典籍九曜文庫の『図会』巻四を見ると、外宮の名所を挙げる中に「四十末社」という項目が立てられ、そこに「一宇須野神社」から「卅八宇須野社」まで三十八の社名が挙げられ、併せてそれぞれの祭神と所在地の情報が記されていることがわかる。ところが例えば国会図書館本の『図会』巻四の同じ箇所を見ると、そこで書き上げられているのは「一宇須の野社」から「四十志賣屋社」までの四十の社名になっている。この差異は何を意味しているのであ

ろうか。

現在伝来する寛政九年板『図会』諸本は、右の二冊を含めていずれも寛政九年五月の奥付、同年閏七月の跋文が付されているため、一見すると同一内容の複製品と勘違いされやすい。しかし四十末社の部分も含めて子細に比較検討すると、これらは大きく二つのグループに分けられ、九曜文庫本と共通する方は附録二冊を含む八冊本、国会図書館本と共通する方は附録のない六冊本であること、後者には明らかに前者を修正した形跡が認められることがわかる。[注16] 以下、前者を旧板、後者を再板と呼ぶ。

旧板に記された三十八社と再板に記された四十社を整理したものが表1である。これを見ると、再板の記載内容は単純に旧版の三十八社に二社分を追加したものではなく、十二社を削除し十四社を追加した結果であることがわかる。誤りの修正というには余りに大幅な変更であるが、この理由を知る手掛かりは『毎時問』の以下の記述にある。

然ルニ此ノ拝所無名ナルニ由テ祇候ノ下部等或ハ仏号ヲ呼テ参詣人ニ指南スルモ有リタルヲ見テ、寛文九年五月ニ御奉行桑山氏ノ命トシテ皆ナ社号ヲ書テ額ヲ掲グベシト長官全彦ヘ告ラル、同年八月中ニ皆ナ額ヲ打チタリ、河崎延貞ヲシテ書カシムルナリ、其ノ社号ノ中国見社、大国玉ノ社、北御門ノ社、上ノ御井社、下ノ御井社、高神ノ社、客神ノ社、伊加利ノ社、山末ノ社、已上ノ九社ハ御竈木帳ノ中ナレドモ社ノ宮域ニ在ルヲ以テ除キ、大河内ノ社、志等美ノ社ハ御竈帳四十七社ノ中ナレドモ、其比ノ摂社再興ニ社地詳ナラズトテ岩戸坂ノ中ヘ宮司ヨリ建タル故ニ是レモ宮域ニ在リトテ除キタリ、後ニ此ノ社ヲ矢幡山ヘ遷シタルヨリ見レバ遥拝所ノ列ニ此ノ二社アルベキ事ナリ、又タ打懸ノ社モ矢幡ヘ建ルヨリ見レバ今ノ遥拝所アルハ当レリ、又タ此ノ拝所ノ中ニ在ル井中ノ社、毛利ノ社、大津ノ社、志寶（寶カ）屋ノ社ハ御竈木帳ノ外ナレドモ上ノ十一社ヲ除クニ由テ四十ノ数ニ不足ナルヲ以テ神祇本源ニ載セタル此ノ四社ヲ加ヘテ数ニ満タルナリ、

これによると、劃期は寛文九年（一六六九）にあったという。この年八月、山田奉行の桑山貞政の命によって遥拝所に社号の額が付けられ、また同時に末社の入れ替えが行われたことがわかる。そしてそのさいの根拠となったのは「御竈（木）帳四十七社」であったという。これについては『類聚神祇本源』[注17]巻十一外宮別宮篇に、「御竈木帳四十七前神社」として列挙されているが、その記載順を見ると、『図会』旧板における三十八社の番付とほぼ一致していることがわかる（表1B・D列参照）。

また右の『毎時問』では、寛文九年の再整理のさいに、外宮宮域にある末社十一社が除かれ、新たに『御竈木帳』及び『神祇本源』から追加がなされて四十社となったとするが、この加除は『図会』旧板と再板の差異とほぼ一致する。したがって以上のことを踏まえるならば、『図会』編集者は当初寛文九年以前の末社遥拝所を記載

表1　外宮四十末社遙拝所一覧

| A | B | C | D | 社名 | 『図会』再板での立地記載（旧板での記載） | 備考 |
|---|---|---|---|---|---|---|
| 1 | 1 | 1 | 1 | 宇須の野社 | 度會郡高向村 | 宇須乃野社とも |
| 2 | 2 | 2 | 2 | 草奈伎社 | 同郡大間広（大間広町大間国生社境内の西） | |
| 3 | 3 | 3 | 3 | 大間国生社 | 同郡大間広（大間広町東大間西国生） | |
| 4 | 7 | 6 | 6 | 田上大水社 | 同郡丸山（度會郡豊宮崎） | |
| 5 | 9 | 9 | 9 | 清野井庭社 | 同郡大間社の東 | |
| 6 | 11 | 11 | 11 | 河原渕社 | 同郡箕曲郷勾村 | |
| 7 | 10 | 10 | 10 | 高河原社 | 同郡月読宮地 | |
| 8 | 12 | 12 | 12 | 河原大社 | 同郡新開村（月読宮東） | |
| 9 | 13 | 13 | 13 | 小俣社 | 同郡湯田郷小俣村 | |
| 10 | 14 | 14 | 14 | 御饗社 | 同郡神社村（同郡大口村） | |
| 11 | 15 | 15 | 15 | 宮崎氏社 | 同郡宮崎（幣帛殿乾角） | |
| 12 | 19 | 19 | 19 | 伊蘇社 | 多氣郡下相可村 | 伊蘇上社か |
| 13 | 20 | 20 | 20 | 御田口社 | 度會郡井足北濱道西（未詳） | |
| 14 | 21 | 21 | 21 | 根倉社 | 多氣郡根倉村 | |
| 15 | 22 | 22 | 22 | 佐奈社 | 同郡佐奈村 | 佐那社とも |
| 16 | 23 | 23 | 23 | 須麻留賣社 | 同郡大垣内村 | |
| 17 | 25 | 25 | 25 | 野依河田社 | 野依村（未詳） | |
| 18 | 26 | 26 | 26 | 赤崎社 | 志摩国 | |
| 19 | 27 | 27 | 27 | 打懸社 | 度會郡山幡村（未詳） | 撫懸社とも |
| 20 | 28 | 28 | 28 | 櫛田社 | 多氣郡櫛田村 | |
| 21 | 29 | 29 | 29 | 雷社 | 未詳 | |
| 22 | 30 | 30 | 30 | 伊加戸社 | 度會郡内宮月読の北（詳ならず） | |
| 23 | 31 | 31 | 31 | 箕曲氏社 | 同郡箕曲郷（未詳） | |
| 24 | 33 | 33 | 33 | 鹽屋社 | 同郡大湊（箕曲郷西鷲取清水の南） | 志寶屋社とも |
| 25 | ｜ | 34 | 34 | 水取社 | 同郡内宮月読の北 | |
| 26 | 5 | 5 | 37 | 園社 | 同郡高向村（沼木郷津村） | 園御社とも |
| 27 | 38? | 38 | 38 | 宇須野女社 | 同郡高向村 | |
| 28 | ｜ | ｜ | 39 | 野依中社 | 同郡野依村 | |
| 29 | ｜ | ｜ | 40 | 寶塔社 | 箕曲郷 | 法道社とも |
| 30 | ｜ | ｜ | 41 | 尾上社 | 在所不知 | 小部御社とも |
| 31 | ｜ | ｜ | 42 | 落合社 | 度會郡下中の郷落合 | 落合山神社とも |
| 32 | ｜ | ｜ | 43 | 別當社 | 湯田郷離宮坤の方 | |
| 33 | ｜ | ｜ | 44 | 大水社 | 美乃中島畠 | |
| 34 | ｜ | ｜ | 45 | 河田社 | 在所しらず | |
| 35 | ｜ | ｜ | 46 | 槐本社 | 度會郡高向加毛淵巽 | |
| 36 | ｜ | ｜ | 47 | 高向社 | 同郡高向村 | |
| 37 | ｜ | ｜ | ｜ | 井中社 | 在所不知 | |
| 38 | ｜ | ｜ | ｜ | 毛理社 | 度会郡高向村 | |
| 39 | ｜ | ｜ | ｜ | 大津社 | 同郡竹が鼻村 | |
| 40 | ｜ | ｜ | ｜ | 志賣屋社 | 在所不知 | |
| ｜ | 4 | 4 | 4 | 国見神社 | （北御門西豊川内） | |
| ｜ | 6 | 7 | 7 | 大河内神社 | （中島辺田趾か） | |
| ｜ | 8 | 8 | 8 | 志等美神社 | （度會郡山幡村） | |
| ｜ | 16 | 16 | 16 | 北御門社 | （北御門豊川内） | |
| ｜ | 17 | 17 | 17 | 上御井社 | （同郡藤岡山麓） | |
| ｜ | 18 | 18 | 18 | 下御井社 | （高宮と大宮の間） | |
| ｜ | 24 | 24 | 24 | 伊加利神社 | （度會郡高神山東尾崎） | |
| ｜ | 32 | 32 | 32 | 山末神社 | （継橋郷小梨子谷） | |
| ｜ | 34 | 36 | 36 | 客神社 | （高神山茜根池東山上） | |
| ｜ | 35 | 35 | 35 | 高神社 | （高神山茜根池東山上） | |
| ｜ | 36 | ｜ | ｜ | 佐々良比賣社 | （高神山東尾崎） | |
| ｜ | 37 | 37 | 5 | 大国玉社 | （同所） | |

注：列A～Dはそれぞれ『図会』再板、同旧板、慶安二年「外宮図」、『類聚神祇本源』所引『御竈木帳』四十七前における記載順を示す。

した史料を典拠として用いて旧板を作成したが、その後現状と異なることを知って再板では全面的に修正を加えたという推測が可能であろう。

次に、これら遥拝所の配置について絵図史料をもとに検討したい。両宮では要人の参宮のため、あるいは山田奉行への差出のためにしばしば境内絵図を作成しており、現在神宮文庫にも多数の絵図が残されている。

これらの中でも、慶安二年（一六四九）八月に外宮権禰宜与村弘正が、翌月の和歌山藩主徳川頼宣の参宮に合わせて作図した「外宮図」[注18]は、寛文九年の整理以前における外宮四十末社の状況を伝える貴重な史料である。

この図では正宮の南西に「一宇須乃野社」と書かれた切妻屋根の拝所が見え、ここから新宮・正宮の外側を縫うように赤く巡拝道が延びている（挿図5）。拝所の数はちょうど三十八ある。拝所の位置と文字註記の位置とがずれているのは

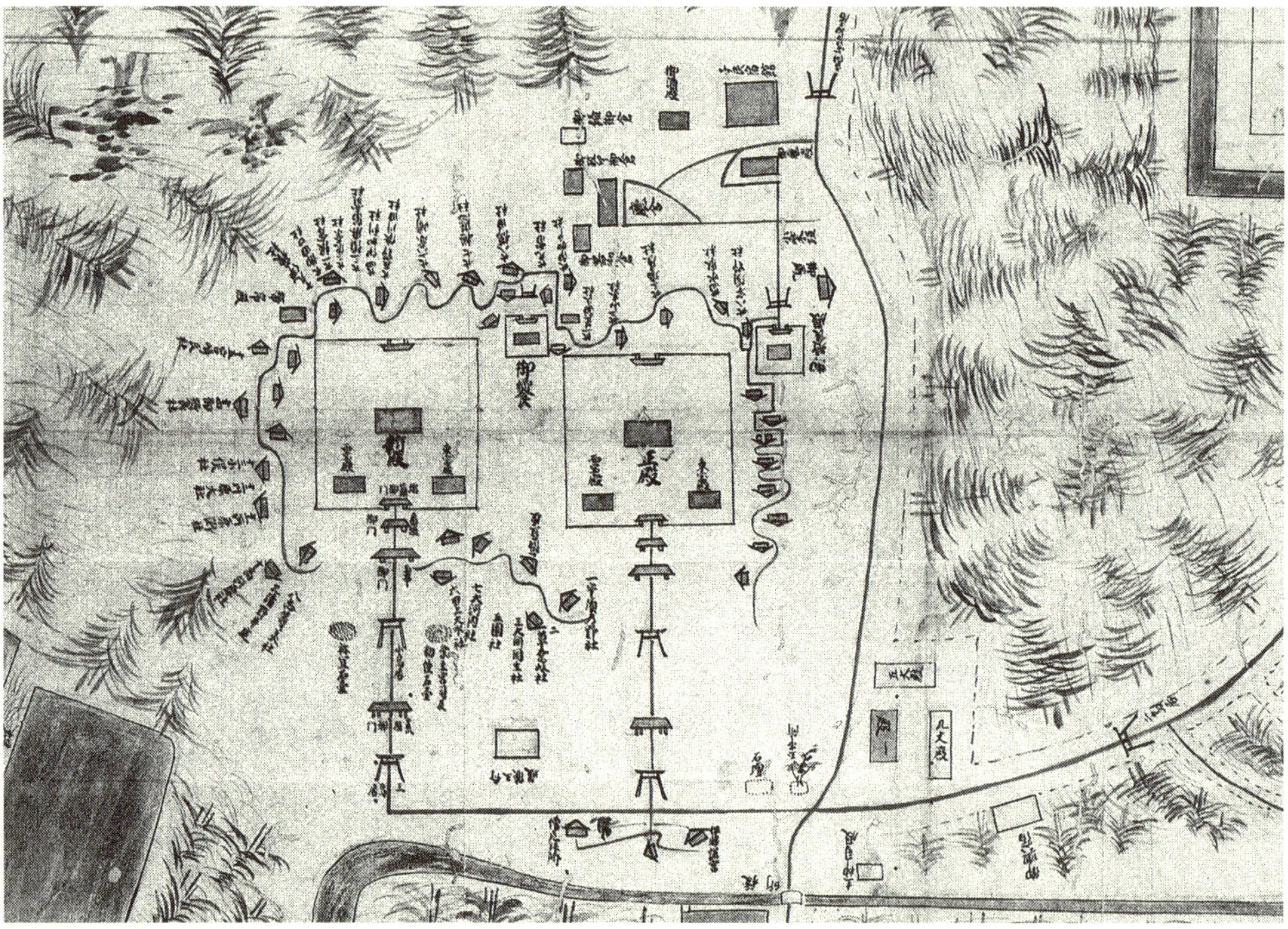

挿図5　（慶安2年）外宮図（神宮文庫）正宮周辺図

やや不可解であるが、文字情報を整理すると、『図会』旧板の番付とほとんど一致し[注19]（表1B・C列参照）、旧板が寛文九年以前の情報をもとにして作成されたという先の推測はこれにより裏付けられる。

この三十八社のうち国見社など七社は、本殿が外宮宮域に立地している関係で、本殿と遥拝所の両方が図中に描かれているが、「四国見社」などの文字註記は本殿の方に付されている。番号は末社遥拝所廻りの順番を示すものと考えれば、本来これは該当する遥拝所の方に付されるべきものであろうが、図の作成者には十分に理解されていなかったことを窺わせる。寛文九年の整理で宮域内末社が除かれ

たのは、こうした混乱を整理する意味もあったのではないか。

次に、寛文九年以降の遥拝所の状況を示す絵図として、享保十九年（一七三四）の「外宮宮中絵図」[注20]を見たい。これは外宮が山田奉行堀利喬に提出したもので、豊川から正宮・別宮付近までを描く。ここでは拝所は□のマスで描かれ、文字註記はなされていないが、数はちょうど四十ある（挿図6）。他の史料を見る限り、『図会』再板の番付通りに並んでいたとみるのが妥当であろう。[注21]注目すべきは東側の古殿地付近で、遥拝所は古殿地を避けるのではなく、心の御柱のすぐ外側にまで広がって建てられていることがわかる。したがってこれらは式年遷宮にさいして移築が不可避ということになる。実際、『享保十四年外宮遷宮記』の三月十九日条には「末社挽二移スコト于西ノ宮地一、今日終レ功ヲ」とあり、曳家が行われていたことがわかる。[注22]

遥拝所の移動は、正殿が東側にあるときの状況を描いた寛政三年（一七九一）の「外宮宮中絵図」[注23]によっても確かめることができる。これは外宮主要部のみならず山林部までも含めた大図であり、境界の記載、榜示らしき札の描写などを踏まえると、境域主張のために作成されたものと考えられる。拝所の配置についても丁寧に描かれており、このときは西側の古殿地内にも拝所が建てられ、巡拝ルートも古殿の心の御柱に拝礼するように設定されていることがわかる（挿図7）。享保十九年の図と比較すると、当時の拝所と一致する位置にあるものは皆無に等しく、また拝所の向きもバラバラである。

このことは当時の遥拝所の在り方を考える上で重要である。すなわち、遥拝とは遠く離れたところから神を拝むことという語義を踏まえるならば、遥拝所は本殿の方角に礼拝できるように建てられてしか

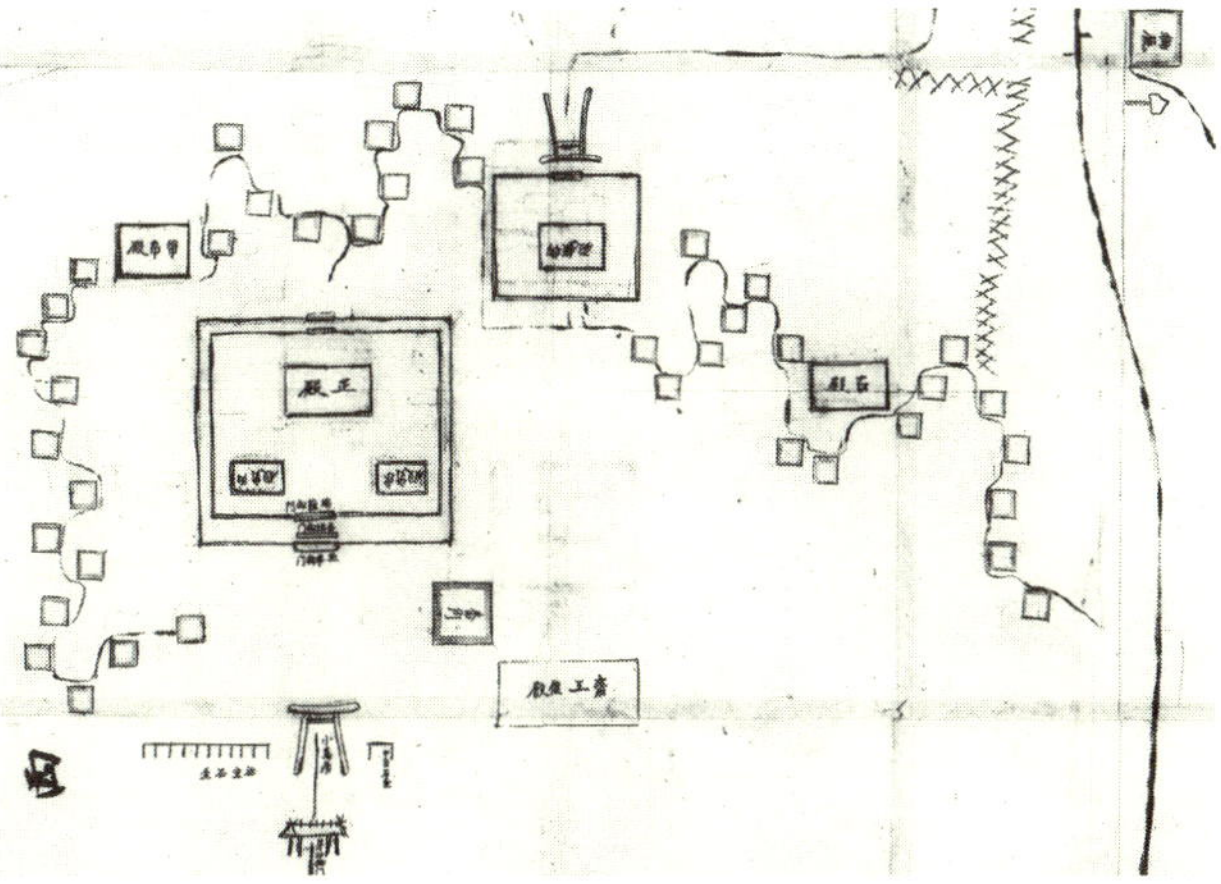

挿図6　（享保19年）外宮宮中絵図（神宮文庫）正宮周辺図

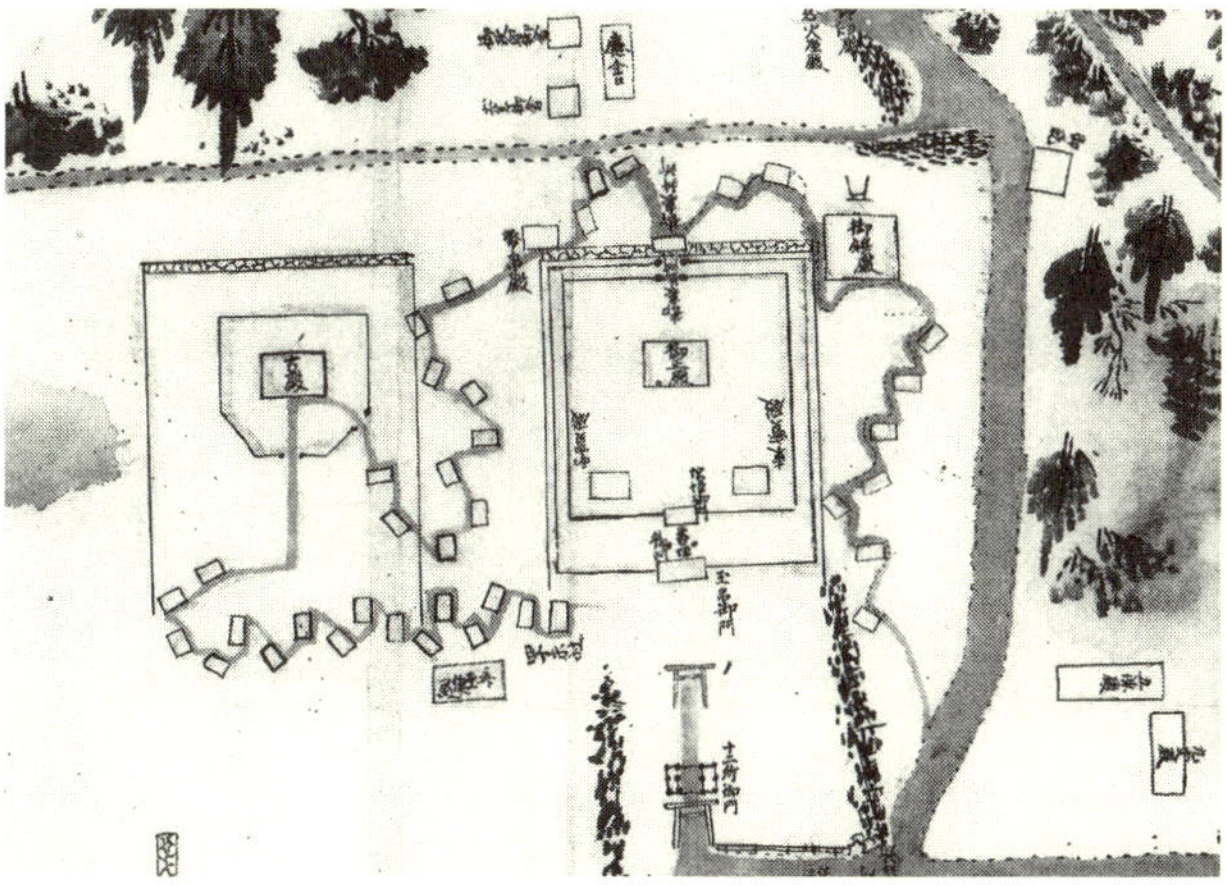

挿図7　（寛政3年）外宮宮中絵図（神宮文庫）正宮周辺図

るべきだが、図を見る限りでは外宮末社遥拝所の配置においてそのような発想は読み取れない。なぜだろうか。

手掛かりになるのは『図会』における四十末社の所在地の記載である（表1参照）。これを見ると、旧板では所在地が「未詳」となっている末社が六社、再板でも五社を数える。つまり寛政九年（一七九七）の段階でも未だ場所すら判明していなかった摂末社が存在したことになる。これは先述したように、四十末社の選定が『御竈木帳』という古典に依拠したことによる。ここに列挙された四十七社の中には中世の混乱の中で廃絶し、一部は近世になって復興されたものの、未だ旧地も不明なままなところも少なくなかった。である以上、遥拝所の方角と現実の本殿の立地とを関係づけることはそもそも無意味で、遥拝所にとって社名は極めて抽象的な意味しかもちえなかったと考えられる。

この抽象性を最も顕著に示しているのが『図会』再板の四十番目に見える士賣屋社である。これは先に引用した『毎時問』に見えるとおり、数を四十に合わせるために『類聚神祇本源』から追加されたものであるが、恐らくは「士寶屋社（塩屋社）」の誤記されたものであろう。このため廃絶どころか、歴史上存在すらしなかった架空の末社が四十末社の一つとして名を連ねる結果となってしまったのである。この意味では、冒頭で見た「遠方へ参るべき其労をいとひて」遥拝所が作られたという『図会』の説明は必ずしも正確とはいえない。

### 3　内宮八十末社遥拝所

次に内宮の八十末社遥拝所について見ていく。『図会』巻五上では旧板・再板ともに社名の書上がなされているが、典拠とした史料が異なるためか、内宮については両板の記載内容にほとんど違いはない。「八十末社」の項目で列挙されているのは「一射澤神社」から「六十九狭田国生神社」までの六十八社で、三十三番の一社分記載漏れがあるが、「風の宮（引用者註：風日祈宮）の東南に十一社あり、上六十九社に合して八十末社」としているという。これらを整理したものが表2である。

この番付はいつ成立したものであろうか。まずは寛文九年（一六六九）の整理以前の状況を示す絵図として慶安二年（一六四九）の「内宮図」[注24]を見たい（挿図8）。ここでは正宮の東側に六十八の拝所が面的に広がっていることがわかる。この六十八社は図中に書上があり、社名を知ることができる。これもまた表2に整理すると（B列）、『図会』とは大きく順序が異なっており、かつ六十一～六十三番、六十五番については『図会』で風日祈宮東南に位置する遥拝所として記されていたものに相当する。逆に、同図では風日祈宮の東南に十の遥拝所が描かれているが、このうち二つは『図会』で正宮東南の「六十九社」として挙げられたものに相当する。したがって内宮八十末社遥拝所はこの慶安二年以降、配置替えを含む再編成が行われていたことがわかる。

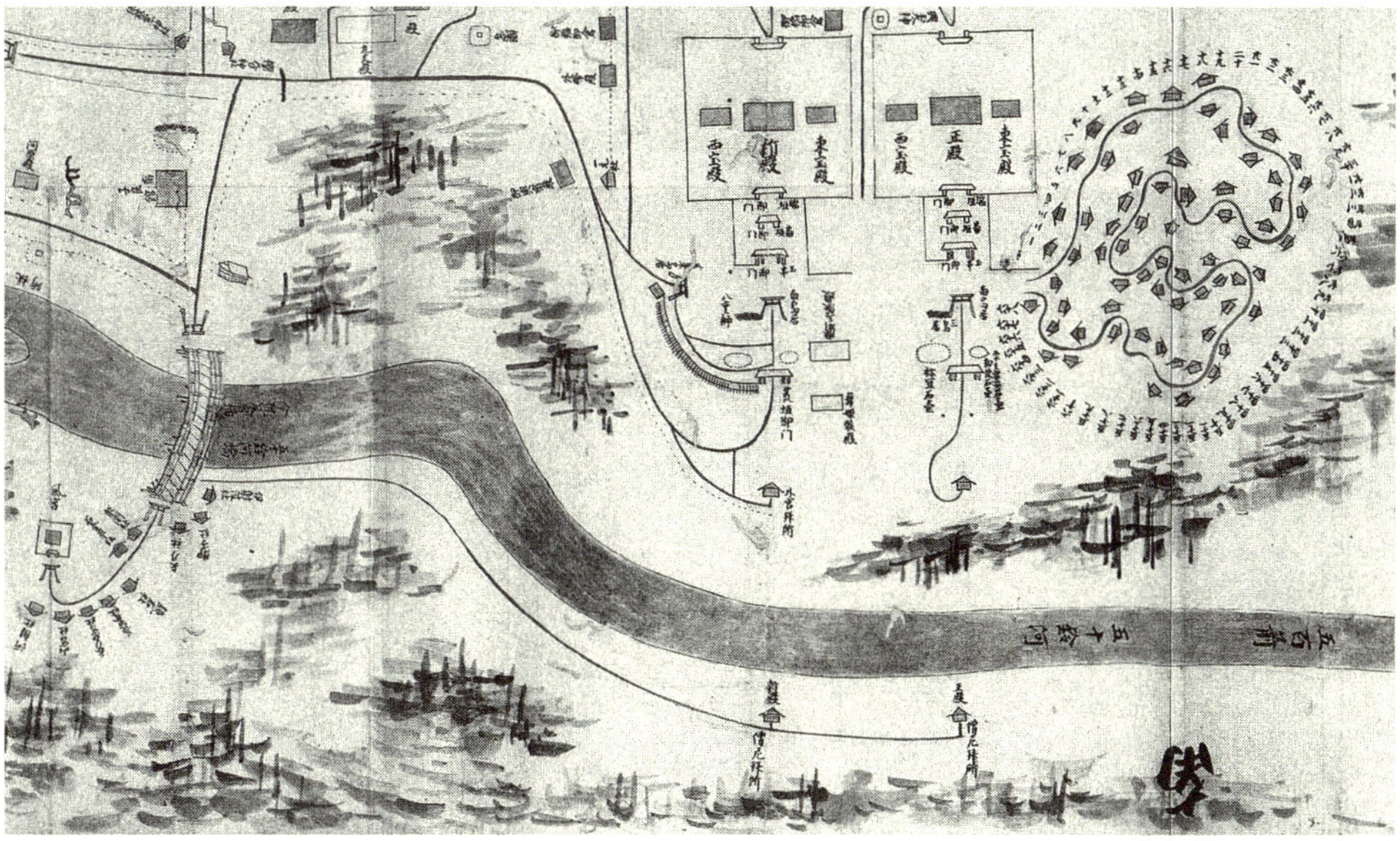


挿図８　（慶安２年）内宮図（神宮文庫）正宮・風日祈宮周辺図

表２　内宮八十末社遥拝所一覧

| A | B | C | 社名 | 『図会』での立地記載 | 備考 |
|---|---|---|---|---|---|
| 1 | 風 | 1 | 射澤神社 | 飯野郡射澤村 | 射澤社とも |
| 2 | 26 | 10 | 多伎原神社 | 多気郡三瀬村 | 多伎原社とも |
| 3 | ― | 3 | 桜大刀自神社 | 同郡朝熊社三座の内 | |
| 4 | 52 | 6 | 櫛田神社 | 飯野郡櫛田村 | |
| 5 | 1 | 5 | 大山祇神社 | 宮山の内 | |
| 6 | 28 | 36 | 川原神社 | 同郡佐八村 | |
| 7 | 50 | 45 | 伊賀津知神社 | 宮山の内 | 伊賀津知社とも |
| 8 | 19 or 24 | 35 | 久具都神社 | 当郡久具村 | 「内宮図」では「久具社」 |
| 9 | 5 | 34 | 大神御影川神社 | 当郡城田郷蚊野神社内 | 「内宮図」では「蚊野社」 |
| 10 | 19 or 24 | 16 | 久具都彦神社 | 久具都神社内 | 「内宮図」では「久具社」 |
| 11 | 34〜36 | 11 | 伊加利比女神社 | 月讀宮南葭原社三社の内 | 「内宮図」では「葭原神社」 |
| 12 | 41 | 12 | 宇治乃奴鬼神社 | 未詳 | |
| 13 | 44 or 45 | 27 | 御裳濯比賣神社 | 那自賣神社内 | 「内宮図」では「那自賣神社」 |
| 14 | 6 | 46 | 湯田神社 | 同郡湯田村 | |
| 15 | 59 | 28 | 宮比社 | 本宮荒垣内乾の角 | |
| 16 | 2 | 18 | 朝熊水神社 | 小朝熊社三座の内 | |
| 17 | 47 or 48 | 62 | 寒川姫神社 | 多気郡牟弥神社内 | 「内宮図」では「牟弥乃神社」 |
| 18 | 43 | 20 | 荒前姫神社 | 志摩国安楽嶋崎 | |
| 19 | 4 | 37 | 大神御滄川神社 | 当郡城田郷田辺神社内 | 「内宮図」では「田辺社」 |
| 20 | 40 | 52 | 石井神社 | 岩井田山上 | |
| 21 | 57 | 51 | 八握穂神社 | 未詳 | |
| 22 | 31 | 15 | 堅田神社 | 当郡三津村 | |
| 23 | 51 | 14 | 真名子神社 | 多気郡多伎原神社内 | |
| 24 | 46 | 8 | 葦多弖神社 | 牛谷西竹倉 | |
| 25 | ― | 4 | 苔虫神社 | 小朝熊社三座の内 | 小朝熊社内 |

| | | | | | |
|---|---|---|---|---|---|
| 26 | 58 | 58 | 大歳神社 | 当郡磯辺村 | 於保止志社、穂落社とも |
| 27 | 55 | 7 | 毛受女神社 | 今在家東馬淵下東岸 | 求社とも |
| 28 | 34~36 | 9 | 宇加御魂神社 | 葦原社三座の内 | 「内宮図」では「葭原神社」 |
| 29 | 8 | 29 | 大歳御祖神社 | 湯田神社の内 | 「内宮図」では「湯田社」 |
| 30 | 22 | 30 | 大神御船神社 | 多気郡有爾郷土羽村 | |
| 31 | 11 | 17 | 千依媛神社 | 当郡田辺郷原村 | 朽羅社とも |
| 32 | 21 | 24 | 棒原神社 | 当郡田辺郷田辺村 | |
| 33 | 20 | 63 | 楢原社 | ― | 奈良波良社とも |
| 34 | 13 | 23 | 栖長姫神社 | 当郡宇治郷畑村 | 津長社とも |
| 35 | 18 | 25 | 阿波美古神社 | 当郡伊気郷伊気浦松下村 | 粟皇子社とも |
| 36 | 30 | 26 | 宇治山田神社 | 当郡中村 | |
| 37 | ― | 59 | 櫛玉神社 | 未詳 | |
| 38 | 60 | 19 | 矢野波々木神社 | 本宮荒垣外巽角 | 屋乃波比伎社とも |
| 39 | 56 | 39 | 大與度神社 | 多気郡大淀村 | 大淀社、竹大與杼社とも |
| 40 | 3 | 22 | 園相神社 | 同郡沼木郡積良 | |
| 41 | 15 | 60 | 大国玉比女神社 | 未詳 | |
| 42 | 27 | 57 | 鴨神社 | 同郡城田郷山上村 | |
| 43 | 16 | 13 | 江神社 | 同郡二見郷江村 | |
| 44 | 47 or 48 | 44 | 牟弥神社 | 多気郡有爾郷有爾神社牟弥相連る | |
| 45 | ― | 67 | 佐見津姫神社 | 未詳 | |
| 46 | ― | 49 | 高天原神社 | 未詳 | |
| 47 | 38 | 21 | 子守神社 | 当郡伊気浦松下村 | 許母利社とも |
| 48 | 29 | 54 | 久麻良比神社 | 田辺郷原村 | |
| 49 | 37 | 61 | 緒呉曾神社 | 同郡湯田郷小社村 | 小社社とも |
| 50 | 34~36 | 50 | 葭原神社 | 月讀宮の南葭原社三坐の内 | 「内宮図」では「葭原神社」 |
| 51 | 32 | 40 | 鴨下神社 | 大水上の内 | |
| 52 | 42 | 64 | 鹿海神社 | 同郡鹿海村 | 加奴弥社とも |

| | | | | | |
|---|---|---|---|---|---|
| 53 | ― | 53 | 長口女神社 | 江ノ神社三坐の内 | |
| 54 | 49 | 66 | 懸税御魂神社 | 不詳 | 懸税霊社とも |
| 55 | 14 | 55 | 大山祇御祖神社 | 同郡畑村 | 大水社内、「内宮図」では「大水社」 |
| 56 | 33 | 56 | 津布良神社 | 城田郷津布良村 | |
| 57 | 44 or 45 | 2 | 那自賣神社 | 裳濯川岸 | |
| 58 | 53 | 33 | 魚見神社 | 魚見村 | |
| 59 | ― | 47 | 村田比女神社 | 国津御祖の社の内 | 田村比女社とも |
| 60 | 風 | 48 | 川合神社 | 川相淵辺宇治郷 | 川相社とも |
| 61 | 12? | 41 | 伊佐奈弥神社 | 中村西 | 「内宮図」では「伊佐奈岐社」 |
| 62 | 9 or 10 | 42 | 国津御祖神社 | 艮方或云同郡楠部村 | |
| 63 | 23 | 38 | 坂手国生神社 | 同郡田辺郡田辺村 | |
| 64 | 39 | 65 | 新川神社 | 未詳、川合ノ社の近傍歟 | |
| 65 | 7 | 43 | 大土御祖神社 | 同郡楠部村 | |
| 66 | 54 | 31 | 佐々牟江神社 | 同郡大淀村 | |
| 67 | 17 | 68 | 荒前神社 | 未詳、或云同郡松下村 | 神崎社とも |
| 68 | ― | 69 | 速川比古神社 | 佐田国生社三坐の内、多気郡田丸村東 | |
| 69 | 25 | 32? | 狹田国生神社 | 多気郡佐田村 | |
| 風 | 61 | 風 | 国見神社 | 山田原邑 | |
| 風 | 62 | 風 | 山神社 | 宮山の内 | |
| 風 | 63 | 風 | 天神社 | 同郡中村 | |
| 風 | 65 | 風 | 久母宇津神社 | 御裳濯川上雲津谷 | |
| 風 | 風 | 風 | 石登宇神社 | 神路山の上 | |
| 風 | 風 | 風 | 鏡石神社 | 同所 | |
| 風 | 風 | 風 | 山宮神社 | 津布良谷及中村東小谷 | |
| 風 | 風 | 風 | 矢野神社 | 同郡矢野村 | |

| | | | | | |
|---|---|---|---|---|---|
| 風 | 風 | 風 | 熊淵社 | 同郡熊淵辺 | |
| 風 | ― | 風 | 氏神社 | 田辺郷岩井田山 | |
| 風 | ― | 風 | 御伴社 | 未詳 | |
| ― | 64 | ― | 八王子社 | ― | |
| ― | 66 | ― | 大社 | ― | |
| ― | 67 | ― | 岩井社 | ― | |
| ― | 68 | ― | 大土御祖御子社 | ― | |
| ― | 風 | ― | 長由介社 | ― | 瀧原宮内 |
| ― | 風 | ― | 天若宮社 | ― | 瀧原宮内 |
| ― | 風 | ― | 御子社 | ― | |

注：列A～Cはそれぞれ『図会』、慶安二年「内宮図」、享保五年「内宮宮中参道行程図」における記載順を示す。「風」は風日祈宮周辺の遥拝所を示す。

この再編の時期としてまず考えられるのは、桑山代官の命による外宮の再編が行われた寛文九年（一六六九）であるが、内宮の場合はもう一つの契機として万治元年（一六五八）十二月三十日の大火が挙げられる。この大火は宇治橋から風日祈宮・荒祭宮、さらには新旧の正殿にも及び、『万治元年内宮炎上記』[注25]には「此外遥拝所八十六宇焼失了」とある。この甚大な被害からの再建に当たって遥拝所の整理がなされた可能性もあろう。

内宮八十末社遥拝所再編後の状況については享保五年（一七二〇）の「内宮宮中参道行程図」[注26]が豊富な情報を提供してくれる（挿図9）。これは内宮の参道を朱線で描き、主要な地点間の距離を示したもの

挿図9　（享保5年）内宮宮中参道行程図（神宮文庫）正宮・風日祈宮周辺図　『大神宮叢書』第四所収図を利用。

で、享保五年七月晦日付、内宮長官中川経晃の印がある。末社遥拝所については「八十末社之廻リ之行程自伊射波社至速川彦社而凡三百三拾間余」とあり、遥拝所の配置が社名とともに描かれている。拝所の数は六十九あり、一箇所のみ社名の脱落があるが、『図会』と比較すると恐らく狭田国生神社であろう。また奈良波良神社のみ『図会』において確認できないが、これが『図会』で脱落していた三十三番と考えられる。これを前提にすれば、同図で内宮正殿の東側に描かれる六十九の拝所は『図会』に挙げられる六十九社と全て一致することになる。また同図でも風日祈宮東南に十一の拝所が描かれているが、これも『図会』の情報と全て一致する。

この点では享保五年の段階で『図会』の八十末社の番付は成立しているように見えるが、しかし参道ルートから廻り順を整理すると（表2C列）、これは「内宮図」とも『図会』とも大きく異なっていることがわかる。八十末社の構成自体は『図会』と完全に一致しているということを考えると、遥拝所が面的に分布する内宮では、外宮とは異なり番付と配置とが必ずしも対応しなくなっていた可能性もあろう。

『図会』における末社の所在地については九箇所が未詳とされており、外宮と同様に行程図における遥拝所の向きも本殿への方角とは対応していない。興味深いのは南東にある高天原神社で（『図会』番付四十六番）、これだけは他の遥拝所と比べて一回り大きく描かれている。同社は『類聚神祇本源』などには名前が見えず、『神宮典略』[注27]は「或説に此社は末社の外なり。八十末社のおく最高き地にあればこの名を設たるにて、異なるよしいへるはいかゞ定めがたし」[注28]と記しているので、より抽象的な次元で構想された末社と考えられる。ここでもまた、現実空間における末社の存在を必ずしも前提としない遥拝所という在り方が窺える。

## 4　遥拝所の建築

こうした遥拝所の建築的実態については『図会』に「末社順拝」と題された見開きの図に描写されている（挿図10）。額に記された社名は、絵師が配慮したのか架空のものとなっているが、描写は非常に克明で、現地の取材にもとづくものであることは確実であろう。

遥拝所はいずれも同じような規模で建てられ、切妻の屋根が架けられている。妻側に正面があり、奥行きはごく浅い。内部には中央に鏡が置かれ、その脇に瓶子を置いた三方や幣などが飾られている。それぞれの拝所の前には烏帽子を被り、袴を着け、扇子をもった男がおり、参宮者に対して何やら話しかけている。彼らは遥拝所の宮請で、それぞれの末社の由緒を語り、喜捨を募っていたのであろう。きらびやかに飾られた拝所と賑々しい口上の連続は、神妙な巡礼というよりは遊興のアトラクションという趣を感じさせる。

巡拝の「参道」を見ると、両側には垣が設えられており、参宮者が道なりに進んでいけるように配慮されている。また右下部分に、二人の神役人が遥拝所に向かって急ぐ描写が見えるが、これは当番の交替のためであろうか。彼らが通る道は参宮者とは垣で分けられており、裏動線が設けられていたこともわかる。

　先に引用した『毎時問』によれば、遥拝所建築は寛永二十一年（一六四四）当初、幅二間半、奥行き七尺～九尺の規模で作られたとあるが、十八世紀頃の実態については両宮ともに修復内訳帳が残されており、詳細を知ることができる。

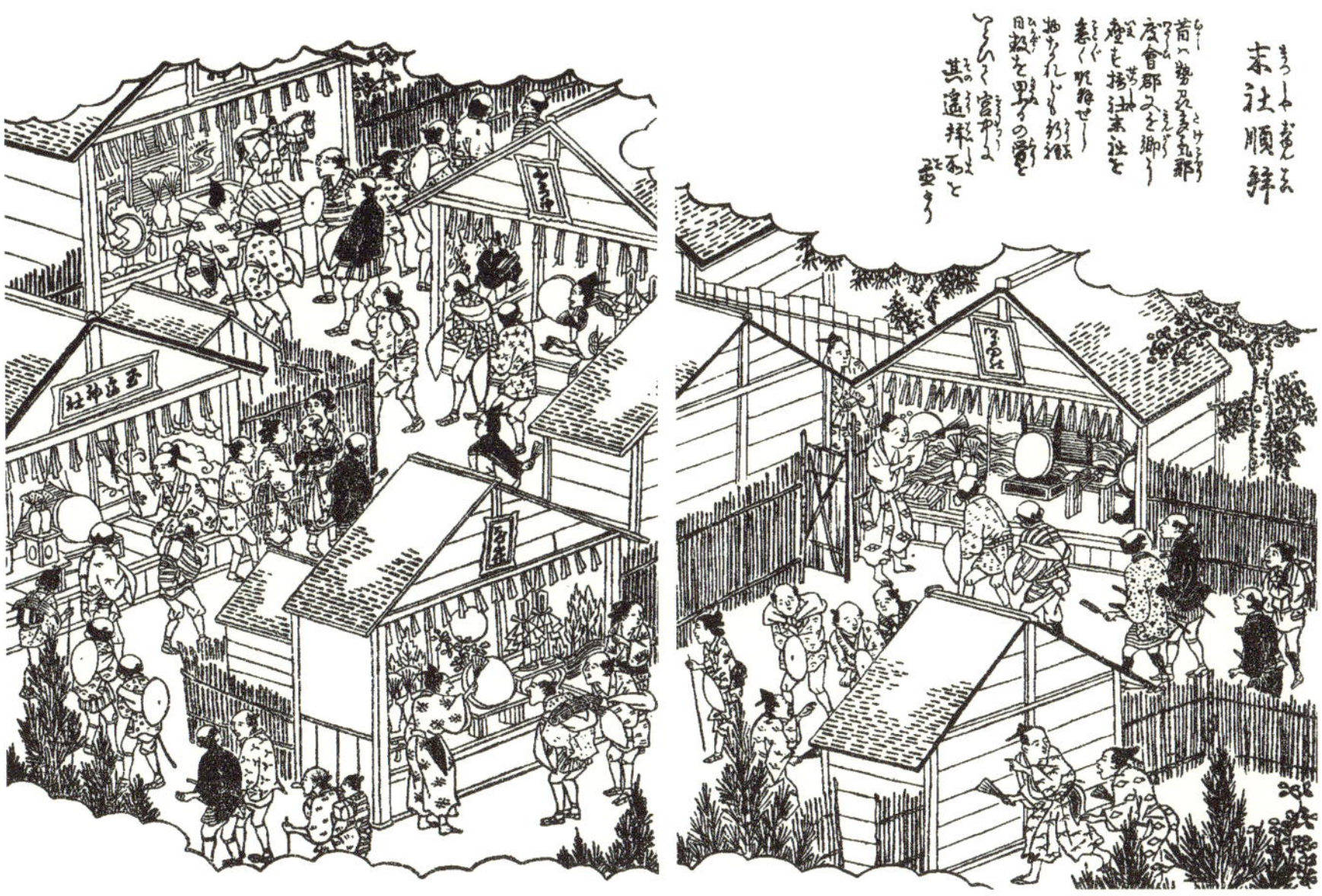

挿図10　伊勢参宮名所図会　末社順拝（国立国会図書館）

　まず外宮について、天明五年（一七八五）の『大津社士賣屋社毛利社御造替御修覆内訳帳』[注29]という史料を見たい。これは外宮四十末社遥拝所の三十八～四十番の三箇所の造替・修復のための費用を書き上げたものであるが、ここに建築の仕様が詳しく記載されている。大津社を例にとると、梁行は一丈五尺（一間＝六尺とすればちょうど二間半）、桁行八尺とあり、『毎時問』の記載と一致する。柱は「石居柱」六本で、壁は板壁が三方に設けられ、屋根は椹の木の木賊葺きとあり、挿図10の描写とも一致する。ほかに二社の仕様もこれと共通する。

　内宮については、安永五年（一七七六）の『内宮末社八拾七宇御修覆内積仕様帳』[注30]などの史料が残る。これを見ると木賊葺きの屋根などは外宮と共通するものの、規模は梁行九尺、桁行五尺五寸と一回り小さくなっている。これは『神領歴代記』寛永二十一年条に「但内宮ハ万治元戌炎上之節焼後再建之節小社ニ相成候由」とあるように、万治の大火以降のことであったようだ。なお、挿図10での人と建築のバランスを見る限りでは梁行は二間半よりも九尺とみる方が妥当で、同図のモデルは内宮の末社遥拝所であった可能性が高いといえよう。

## 三　末社遥拝所をめぐる神宮と都市

　以上、両宮の末社遥拝所の空間的実態について検討してきたが、以下では外宮を対象に遥拝所に関わる社会集団について検討し、そこから神宮と都市の関係にも迫ってみたい。

神宮は古代には皇祖神を祀る地として私幣禁断を旨としていたが、中世にはその禁も緩和され、しだいに地域と身分を超えて広く信仰を集めるようになった。参宮者が増加してくると、その受け皿として宿所の提供と祈禱を担う御師が登場し、彼らが主体となって門前町が形成される。特にその発達が顕著だったのは外宮門前の山田で、産土社を中核とする疎塊村群が参宮街道によって連結され、都市民による濠川（公界堀）の共同建設などを通じて統合された結果、日本最大規模の宗教都市へと成長を遂げることになる。[注31] 山田には十五世紀までには有力御師層を中核として「山田三方」と呼ばれる自治組織が形成されており、江戸幕府が成立して山田奉行が置かれた後も町政を担った。

山田の都市的繁栄と参宮者の増加は連関しており、したがって山田の町政を担う三方と神宮宮域を管轄する長官とは利害が一致する関係にあったが、一方で秩序維持の主導権をめぐっては対立も生まれた。この問題については中西正幸により概観がなされているが、[注32] ここでは『宮中物語』、『外宮宮中法度二十八箇条沙汰文』[注33]（以下『沙汰文』と略記）などの史料を用いて末社遥拝所に関係する部分について論じたい。

神宮は末社遥拝所について、運上を徴収することで下級の神役人に管理を委託していた。『沙汰文』には「四十末社預り申候者共」として二十一人の連印が見え、一人の神役人が複数の末社遥拝所を預かっていたことがわかる。また土宮・風宮役人や天岩戸の宮守を兼帯している者も確認できる。

彼らは挿図10に見たように烏帽子に袴を着用し、扇を片手に参宮者に末社の由緒を説いたが、参宮者からの散銭収入は彼らにとって貴重な収入源であったから、その獲得のためには時として強引な手段をとることもあり、当然それは参宮者や彼らの受け入れ先である御師たちとの対立を招くことになる。

対立の火種は寛永十八年（一六四一）に遡る。『宮中物語』によれば、発端は御師家からの参宮者を案内する宮引と、「古殿に居申候」宮請との初穂徴収をめぐるトラブルで、長官の裁定を不服として宮引らが宮中の乱れを山田三方に訴えたことで、三方は十三箇条の法度を作成し、長官に裏判させるに至ったのである。その内容は草木土石の採取禁止、散銭の強引な徴収と参宮者への悪口狼藉・通行妨害の禁止、僧尼の神前接近の禁止、汚物放置の禁止、火の用心などにわたるが、特に第十条の

一、宮中幷岩戸之道に古来無之新宮、同小板置候義有之間敷事、

付、無理に宮廻りさせ候義有之べからざる事、

は、遥拝所がむやみに増殖し、また神役人が参宮者に対し宮廻りを強要するといった、秩序の乱れを窺わせる。

この寛永十八年の一件は山田三方に二つの果実をもたらした。一つは、山田御師の「顧客」である参宮者の安全安心を守らせる法度

ができたこと、そしてもう一つは、その法度作成を通じて宮中秩序の安定に干渉する道が開かれたことである。その後承応二年（一六五三）からは三方が外宮の要所に横目を派遣し、宮中を監視させるにまで至っている。[注34]

しかしこうした対策にもかかわらず、宮中の秩序は安定しなかったようで、延宝六年（一六七八）には箇条を大幅に追加した二十八箇条の法度が成立するに至った。この法度の内容は、全体としては先の十三箇条と共通するものの、内容はより詳細化しており、当時宮守や宮請、宮引らによる不行儀が蔓延していたことを陰画的に示している。先述のとおりこの法度には「四十末社預り申候者共」も連印しているので、遥拝所も例外ではなかった。

ただこの延宝六年の法度制定に当たっては、外宮長官の度會満彦は、これまで慣例となっていた長官による三方作成の文面への裏判という形式に反発している。その経過は『沙汰文』に詳しいが、最終的には「入　御公儀御披見相定」として神宮中と三方中両方が連印するかたちで妥結させ、三方による宮中への干渉に一定の歯止めをかけることに成功する。

長官・三方それぞれにとって、宮中における神役人は参宮を下支えする存在として重要であったが、その逸脱を抑え秩序を保持することは大きな課題でもあった。しかし彼らは、神役人の非法を宮中でのヘゲモニー獲得の契機として利用するしたたかさもまた兼ね備えていた。このような神宮と都市とのせめぎ合いの中で、末社遥拝所に集う神役人たちは決定的な破綻を回避しつつ、近世という時代を生き抜いていったのである。

## 四　「遥拝」／「写し」と巡礼空間のその後

本稿で検討してきたように、神宮末社遥拝所は数百メートルの道のりに多数の拝所建築が並び、遊興的な賑わいのある空間であった。神社の空間としては非常に特異な例であるが、仏教の西国三十三所や四国八十八所の写し霊場はこれに類似する空間であるといえよう。写し霊場は中世から近世にかけて全国各地に形成され、空間を凝縮し手軽に一連の札所を巡拝できるようにするという発想は遥拝所の宮廻りと共通する。これら写し霊場では三十三あるいは八十八の札所の集合という枠組みこそが意味を持っており、個々の札所は平準化・規格化されている場合が多かったが、これも「四十末社」、「八十末社」における拝所建築の仕様の統一と、現実の末社を必ずしも指向しない抽象的な「遥拝」概念と通じるものがあろう。

しかし十八世紀頃から「写し」の在り方にも新たな流れが見られるようになってくる。例えば寛政六年（一七九四）に江戸護国寺の境内遊休地に作られた西国写し霊場では、西国霊場を摸した三十三の堂が点在し、参拝者が巡礼を疑似体験できるように構成されていた。[注35]ここで特徴的なのは、それぞれの堂が劃一化されず、オリジナルの西国札所を意識した空間演出が見られるという点であり（挿図11）、単なる枠組みの移植というだけでなく、場所相互の関係性への意識が芽生えていることがわかる。

新しい動きは伊勢においても見られた。十八世紀頃から山田を中心として「摂社詣」と称して一団をなし、両宮周辺の摂末社を実際に巡拝する風習が始まり、やがて絵図や案内記も出板されるようになる。挿図12は「追考両宮別宮摂末社参詣要路図[注36]」という絵図で、上半分には大きな円形で象徴的に記される両宮と、その周辺に点在する摂末社の位置が示され、下半分には巡拝順に社号と祭神が記される。この行程は地域別に七つに分けられており、後に「外宮地廻り」、「内宮地廻り」など「廻り」という名称で呼ばれるようになる。これは幕藩体制下の所領の枠組みからは独立しており、いわば両宮を中心とした「神の空間」としての地域区分がなされていた。

挿図11　江戸名所図会における護国寺境内西国札所写（部分）
十四番札所脇には近江三井寺を意識して鐘楼があり（三井の晩鐘）、十六番札所は京都清水寺を意識した懸造りとなっている。

幕末の国学者で外宮権禰宜でもあった御巫清直も前後三回にわたって巡拝の旅に出、その模様を『摂社詣』[注37]に著しているが、彼は

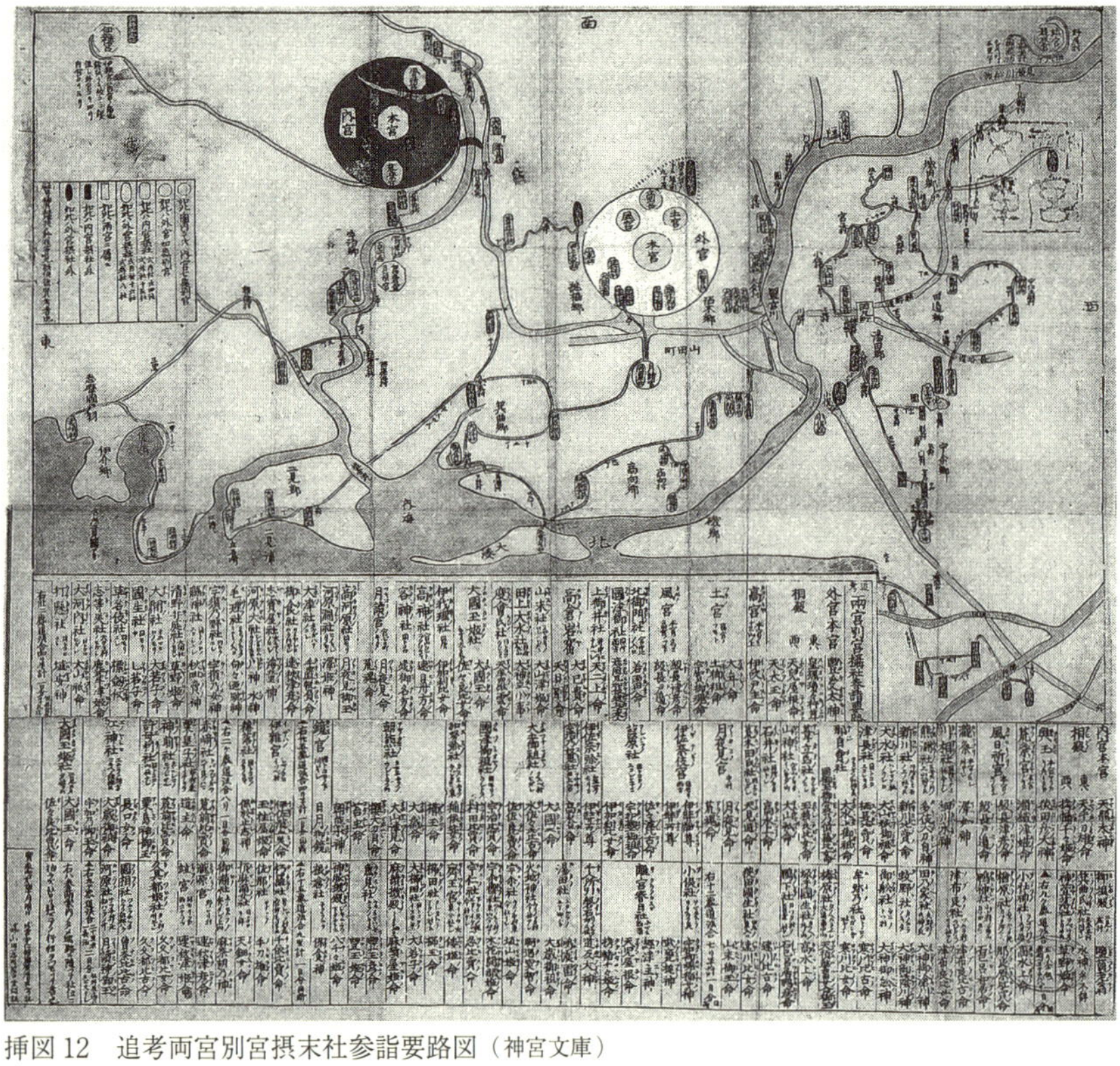

挿図12　追考両宮別宮摂末社参詣要路図（神宮文庫）
『大神宮叢書』第十所収図を利用。

ただ現存する末社を訪ねるだけでなく、古典籍からの知識と実地調査をもとに由緒の妥当性や廃絶した社の旧址に関する見解も述べており、彼の旅は「神の空間」の実像を考証的に復元しようとする試みでもあった。その空間認識は両宮境内における「四十末社」、「八十末社」といった抽象的な枠組みを超え、摂末社の個別のありようを踏まえた上で両宮を中心とした有機的な体系に総合化するレベルにまで深化していたといえよう。

　このような伊勢発見の旅としての「摂社詣」は近代に入ってからも行われていくが、[注38]末社遥拝所の方の終焉はあっけないものであった。正宮玉垣の至近に簇生する仮設小建築、そしてそこに蝟集する神役人――末社遥拝所が依拠していたのはこのような、あまりにも近世的な世界であって、それゆえその近世という時代が終わり、明治初年に神宮の「御改正」がなされるとともに、廃絶の時を迎えることとなったのである。[注39]

注

1 「心のふるさと」は、昭和二十五年（一九五〇）に吉川英治が「ここは心のふるさとか　そぞろ詣れば旅ごころ　うたた童にかへるかな」と詠んだ歌をもとに、その後神宮のキャッチフレーズのように用いられてきている。

2 寛政九年版は現在多数流布しているが、旧版八冊と訂正版六冊とに大別できる（後述）。以下では特に断らない場合は後者のうち国会図書館本を底本とする。

3 『伊勢参宮名所図会』巻四。なお史料中適宜読点・濁点を補った。以下同様。

4 西山克『道者と地下人――中世末期の伊勢』（吉川弘文館、一九八七年）、一頁。

5 国立国会図書館所蔵。

6 大西源一『大神宮史要』（平凡社、一九六〇年）、四六三～四六六頁。

7 西山克「参詣曼荼羅の実相」上山春平編『シンポジウム伊勢神宮』（人文書院、一九九三年）、一七五頁。

8 代表的な研究として、福山敏男『神宮建築に関する史的調査』（造神宮使庁、一九四〇年）、林一馬『伊勢神宮・大嘗宮建築史論』（中央公論美術出版、二〇〇一年）、丸山茂『神社建築史論』（中央公論美術出版、二〇〇一年）などがある。

9 前注6大西書、四六三頁。

10 神宮文庫、一門七三六九号（神宮司庁編『神宮文庫所蔵和書総目録』（戎光祥出版、二〇〇五年）における図書番号、以下同様）。

11 清水実「三井文庫本「伊勢参詣曼荼羅」の制作年代について――神宮徴古館本とJ・パワーズ本との比較による」『神道及び神道史』第五五・五六合併号（二〇〇〇年八月）。

12 寛永十七年（一六四〇）～寛文八年（一六六八）の外宮宮中の動向をまとめたもの。内閣文庫・國學院・神宮文庫・大和文華館鈴鹿文庫に所蔵。本稿では天保二年（一八三一）写の内閣文庫本を用いた。

13 神宮では長官襲職のことを執印と称する。

14 外宮多賀宮玉串内人喜早清在の編述で、豊宮崎文庫における問答内容をまとめたもの。享保十七年（一七三二）脱稿。『大神宮叢書』第六前編（西濃印刷岐阜支店、一九四〇年）に収録。

15 神宮文庫、一門五〇六四号。

16 『大日本名所図会第一輯第四編　伊勢参宮名所図会』（大日本名所図会刊行会、一九一九年）の校訂者原田幹も、「現今流布する所の参宮名所図会に二本あり」とその相違に気づいている（ただし相違内容についての説明には誤りがある）。同書四～五頁。

17 外宮長官度會家行が伊勢神道の教説をまとめたもの。元応二年（一三二〇）の自序あり。十五巻。諸本あるが本稿では内閣文庫十五巻三冊本を用いた。

18 神宮文庫、一門一三七五九号。神宮司庁編『神宮遷宮記』第七巻図録篇（神宮式年造営庁、一九九三年）所収。

19 六番と七番の順序を入れ替え、佐々良比賣社と水取社を入れ替え三十四番～三十六番の順序を変更したのみ。

20 神宮文庫、一門一一八三号。

21 延享元年「外宮宮中絵図」（神宮文庫、一門一一九二号）での四十末社遥拝所社号書上は『図会』再版の番付と完全に一致するほか、『明治二年外宮末社拝所焼亡記』（神宮文庫、一門四四五八号）からは、焼亡した拝所がこの番付順に並んでいたことがわかる。

22 神宮文庫、一門二三八〇号。神宮司庁編『神宮遷宮記』第六巻（神宮式年造営庁、一九九五年）、一七五頁。

23 神宮文庫、一門一一九二号。

24 神宮文庫、一門一三七六〇号。前註18書所収。

25 神宮文庫および内閣文庫に写本があるが、本稿では後者を利用した。

26 神宮文庫、一門一二三三号。『大神宮叢書』第四（西濃印刷岐阜支店、一九三七年）所収。

27 内宮禰宜薗田守良による神宮の総説的著述。文化末年～天保初年頃執筆。全四十巻。

28 『大神宮叢書』第一前編（内外書籍、一九三二年）、一一一頁。

29 神宮文庫、一門五五八六号。

30 神宮文庫、一門八八六七号。

31 この経過については、前注4西山書、及び伊藤裕久「都市空間の分節と結合――伊勢山田の都市形成」『年報都市史研究』第八号（山川出版社、二〇〇〇年）、伊藤『近世都市空間の原景――村・館・市・宿・寺・社と町場の空間形成』（中央公論美術出版、二〇〇三年）などで詳しく論じられている。

32 中西正幸「近世における神宮の制規（一）」『神道宗教』第一二〇号（一九八五年九月）。

33 外宮権禰宜度會益弘が、延宝六年（一六七八）の外宮法度二十八箇条の成立過程についてまとめたもの。内閣文庫・宮内庁書陵部・神宮文庫に写本が残るが、本稿では内閣文庫本を用いた。

34 『諸例綱目集成』巻二「寛文御条目之事」参照。神宮文庫、一門二九九六号。

35 光井渉『近世寺社境内とその建築』（中央公論美術出版、二〇〇一年）。

36 神宮文庫、一門五八六二号。『増補大神宮叢書』第二五（吉川弘文館、二〇一二年）所収。

37 神宮文庫、一門一〇四〇六号。『増補大神宮叢書』第一〇（吉川弘文館、二〇一〇年）所収。

38 例えば『神宮摂末社巡拝』上・下（猿田彦神社講本部、一九四三年）など。

39 神宮におけるこうした動きとは対照的に、明治初年の東京において、皇大神宮をはじめとする諸神社の遥拝所が民有地に簇生したことは、近世の残り火のような事実として興味深い。松山恵『江戸・東京の都市史――近代移行期の都市・建築・社会』（東京大学出版会、二〇一四年）参照。

付記　本研究はJSPS科研25820310の助成による成果の一部である。

あとがき

おそらく仏教美術の研究者は、仏教伝来から鎌倉時代まで、西暦で言えば七世紀から十三世紀までの作品の調査研究から、その第一歩をしるし始めた者がほとんどであるに違いない。編者もまた例外ではなく、最初の論文が尾道市持光寺の普賢延命菩薩像、次の論文が京都国立博物館蔵（東寺旧蔵）の十二天像という、ともに国宝に指定されている平安仏画を対象とするものであった。その後渋谷区立松濤美術館に奉職したのを機に次第に扱う時代を下げるようになり、近年は専ら近世を主戦場とするようになったが、もし別の研究機関に職を得ていたなら、そのまま古代から中世にかけての仏画研究を続けていたのかもしれない。

大学院生時代を振り返ってみると、国宝に指定されるような主要な作品については個別の論考がほぼ出そろい、経験の浅い研究者にとって、すでに目垢のついていない研究対象を探すのに苦労する状況であったような気がする。先学のものした大部な著作を読むにつけ、内心には開拓者たり得た時代をうらやむ気持ちも起こった。

近世の宗教美術の研究に着手したのは、職場が国の文化財に指定されるような作品のみで展覧会を開けるような環境になかったことが大きな理由であったが、調べてみるとこれがなかなか面白い。もちろん各分野に優れた先行研究は存在したが、奥へと足を踏み入れるにつれて、未開の地が立ち現れてくるような感触があった。さらに近年では、パイオニアたり得ることの魅力に惹かれるのに加えて、庶民層にまで美術が行きわたった近世こそは、我が国の宗教美術史の到達点であるという思いが強くなっている。

今手元にそろいつつある玉稿を読み返しながら、執筆者の方々もまた筆者と似た思いを持たれているのではないかと想像している。各論考はそれぞれの分野において日々精進されている成果であり、新たな道を切り開こうとする意欲の結晶と言えるものであろう。ご寄稿いただいた皆様に、あらためて御礼申し上げる。

この一冊は現在の近世宗教美術研究の水準を示すものと自負しているが、本書によって近世の宗教美術を評価される方が増え、さらなる研究を促す契機となれば、編者としてこれに勝る喜びはない。

## ま－も



## や－よ



## ら－ろ



## わ

## な – の



## は – ほ

## た－と

## さ – そ

# 用 語 索 引

## 執筆者一覧（五十音順　敬称略）

| | | |
|---|---|---|
| 浅井　京子 | 日本美術史 | 早稲田大学特任教授 |
| 岩本　　馨 | 日本都市史・空間史 | 京都工芸繊維大学講師 |
| 上野　友愛 | 日本美術史 | サントリー美術館 |
| 梅沢　　恵 | 日本美術史 | 神奈川県立金沢文庫主任学芸員 |
| 岡村　嘉子 | 近・現代美術史 | 成城大学大学院博士課程後期・日本写真学院講師 |
| 楠井　隆志 | 日本彫刻史 | 九州国立博物館 |
| 近藤　暁子 | 日本彫刻史 | 山梨県立博物館 |
| 白土慎太郎 | 日本美術史 | 日本民藝館 |
| 須藤　弘敏 | 仏教美術史 | 弘前大学教授 |
| 田島　　整 | 日本彫刻史 | 上原仏教美術館主任学芸員 |
| 富澤　達三 | 日本文化史 | 神奈川大学日本常民文化研究所 |
| 長谷　洋一 | 日本彫刻史 | 関西大学教授 |
| 林　　直輝 | 日本人形玩具史 | 吉徳資料室 |
| 福田　道宏 | 日本絵画史 | 広島女学院大学准教授 |
| 光井　　渉 | 日本建築史 | 東京藝術大学教授 |
| 御船　達雄 | 日本建築史・文化財修復 | 和歌山県教育委員会 |
| 矢島　　新 | 日本美術史 | 跡見学園女子大学教授 |
| 八波　浩一 | 仏教美術史 | 出光美術館 |
| 山下　　立 | 神仏習合美術 | 滋賀県立安土城考古博物館学芸員 |
| 山之内　誠 | 日本建築史 | 神戸芸術工科大学准教授 |

近世の宗教美術――領域の拡大と新たな価値観の模索　〈仏教美術論集７〉

2015年 3月 1日　発行

編　者　矢島　新

発行者　黒澤　廣

発行所　竹 林 舎

112-0013

東京都文京区音羽1-15-12-411

電話03(5977)8871　FAX03(5977)8879

印刷　シナノ書籍印刷株式会社



ISBN 978-4-902084-62-7